Windows 10

Tipps und Tricks in Bildern

von
Jörg Hähnle

Vierfarben

Sie haben Fragen, Wünsche oder Anregungen zum Buch?
Gerne sind wir für Sie da:

Anmerkungen zum Inhalt des Buches: *erik.lipperts@vierfarben.de*
Bestellungen und Reklamationen: *service@vierfarben.de*
Rezensions- und Schulungsexemplare: *hendrik.wevers@vierfarben.de*

An diesem Buch haben viele mitgewirkt, insbesondere:

Lektorat Isabella Bleissem, Erik Lipperts
Korrektorat Alexandra Müller, Olfen
Herstellung Norbert Englert
Einbandgestaltung Silke Braun
Titelbilder Shutterstock: 29070160 © u_l_a, 11044312 © Carlos Caetano; Fotolia: 4001680 © Fyle; iStock: 16924437 © interlight, 18412685 © EpicStockMedia, 12073767 © Candice Cusack
Typografie und Layout Vera Brauner
Satz Tilly Mersin, Großerlach; Norbert Englert
Druck Media-Print Informationstechnologie, Paderborn

Gesetzt wurde dieses Buch aus der Linotype Syntax (10,25 pt/14,25 pt) in Adobe InDesign CC 2017.
Und gedruckt wurde es auf mattgestrichenem Bilderdruckpapier (115 g/m²).
Hergestellt in Deutschland.

Bibliografische Information der Deutschen Nationalbibliothek
Die Deutsche Nationalbibliothek verzeichnet diese Publikation in der Deutschen Nationalbibliografie; detaillierte bibliografische Daten sind im Internet über *http://dnb.d-nb.de* abrufbar.

ISBN 978-3-8421-0311-5

2. Auflage 2017

Vierfarben ist eine Marke der Rheinwerk Verlag GmbH.
Rheinwerkallee 4, 53227 Bonn
www.vierfarben.de

Der Verlagsname Vierfarben spielt an auf den Vierfarbdruck, eine Technik zur Erstellung farbiger Bücher. Der Name steht für die Kunst, die Dinge einfach zu machen, um aus dem Einfachen das Ganze lebendig zur Anschauung zu bringen.

Liebe Leserin, lieber Leser,

wie schön wäre es, wenn der Computer immer so funktionieren würde, wie man es sich wünscht. Doch leider – da werden Sie mir sicher zustimmen – sieht die Realität oft anders aus. Wir alle kennen diese Situationen und ärgern uns über den Zeitverlust, den die Suche nach dem Problem oder nach dessen Lösung, nach versteckten Einstellungen oder nach verschwundenen Ordnern bedeutet.

Unser Autor Jörg Hähnle, der die Onlinehilfe »Paules PC-Forum« betreibt, kennt die drängendsten Fragen zu Windows 10. Und er kennt die Antworten. Deshalb freue ich mich, dass er in diesem Buch mehr als 160 nützliche Tipps zu Dateien und Ordnern, zur Registry, zur Wartung oder zur Datensicherung für uns zusammengestellt hat. Und dank des übersichtlichen Bild-für-Bild-Formats werden Sie schnell fündig und sparen Zeit und Nerven.

Dieses Buch wurde mit größter Sorgfalt geschrieben und hergestellt. Sollten Sie dennoch einmal Fehler finden oder inhaltliche Anregungen haben, freue ich mich, wenn Sie mit mir in Kontakt treten. Für konstruktive Kritik bin ich dabei ebenso offen wie für lobende Worte. Doch zunächst einmal wünsche ich Ihnen viel Freude beim Lesen!

Ihre Isabella Bleissem
Lektorat Vierfarben

isabella.bleissem@vierfarben.de

Inhalt

Teil I Tipps für die tägliche Arbeit

Inhalt

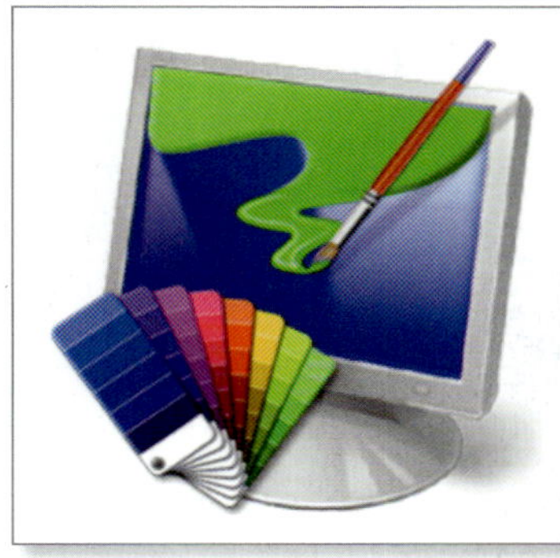

Inhalt

Teil II Tipps zu Internet, Netzwerk und Multimedia

Inhalt

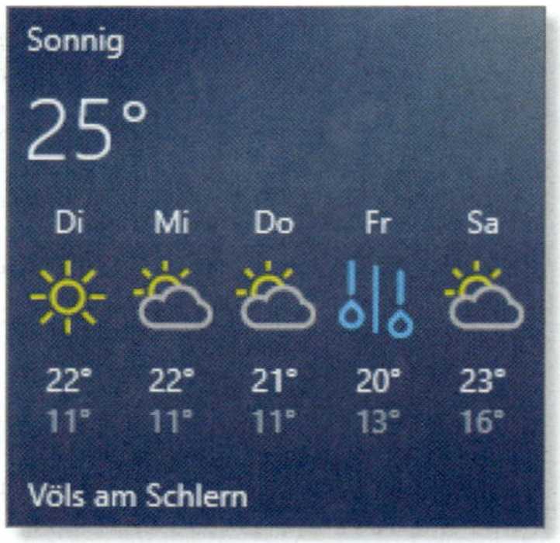

Sonnig
25°
Di
Mi
Do
Fr
Sa
22°
22°
21°
20°
23°
11°
11°
11°
13°
16°
Völs am Schlern

Inhalt

Kapitel 1
Windows besser im Griff

Der Computer ist hochgefahren, und kurz danach wird der Arbeitsplatz angezeigt. Das neue Startmenü enthält zahlreiche bunte Kacheln, ähnelt aber dennoch dem bekannten Startmenü aus Windows 7. Aber wie können die Kacheln neu angeordnet werden, und wie entfernen Sie nicht benötigte Einträge? Wie passen Sie Maus und Tastatur Ihren Bedürfnissen an? In diesem Kapitel erfahren Sie auch, wie Sie nützliche Voreinstellungen für Ihr Windows-System vornehmen.

Das neue Startmenü

Die auffälligste Neuerung unter Windows 10 ist zweifelsohne die Rückkehr zum Start menü ❶. War es unter Windows 8 noch weggefallen, feierte es unter Windows 10 sein Comeback und wurde zwischenzeitlich erneut überarbeitet. Kacheln in verschiedenen Farben und Größen repräsentieren Windows-Apps und Desktop-Programme. Wie ist das Startmenü aufgebaut, und wie findet man hier Programme und Einstellungen? Auf den folgenden Seiten lernen Sie das Startmenü und die neue Suchfunktion kennen.

Tastatur und Maus auf Ihre Bedürfnisse einstellen

Die meisten Anwender nutzen Windows auf einem herkömmlichen Schreibtisch-PC oder einem Laptop. Hier bedienen Sie das System überwiegend mit Tastatur und Maus. Diese Eingabegeräte können Sie Ihren Bedürfnissen anpassen. Wie schnell die Maus auf Bewegungen und Doppelklicks reagiert ❷, was passiert, wenn Sie das Mausrädchen drehen, oder mit welcher Verzögerung die Tastatur auf Eingaben ansprechen soll, können Sie einzeln festlegen.

Arbeitsplatz, Taskleiste und Schnellstartmenü

Wie ist der Windows-Arbeitsplatz aufgebaut? Wie nutzt man die neue, in die Taskleiste integrierte Suchfunktion ❸ am effektivsten? In diesem Kapitel erfahren Sie, wie Sie die wichtigsten Bereiche der täglichen Arbeit nach Ihren Wünschen anpassen können und welche Möglichkeiten Ihnen das versteckte Schnellstartmenü bietet.

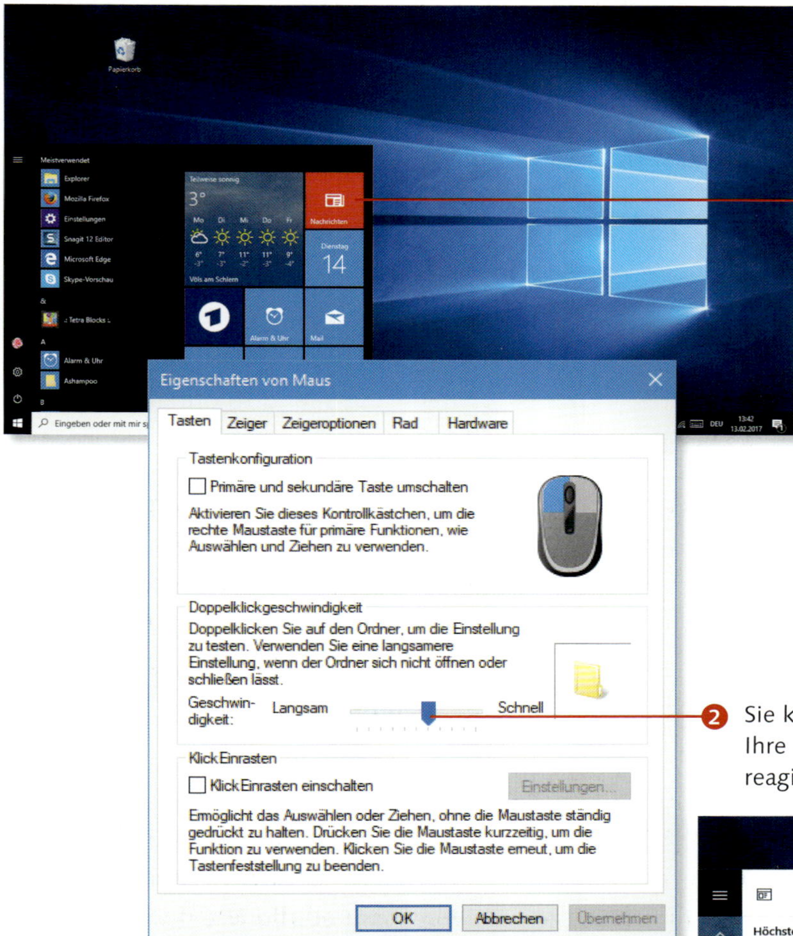

1 Kacheln prägen das Bild des neuen Startmenüs.

2 Sie können einstellen, wie Ihre Maus auf Bewegungen reagiert.

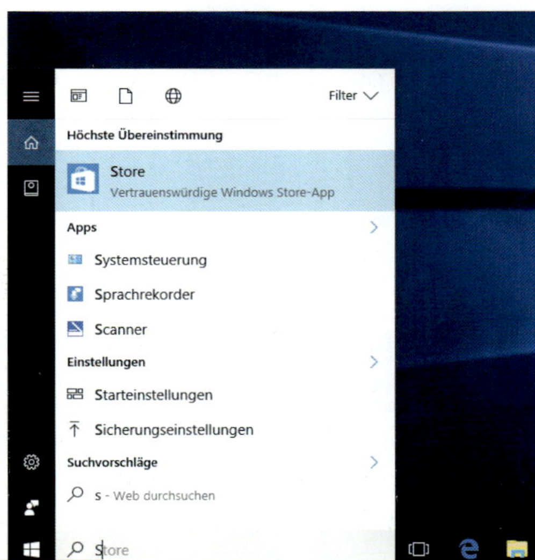

3 Die neue Suchfunktion kann direkt aus der Taskleiste aufgerufen werden.

Nützliche Tastenkombinationen

1

2

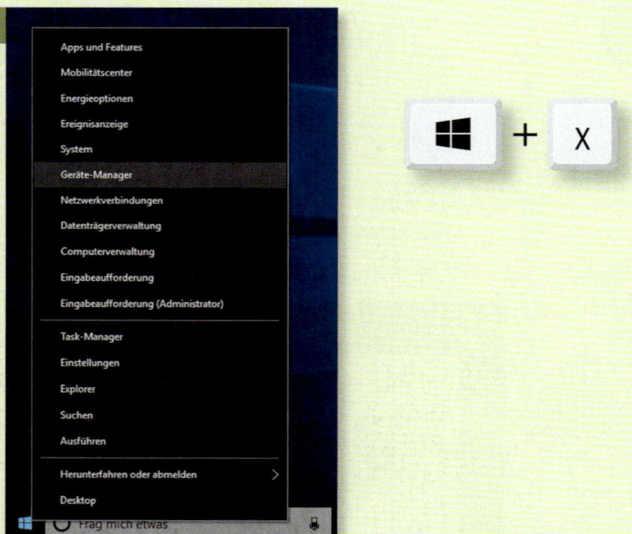

3

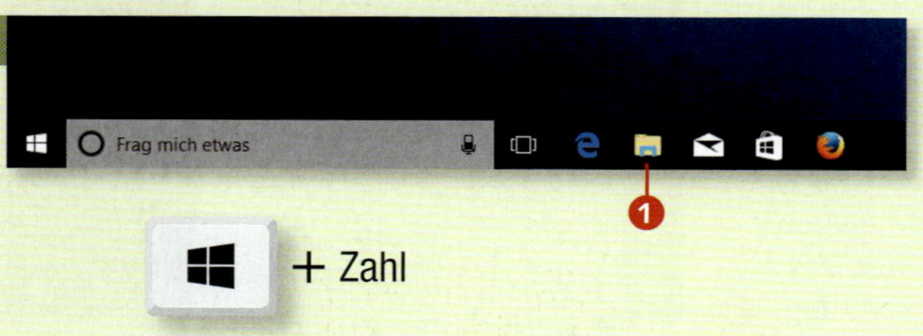

Auf einem Computer ohne Touchscreen lässt sich Windows 10 bequem mit der Maus steuern, es gibt aber auch einige nützliche Tastenkombinationen, die die tägliche Arbeit am Computer erleichtern.

1 Das Startmenü öffnen

Nutzen Sie die Taste [Windows], um das neue Startmenü zu öffnen. Dies funktioniert sowohl auf dem Desktop als auch aus jeder Anwendung heraus. Drücken Sie die Taste erneut, um das Startmenü wieder zu schließen.

2 Das geheime Schnellstartmenü öffnen

Um das Schnellstartmenü zu öffnen, nutzen Sie die Tasten [Windows] + [X]. Das Menü enthält direkte Zugriffe auf wichtige Systemeinstellungen wie die Energieoptionen, den Geräte-Manager oder die Windows-Einstellungen.

3 Programme auf der Taskleiste starten

[Windows] + *Zahl* startet das Programm an der jeweiligen Position in der Taskleiste. Steht an zweiter Stelle z. B. das Symbol des Explorers **1**, öffnen Sie ihn mit [Windows] + [2].

4 Das Info-Center öffnen

Das Info-Center hält Benachrichtigungen zu wichtigen System- und Programmereignissen bereit und erlaubt den Zugriff auf viele Einstellungen. Nutzen Sie die Tastenkombination [⊞] + [A], um es zu öffnen.

4

5 Einstellungen öffnen

In den Einstellungen finden Sie zahlreiche Konfigurationsmöglichkeiten für Ihr System. Anstatt den Weg über das Startmenü zu wählen, können Sie die neuen Windows-Einstellungen auch ganz einfach mit der Kombination [⊞] + [I] öffnen.

5

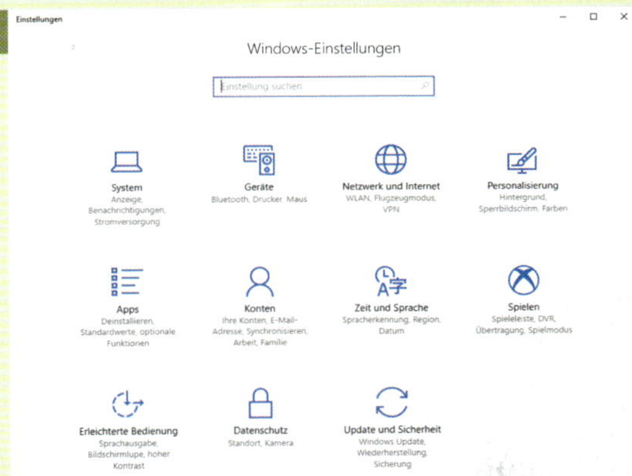

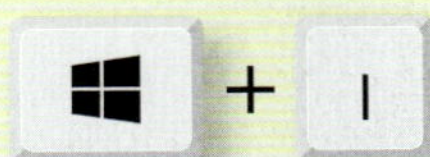

6 Den Computer sperren

Verlassen Sie Ihren Arbeitsplatz, können Sie Ihren Computer bequem mit den Tasten [⊞] + [L] sperren und ihn so vor den Blicken Unbefugter schützen. Für die Weiterarbeit ist die Eingabe Ihres Benutzerkennworts oder Ihrer PIN nötig.

6

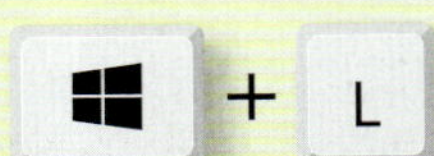

Tastenkombinationen

Zahlreiche weitere Tastenkombinationen für die tägliche Arbeit unter Windows finden Sie im Internet unter der Adresse *www.paules-pc-forum.de*.

Das neue Startmenü im Überblick

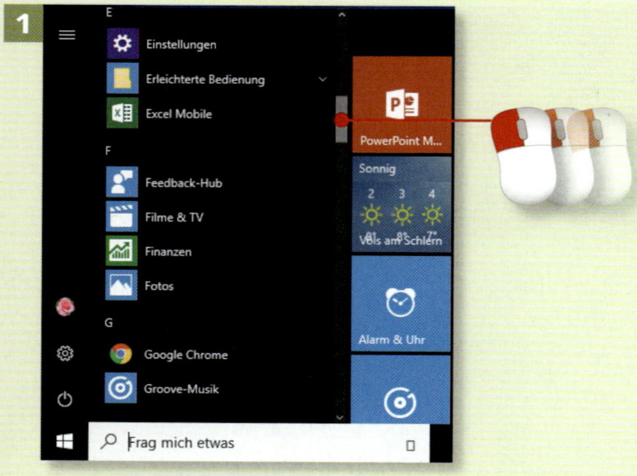

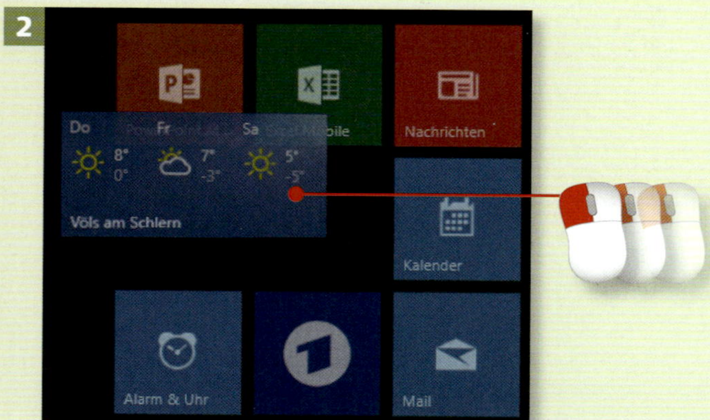

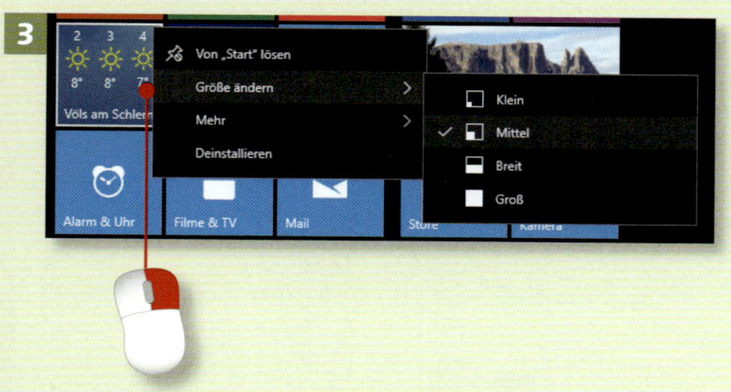

Nachdem es das klassische Startmenü unter Windows 8 nicht mehr gab, kehrt es zur Freude der Anwender in Windows 10 wieder zurück. Viele seiner Möglichkeiten sind erst auf den zweiten Blick zu erkennen.

1 Neue Anwendungen

Neu installierte Programme werden standardmäßig in eine alphabetisch sortierte Liste aufgenommen, aus der heraus sie gestartet oder ans Startmenü geheftet werden können. Nutzen Sie die Bildlaufleiste oder das Rädchen Ihrer Maus, um in der Liste zu blättern.

2 Kacheln verschieben

Die Positionen der Kacheln können Sie individuell festlegen. Klicken Sie die jeweilige Kachel an, halten Sie die Maustaste gedrückt, und verschieben Sie die Kachel. An der gewünschten Stelle lassen Sie die Maustaste wieder los.

3 Größe verändern

Um die Größe einer Kachel zu ändern, markieren Sie sie mit der rechten Maustaste, zeigen im Kontextmenü auf **Größe ändern** und wählen die gewünschte Größe aus.

4 Live-Kacheln

Einige Apps zeigen Informationen auf der Kachel an (*Live-Modus*). Dies können Sie ein- und ausschalten. Klicken Sie die Kachel mit der rechten Maustaste an, und wählen Sie **Mehr ▸ Live-Kachel deaktivieren** bzw. **Live-Kachel aktivieren**.

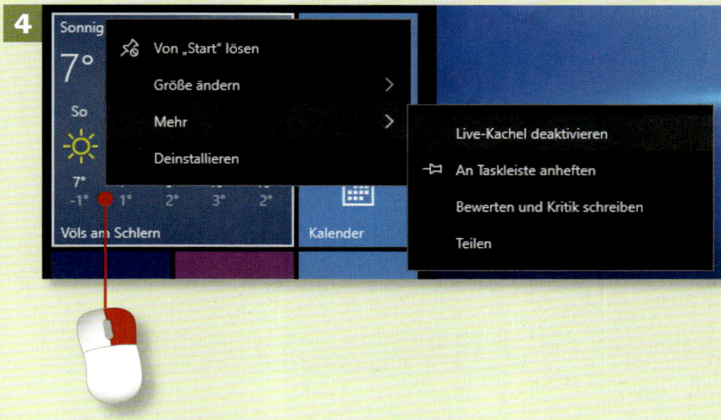

5 Kacheln entfernen

Kacheln nicht mehr benötigter Apps können Sie aus dem Startmenü lösen. Klicken Sie mit rechts auf die Kachel und dann auf **Von „Start" lösen**.

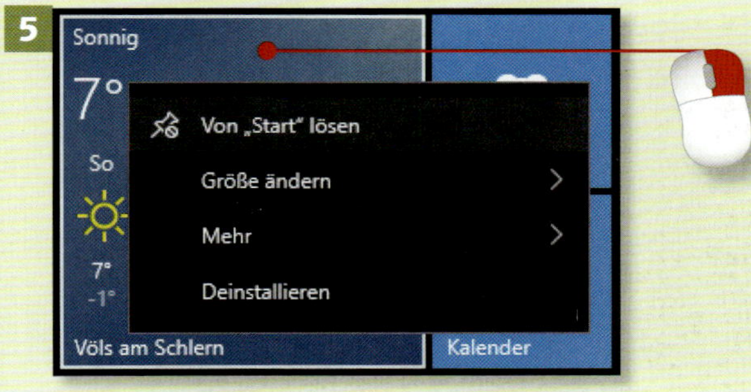

6 Kontoeinstellungen ändern

Der aktuelle Benutzer wird links angezeigt. Mit einem Klick auf Ihr Profilbild erreichen Sie die Option **Kontoeinstellungen ändern**, falls Sie z. B. ein anderes Profilbild verwenden möchten. Über **Abmelden** können Sie sich jederzeit vom System abmelden.

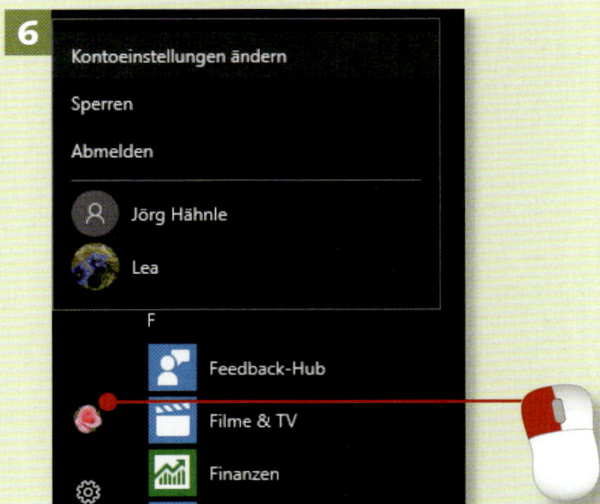

Programme wiederfinden
Programme, die Sie aus dem Startmenü gelöst haben, finden Sie weiterhin in der App-Liste. Wenn Sie es mit der rechten Maustaste anklicken, können Sie das Programm mit **An „Start" anheften** jederzeit wieder in das Startmenü integrieren.

So ist der Windows-Desktop aufgebaut

Auf der Arbeitsoberfläche, auch Desktop genannt, werden Datei- und Programmsymbole, Anwendungsfenster und Dialoge angezeigt. Auf den ersten Blick hat sich hier gegenüber früheren Windows-Versionen nicht viel verändert. Auffällig ist das neue Eingabefeld direkt in der Taskleiste.

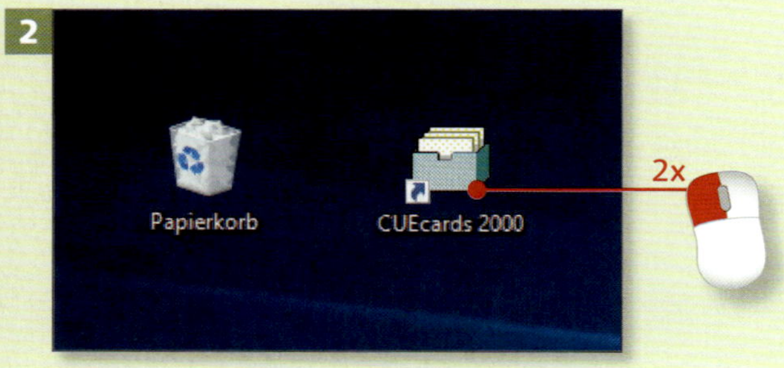

1 Der Desktop zu Beginn

Bei einem frisch installierten Windows 10 präsentiert sich der Desktop zu Anfang schlicht und aufgeräumt. Nur das Symbol des Papierkorbs ❶ ist zu sehen.

2 Weitere Symbole

Zum Papierkorbsymbol werden sich im Laufe der Zeit durch Programminstallationen viele neue Symbole gesellen. Sie starten eine Anwendung mit einem Doppelklick auf das jeweilige Symbol.

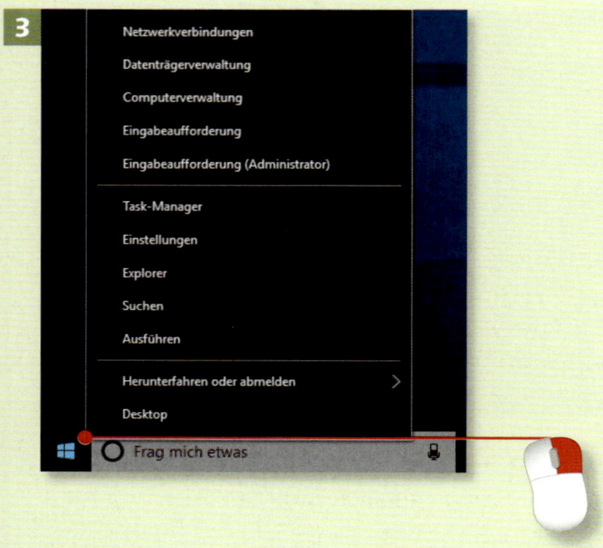

3 Die Start-Schaltfläche

Am unteren Bildschirmrand befindet sich die *Taskleiste*. Ganz links ist die **Start**-Schaltfläche zu finden. Ein Klick mit der linken Maustaste öffnet das neue Startmenü, ein Rechtsklick das Schnellstartmenü.

4 Die Taskleiste

Neben der **Start**-Schaltfläche ist ein Eingabefeld zu sehen ❷. Sie können hier z. B. nach Dateien oder Einstellungen suchen. Daneben werden verschiedene Programmsymbole angezeigt. Es handelt sich dabei um an die Taskleiste angeheftete Programme, die Sie mit einem einfachen Klick auf das jeweilige Symbol starten.

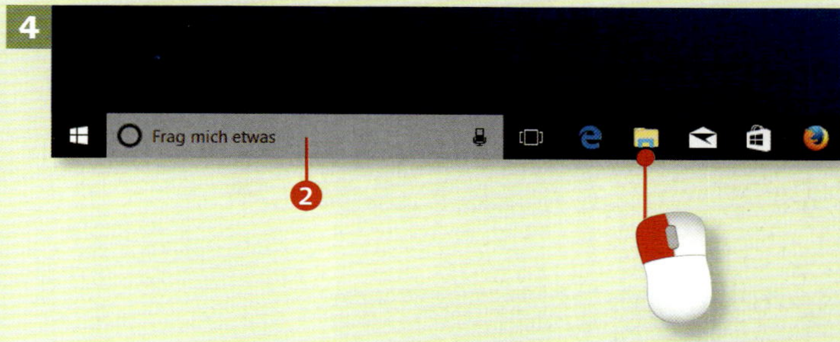

5 Die Vorschaufenster

Im mittleren Teil der Taskleiste werden minimierte Fenster der zurzeit ausgeführten Programme angezeigt. Zeigen Sie mit der Maus darauf, wird ein Miniaturfenster der Anwendung eingeblendet. Ein Klick darauf öffnet das dazugehörige Programmfenster.

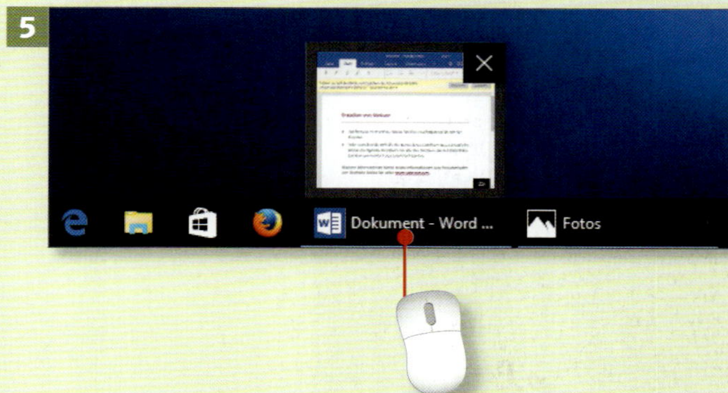

6 Der Infobereich

Der rechte Bereich der Taskleiste wird als *Infoleiste* bezeichnet. Hier werden neben Uhrzeit und Datum verschiedene Programm- und Systeminformationen angezeigt.

Das neue Info-Center

Das unter Windows 10 neu hinzugekommene Info-Center ❸ sammelt an zentraler Stelle verschiedene System- und Programmbenachrichtigungen. Zusätzlich gewährt es einen schnellen Zugriff auf wichtige Systemeinstellungen wie die Bildschirmhelligkeit oder die Aktivierung des Flugzeugmodus, bei dem alle Funkverbindungen abgeschaltet werden.

So ist der Windows-Desktop aufgebaut (Forts.)

7

8
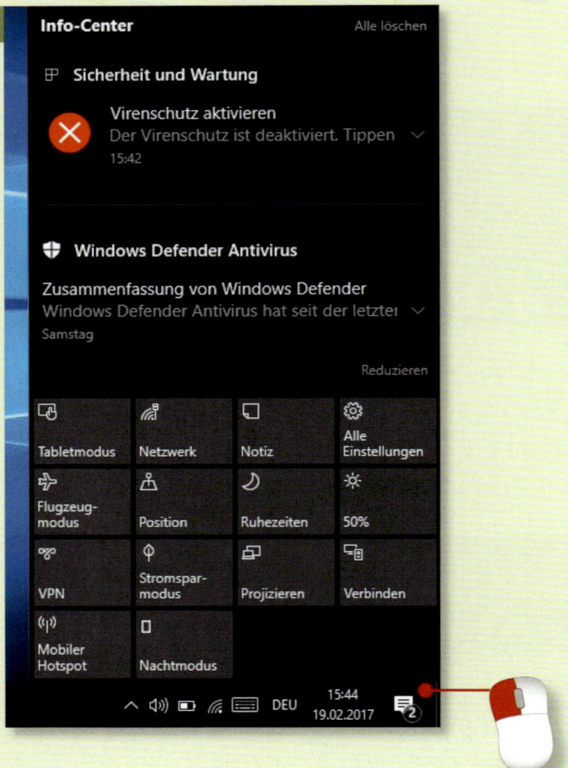

9
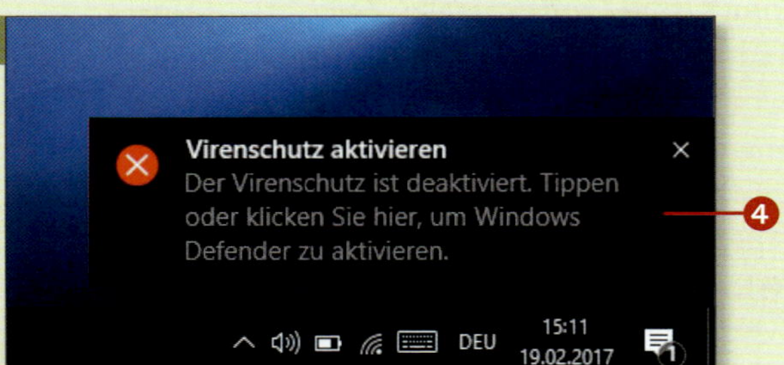

7 Im Hintergrund

Kaum zu sehen ist der kleine Pfeil links in der Infoleiste. Ein Klick darauf öffnet ein Fenster. Angezeigt werden hier Programme, die im Hintergrund laufen, wie z. B. der Windows Defender.

8 Das Info-Center

Das neue Info-Center informiert über wichtige und weniger wichtige Programm- und Systemereignisse. Hier findet man also Infos zu Systemfehlern, aber auch allgemeine Anwendertipps zu Windows 10.

9 Benachrichtigungsbanner

Benachrichtigungsbanner 4 informieren zusätzlich über Systemereignisse verschiedener Prioritäten. Sie werden nur wenige Sekunden lang auf dem Bildschirm angezeigt. Haben Sie eine Benachrichtigung verpasst, finden Sie diese zum Nachlesen im Info-Center.

Benachrichtigungen

Im Dialog **Einstellungen** ([Windows] + [I]) können Sie unter **System ▸ Benachrichtigungen und Aktionen** festlegen, bei welchen Ereignissen eine Benachrichtigung ausgegeben wird. Bei einigen Apps kann zusätzlich definiert werden, ob die Anzeige durch ein akustisches Signal begleitet wird.

10 Ruhezeiten

Wenn es gerade mal gar nicht passt und Sie eine Zeit lang keinerlei störende Benachrichtigungen erhalten möchten, klicken Sie im Info-Center auf **Ruhezeiten**. Solange dieser Modus aktiv ist, gibt Windows keine Banner oder akustischen Hinweise aus. Im Info-Center werden sie aber weiterhin aufgelistet.

11 Uhr und Kalender

Am rechten Rand der Infoleiste werden die aktuelle Uhrzeit und das Datum angezeigt. Wenn Sie mit der Maus auf die Anzeige klicken, öffnet sich ein kleiner Kalender.

12 Die Desktop-Schaltfläche

Ganz am äußersten rechten Rand findet sich schließlich eine »unsichtbare« Schaltfläche. Wenn Sie auf diesen Bereich klicken, werden alle geöffneten Programmfenster minimiert, und der Desktop wird angezeigt.

Die Kalender-App
Der Kalender in der Taskleiste bietet keine direkte Möglichkeit, Termine einzutragen. Ein Klick auf das Pluszeichen 5 öffnet die Kalender-App, in der Sie Ihre Termine verwalten können.

10

11
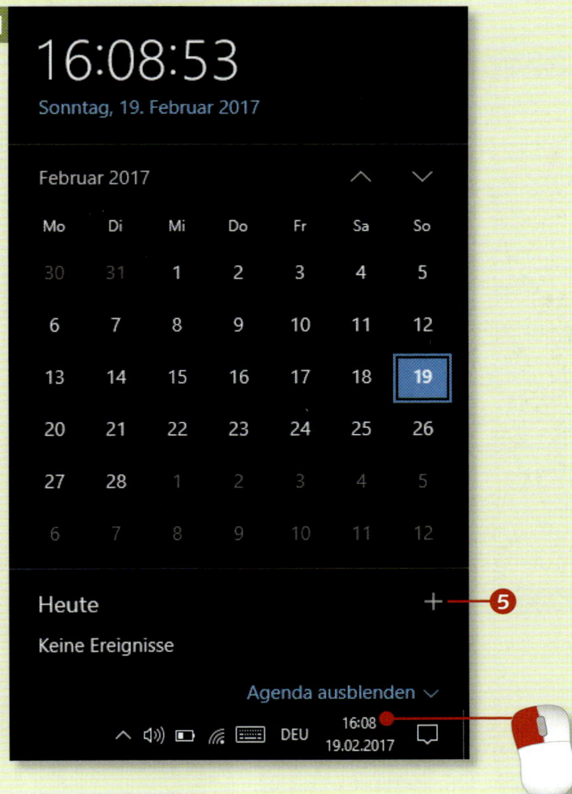

12

Die Tastatur Ihren Bedürfnissen anpassen

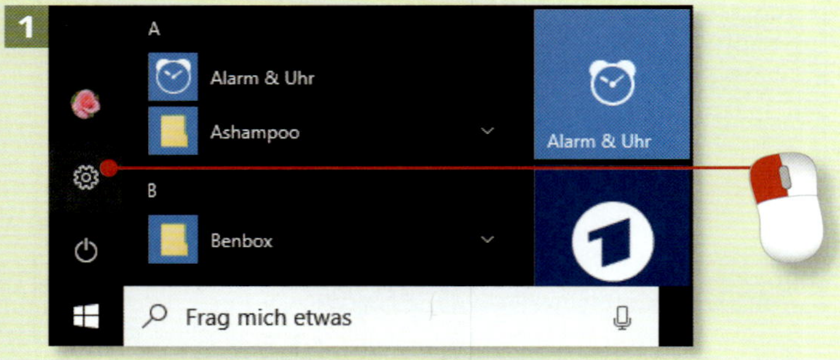

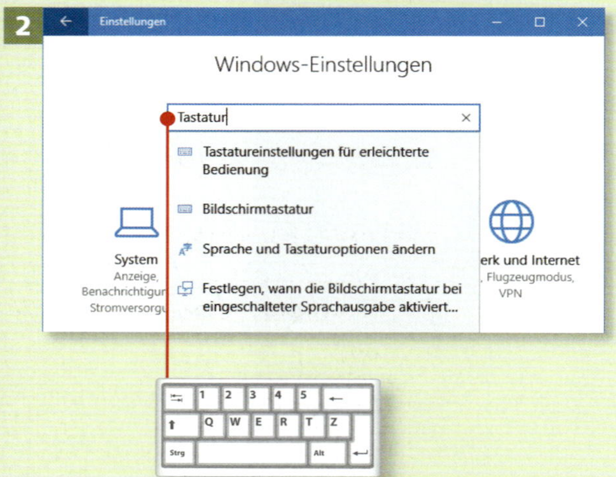

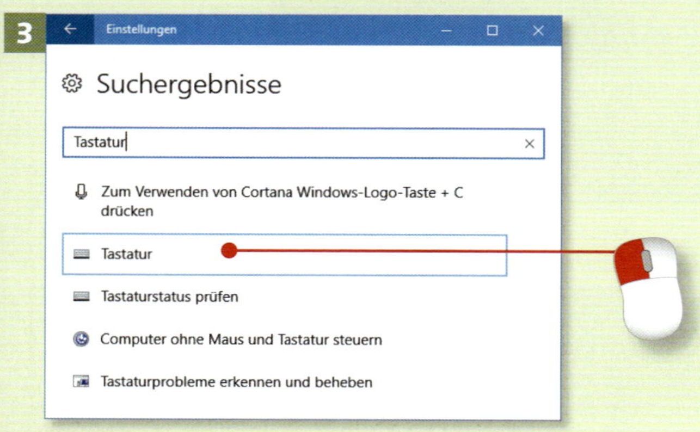

Damit Ihnen die Arbeit am Computer leichter von der Hand geht, sollten Sie gleich zu Anfang die Tastatur konfigurieren und an Ihre individuellen Bedürfnisse anpassen. Sie werden überrascht sein, wie viele Möglichkeiten Sie haben, das Verhalten der Tastatur zu bestimmen.

Schritt 1

Öffnen Sie die Windows-Einstellungen mithilfe der Tastenkombination [⊞] + [I] oder durch einen Klick auf das **Zahnradsymbol** im Startmenü.

Schritt 2

Tippen Sie den Suchbegriff *Tastatur* in das Suchfeld der Einstellungen ein, und schließen Sie die Eingabe mit der [↵]-Taste ab, um sich alle Suchergebnisse anzeigen zu lassen.

Schritt 3

Navigieren Sie mithilfe der Bildlaufleiste, des Mausrades oder der [↓]-Taste bis zum Eintrag **Tastatur**, und klicken Sie darauf, um die Eigenschaften der Tastatur zu öffnen.

Schritt 4

Über den Schieberegler im Abschnitt **Zeichenwiederholung** können Sie nun die Verzögerung der Tastaturanschläge einstellen.

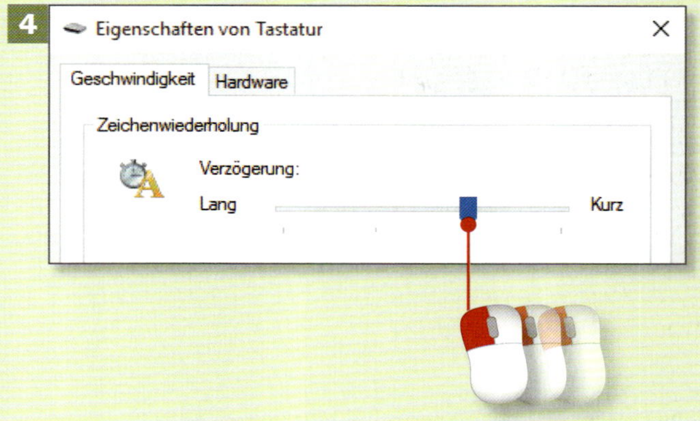

Schritt 5

Die **Wiederholrate** gibt an, wie häufig ein Zeichen ausgegeben wird, wenn Sie eine Taste länger drücken. Testen Sie Ihre Einstellung, indem Sie in das Textfeld klicken und eine beliebige Taste gedrückt halten.

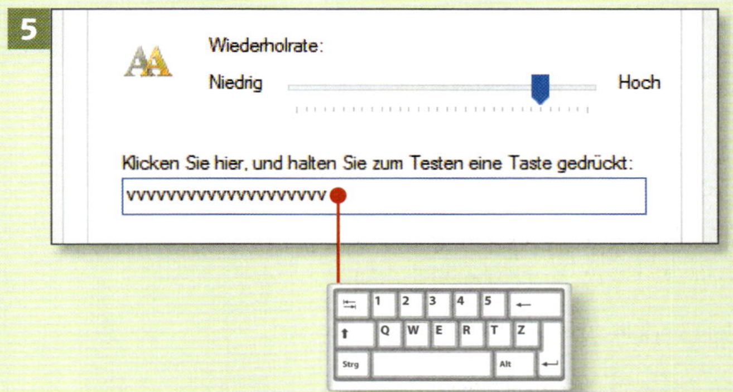

Schritt 6

Im letzten Abschnitt können Sie unter **Cursorblinkrate** einstellen, wie schnell die Schreibmarke, auch *Cursor* genannt, blinken soll. Sind alle Einstellungen getroffen, klicken Sie auf die Schaltfläche **OK**.

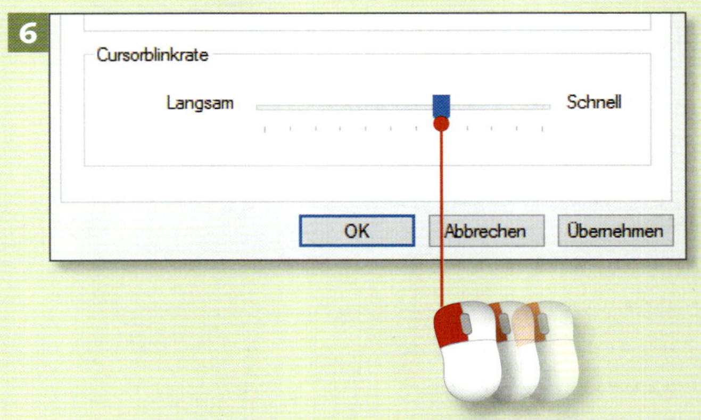

Erweiterte Einstellungen
Nutzen Sie eine Tastatur mit zusätzlichen und frei belegbaren Funktionstasten? Damit Sie diese Tasten und weitere Einstellungsmöglichkeiten nutzen können, müssen Sie die Software installieren, die zusammen mit der Tastatur geliefert wurde.

Das Mausverhalten anpassen

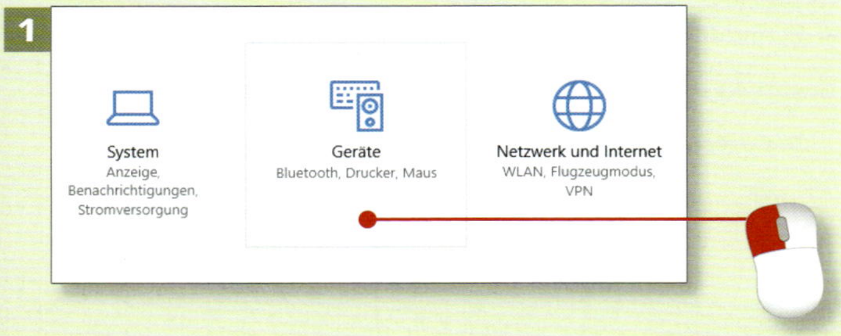

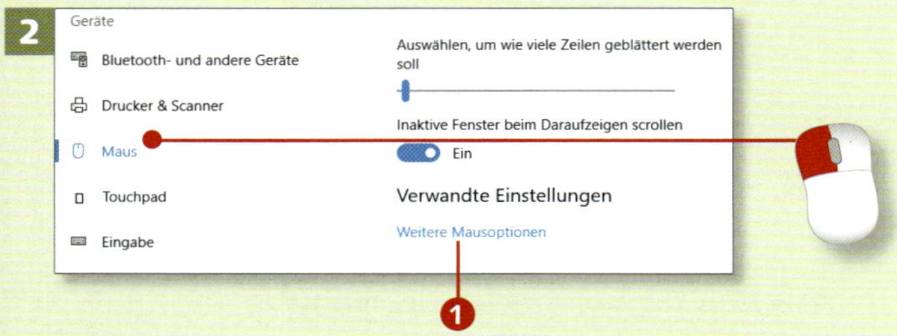

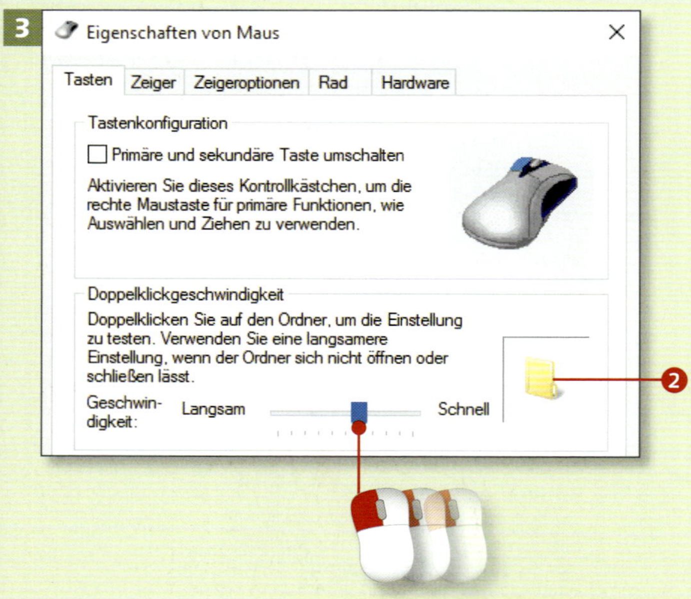

Nachdem Sie die Tastatur an Ihre Bedürfnisse angepasst haben, ist nun die Maus an der Reihe. Auch hier stehen zahlreiche Einstellungsmöglichkeiten zur Verfügung.

Schritt 1

Öffnen Sie die Windows-Einstellungen mit ⊞ + I, und klicken Sie darin auf den Menüpunkt **Geräte**.

Schritt 2

Klicken Sie nun in der linken Fensterhälfte auf den Eintrag **Maus** und anschließend auf der rechten Seite auf **Weitere Mausoptionen** ❶.

Schritt 3

Mit dem Schieberegler unter **Doppelklickgeschwindigkeit** legen Sie die Zeitspanne fest, in der zwei aufeinanderfolgende Klicks als Doppelklick erkannt werden sollen. Testen Sie die Einstellung durch einen Doppelklick auf das Ordnersymbol ❷.

Wenn die Maus »ruckelt«
Haben Sie eine Maus mit Rollkugel? Läuft eine solche Maus nicht sauber, liegt dies häufig daran, dass sie verschmutzt ist. Entnehmen Sie die Kugel, und reinigen Sie die Führungswalzen.

Schritt 4

Wechseln Sie zum Register **Zeiger** ❸, und klicken Sie auf das Dropdown-Menü im Abschnitt **Schema**. Sie können hier die Optik des Mauszeigers verändern, z. B. einen größeren Mauszeiger auswählen.

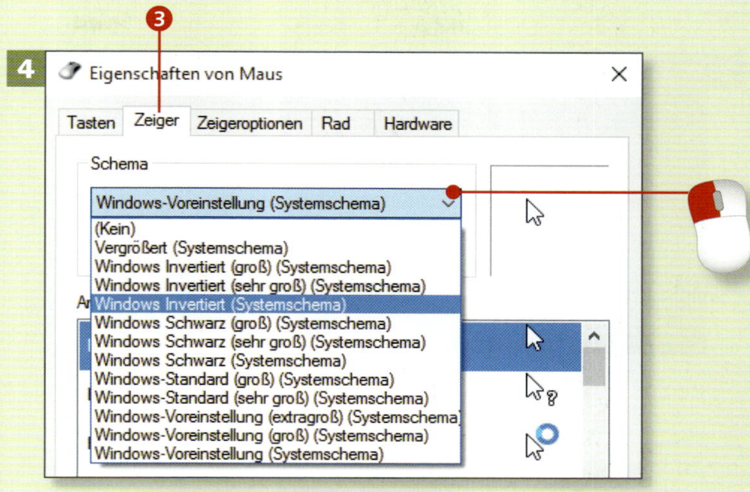

Schritt 5

Wie schnell sich die Maus bewegen soll, lässt sich auf der Registerkarte **Zeigeroptionen** ❹ festlegen. Schieben Sie den Regler nach links, um den Mauszeiger zu verlangsamen, und nach rechts, um ihn zu beschleunigen.

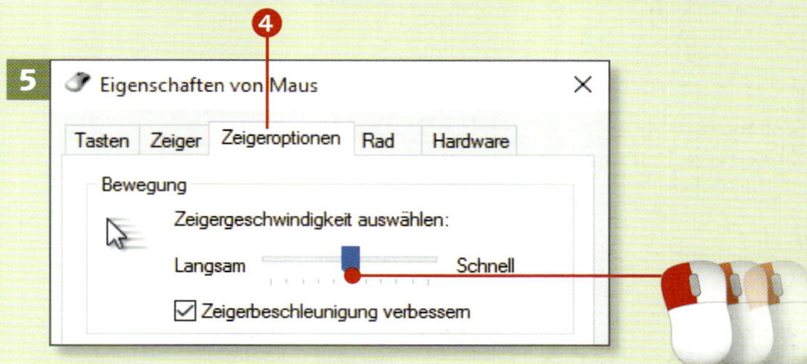

Schritt 6

Auf der Registerkarte **Rad** ❺ definieren Sie, wie viele Zeilen sich der Fensterinhalt – z. B. einer Webseite – bei Verwendung des Mausrädchens nach oben oder unten bewegen soll. Schließen Sie den Dialog mit **OK**.

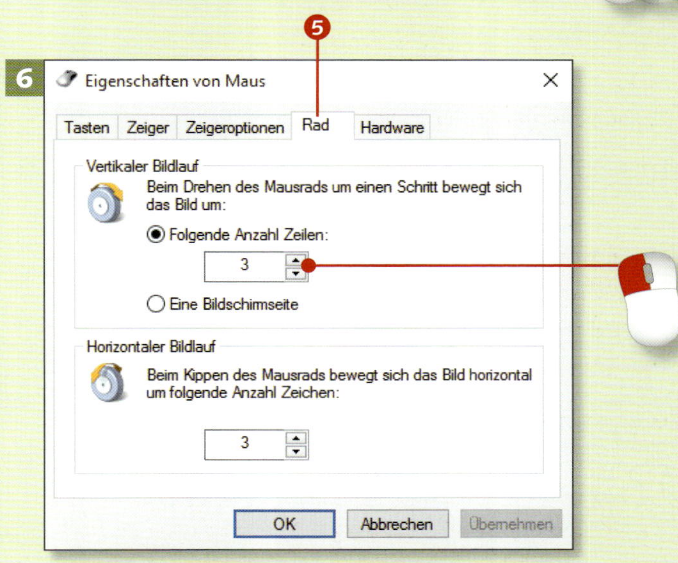

Die Wahl der Unterlage

Gerade bei optischen Mäusen ist die Wahl der Unterlage, auf der sie geführt werden, besonders wichtig. Wenn der Mauszeiger öfter hängen bleibt oder springt, sollten Sie eine andere Unterlage verwenden. Glänzende oder transparente Unterlagen sind für optische Mäuse eher nicht geeignet.

Die Taskleiste sinnvoll einrichten

Auf der Taskleiste ist viel los: Hier werden Systeminformationen und Vorschaufenster der laufenden Anwendungen angezeigt. Sie können sie individuell an Ihre Bedürfnisse anpassen.

1

Schritt 1

Öffnen Sie die Einstellungen der Taskleiste, indem Sie zunächst mit der rechten Maustaste auf eine freie Stelle der Taskleiste klicken und anschließend den Menüpunkt **Taskleisteneinstellungen** aus dem Kontextmenü auswählen.

2

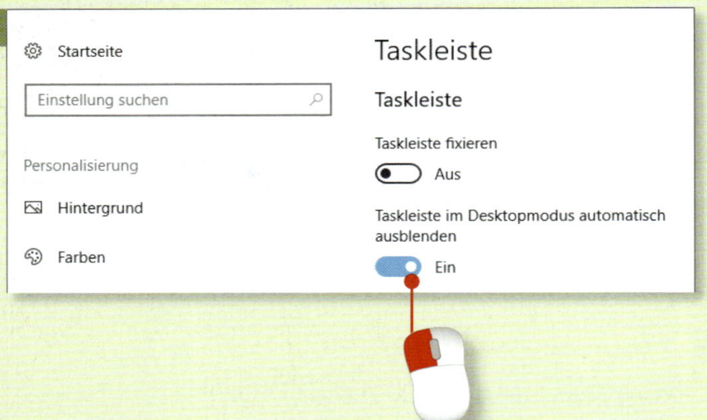

Schritt 2

Soll die Taskleiste ausgeblendet werden, sobald Sie mit der Maus den Bereich der Leiste verlassen, aktivieren Sie die Option **Taskleiste im Desktopmodus automatisch ausblenden**.

3

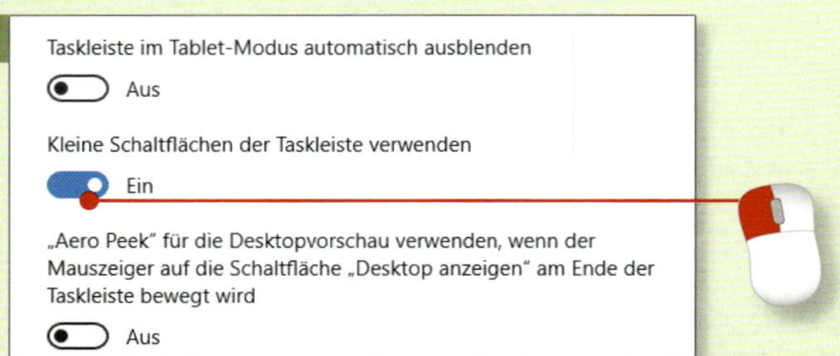

Schritt 3

Mehr Platz auf der Taskleiste erhalten Sie, indem Sie die Option **Kleine Schaltflächen der Taskleiste verwenden** auf **Ein** stellen.

Schritt 4

Sogar die Position der Taskleiste können Sie bestimmen. Klicken Sie dazu auf das Dropdown-Menü unter dem Text **Position der Taskleiste auf dem Bildschirm**, und wählen Sie aus der Liste die gewünschte Position aus.

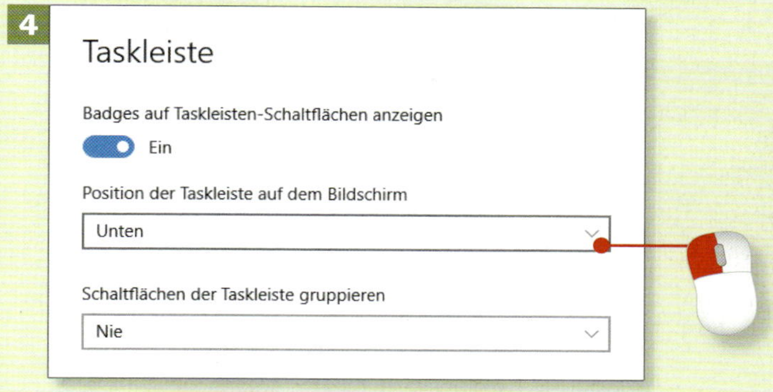

Schritt 5

Auch die Erweiterung der Taskleiste um zusätzliche Symbolleisten ist möglich. Klicken Sie erneut mit der rechten Maustaste auf die Taskleiste, und wählen Sie den Befehl **Symbolleisten ▸ Desktop**.

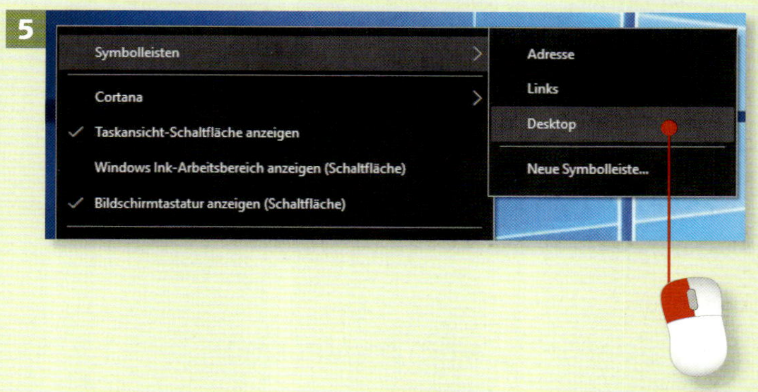

Schritt 6

Fortan können Sie über die neu hinzugefügte Symbolleiste **Desktop** auf alle Desktop-Elemente zugreifen. Bei Bedarf lassen sich jederzeit weitere Symbolleisten hinzufügen oder wieder entfernen.

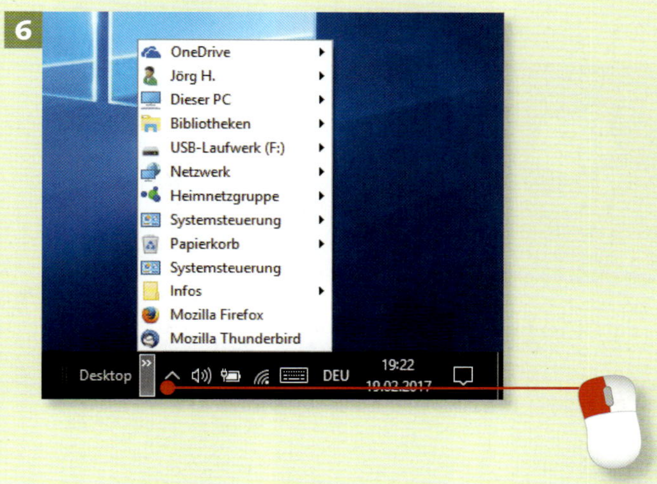

Wo ist die Schnellstartleiste?

Die noch unter Windows XP bekannte Schnellstartleiste steht seit Windows 7 standardmäßig nicht mehr zur Verfügung. Lesen Sie in der Anleitung »Programme schneller starten« auf Seite 182, wie Sie die Schnellstartleiste unter Windows 10 zurückholen können.

Die Ansicht mit dem Mausrad vergrößern

1

Strg + Mausrad

2

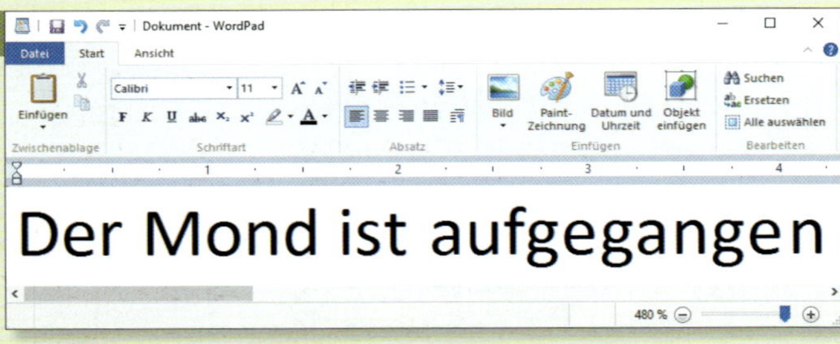

Strg + Mausrad

3

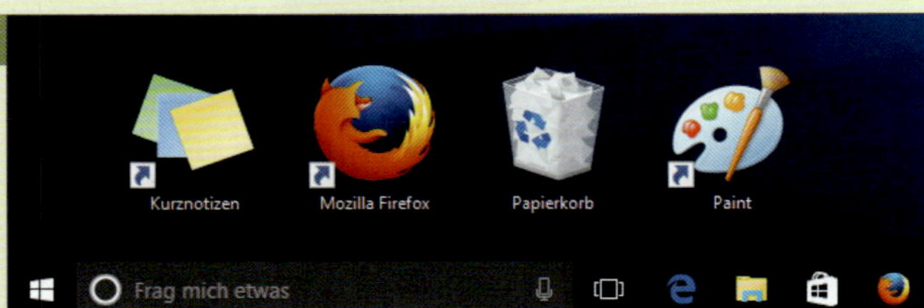

Strg + Mausrad

Viele Texte auf Internetseiten oder in Office-Dokumenten sind recht klein gehalten. Um die Darstellung der Schrift zu vergrößern, genügt ein kleiner, aber feiner Trick mit Tastatur und Maus.

Schritt 1

Gerade auf Internetseiten ist die Schriftgröße häufig sehr klein gewählt. Um die Schrift zu vergrößern, drücken Sie die Strg-Taste, halten sie gedrückt und drehen gleichzeitig das Rädchen Ihrer Maus nach vorn.

Schritt 2

Der Trick funktioniert auch mit WordPad sowie Office-Dokumenten aus Programmen wie Microsoft Word oder Excel. Halten Sie auch hier die Strg-Taste gedrückt, und drehen Sie am Mausrad.

Schritt 3

Auch die Programmsymbole auf Ihrem Desktop können Sie auf diese Weise vergrößern: Strg + *Mausrad nach vorn drehen* vergrößert die Darstellung, Strg + *Mausrad nach hinten* verkleinert sie.

Die Ansicht mit der Bildschirmlupe vergrößern

Auf Webseiten kann es bei einer zu großen Schrift zu Darstellungsfehlern kommen. Windows bietet daher eine weitere Möglichkeit, Schriften zu vergrößern: die Bildschirmlupe.

Schritt 1

Drücken Sie ⊞ + U, um die Einstellungen für die erleichterte Bedienung zu öffnen, und klicken Sie dann links in der Menüleiste auf den Eintrag **Bildschirmlupe**.

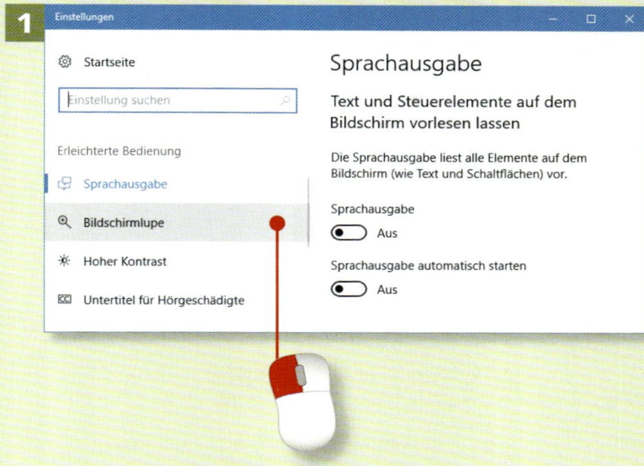

Schritt 2

Aktivieren Sie die Bildschirmlupe, indem Sie in der rechten Fensterhälfte den Schieberegler des gleichnamigen Menüpunkts auf **Ein** stellen.

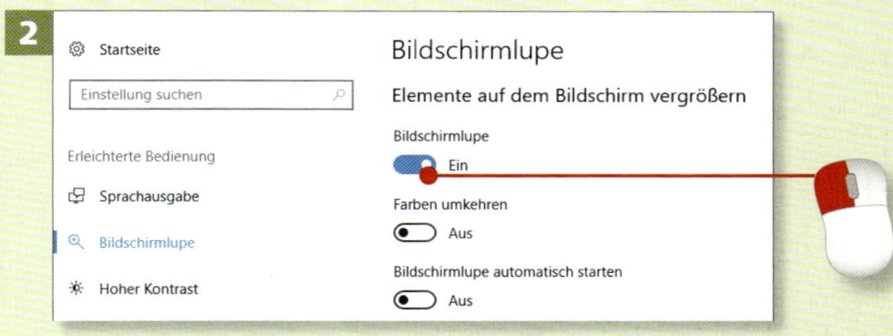

Schritt 3

Drücken Sie Strg + Alt + L, um auf eine bewegliche Lupe umzuschalten. Mit ⊞ + + und ⊞ + − erhöhen bzw. verringern Sie den Vergrößerungsfaktor.

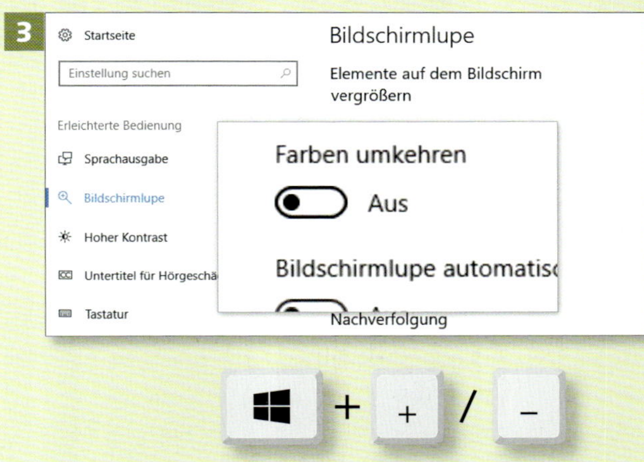

Weitere Tastenkürzel

Mit Strg + Alt + F schalten Sie in den Vollbildmodus, und mit Strg + Alt + D verankern Sie die Lupe auf dem Bildschirm. Schließen Sie die Lupe mit ⊞ + Esc.

Dateien suchen und finden

Im Laufe der Zeit sammeln sich Unmengen an Daten an, die sich schwer wiederfinden lassen. Mit der Suchfunktion behalten Sie den Überblick.

1

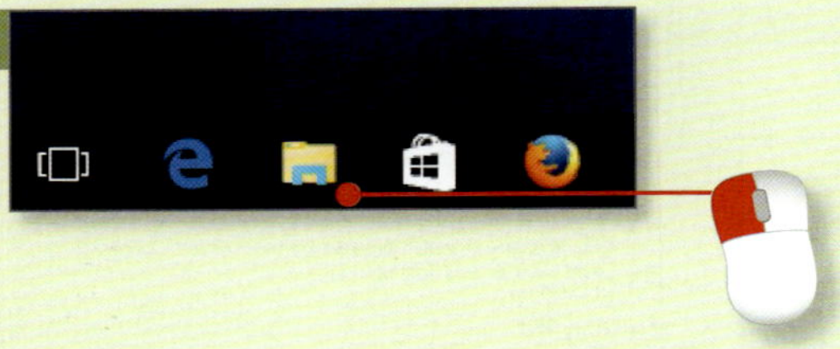

2

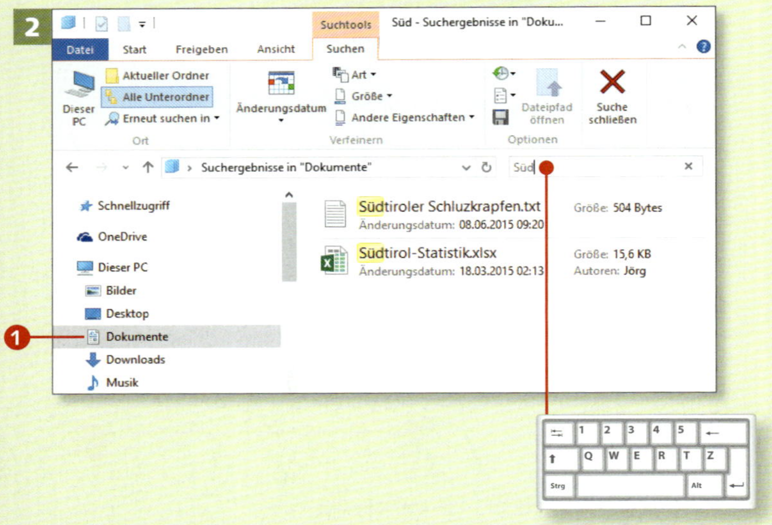

3

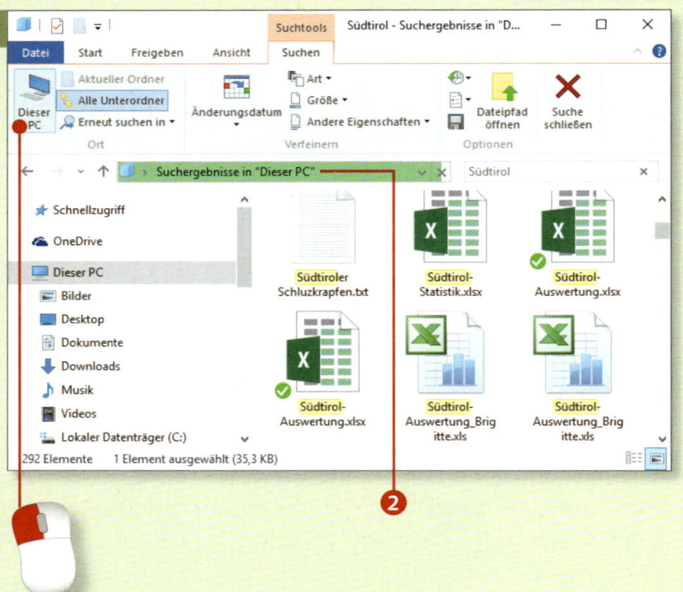

Schritt 1

Öffnen Sie zunächst den Explorer mit einem Klick auf das Ordnersymbol in der Taskleiste.

Schritt 2

Markieren Sie in der linken Spalte des Explorers den Ort, der durchsucht werden soll, z. B. **Dokumente** ❶, und geben Sie rechts oben den Suchbegriff ein. Ob Sie ihn groß- oder kleinschreiben, spielt keine Rolle.

Schritt 3

Wurde das gewünschte Dokument nicht gefunden? Um die Suche auf das ganze System auszuweiten, klicken Sie links oben auf die Schaltfläche **Dieser PC**. Der Suchvorgang beginnt daraufhin neu.

Manchmal dauert es ein wenig

Die besten Ergebnisse erhalten Sie, wenn Sie das ganze System durchsuchen. Das benötigt etwas mehr Zeit. Wenn der grüne Balken ❷ nach rechts durchgelaufen ist, ist die Suche abgeschlossen.

Direkt in der Taskleiste können Sie nach Dateien, Ordnern und Programmen auf Ihrem Computer suchen und erhalten auch Suchergebnisse aus dem Internet.

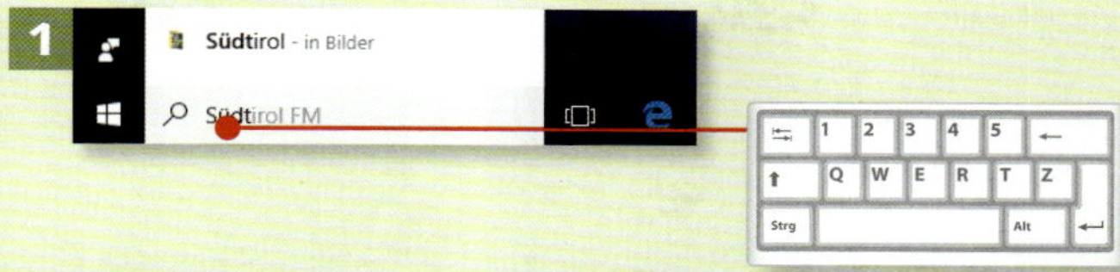

Schritt 1

Klicken Sie zunächst in das Eingabefeld, um die Suche zu aktivieren, und tippen Sie dann den Suchbegriff ein. Windows ergänzt Ihre Eingabe mit einem Suchvorschlag. Möchten Sie diesen übernehmen, klicken Sie einfach nochmals in das Suchfeld.

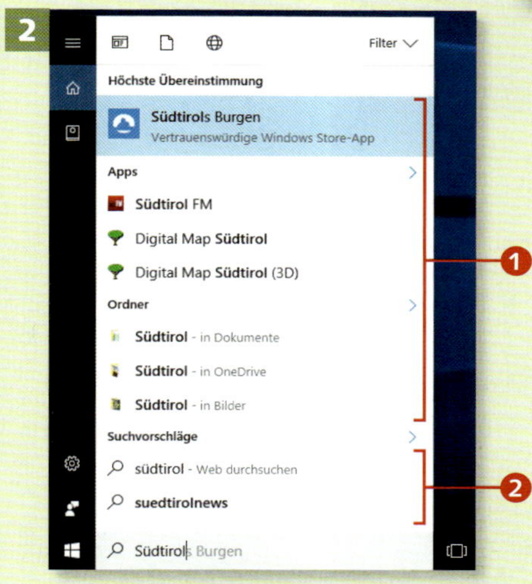

Schritt 2

Besteht eine Internetverbindung, zeigt die Liste der Suchergebnisse im oberen Teil Programme, Apps, Ordner und Dateien an ❶ und im unteren Teil Ergebnisse der Internetsuche ❷.

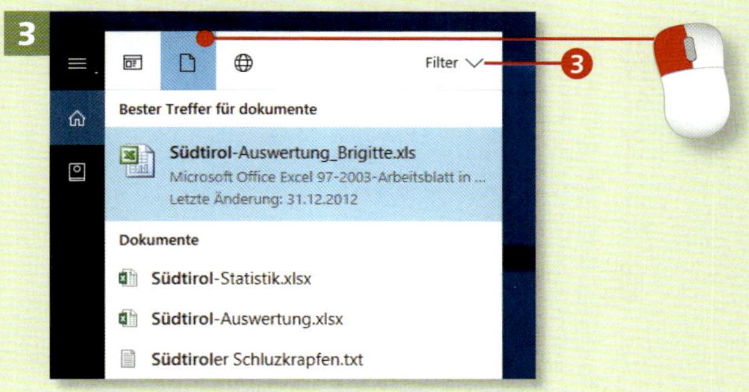

Schritt 3

Klicken Sie in der Kopfzeile der Liste auf einen der drei Filter **Apps**, **Dokumente** oder **Internet**, um die Ergebnisse nach diesem Kriterium zu filtern. Über den Menüpunkt **Filter** ❸ stehen weitere Filterkriterien zur Auswahl.

Speicherpfad ermitteln

Klicken Sie den Eintrag in der Ergebnisliste mit der rechten Maustaste an, und wählen Sie **Speicherort öffnen**. Daraufhin öffnet sich der Explorer und zeigt die ausgewählte Datei an.

Den Computer über den Netzschalter herunterfahren

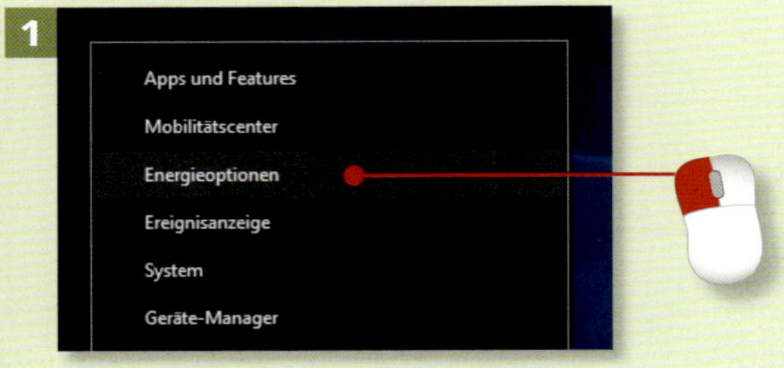

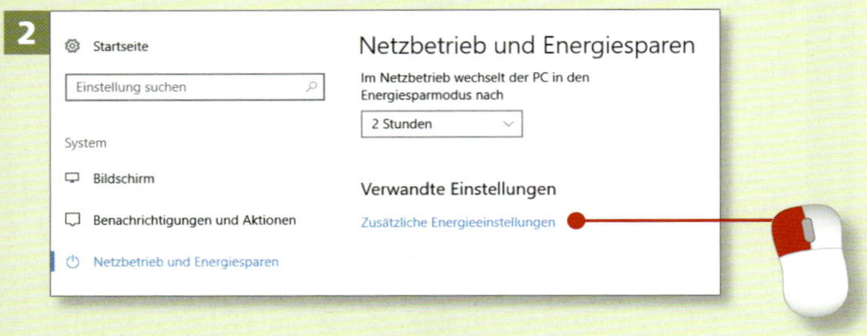

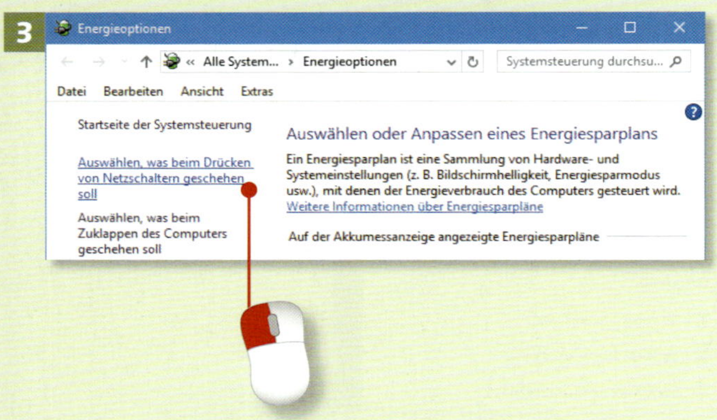

Der klassische Weg, Ihren Computer herunterzufahren, führt über das Startmenü. Wer gerne mit Tastenkombinationen arbeitet, drückt Alt + F4*. Sie können Ihren PC aber auch über den Netzschalter herunterfahren oder ihn in den Energiesparmodus versetzen.*

Schritt 1

Klicken Sie mit der rechten Maustaste auf die **Start**-Schaltfläche, und wählen Sie den Eintrag **Energieoptionen** aus dem Menü.

Schritt 2

Die gesuchten Einstellungen sind noch nicht in die neuen Windows-Einstellungen integriert. Klicken Sie daher in der rechten Fensterhälfte im Abschnitt **Verwandte Einstellungen** auf **Zusätzliche Energieeinstellungen**.

Schritt 3

Klicken Sie in dem Fenster, das sich nun öffnet, links in der Aufgabenleiste auf den Link **Auswählen, was beim Drücken von Netzschaltern geschehen soll**.

Energie sparen

Die Option **Energie sparen** (1) bewirkt, dass die Anwendungen zwischengespeichert werden. Der Computer wird nicht heruntergefahren, sondern in einen Stand-by-Modus versetzt. So wird zwar etwas Energie verbraucht, das »Aufwecken« geht dafür schneller.

Schritt 4

Öffnen Sie das zweite Menü neben **Beim Drücken des Netzschalters**, und wählen Sie das gewünschte Verhalten aus, z. B. **Herunterfahren**. Bei mobilen Geräten können Sie die Auswahl für Akku- und Netzbetrieb separat vornehmen.

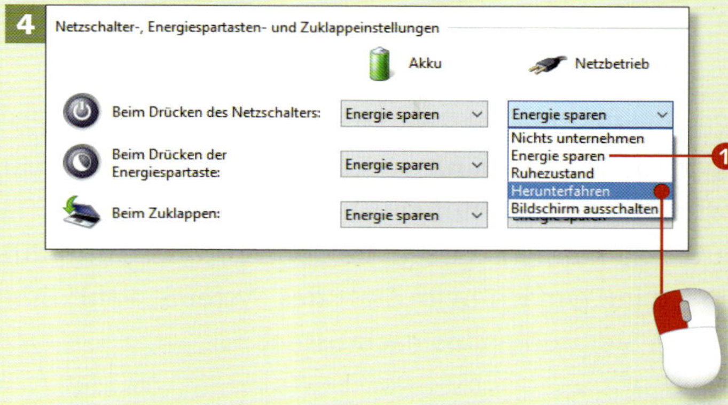

Schritt 5

Je nach verwendetem Gerätetyp können Sie zusätzlich das Verhalten der Energiespartaste festlegen und angeben, was beim Zuklappen eines Laptops geschehen soll.

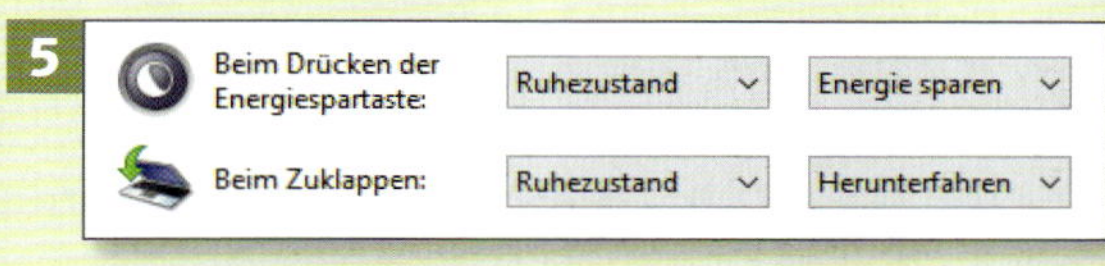

Schritt 6

Schließlich müssen Sie die soeben getroffenen Einstellungen noch speichern. Klicken Sie dazu ganz unten auf die Schaltfläche **Änderungen speichern**. Sie ist nur aktiv, wenn Sie etwas verändert haben.

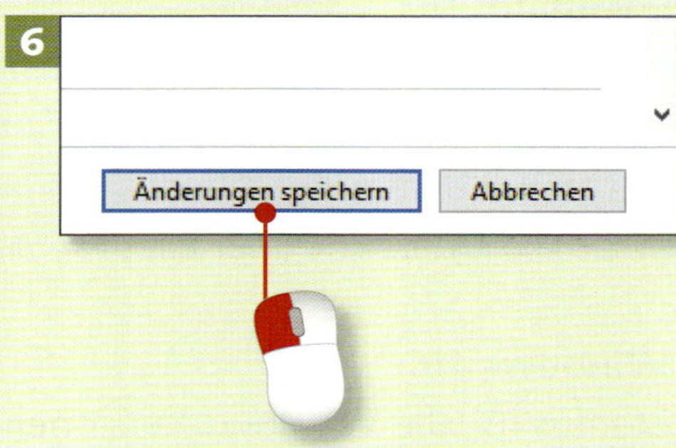

Ruhezustand

Bei der Option **Ruhezustand** werden beim Beenden alle Programme und Dokumente auf der Festplatte gespeichert, und der PC wird heruntergefahren und ausgeschaltet. Bei einem Neustart werden die zuletzt verwendeten Dokumente und Programme wieder geöffnet.

Kapitel 2
Windows optimal einrichten

Die ersten Hürden sind genommen – Windows ist eingerichtet, nun geht es an die Feinabstimmung. Verschieben Sie Anwendungen in die Taskleiste, um sie bei Bedarf schneller starten zu können. Passen Sie den Startbildschirm Ihren Bedürfnissen an, oder überspringen Sie ihn einfach beim Start des Systems. Fehlt Ihnen das alte Startmenü? Auch das können Sie problemlos nachrüsten.

Zurück zum klassischen Startmenü

Einer der am häufigsten genannten Kritikpunkte unter Windows 8.1 war das fehlende Startmenü. Microsoft erkannte seinen Designfehler, und so feiert das Startmenü unter Windows 10 seine Rückkehr. Allerdings gefällt die neue Variante, die Elemente aus Windows 7 und 8.1 vereint, nicht jedem Anwender. Mit dem Programm Classic Shell ❶ können Sie das beliebte Startmenü im Windows-7-Stil schnell und einfach nachrüsten.

Das Startmenü im Vollbild

Das neue Startmenü ist wandlungsfähig, es kann nicht nur in der Höhe und Breite verändert oder transparent dargestellt werden, sogar die Ausführung im Vollbild ist möglich ❷. Damit ähnelt das Startmenü dem unter Windows 8 bekannt gewordenen Startbildschirm. Zugleich verbessern Sie die Übersicht über alle Ihre Anwendungen.

Neue Kleider für Windows 10

Microsoft stellt kostenlos für alle Windows-Versionen eine Unmenge an neuen Hintergrundbildern und Designs zur Verfügung. Nutzen Sie das Angebot, und legen Sie farbenfrohe und beeindruckende Hintergründe für Ihren Desktop fest ❸.

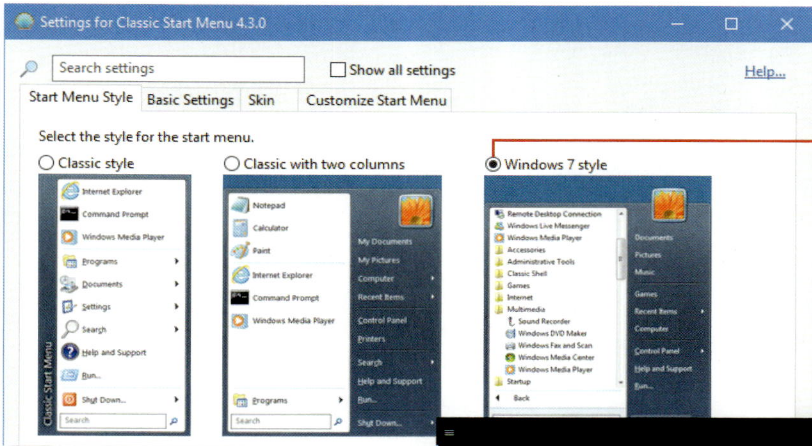

1 Auch unter Windows 10 müssen Sie nicht auf das klassische Startmenü verzichten.

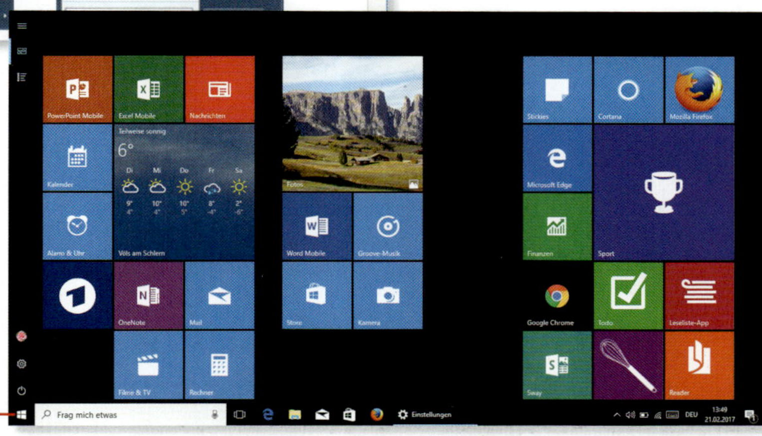

2 Fast wie der Startbildschirm unter Windows 8: Das neue Startmenü kann auch im Vollbildmodus verwendet werden.

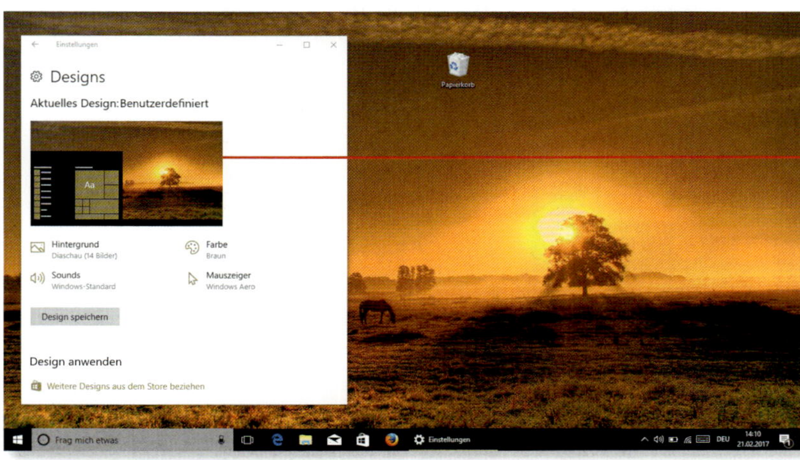

3 Kleider machen Leute! Werten Sie Windows mit schönen Hintergrundbildern optisch auf.

Anwendungen an die Taskleiste heften

Anstatt sich durch das Startmenü zu klicken, können Sie Programme und Apps auch an die Taskleiste heften und fortan mit nur einem Mausklick starten.

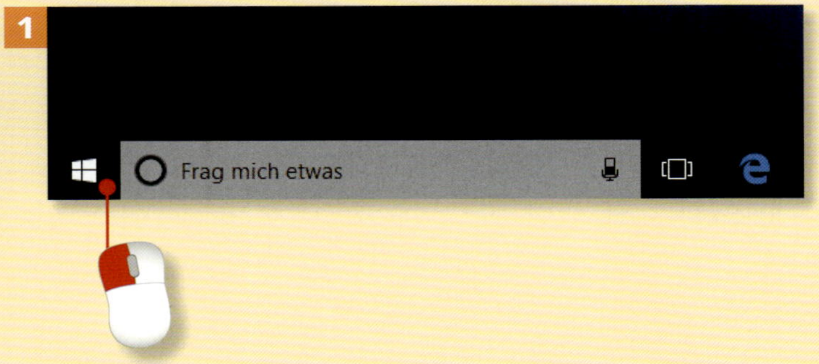

Schritt 1

Öffnen Sie im ersten Schritt das Startmenü mithilfe der [Windows]-Taste oder durch einen Klick auf die **Start**-Schaltfläche in der Taskleiste.

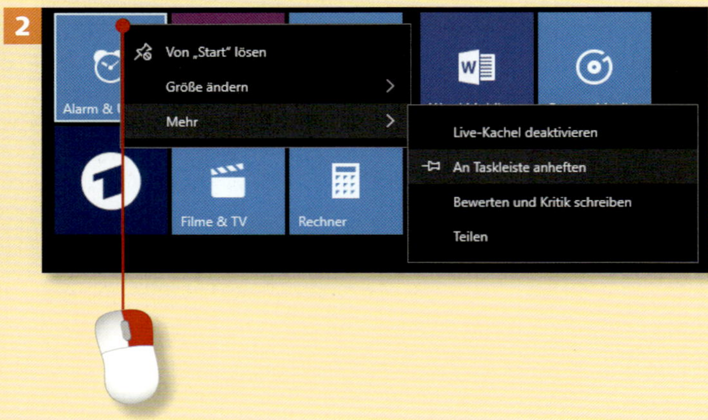

Schritt 2

Führen Sie einen Rechtsklick auf die Kachel des Programms aus, das Sie an die Taskleiste anheften möchten, und wählen Sie aus dem Kontextmenü den Befehl **Mehr ▸ An Taskleiste anheften**.

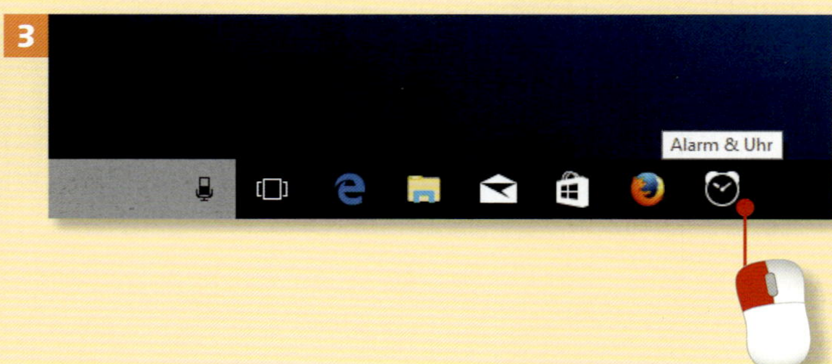

Schritt 3

Die Anwendung kann nun mit einem Mausklick auf ihr Symbol in der Taskleiste gestartet werden.

An „Start" anheften

Im Startmenü sehen Sie eine alphabetische Auflistung aller Programme. Um eine Anwendung aus der Liste in das Startmenü zu integrieren, klicken Sie sie mit der rechten Maustaste an und wählen **An „Start" anheften** aus dem Kontextmenü.

Schritt 4

Natürlich lassen sich Programme und Apps auch wieder aus der Taskleiste entfernen. Dazu klicken Sie das Programmsymbol mit der rechten Maustaste an und öffnen so das Kontextmenü.

4
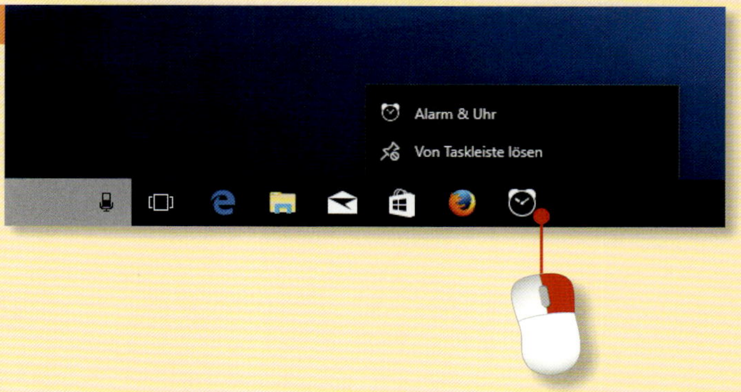

Schritt 5

Wählen Sie nun den Befehl **Von Taskleiste lösen** aus, wird das entsprechende Programm sogleich entfernt.

5
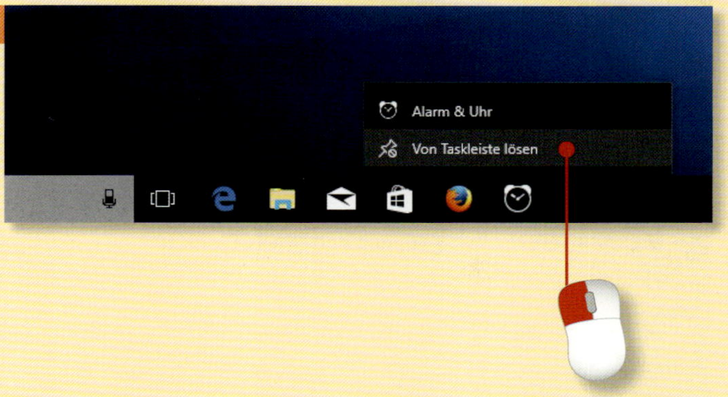

Schritt 6

Das Symbol ist verschwunden. Keine Sorge: Bei dieser Aktion wird nur eine Verknüpfung zum Programm, nicht aber das Programm selbst gelöscht.

6
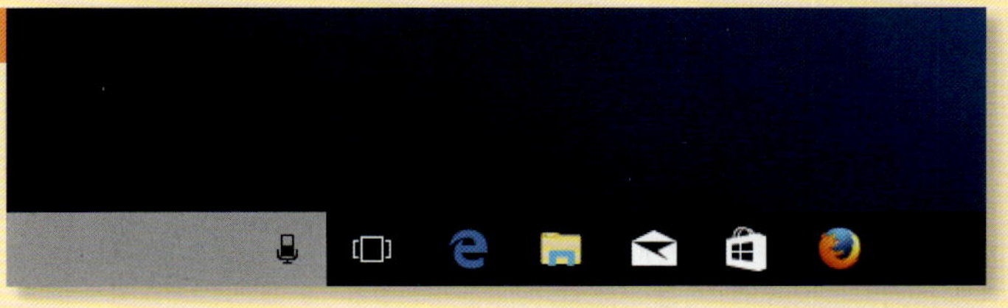

Dateien und Ordner
An die Taskleiste können Programme und Apps, nicht aber Dateien oder Ordner angeheftet werden. Wenn Sie einen schnellen Zugriff auf Ordner und Dateien haben möchten, können Sie sie als Verknüpfungen auf den Desktop legen. Das geht über einen Rechtsklick auf die Datei/den Ordner und den Menüpunkt **Senden an ▸ Desktop (Verknüpfung erstellen)**.

Das klassische Startmenü wiederherstellen

Microsoft hat das klassische Startmenü entfernt. Mit dem kostenlosen Programm Classic Shell holen Sie es sich wieder zurück.

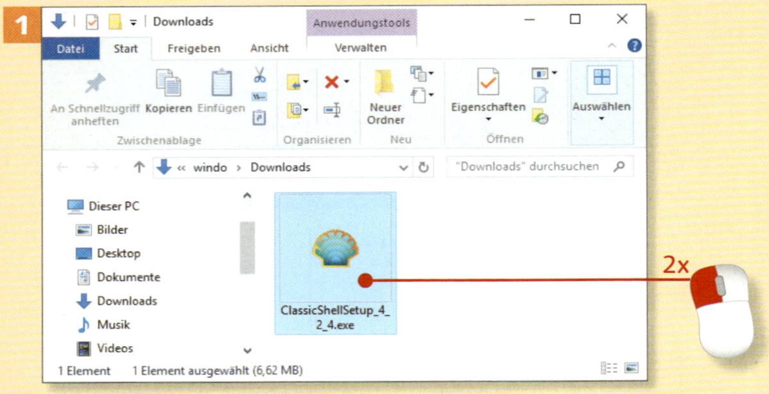

Schritt 1

Laden Sie das Programm unter *www.heise.de/download/product/classic-shell-88966* herunter, und starten Sie anschließend die Installation mit einem Doppelklick.

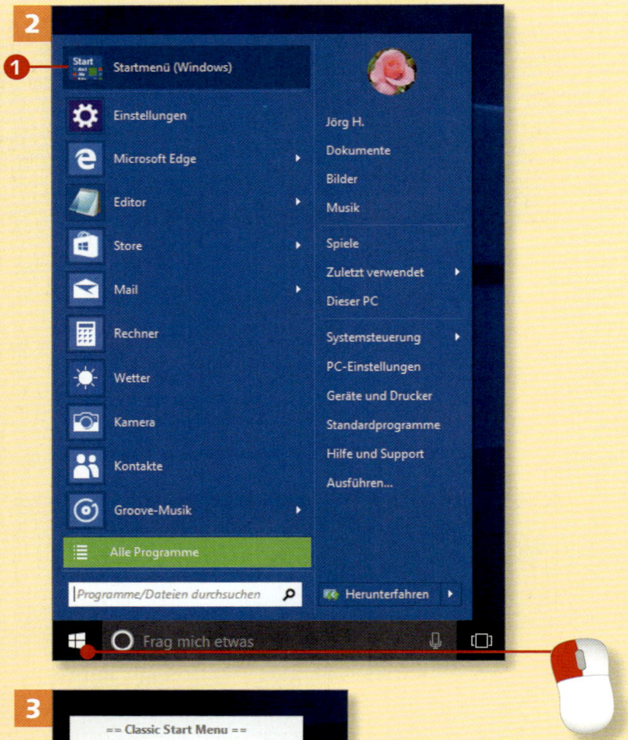

Schritt 2

Von nun an öffnet ein Klick auf die **Start**-Schaltfläche das bekannte Startmenü im Windows-7-Stil. Über **Startmenü (Windows)** ❶ können Sie jederzeit das Original-Startmenü öffnen.

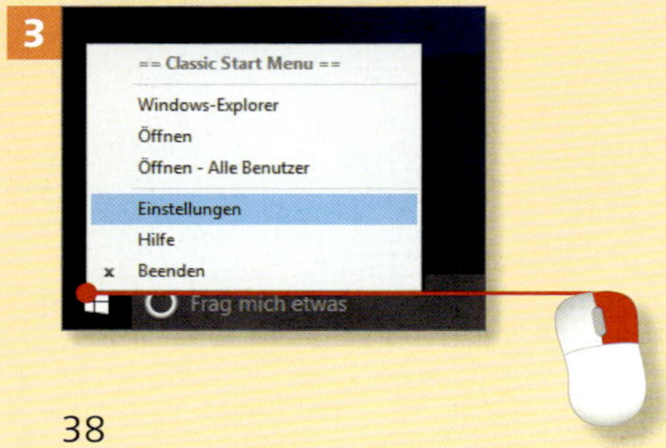

Schritt 3

Das Programm bietet einige Einstellungsmöglichkeiten. Um sie zu erreichen, klicken Sie mit der rechten Maustaste auf die **Start**-Schaltfläche und wählen **Einstellungen**.

Wo ist das Schnellstartmenü?
Das Schnellstartmenü kann mit [Win] + [X] geöffnet werden. In den Programmeinstellungen können Sie aber auch festlegen, dass ein Rechtsklick auf die **Start**-Schaltfläche das Schnellstartmenü öffnet.

Schritt 4

Drei verschiedene Stile stehen zur Auswahl. Klicken Sie den von Ihnen bevorzugten Stil an.

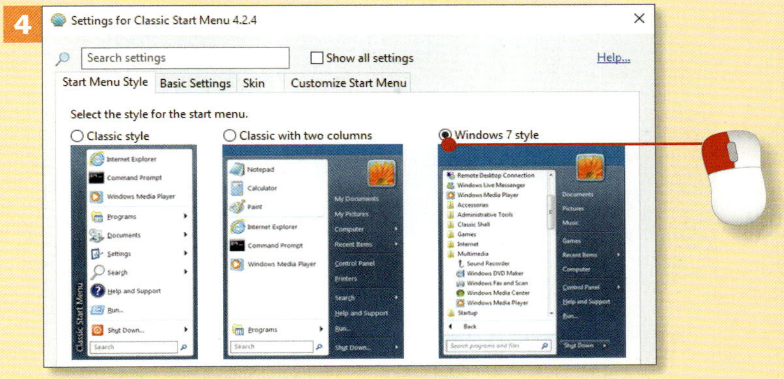

Schritt 5

Im unteren Teil des Fensters können Sie die **Start**-Schaltfläche verändern. Markieren Sie die Option **Replace Start button**, und treffen Sie Ihre Wahl. Bei Auswahl der Option **Custom** können Sie über **Pick image** ❷ auch eine eigene Grafik festlegen.

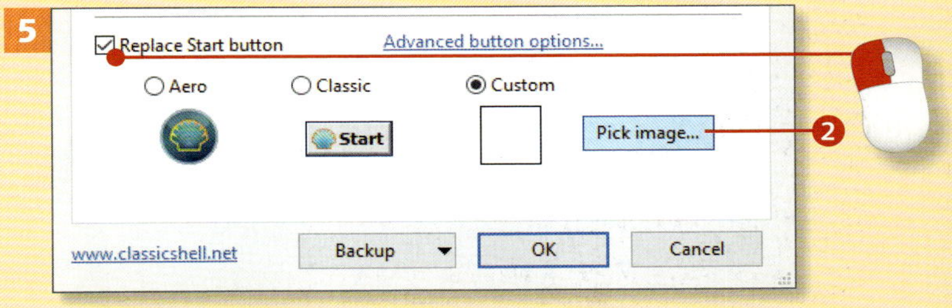

Schritt 6

Weitere Einstellungen finden Sie auf der Registerkarte **Basic Settings** ❸. Dort können Sie im Abschnitt **Windows Key opens** unter anderem festlegen, ob die ⊞-Taste das klassische Startmenü öffnen soll oder ob Sie mit ihrer Hilfe zum neuen Startbildschirm wechseln möchten.

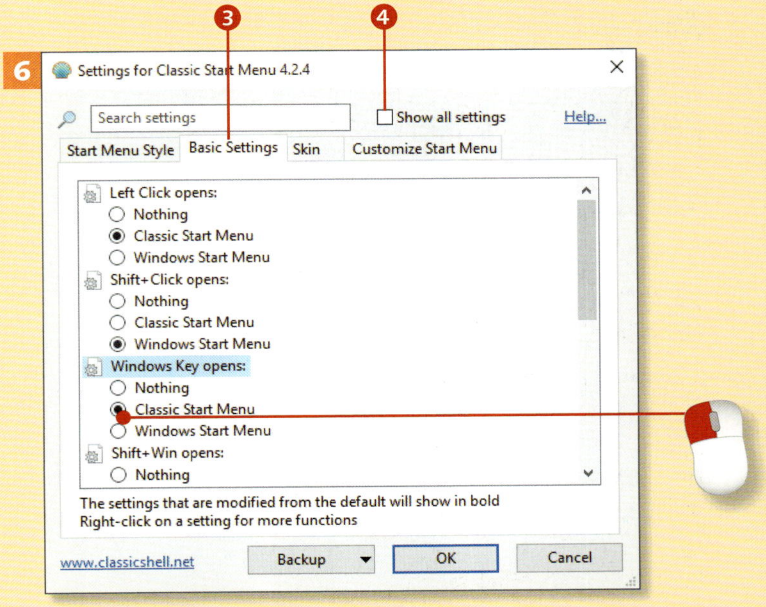

Weitere Einstellungen

Aktivieren Sie im Kopf des Einstellungsfensters die Option **Show all settings** ❹, um zusätzliche Register mit zahlreichen weiteren Einstellungsmöglichkeiten einzublenden. Experimentieren Sie ruhig ein wenig mit den Möglichkeiten.

Schnellzugriff im Startmenü optimieren

Das neue Startmenü bietet einige Möglichkeiten zur individuellen Anpassung. Sie können beispielsweise festlegen, welche Ordner im Schnellzugriff angezeigt werden sollen.

Schritt 1

Öffnen Sie das Startmenü, und klicken Sie dort auf den Menüpunkt **Einstellungen**, oder nutzen Sie die Tastenkombination [Windows] + [I], um die Einstellungen zu öffnen.

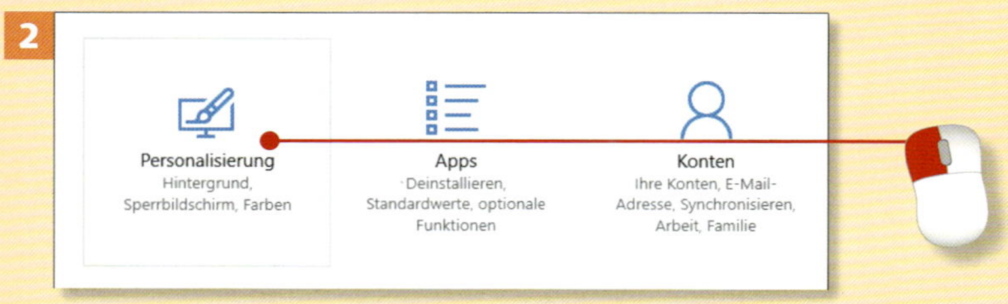

Schritt 2

Die gesuchten Startmenü-Einstellungen sind in der Kategorie **Personalisierung** zu finden. Wählen Sie diese Kategorie per Mausklick aus.

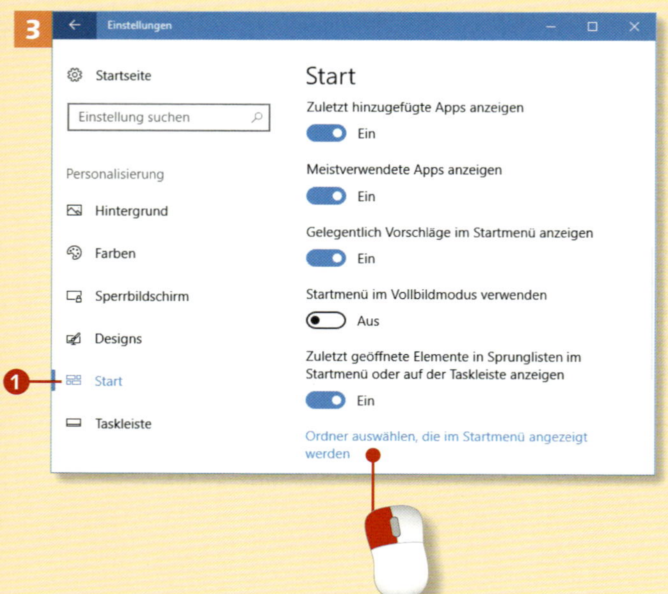

Schritt 3

Klicken Sie in der Auflistung auf der linken Seite auf den Menüpunkt **Start** ❶ und anschließend in der rechten Fensterhälfte auf den Link **Ordner auswählen, die im Menü „Start" angezeigt werden**.

Eigene Ordnerauswahl?

Leider ist man bei der Auswahl der Ordner auf die Vorgaben begrenzt. Ein eigener, individueller Ordner kann nicht festgelegt werden.

Schritt 4

Wählen Sie nun durch Verstellen der Schieberegler aus, welche Ordner und Einstellungen im Startmenü angezeigt werden sollen. In der Standardeinstellung ist dies der Menüpunkt **Einstellungen** ❷.

Schritt 5

Stellen Sie den Schieberegler jener Einträge auf **Aus**, die Sie aus dem Startmenü entfernen möchten, und den derjenigen auf **Ein**, die hinzugefügt werden sollen.

Schritt 6

Die Änderungen werden sofort übernommen. Wenn Sie nun das Startmenü öffnen, sehen Sie die neu hinzugefügten Menüpunkte. In diesem Beispiel sind es die Einträge **Bilder** und **Persönlicher Ordner** ❸.

4

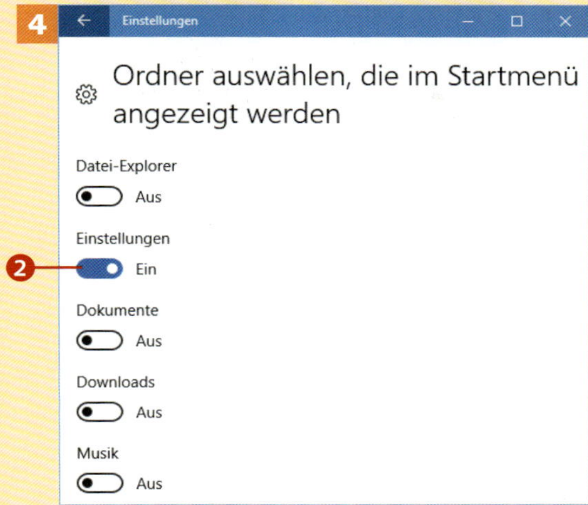

5

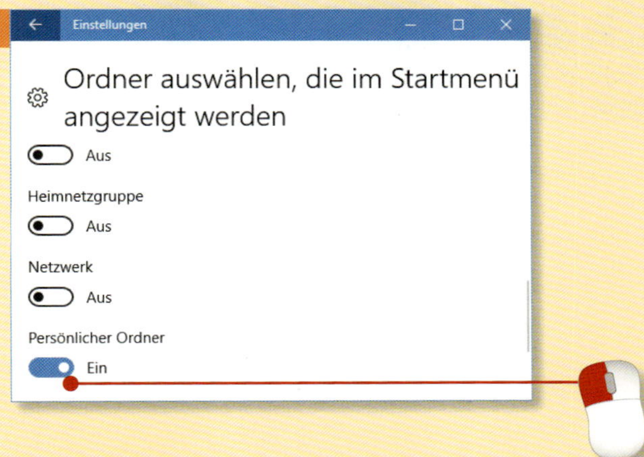

6

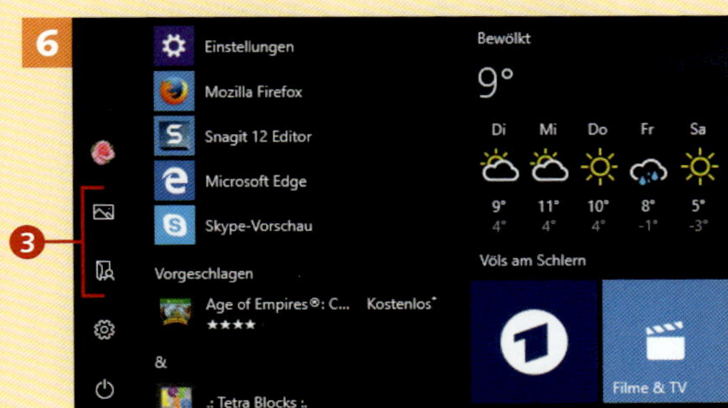

Was ist der persönliche Ordner?

Über Ihren persönlichen Ordner haben Sie Zugriff auf Ihre Verzeichnisse, z. B. Bilder, Dokumente oder Musik, aber auch auf gespeicherte Suchvorgänge, Spiele, Kontakte und Favoriten, die Sie in Microsoft Edge angelegt haben.

Das Startmenü im Vollbild ausführen

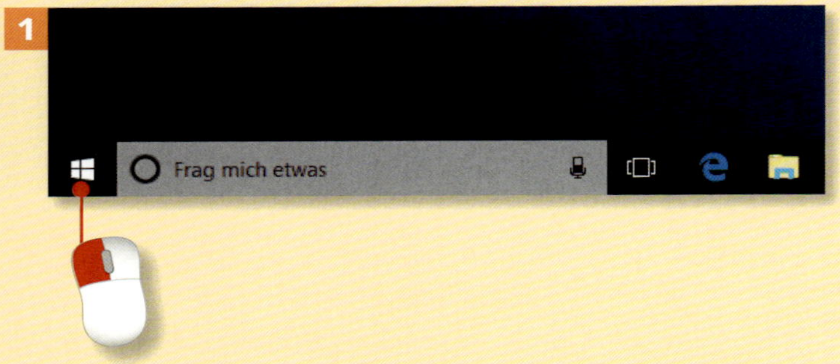

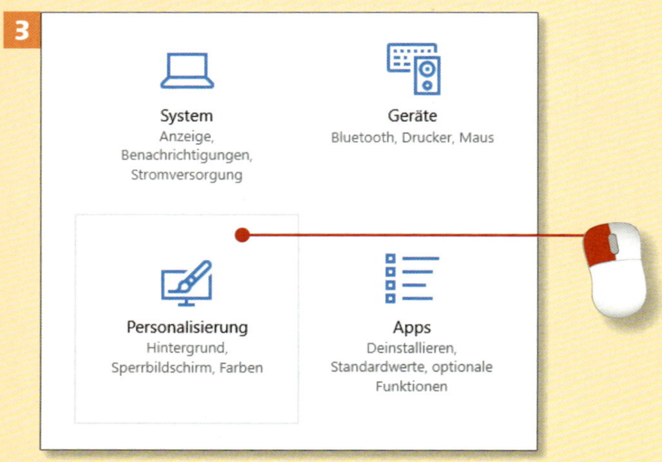

Windows 10 bietet die Möglichkeit, das Startmenü dauerhaft im Vollbild zu betreiben, sodass es dem altbekannten Startbildschirm sehr nahekommt.

Schritt 1

Öffnen Sie das Startmenü mit einem Klick auf die **Start**-Schaltfläche oder mithilfe der [Windows]-Taste.

Schritt 2

Rufen Sie im zweiten Schritt die Einstellungen Ihres Systems mit einem Klick auf den entsprechenden Menüeintrag auf.

Schritt 3

Die Möglichkeit, das Startmenü im Vollbildmodus zu nutzen, hat Microsoft in die Kategorie **Personalisierung** eingestuft. Klicken oder tippen Sie auf diesen Menüpunkt.

Apps ausblenden

Das Startmenü zeigt an, welche Programme Sie am häufigsten verwenden. Möchten Sie diese Anzeige ausschalten, stellen Sie die Option **Meistverwendete Apps anzeigen** unter **Einstellungen** ▸ **Personalisierung** ▸ **Start** auf **Aus**.

Schritt 4

In der linken Spalte des Einstellungsfensters sind nun verschiedene Unterpunkte aufgeführt. Die Optionen für das Startmenü erreichen Sie über den Eintrag **Start**.

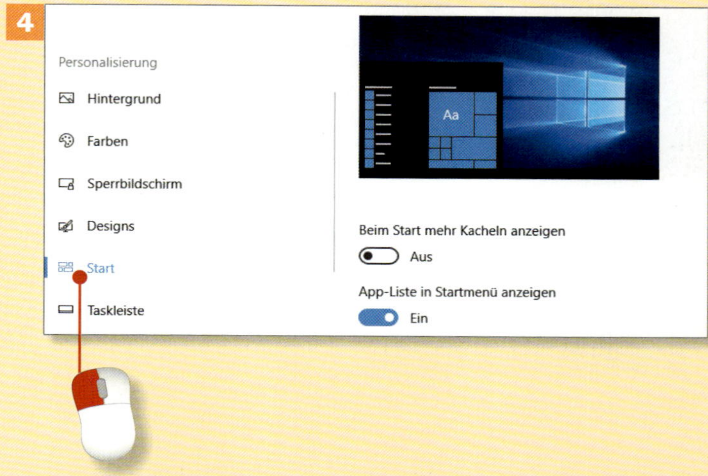

Schritt 5

Aktivieren Sie im rechten Teilfenster nun die Funktion, indem Sie den Schieberegler vor dem Befehl **Startmenü im Vollbildmodus verwenden** auf **Ein** stellen. Die Änderung wird sofort übernommen.

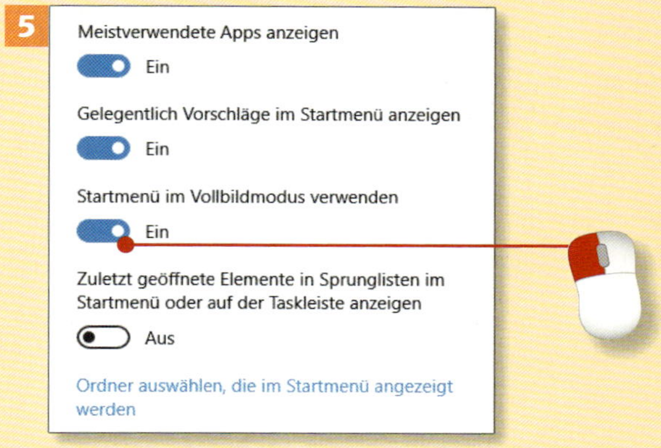

Schritt 6

Wenn Sie nun das Startmenü erneut öffnen, wird es in voller Bildschirmgröße dargestellt. Über das »Hamburger-Menü« links oben ❶ können Sie eine Menüleiste einblenden.

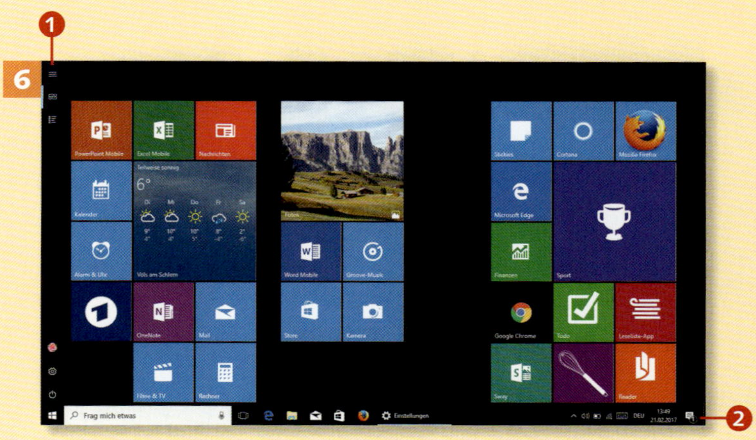

Tablet-Modus statt Vollbild

Wenn Sie das Startmenü nicht dauerhaft im Vollbild betreiben möchten, können Sie auch vorübergehend in den Tablet-Modus wechseln. Sie können ihn direkt im Info-Center ❷ ein- und ausschalten.

Das Startmenü anpassen

1

2

3

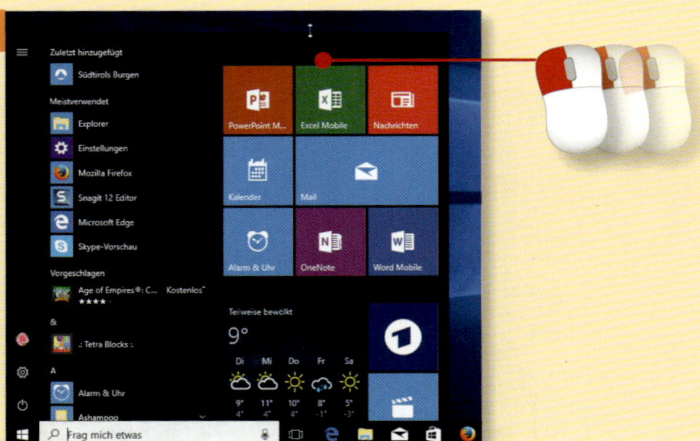

In der Standardeinstellung zeigt das Startmenü drei Kacheln mittlerer Größe nebeneinander an. Sie benötigen mehr Platz? Die Breite, aber auch die Höhe des Menüs können Sie nach Ihren Vorstellungen anpassen.

Schritt 1

Um die Breite des Startmenüs zu verändern, zeigen Sie mit dem Mauszeiger an den rechten Rand des Menüs, bis er sich in einen Doppelpfeil verwandelt. Halten Sie die linke Maustaste gedrückt, und ziehen Sie das Startmenü in die Breite.

Schritt 2

Die Breite kann nicht stufenlos eingestellt werden, d.h., die Menübreite wird erst sichtbar angepasst, nachdem Sie den Mauszeiger ein Stück nach rechts bewegt haben.

Schritt 3

Auch die Höhe kann angepasst werden. Führen Sie auch dafür den Mauszeiger an den Rand, bis der Doppelpfeil sichtbar wird, und ziehen Sie dann das Menü mit gedrückter Maustaste in die gewünschte Höhe.

Startmenü und Taskleiste transparent darstellen

Windows 10 kann das Startmenü, die Taskleiste und auch das neue Info-Center in einer transparenten Darstellung anzeigen. Dahinterliegende Programmfenster scheinen dann dezent durch.

Schritt 1

Öffnen Sie die Einstellungen, z. B. mithilfe der Tastenkombination [Win] + [I], und wählen Sie dort die Kategorie **Personalisierung**.

Schritt 2

Klicken Sie in der linken Fensterhälfte auf den Menüpunkt **Farben** ❶, und stellen Sie den Schieberegler der Option **Transparenzeffekte** auf **Ein**.

Schritt 3

Die Änderung ist sofort wirksam. Wenn Sie nun das Info-Center oder das Startmenü öffnen, sehen Sie die auf dem Desktop geöffneten Programmfenster leicht durchscheinen.

1
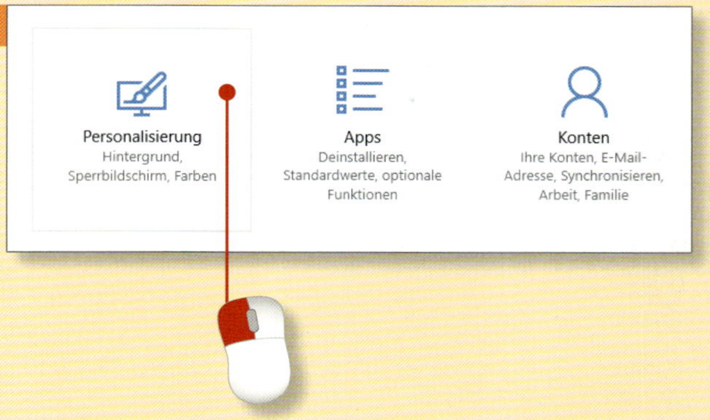

2
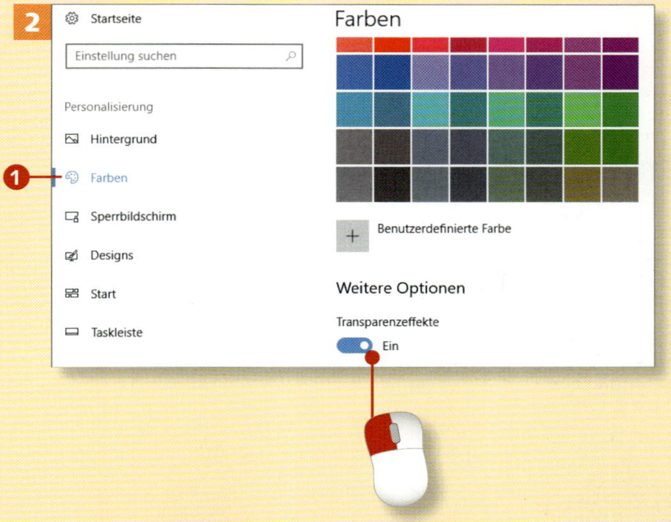

3

Hintergrund im Tablet-Modus
Nutzen Sie das Startmenü im Vollbild oder Tablet-Modus, scheint bei aktivierter Transparenz lediglich das Desktop-Hintergrundbild durch.

Das Suchfeld aus der Taskleiste entfernen

1

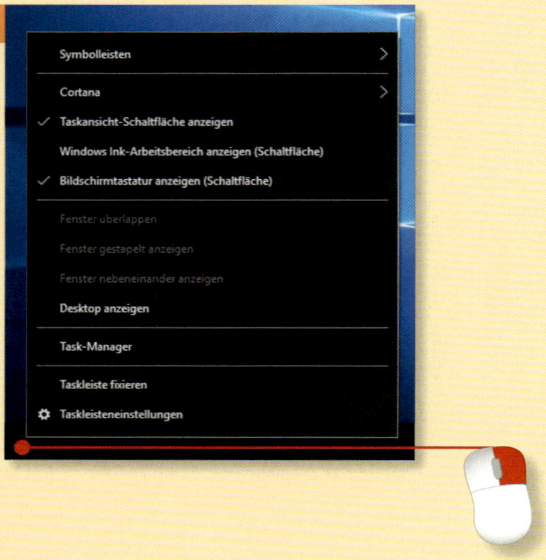

2

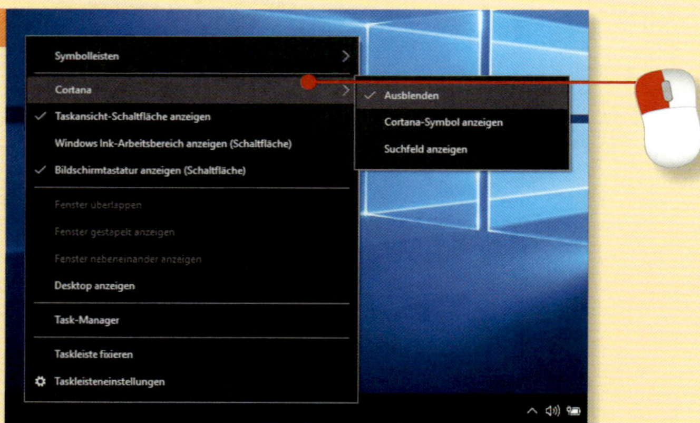

3

Beim ersten Blick auf den Desktop unter Windows 10 fällt das breite Eingabefeld für die Suchfunktion ins Auge, das recht viel Platz in Anspruch nimmt. Mit wenig Aufwand können Sie das Suchfeld entfernen.

Schritt 1

Klicken Sie mit der rechten Maustaste auf eine freie Stelle der Taskleiste, um deren Kontextmenü zu öffnen.

Schritt 2

Zeigen Sie mit dem Mauszeiger auf den Befehl **Cortana**, und klicken Sie anschließend auf den Eintrag **Ausblenden**, wenn Sie das Suchfeld entfernen möchten, oder auf **Cortana-Symbol anzeigen**, wenn Sie stattdessen dieses Symbol einblenden möchten.

Schritt 3

Je nach Auswahl wird das Suchfeld nun entweder komplett aus der Taskleiste entfernt oder durch das Cortana-Symbol ersetzt. Möchten Sie künftig die Suche nutzen, öffnen Sie die Suche mit [Windows-Taste] + [S], oder klicken Sie auf das Symbol.

Ein Tapetenwechsel muss auch unter Windows von Zeit zu Zeit mal sein. Eine große Auswahl neuer Designs finden Sie im Windows Store.

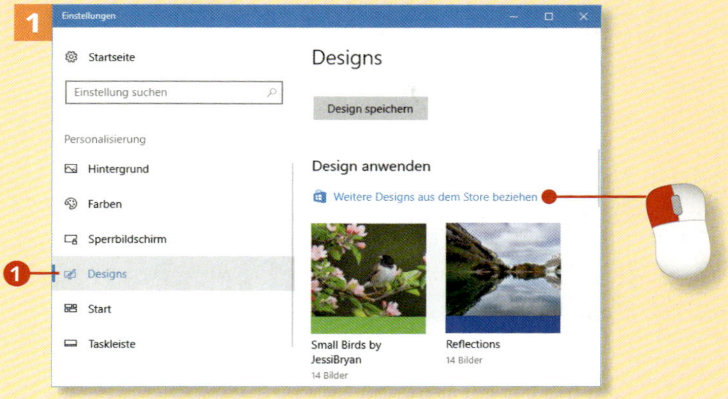

Schritt 1

Öffnen Sie die Einstellungen mit den Tasten [Windows-Taste] + [I], klicken Sie dann auf **Personalisierung ▸ Designs** ❶ und schließlich in der rechten Fensterhälfte auf den Link **Weitere Designs aus dem Store beziehen**.

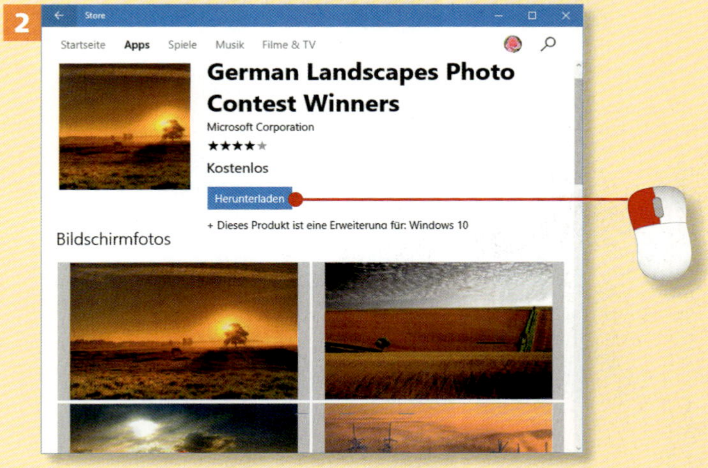

Schritt 2

Suchen Sie sich aus der großen Auswahl verschiedener Designs eins aus, z. B. **German Landscapes** (Deutsche Landschaften), indem Sie zunächst auf das Vorschaubild und anschließend auf der Detailseite auf die Schaltfläche **Herunterladen** klicken.

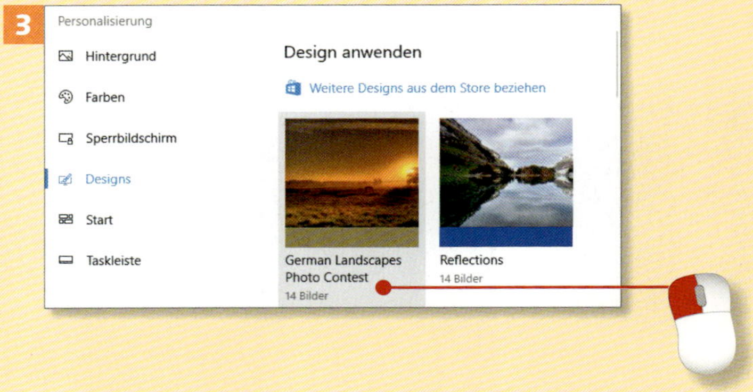

Schritt 3

Nach dem Herunterladen finden Sie das neue Design in den Einstellungen im Abschnitt **Design anwenden**. Mit einem Mausklick darauf wird es übernommen.

Neue Gruppen erstellen und beschriften

Zur besseren Übersicht können Sie Kacheln im Startmenü nicht nur in bereits vorhandene Gruppen verschieben, sondern jederzeit auch neue Gruppen erstellen und diese individuell beschriften.

Schritt 1

Klicken Sie im ersten Schritt zunächst eine Kachel im Startmenü an, die in eine neue Gruppe aufgenommen werden soll. Hier nehmen wir die Kachel **OneNote**.

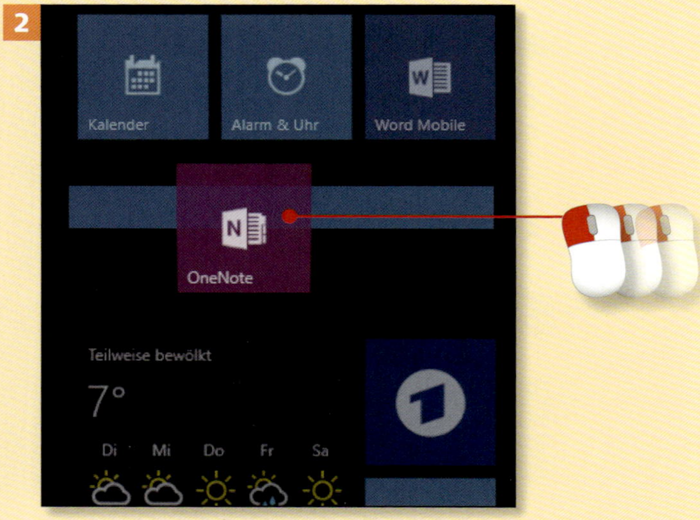

Schritt 2

Halten Sie die Maustaste gedrückt, und verschieben Sie die Kachel zwischen zwei vorhandene Gruppen. Sobald zwischen den Gruppen ein heller Trennbalken eingeblendet wird, lassen Sie die Maustaste los und fügen so die Kachel als erste Kachel in die neue Gruppe ein.

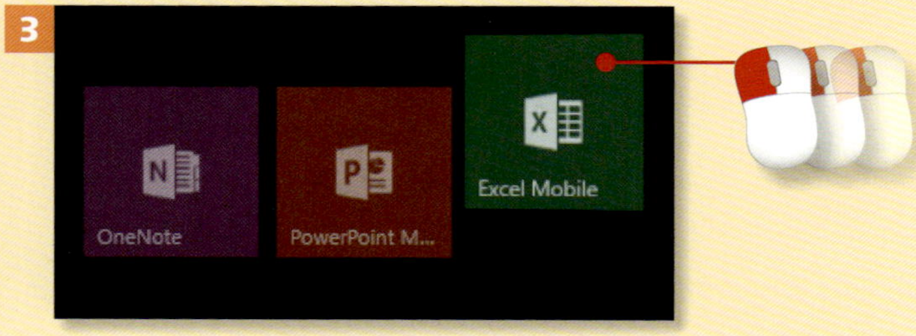

Schritt 3

Wiederholen Sie die ersten beiden Schritte mit allen Kacheln, die in die neue Gruppe aufgenommen werden sollen. Leider ist es gegenwärtig noch nicht möglich, mehrere Kacheln zu markieren und in einem Arbeitsschritt zu verschieben.

Schritt 4

Wurden alle Kacheln hinzugefügt, erfolgt die Beschriftung der neuen Gruppe. Zeigen Sie dazu mit dem Mauszeiger direkt über die Gruppe, bis das Feld **Gruppe benennen** eingeblendet wird. Klicken Sie auf diesen Schriftzug.

Schritt 5

Ein Eingabefeld wird sichtbar. Geben Sie die Bezeichnung für die Gruppe ein, und schließen Sie die Eingabe mit der [↵]-Taste ab. Möchten Sie eine weitere Gruppe beschriften, wiederholen Sie die Schritte 4 und 5.

Schritt 6

Um eine Gruppe zu einem späteren Zeitpunkt umzubenennen, klicken Sie einfach auf den alten Gruppennamen, um das Feld zu aktivieren. Markieren Sie den Namen, und überschreiben Sie ihn mit der neuen Bezeichnung. Schließen Sie auch diese Aktion mit der [↵]-Taste ab.

Gruppenbezeichnung löschen
Zum Löschen einer Bezeichnung klicken Sie zunächst den Namen an und anschließend auf das kleine Kreuz 1 am rechten Rand des Textfeldes.

Gruppen neu anordnen

1
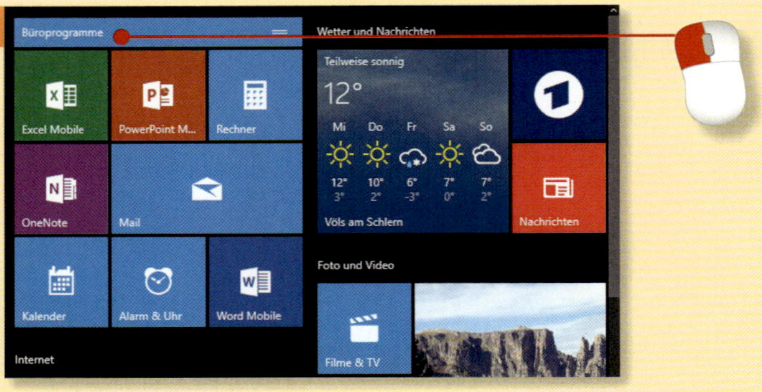

2
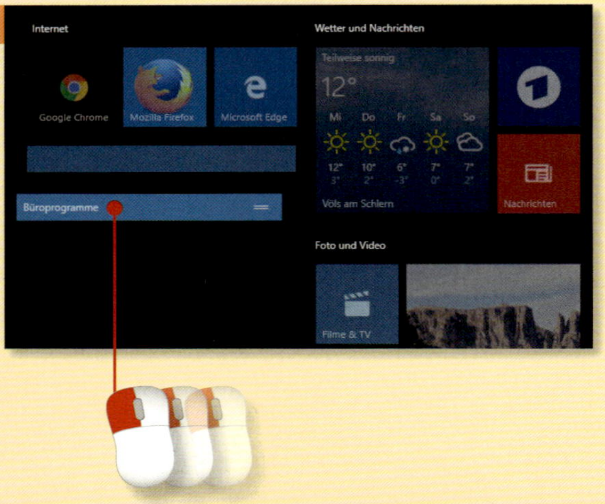

3

Das Startmenü ist neu sortiert, aber die Gruppe, die Sie am häufigsten benötigen, liegt ungünstig? Kein Problem, Gruppen lassen sich schnell und unkompliziert verschieben.

Schritt 1

Klicken Sie zunächst auf die Bezeichnung der Gruppe, die Sie verschieben möchten, und halten Sie die Maustaste gedrückt.

Schritt 2

Sobald Sie die Maus bewegen, werden die zur Gruppe gehörenden Kacheln ausgeblendet, und Sie halten quasi nur noch den Gruppennamen fest. Ziehen Sie den Namen nun an die gewünschte Position, und lassen Sie dann die Maustaste los.

Schritt 3

Die Gruppe wird nun mit allen zu ihr gehörenden Kacheln an der neuen Stelle eingefügt und kann sofort verwendet werden.

Übersicht erhöhen
Beim Umsetzen ganzer Gruppen bietet es sich an, das Startmenü über das Info-Center zumindest vorübergehend in den Tablet-Modus zu schalten und es so im Vollbild zu sehen.

Die Bildschirmeinstellung optimieren

Bei einer fehlerhaften Bildschirmeinstellung können bereits nach kurzer Zeit brennende Augen oder sogar Kopfschmerzen die Folge sein. Die klarste Darstellung der Schrift und das beste Bild erhalten Sie durch die korrekte Bildschirmauflösung.

1

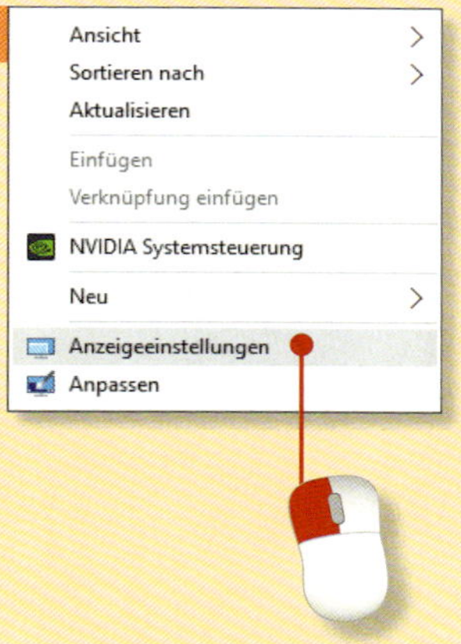

Schritt 1

Klicken Sie mit der rechten Maustaste auf eine freie Stelle des Desktops, und wählen Sie aus dem Kontextmenü die Option **Anzeigeeinstellungen** aus.

2

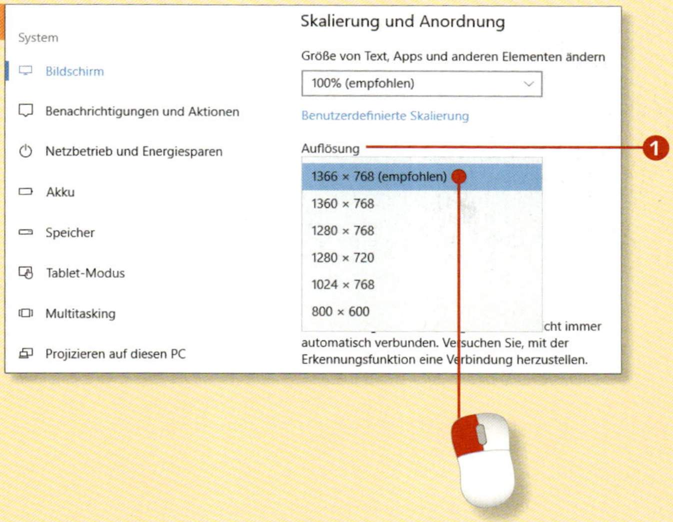

Schritt 2

Öffnen Sie in der rechten Fensterhälfte das Dropdown-Menü **Auflösung** ❶, und wählen Sie aus der Liste die optimale Auflösung für Ihren Bildschirm aus. Die optimale Auflösung wird in der Regel als **empfohlen** gekennzeichnet.

3

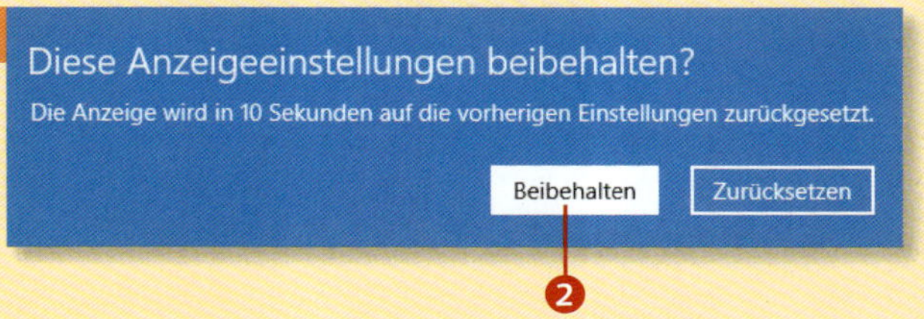

Schritt 3

Die Anzeige wird nun umgestellt. Wenn Sie mit der neuen Darstellung zufrieden sind, bestätigen Sie die anschließende Abfrage mit **Beibehalten** ❷.

Datenschutzoptionen anpassen

Windows 10 hat einen großen Datenhunger, daher kommt den Themen Datenschutz und Privatsphäre eine besondere Bedeutung zu. Kontrollieren Sie Ihre Datenschutzeinstellungen, und legen Sie z. B. fest, ob Apps auf Ihre Kamera zugreifen dürfen.

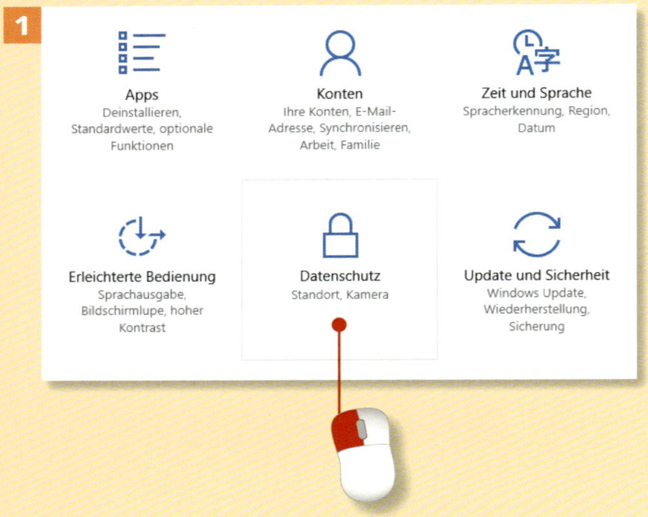

Schritt 1

Öffnen Sie die Einstellungen mit der Tastenkombination [Windows] + [I], und klicken Sie in der Übersicht auf die Kategorie **Datenschutz**.

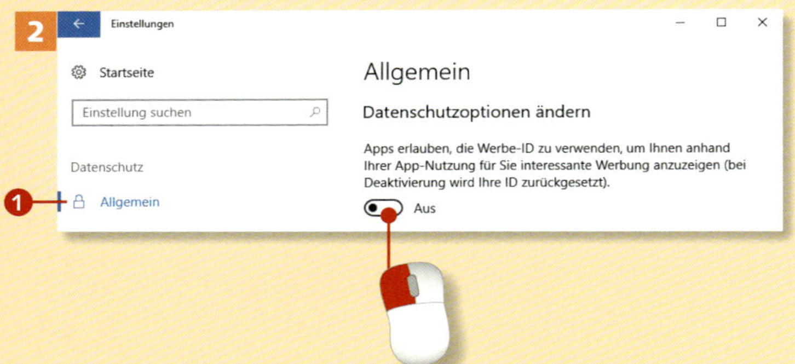

Schritt 2

Wechseln Sie in die Kategorie **Allgemein** (1), und deaktivieren Sie hier die Option **Apps erlauben, die Werbe-ID zu verwenden, um Ihnen anhand Ihrer App-Nutzung für Sie interessante Werbung anzuzeigen.**, wenn Sie nicht möchten, dass personalisierte Werbung in Apps angezeigt wird.

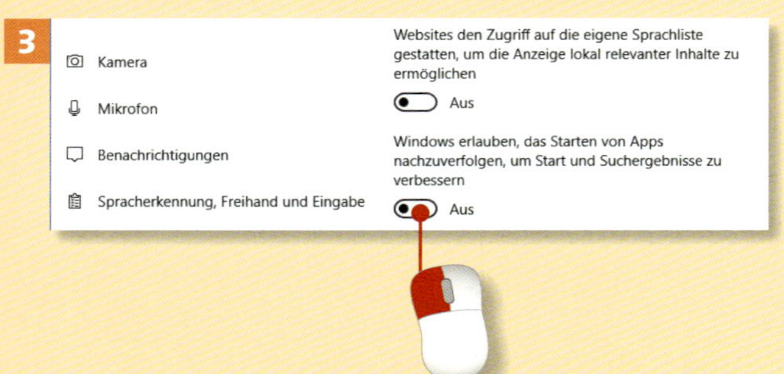

Schritt 3

Bei dieser Einstellung protokolliert Windows, wie oft Sie welche Anwendung starten, um anhand dieser Erkenntnisse nutzerbasierte Suchergebnisse auszuliefern. Sie können diese Option deaktivieren.

Schritt 4

Im Bereich **Position** ❷ können Sie festlegen, ob Apps wie die Wetter-App oder ein Routenplaner Zugriff auf Ihren Standort erhalten dürfen. Scrollen Sie nach unten, um einzelnen Apps die Erlaubnis zur Ortung zu entziehen, oder schalten Sie die Funktion über den Schieberegler **Positionsdienst** ganz aus.

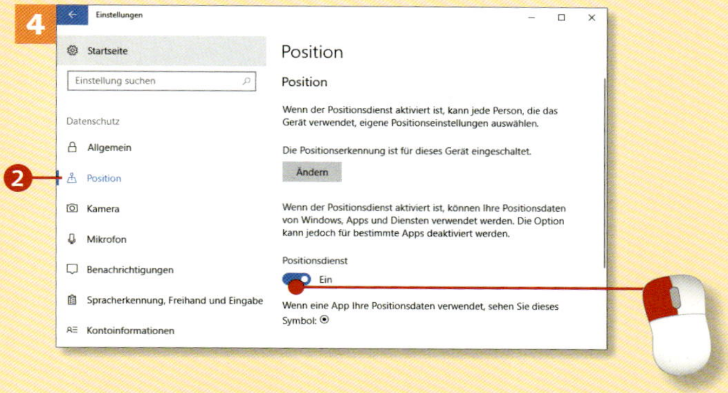

Schritt 5

In den Abschnitten **Kamera** und **Mikrofon** ❸ können Sie die Nutzung jeweils für alle Apps festlegen ❹ oder sie für jede betroffene App individuell einstellen.

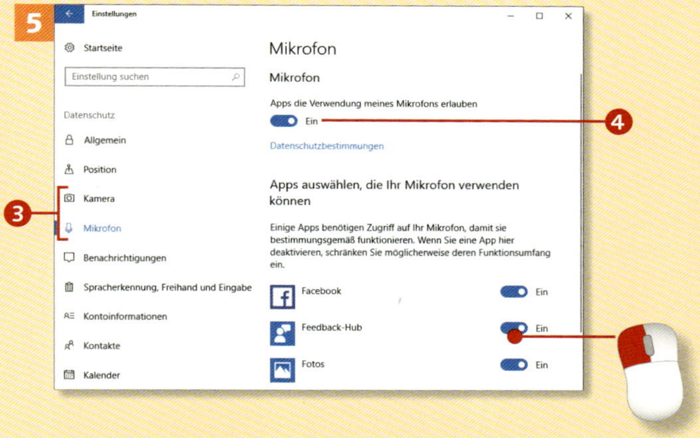

Schritt 6

Wenn Sie Cortana nicht nutzen, klicken Sie im Abschnitt **Spracherkennung, Freihand und Eingabe** ❺ auf **Spracherkennungsdienste und Eingabevorschläge deaktivieren**. Cortana wird daraufhin deaktiviert.

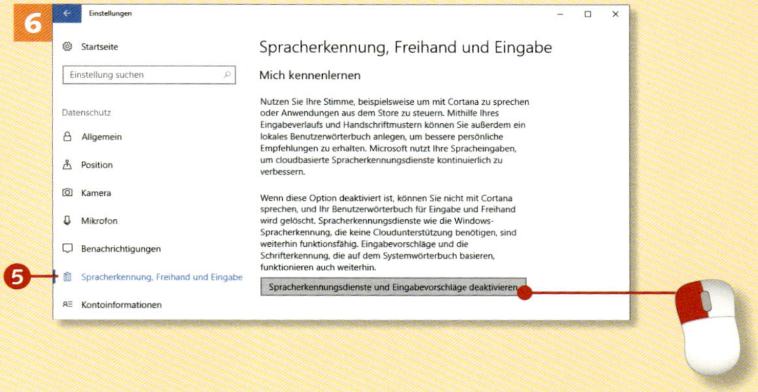

Was soll ich deaktivieren?

Die Infos zu den Datenschutzoptionen sind oft wenig aussagekräftig. Die Deaktivierung einer Funktion kann dazu führen, dass Apps nicht mehr nutzbar sind. Informationen zu den Optionen finden Sie auf *www.paules-pc-forum.de*.

App-Benachrichtigungen verwalten und anpassen

Einige Apps geben Benachrichtigungen auf dem Bildschirm aus, sobald ein bestimmtes Ereignis eintritt. So informiert z. B. die Mail-App über neu eingetroffene Nachrichten in Ihrem Postfach und der Kalender über anstehende Termine. Sie können selbst bestimmen, welche Apps Benachrichtigungen ausgeben sollen.

1

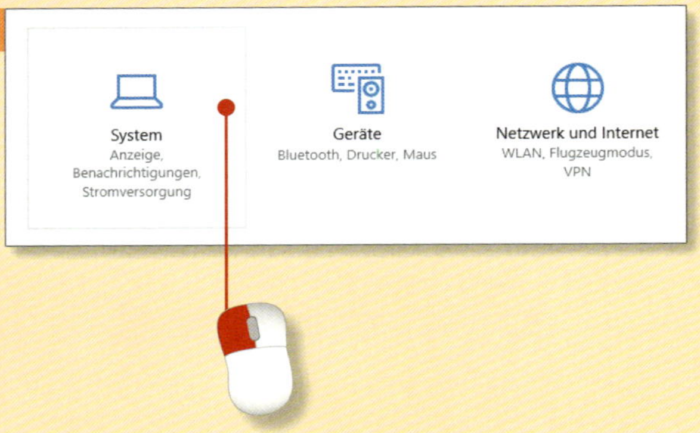

Schritt 1

Öffnen Sie zunächst die Einstellungen. Klicken Sie dazu im Startmenü auf den Menüpunkt **Einstellungen**, oder nutzen Sie die Tastenkombination ⊞ + I. Wählen Sie anschließend die Kategorie **System** aus.

2

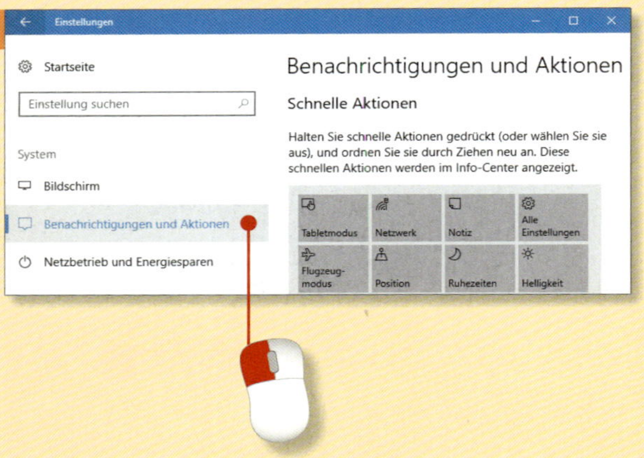

Schritt 2

Wechseln Sie in der linken Spalte des Bildschirms in die Kategorie **Benachrichtigungen und Aktionen**.

3

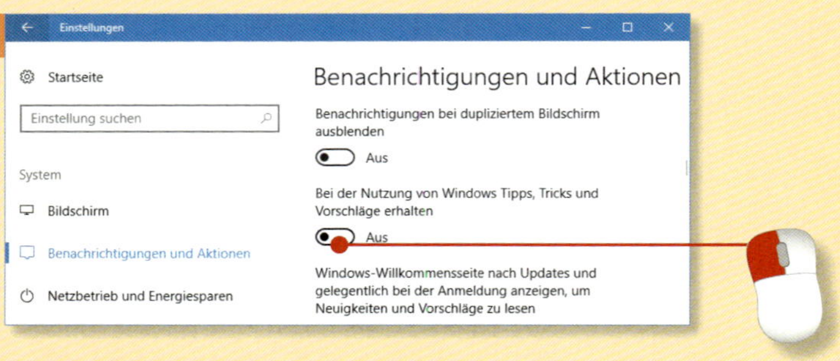

Schritt 3

Möchten Sie, dass Ihnen das System von Zeit zu Zeit Tipps zu Windows 10 anzeigt? Die Tipps werden als Infobanner auf dem Desktop sowie im Info-Center angezeigt. Um darauf zu verzichten, schalten Sie die Anzeige auf **Aus**.

Schritt 4

Sie können die Benachrichtigungen aller Apps vollständig deaktivieren, indem Sie den Schieberegler bei **App-Benachrichtigungen anzeigen** auf **Aus** stellen.

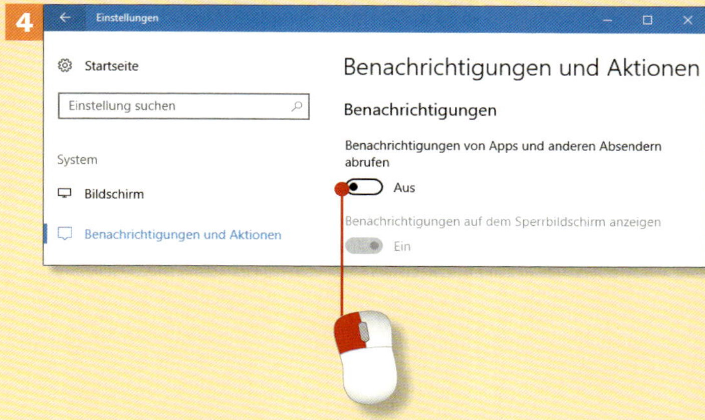

Schritt 5

Sollen die Benachrichtigungen hingegen nur auf dem Sperrbildschirm ausgeschaltet werden, stellen Sie lediglich die Option **Benachrichtigungen auf dem Sperrbildschirm anzeigen** auf **Aus**.

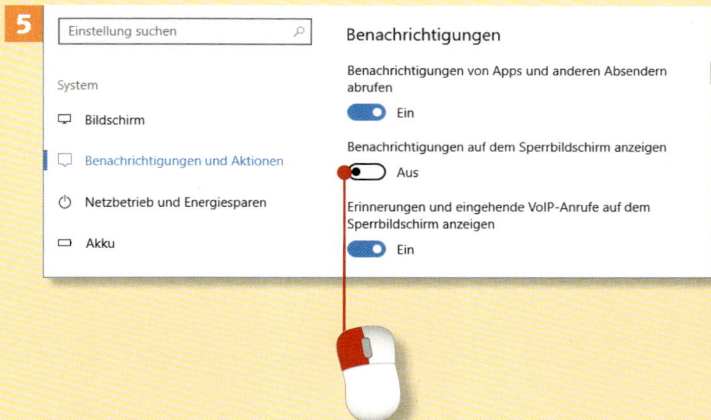

Schritt 6

Im unteren Teil des Fensters werden schließlich alle Apps aufgelistet, die Benachrichtigungen ausgeben können. Hier können Sie über die Regler für jede App individuell festlegen, ob eine Benachrichtigung erfolgen soll.

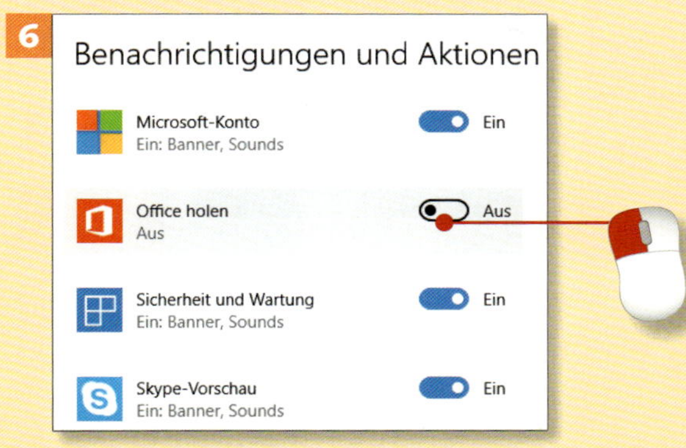

Wecker ohne Funktion?
Benachrichtigungen und Wecktöne können nicht ausgegeben werden, wenn der PC ausgeschaltet ist oder sich im Energiesparmodus befindet, es sei denn, er verfügt über die *InstantGo-Funktion*.

Den Sperrbildschirm individuell einrichten

Nach dem Start des Rechners werden Sie mit dem sogenannten Sperrbildschirm begrüßt. Sie können selbst festlegen, welche Informationen hier angezeigt werden sollen und welches Hintergrundbild Sie dafür verwenden möchten.

1
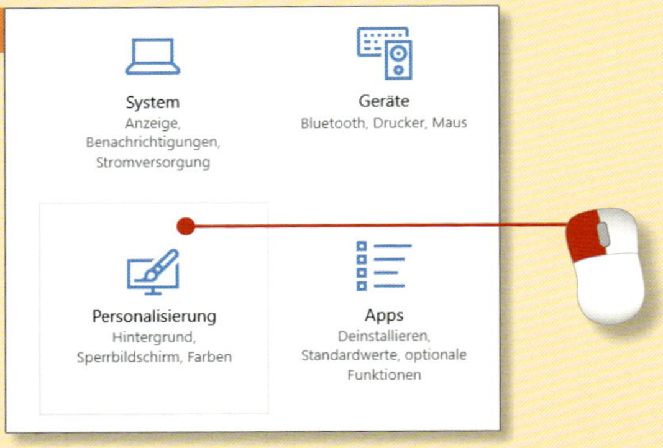

Schritt 1

Klicken Sie im Startmenü auf den Menüpunkt **Einstellungen**, oder öffnen Sie die Einstellungen mit den Tasten [Windows] + [I], und wählen Sie dann die Kategorie **Personalisierung**.

2
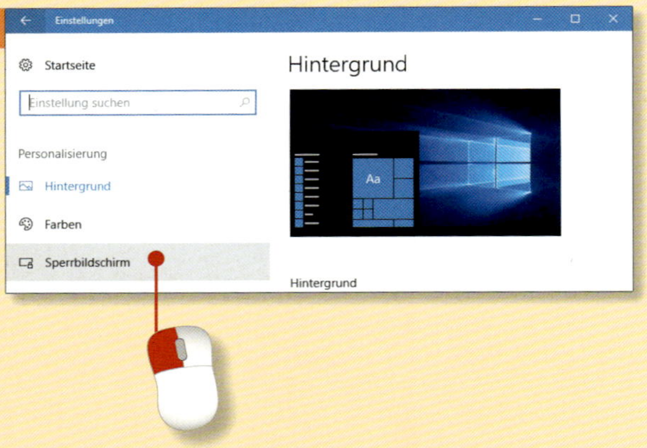

Schritt 2

Mit einem Klick auf den Eintrag **Sperrbildschirm** gelangen Sie in die Rubrik, die die passenden Einstellungsmöglichkeiten enthält.

3
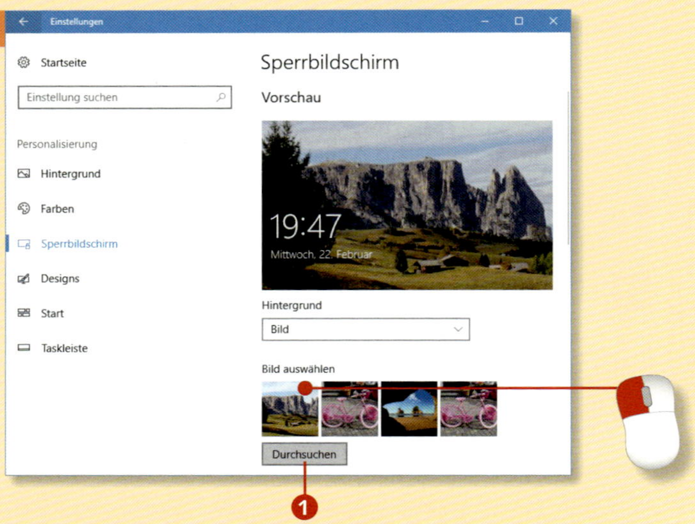

Schritt 3

In der rechten Fensterhälfte sehen Sie nun eine Vorschau des Sperrbildschirms. Wählen Sie aus den darunter angezeigten Hintergrundbildern eines aus, oder klicken Sie auf **Durchsuchen** ❶, um ein eigenes Foto auszuwählen.

Schritt 4

Im Abschnitt **Apps zur Anzeige kurzer Statusinfos auswählen** ❷ legen Sie fest, welche Apps Informationen auf dem Sperrbildschirm anzeigen. **Mail** und **Kalender** sind voreingestellt. Um eine App zu deaktivieren, klicken Sie das jeweilige Symbol an und wählen aus dem Menü die Option **Kein** aus.

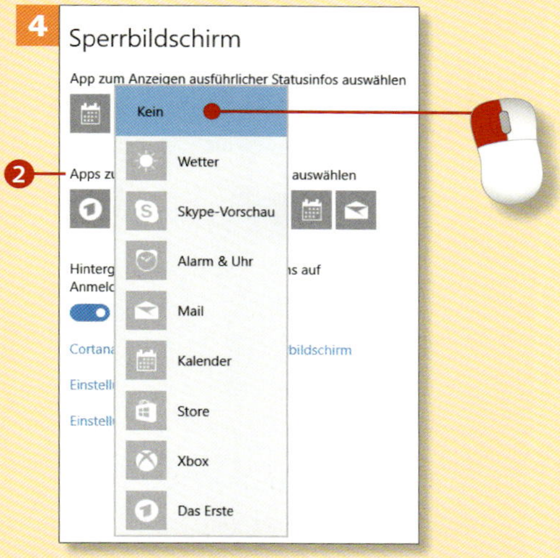

Schritt 5

Um eine App hinzuzufügen, klicken Sie auf ein Pluszeichen ❸ und wählen die entsprechende App aus dem Menü aus, z. B. **Alarm & Uhr**.

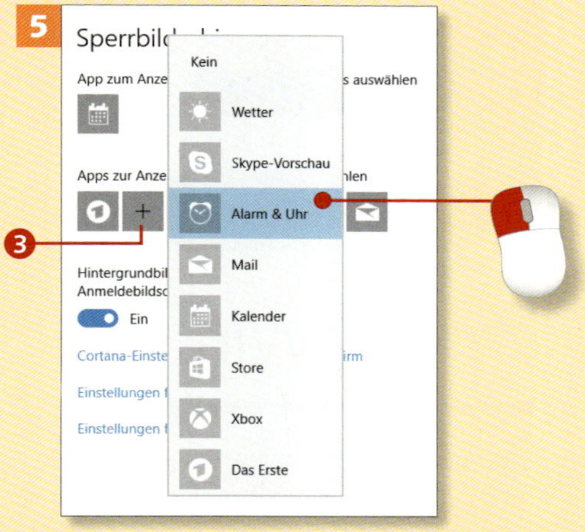

Schritt 6

Über **App zum Anzeigen ausführlicher Statusinfos auswählen** ❹ können Sie Apps festlegen, die umfangreichere Informationen anzeigen sollen. Um eine App hinzuzufügen, z. B. **Kalender**, klicken Sie auf das Pluszeichen und wählen die App in der Liste aus.

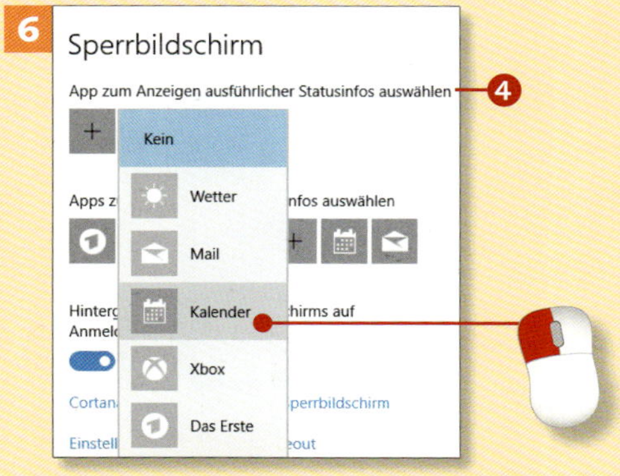

Computer manuell sperren

Mit [Windows] + [L] können Sie Ihren Computer sperren und Ihren Arbeitsplatz so vor neugierigen Blicken schützen. Persönliche Informationen sollten Sie dann aber auf dem Sperrbildschirm deaktivieren.

Windows 10 professionell einrichten

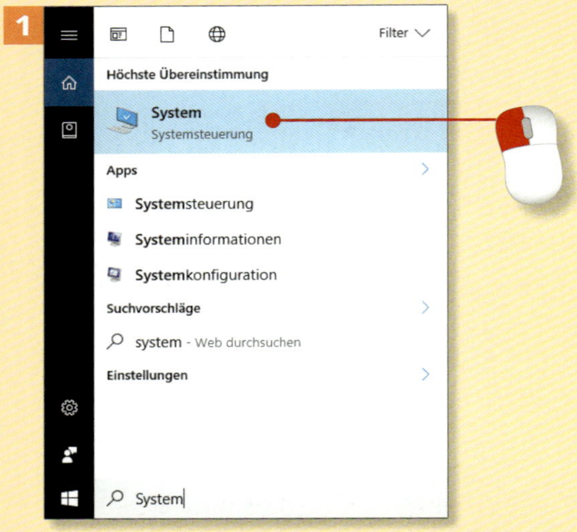

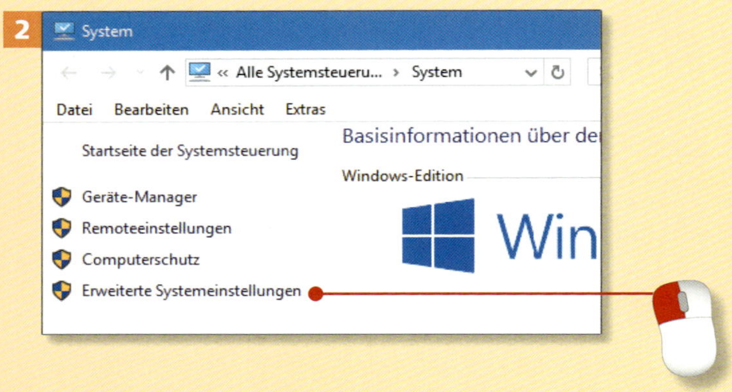

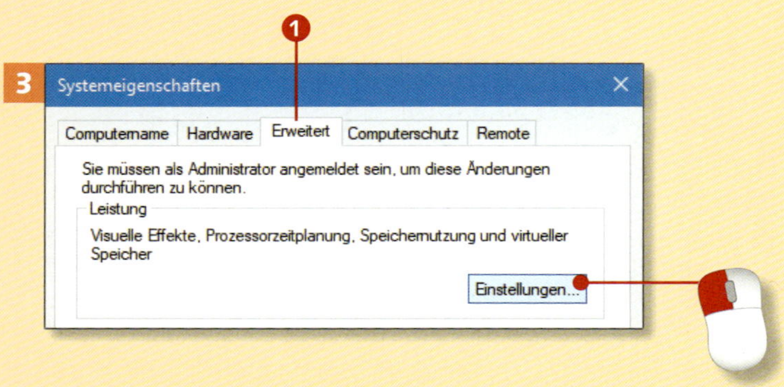

Ambitionierte Anwender schauen gerne auch mal hinter die Kulissen, und auch bei Windows 10 schadet ein wenig Insiderwissen nicht. Bereits mit wenigen Mausklicks können Sie Optik und Leistung Ihres Systems verbessern und an Ihre Bedürfnisse anpassen.

Schritt 1

Tippen Sie entweder den Befehl **System** in das Suchfeld der Taskleiste, und wählen Sie dann den gleichnamigen Eintrag aus der Liste aus, oder drücken Sie [Windows] + [Pause], um die Systeminformationen anzeigen zu lassen.

Schritt 2

Klicken Sie links in der Aufgabenleiste des Fensters auf den Menüpunkt **Erweiterte Systemeinstellungen**.

Schritt 3

Es öffnet sich das Fenster **Systemeigenschaften**. Klicken Sie auf der Registerkarte **Erweitert** (1) auf die Schaltfläche **Einstellungen**.

Schritt 4

Hier sehen Sie unter dem Register **Visuelle Effekte** zahlreiche Einstellungsmöglichkeiten. Soll Windows selbst die passenden Werte ermitteln, wählen Sie die Option **Optimale Einstellung automatisch auswählen** mit einem Klick aus.

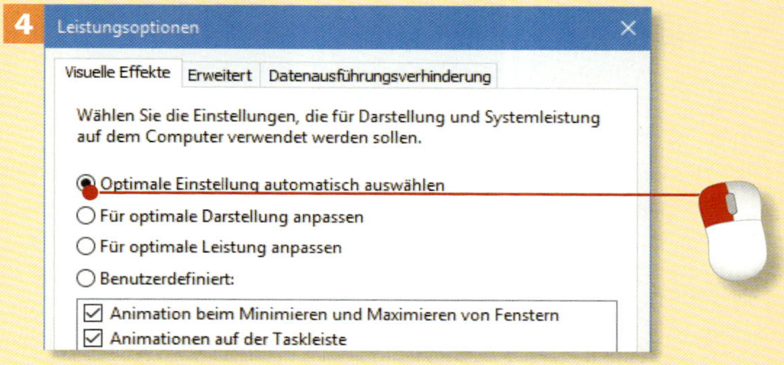

Schritt 5

Wenn Sie mehr Wert auf die Optik legen und weniger Rechenleistung benötigen, wählen Sie die Option **Für optimale Darstellung anpassen**.

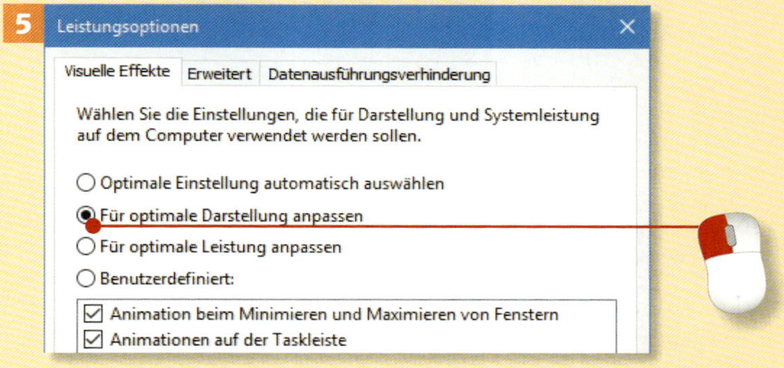

Schritt 6

Brauchen Sie hingegen mehr Rechenleistung und können dafür auf optische Spielereien verzichten, markieren Sie die Option **Für optimale Leistung anpassen**.

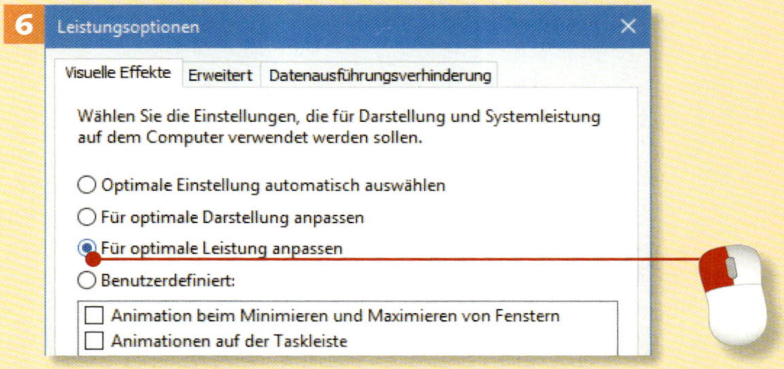

Empfohlene Einstellungen
Die »optimalen Einstellungen« für Darstellung und Leistung ermittelt Windows aus den Leistungsdaten Ihres Computers. Die Auswahl ist lediglich als Empfehlung anzusehen; Sie können sie jederzeit ändern.

Windows 10 professionell einrichten (Forts.)

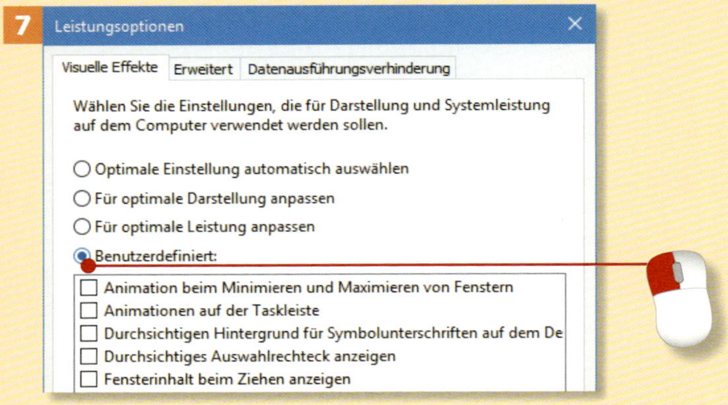

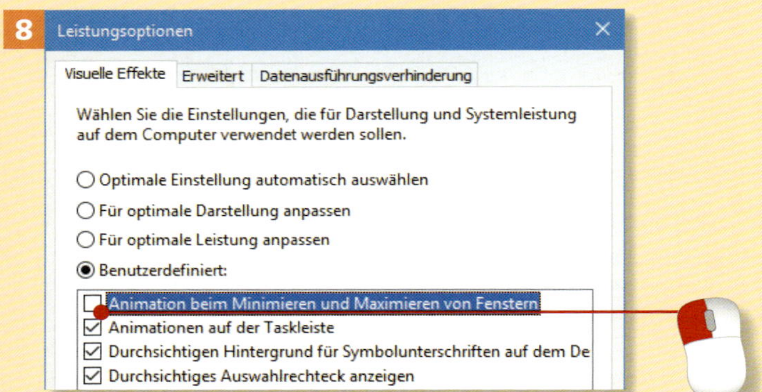

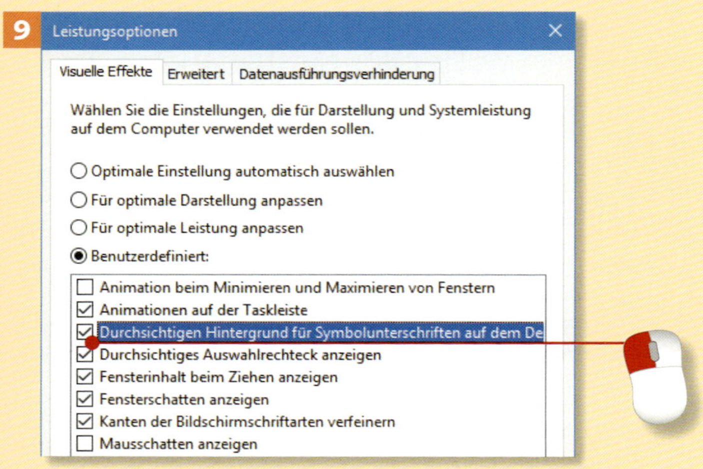

Schritt 7

Mit der Auswahl der Option **Benutzerdefiniert** haben Sie außerdem die Möglichkeit, alle Einstellungen individuell festzulegen.

Schritt 8

Das Maximieren und Minimieren von Fenstern geschieht mit einem kleinen Effekt. Um das zu ändern, deaktivieren Sie den Punkt **Animation beim Minimieren und Maximieren von Fenstern**.

Schritt 9

Je nach Hintergrundbild kann es von Vorteil sein, die Beschriftung der Desktop-Symbole anzupassen. Wählen Sie dazu die Option **Durchsichtigen Hintergrund für Symbolunterschriften auf dem Desktop**.

Experimentieren Sie ruhig!
Experimentieren Sie ruhig ein wenig mit den Einstellungen. Wählen Sie eine Option aus, und klicken Sie dann auf **Übernehmen**. Die Änderung wird sogleich angezeigt, und Sie können dann entscheiden, ob Sie sie beibehalten oder wieder rückgängig machen möchten.

Schritt 10

Möchten Sie beim Verschieben eines Fensters dessen Inhalt sehen? Falls ja, aktivieren Sie die Option **Fensterinhalt beim Ziehen anzeigen**.

10
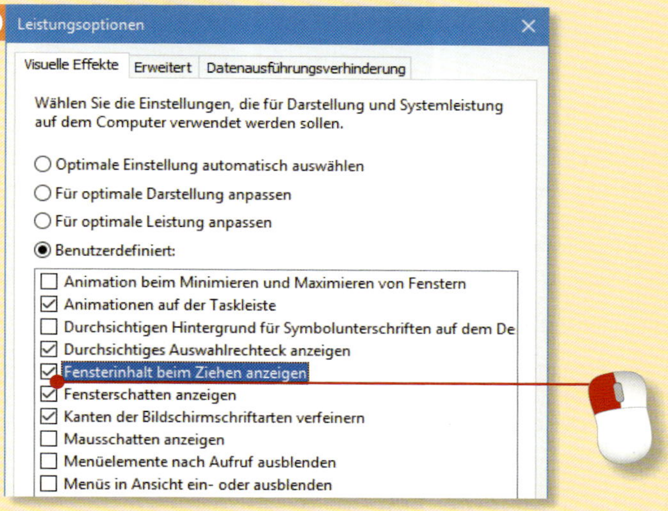

Schritt 11

Wenn Sie mit der Maus rechts unten neben der Uhr auf die Taskleiste zeigen, werden alle Fenster ausgeblendet, und der Blick auf den Desktop wird frei. Möchten Sie dieses Verhalten deaktivieren, entfernen Sie das Häkchen vor der Option **Peek aktivieren**.

11
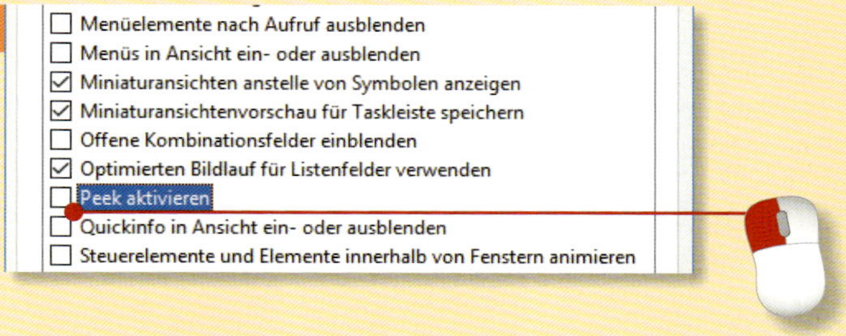

Schritt 12

Sie haben nun die Einstellungen von Windows schon recht umfangreich und professionell angepasst. Keine Sorge, Sie können jede Änderung auch wieder rückgängig machen. Sind alle Einstellungen getroffen, übernehmen Sie sie mit einem Klick auf die Schaltfläche **OK**.

12
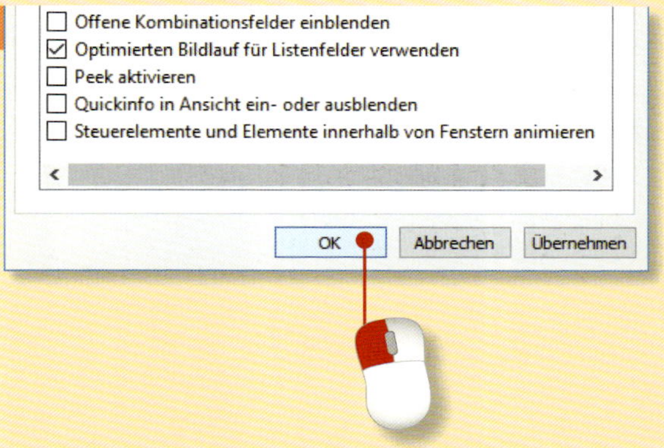

Kapitel 3
Schneller mit Dateien und Ordnern arbeiten

Was bedeutet eigentlich Drag & Drop? Wie erkenne ich das Format einer Datei, und wie lässt sich festlegen, mit welchem Programm eine Datei geöffnet werden soll? Erfahren Sie in diesem Kapitel, wie Sie richtig mit Dateien und Ordnern umgehen, wie z. B. ein Dateipfad aufgebaut ist, wie Sie eigene Bibliotheken erstellen und wie Sie wertvollen Speicherplatz durch Komprimierung Ihrer Daten zurückgewinnen.

Der Datei-Explorer

Ob Sie nun Dateien kopieren, umbenennen, ausschneiden, löschen oder neue Ordner anlegen möchten – all diese Operationen führen Sie über den Explorer aus ❶. Anfangs erscheint der Explorer noch ein wenig unübersichtlich, aber mit ein wenig Übung haben Sie ihn schnell im Griff. Besonders das praktische Menüband wird Ihnen sicher gefallen.

Erstellen Sie eigene Bibliotheken

Der großen Datenflut Herr zu werden ist nicht immer einfach. Verwalten Sie Urlaubsbilder, Back- und Kochrezepte, Dokumente oder Musik in eigens erstellten Bibliotheken ❷, und behalten Sie so den Überblick über Ihre wertvollen Daten. Microsoft hat die Bibliotheken unter Windows 10 allerdings gut versteckt; Sie müssen sie erst wieder einblenden, um sie nutzen zu können.

Mit Kurznotizen den Überblick behalten

Mit dem kleinen Programm *Sticky Notes* können Sie jederzeit eine kleine Notiz erstellen und diese auf Ihren Arbeitsplatz »kleben« ❸. So vergessen Sie keine Idee und verpassen keinen Termin mehr. Die Zettelchen stehen in verschiedenen Farben zur Verfügung, können in der Größe angepasst werden und sind mit nur einem Mausklick auch wieder gelöscht.

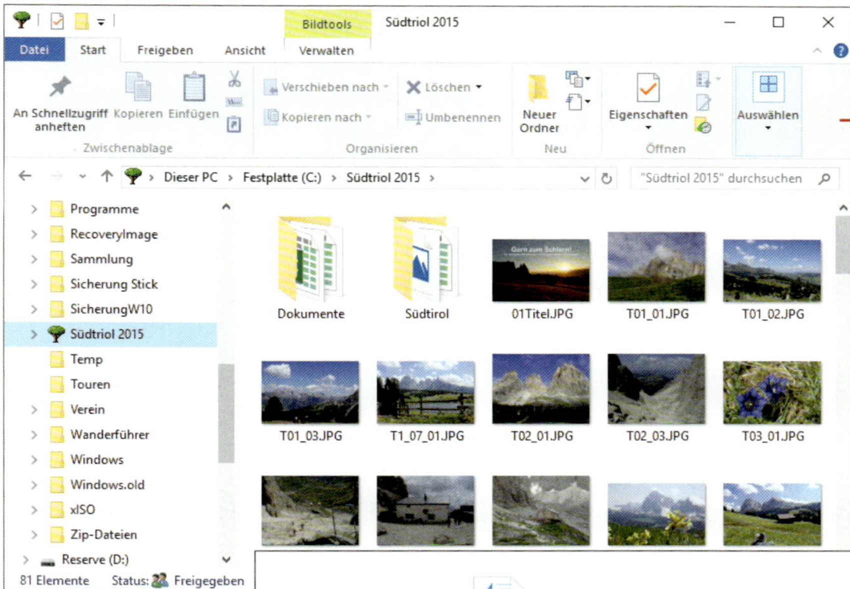

1 So sieht der Explorer aus. Bei der täglichen Arbeit mit Windows 10 werden Sie regelmäßig mit ihm zu tun haben.

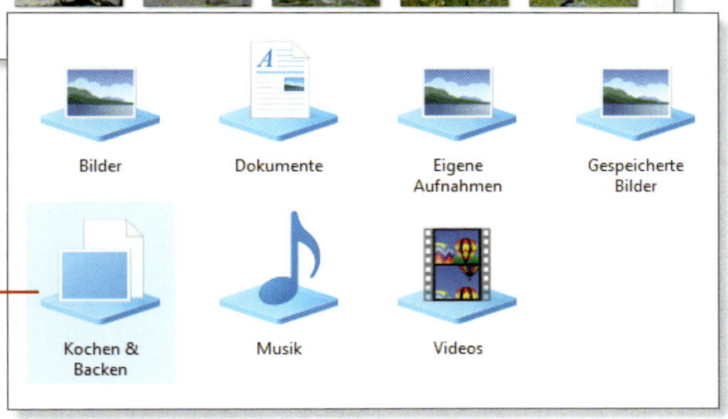

2 Im Handumdrehen können Sie eigene Bibliotheken erstellen.

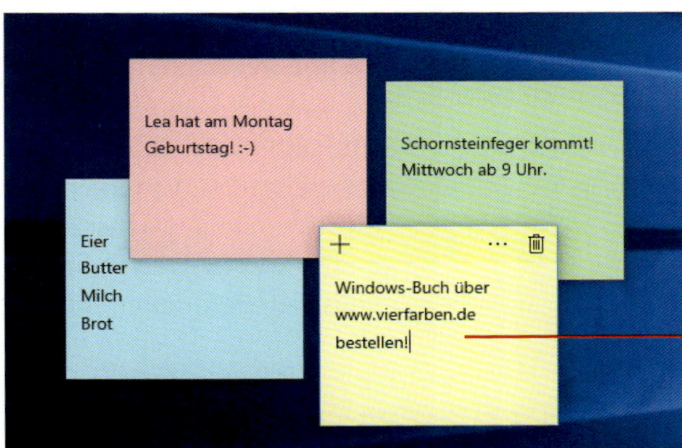

3 Praktische »Klebezettel« dienen als clevere Erinnerungshilfe.

Der Explorer im Überblick

1

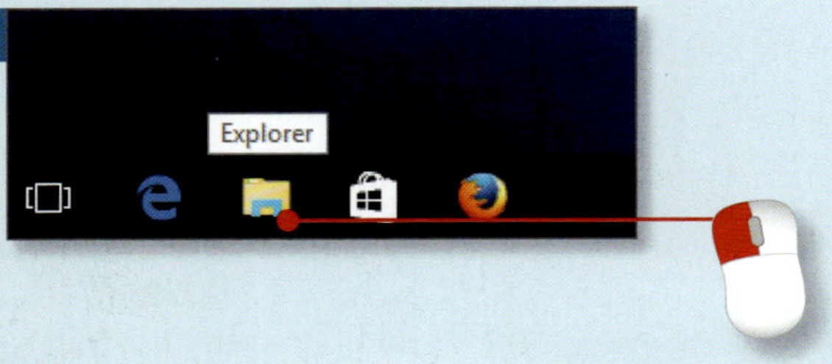

2

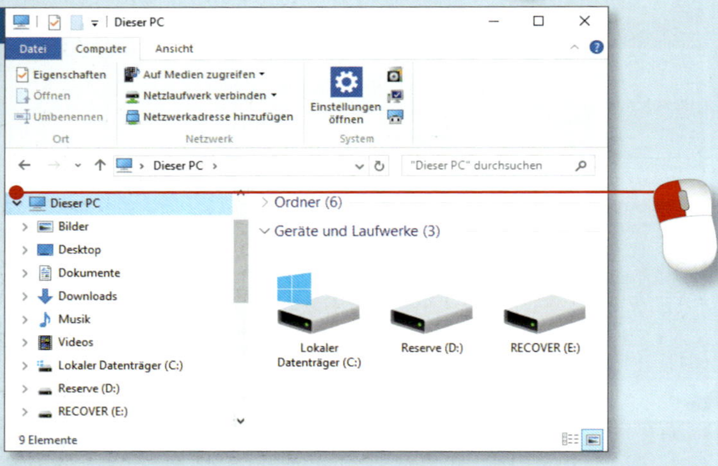

3

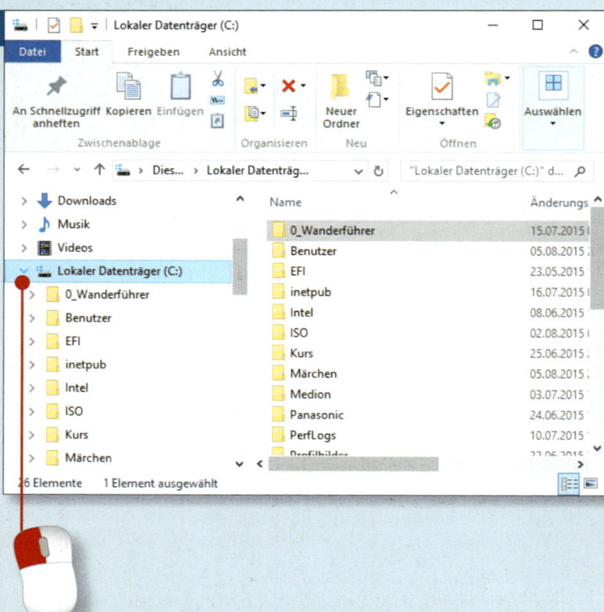

Der Explorer ist eines der wichtigsten Programme überhaupt. Mit ihm verwalten Sie alle Dateien und Laufwerke.

Schritt 1

Starten Sie den Explorer mit einem Klick auf das Ordnersymbol in der Taskleiste oder mit [Windows] + [E].

Schritt 2

Klicken Sie in der linken Spalte des Fensters auf das kleine Pfeilsymbol vor **Dieser PC**, um alle Laufwerke (Festplatten und Wechseldatenträger) Ihres Systems anzuzeigen.

Schritt 3

Auch um alle Ordner eines einzelnen Laufwerks aufzulisten, klicken Sie auf den davorliegenden Pfeil.

Häufige Verwechslung

Mit dem Explorer verwalten Sie Daten auf Ihrem Computer und haben Zugriff auf angeschlossene Festplatten und Wechseldatenträger. Der Internet Explorer hingegen ist ein Programm, mit dessen Hilfe Sie Internetseiten betrachten können, ein *Browser*. Unter Windows 10 wurde der Internet Explorer als Standardbrowser von Microsoft Edge abgelöst.

Schritt 4

Wählen Sie einen beliebigen Ordner aus; alle darin enthaltenen Dateien und Unterordner werden daraufhin im rechten Teil des Fensters angezeigt.

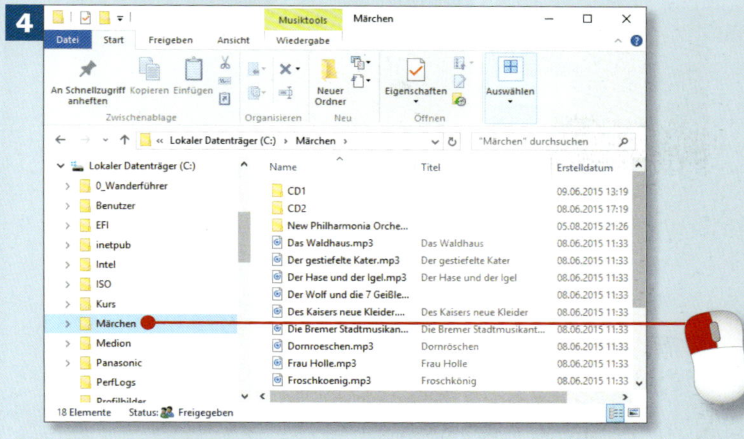

Schritt 5

Die Darstellung der Ordner und Dateien in der rechten Fensterhälfte können Sie verändern. Klicken Sie dazu im Menüband auf das Register **Ansicht**. Dort können Sie in der Gruppe **Layout** ❶ zwischen verschiedenen Darstellungen wählen. Am besten probieren Sie die verschiedenen Möglichkeiten einfach einmal aus.

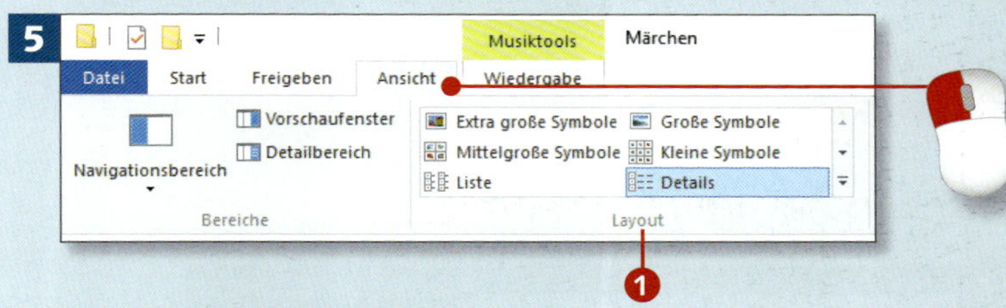

Schritt 6

Enthält ein Ordner z. B. Fotos, stellen Sie die Darstellung auf **Große Symbole** oder **Extra große Symbole** um. Alle Bilder werden nun in einer Vorschau angezeigt.

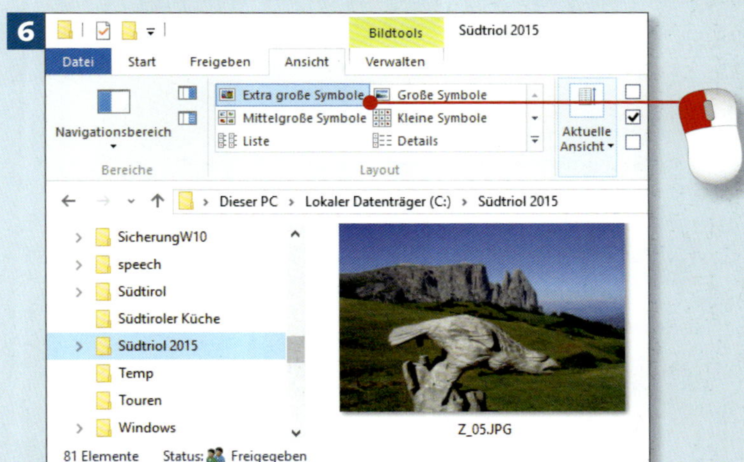

Menüband verschwunden?

Das Menüband im Explorer können Sie nach Bedarf ein- und ausblenden. Lesen Sie dazu die Anleitung »Das Menüband im Explorer einblenden« auf Seite 66.

Das Menüband im Explorer einblenden

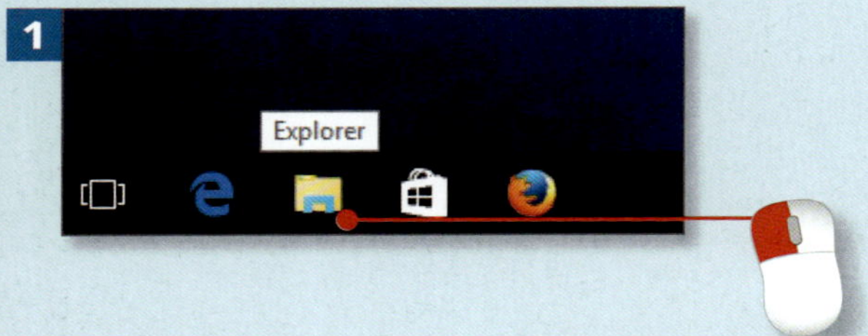

Windows-8-Anwender kennen das Menüband bereits, für Windows-7-Umsteiger ist es die auffälligste Neuerung im Explorer. Das praktische Menüband enthält viele Optionen zur Dateiverwaltung. Standardmäßig sind aber zunächst nur die Registerkartennamen zu sehen.

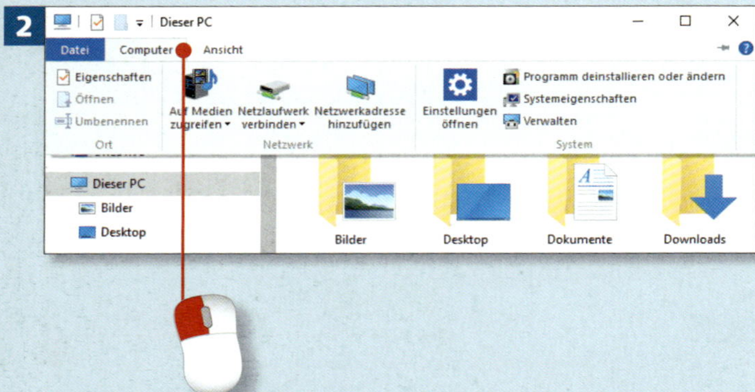

Schritt 1

Öffnen Sie den Explorer mit [Windows] + [E] oder über das Ordnersymbol in der Taskleiste.

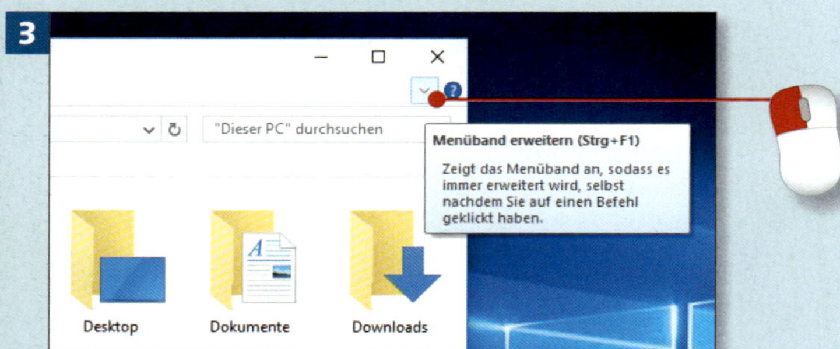

Schritt 2

Wenn Sie nun ein Register anklicken, z. B. **Computer**, wird das Menüband erweitert und zeigt im Kontext passende Optionen an. Führen Sie eine Aktion aus, schließt sich das Menüband danach wieder.

Schritt 3

Um das Menüband dauerhaft einzublenden, klicken Sie rechts oben im Band auf den kleinen nach unten zeigenden Pfeil. Das Band ist nun jederzeit sichtbar und bietet so eine bessere Übersicht über die zur Verfügung stehenden Befehle und Funktionen.

Erweitern und minimieren

Statt über die in Schritt 3 beschriebene Schaltfläche können Sie das Menüband jederzeit auch mit der Tastenkombination [Strg] + [F1] ein- oder ausblenden.

So ist der Dateipfad aufgebaut

Der Pfad beschreibt den Weg zu einem Ordner oder zu einer Datei. Ausgangspunkt dieser Wegbeschreibung ist dabei immer das Laufwerk, auf dem das Objekt gespeichert ist.

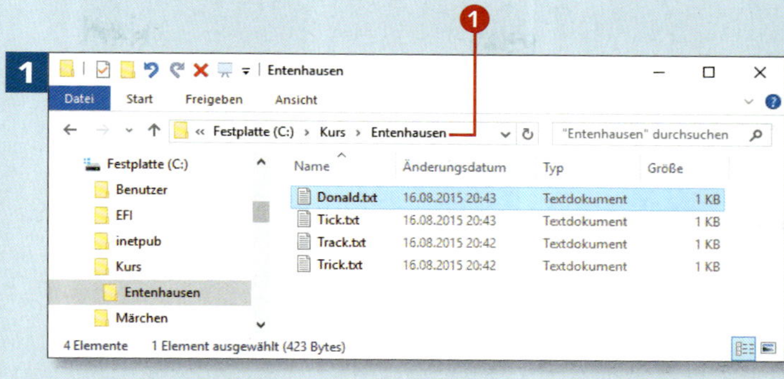

Schritt 1

Oben in der **Adresszeile** 1 zeigt der Explorer den Speicherort einer Datei in vereinfachter Form an.

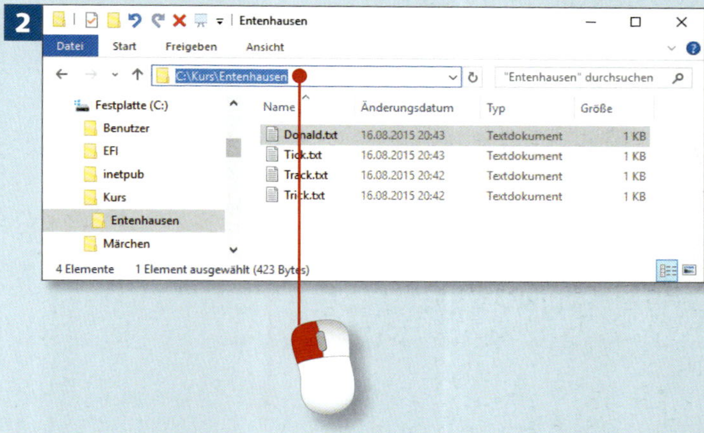

Schritt 2

Erst wenn Sie in das **Adressfeld** klicken, wird Ihnen der vollständige Dateipfad angezeigt.

Schritt 3

Zuerst wird das Laufwerk angegeben, in diesem Fall *C:*. Es folgen das Hauptverzeichnis (Ordner), eventuell vorhandene Unterverzeichnisse und schließlich der Dateiname, komplett: *C:\Kurs\Entenhausen\Donald.txt*.

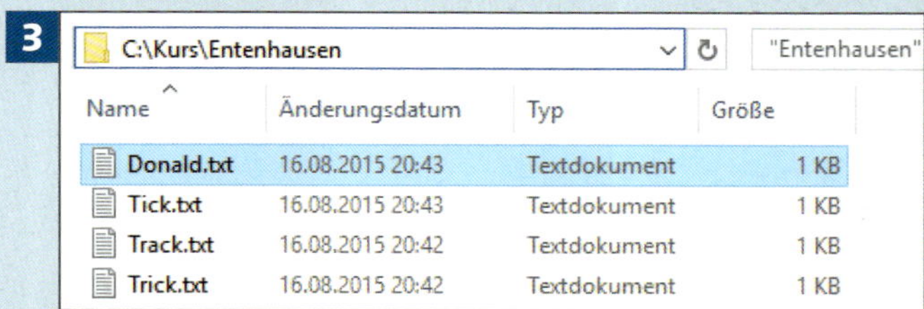

Laufwerksbuchstaben

Jedes an den Computer angeschlossene Laufwerk – also jede Festplatte, jedes DVD-Laufwerk, jede externe Festplatte und jeder USB-Stick – verfügt über eine eigene Laufwerkskennung in Form eines einzelnen Buchstabens.

Dateiendungen einblenden

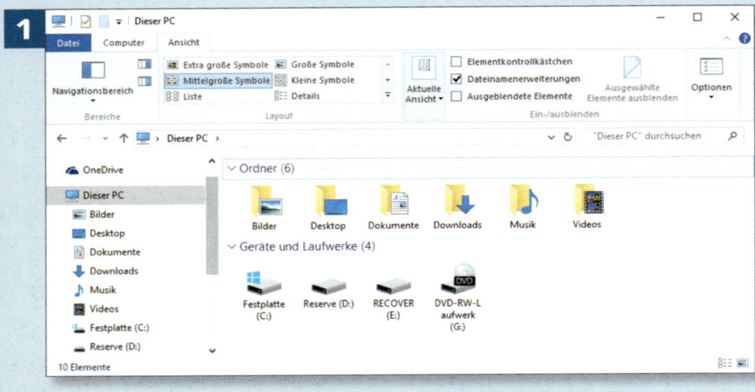

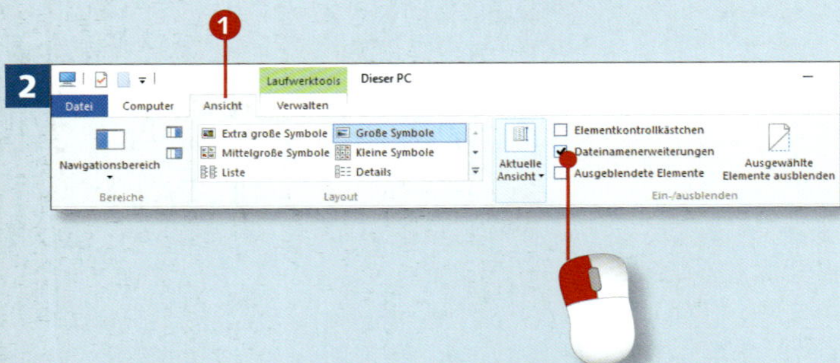

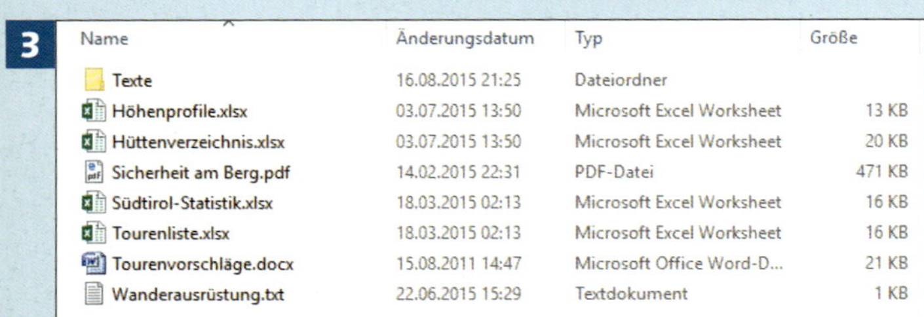

Name	Änderungsdatum	Typ	Größe
Texte	16.08.2015 21:25	Dateiordner	
Höhenprofile.xlsx	03.07.2015 13:50	Microsoft Excel Worksheet	13 KB
Hüttenverzeichnis.xlsx	03.07.2015 13:50	Microsoft Excel Worksheet	20 KB
Sicherheit am Berg.pdf	14.02.2015 22:31	PDF-Datei	471 KB
Südtirol-Statistik.xlsx	18.03.2015 02:13	Microsoft Excel Worksheet	16 KB
Tourenliste.xlsx	18.03.2015 02:13	Microsoft Excel Worksheet	16 KB
Tourenvorschläge.docx	15.08.2011 14:47	Microsoft Office Word-D...	21 KB
Wanderausrüstung.txt	22.06.2015 15:29	Textdokument	1 KB

Jede Datei hat eine Endung, die durch einen Punkt getrennt an den Dateinamen angehängt wird. Sie kennzeichnet das Format einer Datei.

Schritt 1

Öffnen Sie den Explorer mit den Tasten [Windows] + [E] oder durch einen Klick auf das Ordnersymbol in der Taskleiste.

Schritt 2

Wechseln Sie ins Register **Ansicht** (1), und aktivieren Sie im Abschnitt **Ein-/ausblenden** die Option **Dateinamenerweiterungen**, indem Sie in das Kästchen davor klicken.

Schritt 3

Wenn Sie in einen Ordner wechseln, der Dateien enthält, sehen Sie, dass hinter jedem Dateinamen auch die Dateiendung angezeigt wird, z. B. *.txt* für eine einfache Textdatei oder *.docx* für ein Word-Dokument.

Für ein Mehr an Sicherheit!

Schadprogramme verbergen sich in ausführbaren Dateien z. B. mit der Endung *.exe*. Damit Sie Risiken besser einschätzen können, sollten die Dateiendungen daher auf jedem Computer angezeigt werden.

Dateiendungen zuordnen

Standardmäßig werden Bilder mit der Fotos-App geöffnet. Durch die Installation neuer Programme kann sich diese Zuordnung ungewollt ändern. So stellen Sie die alte Ordnung wieder her.

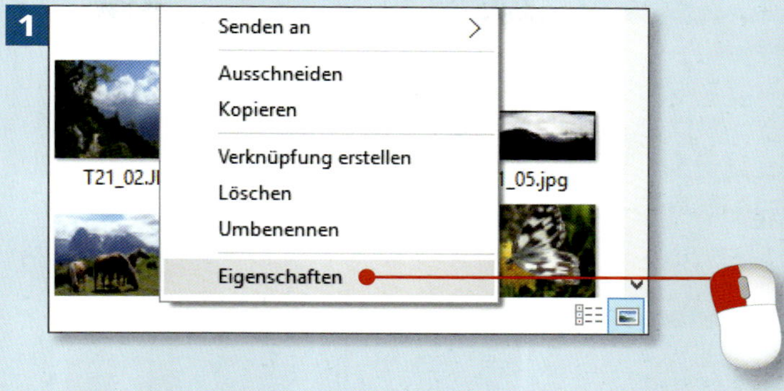

Schritt 1

Klicken Sie mit der rechten Maustaste auf die Datei, deren Zuordnung Sie ändern möchten, und wählen Sie aus dem Kontextmenü den Eintrag **Eigenschaften** aus.

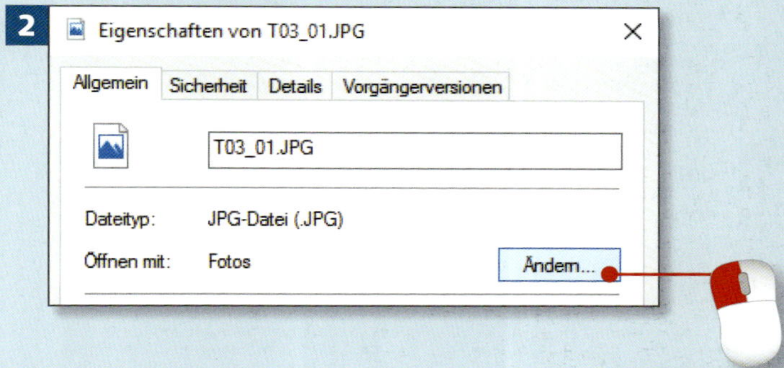

Schritt 2

Im Abschnitt **Öffnen mit** wird das aktuell zugeordnete Programm angezeigt. Klicken Sie auf **Ändern**, um ein neues Programm festzulegen.

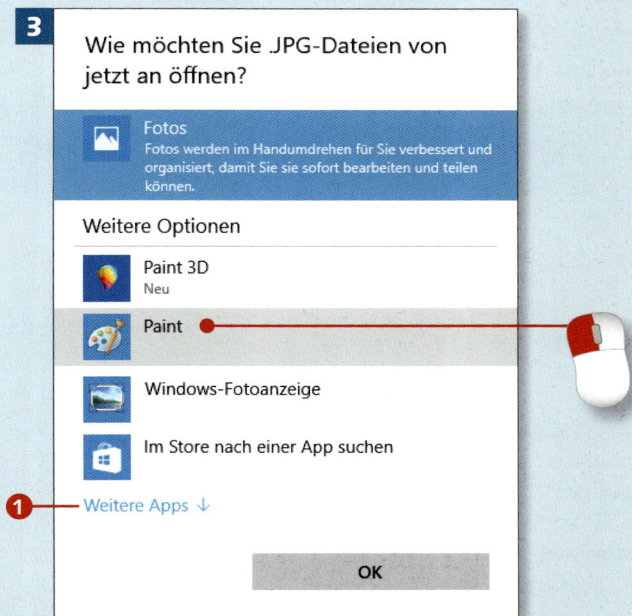

Schritt 3

Wählen Sie aus der Liste das Programm aus, das Sie zum Öffnen der Datei verwenden möchten.

Programm nicht aufgelistet?
Sollte das gewünschte Programm nicht aufgelistet sein, klicken Sie auf **Weitere Apps** (1), um die Liste zu erweitern. Ist das Programm noch immer nicht enthalten, klicken Sie auf **Andere App auf diesem PC suchen** und wählen dann die passende Anwendung aus.

So funktioniert »Drag & Drop«

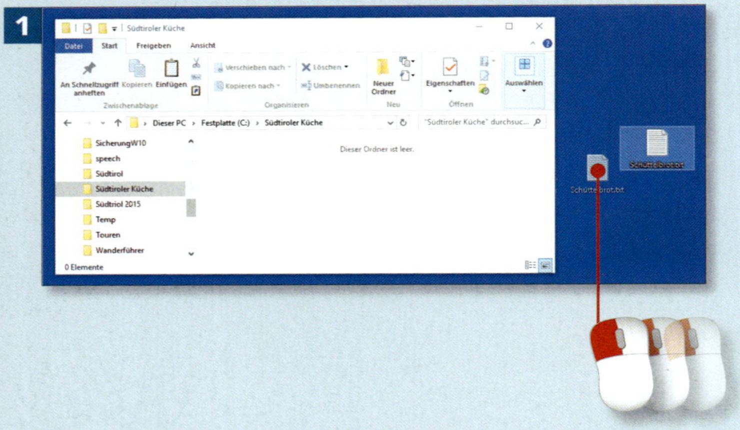

Zum schnellen Verschieben oder Kopieren von Elementen verwendet man häufig die Drag & Drop-Technik. »Drag & Drop« steht für »Ziehen und Ablegen«.

Schritt 1

Möchten Sie eine Datei von Ihrem Desktop in einen Ordner verschieben, klicken Sie sie zunächst mit der linken Maustaste an, halten die Taste gedrückt und verschieben das Objekt an die gewünschte Stelle.

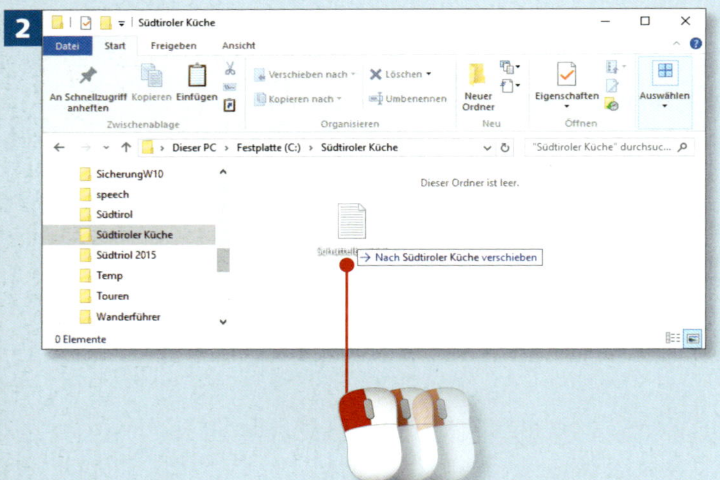

Schritt 2

Haben Sie das Ziel erreicht, lassen Sie einfach die Maustaste wieder los und legen damit das Objekt ab.

Schritt 3

Die per Drag & Drop verschobene Datei wird sogleich im Zielordner angezeigt.

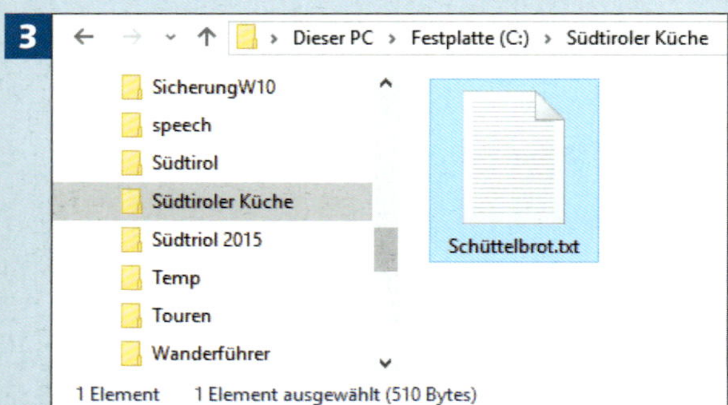

Fenster verschieben

Auch Programmfenster lassen sich per Drag & Drop verschieben. Klicken Sie dazu ein Fenster in der Kopfleiste an, und verschieben Sie es beliebig auf dem Bildschirm.

Schritt 4

Drag & Drop funktioniert in vielen Anwendungen auch mit Textzeilen oder einzelnen Wörtern. Markieren Sie zuerst den gewünschten Text mit der Maus, indem Sie dreimal schnell auf die Zeile klicken.

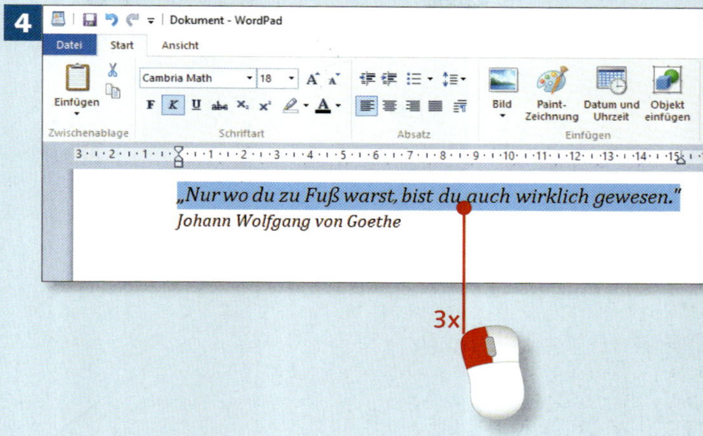

Schritt 5

Klicken Sie auf den markierten Text, und verschieben Sie ihn bei weiterhin gedrückter Maustaste an die gewünschte Position.

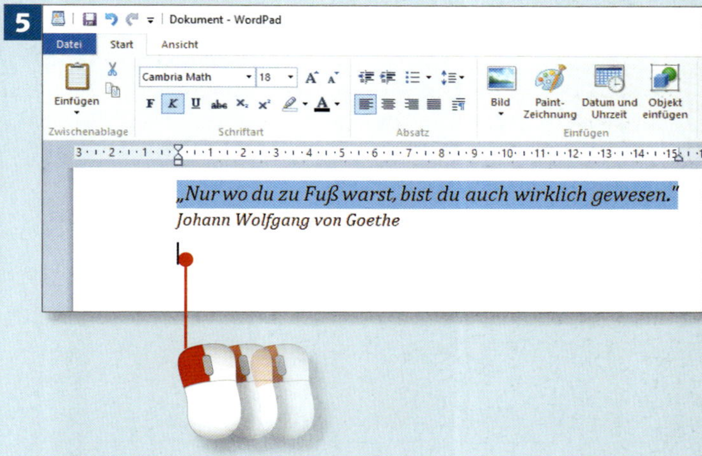

Schritt 6

Lassen Sie die Maustaste wieder los, wird der Text an der angezeigten Markierung eingefügt. Sie können auch mehrere Zeilen markieren und auf diese Weise längere Textabschnitte oder komplette Absätze neu anordnen.

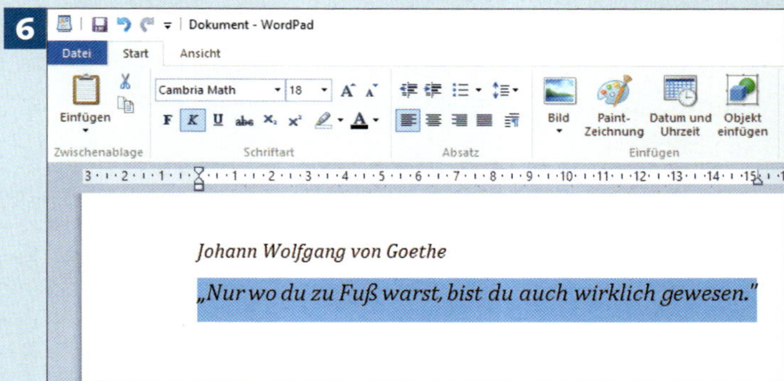

Grenzüberschreitend

Die Drag & Drop-Technik funktioniert oft auch zwischen zwei Anwendungen. So können Sie z. B. eine Grafikdatei aus dem Explorer direkt in das geöffnete Programmfenster Ihrer Bildbearbeitung verschieben und dort weiterbearbeiten.

Einen neuen Ordner für den Schnellzugriff hinzufügen

Anstatt sich durch die Untiefen der Ordnerstrukturen zu klicken, können Sie häufig benötigte Ordner auch in den Schnellzugriff des Explorers legen. So geht's.

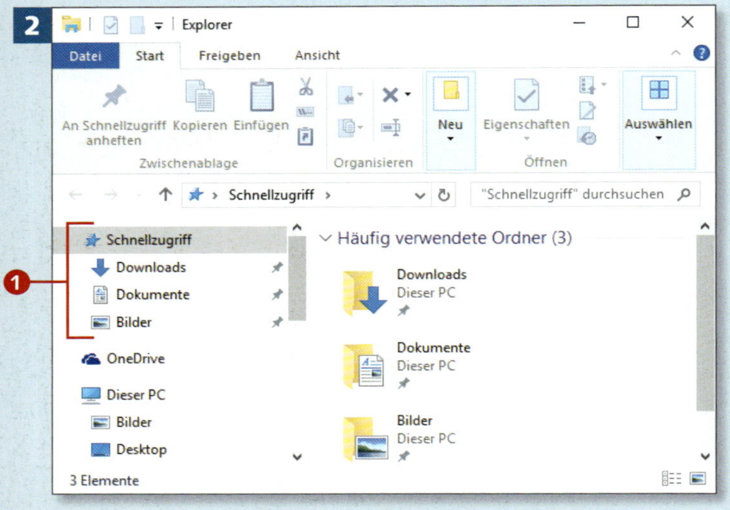

Schritt 1

Öffnen Sie den Explorer über das Ordnersymbol in der Taskleiste oder über die Tastenkombination ⊞ + E.

Schritt 2

In der linken Spalte des Fensters sehen Sie nun alle Verzeichnisse, die aktuell dem Schnellzugriff zugeordnet sind ❶.

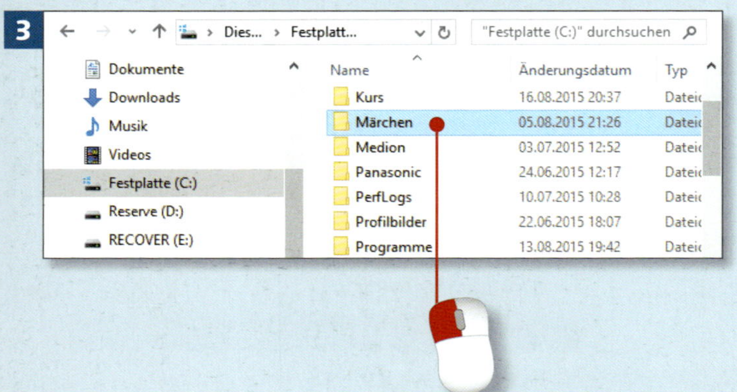

Schritt 3

Wählen Sie einen Ordner aus, den Sie dem Schnellzugriff hinzufügen möchten. Als Beispiel nehmen wir den Ordner *Märchen*.

Speicherort wird nicht geändert

Wenn Sie einen Ordner in den Schnellzugriff aufnehmen, wird er nicht wirklich dorthin verschoben, sondern es wird lediglich eine Verknüpfung zum Ordner angelegt. Der ursprüngliche Speicherort wird also nicht verändert.

Schritt 4

Klicken Sie den ausgewählten Ordner mit der rechten Maustaste an, und wählen Sie aus dem Kontextmenü den Befehl **An Schnellzugriff anheften** aus.

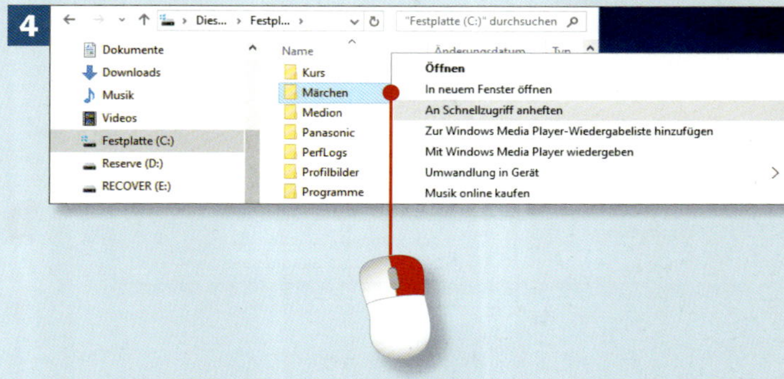

Schritt 5

Der ausgewählte Ordner wird nun dem Schnellzugriff hinzugefügt **2** und kann fortan mit nur einem Klick geöffnet werden. Sie können den Ordner wie alle anderen auf Ihrem System nutzen und die darin befindlichen Dateien kopieren, löschen, umbenennen etc.

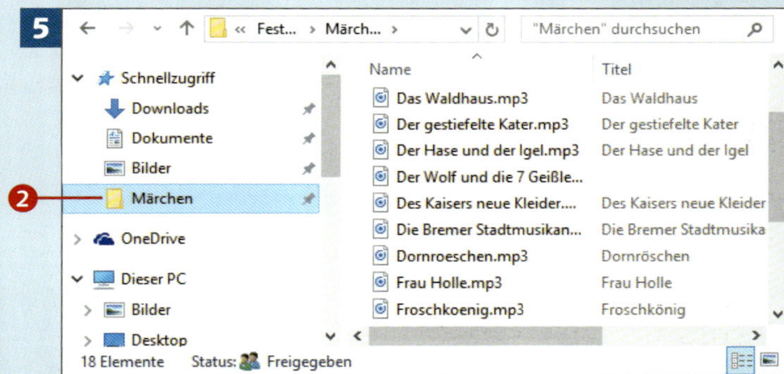

Schritt 6

Möchten Sie einen Ordner wieder aus der Liste entfernen, klicken Sie ihn einfach mit der rechten Maustaste an und wählen aus dem Kontextmenü den Befehl **Von Schnellzugriff lösen** aus.

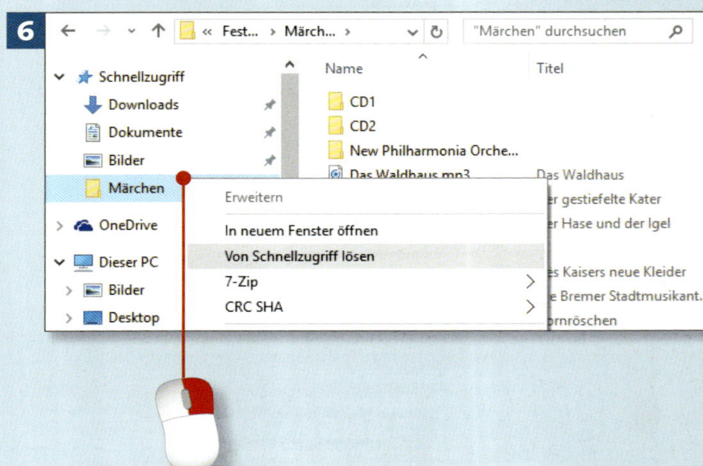

Es wird nichts gelöscht!
Entfernen Sie einen Ordner wie beschrieben aus der Favoritenliste, wird nur die Verknüpfung, nicht aber der Ordner selbst gelöscht. Es gehen dabei also keine Daten verloren.

Ordner komprimieren, um Speicherplatz zu sparen

Wird der Speicher auf der Festplatte knapp, können Sie einige Ordner komprimieren. So gewinnen Sie Speicherplatz zurück.

1

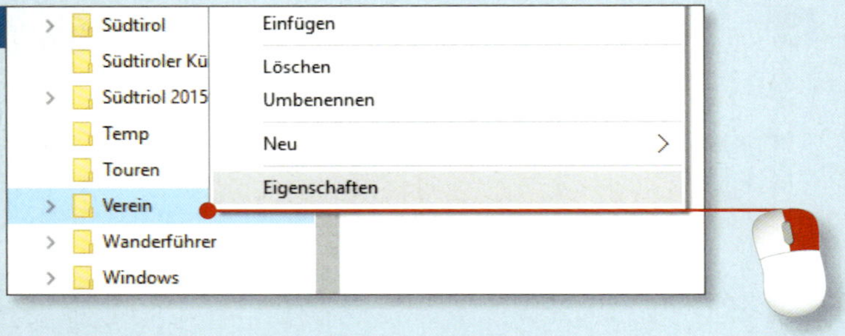

Schritt 1

Führen Sie im Explorer einen Rechtsklick auf den Ordner aus, den Sie komprimieren möchten, und rufen Sie die Option **Eigenschaften** aus dem Kontextmenü auf.

2

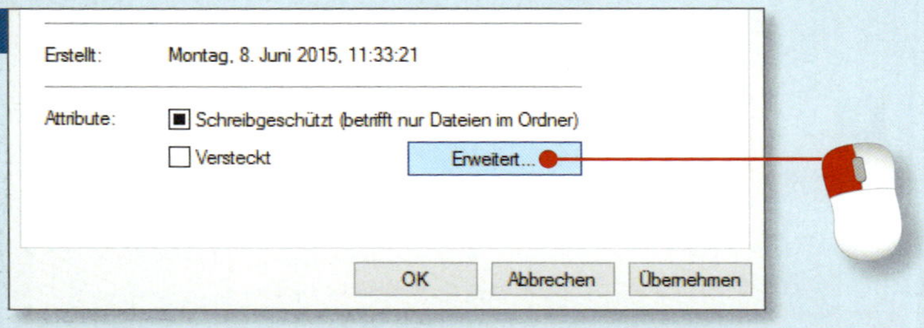

Schritt 2

Klicken Sie nun auf der Registerkarte **Allgemein** auf die Schaltfläche **Erweitert**, um die erweiterten Attribute des Ordners anzuzeigen.

3

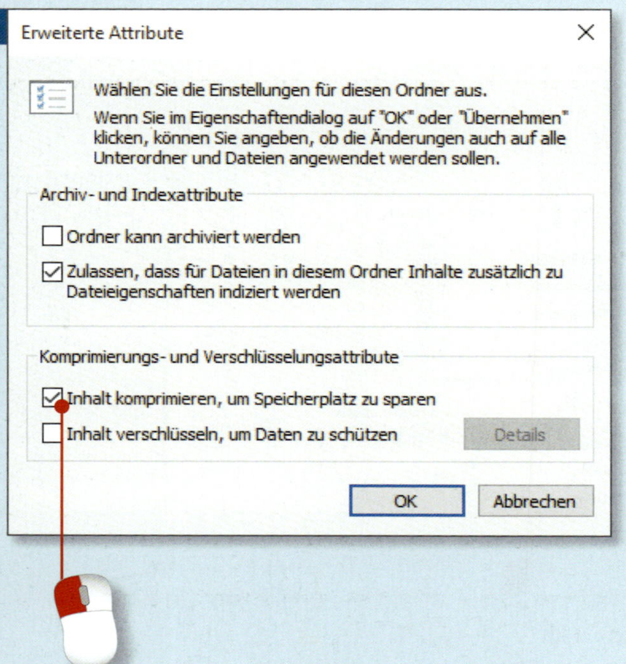

Schritt 3

Markieren Sie das Kästchen vor der Option **Inhalt komprimieren, um Speicherplatz zu sparen**, und schließen Sie das Dialogfenster über die Schaltfläche **OK**.

!

Voraussetzungen

Zur Erstellung komprimierter Ordner und Dateien benötigen Sie Administratorrechte. Die Echtzeitkomprimierung ist zudem nur auf NTFS-Dateisystemen möglich.

Schritt 4

Die Einstellung muss gespeichert werden; klicken Sie dazu im weiterhin geöffneten Eigenschaftenfenster des Ordners auf **Übernehmen**.

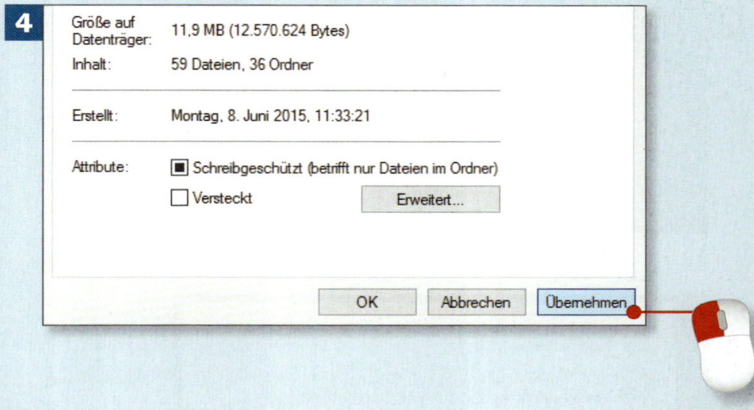

Schritt 5

Es öffnet sich ein weiteres Dialogfenster. Markieren Sie die Option **Änderungen für diesen Ordner, untergeordnete Ordner und Dateien übernehmen**, und bestätigen Sie erneut mit **OK**.

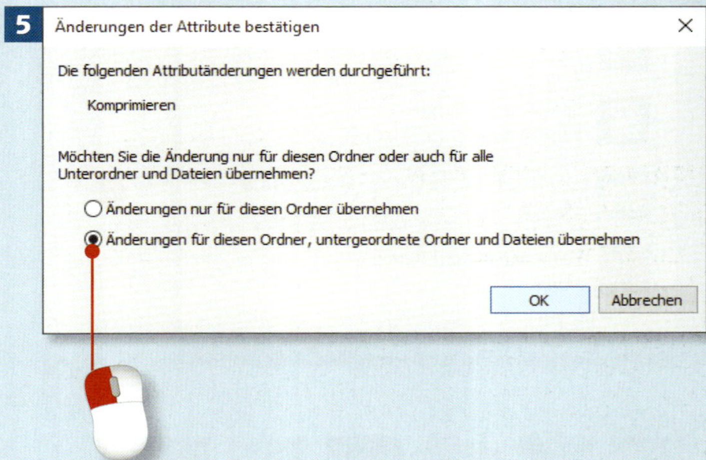

Schritt 6

Die Attributänderungen wurden nun übernommen; zum Schließen des Eigenschaftenfensters müssen Sie ein weiteres Mal auf **OK** klicken.

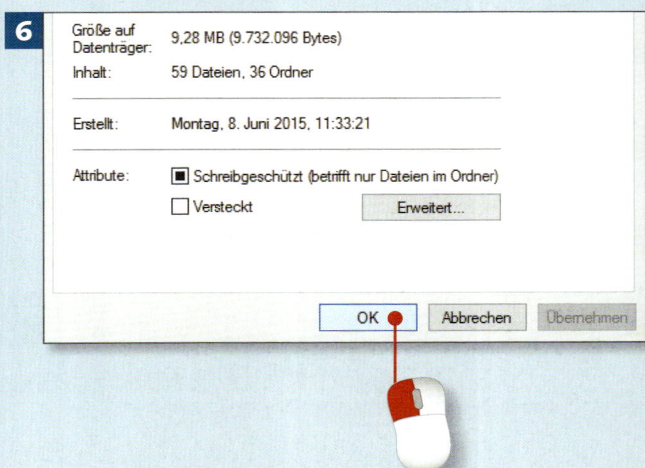

Dauer

Die Komprimierung sehr großer Datenmengen kann mehrere Stunden Zeit in Anspruch nehmen. Auf die komprimierten Daten können Sie später aber wie gewohnt zugreifen. Die Daten werden beim Öffnen blitzschnell dekomprimiert, ohne dass es dabei zu nennenswerten Verzögerungen kommt.

Dateien auf einen USB-Stick kopieren

1
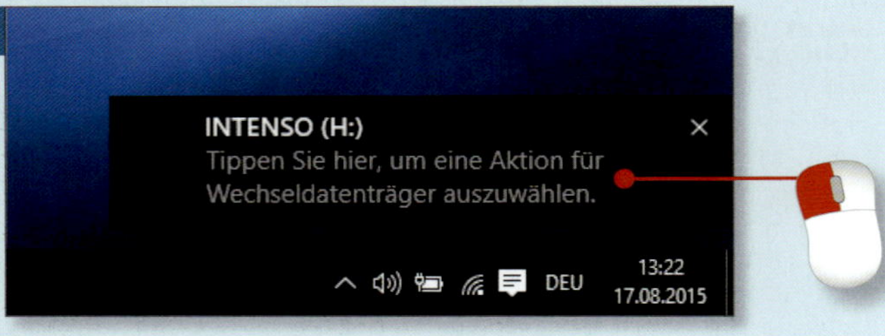

2
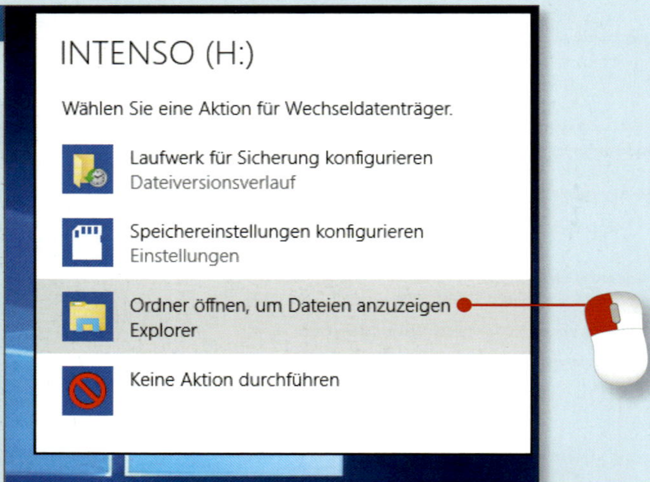

3
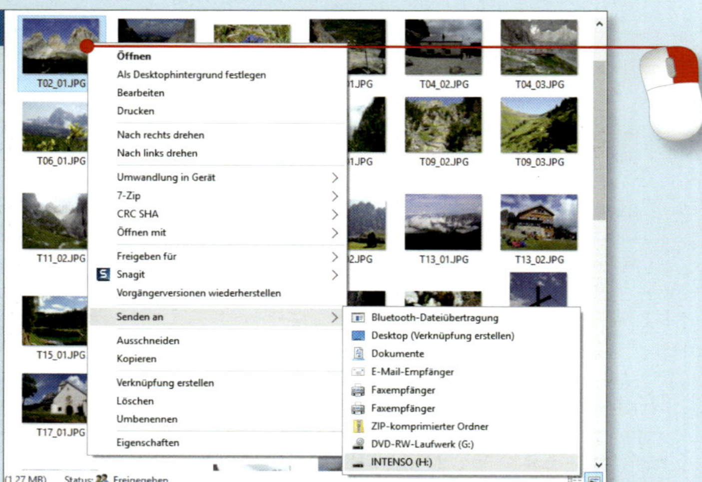

USB-Sticks sind die idealen Wechseldatenträger. Wie Sie Daten auf einen Stick kopieren, zeigt diese Anleitung.

Schritt 1

Schließen Sie Ihren Speicherstick an eine freie USB-Schnittstelle an. Nach wenigen Sekunden blendet Windows rechts unten ein Hinweisfenster ein. Klicken Sie darauf, um eine Aktion für den Wechseldatenträger auszuwählen.

Schritt 2

Wählen Sie im zweiten Dialog die Option **Ordner öffnen, um Dateien anzuzeigen**, woraufhin der Explorer geöffnet wird. Windows merkt sich diese Einstellung, Sie müssen die Auswahl nur einmal durchführen.

Schritt 3

Klicken Sie die zu kopierende(n) Datei(en) mit rechts an, um das Kontextmenü zu öffnen. Zeigen Sie nun auf den Befehl **Senden an**, und wählen Sie Ihren USB-Stick als Ziel aus. Der Kopiervorgang wird sogleich gestartet.

Verschwundene Bibliotheken wieder sichtbar machen

Beim Aufruf des Explorers ist Ihnen vielleicht schon aufgefallen, dass die Bibliotheken nicht mehr im Navigationsbereich angezeigt werden. Microsoft hat die Anzeige standardmäßig deaktiviert. Mit wenigen Mausklicks können Sie die Bibliotheken aber wieder sichtbar machen.

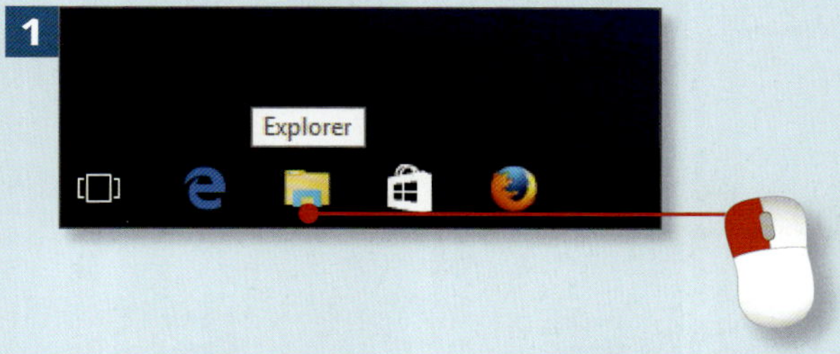

Schritt 1

Falls der Explorer noch nicht geöffnet ist, starten Sie ihn mit den Tasten [Win] + [E] oder mit einem Klick auf das Symbol in der Taskleiste.

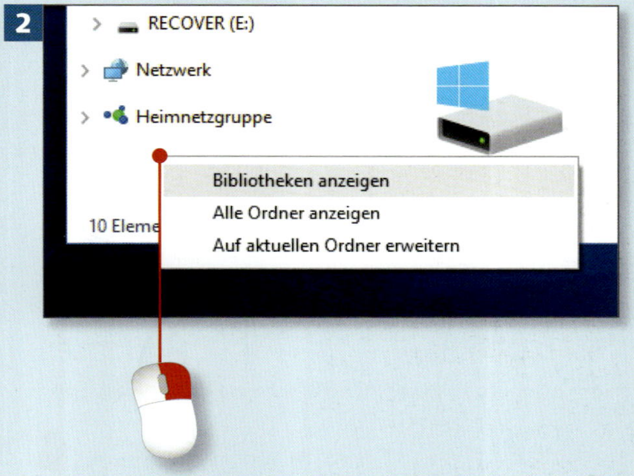

Schritt 2

Klicken Sie mit der rechten Maustaste auf eine freie Stelle innerhalb des Navigationsbereichs in der linken Fensterhälfte, z. B. ganz unten, und wählen Sie aus dem Kontextmenü die Option **Bibliotheken anzeigen** aus.

Schritt 3

Fortan werden die Bibliotheken ❶ wieder im Explorer angezeigt und können wie gewohnt verwendet werden. Möchten Sie sie zu einem späteren Zeitpunkt wieder ausblenden, wiederholen Sie einfach die ersten beiden Schritte dieser Anleitung.

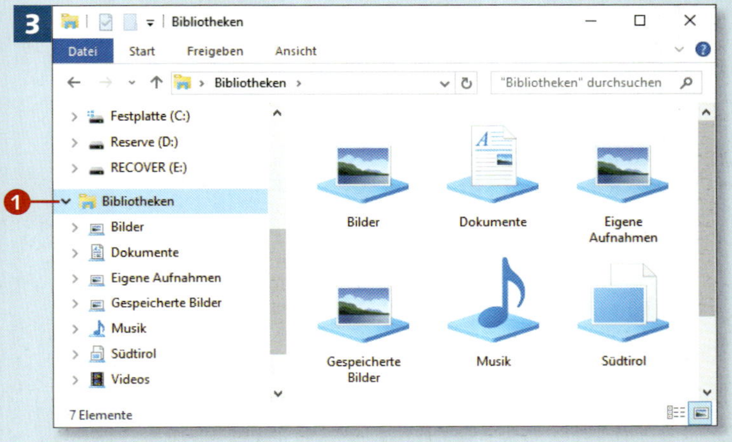

Eigene Bibliotheken erstellen

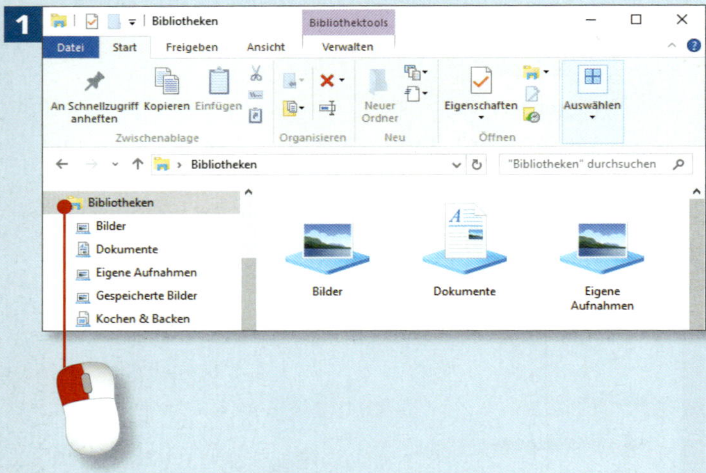

Ordner mit verschiedenen Speicherorten lassen sich unter Windows 10 bequem in Bibliotheken zusammenfassen. So behalten Sie stets den Überblick über Ihre Daten.

Schritt 1

Öffnen Sie den Explorer, und wählen Sie in der linken Fensterhälfte den Eintrag **Bibliotheken** aus. Sollten die Bibliotheken nicht sichtbar sein, lesen Sie den Abschnitt »Verschwundene Bibliotheken wieder sichtbar machen« auf Seite 77.

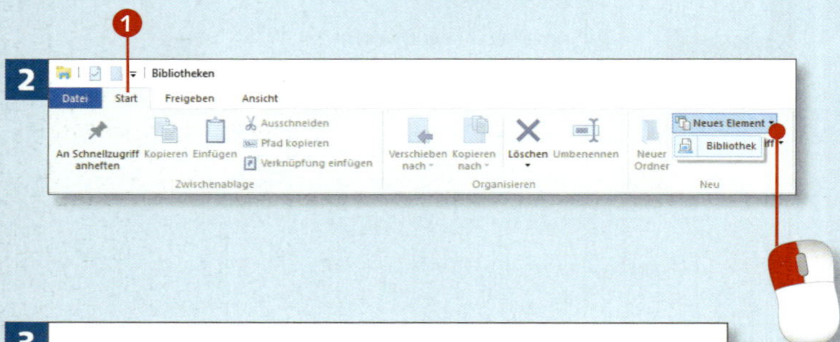

Schritt 2

Klicken Sie im Register **Start** ❶ des Menübands auf die Schaltfläche **Neues Element**, und wählen Sie dann **Bibliothek**.

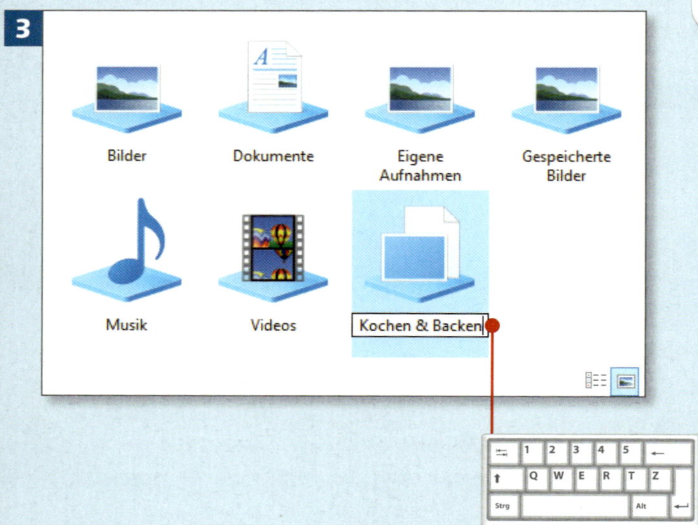

Schritt 3

Vergeben Sie einen Namen für Ihre Bibliothek, und schließen Sie die Eingabe mit [↵] ab.

Standardbibliotheken

Die Bibliotheken *Bilder*, *Dokumente*, *Eigene Aufnahmen*, *Gespeicherte Bilder*, *Musik* und *Videos* sind bereits voreingerichtet. Sie können sie bei Bedarf aber jederzeit umbenennen oder löschen.

Schritt 4

Die Bibliothek ist noch leer; um ihr Ordner zuzuweisen, führen Sie einen Doppelklick auf Ihre Bibliothek aus und klicken anschließend auf die Schaltfläche **Ordner hinzufügen**.

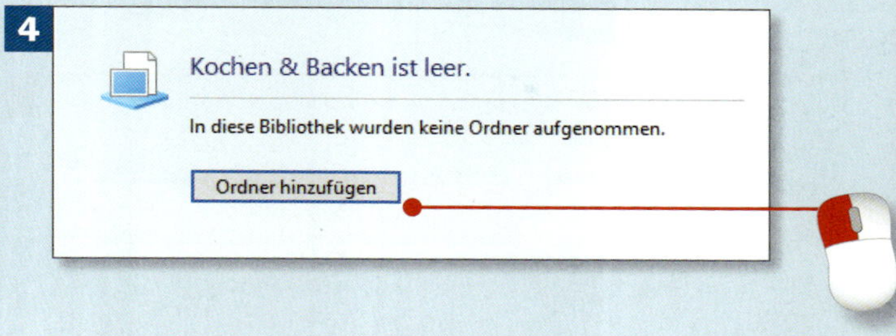

Schritt 5

Es öffnet sich ein neues Fenster. Wählen Sie hier einen passenden Ordner aus ❷, und fügen Sie ihn der Bibliothek über die Schaltfläche **Ordner aufnehmen** hinzu.

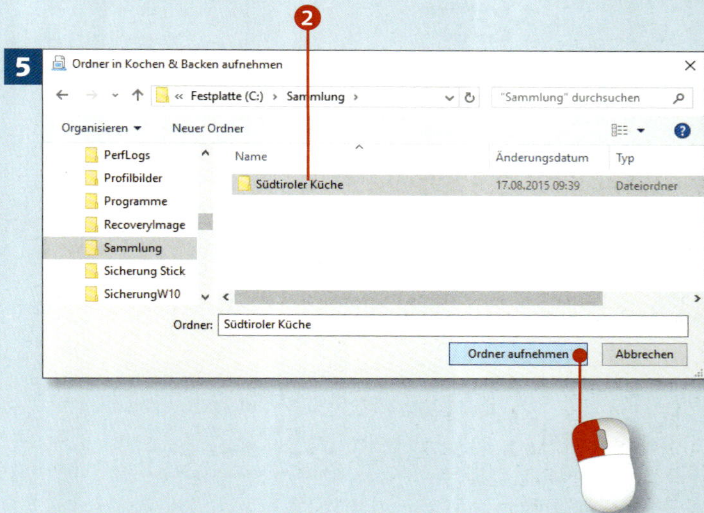

Schritt 6

Möchten Sie einen weiteren Ordner hinzufügen, klicken Sie ihn im Explorer mit der rechten Maustaste an, zeigen auf den Befehl **In Bibliothek aufnehmen** und wählen die gewünschte Bibliothek aus.

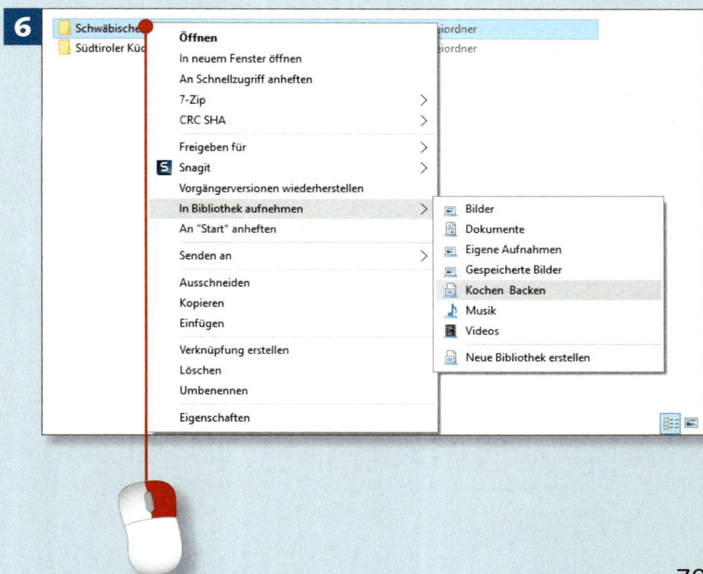

Löschen einer Bibliothek
Da die Daten in einer Bibliothek nicht in dieser selbst, sondern an verschiedenen Orten gespeichert sind, bleiben sie beim Löschen einer Bibliothek erhalten.

Dateien komprimieren und entpacken

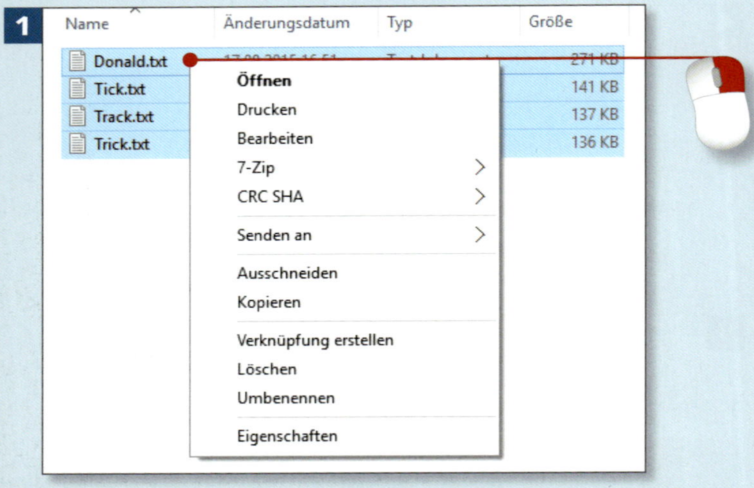

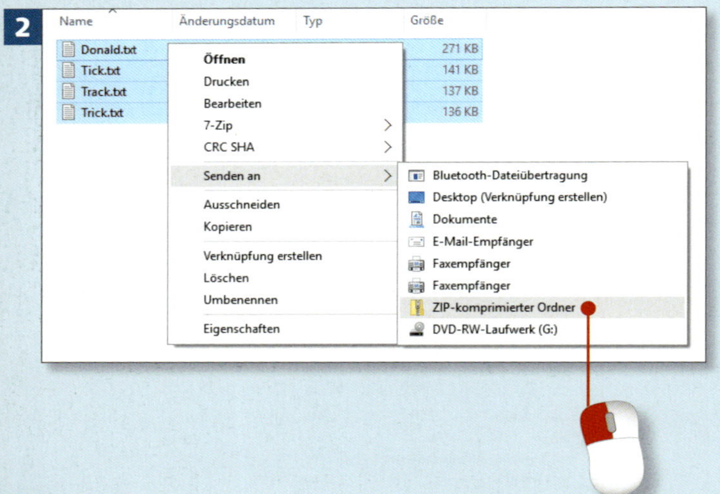

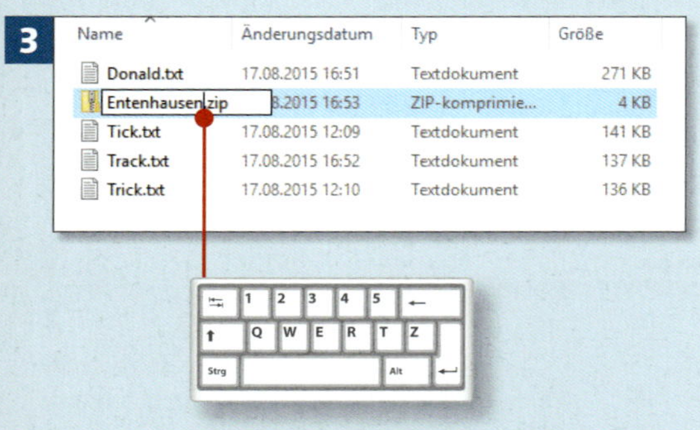

Wenn Sie Dateien per E-Mail versenden möchten, können Sie sie zuvor komprimieren und damit das Datenvolumen erheblich reduzieren. Das spart Zeit beim Senden und Empfangen der Daten.

Schritt 1

Wählen Sie eine oder mehrere Dateien aus, und klicken Sie sie mit der rechten Maustaste an, um das Kontextmenü zu öffnen.

Schritt 2

Zeigen Sie im Kontextmenü auf **Senden an**, und wählen Sie anschließend den Befehl **ZIP-komprimierter Ordner** aus.

Schritt 3

Vergeben Sie einen Namen für Ihr ZIP-Archiv, und schließen Sie die Tastatureingabe mit der [↵]-Taste ab.

Packen und Löschen

Um tatsächlich Platz zu sparen, müssen Sie die unkomprimierten Daten natürlich auch löschen. Testen Sie aber vorher noch in den Schritten 4 bis 6, ob alle Dateien im Archiv enthalten sind.

Schritt 4

Um einen komprimierten Ordner wieder zu dekomprimieren, klicken Sie ihn mit der rechten Maustaste an und wählen dann den Eintrag **Alle extrahieren** aus.

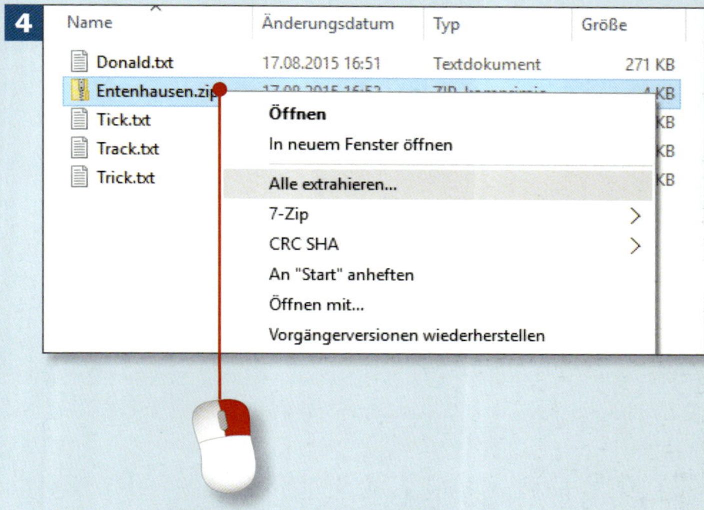

Schritt 5

Als Nächstes müssen Sie den Pfad angeben, wohin die Dateien entpackt werden sollen. Tragen Sie einen Pfad ein, oder klicken Sie auf **Durchsuchen**, um einen geeigneten Speicherort auszuwählen. Voreingestellt ist der Speicherort, an dem auch der komprimierte Ordner liegt.

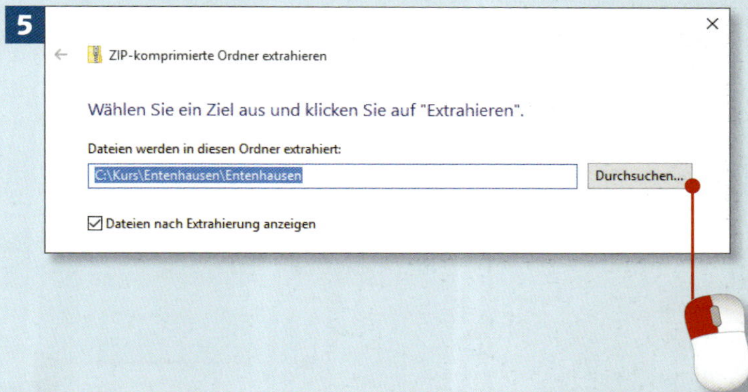

Schritt 6

Über die Schaltfläche **Extrahieren** starten Sie schließlich den Vorgang. Die entpackten Dateien befinden sich nun in dem von Ihnen gewählten Pfad.

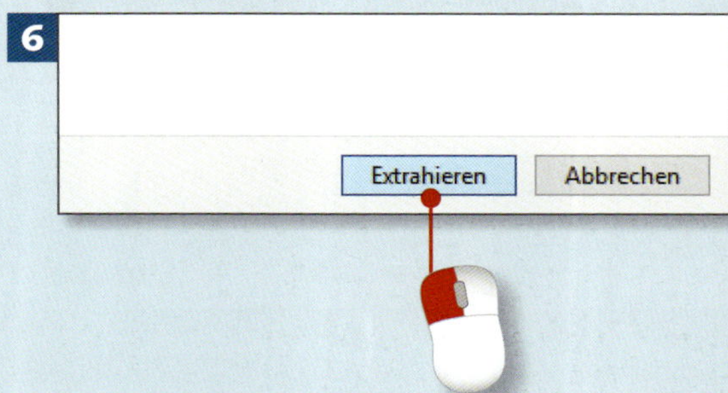

Externe Packprogramme

Externe Packprogramme wie 7-Zip oder WinRAR sind meist leistungsfähiger als die interne ZIP-Funktion unter Windows.

Gelöschte Dateien wiederherstellen oder entfernen

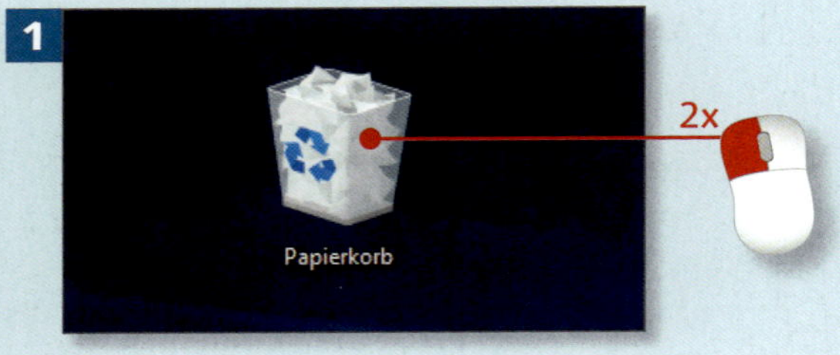

Wenn Sie unter Windows 10 eine Datei löschen, wird sie nicht sofort entfernt, sondern nur in den Papierkorb verschoben. Aus dem Papierkorb können Sie die Daten jederzeit wiederherstellen oder auch endgültig löschen.

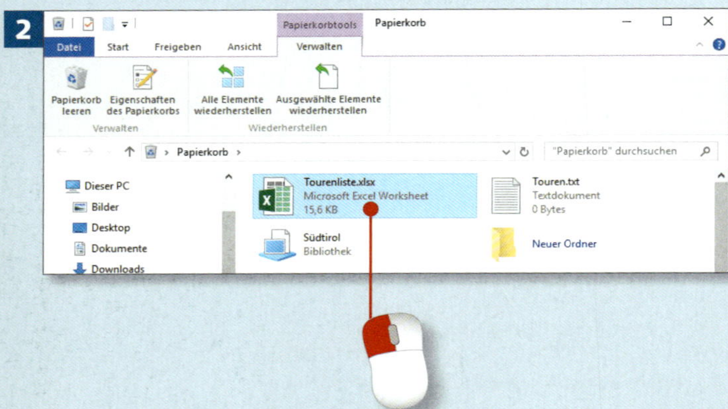

Schritt 1

Führen Sie einen Doppelklick auf das Papierkorbsymbol auf Ihrem Desktop aus, um den Papierkorb zu öffnen.

Schritt 2

Suchen Sie sich aus der Liste die Dateien oder Ordner aus, die Sie wiederherstellen möchten, und markieren Sie sie. Mehrere Dateien können Sie markieren, indem Sie `Strg` gedrückt halten und hintereinander auf die einzelnen Dateien klicken.

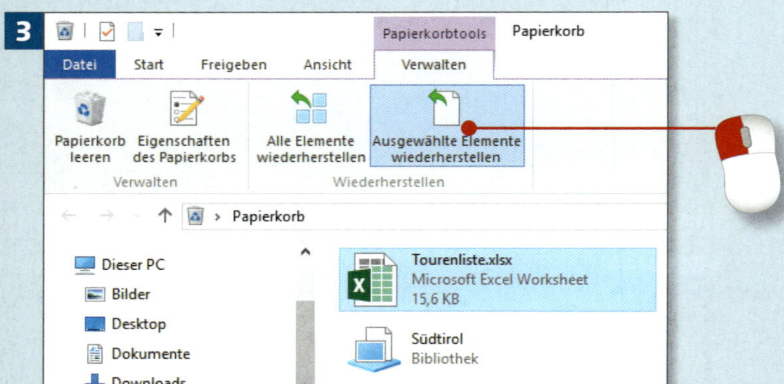

Schritt 3

Um die Datei wieder aus dem Papierkorb zu fischen, klicken Sie nun oben in der Menüleiste auf den Befehl **Ausgewählte Elemente wiederherstellen**. Die Datei steht sogleich wieder am alten Speicherort zur Verfügung.

Schritt 4

Möchten Sie hingegen Dateien endgültig löschen, öffnen Sie erneut den Papierkorb, und markieren Sie die zu löschenden Dateien.

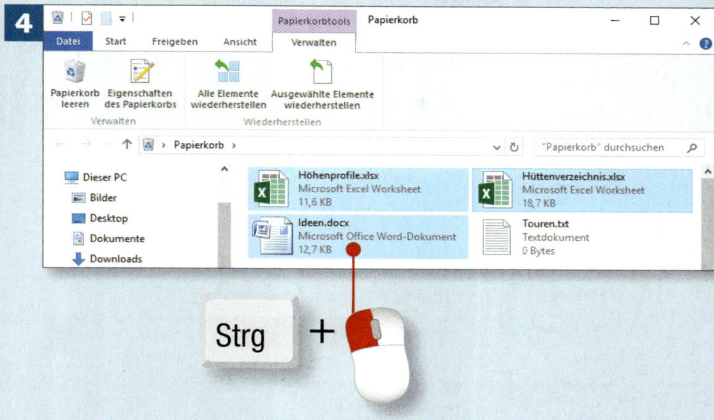

Schritt 5

Führen Sie einen Rechtsklick auf eine der markierten Dateien aus, und wählen Sie aus dem Kontextmenü den Befehl **Löschen** aus.

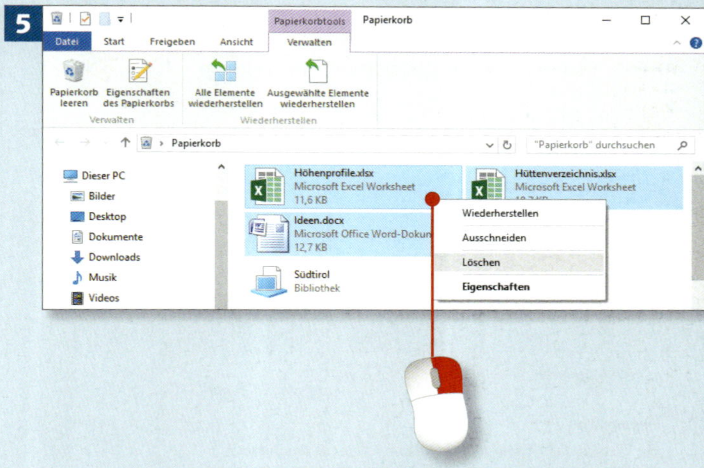

Schritt 6

Es folgt eine Sicherheitsabfrage. Möchten Sie die ausgewählten Dateien wirklich unwiderruflich löschen? Wenn Sie sicher sind, bestätigen Sie die Abfrage mit **Ja**.

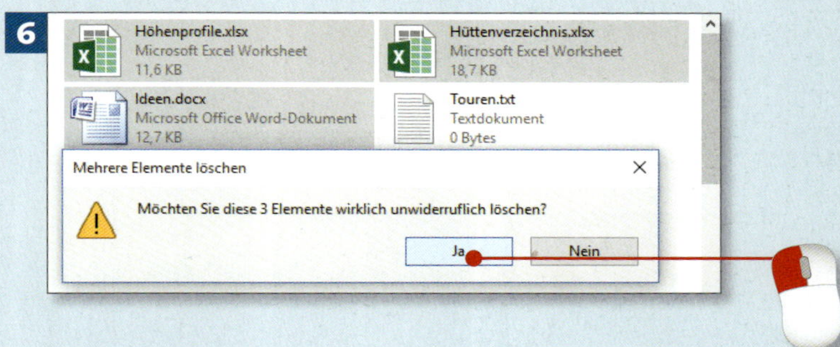

Papierkorb vollständig leeren
Anstatt Dateien oder Ordner einzeln zu löschen, können Sie den Papierkorb auch vollständig leeren und so alle darin enthaltenen Daten unwiderruflich löschen. Klicken Sie dazu den Papierkorb mit der rechten Maustaste an, und wählen Sie aus dem Kontextmenü den Befehl **Papierkorb leeren** aus.

Ordner mit eigenem Symbol versehen

1

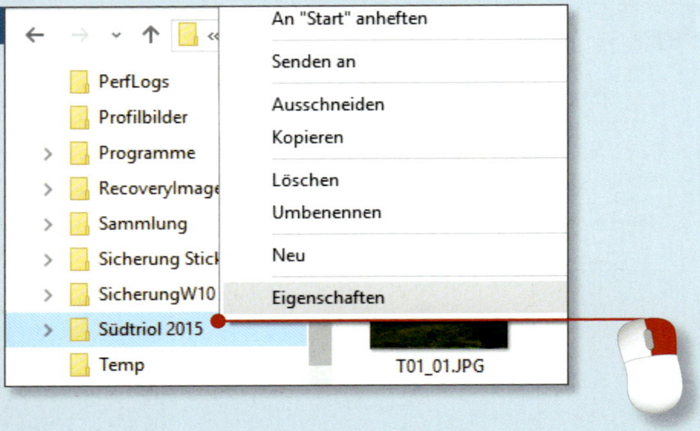

2

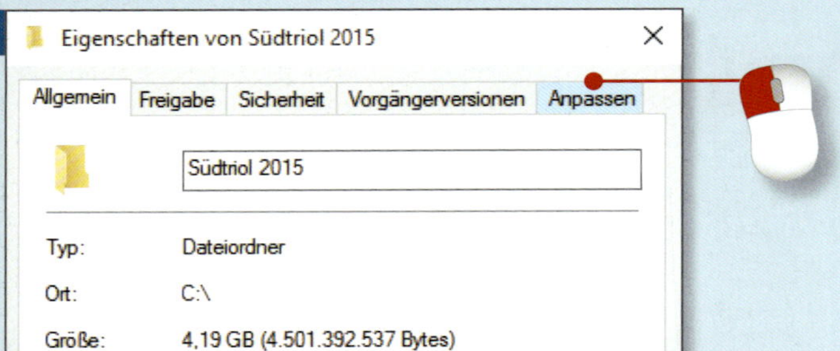

3

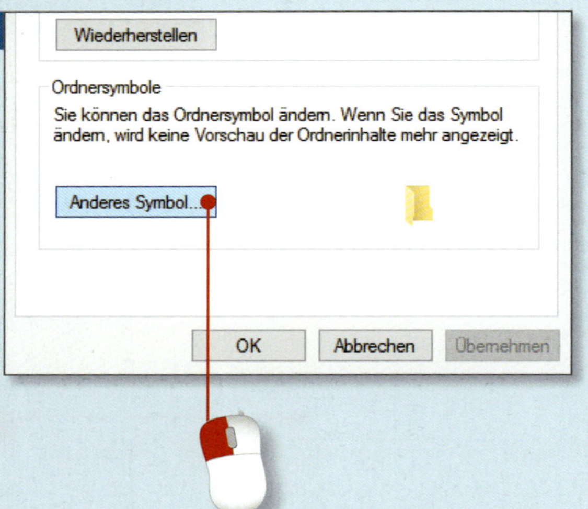

Standardmäßig werden alle Ordner im Explorer mit dem gleichen gelben Ordnersymbol dargestellt. Ist Ihnen das zu eintönig? Bringen Sie ein bisschen Abwechslung in die Verwaltung Ihrer Daten, und weisen Sie besonderen Ordnern neue Symbole zu.

Schritt 1

Öffnen Sie den Explorer. Führen Sie einen Rechtsklick auf den Ordner aus, dessen Symbol Sie ändern möchten, und wählen Sie aus dem Kontextmenü die Option **Eigenschaften** aus.

Schritt 2

Es öffnet sich ein neues Fenster, in dem die Eigenschaften des Ordners angezeigt werden. Die gesuchten Einstellungsmöglichkeiten finden Sie unter dem Register **Anpassen**.

Schritt 3

Auf der Registerkarte **Anpassen** angekommen, geht es weiter über die Schaltfläche **Anderes Symbol** im unteren Teil des Dialogfensters.

Schritt 4

Wählen Sie nun ein neues Symbol für Ihren Ordner aus der Liste aus. Scrollen Sie gegebenenfalls mithilfe der Bildlaufleiste ❶ nach rechts, um weitere Symbole zu erreichen. Mit **OK** wird das ausgesuchte Symbol, hier ein Baum, übernommen.

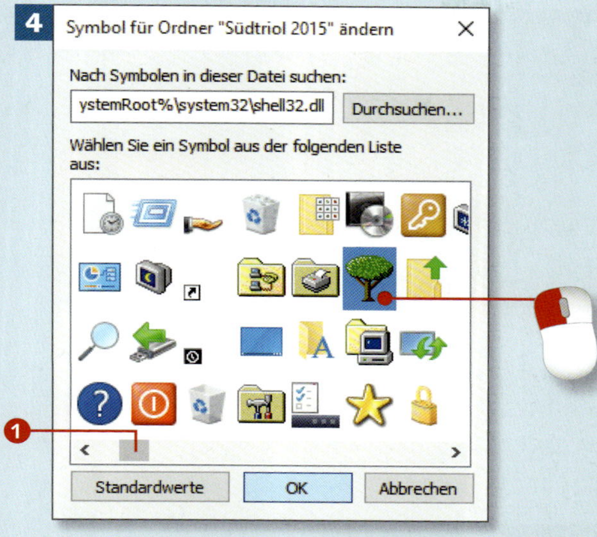

Schritt 5

Das neue Symbol wird nun in den Eigenschaften des Ordners angezeigt, ❷ aber noch nicht im Explorer selbst. Klicken Sie zum Speichern der Einstellung auf **OK**.

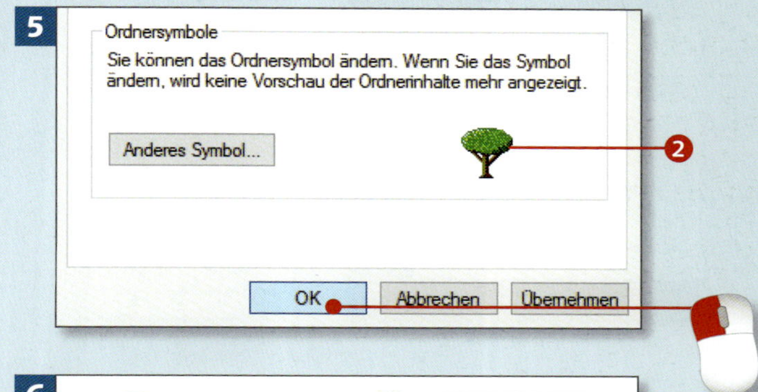

Schritt 6

Im Explorer ist jetzt das neue Symbol für Ihren Ordner zu sehen ❸. Wiederholen Sie die vorangegangenen Schritte, wenn Sie weiteren Ordnern neue Symbole zuweisen möchten.

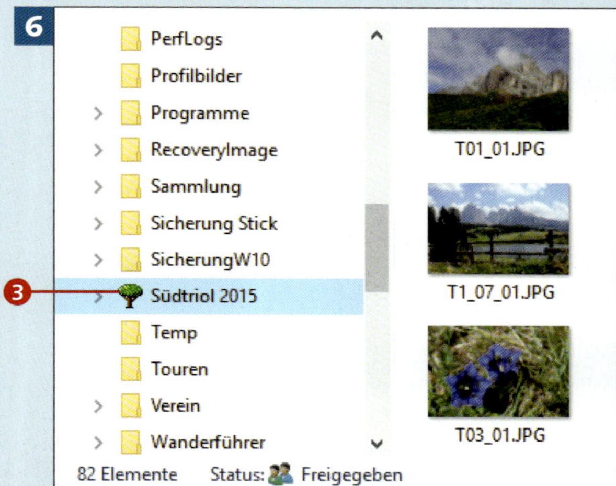

Symbole aus dem Internet

Neue Symbole für Ihre Ordner finden Sie im Internet, z. B. auf der Seite *www.iconarchive.com*. Die meisten Symbole sind für den privaten Gebrauch kostenlos. Laden Sie generell Dateien aus dem Internet immer nur von seriösen Webseiten herunter!

So erstellen Sie eine Kurznotiz

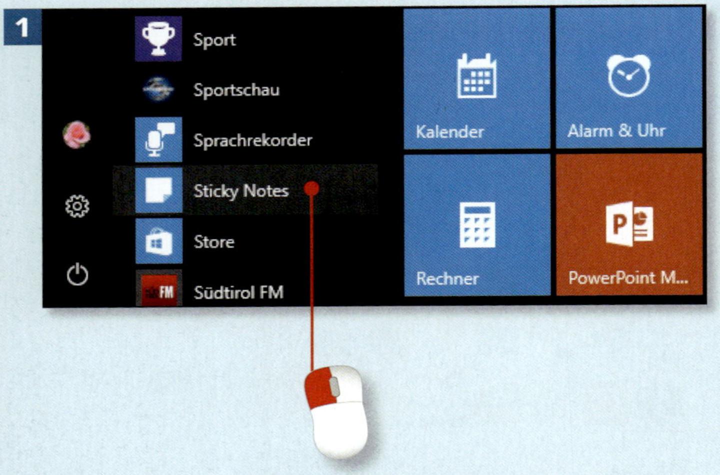

Die kleinen gelben Zettel in Büro und Haushalt kennt jeder. Unter Windows gibt es sogar eine digitale Form der kleinen Helferlein.

Schritt 1

Die nützliche Anwendung Sticky Notes (Kurznotizen) finden Sie im Startmenü in der Auflistung aller Apps. Starten Sie das Programm per Klick auf die entsprechende Schaltfläche.

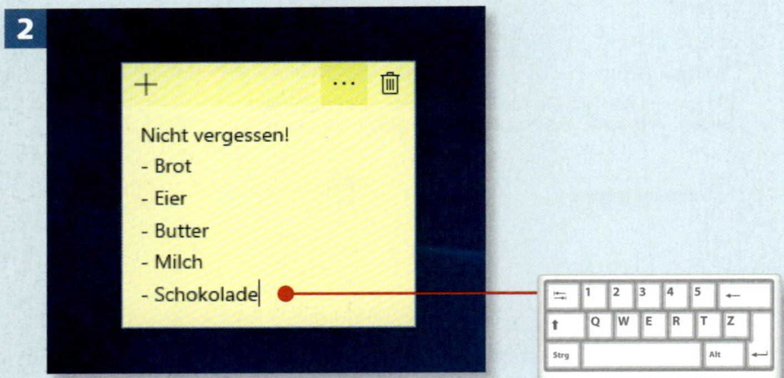

Schritt 2

Ein gelber Notizzettel wird angezeigt. Schreiben Sie Ihre Notiz darauf. Klicken Sie dazu einmal auf den Zettel, und tippen Sie einen Text ein. Mit der ↵-Taste können Sie einen Zeilensprung durchführen.

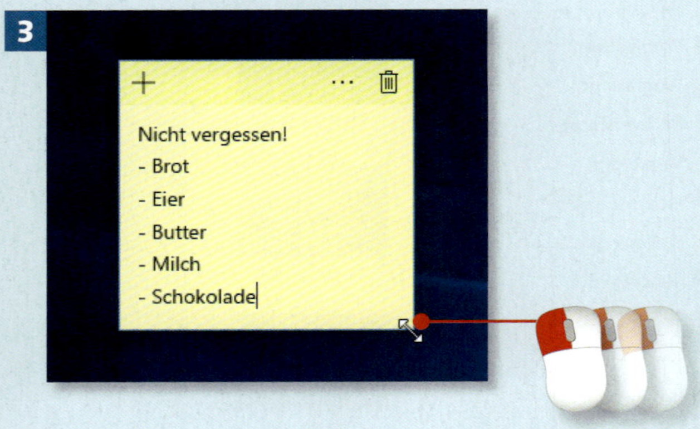

Schritt 3

Die Größe eines Notizzettels können Sie verändern, indem Sie mit der Maus an seine untere rechte Ecke fahren. Der Mauszeiger wird zu einem Doppelpfeil. Ziehen Sie das Fenster mit gedrückter Maustaste auf die gewünschte Größe.

Schritt 4

Möchten Sie eine neue Notiz erstellen, klicken Sie auf das kleine Pluszeichen in der oberen linken Ecke des Zettels. Daraufhin öffnet sich ein neuer Zettel, den Sie mit weiteren Texten füllen können.

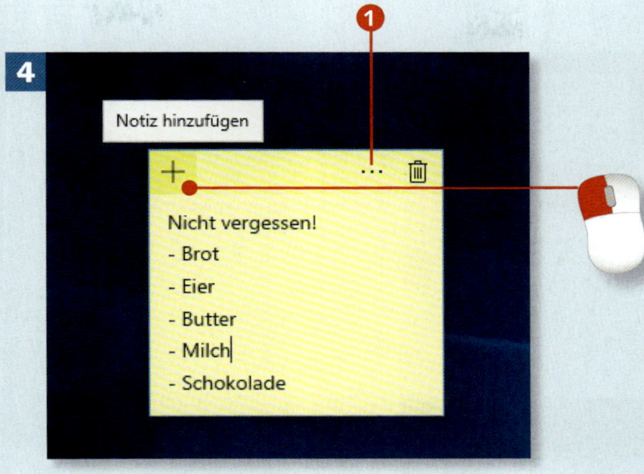

Schritt 5

Nur gelbe Zettel wären auf Dauer langweilig; um die Farbe einer Notiz zu ändern, klicken Sie auf die Schaltfläche mit den drei Punkten ❶ und wählen aus dem Kontextmenü eine neue Farbe aus.

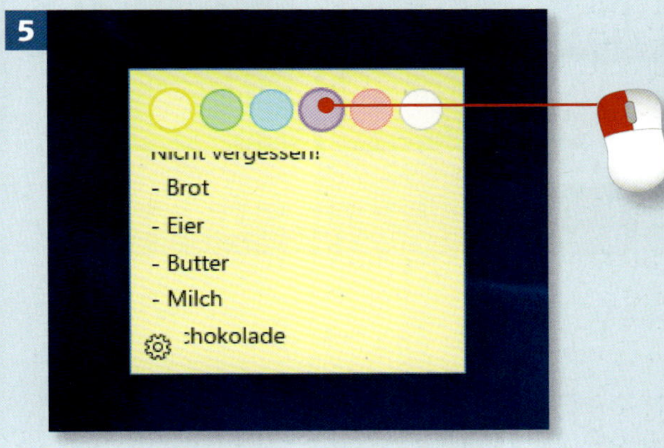

Schritt 6

Möchten Sie eine Kurznotiz wieder löschen, klicken Sie rechts oben auf das Papierkorbsymbol. Die Nachricht wird nach kurzer Rückfrage entfernt.

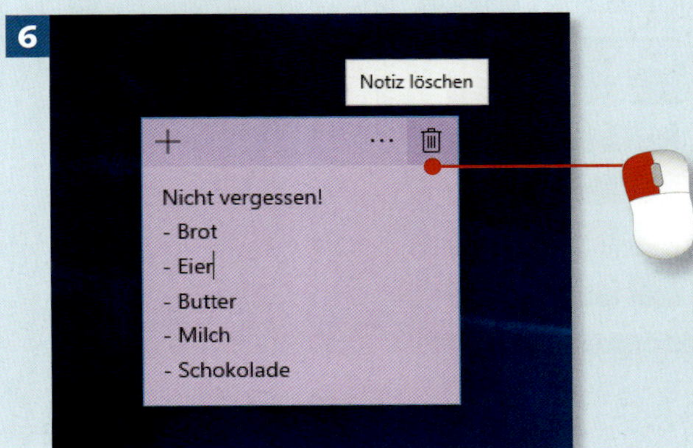

Notizen neu anordnen
Natürlich können Sie die Position der Notizzettel auf Ihrem Desktop auch verändern. Klicken Sie dazu einen Zettel in der Kopfleiste an, und verschieben Sie ihn mit gedrückter Maustaste an die gewünschte Position.

Zwei Fenster nebeneinander anordnen

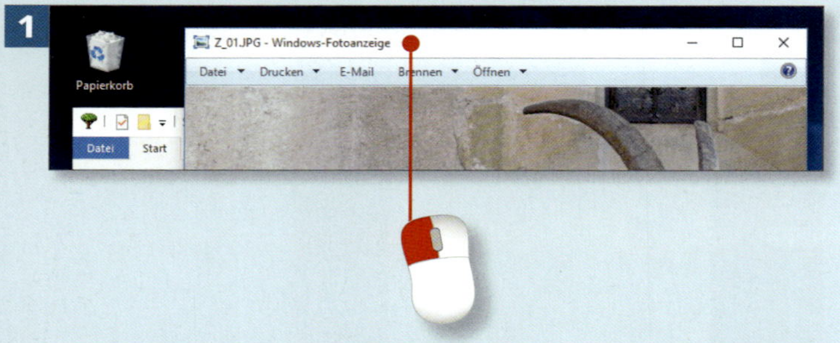

Um beispielsweise Dokumente miteinander zu vergleichen oder Daten zwischen zwei Programmen auszutauschen, können Sie unter Windows 10 sehr einfach Fenster nebeneinander anordnen.

Schritt 1

Klicken Sie in die Titelleiste oder auf einen freien Bereich des ersten Fensters, das Sie anordnen möchten, um es in den Vordergrund zu holen.

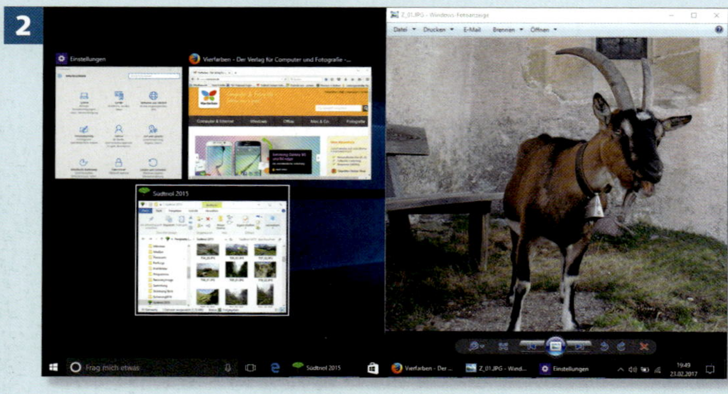

Schritt 2

Drücken Sie nun die Tastenkombination Win + ←, um das erste Fenster am linken Rand zu platzieren, bzw. Win + →, um es zum rechten Bildschirmrand zu schieben.

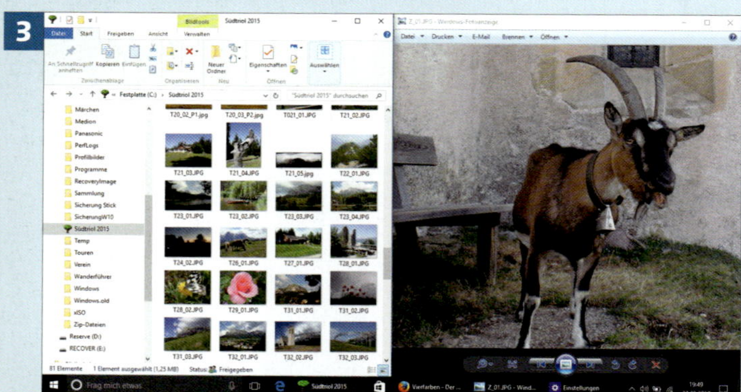

Schritt 3

Auf der anderen Seite zeigt Ihnen Windows nun alle aktuell geöffneten Programmfenster in einer Vorschau an. Klicken Sie dort einfach auf das Fenster, das Sie zusätzlich nutzen möchten, dann wird es neben dem ersten geöffnet.

Mehrere Fenster anordnen
Sie können die Fenster auch mit der Maus in eine Bildschirmecke ziehen und auf diese Weise vier Fenster im Quadrat anordnen.

Den Explorer im Verzeichnis »Dieser PC« starten

Beim Aufruf des Explorers zeigt dieser standardmäßig das Verzeichnis des Schnellzugriffs. Nur wenige Mausklicks sind nötig, um die Ansicht dauerhaft auf das Verzeichnis »Dieser PC« umzustellen.

Schritt 1

Öffnen Sie den Explorer über das Symbol in der Taskleiste oder mittels der Tastenkombination [Win] + [E].

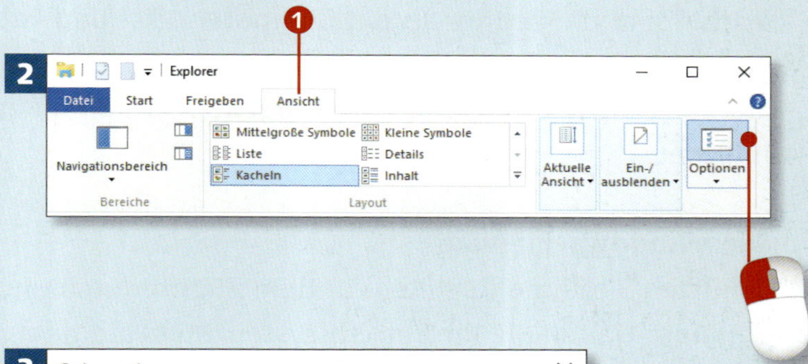

Schritt 2

Um zu den Einstellungen zu gelangen, wechseln Sie zur Registerkarte **Ansicht** (1) und klicken dort auf den oberen Teil der Schaltfläche **Optionen**.

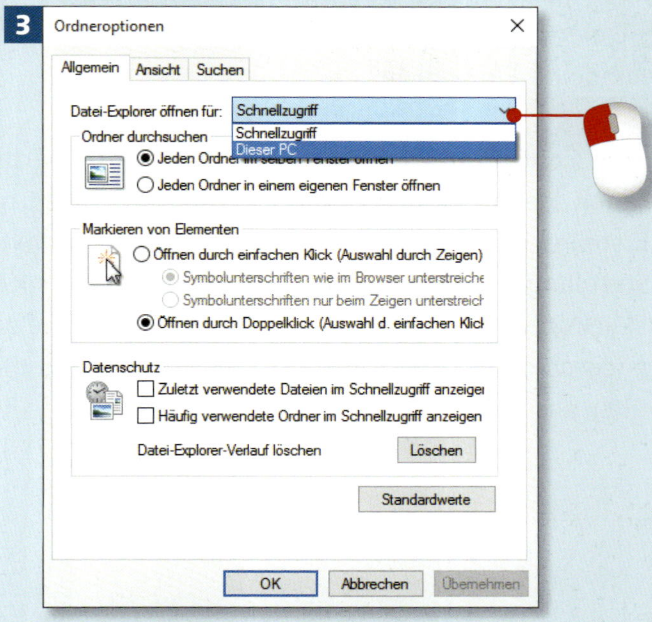

Schritt 3

Das Dialogfenster **Ordneroptionen** öffnet sich. Öffnen Sie das Drop-down-Menü **Datei-Explorer öffnen für,** und wählen Sie darin die Option **Dieser PC**. Mit **OK** wird die Einstellung übernommen.

Weiteres Explorer-Fenster

Möchten Sie zusätzlich zum ersten ein zweites Explorer-Fenster öffnen, drücken Sie [Win] + [E], oder halten Sie [Strg] gedrückt, während Sie das Symbol in der Taskleiste anklicken.

Kapitel 4
Internet und Netzwerk einrichten

Einkaufen, Reisen buchen, Eintrittskarten bestellen – es scheint fast nichts mehr zu geben, was man nicht über das Internet machen kann. Bringen Sie Ihren Computer per WLAN ins Netz, und vereinen Sie mehrere PCs in einer Heimnetzgruppe. Schützen Sie dabei stets Ihre Privatsphäre, und sichern Sie Ihren Computer gegen uneingeladene Gäste.

Mit Windows 10 per WLAN ins Internet

Vorbei sind die Zeiten, als ein Computer orts- und kabelgebunden nur in einem Raum genutzt werden konnte. Verbinden Sie Ihren Rechner mit dem WLAN ❶, und surfen Sie auf der Terrasse, im Garten oder in jedem anderen Raum in Ihrer Wohnung bequem im Internet.

Die Windows-Firewall

Schützen Sie Ihren Rechner vor dem Zugriff durch unbefugte Personen oder Schadprogramme. Halten Sie Ihr Betriebssystem stets auf dem neuesten Stand, nutzen Sie den Windows Defender oder eine andere Schutzsoftware, und kontrollieren Sie die Einstellungen der Windows-Firewall ❷.

Mehrere Computer über eine Heimnetzgruppe verbinden

Verbinden Sie mehrere Computer in Ihrem Haushalt miteinander, z. B. kabellos per WLAN. Das Erstellen eines Heimnetzwerks ❸ ist seit Windows 7 so einfach geworden wie nie zuvor. Statt langer, umständlicher und fehleranfälliger Konfigurationen genügen nun wenige Mausklicks für ein stabiles Netzwerk. So können Sie auf einfachem Wege Daten zwischen den angeschlossenen PCs austauschen und sogar gemeinsam auf einen Drucker zugreifen und über das Netzwerk drucken.

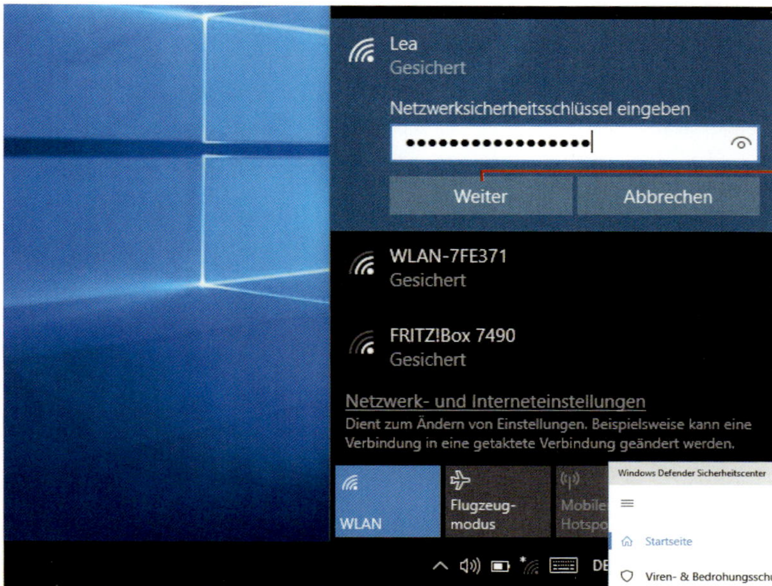

❶ Per WLAN im Internet zu surfen ist der bequemste Weg.

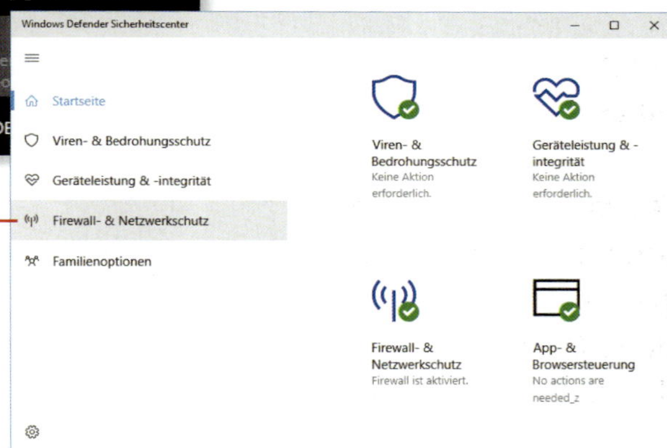

❷ Der Status der Firewall auf einen Blick

❸ Wollen Sie mehrere Rechner innerhalb Ihres WLANs verbinden, erstellen Sie eine Heimnetzgruppe.

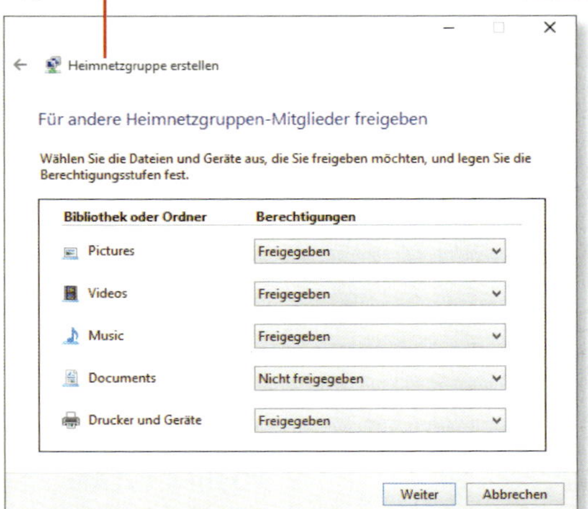

Mit einem WLAN verbinden

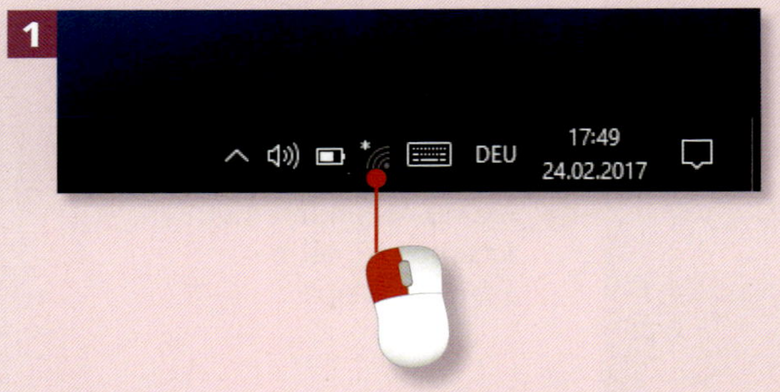

Auf dem Balkon oder im Garten sitzen und nebenher mit dem Laptop ins Internet gehen zu können hat schon was. Unter Windows 10 ist die Verbindung mit einem WLAN zum Glück sehr einfach.

Schritt 1

Klicken Sie in der Taskleiste rechts unten auf das Netzwerksymbol, um sich alle Drahtlosnetzwerke in Ihrer Nähe anzeigen zu lassen.

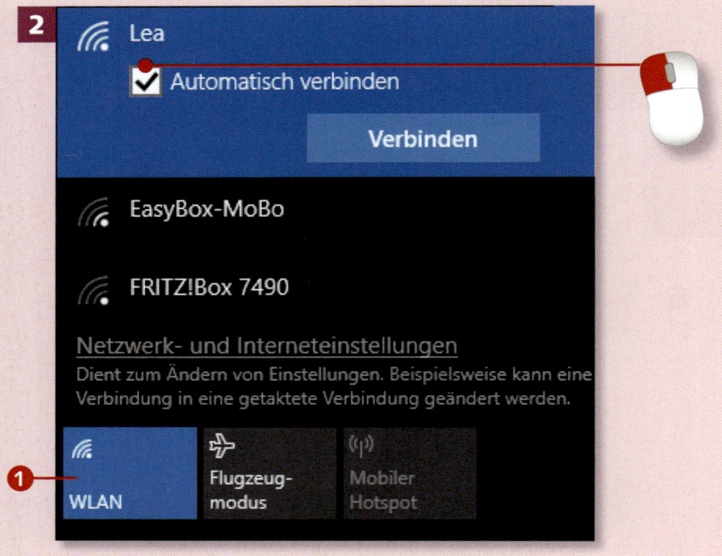

Schritt 2

Wählen Sie Ihre Verbindung mit einem Mausklick aus. Aktivieren Sie die Option **Automatisch verbinden**, wenn Sie sich nicht bei jedem Windows-Start manuell anmelden möchten.

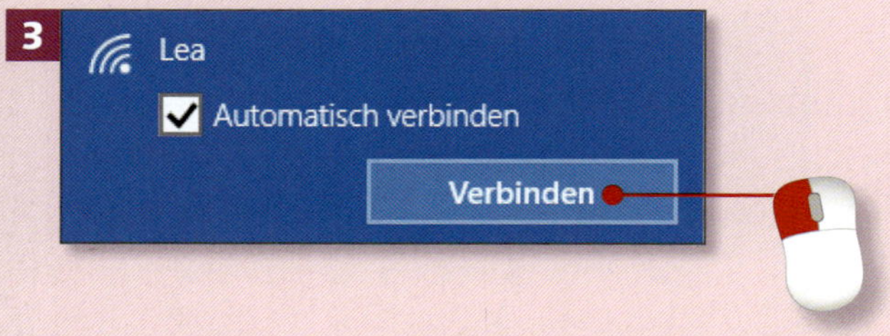

Schritt 3

Klicken Sie schließlich auf die Schaltfläche **Verbinden**, um eine Verbindung aufzubauen.

Kein WLAN?
Bei manchen Laptops muss die WLAN-Funktion erst eingeschaltet werden! Kontrollieren Sie auch, ob die Option **WLAN** aktiv ist ❶. Sollte die Schaltfläche grau dargestellt sein, klicken Sie darauf, um die Option zu aktivieren.

Schritt 4

Geben Sie zur Authentifizierung Ihren **Netzwerksicherheitsschlüssel** ein, und bestätigen Sie mit **Weiter**. Dieses Kennwort wurde bei der Einrichtung der WLAN-Verbindung im Router eingetragen.

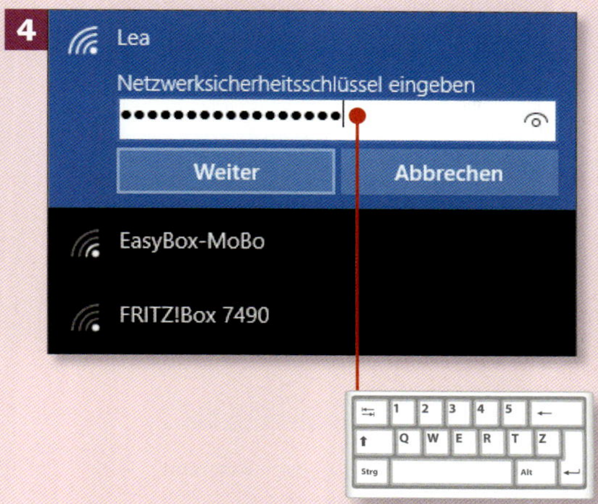

Schritt 5

Auf die Frage, ob Ihr PC von anderen PCs und Geräten in diesem Netzwerk gefunden werden kann, klicken Sie bei einem Heim- oder Arbeitsplatznetzwerk auf **Ja**, und bei einem öffentlichen Netzwerk, z. B. in einem Hotel oder am Flughafen, wählen Sie aus Sicherheitsgründen **Nein**.

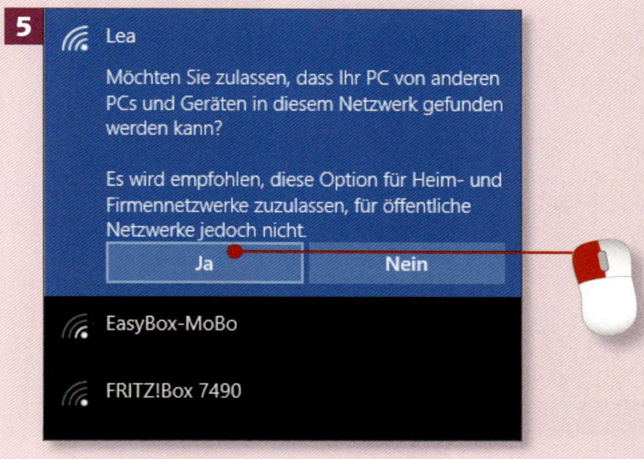

Schritt 6

Klicken Sie erneut auf das Netzwerksymbol in der Taskleiste, um zu prüfen, ob der Verbindungsaufbau geklappt hat. Unter Ihrer WLAN-Bezeichnung sollte der Hinweis **Verbunden** ❷ stehen. Um die Verbindung zu trennen, klicken Sie Ihr WLAN an und anschließend auf **Trennen**.

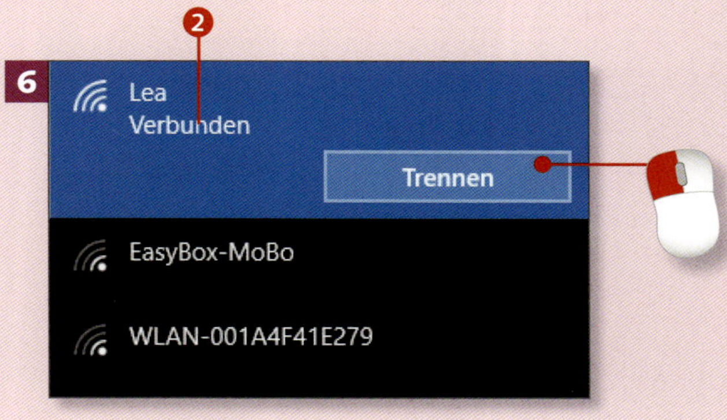

Ein WLAN sicher verschlüsseln

Viele WLAN-Verbindungen sind nicht ausreichend abgesichert. So kontrollieren Sie Ihre Einstellungen und sichern sich ab.

1

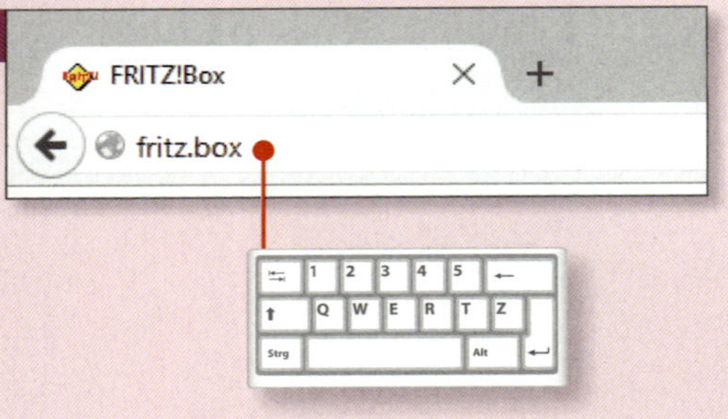

2

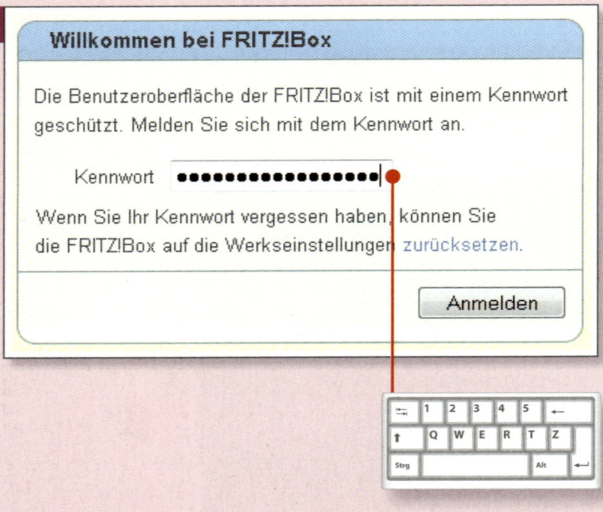

3

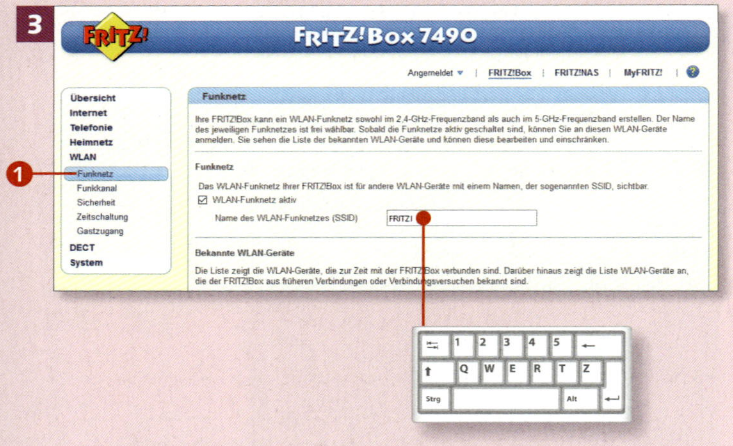

Schritt 1

Starten Sie Ihren Browser, und geben Sie die Adresse zum Konfigurationsmenü Ihres Routers ein. Sie finden sie im Handbuch. Bei einer FRITZ!Box lautet sie z. B. *fritz.box*.

Schritt 2

Der Zugang ist mit einem Kennwort oder einem zusätzlichen Benutzernamen geschützt. Geben Sie die korrekten Daten aus Ihrem Handbuch ein.

Schritt 3

Damit Unbefugte nicht wissen, welches Router-Modell Sie verwenden, sollten Sie die Kennung des Routers ändern. Bei einer FRITZ!Box finden Sie diese Möglichkeit unter **WLAN ▸ Funknetz** ❶.

Zugang zum Router

Gelangt ein Angreifer auf Ihren Router, kann er über Ihren Anschluss im Internet surfen. Begeht er im Netz eine Straftat, tragen Sie nach aktueller Rechtsprechung eine Mitschuld!

Schritt 4

Prüfen Sie nun das eingestellte Verschlüsselungsverfahren. Öffnen Sie dazu, abhängig von Ihrem Router-Modell, den Punkt **WLAN ▸ Sicherheit**, **Einstellungen** oder **Konfiguration**.

Schritt 5

Die derzeit sicherste Verschlüsselungstechnik lautet **WPA/WPA2**. Wählen Sie diese Option aus. Unterstützt Ihr Router nur das veraltete WEP-Verfahren, sollten Sie einen Austausch Ihres Routers in Erwägung ziehen.

Schritt 6

Auch der verwendete Netzwerkschlüssel muss sicher sein. Wählen Sie eine nicht zu erratende Kombination aus Buchstaben, Ziffern und Sonderzeichen, und klicken Sie anschließend auf **Übernehmen**.

4

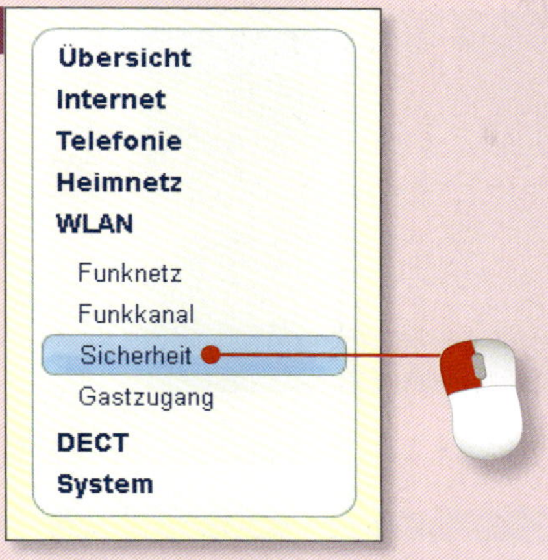

5

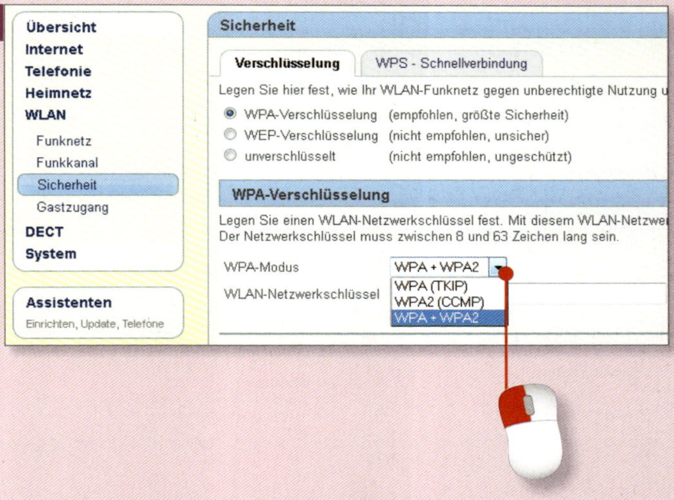

6

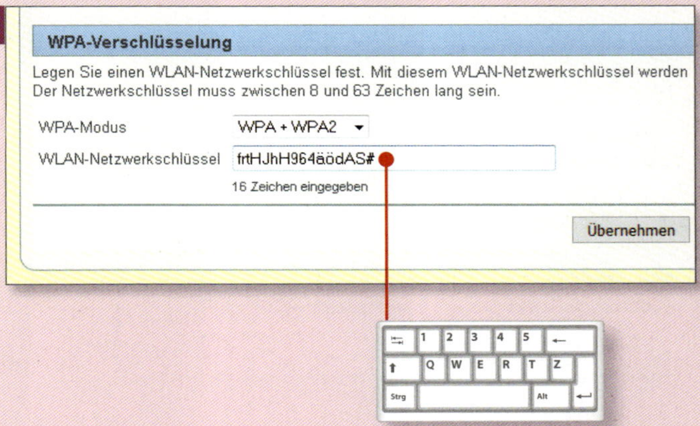

Menübezeichnungen
Die Menübezeichnungen unterscheiden sich je nach Hersteller und Gerät und können von den hier genannten abweichen.

Den WLAN-Schlüssel auslesen

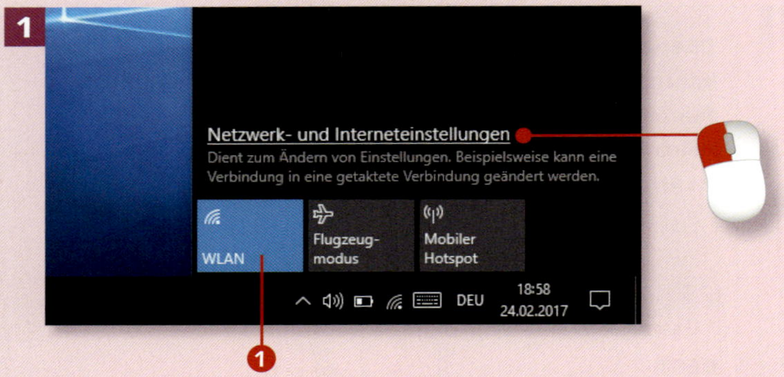

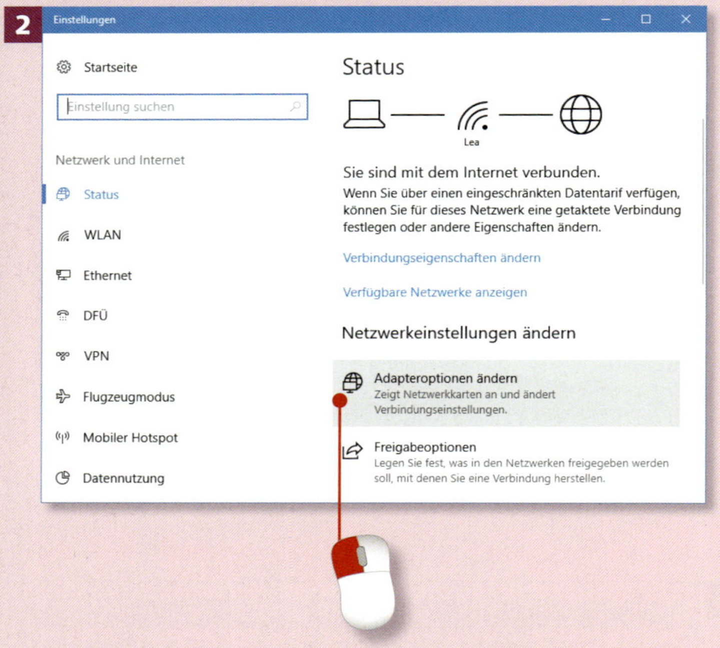

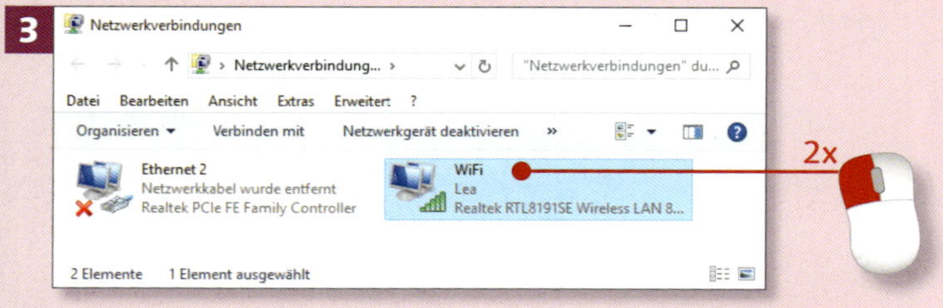

Sie möchten einen neuen Laptop über Ihre vorhandene WLAN-Verbindung ins Netz bringen, haben aber den dazu benötigten Netzwerkschlüssel gerade nicht zur Hand? Lesen Sie den Schlüssel einfach an einem bereits angeschlossenen System aus.

Schritt 1

Öffnen Sie im ersten Schritt die Netzwerkverbindungen, indem Sie zunächst in der Taskleiste auf das WLAN-Symbol klicken ❶ und anschließend den Menüpunkt **Netzwerk- und Interneteinstellungen** auswählen.

Schritt 2

Nun werden die Windows-Einstellungen mit dem aktuellen Netzwerkstatus aufgerufen. Klicken Sie in der rechten Fensterhälfte im Abschnitt **Netzwerkeinstellungen ändern** auf den Eintrag **Adapteroptionen ändern**.

Schritt 3

Führen Sie als Nächstes einen Doppelklick auf Ihre WLAN-Verbindung aus.

Schritt 4

Es öffnet sich das Statusfenster für Ihre Netzwerkverbindung. Hier können Sie die Dauer ❷ sowie die Signalqualität ❸ Ihrer Verbindung ablesen. Klicken Sie auf die Schaltfläche **Drahtloseigenschaften**. Dort finden Sie den Sicherheitsschlüssel.

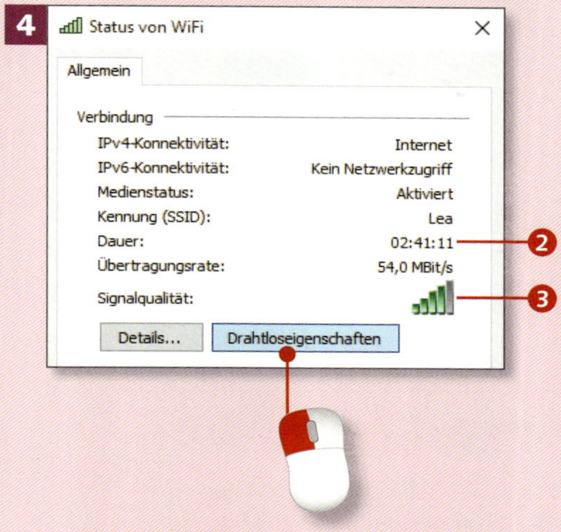

Schritt 5

Wechseln Sie in das Register **Sicherheit** ❹. Aus Sicherheitsgründen wird der Schlüssel nur in Form von Punkten angezeigt. Markieren Sie das kleine Kästchen vor dem Eintrag **Zeichen anzeigen**.

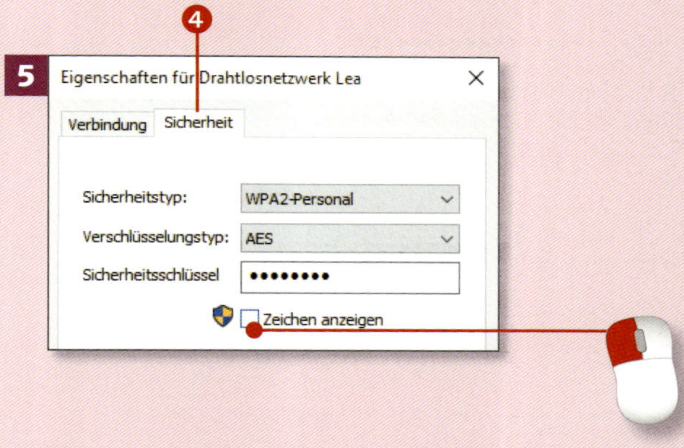

Schritt 6

Der Schlüssel wird nun im Klartext angezeigt, und Sie können ihn notieren. Entfernen Sie das Häkchen bei **Zeichen anzeigen** wieder, und schließen Sie das Fenster über die Schaltfläche **OK**.

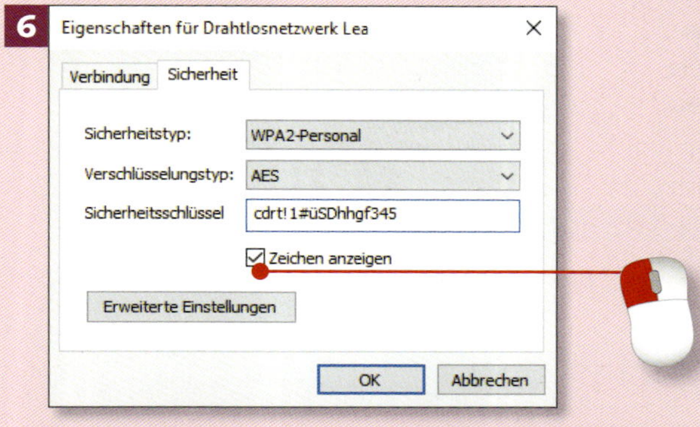

!

Auch hier gilt: Vorsicht!

Sie sollten den notierten Schlüssel wie auch alle anderen Passwörter nicht einfach so herumliegen lassen. Wenn Sie sie notieren müssen, sammeln Sie alle wichtigen Kennwörter und Notizen an einem sicheren Ort.

So ändern Sie den Funkkanal Ihres Routers

Wenn zu viele WLANs aus der Nachbarschaft über den gleichen Funkkanal betrieben werden, kann dies den Betrieb massiv stören. Häufige Verbindungsabbrüche können die Folge sein.

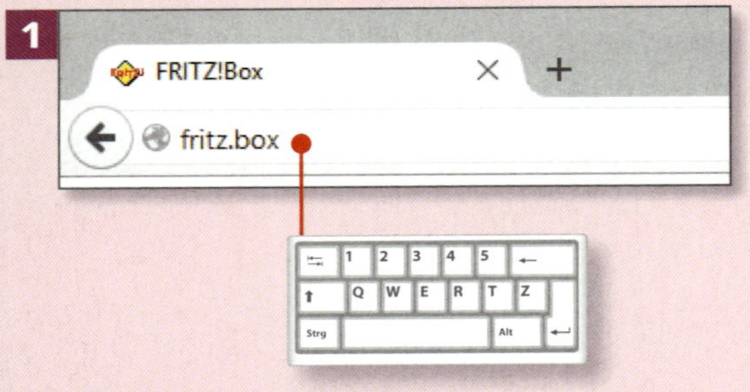

Schritt 1

Den Funkkanal können Sie in Ihrem Router ändern. Starten Sie Ihren Browser, und geben Sie die Adresse zum Konfigurationsmenü Ihres Routers ein, z. B. *fritz.box*.

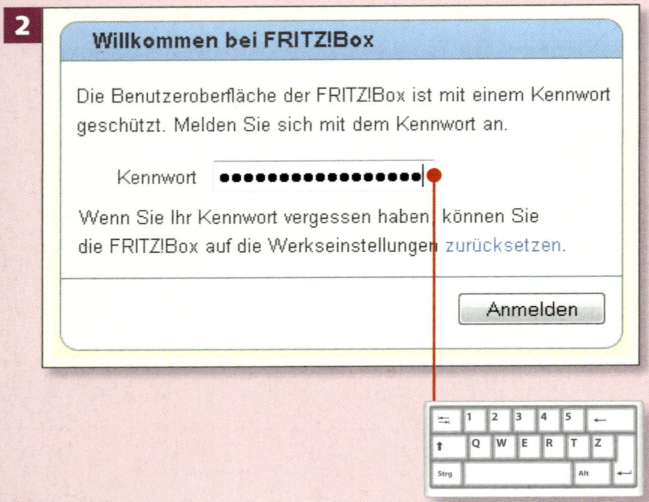

Schritt 2

Tragen Sie die benötigten Zugangsdaten ein, und klicken Sie auf **Anmelden**. Erst dann öffnet sich das Konfigurationsmenü.

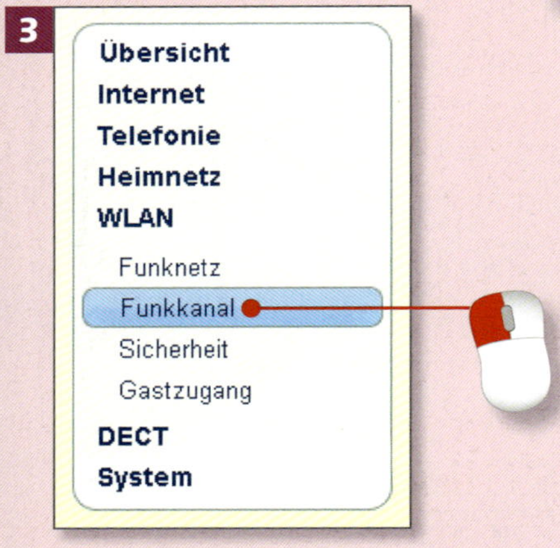

Schritt 3

Öffnen Sie den Menüpunkt **Wireless ▸ Channel** oder **WLAN ▸ Funkkanal**. Die genaue Bezeichnung hängt auch hier vom Router ab.

Signal verstärken
Verbindungsabbrüche können auch die Folge einer zu schwachen Funkleistung sein. Mit einem im Fachhandel erhältlichen *Repeater* können Sie die Signalstärke erhöhen.

Schritt 4

Häufig ist Kanal 9 voreingestellt. Wählen Sie, soweit vorhanden, den Eintrag **Autokanal**. Der Router sucht sich dann selbst den am besten geeigneten Kanal. Steht dieser Punkt nicht zur Verfügung, wählen Sie z. B. **Kanal 6**.

4

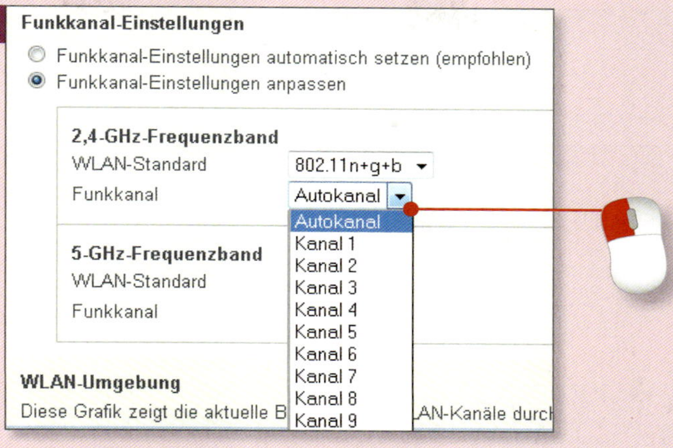

Schritt 5

Speichern Sie die Einstellung mit **Übernehmen** ab. Je nach Modell müssen Sie den Router kurz aus- und wieder einschalten, damit eine neue Verbindung mit dem neu eingestellten Kanal aufgebaut werden kann.

5

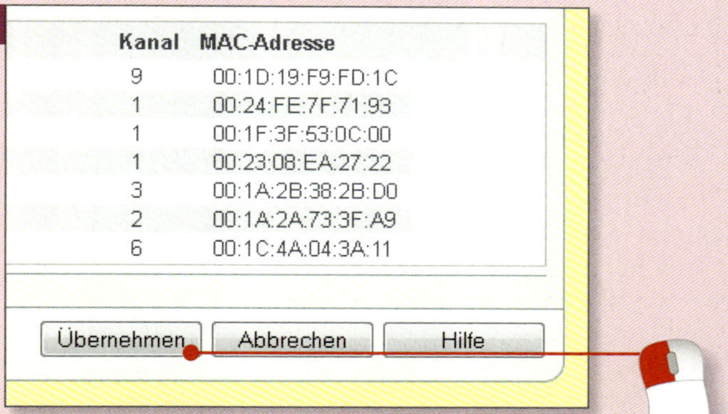

Schritt 6

Brachte der Kanalwechsel keinen Erfolg, wiederholen Sie die ersten Schritte und ändern den Kanal nach oben, z. B. in **Kanal 12**.

6

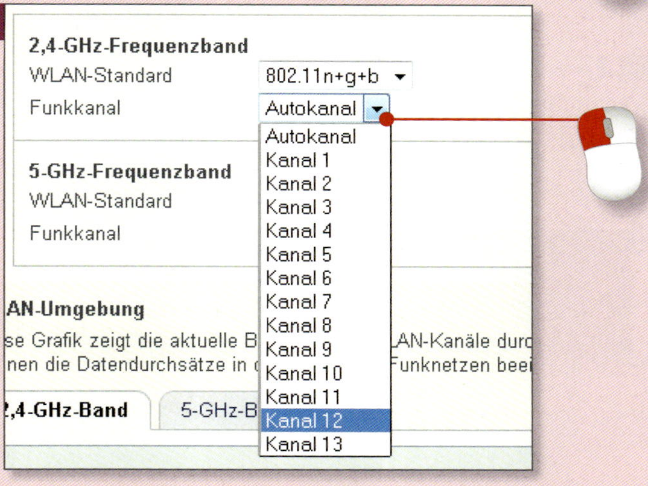

Kanalwahl und Frequenz

Auch Netze auf benachbarten Kanälen können stören. Ändern Sie daher den Kanal jeweils um mindestens zwei bis drei Kanalnummern ab. Verfügt Ihr Router auch über die Möglichkeit eines Frequenzwechsels, ändern Sie die Frequenz von 2,4 GHz auf 5 GHz. Das mindert die Störwahrscheinlichkeit.

Microsoft Edge: InPrivate-Browsen aktivieren

1

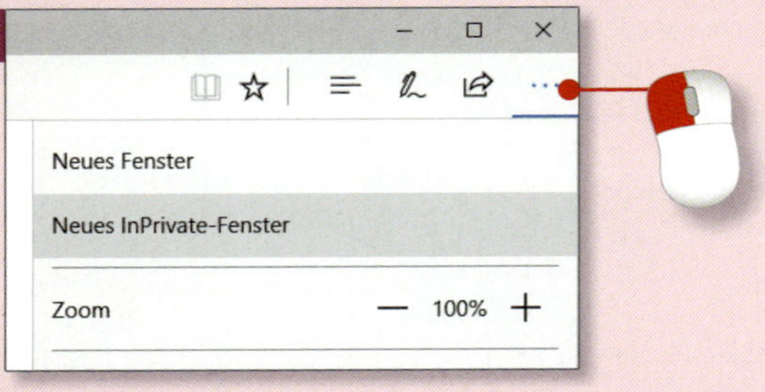

2

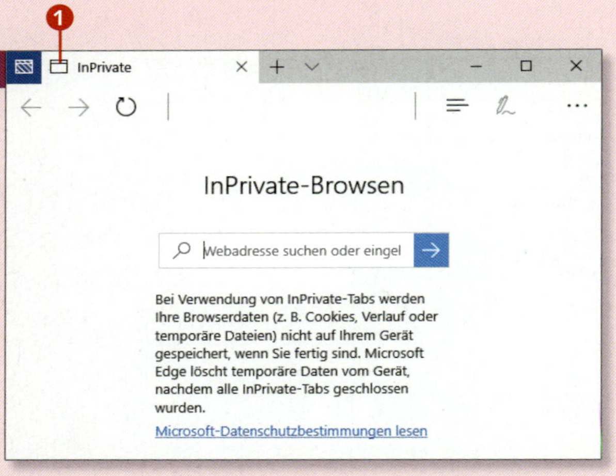

3

In manchen Situationen möchte man gerne im Internet surfen, ohne dabei verräterische Spuren auf dem Computer zu hinterlassen. Der Browser Microsoft Edge bietet hierfür die Option InPrivate-Browsen.

Schritt 1

Starten Sie den Browser, klicken Sie rechts oben auf die Schaltfläche mit den drei Punkten, und wählen Sie den Menüeintrag **Neues InPrivate-Fenster**. Alternativ können Sie den Modus auch mit den Tasten `Strg` + `⇧` + `P` aufrufen.

Schritt 2

Es öffnet sich ein neues Fenster, das Ihnen Informationen zum InPrivate-Browsen anzeigt. Solange links oben das blaue **InPrivate**-Symbol (1) zu sehen ist, surfen Sie, ohne Spuren auf dem PC zu hinterlassen.

Schritt 3

Steuern Sie die gewünschten Seiten im Internet wie gewohnt an. Der InPrivate-Browsen-Modus ist nur für die aktuelle Sitzung aktiv; nach dem Schließen wird der Modus beendet.

Die Darstellung von Microsoft Edge ändern

Per Standardeinstellung wird der Browser in einem hellen Design dargestellt, d. h., der Hintergrund aller Menüs ist hell und die Schrift schwarz. Viele Anwender finden eine umgekehrte Darstellung aber angenehmer.

Schritt 1

Öffnen Sie das Programm, klicken Sie ganz rechts in der Menüleiste auf die Schaltfläche mit den drei Punkten, und wählen Sie den Menüpunkt **Einstellungen**.

1

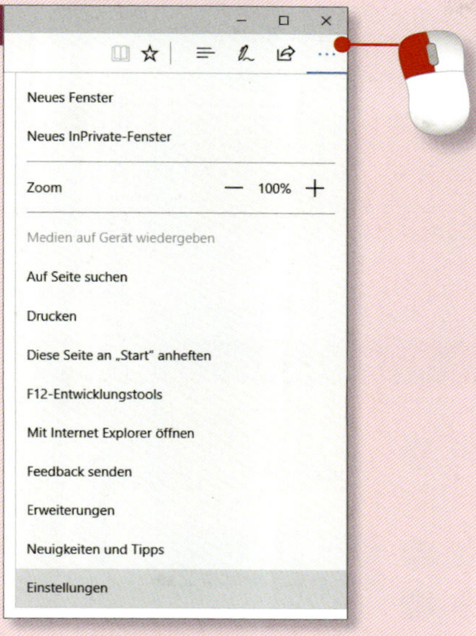

Schritt 2

Öffnen Sie daraufhin das Dropdown-Menü **Design auswählen**, und wählen Sie die Option **Dunkel**.

2

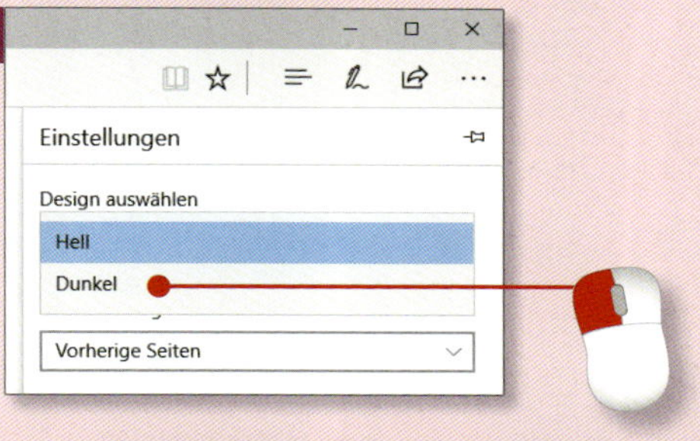

Schritt 3

Das neue Design wird sofort aktiviert. Die Titelleiste, die Menüleiste und alle Menüs werden nun mit einem dunklen Hintergrund angezeigt, während die Schrift weiß ist.

3

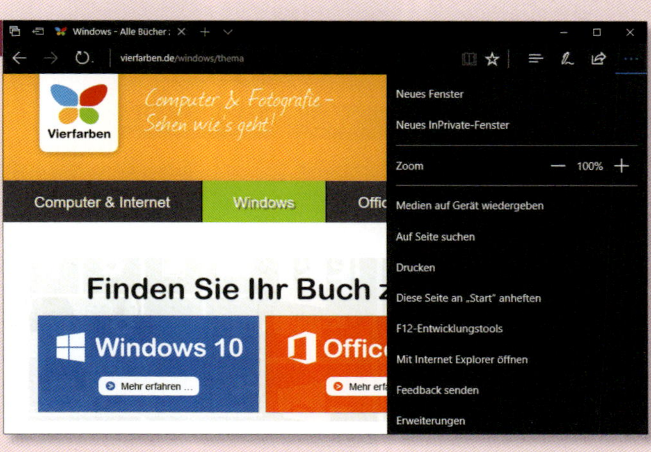

Schon gewusst?
Auch die Hintergründe der Musik-App, der Mail-App und des Kalenders können über deren Einstellungen von Hell auf Dunkel gestellt werden.

Webseitennotizen erstellen

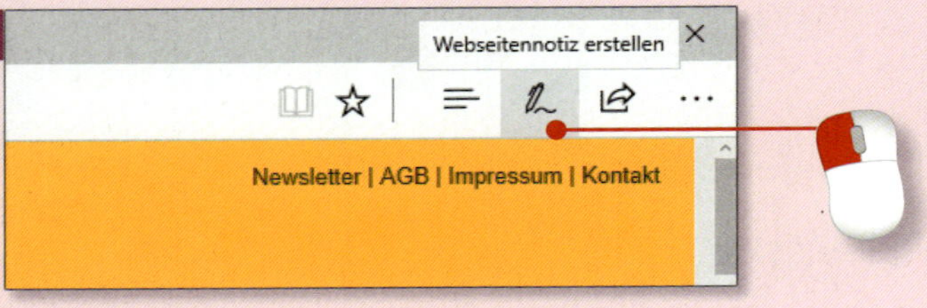

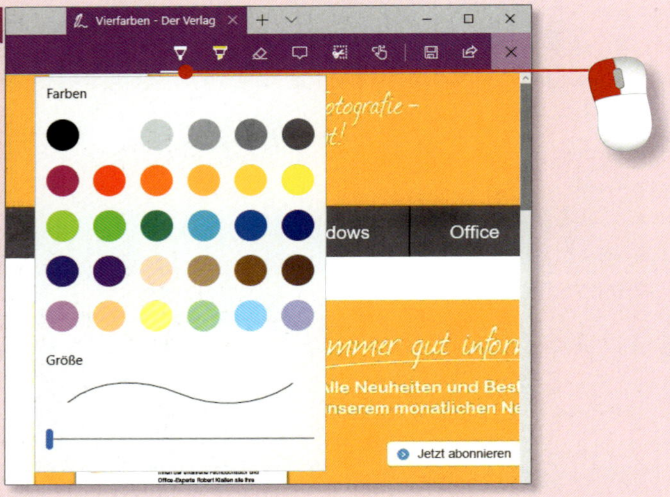

Haben Sie eine interessante Information im Internet entdeckt? Mit Microsoft Edge können Sie Webseiten mit Markierungen und Anmerkungen versehen und diese abspeichern.

Schritt 1

Öffnen Sie die Seite, zu der Sie Ihre Anmerkungen vornehmen möchten, und klicken Sie dann rechts oben in der Menüleiste des Browsers auf die Schaltfläche **Webseitennotiz erstellen**.

Schritt 2

Klicken Sie in der nun lilafarbenen Menüleiste auf die erste Schaltfläche, das Stiftsymbol. Es öffnet sich ein Menü, aus dem Sie die Farbe für den Stift und darunter die Strichbreite auswählen können.

Schritt 3

Der Mauszeiger – oder auf einem Tablet-PC Ihr Finger – dient nun als Stift. Kennzeichnen Sie auf der Seite wichtige Inhalte, indem Sie z. B. Bereiche hervorheben oder Texte unterstreichen.

Markierungen entfernen
Nutzen Sie den Radiergummi (1), um fehlerhaft gesetzte Markierungen wieder zu entfernen.

Schritt 4

Über die zweite Schaltfläche steht Ihnen ein Textmarker zur Verfügung. Auch hier können Sie eine andere Farbe wählen sowie die Strichbreite anpassen und dann beliebige Bereiche der Seite markieren, z. B. wichtige Textabschnitte.

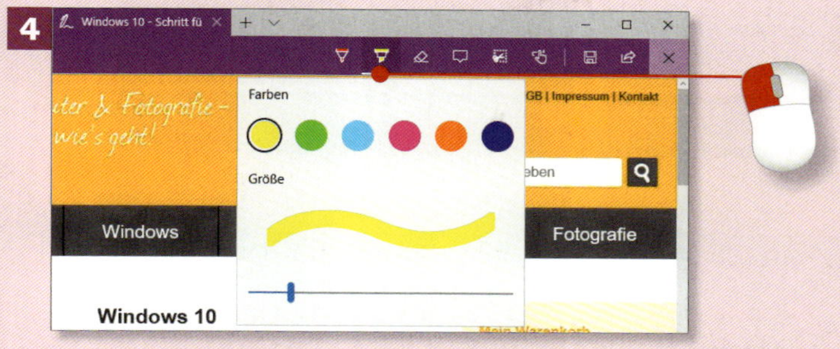

Schritt 5

Über die Kommentar-Schaltfläche ❷ können Sie ein Textfeld auf der Seite platzieren. Der Mauszeiger verwandelt sich in ein großes Kreuz. Klicken Sie nun auf die Stelle der Seite, an der das Kommentarfeld eingefügt werden soll.

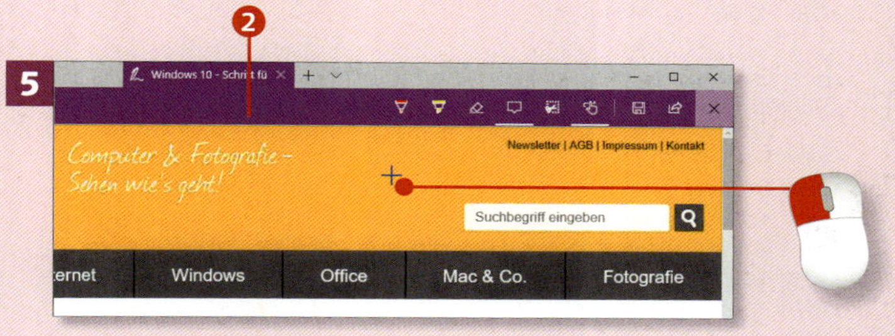

Schritt 6

Tippen Sie Ihre Anmerkungen in das Textfeld. Sie können jederzeit weitere Kommentarfelder hinzufügen, indem Sie Schritt 5 wiederholen. Möchten Sie einen Kommentar löschen, klicken Sie auf das Papierkorbsymbol ❸ im Textfeld.

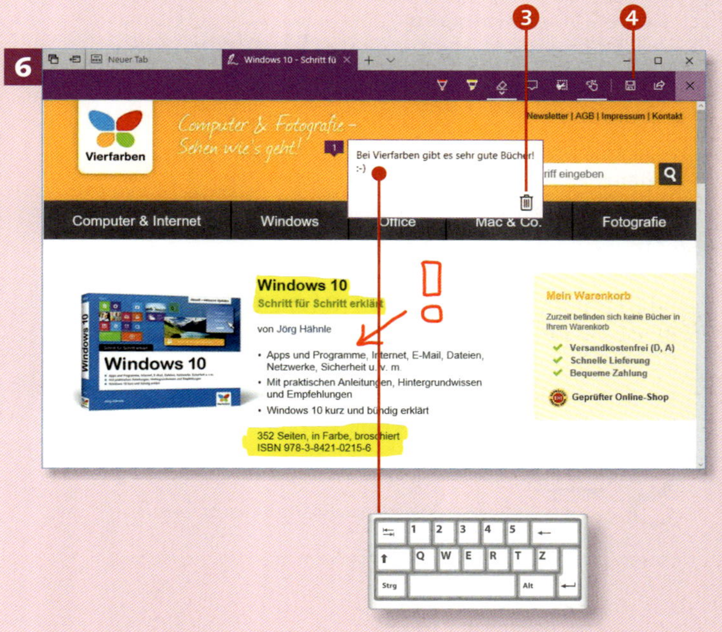

Webseitennotiz speichern

Über das Diskettensymbol ❹ in der Menüleiste können Sie Ihre Webseitennotiz als Favoriteneintrag oder als Notiz für OneNote speichern.

Die Leseansicht in Microsoft Edge

Die Leseansicht reduziert die Ansicht einer Internetseite auf das Wesentliche, nämlich den Text und die dazugehörigen Bilder. Dies erleichtert das Lesen erheblich.

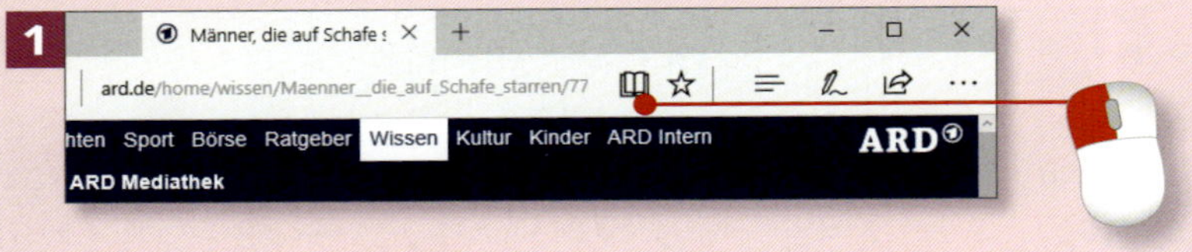

Schritt 1

Der Lesemodus kann leider nicht auf jeder Seite angewandt werden. Ob der Modus aktiviert werden kann, erkennen Sie am Symbol für die Leseansicht, einem aufgeschlagenen Buch, am Ende der Adressleiste. Wird es in einem satten Schwarz angezeigt, ist die Ansicht verfügbar. Klicken Sie darauf, um die Leseansicht zu aktiveren.

Schritt 2

Die im Browser geladene Seite wird nun auf einem lesefreundlichen Hintergrund angezeigt. Sie können den Text damit ohne störende Navigationsleisten oder Werbeflächen lesen.

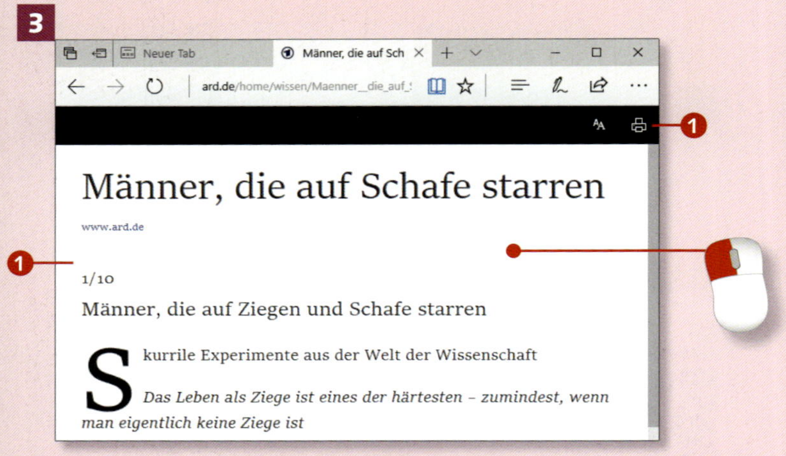

Schritt 3

Die Einstellungen für die Schriftgröße und den Stil der Ansicht erreichen Sie, indem Sie zunächst einen Mausklick auf die Seite ausführen. Im Seitenkopf wird daraufhin eine schwarze Menüleiste eingeblendet (1).

Schritt 4

Klicken Sie auf die Schaltfläche **Optionen**, und wählen Sie dann eine der beiden angebotenen Schriftgrößen. Alternativ können Sie die Größe aber auch verändern, indem Sie die `Strg`-Taste gedrückt halten und am Rädchen der Maus drehen.

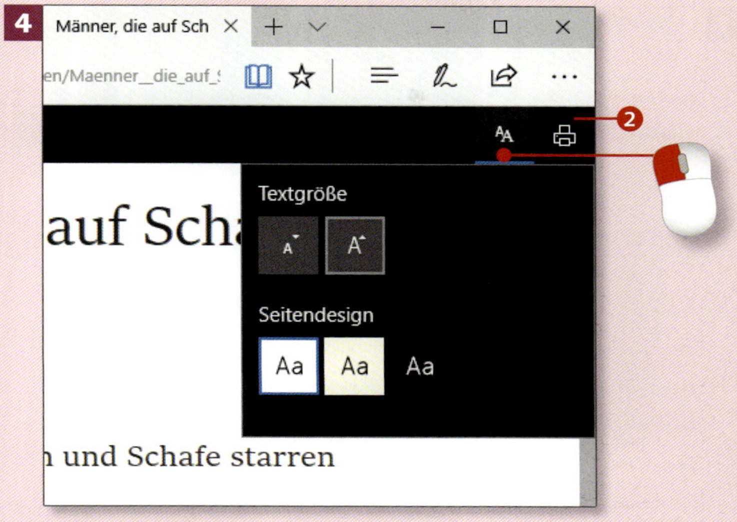

Schritt 5

Über den Menüpunkt **Seitendesign** können Sie schließlich noch die Hintergrundfarbe der Seite festlegen. Zur Auswahl stehen die Stile **Hell**, **Sepia** und **Dunkel**.

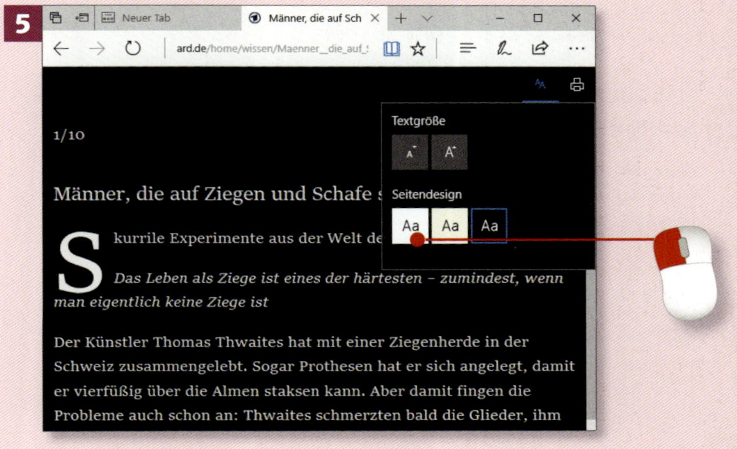

Schritt 6

Möchten Sie den Lesemodus schließlich wieder verlassen, klicken Sie erneut auf das Buchsymbol in der Menüleiste.

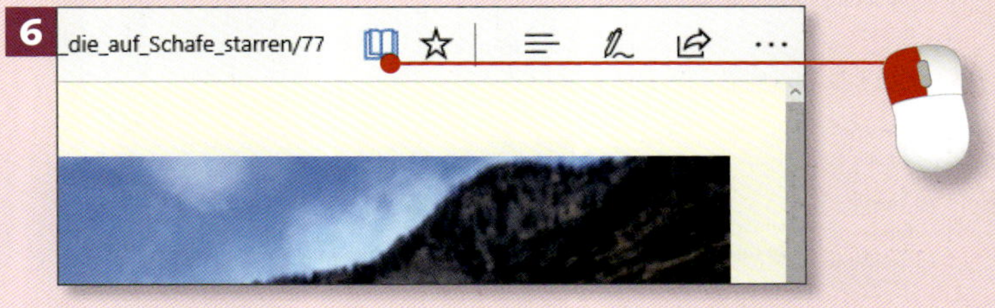

Lesemodus zum Drucken nutzen
Der Lesemodus eignet sich sehr gut zum Ausdrucken einer Seite, weil eben nur das Wesentliche angezeigt wird. Den Druckdialog erreichen Sie über die in Schritt 4 eingeblendete Druck-Schaltfläche 2.

Favoriten in Microsoft Edge importieren

Microsoft Edge löst in Windows 10 den Internet Explorer ab. Auf Ihre Favoriten, die Sie im Internet Explorer angelegt haben, müssen Sie deshalb nicht verzichten, Sie können sie in den neuen Browser importieren.

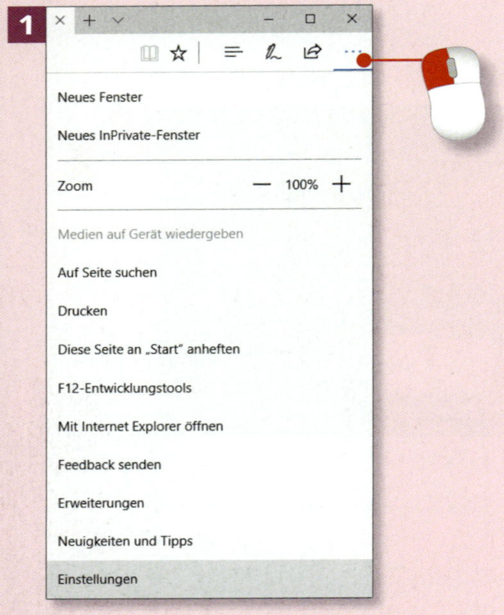

Schritt 1

Rufen Sie die Einstellungen des Browsers Edge auf, indem Sie zunächst ganz rechts auf **Mehr** und anschließend auf **Einstellungen** klicken.

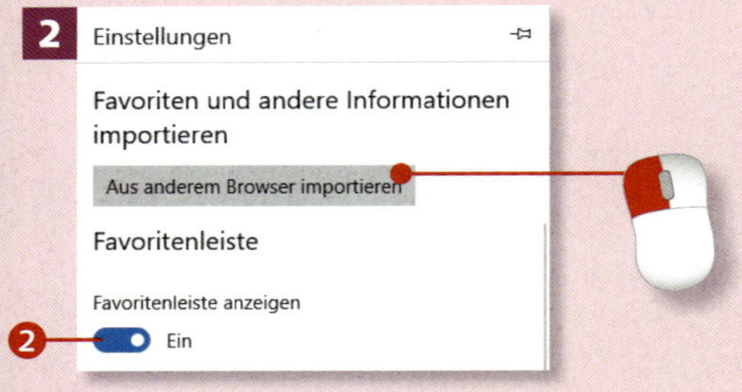

Schritt 2

Klicken Sie im Menü **Einstellungen** auf die Schaltfläche **Aus anderem Browser importieren**.

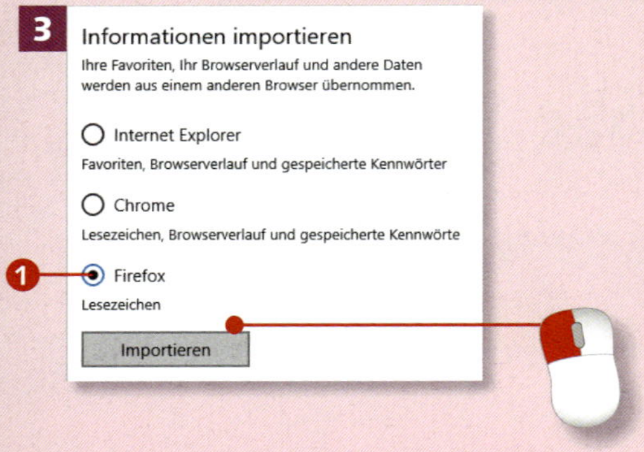

Schritt 3

Wählen Sie aus, von welchem Browser die Favoriteneinträge importiert werden sollen (in diesem Beispiel ist es also **Firefox** ❶), und starten Sie den Vorgang über **Importieren**.

Favoriten schneller öffnen
Einen schnelleren Zugriff auf Ihre Favoriten erhalten Sie, wenn Sie in den Einstellungen die Option **Favoritenleiste anzeigen** auf **Ein** ❷ stellen. Die Favoriten werden dann direkt unterhalb des Adressfeldes aufgelistet.

Eine Internetseite an das Startmenü heften

Interessante und häufig besuchte Internetseiten legt man sich meist als Favoriteneintrag ab und setzt so ein Lesezeichen. Für einen noch schnelleren Zugriff können Sie Ihre Lieblingsseite aber auch direkt im Startmenü ablegen.

1

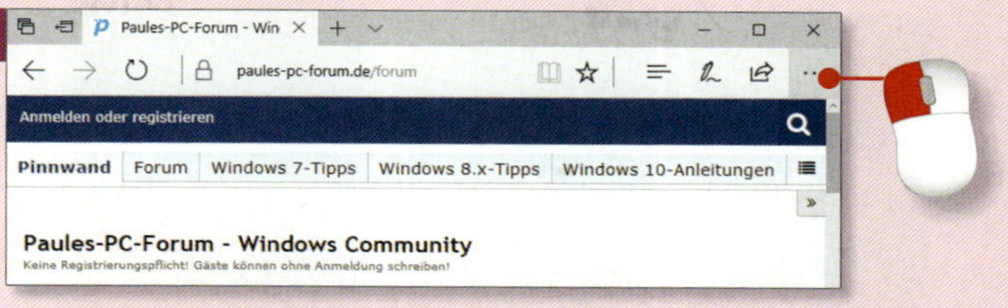

Schritt 1

Rufen Sie zunächst mit Microsoft Edge die Seite auf, die Sie in das Startmenü integrieren möchten, und klicken Sie dann ganz rechts in der Menüleiste auf **Mehr**.

2

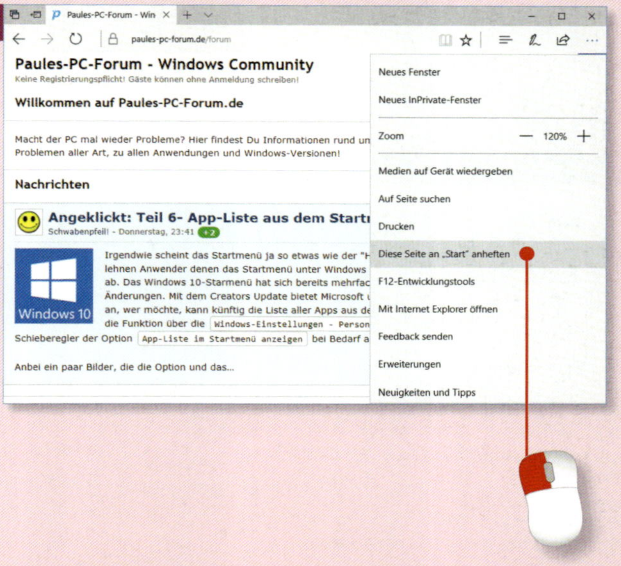

Schritt 2

Im Menü wählen Sie die Option **Diese Seite an „Start" anheften** aus und bestätigen die anschließende Abfrage, ob die Seite an das Startmenü angeheftet werden soll, mit **Ja**.

3

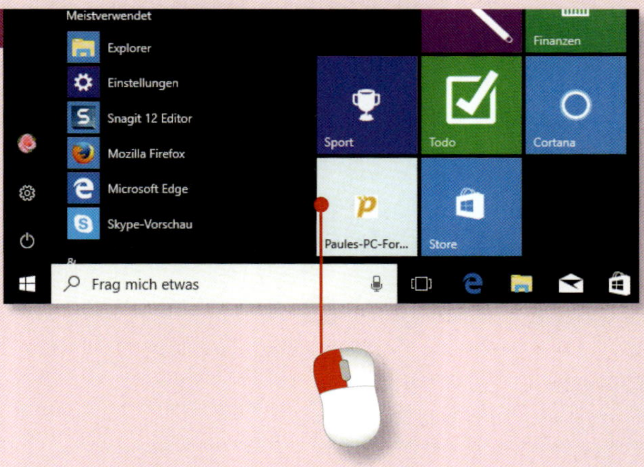

Schritt 3

Öffnen Sie das Startmenü, und scrollen Sie ans untere Ende. Dort sehen Sie nun eine neue Kachel mit dem Piktogramm und dem Namen der Seite. Ein Klick darauf öffnet Edge mit der ausgewählten Seite.

Einen Standardbrowser festlegen

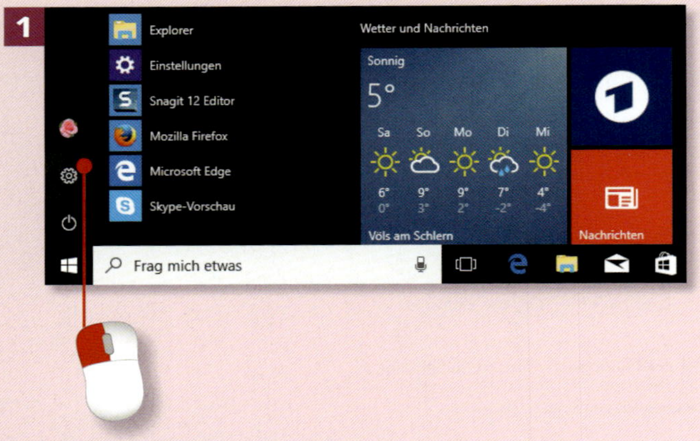

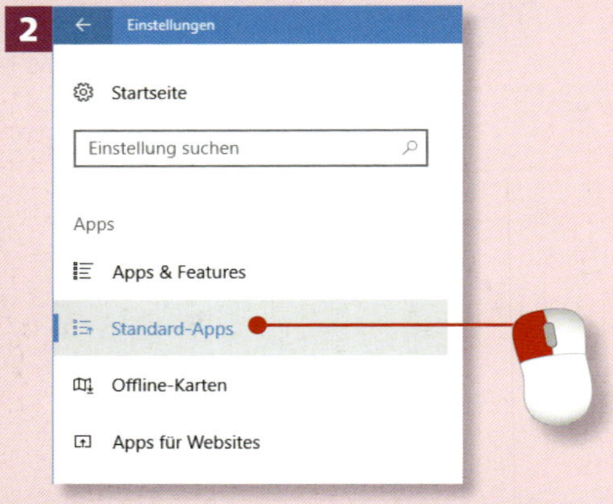

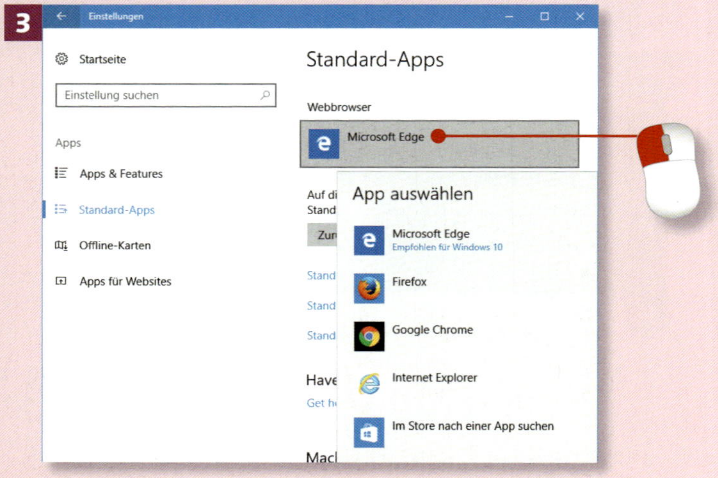

Zwar ist Microsoft Edge bereits auf Ihrem System vorinstalliert, Sie können aber auch einen anderen Browser verwenden, z. B. Firefox oder Chrome, und diesen parallel zu Edge nutzen. Einen Browser müssen Sie dann aber als Standardbrowser definieren.

Schritt 1

Öffnen Sie zunächst die Einstellungen. Klicken Sie dazu entweder im Startmenü auf den Menüpunkt **Einstellungen**, oder nutzen Sie die Tastenkombination ⊞ + I.

Schritt 2

Wechseln Sie im Hauptfenster der Einstellungen in die Kategorie **Apps**, und klicken Sie anschließend in der linken Fensterhälfte auf den Eintrag **Standard-Apps**.

Schritt 3

Klicken Sie im Abschnitt **Webbrowser** auf den dort angezeigten Browsernamen, in der Standardeinstellung ist dies **Microsoft Edge**, und wählen Sie aus der nun angezeigten Liste Ihren favorisierten Browser aus.

Kennwörter mit einem Master-Kennwort schützen

Firefox speichert Kennwörter und stellt sie bei Bedarf wieder bereit. Eine dritte Person könnte sich nun aber auch unter Ihrem Namen an Ihrem PC anmelden. Schützen Sie daher Ihre Zugänge.

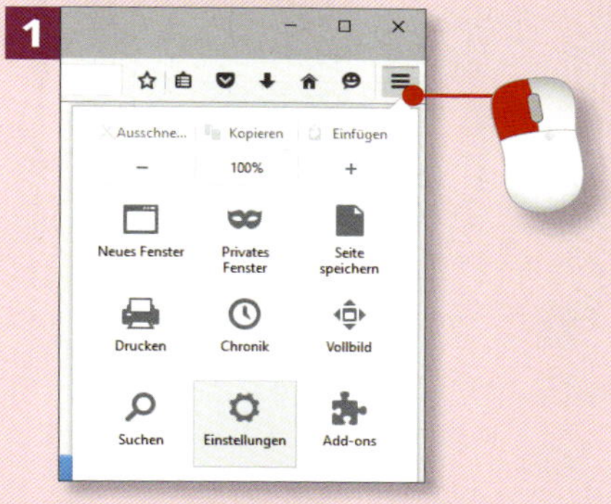

Schritt 1

Rufen Sie die Einstellungen des Browsers auf, indem Sie ganz rechts auf die Menü-Schaltfläche und anschließend auf den Menüpunkt **Einstellungen** klicken.

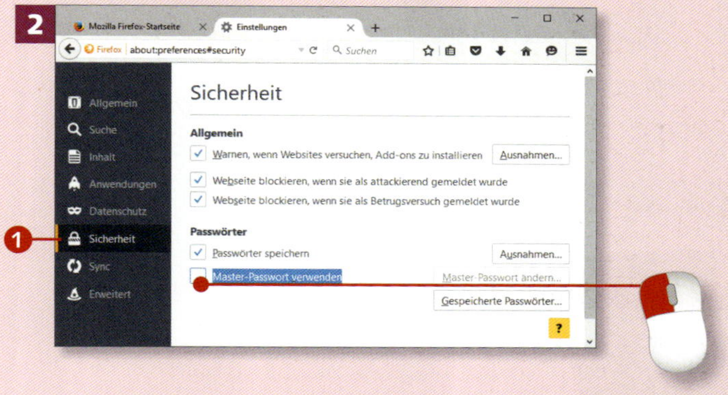

Schritt 2

Wechseln Sie zur Rubrik **Sicherheit** ❶, und aktivieren Sie das Kontrollkästchen vor der Option **Master-Passwort verwenden**.

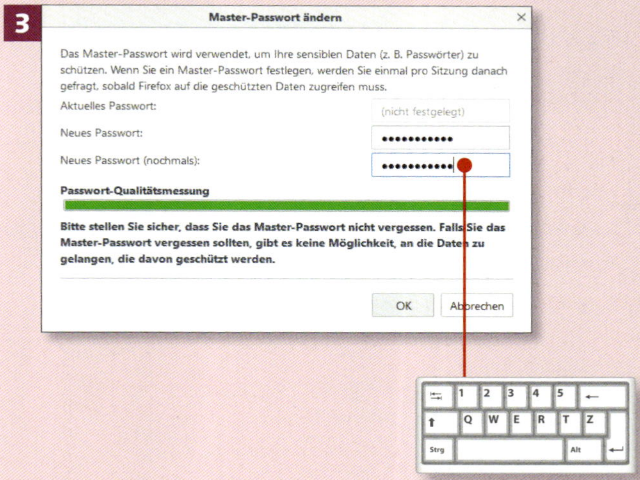

Schritt 3

Tragen Sie ein möglichst sicheres Passwort ein, bestätigen Sie es durch eine erneute Eingabe, und klicken Sie zweimal auf **OK**, um den Vorgang abzuschließen.

So funktioniert es

Wenn Sie eine Seite aufrufen, auf der gespeicherte Daten zur Anmeldung benötigt werden, öffnet sich die Sicherheitsfrage, und Sie müssen zuerst Ihr Master-Kennwort eingeben.

Mehrere Tabs als Startseite festlegen

Speichern Sie Ihre Lieblingsseiten zusammen in einer Gruppe, und legen Sie diese als Startseite fest. So können Sie direkt beim Aufruf von Firefox auf Ihre Seiten zugreifen.

1

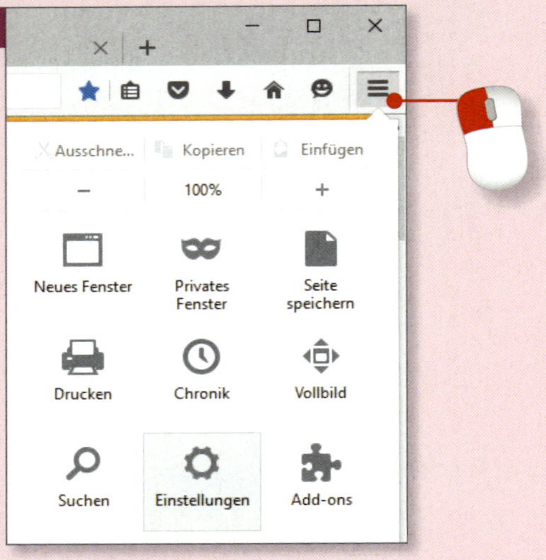

2

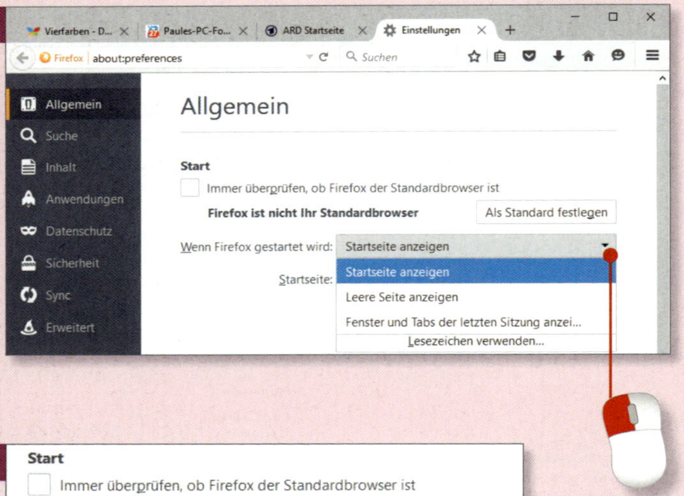

3

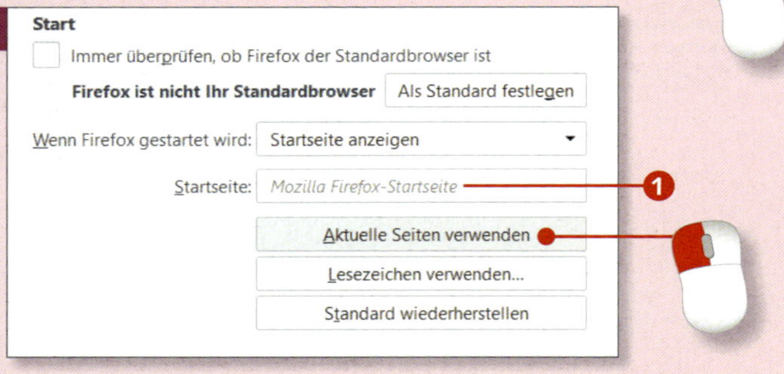

Schritt 1

Öffnen Sie zunächst alle Seiten, die Sie als Startseiten festlegen möchten. Rufen Sie dann das Firefox-Menü auf, und wählen Sie darin den Menüpunkt **Einstellungen**.

Schritt 2

Wechseln Sie zur Rubrik **Allgemein**, und legen Sie im ersten Abschnitt fest, wie sich Firefox beim Start verhalten soll. Wählen Sie aus dem Menü die Option **Startseite anzeigen.**

Schritt 3

Klicken Sie schließlich auf die Schaltfläche **Aktuelle Seiten verwenden**, damit alle aktuell in einem Tab geöffneten Seiten als Startseiten definiert werden.

Seite wieder löschen

Möchten Sie eine Seite wieder entfernen, klicken Sie einfach in das Textfeld **Startseite** ❶ und löschen die nicht mehr benötigte Seite heraus.

Text auf einer Webseite durchsuchen

Manchmal sucht man auf einer Webseite nach einem bestimmten Begriff. Um nicht den ganzen Text durchlesen zu müssen, bietet Firefox eine praktische Suchfunktion an. In anderen Browsern funktioniert die Suche ähnlich.

Schritt 1

Öffnen Sie die betreffende Webseite. Starten Sie die Suchfunktion mit der Tastenkombination Strg + F, und tippen Sie den gesuchten Begriff in das Suchfeld am unteren Rand ein.

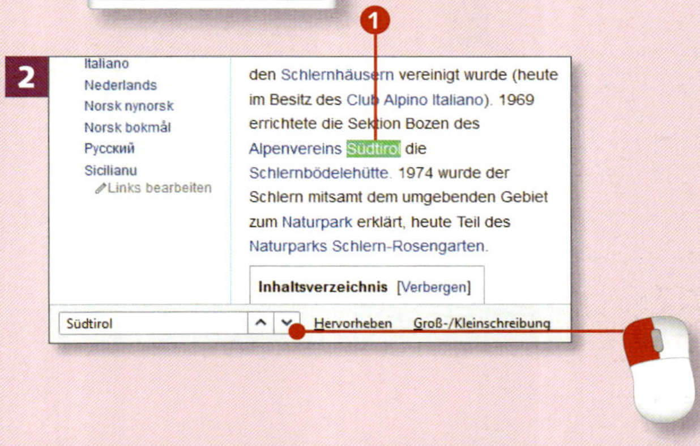

Schritt 2

Bereits während der Eingabe wird der erste Treffer angezeigt **1**. Mit den Pfeilschaltflächen springen Sie jeweils zur nächsten bzw. vorherigen Fundstelle im Text.

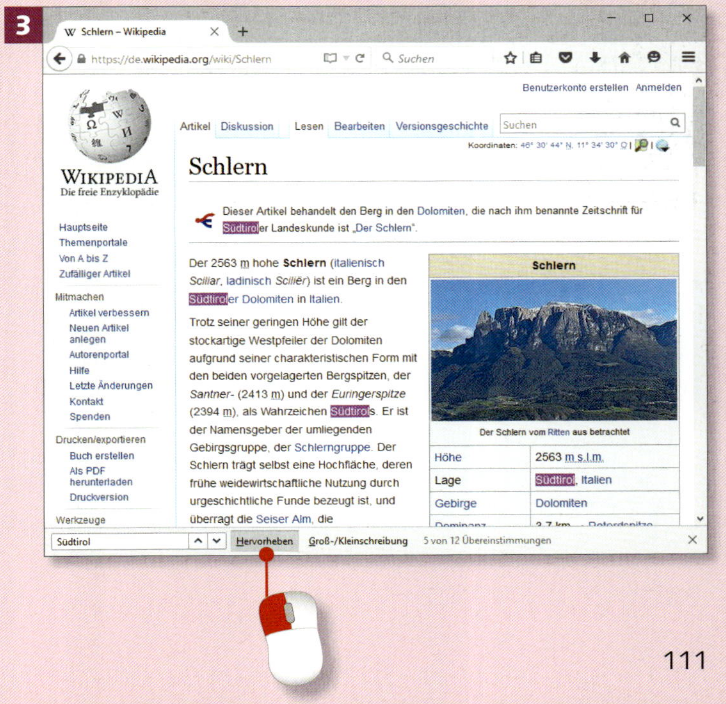

Schritt 3

Klicken Sie auf die Schaltfläche **Hervorheben**, werden alle Treffer auf der Seite markiert und angezeigt.

Suchen in anderen Browsern

Die Tastenkombination Strg + F funktioniert übrigens in allen gängigen Webbrowsern.

So richten Sie eine Heimnetzgruppe ein

Verbinden Sie Ihren Computer mit anderen Windows-10-Rechnern in Ihrem Haushalt, z. B. mit einem Laptop. Tauschen Sie Daten untereinander aus, und nutzen Sie einen gemeinsamen Drucker.

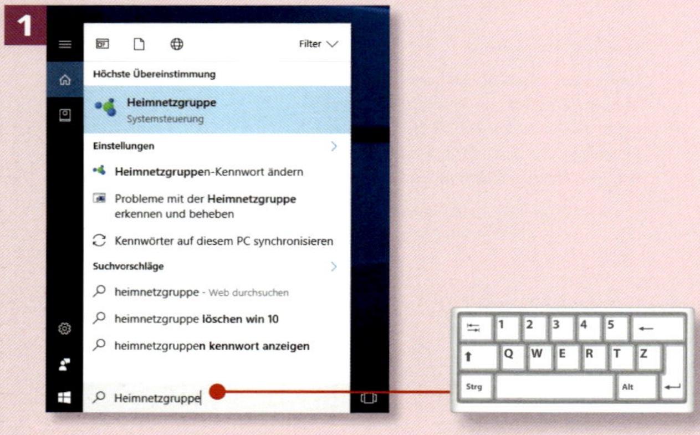

Schritt 1

Tippen Sie in das Suchfeld der Taskleiste den Begriff **Heimnetzgruppe** ein, und klicken Sie in den Suchergebnissen dann auf den gleichnamigen Eintrag.

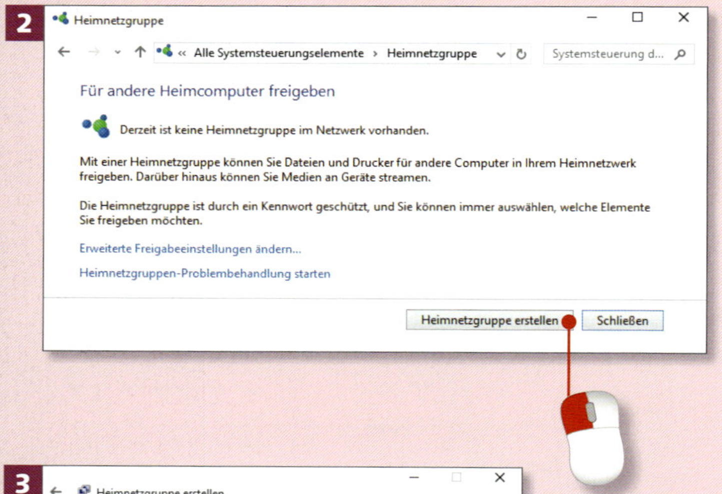

Schritt 2

Das nächste Fenster gibt Ihnen einige Informationen zur Heimnetzgruppe. Weiter geht es über die Schaltfläche **Heimnetzgruppe erstellen**. Den nachfolgenden Hinweis können Sie mit **Weiter** übergehen, er liefert keine neuen Informationen.

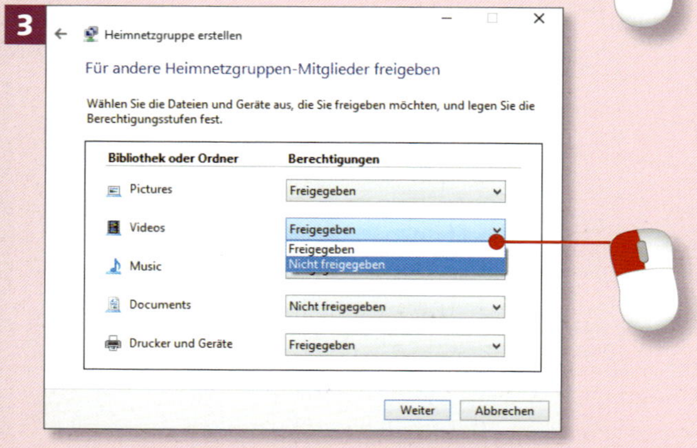

Schritt 3

Geben Sie über die Dropdown-Menüs jeweils an, welche Bibliotheken Sie auf dem Hauptrechner freigeben möchten, und setzen Sie die Einrichtung mit **Weiter** fort.

Schritt 4

Nun wird ein Kennwort generiert und angezeigt ❶. Notieren Sie sich dieses Kennwort; Sie benötigen es später für den Beitritt des zweiten Rechners. Dann klicken Sie auf **Fertig stellen**.

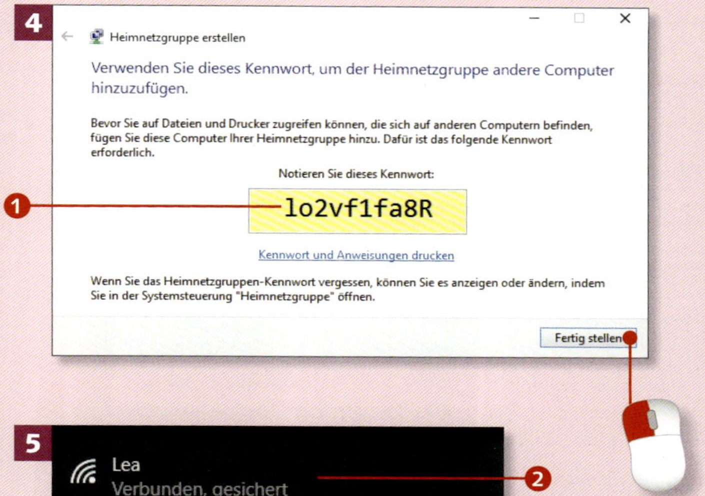

Schritt 5

Damit der Beitritt in die Heimnetzgruppe klappt und Daten zwischen den Rechnern ausgetauscht werden können, müssen diese in einem Netzwerk, z. B. per WLAN, miteinander verbunden sein ❷.

Schritt 6

Rufen Sie nun, wie in Schritt 1 beschrieben, auch auf Ihrem Laptop die Einstellungen für die Heimnetzgruppe auf.

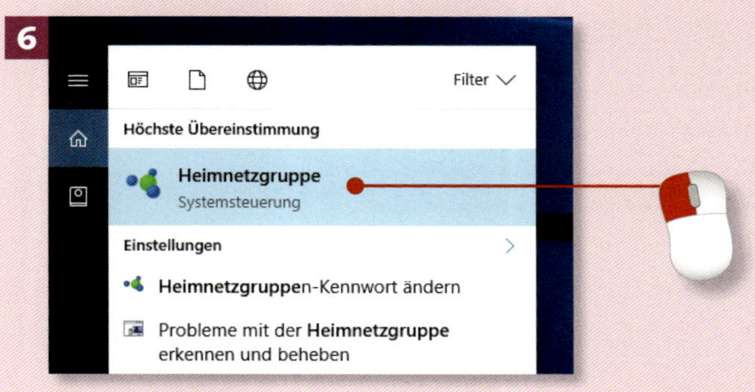

Erstellung und Beitritt
Der Beitritt zu einer Heimnetzgruppe ist unter allen Windows-8- und Windows-10-Versionen möglich. Verwenden Sie allerdings Windows RT, können Sie keine eigene Heimnetzgruppe erstellen und keine Inhalte in der Gruppe freigeben.

So richten Sie eine Heimnetzgruppe ein (Forts.)

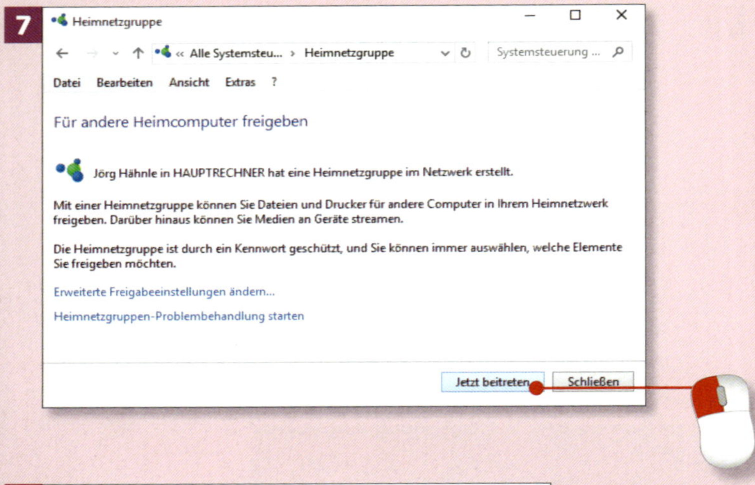

Schritt 7

Die Heimnetzgruppe wird sofort erkannt, und Windows bietet Ihnen an, der Gruppe beizutreten. Klicken Sie also auf die Schaltfläche **Jetzt beitreten**. Das nächste Fenster informiert Sie nochmals über die Beitrittsmöglichkeiten, liefert aber keine neuen Erkenntnisse, sodass Sie hier gleich auf **Weiter** klicken können.

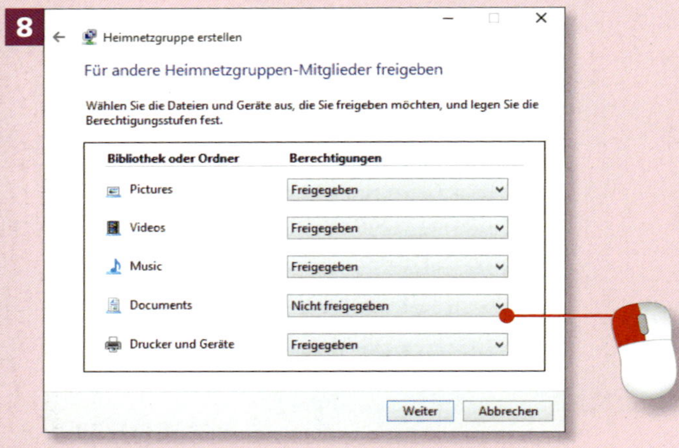

Schritt 8

Wie zuvor auf Ihrem Hauptrechner müssen Sie auch jetzt auf Ihrem Laptop festlegen, auf welche Bibliotheken zugegriffen werden darf. Treffen Sie Ihre Wahl, und bestätigen Sie mit **Weiter**.

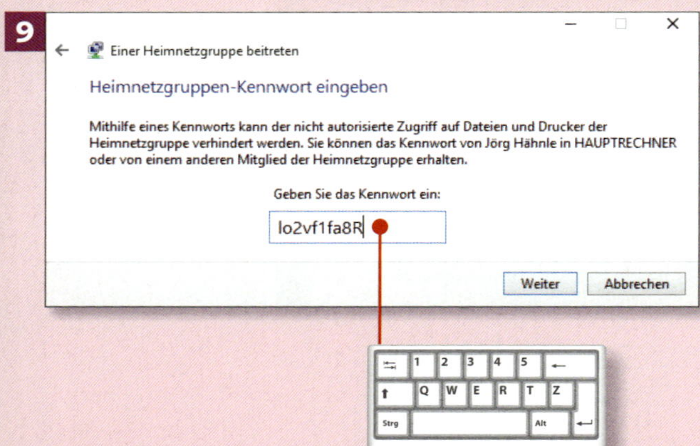

Schritt 9

Nun wird das Kennwort abgefragt, das Sie sich in Schritt 4 notiert hatten. Geben Sie das Kennwort ein, und klicken Sie anschließend auf **Weiter**.

Windows 7 ist Voraussetzung

Auf den Computern muss mindestens Windows 7 ausgeführt werden, um einer Heimnetzgruppe mit einem Windows-10-Rechner beitreten zu können.

Schritt 10

Der Beitritt ist abgeschlossen, und die Verbindung zwischen den beiden Computern wurde hergestellt. Über **Fertig stellen** verlassen Sie den Dialog.

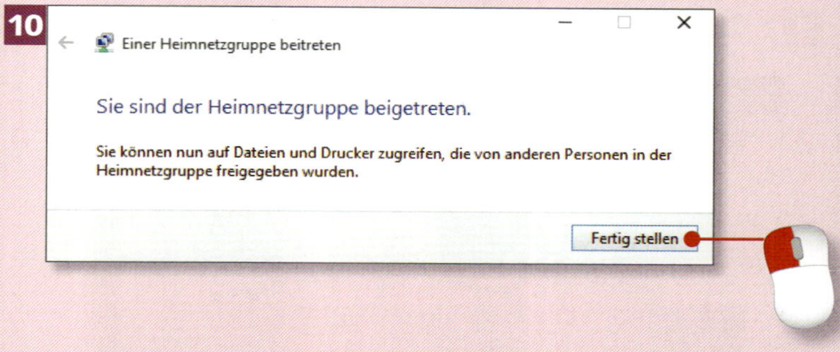

Schritt 11

Wenn Sie nun den Explorer öffnen, sehen Sie den jeweils anderen Computer im Abschnitt **Heimnetzgruppe** ❸ aufgelistet und können von diesem Computer aus auf die freigegebenen Bereiche zugreifen.

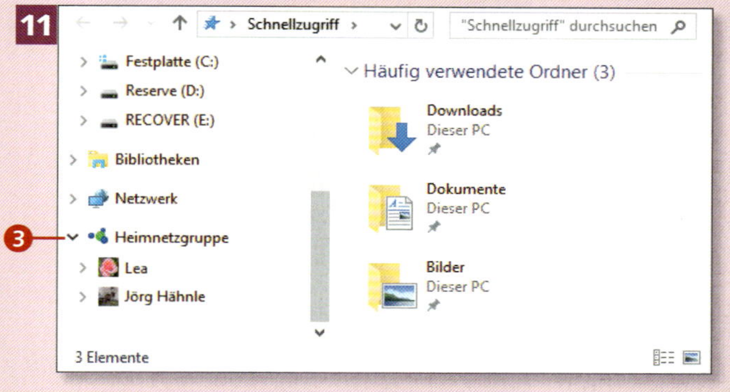

Schritt 12

Möchten Sie einen weiteren Ordner freigeben, klicken Sie ihn mit der rechten Maustaste im Explorer an, zeigen auf **Freigeben für** und geben ihn zum **Anzeigen oder Anzeigen und Bearbeiten** frei.

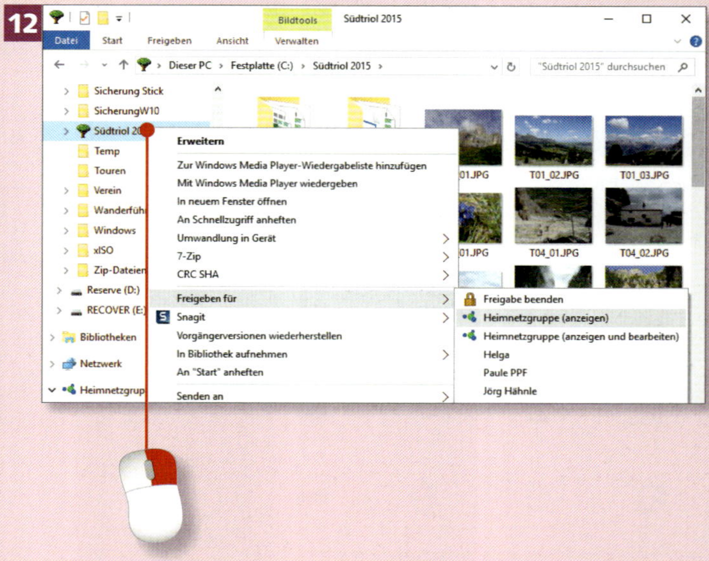

Freigabe beenden

Soll die Freigabe für ein Verzeichnis beendet werden, klicken Sie es mit der rechten Maustaste an und wählen aus dem Kontextmenü den Befehl **Freigabe beenden** aus. Die Zugriffsberechtigung wird daraufhin ohne weitere Rückfrage entzogen.

Nützliche Internetseiten

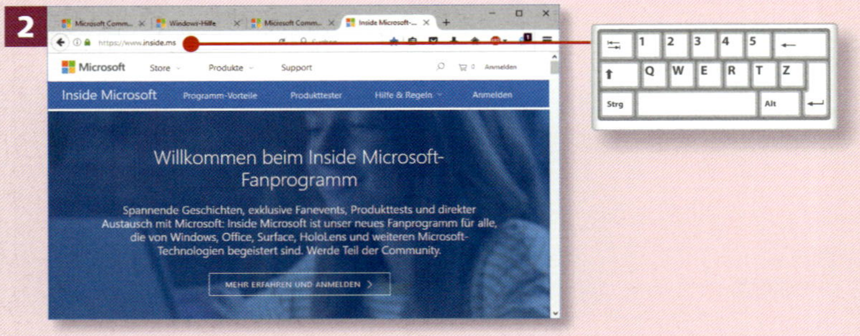

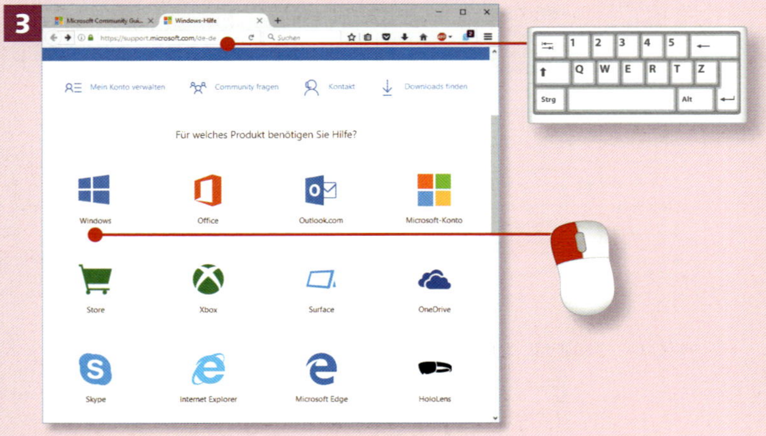

Internetseiten zum Thema Computer gibt es viele; damit Sie den Überblick nicht verlieren, folgen an dieser Stelle nützliche Surf-Tipps.

Schritt 1

Microsoft hat einige Links zu interessanten IT-Webseiten zusammengestellt. Öffnen Sie dazu die Seite *www.microsoft.com/germany/community/uebersicht.aspx* in Ihrem Browser, und nutzen Sie die dort angebotene Filtermöglichkeit, um sich z. B. alle Seiten zum Thema Windows anzeigen zu lassen.

Schritt 2

Anfang 2017 wurde das Inside-Microsoft-Fanprogramm vorgestellt. Es ist unter *www.inside.ms* zu erreichen und bietet Informationen zu Windows, Office, Surface, Holo-Lens und weiteren Microsoft-Technologien.

Schritt 3

Die offizielle Hilfe und Support-Seite von Microsoft finden Sie unter der Adresse *support.microsoft.com*. Klicken Sie auf einen Bereich, zu dem Sie Informationen suchen, z. B. auf **Windows**.

Schritt 4

Die Hilfe-Themen der Seite sind in verschiedene Kategorien eingeteilt, z. B. **Cortana und Suche**, **E-Mail und Kommunikation** oder **Reparatur und Wiederherstellung**. Wählen Sie die Kategorie aus, zu der Sie Informationen suchen.

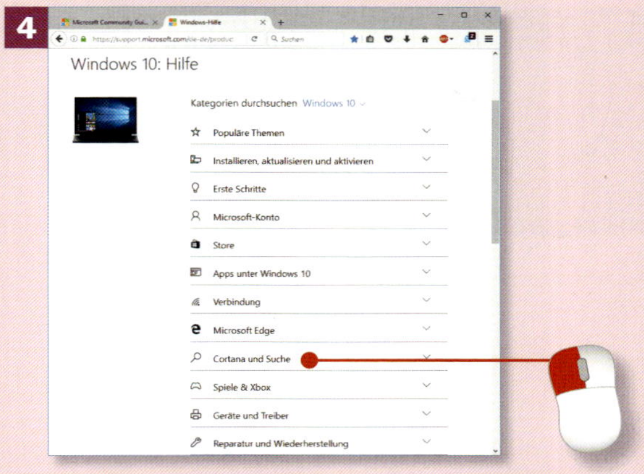

Schritt 5

Unter der Adresse *http://answers.microsoft.com/de-de* erreichen Sie die Foren der Microsoft Community. Bevor Sie in diesen Foren allerdings eine Frage stellen können, müssen Sie sich mit einem Microsoft-Konto auf der Seite anmelden.

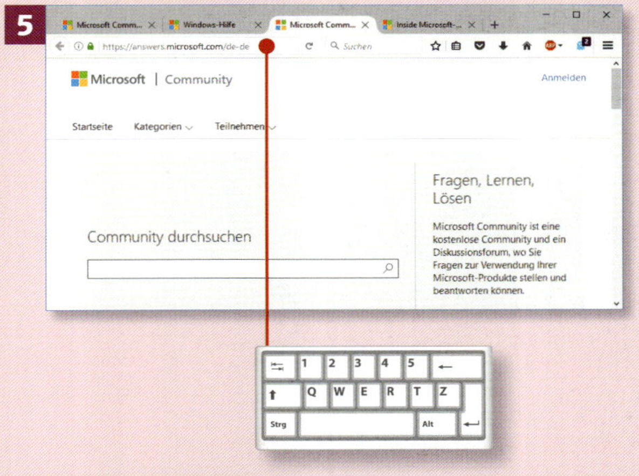

Schritt 6

Unter *www.paules-pc-forum.de* erreichen Sie meine Hilfeseite. Hier finden Sie zahlreiche Tipps und Anleitungen. Im Forum können Sie ohne vorherige Registrierung Fragen zu PC-Problemen aller Art stellen.

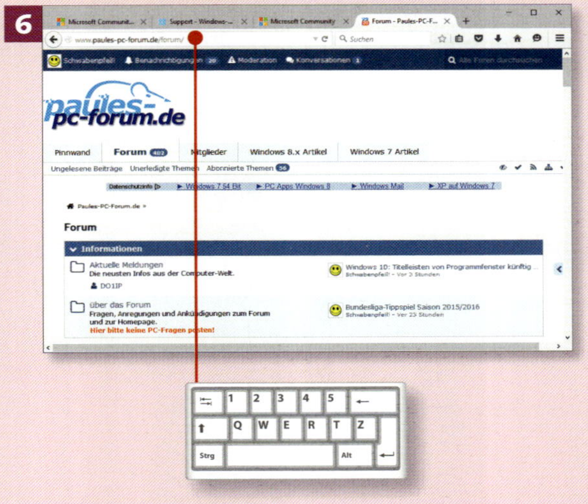

Microsoft-Tipps

Im Store finden Sie die kostenlose App Microsoft-Tipps. Unterteilt in verschiedene Themengebiete, bietet sie einige Anleitungen und Hilfestellungen für Windows 10.

Die Windows-Firewall richtig konfigurieren

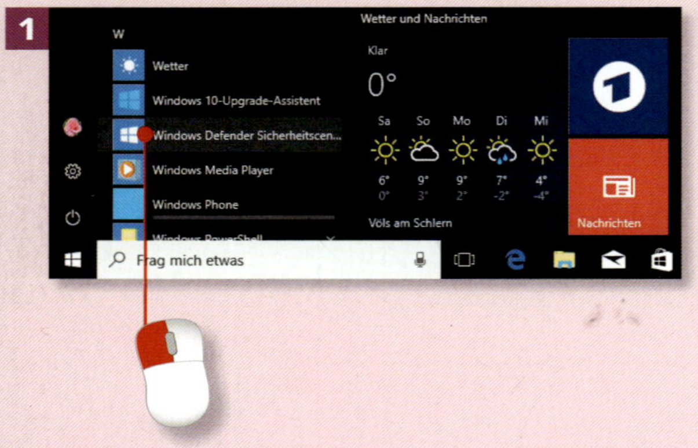

Microsoft liefert in Windows 10 gleich eine Firewall mit. Sie schützt Ihren PC vor Angriffen aus dem Internet und sollte immer aktiviert sein, sofern Sie keine andere Firewall nutzen. So legen Sie die wichtigsten Einstellungen fest.

Schritt 1

Die Einstellungen für die Firewall erreichen Sie über das neue Windows Defender Sicherheitscenter. Klicken Sie im Startmenü auf den entsprechenden Eintrag, um es zu öffnen.

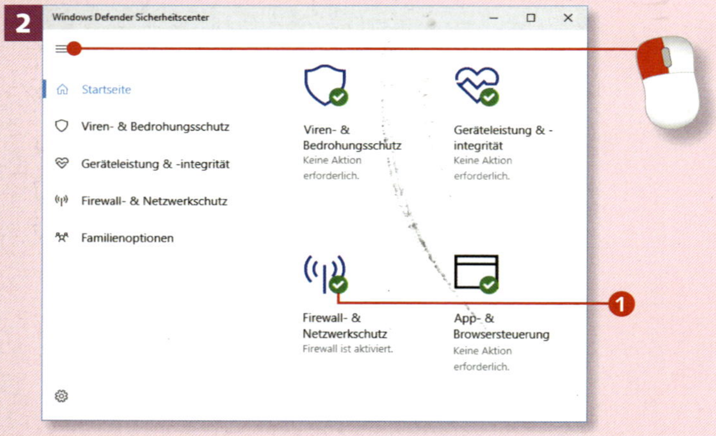

Schritt 2

Klicken Sie links oben auf die Schaltfläche, um die Menübezeichnungen einzublenden. Das grüne Häkchen (1) zeigt an, dass die Firewall aktiv ist.

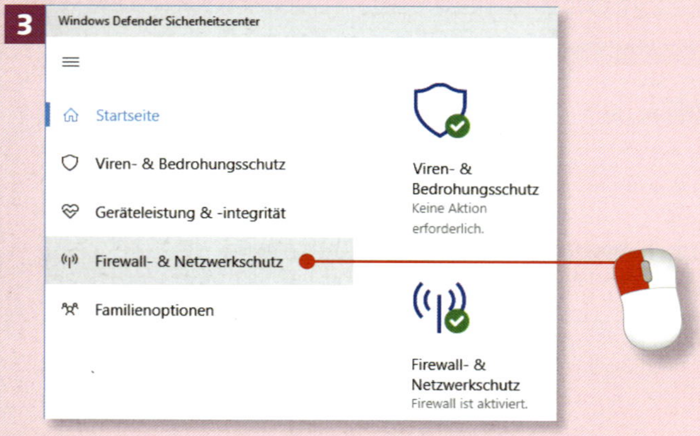

Schritt 3

Zum Öffnen der Einstellungsoptionen klicken Sie links auf den Menüpunkt **Firewall- & Netzwerkschutz**.

Was ist eine Firewall?

Eine Firewall schützt Ihren PC wie eine Mauer vor Angriffen aus dem Internet. Die Software überwacht, was aus dem Internet auf Ihren Rechner zugreifen möchte und umgekehrt, und blockiert solche Prozesse falls nötig.

Schritt 4

Befinden Sie sich mit Ihrem Laptop an einem öffentlichen Platz, blockieren Sie im öffentlichen Netzwerk alle eingehenden Verbindungen. Klicken Sie zur Konfiguration auf den Menüpunkt **Öffentliches Netzwerk**.

4

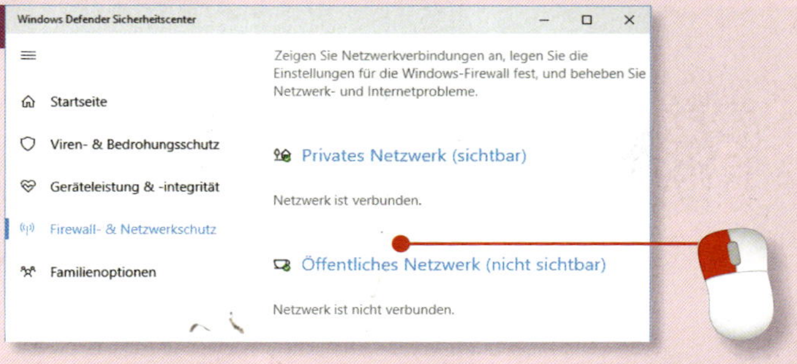

Schritt 5

Aktivieren Sie nun im Abschnitt **Eingehende Verbindungen** die Option **Blockiert alle eingehenden Verbindungen, einschließlich der in der Liste zugelassener Apps**.

5

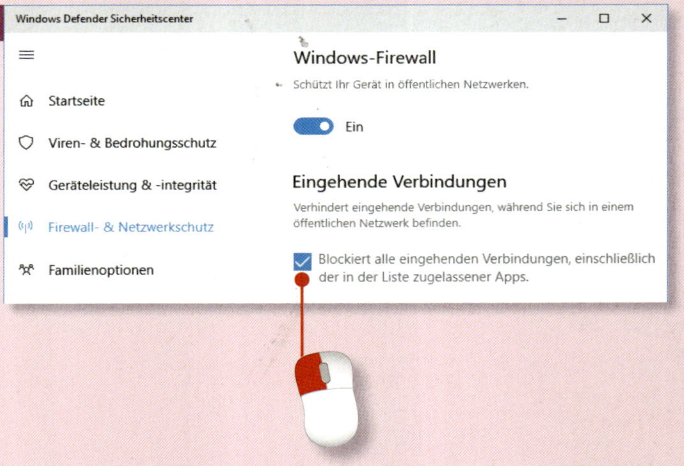

Schritt 6

Möchten Sie die Firewall ausschalten, aktivieren Sie die Option **Windows-Firewall deaktivieren**, und stellen Sie den Schieberegler auf **Aus**. Ausschalten sollten Sie sie nur dann, wenn Sie eine andere Firewall installiert haben!

6

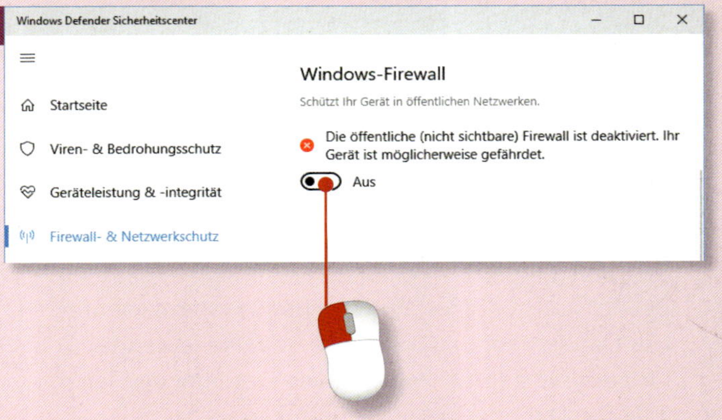

i

Internet Security Suite

Die meisten Hersteller von Antiviren-Software bieten eine *Internet Security Suite* an, eine Kombination aus einem Viren-Schutzprogramm und einer Firewall. Wenn Sie ein solches Programm verwenden, lesen Sie in der Dokumentation nach, ob Sie die Windows-Firewall deaktivieren müssen, um Fehlfunktionen zu vermeiden.

Der Windows Defender

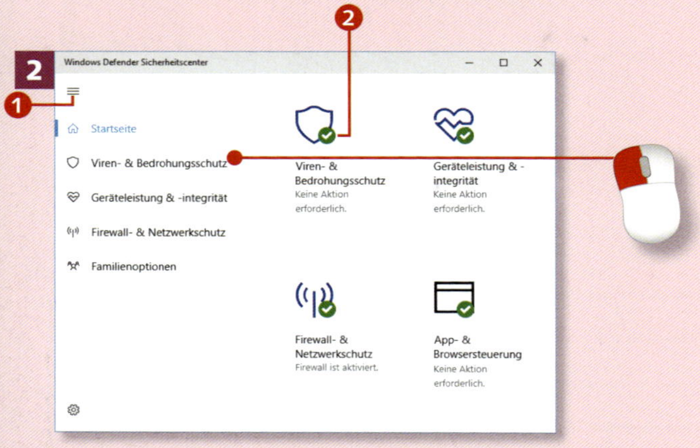

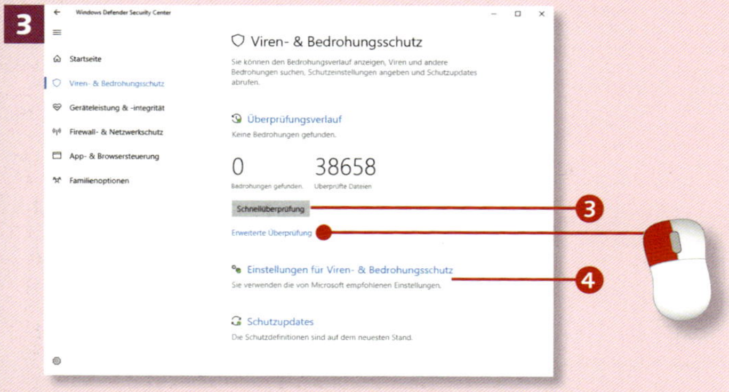

Der Windows Defender wurde über die Jahre stetig verbessert und hat sich unter Windows 10 zu einem vollwertigen Antiviren-Programm gemausert. Prüfen Sie jedoch die Einstellungen der Schutzsoftware.

Schritt 1

Starten Sie das Windows Defender Sicherheitscenter über den gleichnamigen Eintrag im Startmenü.

Schritt 2

Blenden Sie mit einem Klick auf das Hamburger-Menü die Menübezeichnungen ein ❶. Ist der Viren- und Bedrohungsschutz aktiv, wird dies mit einem grünen Häkchen angezeigt ❷. Klicken Sie links auf den Menüpunkt **Viren- & Bedrohungsschutz**, um zu den Einstellungen zu gelangen.

Schritt 3

Der Windows Defender überprüft Ihr System regelmäßig. Sie können Ihren PC aber auch manuell auf Schadsoftware hin überprüfen. Für eine Schnellprüfung klicken Sie auf die graue Schaltfläche ❸. Zu den Optionen gelangen Sie über den Link **Erweiterte Überprüfung** ausführen.

Das kann dauern ...
Bei der vollständigen Prüfung Ihres Systems werden alle Dateien auf der Festplatte und alle laufenden Programme geprüft, was je nach Datenmenge leicht 1,5 Stunden oder länger dauern kann.

Schritt 4

Wählen Sie zwischen den Optionen **Vollständig**, **Benutzerdefiniert** und der **Offline-Überprüfung**. Die Offline-Methode ist besonders bei Schädlingen effektiv, die bei den normalen Prüfungen nicht entfernt werden konnten. Starten Sie den Vorgang über die Schaltfläche **Jetzt überprüfen**.

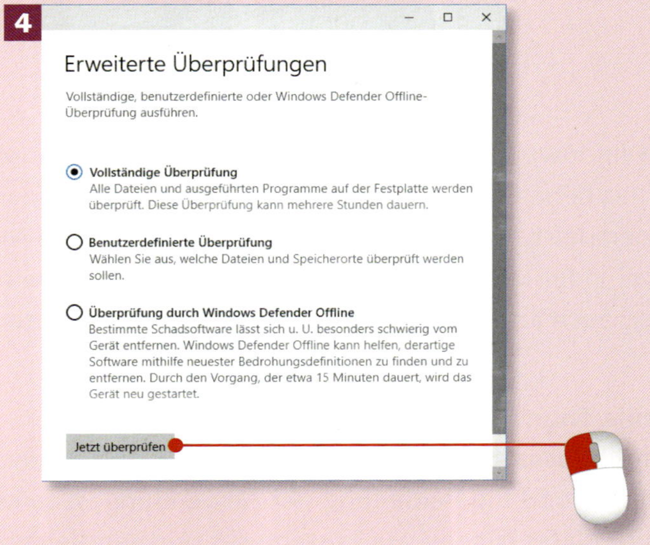

Schritt 5

Über den Menüpunkt **Einstellungen für Viren- & Bedrohungsschutz** ④ gelangen Sie zu weiteren Konfigurationsmöglichkeiten.

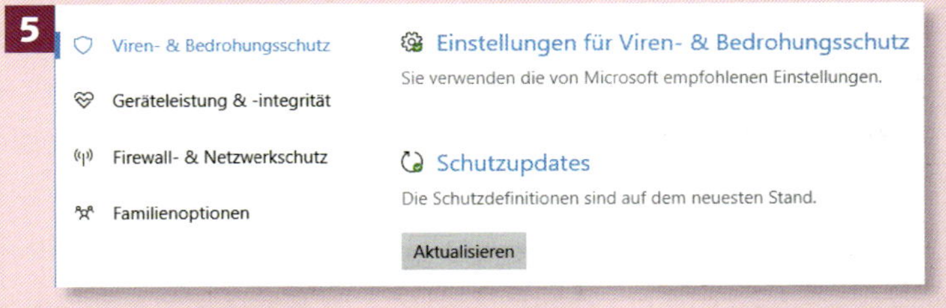

Schritt 6

Die **Automatsche Übermittlung von Beispieldateien** ist nicht unkritisch, da diese Dateien auch persönliche Informationen enthalten könnten. Falls Sie das nicht möchten, deaktivieren Sie diese Option.

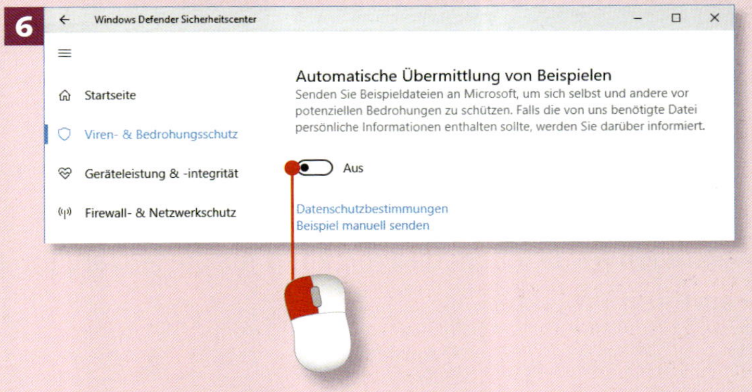

Was ist Malware?

Malware ist die Abkürzung für *Malicious Software*, zu Deutsch etwa *bösartige Programme*, und steht als Sammelbegriff für Viren, Würmer, Trojaner, Spyware und andere Programme, die schädliche Aktionen auf Ihrem Computer ausführen.

Kapitel 5
Tipps für E-Mails und OneDrive

Die Windows-Essentials-Programme sind sehr nützliche und zudem kostenlose Programme, mit denen Sie viele alltägliche Aufgaben erledigen können. Verwalten Sie Ihre Mails mit dem leistungsstarken Programm Windows Live Mail, und versenden Sie Fotos per E-Mail, oder laden Sie sie auf Ihren kostenlosen Speicherplatz im Internet hoch. Nicht nur Bilder, auch andere Dateien finden Platz in der »Datenwolke« OneDrive.

Mozilla Thunderbird und Outlook.com
Zwar gibt es unter Windows 10 eine Mail-App, allerdings sind die Möglichkeiten der App begrenzt, und die Bedienung der Anwendung ist teilweise recht umständlich. Mit Thunderbird bietet Mozilla ein kostenloses und sehr leistungsstarkes Mail-Programm an. Vorhandene E-Mail-Konten, beispielsweise von GMX oder WEB.DE, lassen sich problemlos integrieren. Oder möchten Sie Ihre Mails lieber über einen *Webmailer* verwalten? Dann nutzen Sie die zahlreichen Möglichkeiten des kostenlosen Dienstes Outlook.com ❶.

OneDrive – die Onlinefestplatte in der Datenwolke
Volle 5 GB Speicherplatz bietet der kostenlose Dienst *OneDrive* ❷, der früher noch SkyDrive hieß. Laden Sie Dateien und Fotos auf Ihre Onlinefestplatte, und greifen Sie von jedem internetfähigen Computer auf Ihre Daten zu. Erteilen Sie zudem Freunden und Bekannten die Berechtigung, auf bestimmte Ordner und Dateien zuzugreifen.

Office-Dokumente online erstellen
Auch wenn Sie auf Ihrem Rechner Microsoft Office nicht installiert haben, können Sie über OneDrive PowerPoint-Präsentationen sowie Word-, Excel- oder OneNote-Dokumente erstellen ❸. Erteilen Sie Freigaben für diese Dateien, und arbeiten Sie im Team zeitgleich an Ihren Projekten.

Mit Outlook.com haben Sie Ihre E-Mails voll im Griff, zu jeder Zeit an jedem Ort. ❶

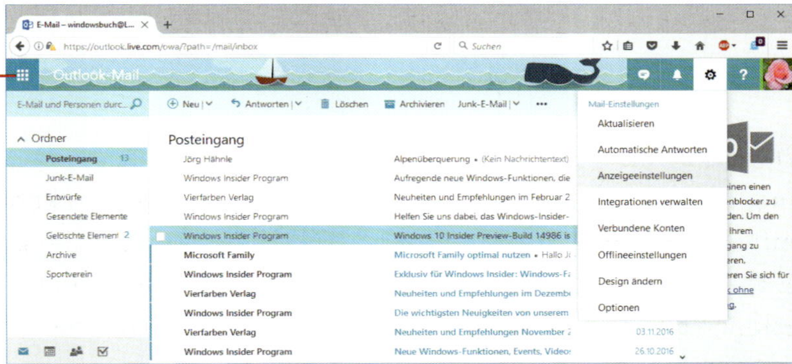

OneDrive bietet reichlich Speicherplatz im Internet für Ihre Fotos, Videos und andere Dokumente. ❷

Sie können mit OneDrive online Word-, Excel- oder PowerPoint-Dokumente erstellen, auch wenn Sie Microsoft Office nicht installiert haben. ❸

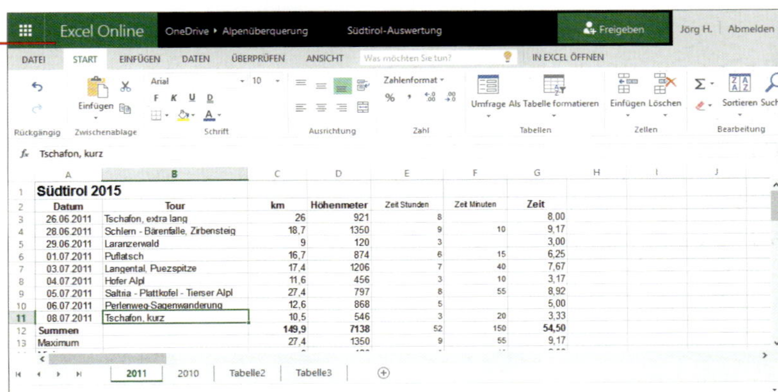

Thunderbird installieren

Das kostenlose E-Mail-Programm Thunderbird bietet alles, was Sie zur bequemen Verwaltung Ihrer elektronischen Korrespondenz benötigen. In diesem Abschnitt zeige ich Ihnen alle Schritte, die zur Installation nötig sind.

Schritt 1

Öffnen Sie mit Ihrem Browser die offizielle Seite von Mozilla Thunderbird unter *www.mozilla.org/de/thunderbird*, und klicken Sie dort auf die Schaltfläche **Kostenloser Download**.

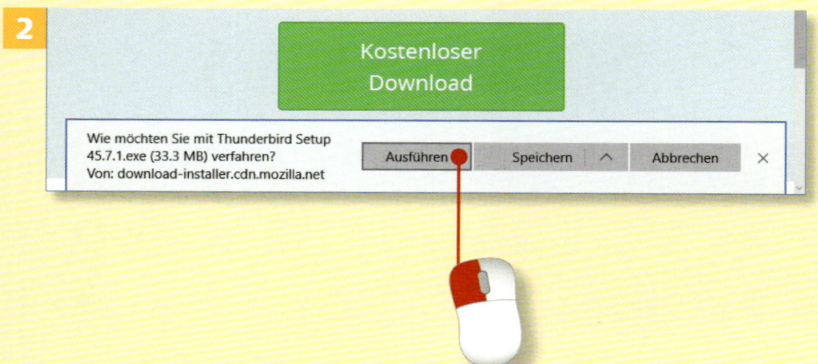

Schritt 2

Der Download-Dialog Ihres Browsers öffnet sich. Wählen Sie hier die Option **Ausführen**. Je nachdem, welchen Browser Sie benutzen, kann die Option auch anders heißen, z. B. **Öffnen**.

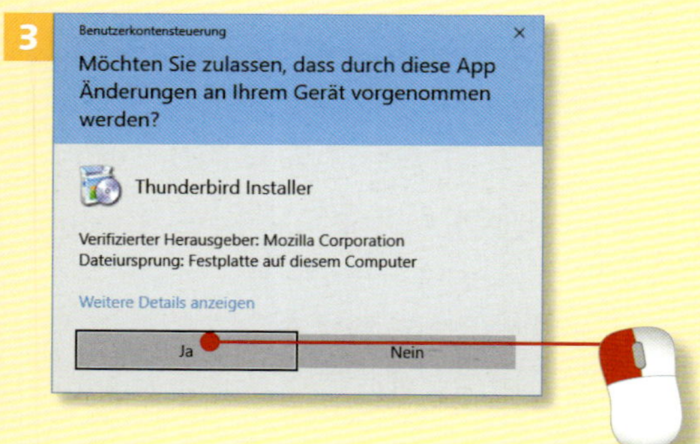

Schritt 3

Die Benutzerkontensteuerung meldet sich mit einer Sicherheitsabfrage. Bestätigen Sie das Vorgehen mit einem Klick auf die Schaltfläche **Ja**.

Schritt 4

Der Assistent, der Sie durch die Installation begleitet, wird gestartet. Klicken Sie auf die Schaltfläche **Weiter**, um den Vorgang fortzusetzen.

Schritt 5

Lassen Sie im folgenden Dialog die Option **Standard** ❶ aktiviert, um Thunderbird mit den am häufigsten verwendeten Programmteilen zu installieren. Achten Sie zusätzlich darauf, dass die Option **Thunderbird als Standard-E-Mail-Programm einrichten** ❷ aktiviert ist. Klicken Sie anschließend auf **Weiter**.

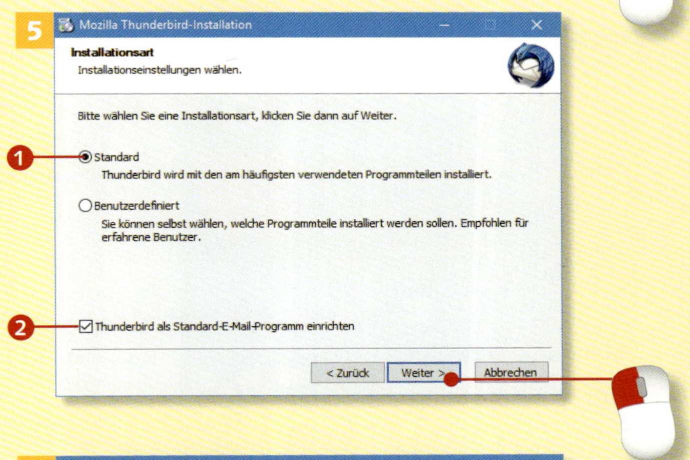

Schritt 6

Starten Sie nun die Installation über die Schaltfläche **Installieren**.

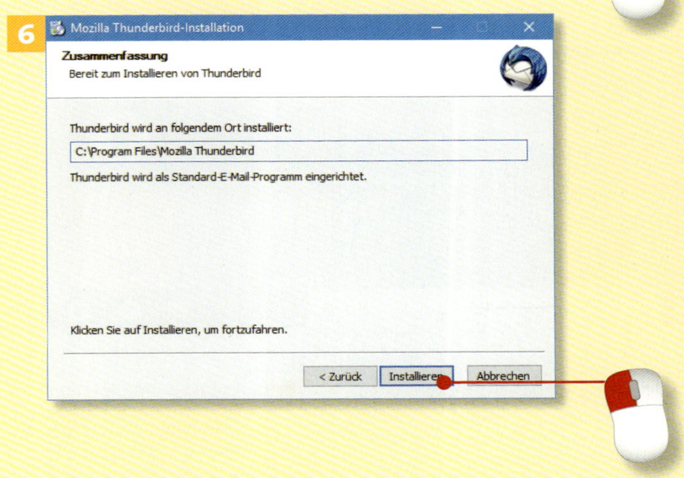

Installationspfad selbst wählen

In der **Standard**-Einstellung wird Thunderbird auf die Festplatte *C:* in das Verzeichnis *Programme* installiert. Möchten Sie einen anderen Ort festlegen, wählen Sie in Schritt 5 die benutzerdefinierte Installation aus.

Thunderbird installieren (Forts.)

7

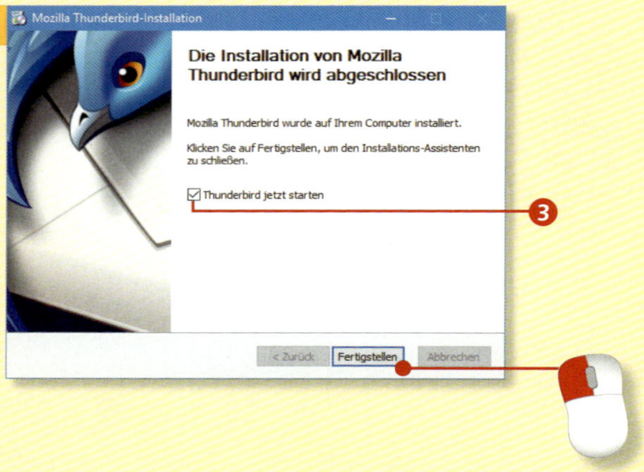

Schritt 7

Ein Dialogfenster weist auf den Abschluss der Installation hin. Möchten Sie das Programm gleich starten, lassen Sie die Option **Thunderbird jetzt starten** ❸ aktiv und klicken dann auf **Fertigstellen**. Für einen späteren Programmstart deaktivieren Sie die Option.

8

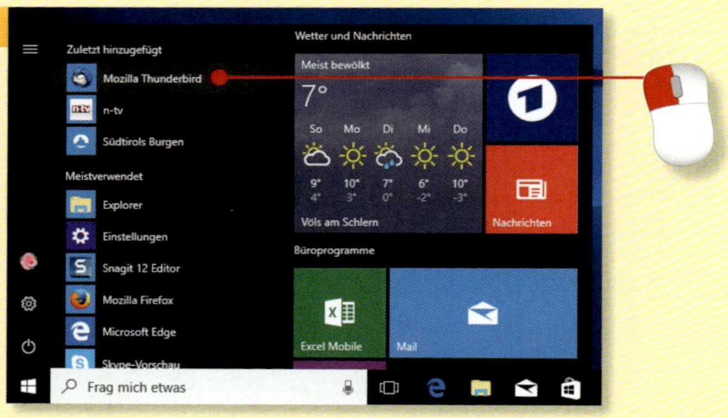

Schritt 8

Drücken Sie nun die [Windows]-Taste, um das Startmenü zu öffnen. Das neue Programm wird Ihnen im Abschnitt **Zuletzt hinzugefügt** angezeigt. Sollte dies nicht der Fall sein, finden Sie es in der Liste unter **M** für **Mozilla Thunderbird**.

9

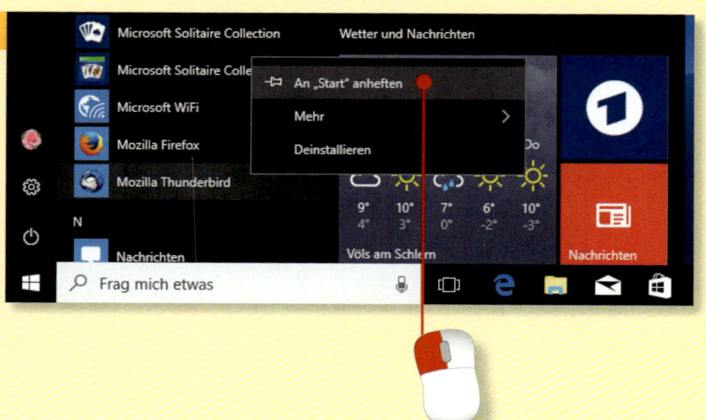

Schritt 9

Um das Programm künftig einfacher starten zu können, fügen Sie es dem Startmenü hinzu. Klicken Sie dazu mit der rechten Maustaste auf den Eintrag **Mozilla Thunderbird**, und wählen Sie aus dem Kontextmenü die Option **An „Start" anheften**.

Nur aus sicherer Quelle!

Laden Sie das E-Mail-Programm nur aus der in Schritt 1 genannten Quelle herunter. Nur dann können Sie sicher sein, dass die Software virenfrei ist.

Schritt 10

Das E-Mail-Programm wird automatisch am Ende des Startmenüs einsortiert. Sie können die Kachel nun beliebig verschieben und neu anordnen.

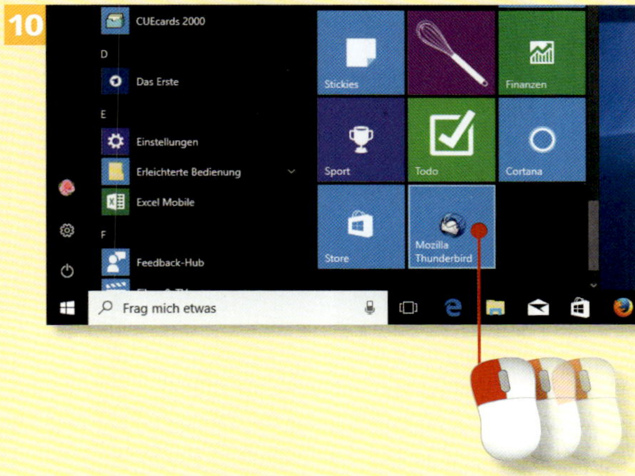

Schritt 11

Möchten Sie das Programm zusätzlich an die Taskleiste anheften, genügen ein Rechtsklick auf die Kachel und die Auswahl des Befehls **Mehr ▸ An Taskleiste anheften**.

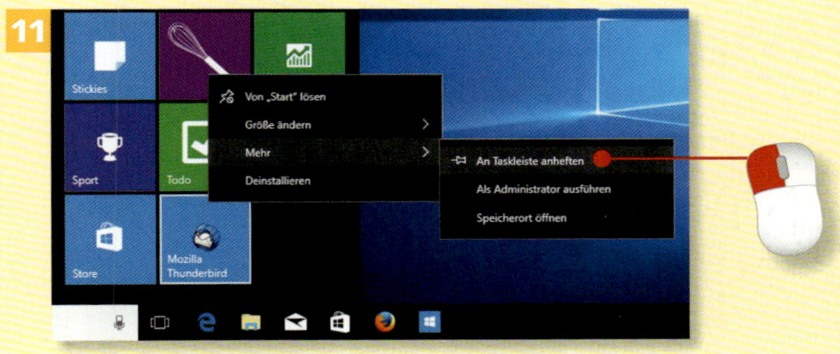

Schritt 12

Fortan genügt ein Klick auf die entsprechende Kachel ❹ oder auf das Programmsymbol in der Taskleiste, um das Programm zu starten. Natürlich können Sie die Anwendung jederzeit auch wieder aus dem Startmenü oder der Taskleiste entfernen.

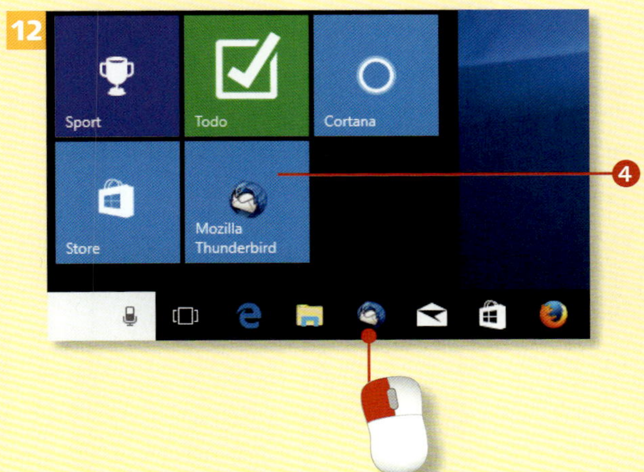

Erweiterungen für Thunderbird
Sie können Thunderbird mithilfe kostenloser Add-ons um zusätzliche Funktionen erweitern und über sogenannte Themes sogar das Aussehen der Anwendung verändern. Sie finden diese Erweiterungen unter *https://addons.mozilla.org/de/thunderbird*.

Thunderbird starten und konfigurieren

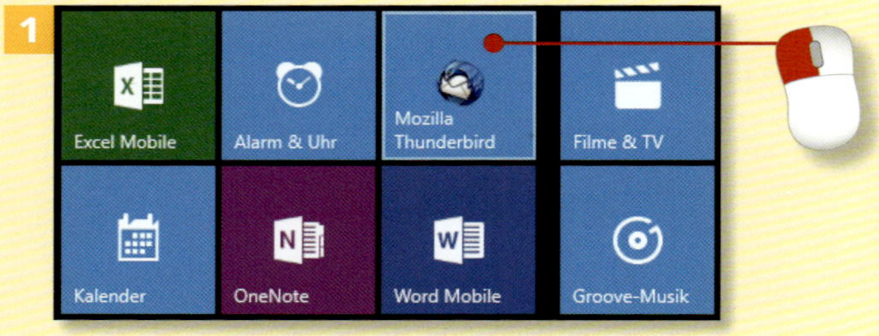

Zwar ist unter Windows 10 eine E-Mail-App vorinstalliert, die App ist jedoch eher für den Einsatz auf mobilen Geräten konzipiert und recht spartanisch ausgestattet. Optisch ansprechender und mit deutlich mehr Funktionen versehen ist das kostenlose Programm Thunderbird.

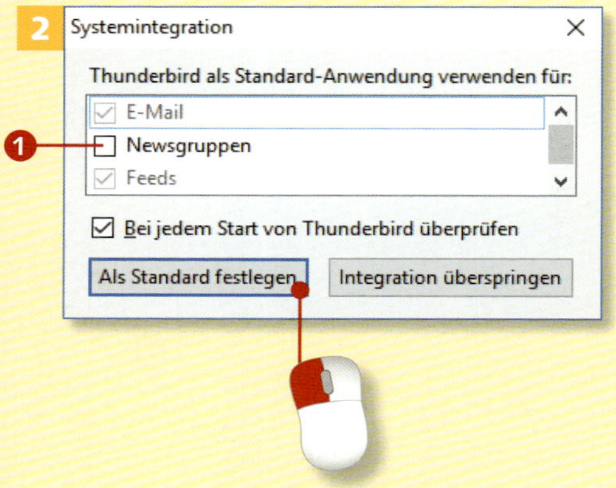

Schritt 1

Starten Sie **Thunderbird** über die entsprechende Programmkachel im Startmenü.

Schritt 2

Beim ersten Start öffnet sich das Fenster **Systemintegration**. Thunderbird ist als Standard-Anwendung für E-Mails und Feeds bereits konfiguriert. Aktivieren Sie bei Bedarf zusätzlich die Option **Newsgruppen** ❶, und klicken Sie schließlich auf **Als Standard festlegen**.

Schritt 3

Überspringen Sie im nächsten Schritt die angebotene Möglichkeit zum Anlegen einer neuen Mail-Adresse beim einem der Anbieter, indem Sie auf die Schaltfläche **Überspringen und meine existierende E-Mail-Adresse verwenden** klicken.

Schritt 4

Nun öffnet sich der Dialog **Konto einrichten**. In das Feld **Ihr Name** tragen Sie den Namen ein, der den Empfängern Ihrer E-Mails als Absender angezeigt werden soll.

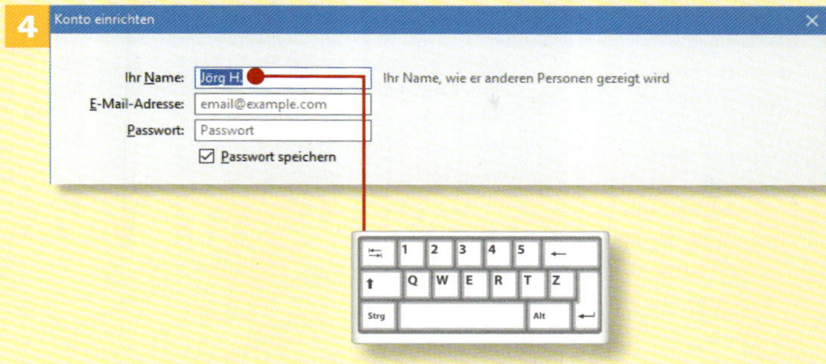

Schritt 5

Tippen Sie nun Ihre E-Mail-Adresse und darunter das dazugehörige Kennwort ein. Sind alle Angaben korrekt, klicken Sie auf **Weiter**. Thunderbird sucht nun nach den Servereinstellungen Ihres Mail-Anbieters ❷.

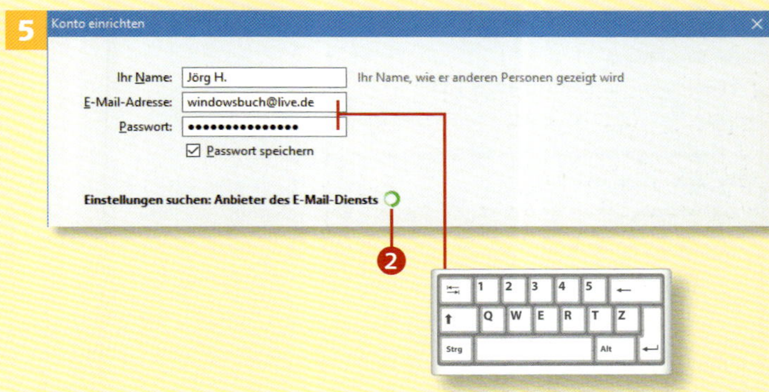

Schritt 6

Abhängig von Ihrem Mail-Anbieter können Sie nun zwischen den Übertragungsprotokollen **IMAP** oder **POP3** ❸ wählen. Klicken Sie anschließend auf **Fertig**.

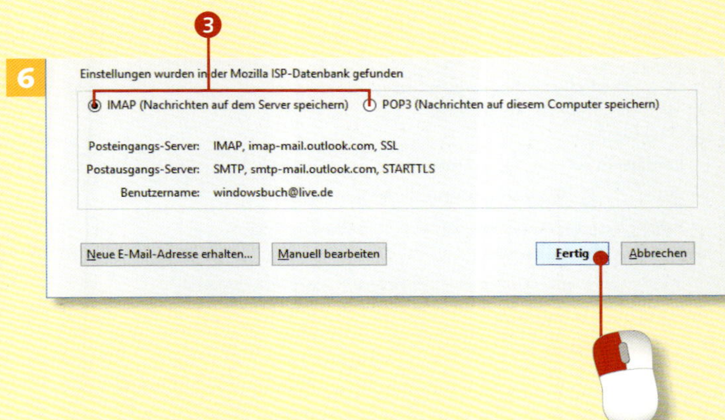

IMAP oder POP3

Beim POP3-Protokoll werden die Mails in Kopie vom Server auf den PC übertragen. Eine Synchronisation mit anderen Geräten wie Smartphone oder Tablet findet nicht statt. IMAP synchronisiert das E-Mail-Konto geräteübergreifend, und bereits gelesene Mails werden bei der Verwendung eines weiteren Geräts nicht nochmals abgerufen.

7

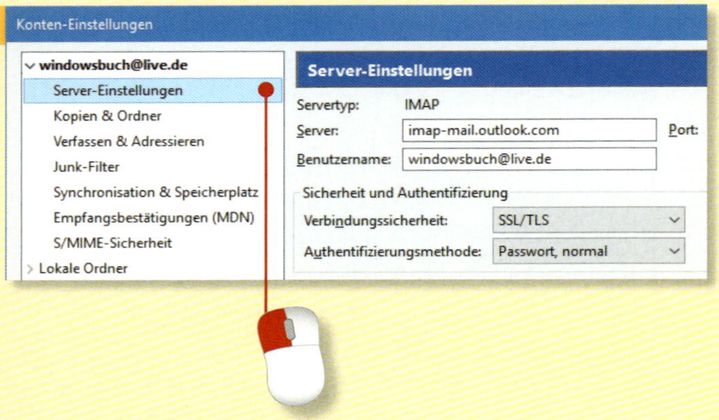

8

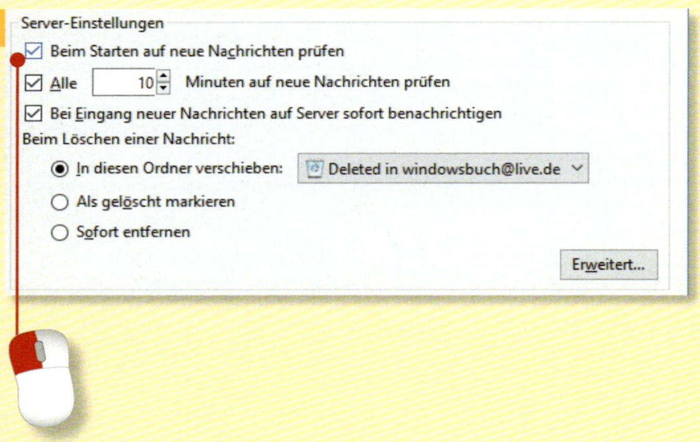

9

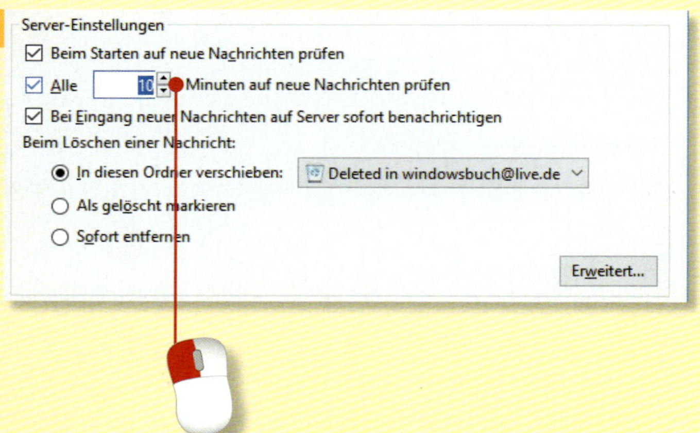

Schritt 7

Thunderbird öffnet nun die **Konten-Einstellungen**. Hier haben Sie die Möglichkeit, weitere Konfigurationen vorzunehmen. Klicken Sie dazu zunächst auf den Menüpunkt **Server-Einstellungen**.

Schritt 8

Wenn Sie möchten, dass Thunderbird bei jedem Start automatisch nach neuen Mails sucht, aktivieren Sie im Abschnitt **Server-Einstellungen** die Option **Beim Starten auf neue Nachrichten prüfen**.

Schritt 9

Über das kleine Menü darunter können Sie zusätzlich angeben, in welchem zeitlichen Abstand automatisch nach neuen Mails gesucht werden soll, z. B. alle 10 Minuten.

Outlook.com

Wie Sie ein Outlook.com-Konto (vormals Hotmail) auch direkt über das Internet nutzen können, lesen Sie in der Anleitung »E-Mails online senden und empfangen« auf Seite 140.

Schritt 10

Möchten Sie, dass Thunderbird Sie mit einem Hinweisfenster über neu eingetroffene Nachrichten informiert? Falls nicht, deaktivieren Sie die Option **Bei Eingang neuer Nachrichten auf Server sofort benachrichtigen**.

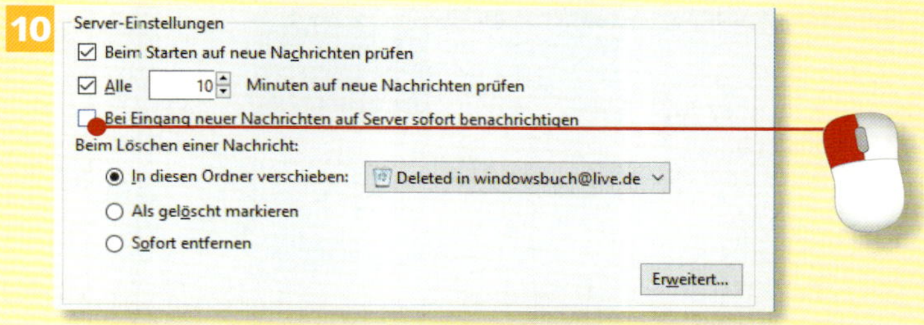

Schritt 11

Wechseln Sie nun in das Register **Verfassen & Adressieren**, indem Sie auf den gleichnamigen Menüpunkt in der linken Fensterhälfte klicken.

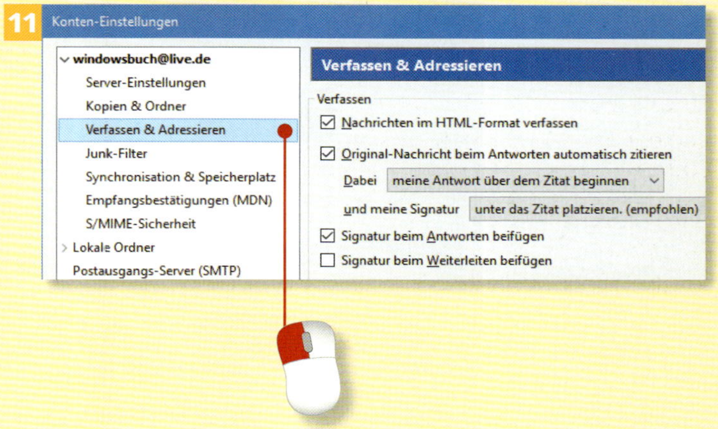

Schritt 12

Hier haben Sie nun die Möglichkeit, einzustellen, ob Nachrichten bei einer direkten Antwort zitiert werden sollen ❹ und, wenn ja, ob Ihre Antwort über oder unter dem Zitat beginnen soll. Wählen Sie über das Dropdown-Menü das gewünschte Verhalten aus.

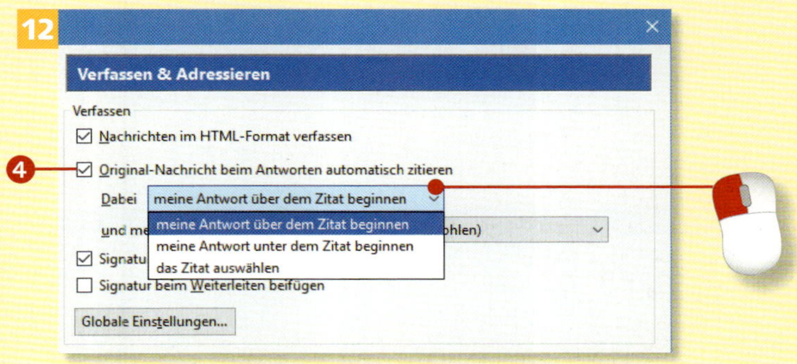

Servereinstellungen

Thunderbird kennt die Servereinstellungen der gängigsten Mail-Anbieter. Sollten Sie einen Anbieter verwenden, dessen Einstellungen nicht bekannt sind, müssen Sie die Daten der Posteingangs- und Postausgangsserver manuell eintragen.

Weitere E-Mail-Konten einrichten

1

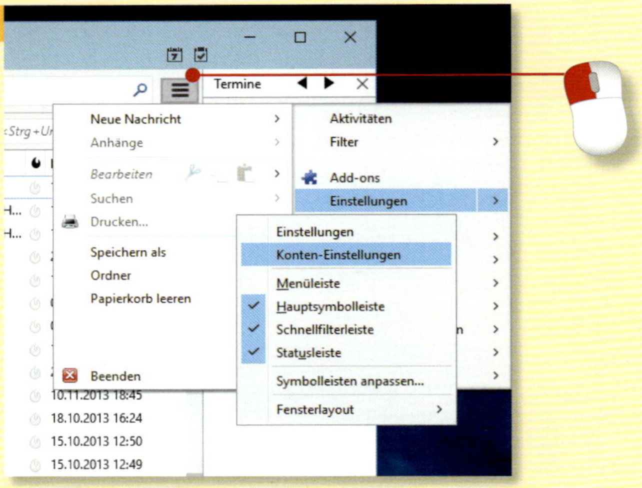

2

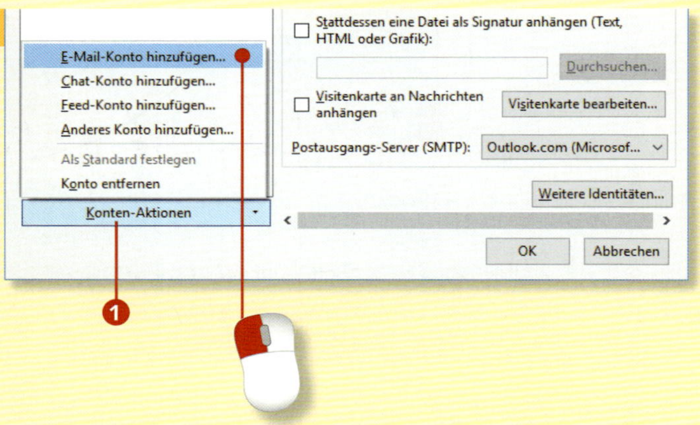

3

Sie haben mehrere E-Mail-Konten? Selbstverständlich können Sie in Thunderbird auch weitere Mail-Konten einfügen und so alle Konten bequem mit nur einem Programm verwalten.

Schritt 1

Öffnen Sie Thunderbird, klicken Sie rechts oben auf die Schaltfläche mit den drei horizontalen Linien, zeigen Sie dann mit der Maus auf den Menüpunkt **Einstellungen**, und wählen Sie den Eintrag **Konten-Einstellungen**.

Schritt 2

Klicken Sie im folgenden Fenster unten auf die Schaltfläche **Konten-Aktionen** 1, und wählen Sie aus dem sich öffnenden Menü den Eintrag **E-Mail-Konto hinzufügen** aus.

Schritt 3

Tragen Sie nun in das Feld **Ihr Name** Ihren Absendernamen ein, der den Empfängern Ihrer Nachrichten angezeigt wird. Mit der Taste [Tab] springen Sie jeweils in das nächste Eingabefeld.

Schritt 4

Tragen Sie die E-Mail-Adresse und das dazugehörige Kennwort ein. Wenn Sie das Kennwort nicht bei jeder Nutzung des Mail-Kontos eingeben möchten, aktivieren Sie die Option **Passwort speichern** ❷, und klicken Sie dann auf **Weiter**.

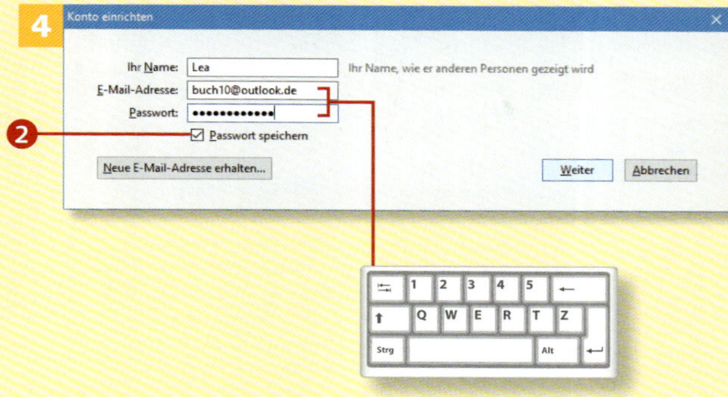

Schritt 5

Legen Sie nun das gewünschte Übertragungsprotokoll **IMAP** oder **POP3** ❸ fest, und schließen Sie die Einrichtung mit einem Klick auf die Schaltfläche **Fertig** ab.

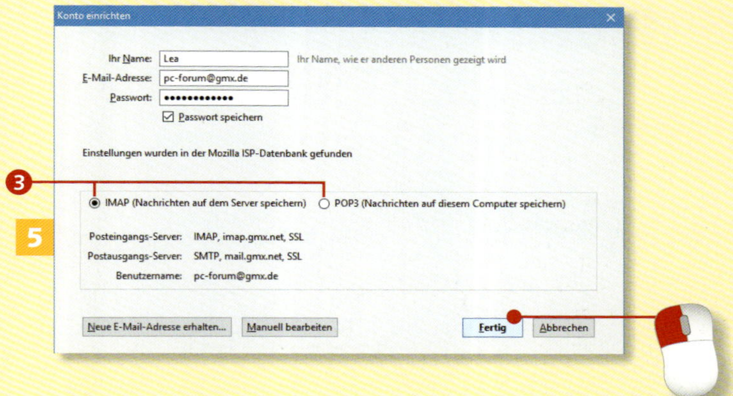

Schritt 6

Zum Schluss werden die Konto-Einstellungen aufgerufen. Hier haben Sie die Möglichkeit, weitere Einstellungen für Ihr Konto vorzunehmen. Das neue Konto wird in der linken Spalte des Programms aufgeführt ❹ und ist nun einsatzbereit.

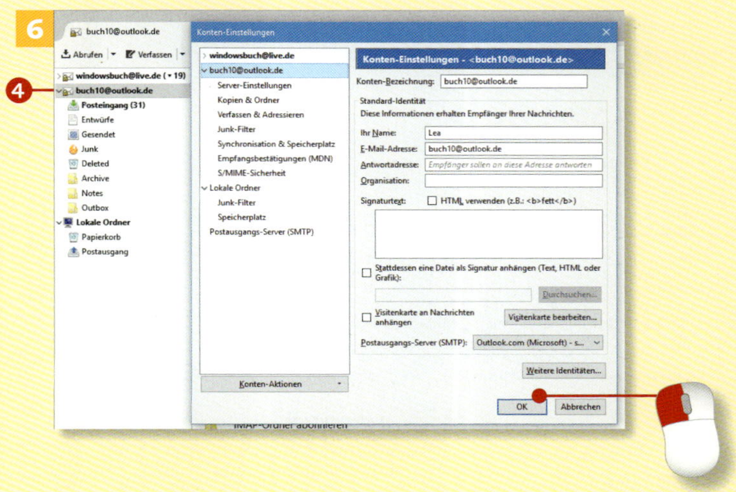

Junk-Filter aktivieren

Wählen Sie in den **Konto-Einstellungen** den Menüpunkt **Junk-Filter**, und aktivieren Sie den Filter für Ihr Mail-Konto. Über **Junk-Kopfzeilen dieses externen Filters vertrauen** können Sie zusätzlich einen Filter auswählen.

E-Mails schreiben und versenden

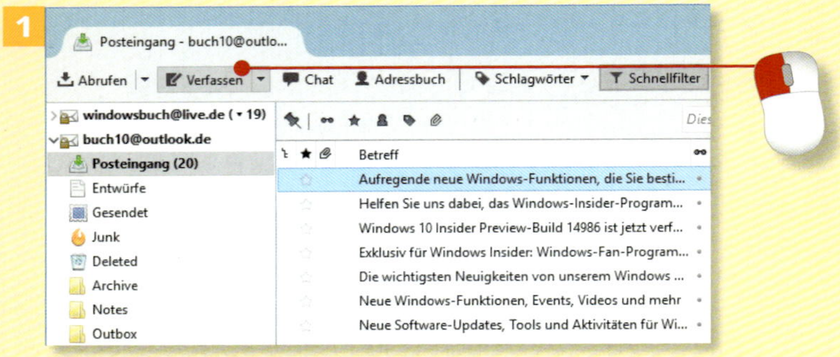

Thunderbird ist eingerichtet, nun wird es aber Zeit, dass Sie eine E-Mail schreiben und sie jemandem schicken.

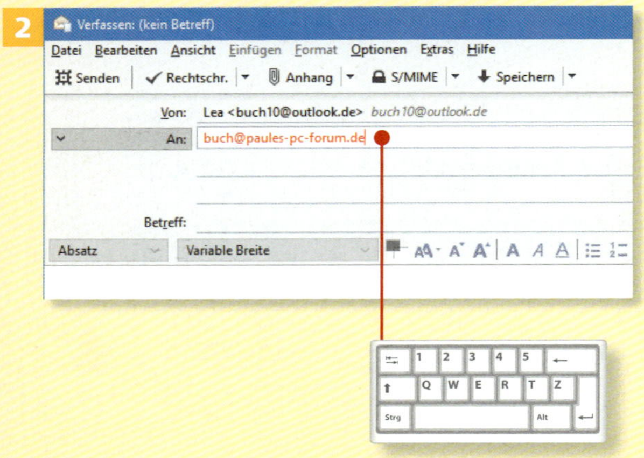

Schritt 1

Um eine neue E-Mail zu verfassen, klicken Sie links oben in Thunderbird auf die Menüschaltfläche **Verfassen** oder nutzen die Tastenkombination [Strg] + [N].

Schritt 2

Es öffnet sich ein Nachrichtenfenster. Klicken Sie mit der Maus in die Zeile **An**, und tippen Sie die E-Mail-Adresse des Empfängers ein.

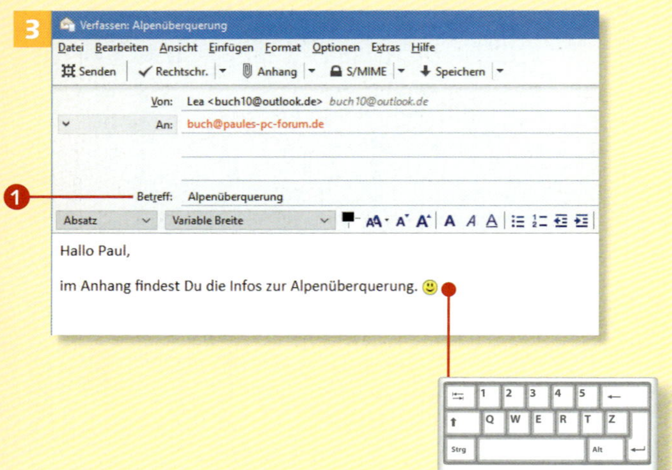

Schritt 3

Drücken Sie die [⭾]-Taste, um in die Zeile **Betreff** ❶ zu gelangen, und geben Sie einen passenden Betreff ein. Erneut mit [⭾] gelangen Sie in den Textbereich, in dem Sie nun Ihre Nachricht verfassen können.

Betreff nicht vergessen!

Wenn Sie vergessen, einen Betreff einzutragen, weist Sie das Programm auf diesen Umstand hin, und Sie können den Betreff nachtragen. Ohne Betreff sollten Sie eine Mail nicht abschicken.

Schritt 4

Sicher möchten Sie auch einmal eine Anlage mitschicken, z. B. ein Dokument oder ein Foto. Auch das ist mit ein paar Klicks getan. Klicken Sie dazu auf den linken Teil des Menüpunkts **Anhang**.

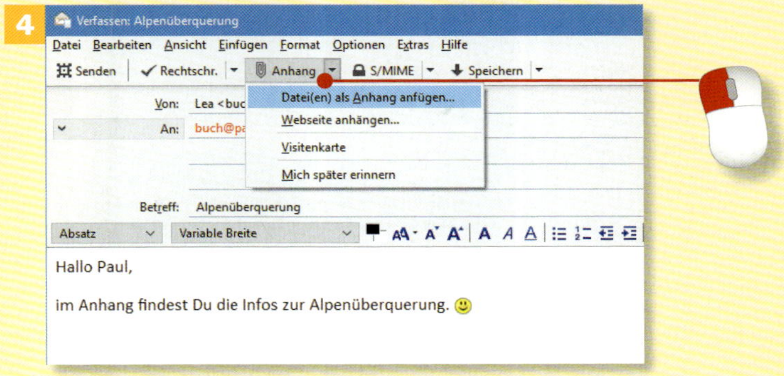

Schritt 5

Wählen Sie im folgenden Dialog per Mausklick die gewünschte Datei ❷ aus, und fügen Sie sie mit einem Klick auf **Öffnen** der E-Mail an.

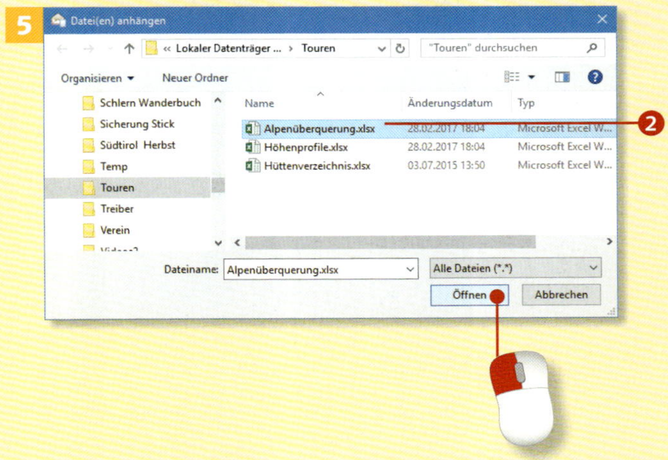

Schritt 6

Die angehängte Datei wird rechts oben im Nachrichtenfenster aufgelistet ❸. Kontrollieren Sie vor dem Absenden noch einmal die Empfängeradresse. Ist alles in Ordnung? Über die Schaltfläche **Senden** schicken Sie die E-Mail auf die Reise.

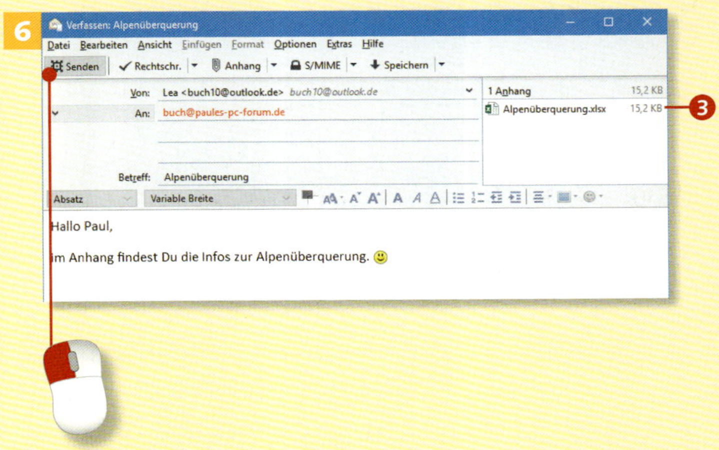

Größenbeschränkung beachten
Manche Mail-Provider weisen E-Mails ab 5 MB zurück. Teilen Sie große E-Mails mit Dateianhängen daher lieber in mehrere kleinere Nachrichten auf.

Neue E-Mails abrufen

Die ersten E-Mails sind geschrieben. Schauen Sie nach, ob vielleicht auch schon Antworten eingegangen sind. Die ersten drei Schritte brauchen Sie nur einmalig auszuführen.

1

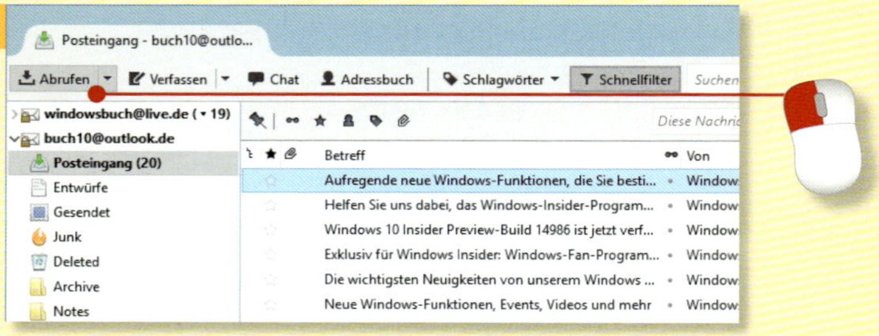

Schritt 1

In der Standardeinstellung prüft Thunderbird direkt nach dem Start, ob neue E-Mails vorhanden sind. Um Nachrichten manuell abzurufen, klicken Sie links oben auf die Schaltfläche **Abrufen**.

2

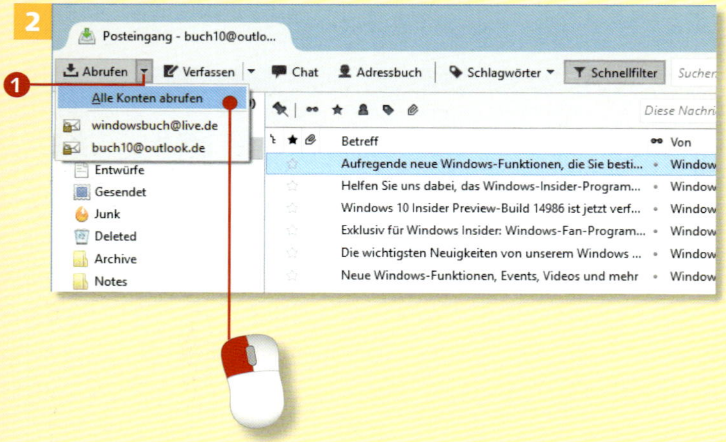

Schritt 2

Verfügen Sie über mehrere Konten, klicken Sie zum Abruf auf den kleinen Pfeil ❶ in der Schaltfläche und wählen dann entweder die Option **Alle Konten abrufen** oder ein einzelnes Konto aus.

3

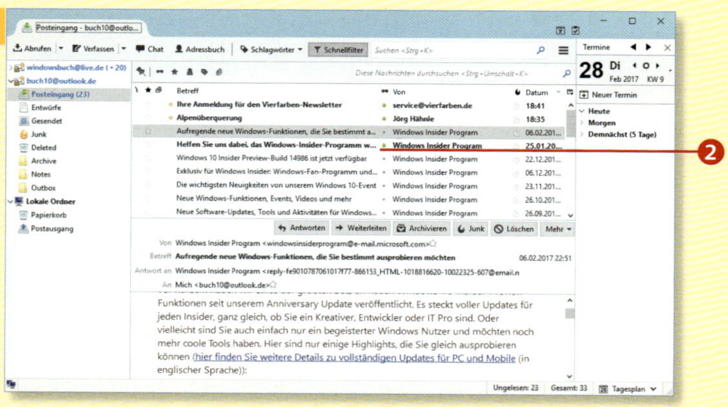

Schritt 3

Das Programmfenster ist in drei Bereiche unterteilt: links der Navigationsbereich, in dem Ihre Mail-Konten zu finden sind, in der Mitte der Nachrichtenbereich und in der Spalte rechts der Kalender. Neue und ungelesene Nachrichten werden im Nachrichtenbereich in Fettschrift ❷ dargestellt.

Schritt 4

Um eine Nachricht zu lesen, klicken Sie diese einfach mit der Maus an. Der Inhalt der Nachricht wird dann unterhalb der Nachrichtenliste angezeigt ❸. Nutzen Sie gegebenenfalls die Bildlaufleiste ❹, um den ganzen Text einsehen zu können.

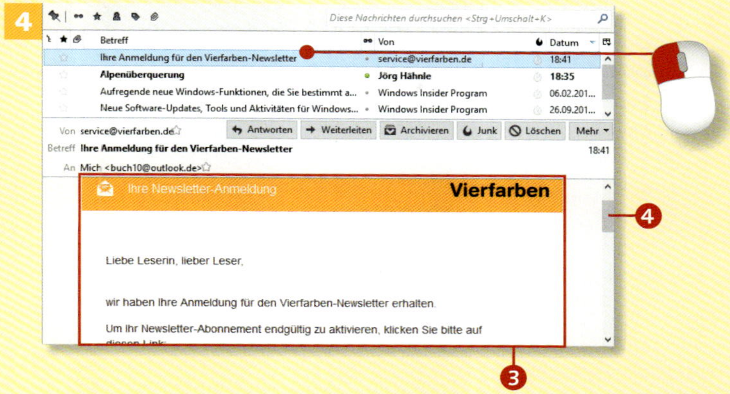

Schritt 5

Sollte Ihnen der Lesebereich zu klein sein, können Sie eine Mail auch per Doppelklick öffnen. Die Nachricht wird dann in einem eigenen Tab ❺ angezeigt und ist besser zu lesen.

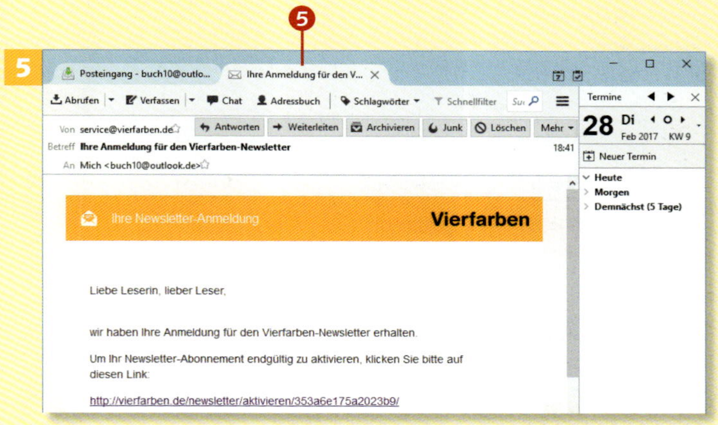

Schritt 6

Zurück in den Posteingang gelangen Sie, indem Sie oben auf das Register **Posteingang** klicken ❻. Möchten Sie ein Nachrichtenfenster wieder schließen, klicken Sie im Tab auf das kleine Kreuz.

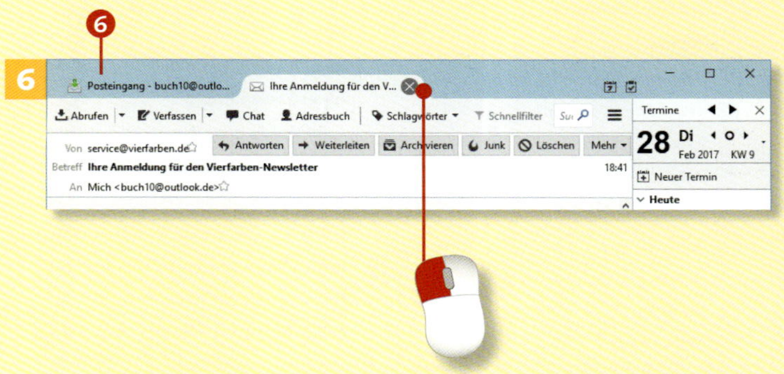

Nachrichten mit Schlagwörtern versehen

Sie können E-Mails mit individuellen Schlagwörtern wie z. B. **Wichtig** oder **Persönlich** versehen. Klicken Sie dazu eine Nachricht mit der rechten Maustaste an, und wählen Sie aus dem Kontextmenü den Eintrag **Schlagwörter** aus.

Neue Nachrichten-Ordner anlegen

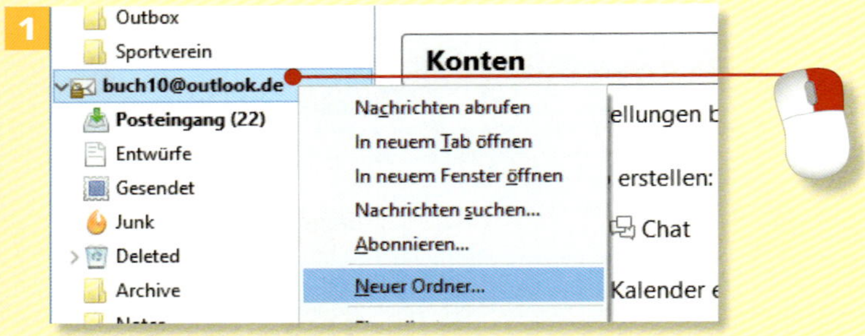

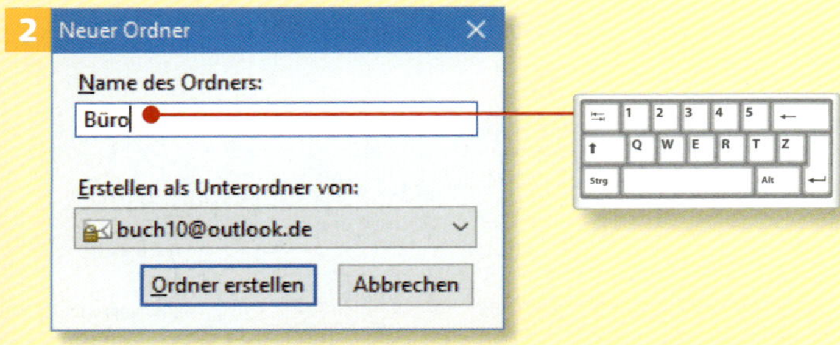

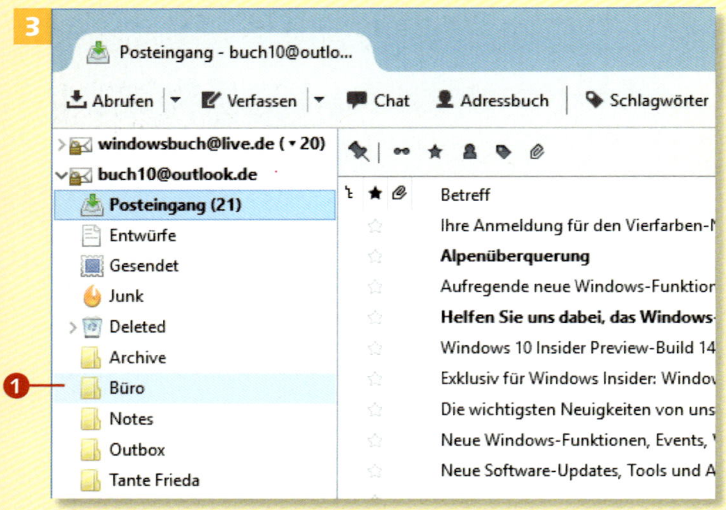

Um den Überblick zu behalten, können Sie in Thunderbird neue Nachrichten-Ordner anlegen und so Ihre Mails verwalten und organisieren.

Schritt 1

Klicken Sie mit der rechten Maustaste auf das Mail-Konto, dem Sie einen neuen Ordner hinzufügen möchten, und wählen Sie dann aus dem sich öffnenden Kontextmenü den Befehl **Neuer Ordner** aus.

Schritt 2

Tippen Sie in das Textfeld einen Namen für den neuen Ordner ein, z. B. **Büro**, und schließen Sie die Eingabe mit einem Klick auf die Schaltfläche **Ordner erstellen** ab.

Schritt 3

Der neue Nachrichten-Ordner wird in der linken Spalte angezeigt ❶. Die Anzeige erfolgt in alphabetischer Reihenfolge. Eine individuelle Sortierung ist nicht möglich.

Ordner löschen

Möchten Sie einen Ordner löschen, wählen Sie den gleichnamigen Menüpunkt aus seinem Kontextmenü. Beachten Sie, dass bei diesem Vorgang alle Mails gelöscht werden, die sich darin befinden.

Schritt 4

Um Ihre Korrespondenz noch besser organisieren zu können, ist auch die Erstellung von Unterordnern möglich. Führen Sie dazu einen Rechtsklick auf den Hauptordner aus, und wählen Sie den Menüpunkt **Neuer Unterordner**.

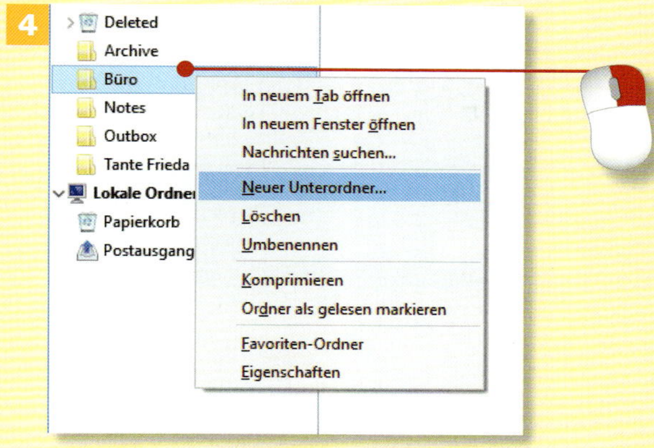

Schritt 5

Vergeben Sie nun einen Namen für den Unterordner, in diesem Beispiel ist es der Name **Firma Mair**, und klicken Sie auf **Ordner erstellen**, um den Vorgang abzuschließen.

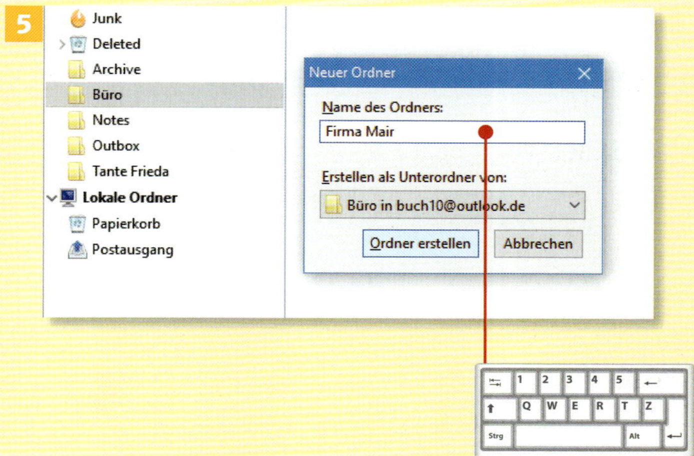

Schritt 6

Führen Sie einen Doppelklick auf den Hauptordner aus, um die darin enthaltenen Unterordner aufzulisten. Bei Bedarf können Sie in einem Unterordner auch einen weiteren Unterordner erstellen.

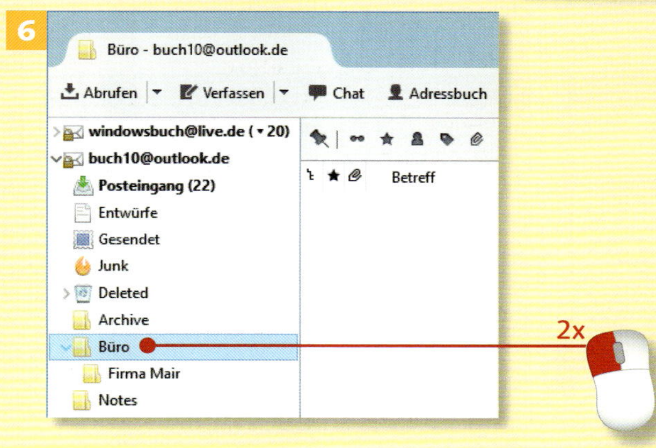

Vorsicht vor Phishing-Mails!

Seien Sie besonders misstrauisch bei E-Mails, die angeblich von Ihrer Hausbank kommen und in denen Sie aufgefordert werden, TANs oder Kennwörter anzugeben. Lassen Sie sich im Zweifel umgehend die Echtheit dieser Mail von Ihrer Bank bestätigen.

E-Mails online senden und empfangen

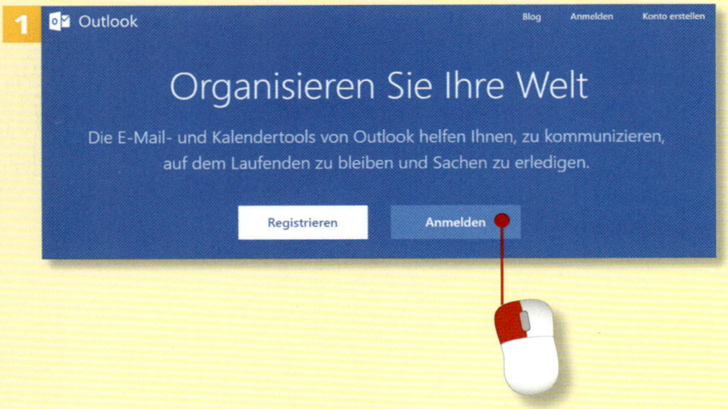

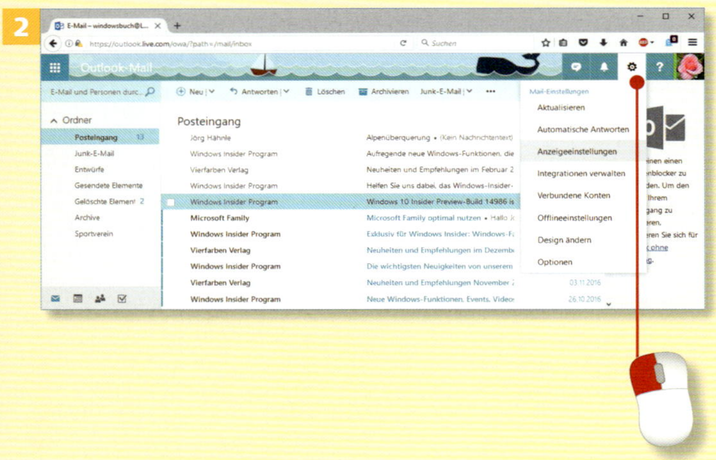

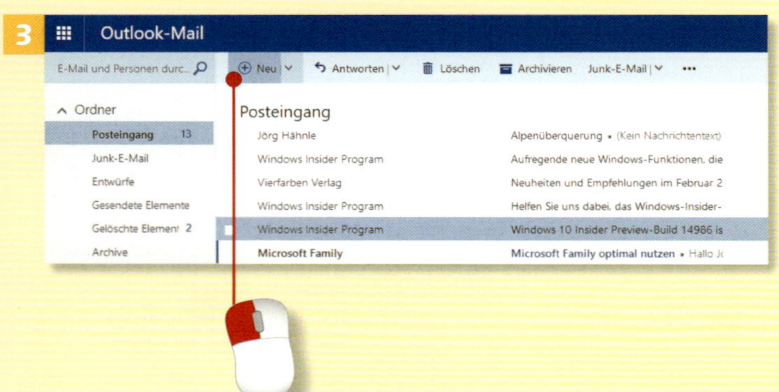

Outlook.com ist ein sogenannter Webmailer, der weltweit von jedem PC mit Internetanschluss erreichbar ist. So haben Sie immer und überall Zugriff auf Ihre E-Mails.

Schritt 1

Öffnen Sie in Ihrem Browser die Seite *www.outlook.com*. Klicken Sie dort auf die Schaltfläche **Anmelden**, und geben Sie im Anschluss die Zugangsdaten Ihres Microsoft-Kontos ein. Sollten Sie noch kein Microsoft-Konto haben, lesen Sie die Anleitung »Ein Microsoft-Konto erstellen« auf Seite 210.

Schritt 2

Der Aufbau der Seite ist einfach gehalten, was eine schnelle Einarbeitung in die Programmoberfläche verspricht. Über das Zahnradsymbol rechts oben können Sie der Oberfläche einen neuen Farbanstrich verpassen oder den Lesebereich neu festlegen.

Schritt 3

Zum Verfassen einer neuen Nachricht klicken Sie in der Menüleiste der Anwendung auf die Schaltfläche **Neu** oder verwenden die Tastenkombination [Strg] + [N].

Schritt 4

Die neue Nachricht wird im gleichen Fenster geöffnet. Tragen Sie zuerst die Empfängeradresse in das Feld **An** ❶ ein. Mit der [⭾]-Taste springen Sie in das **Betreff**-Feld, in das Sie eine Überschrift für Ihre Nachricht eingeben sollten.

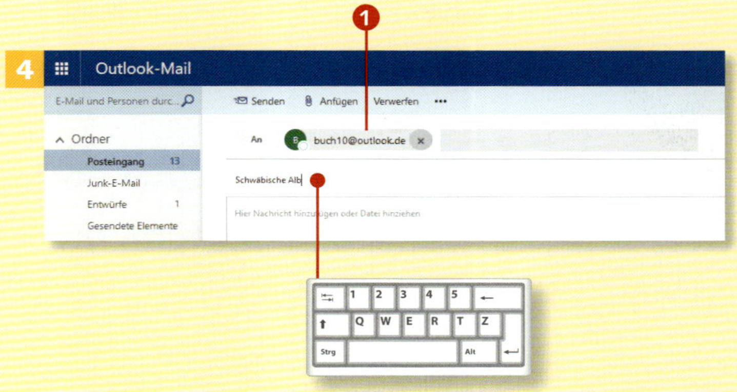

Schritt 5

Drücken Sie ein weiteres Mal [⭾], gelangen Sie in das Textfeld der Mail. Verfassen Sie hier nun Ihre Nachricht. Die darunterliegende Menüleiste gibt Ihnen die Möglichkeit, Ihren Text zu formatieren ❷.

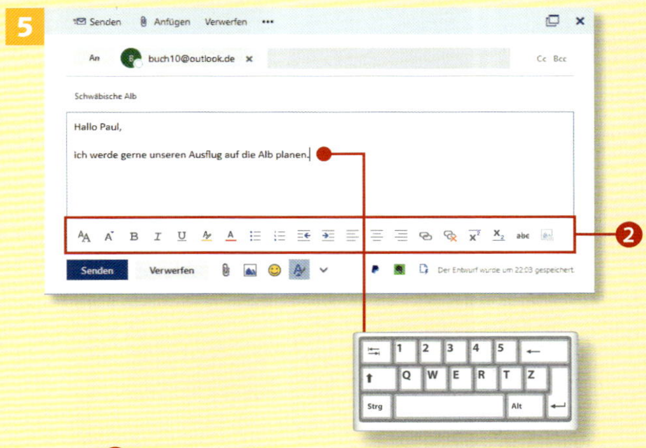

Schritt 6

Zum Versenden der Nachricht klicken Sie schließlich auf die Schaltfläche **Senden**, die Sie sowohl oberhalb ❸ als auch unterhalb des Nachrichtenfeldes vorfinden. Wollen Sie die Mail abbrechen, klicken Sie auf **Verwerfen** ❹. Die Nachricht wird daraufhin gelöscht.

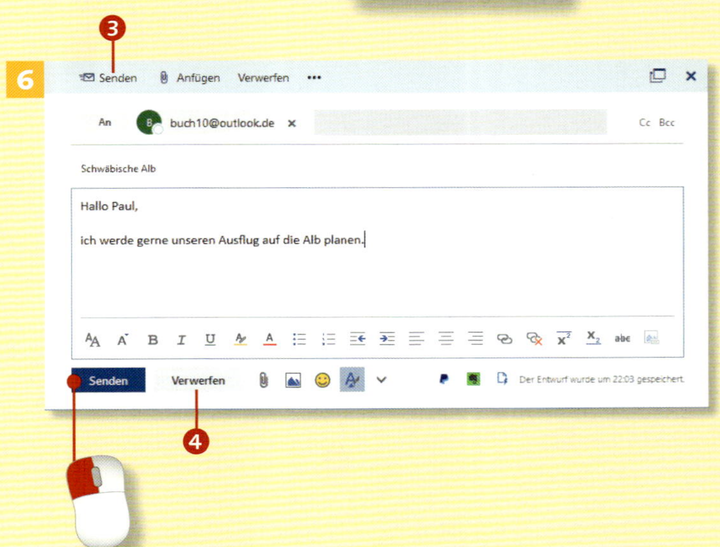

Betreff nicht vergessen

Denken Sie daran, dass der Betreff das Einzige ist, das Ihr Empfänger zunächst von Ihrer Mail sieht. Der Betreff sollte daher immer aussagekräftig sein.

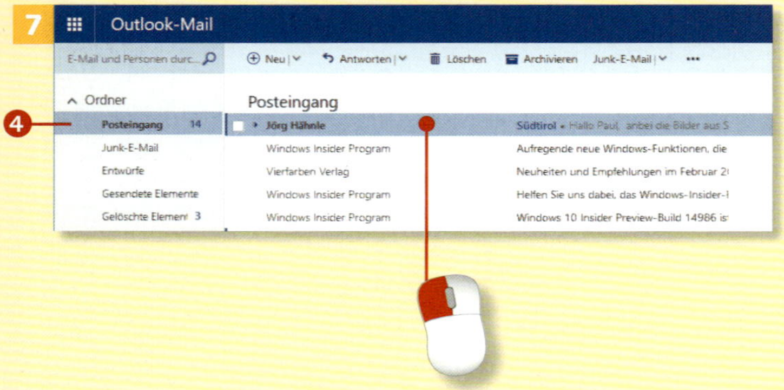

Schritt 7

Eingegangene Mails werden im Ordner **Posteingang** ❹ angezeigt. Zum Öffnen einer Nachricht klicken Sie sie einfach mit der Maus an.

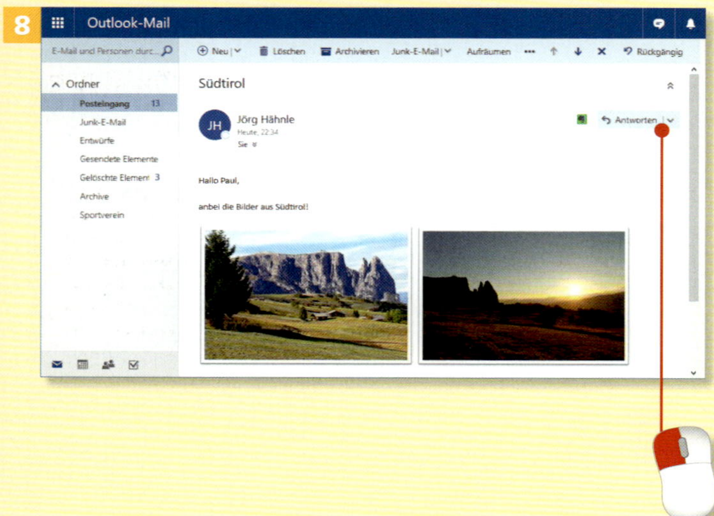

Schritt 8

Die E-Mail öffnet sich im gleichen Browserfenster, und Sie können sie lesen. Möchten Sie auf eine Nachricht direkt antworten, klicken Sie auf die Schaltfläche **Antworten** und verfassen Ihren Antworttext.

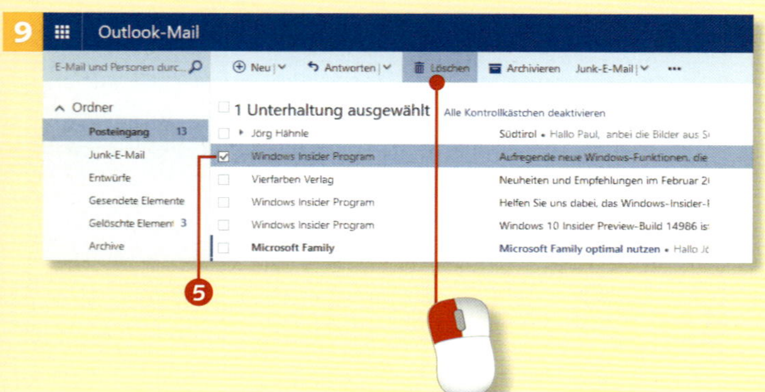

Schritt 9

Nicht mehr benötigte Mails löschen Sie, indem Sie die betreffenden Nachrichten zunächst markieren. Klicken Sie dazu auf das Kästchen vor der zu löschenden Mail ❺ und anschließend auf **Löschen**.

Automatische Synchronisation
Verwenden Sie ein Outlook.com-Konto auch in Thunderbird Mail als IMAP-Konto, werden alle Inhalte automatisch miteinander synchronisiert. Im Netz und im lokalen Mail-Programm auf dem PC sind alle E-Mails und Ordner somit immer auf dem gleichen Stand.

Schritt 10

Die gelöschten Mails wurden nicht wirklich gelöscht, sondern lediglich in den Ordner **Gelöschte Elemente** verschoben. Wechseln Sie mit einem Mausklick in diesen Ordner.

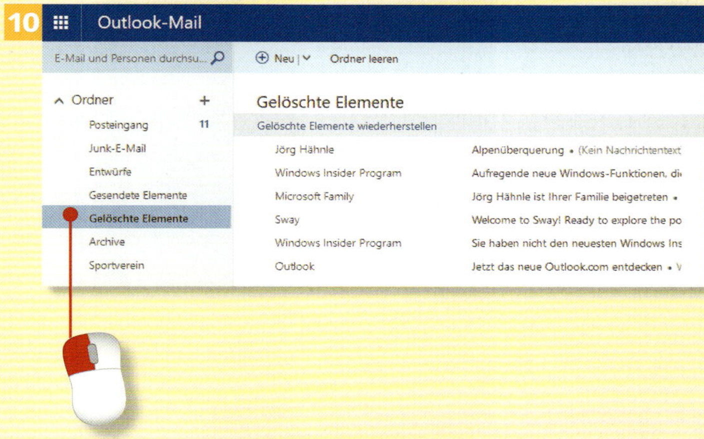

Schritt 11

Um die E-Mails endgültig zu löschen, können Sie sie einzeln markieren und dann auf **Löschen** klicken, oder Sie klicken oben in der Menüleiste auf **Ordner leeren**, um den ganzen Ordner zu leeren und alle darin befindlichen Mails zu entfernen.

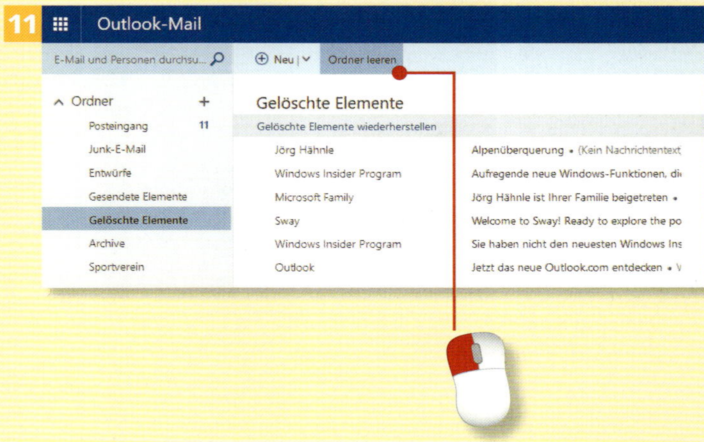

Schritt 12

Bestätigen Sie den Hinweis darauf, dass die E-Mails nun gelöscht werden, mit **OK**. Damit sind die Nachrichten unwiderruflich gelöscht. Sollten Ihnen Zweifel kommen, ob Sie die E-Mails wirklich löschen möchten, klicken Sie einfach auf **Abbrechen**.

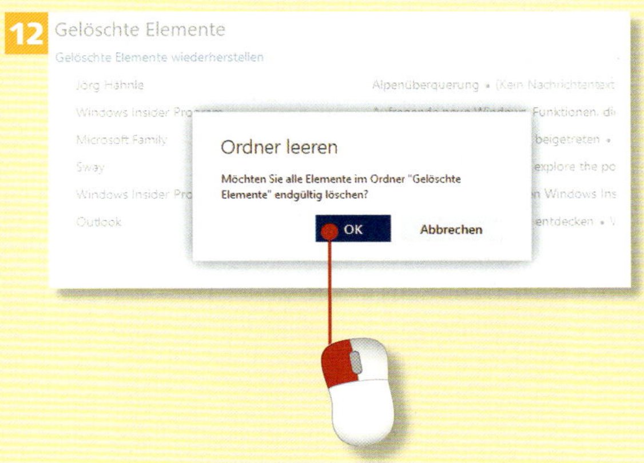

OneDrive: einen Onlineordner erstellen

1

OneDrive bietet Ihnen die Möglichkeit, Daten online abzulegen. Von jedem PC mit Internetzugang können Sie auf Ihre in der »Datenwolke« (Cloud) abgespeicherten Dateien zugreifen.

Schritt 1

Geben Sie in die Adresszeile Ihres Browsers *https://onedrive.live.com* ein. Beim ersten Mal müssen Sie sich mit Ihrem Microsoft-Konto anmelden. Klicken Sie dazu rechts oben auf den etwas unscheinbaren Link **Anmelden**.

2

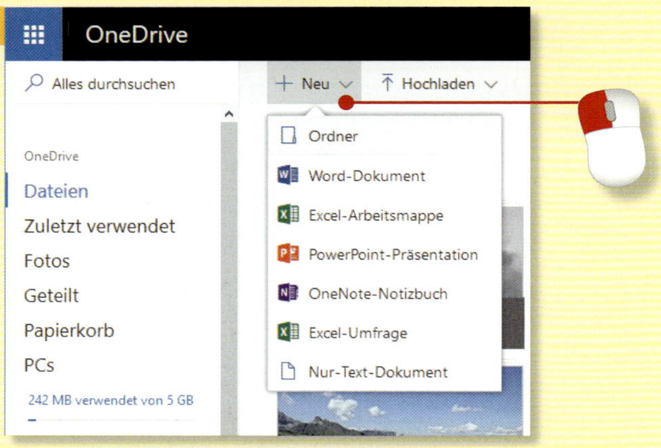

Schritt 2

Zum Erstellen eines neuen Ordners klicken Sie in der Menüleiste auf **Neu** und anschließend auf **Ordner**.

3

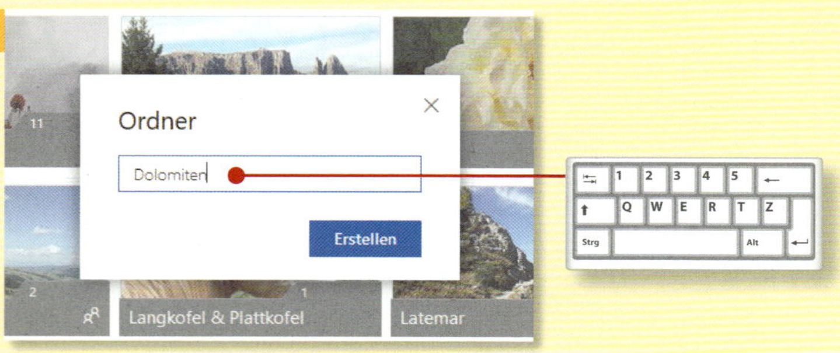

Schritt 3

Vergeben Sie einen Namen für den neuen Ordner, und schließen Sie den Vorgang mit der [↵]-Taste ab, oder klicken Sie auf **Erstellen**. Der neu hinzugefügte Ordner steht sogleich zur Verfügung.

Schritt 4

Um anderen Personen den Zugriff auf diesen Ordner zu gestatten, klicken Sie ihn mit rechts an und wählen den Eintrag **Teilen** aus. Soll der Ordner nur für Sie selbst nutzbar sein, brauchen Sie die Schritte 4 bis 6 nicht auszuführen. Neue Ordner sind standardmäßig privat, also nur für Sie selbst zugänglich.

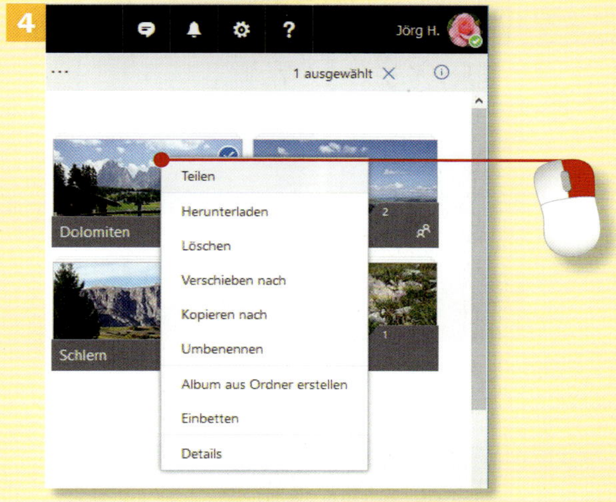

Schritt 5

Klicken Sie auf den Link **Jeder mit diesem Link kann das Element bearbeiten** ❶. Sollen die Personen nur zur Ansicht der enthaltenen Elemente berechtigt werden, entfernen Sie das Häkchen vor **Bearbeiten zulassen** ❷. Haben Sie Ihre Wahl getroffen, klicken Sie auf die Schaltfläche **E-Mail**.

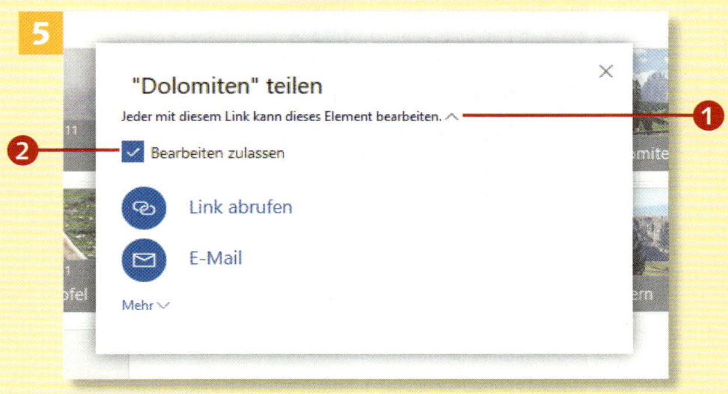

Schritt 6

Geben Sie nun die E-Mail-Adresse(n) der berechtigten Person(en) ein ❸. Mit ⇥ springen Sie in das nächste Feld und können hier eine persönliche Nachricht an alle Empfänger verfassen. Mit **Teilen** ❹ verlassen Sie den Dialog wieder, und die E-Mail wird verschickt.

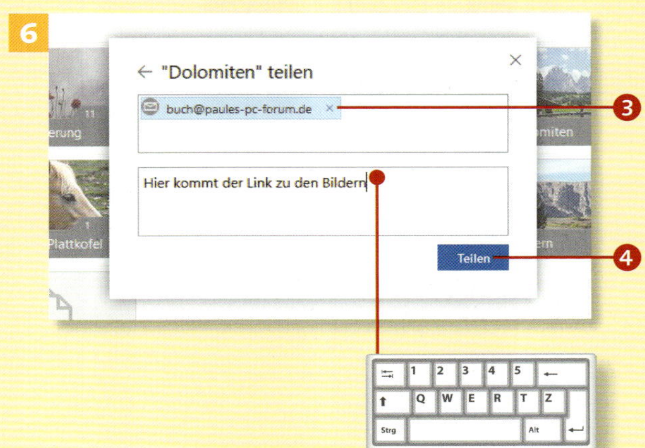

Dateien online stellen

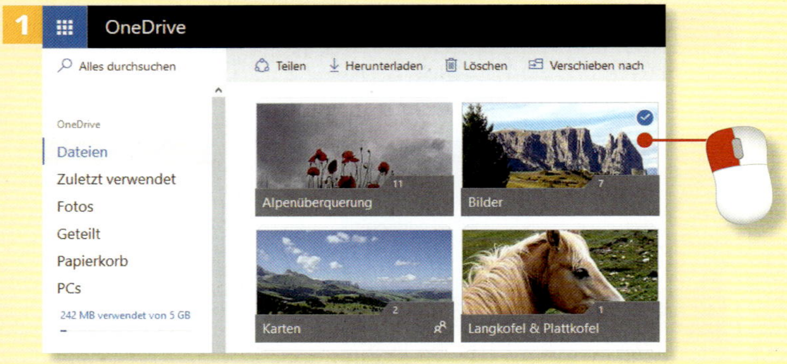

Laden Sie mit wenigen Mausklicks Dateien auf Ihre Onlinefestplatte OneDrive, und teilen Sie sie mit Freunden und Bekannten.

Schritt 1

Wählen Sie zunächst den Ordner aus, in den Sie Dateien hochladen möchten, und öffnen Sie ihn mit einem Mausklick.

Schritt 2

Klicken Sie als Nächstes oben in der Menüleiste auf den Eintrag **Hochladen**.

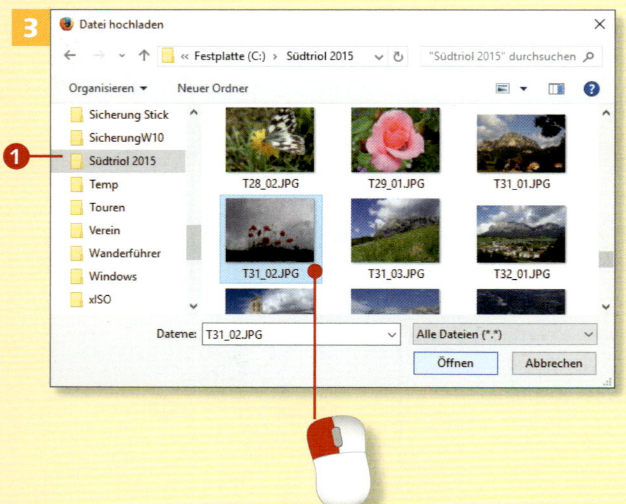

Schritt 3

Es öffnet sich ein neues Fenster. Wählen Sie einen Ordner aus **1**, markieren Sie in der Mitte die Datei, die Sie online stellen möchten, und klicken Sie auf **Öffnen**. Wollen Sie mehrere Dateien markieren, halten Sie die Taste Strg gedrückt und klicken einzeln auf alle Dateien.

Datensicherheit
Private Daten sollten Sie aus Sicherheitsgründen nicht bei OneDrive oder anderen Diensten dieser Art hochladen. Eine 100%ige Datensicherheit kann niemand gewährleisten.

Schritt 4

Wenn Sie eine hochgeladene Datei mit der rechten Maustaste anklicken, können Sie im Kontextmenü verschiedene Optionen auswählen. Sie können die Datei z. B. umbenennen, verschieben oder auch löschen.

4

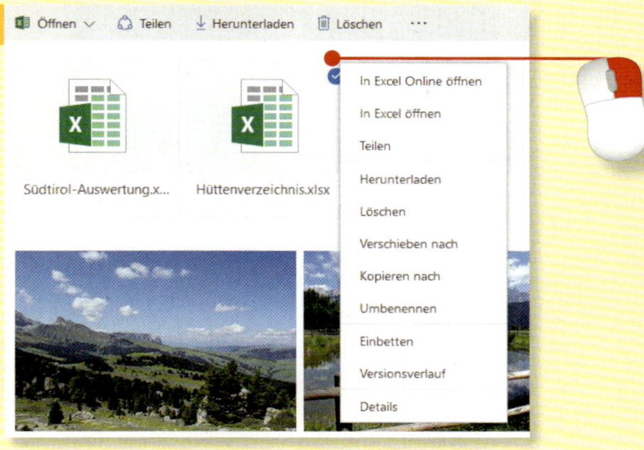

Schritt 5

Wie die Webanwendung reagiert, wenn Sie eine Datei mit der linken Maustaste anklicken, hängt vom Dateityp ab. Klicken Sie z. B. eine Bilddatei an, wird diese großflächig angezeigt. Über **Diashow wiedergeben** können Sie dann sogar eine Diashow starten.

5

Schritt 6

Haben Sie hingegen ein Office-Dokument ausgewählt, z. B. eine Word- oder Excel-Datei, wird diese im Browser geöffnet, und Sie können sie fast im gleichen Umfang bearbeiten wie auf Ihrem Computer mit Word oder Excel.

6

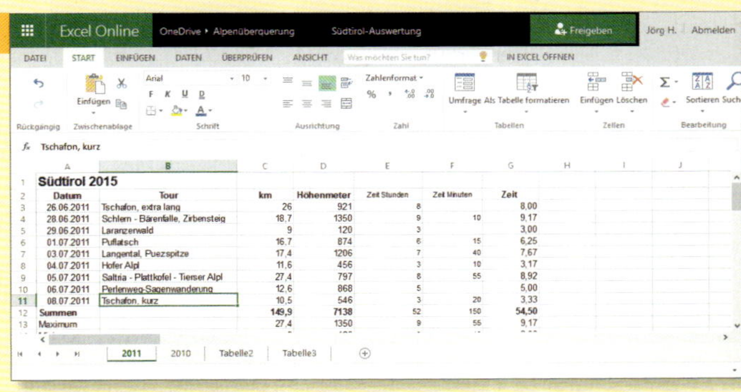

	A	B	C	D	E	F	G
1	Südtirol 2015						
2	Datum	Tour	km	Höhenmeter	Zeit Stunden	Zeit Minuten	Zeit
3	26.06.2011	Tschafon, extra lang	26	921	8		8,00
4	28.06.2011	Schlern - Bärenfalle, Zirbensteig	18,7	1350	9	10	9,17
5	29.06.2011	Laranzerwald	9	120	3		3,00
6	01.07.2011	Puflatsch	16,7	874	6	15	6,25
7	03.07.2011	Langental, Puezspitze	17,4	1206	7	40	7,67
8	04.07.2011	Hofer Alpl	11,6	456	3	10	3,17
9	05.07.2011	Saltria - Plattkofel - Tierser Alpl	27,4	797	8	55	8,92
10	06.07.2011	Perlenweg-Sagenwanderung	12,6	868	5		5,00
11	08.07.2011	Tschafon, kurz	10,5	546	3	20	3,33
12	Summen		149,9	7138	52	150	54,50
13	Maximum		27,4	1350	9	55	9,17

Berechtigungen

Die Rechtevergabe für einzelne Dateien funktioniert nach dem gleichen Prinzip wie die Vergabe für Ordner.

Office-Dokumente erstellen

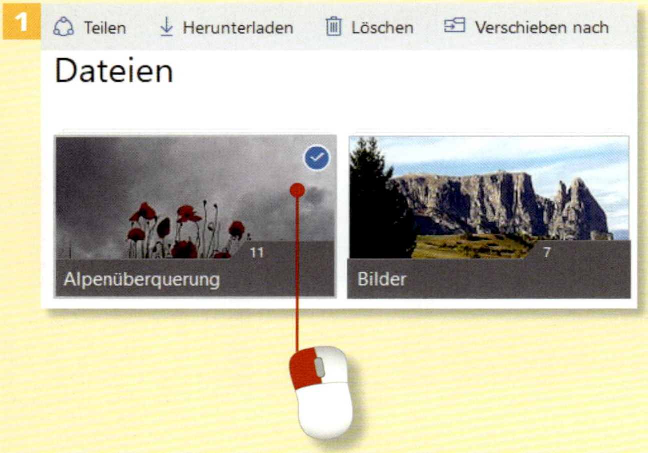

Erstellen Sie Office-Dokumente online, und teilen Sie sie bei Bedarf mit Freunden oder Arbeitskollegen. Probieren Sie es einmal aus. Sie werden sehen, dass das eine ungemein praktische Sache ist.

Schritt 1

Öffnen Sie in OneDrive zuerst per Mausklick einen beliebigen Ordner, in dem Sie gleich Ihr Office-Dokument erstellen möchten.

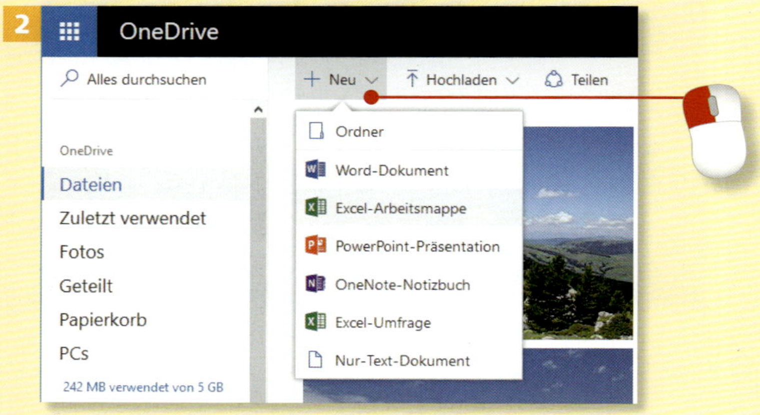

Schritt 2

Klicken Sie oben in der Menüleiste auf den Befehl **Neu**, um das Menü zu öffnen. So können Sie nun verschiedene Office-Dokumente erstellen, beispielsweise ein Word-Dokument, eine Excel-Arbeitsmappe oder ein neues OneNote-Notizbuch. Klicken Sie für dieses Beispiel auf **Excel-Arbeitsmappe**.

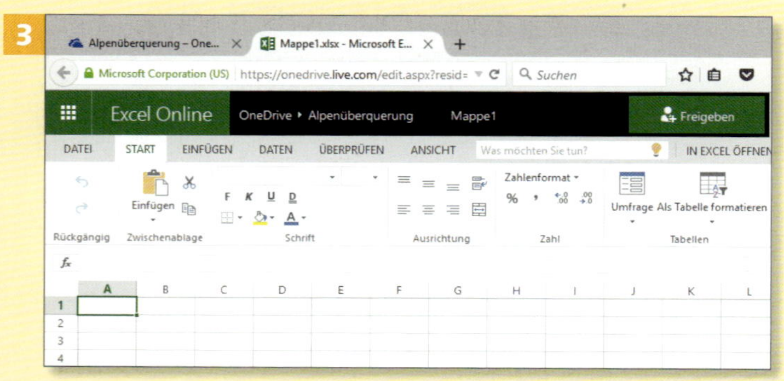

Schritt 3

In einem neuen Tab Ihres Browsers öffnet sich nun eine Excel-Arbeitsmappe, und Sie können sogleich mit der Bearbeitung des Dokuments beginnen.

Schritt 4

Die neue Mappe hat noch keinen Namen. Klicken Sie oben in der Menüleiste der Webanwendung auf **Mappe1**, und geben Sie dann den gewünschten Dateinamen ein. Mit der [↵]-Taste wird der Name übernommen und abgespeichert.

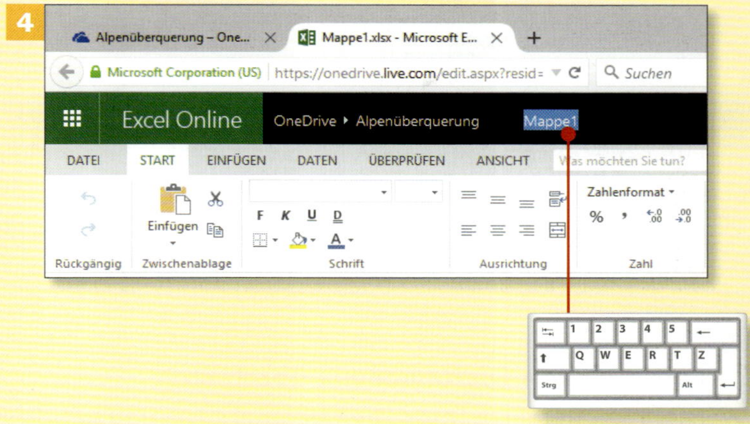

Schritt 5

Über **Datei ▸ Speichern unter** ❶ können Sie mit einem Klick auf **Eine Kopie herunterladen** eine Kopie des Dokuments auf Ihrem Rechner speichern.

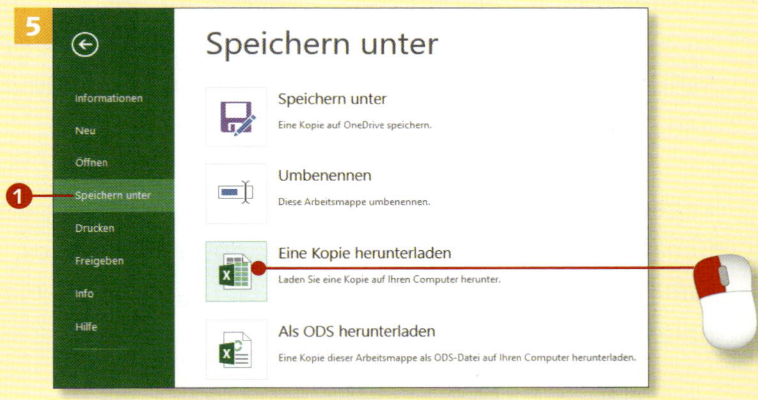

Schritt 6

Möchten Sie die Bearbeitung beenden, reicht es aus, das Browserfenster zu schließen oder im Kopf der Seite auf den Link **OneDrive** bzw. den Namen Ihres Ordners (hier **Alpenüberquerung**) zu klicken. Letzteres führt Sie zurück zu OneDrive. Praktischerweise ist ein separates Abspeichern des Dokuments nicht erforderlich, da es permanent im Hintergrund gesichert wird.

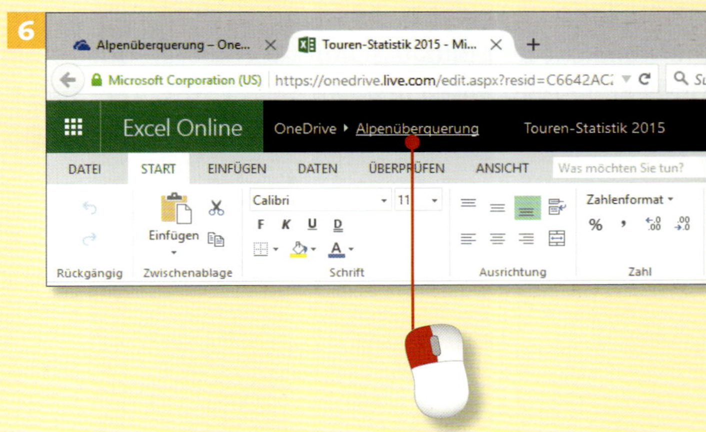

Kein Microsoft Office nötig

Zum Erstellen von Office-Dokumenten über OneDrive benötigen Sie keine Office-Installation auf Ihrem PC.

Kapitel 6
Mehr Freude an Fotos

Die neue Fotos-App von Windows bietet Ihnen viele Möglichkeiten. Übertragen Sie Fotos direkt von Ihrer Kamera auf Ihren PC, und verwalten Sie Ihre Fotos übersichtlich und komfortabel. Darüber hinaus enthält das kostenlose Programm zahlreiche Funktionen zur Bildbearbeitung.

Fotos von der Digitalkamera übertragen

Die Speicherkarte Ihrer Digitalkamera ist prall gefüllt mit vielen schönen Fotos aus dem letzten Urlaub. Jetzt müssen die Bilder nur noch auf den PC übertragen werden, um sie zu organisieren und sie bei Bedarf mithilfe der Bildbearbeitungsfunktionen zu verbessern. Schließen Sie Ihre Kamera an den Computer an, und importieren Sie die Bilder mit wenigen Mausklicks ❶.

Legen Sie virtuelle Fotoalben an

Behalten Sie mit der neuen Fotos-App den Überblick, und verwalten Sie Ihre Fotosammlung bequem und komfortabel. Legen Sie thematisch sortierte Fotoalben an ❷, und füllen Sie diese mit Ihren Bildern und Videos.

Bearbeiten, verschönern, zuschneiden und drehen

Ist das Foto vielleicht zu hell oder zu dunkel geraten? Fehlt ein wenig Farbe, oder möchten Sie vielleicht den Bildausschnitt korrigieren oder einmal einen Filter auswählen und beeindruckende Bildeffekte erzielen? Die Fotos-App bietet Ihnen zahlreiche Möglichkeiten zur Bildverarbeitung. Probieren Sie es einfach mal aus ❸.

Importieren Sie Ihre Bilder von der Digitalkamera auf Ihren Computer. **1**

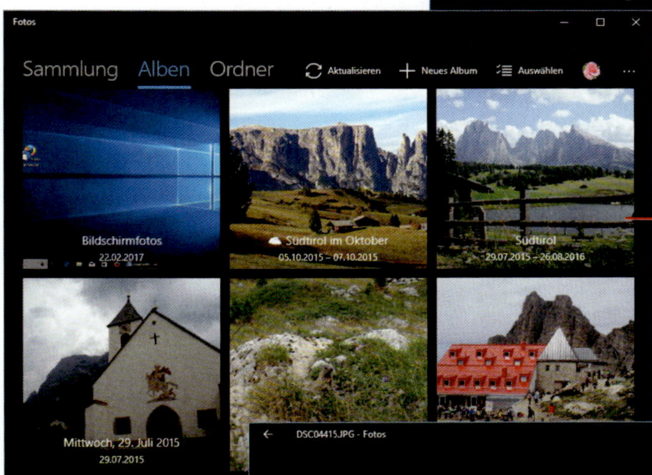

2 Legen Sie Fotoalben an, und präsentieren Sie Ihre Erlebnisse.

Optimieren Sie im Handumdrehen Ihre Bilder. **3**

Bilder von einer Digitalkamera übertragen

Mit der Fotos-App verwalten und ordnen Sie Ihre Fotos. Aber zuerst müssen Sie die Bilder von der Kamera importieren. So wird's gemacht.

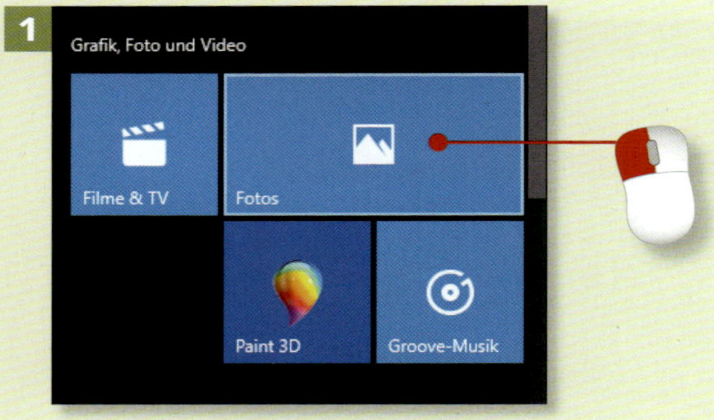

Schritt 1

Öffnen Sie das Startmenü, z. B. durch Drücken der Taste [Windows], und starten Sie die Fotos-App mit einem Klick auf die entsprechende Kachel.

Schritt 2

Schließen Sie Ihre Kamera mit dem mitgelieferten Kabel an den Computer an, und schalten Sie sie ein. Klicken Sie dann rechts oben in der App auf den Menüpunkt **Importieren**.

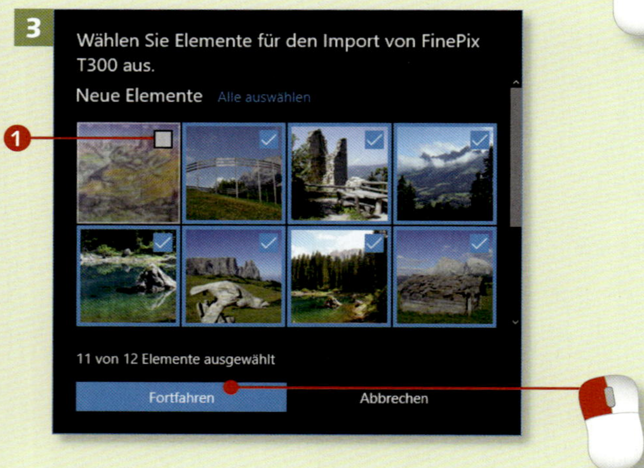

Schritt 3

Die Fotos-App zeigt nun alle auf der Speicherkarte der Kamera gefundenen Bilder an. Entfernen Sie die Häkchen bei den Fotos, die Sie nicht importieren möchten ❶, und klicken Sie auf die Schaltfläche **Fortsetzen**.

Fotos-Kachel personalisieren

Sie können für die Kachel der Fotos-App ein eigenes Bild festlegen. Öffnen Sie dazu die Einstellungen der App, und geben Sie an, ob das neueste Bild oder ein einzelnes Bild die Kachel zieren soll.

Schritt 4

Standardmäßig werden die Fotos in den Ordner *Bilder* importiert. Möchten Sie ein anderes Ziel auswählen, klicken Sie auf **Ordner für den Import ändern** ❷ und wählen einen anderen Ordner aus. Legen Sie zusätzlich über das Dropdown-Menü fest, ob die Fotos nach Tag oder Monat importiert werden sollen.

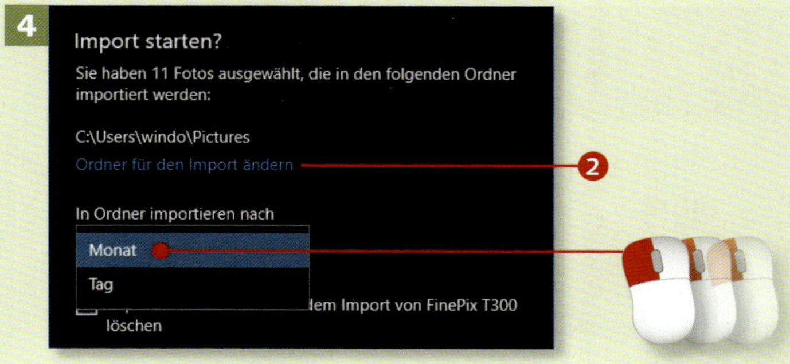

Schritt 5

Schließlich können Sie noch festlegen, ob die importierten Fotos anschließend von der Kamera gelöscht werden sollen. Aktivieren Sie dazu die Option **Importierte Elemente nach dem Import von … löschen** ❸. Klicken Sie auf **Importieren**, um den Vorgang zu starten.

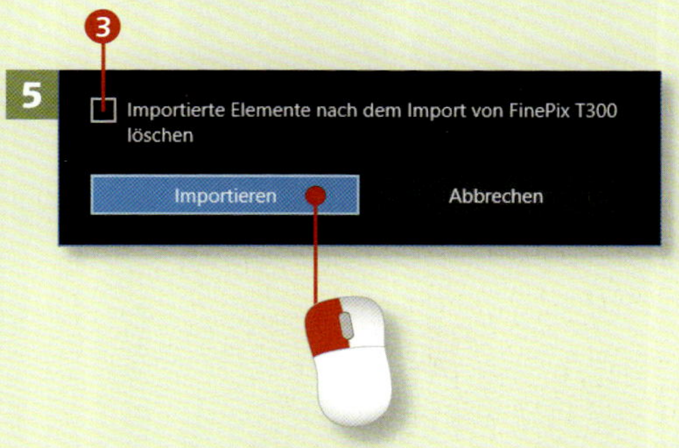

Schritt 6

Nun werden die Bilder auf den Rechner übertragen und anschließend nach ihrem Aufnahmedatum sortiert angezeigt.

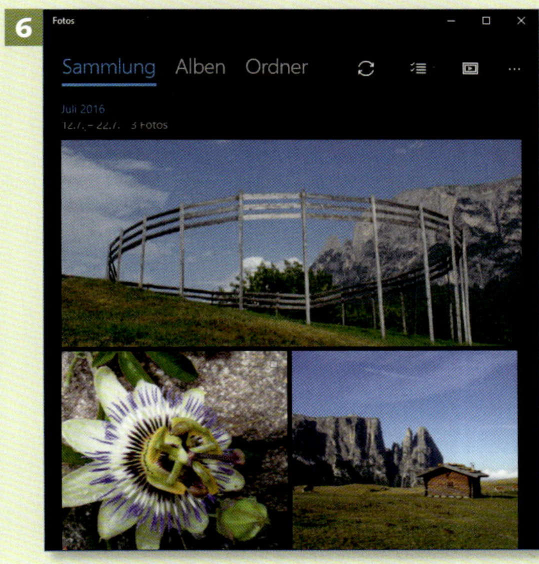

Verbindungsprobleme?
Ist die Kamera eingeschaltet? Wird sie dennoch nicht erkannt, hilft es oft, den USB-Stecker der Kamera am PC kurz zu entfernen und wieder neu zu verbinden.

Ein neues Fotoalbum erstellen

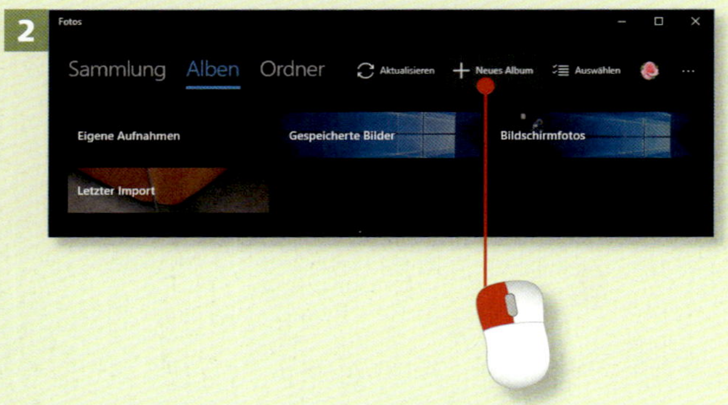

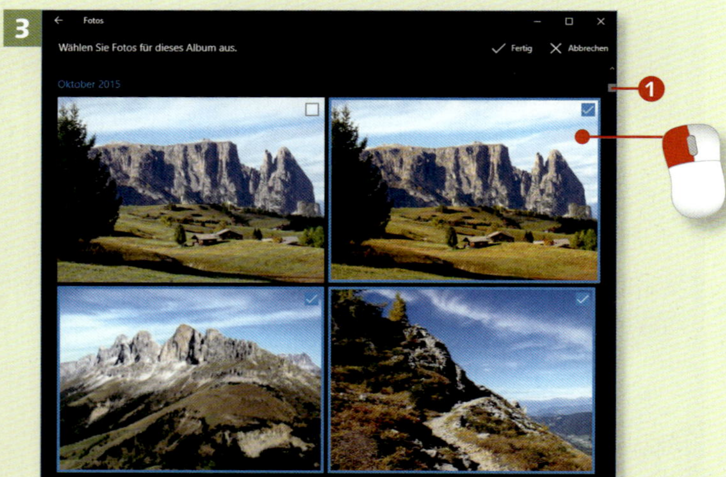

Zur besseren Organisation Ihrer Fotos können Sie Fotoalben erstellen und diese mit Ihren Urlaubsfotos oder mit Bildern der letzten Familienfeier füllen. Sie können jederzeit Fotos hinzufügen oder wieder löschen und die Alben bequem mit Freunden teilen.

Schritt 1

Starten Sie im ersten Schritt die Fotos-App, und klicken Sie dann oben in der Menüleiste der Anwendung auf **Alben**.

Schritt 2

Alle eventuell bereits vorhandenen Alben werden Ihnen nun angezeigt. Um ein neues Fotoalbum zu erstellen, klicken Sie rechts oben auf den Menüpunkt **Neues Album**.

Schritt 3

Wählen Sie jene Bilder aus, die in das neue Album übernommen werden sollen. Nutzen Sie zur Navigation gegebenenfalls die Bildlaufleiste ❶ am rechten Rand, und klicken Sie die gewünschten Bilder an.

Alben löschen

Wenn Sie ein Album löschen, wird nur das Album selbst gelöscht, die darin enthaltenen Bilder bleiben in Ihrer Fotosammlung erhalten.

Schritt 4

Ein kleines Häkchen in der rechten Bildecke zeigt an, welche Fotos ausgewählt wurden ❷. Haben Sie Ihre Auswahl abgeschlossen, klicken Sie auf **Fertig**, um die Fotos in das neue Album zu übernehmen.

4

Schritt 5

Vergeben Sie einen Namen für das Album, z. B. **Südtirol im Oktober**. Über den Menüpunkt **Titelbild ändern** können Sie ein Foto aus dem Album als Titelbild festlegen ❸. Schließen Sie den Vorgang mit einem Klick auf **Speichern** ❹ ab.

5

Schritt 6

Ihr Fotoalbum ist nun erstellt. Um das Album zu betrachten, klicken Sie in der Übersicht auf das jeweilige Titelbild.

6

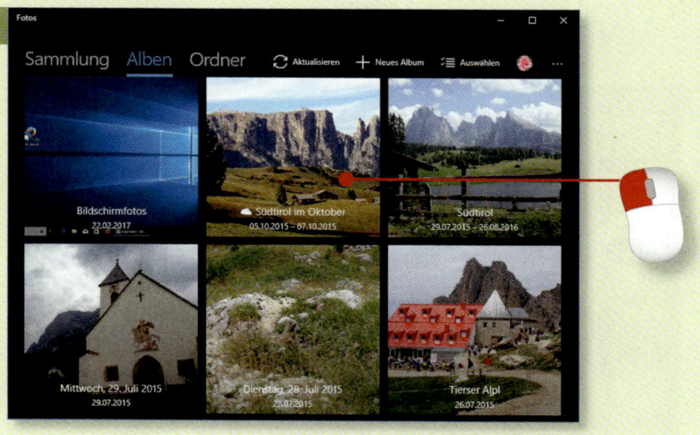

Alben mit Freunden teilen

Über den Menüpunkt **Teilen** können Sie ein Album auf OneDrive hochladen und erhalten dann einen Link zum Album, den Sie an Ihre Freunde weitergeben können.

Weitere Fotos einem Album hinzufügen

1

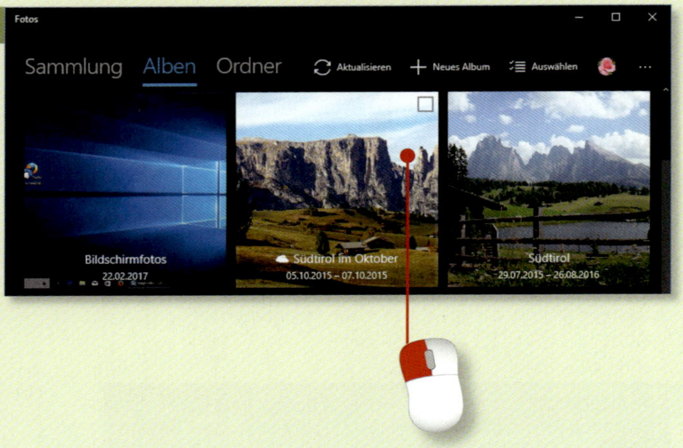

2

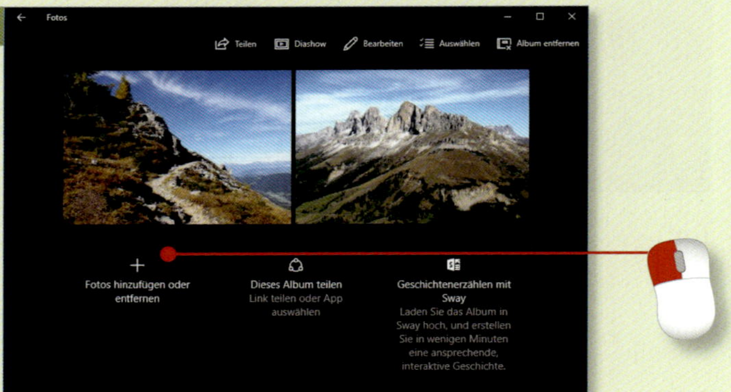

3

Ein Fotoalbum ist erstellt, aber wie fügt man eigentlich einem Album weitere Bilder hinzu? Nur wenige Mausklicks sind hierfür nötig.

Schritt 1

Starten Sie die Fotos-App, und öffnen Sie zunächst das Album, dem Sie weitere Bilder hinzufügen möchten.

Schritt 2

Nutzen Sie die Bildlaufleiste am rechten Rand oder das Mausrädchen, um an das Seitenende des Albums zu gelangen. Dort angekommen, klicken Sie auf die Schaltfläche **Fotos hinzufügen oder entfernen**.

Schritt 3

Wählen Sie alle Bilder, die Sie hinzufügen möchten, indem Sie daraufklicken. Ein Häkchen rechts oben im Bild zeigt an, dass dieses ausgewählt wurde 1. Haben Sie die Auswahl abgeschlossen, klicken Sie oben in der Menüleiste auf **Fertig**.

Einzelnes Foto hinzufügen

Klicken Sie das Bild in Ihrer Sammlung mit der rechten Maustaste an, und wählen Sie den Befehl **Zu Album hinzufügen** aus. Anschließend können Sie das Zielalbum auswählen.

Schritt 4

Rechts neben dem Bild ist eine Skala zu sehen. Klicken Sie den weißen Punkt an, können Sie ihn bei weiterhin gedrückter Maustaste verschieben und so das Bild individuell drehen. Der Wert ❷ gibt an, um wie viel Grad das Bild gedreht wurde.

Schritt 5

Über die vier Eckpunkte können Sie den Bildausschnitt neu festlegen. Verschieben Sie die Punkte mit gedrückter Maustaste. Schließen Sie die Bearbeitung über die Schaltfläche **Fertig** ❸ ab.

Schritt 6

Nun muss das bearbeitete Bild gespeichert werden. Über **Kopie speichern** wird eine Kopie angelegt, während der Befehl **Speichern** ❹ das Originalbild überschreibt.

Der richtige Bildaufbau

Eine Grundregel der Fotografie besagt, dass man das Hauptmotiv nicht in die Bildmitte, sondern seitlich oder vertikal versetzt anordnen soll. Hilfreiche Literatur zur digitalen Fotografie finden Sie unter *www.vierfarben.de/fotografie/thema*.

Fotos markieren und beschriften

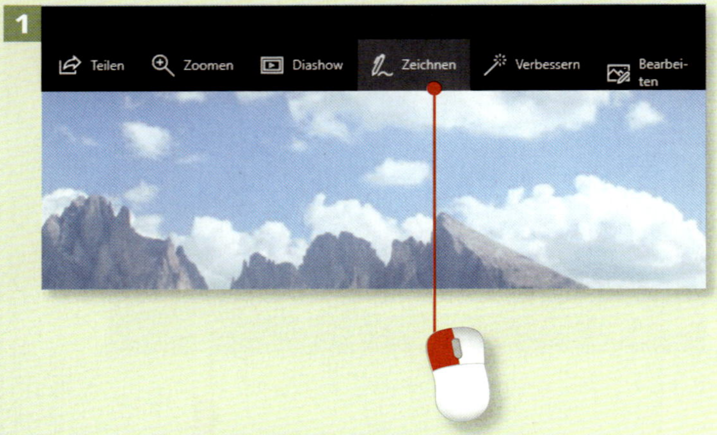

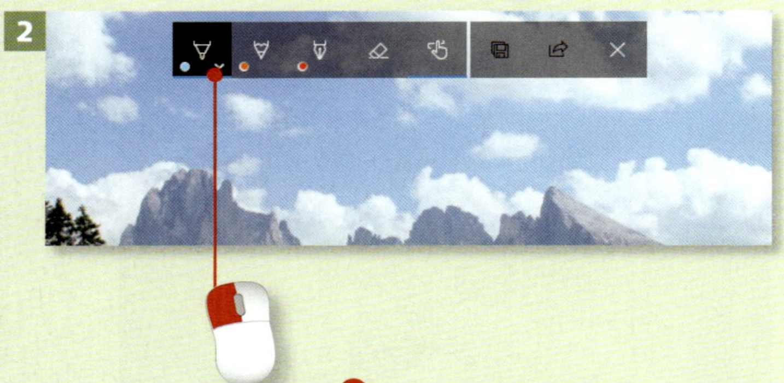

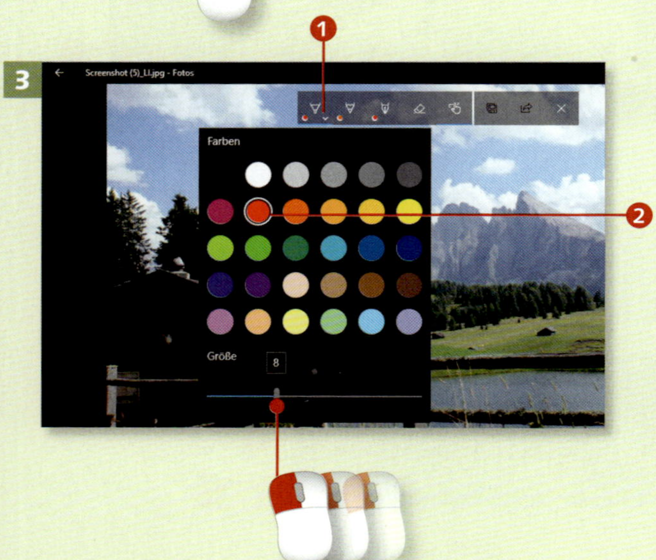

Die Fotos-App bieten Ihnen die Möglichkeit, Elemente in Ihre Fotos einzuzeichnen oder diese zu beschriften. Markieren Sie Besonderheiten, oder fügen Sie eine Anmerkung hinzu.

Schritt 1

Starten Sie die Fotogalerie, öffnen Sie das Bild, das Sie nun bearbeiten möchten, und klicken Sie auf den Menüpunkt **Zeichnen**.

Schritt 2

Gegenwärtig stehen drei verschiedene Stiftarten zur Auswahl – ein Kugelschreiber, ein Holzfarbstift und ein Kalligrafiestift. Wählen Sie einen Stift aus.

Schritt 3

Rechts neben dem Stiftsymbol ist ein kleiner, nach unten zeigender Pfeil zu erkennen ❶. Wenn Sie daraufklicken, öffnet sich ein Menü zur Auswahl der Farbe und der Strichbreite. Klicken Sie die gewünschte Farbe an ❷, und stellen Sie mithilfe des Schiebereglers die Breite ein.

Schritt 4

Nun können Sie Ihrer Kreativität freien Lauf lassen und Markierungen oder eine Beschriftung einfügen. Nutzen Sie einen Tablet-PC, ist die Eingabe mit dem Finger oder einem Eingabestift natürlich bequemer als mit der Maus.

Schritt 5

Mithilfe des **Radiergummis** können Sie falsche Zeichnungselemente wieder löschen, indem Sie zunächst den Radierer anklicken und dann mit gedrückter Maustaste über die zu löschenden Linien fahren.

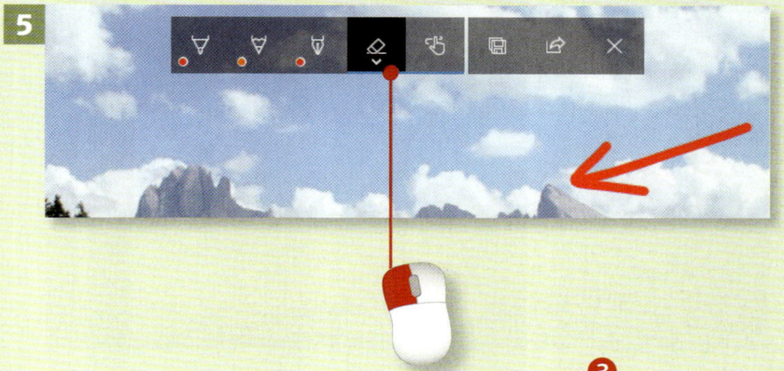

Schritt 6

Sind alle Änderungen abgeschlossen, klicken Sie auf das Diskettensymbol, um das Bild in Kopie zu speichern. Möchten Sie hingegen alle Änderungen verwerfen, klicken Sie auf das X ❸, um die Bearbeitung abzubrechen.

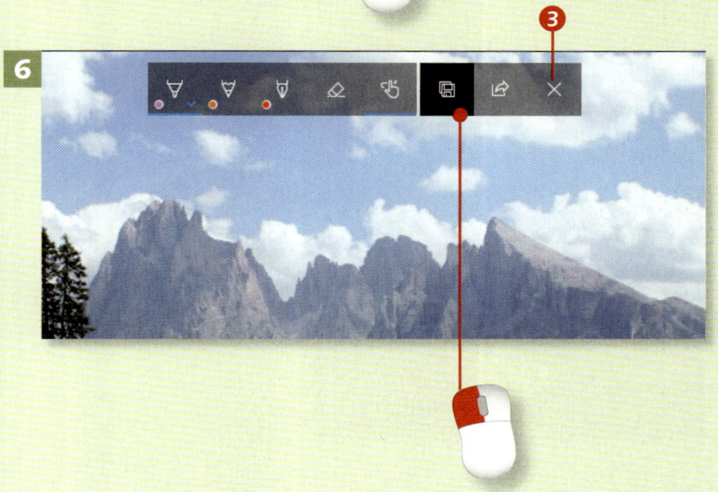

Nachträgliche Korrekturen
Aus einem bereits gespeicherten Foto können Markierungen nicht mehr entfernt werden. Das Hinzufügen weiterer Zeichnungen ist hingegen möglich.

Die Urlaubsbilder als Diashow betrachten

1

2

3

Natürlich möchte man seine Fotos auch mal zeigen und Erlebnisse mit Freunden teilen. Zur Präsentation Ihrer Urlaubsfotos bietet die Fotos-App eine einfache Diashow-Funktion.

Schritt 1

Öffnen Sie das Fotoalbum, das Sie präsentieren möchten. Sollten Sie noch kein Album angelegt haben, beachten Sie den Abschnitt »Ein neues Fotoalbum erstellen« ab Seite 154.

Schritt 2

Um die Bildschirmpräsentation zu starten, klicken Sie in der Menüleiste der Anwendung auf den Eintrag **Diashow**.

Schritt 3

Während die Diashow läuft, können Sie mit den Pfeil-Tasten [→] und [←] ein Bild vor- bzw. zurückspringen und die Präsentation mit der Leertaste pausieren und fortsetzen. Drücken Sie [Esc], um die Diashow zu beenden.

Anzeigedauer
Die Bilder werden jeweils für etwa vier Sekunden angezeigt. Die Anzeigedauer lässt sich leider nicht verändern.

Weitere Bilderordner hinzufügen

Standardmäßig zeigt die Fotos-App alle Bilder aus der Bibliothek »Bilder« an. Mit wenigen Klicks können Sie der App weitere Ordner hinzufügen.

Schritt 1

Starten Sie die Fotos-App, und klicken Sie in der Menüleiste auf **Ordner**. Hier werden nun alle Ordner aufgelistet, in denen die App nach Ihren Fotos suchen soll.

1

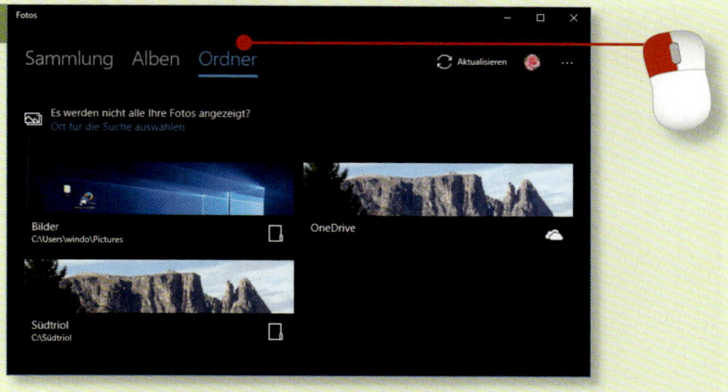

Schritt 2

Um weitere Ordner hinzufügen oder vorhandene zu entfernen, klicken Sie auf den Menüpunkt **Ort für die Suche auswählen**.

2

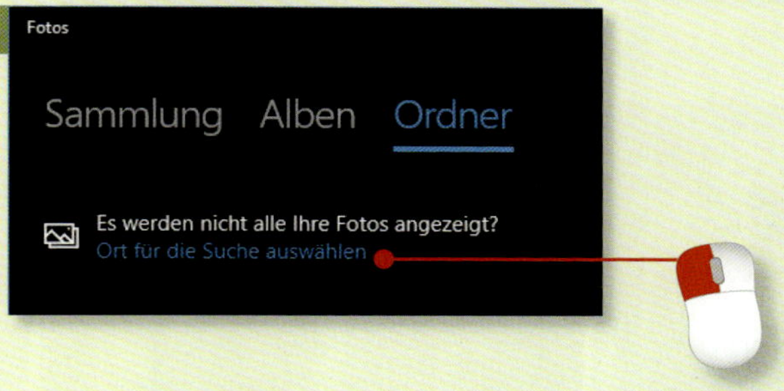

Schritt 3

Um eine vorhandene Quelle zu entfernen, klicken Sie auf das X hinter dem Dateipfad ❶. Über den Menüpunkt **Ordner hinzufügen** ❷ können Sie eine neue Quelle auswählen. Sollen auch Bilder auf OneDrive angezeigt werden? ❸ Über das Dropdown-Menü ❹ können Sie auch hier angeben, welche Ordner berücksichtigt werden sollen.

3

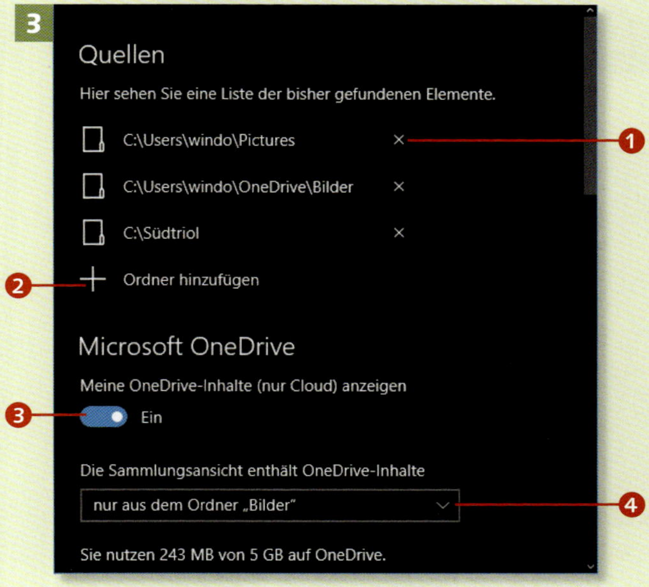

Bilder werden nicht gelöscht
Bei der Entfernung eines Ordners als Bildquelle werden keine Bilder gelöscht.

Dateiinformationen abrufen

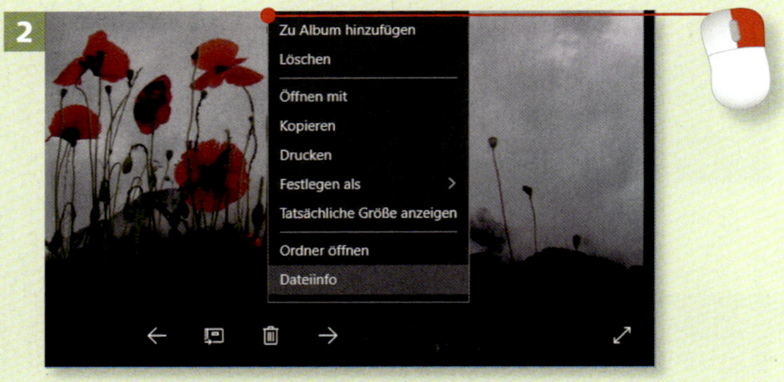

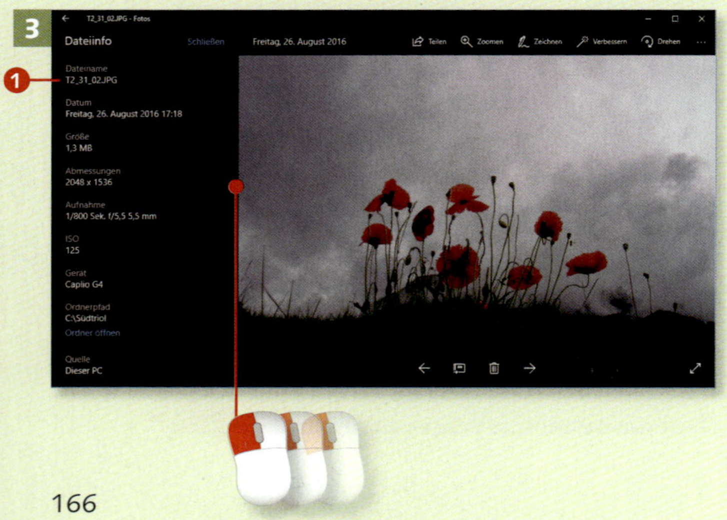

Jedes Foto birgt einige technische Informationen. Wann und mit welcher Kamera wurde das Foto aufgenommen, und welche Verschlusszeit bzw. Brennweite wurde gewählt? Die Fotos-App hält alle Informationen bereit.

Schritt 1

Öffnen Sie zunächst das Bild, zu dem Sie Informationen abrufen möchten, über die Fotos-App.

Schritt 2

Führen Sie nun einen Rechtsklick auf eine Stelle des Fotos aus und wählen Sie den Eintrag **Dateiinfo** aus.

Schritt 3

In der linken Fensterhälfte werden Daten zu Ihrem Foto aufgeführt (1), das Aufnahmedatum, die Verschlusszeit, Blende und Brennweite sowie die Filmempfindlichkeit (ISO), die verwendete Kamera und der Speicherort. Nutzen Sie die Bildlaufleiste, um alle Daten einzusehen.

Fotos automatisch verbessern

Die Fotos-App verfügt über eine Funktion zur automatischen Verbesserung Ihrer Bilder. Sie können diese Option in den Einstellungen der App deaktivieren.

Die Fotos-App zeigt auch Ihre Videos, die Sie z. B. mit Ihrem Smartphone aufgenommen haben. Zu lang geratene Filme können Sie bequem kürzen.

Schritt 1

Suchen Sie sich auf Ihrer Sammlung ein Video aus, öffnen Sie es über die Fotos-App, und klicken Sie zur Bearbeitung auf **Kürzen**. Sollte der Menüpunkt nicht zu sehen sein, klicken Sie in das Video, um die Menüleiste einzublenden.

Schritt 2

Der Anfang und das Ende des Videos werden in der Zeitleiste durch weiße Punkte markiert. Klicken Sie eine Markierung an, und verschieben Sie diese mit gedrückter Maustaste an die gewünschte Position.

Schritt 3

Haben Sie das Video bearbeitet, klicken Sie auf die Schaltfläche **Kopie speichern**. Das Video wird nun gekürzt und in Kopie abgespeichert.

Hell oder Dunkel?
In den Einstellungen der Fotos-App können Sie festlegen, ob die Programmoberfläche in einem hellen oder in einem dunklen Layout dargestellt werden soll.

1

2

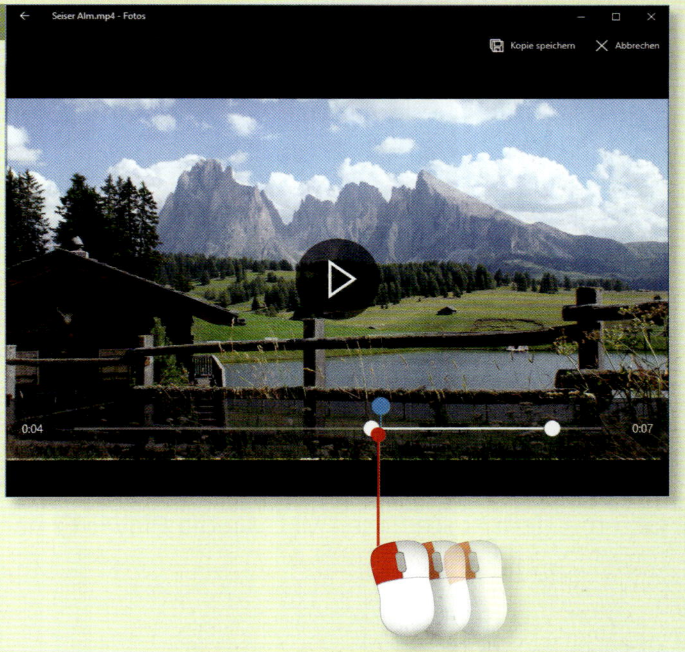

3

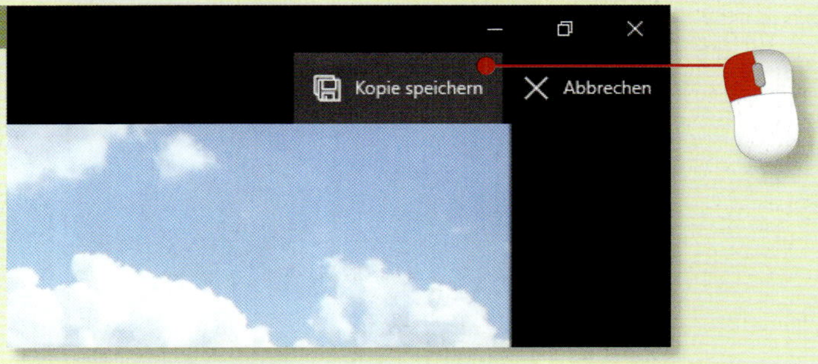

Kapitel 7
Musik und Filme abspielen

Musik-CDs hören, Lieder kopieren, sammeln und archivieren, das alles ist mit Windows 10 kein Problem. Erstellen Sie im Handumdrehen eigene Wiedergabelisten, und brennen Sie eigene Musik-CDs. Oder möchten Sie sich mal wieder einen guten Film anschauen?

Musik-CDs kopieren und eigene CDs erstellen
Nutzen Sie Ihren Windows-Rechner doch einfach mal als moderne Jukebox. Kopieren Sie Ihre Musik-CDs mit wenigen Mausklicks auf die Festplatte, erstellen Sie für jeden Anlass eine passende Wiedergabeliste, oder brennen Sie sich gleich eine neue Musik-CD mit Ihren Lieblingstiteln ❶.

Großes Kino – Filme schauen am Computer
Knabbersachen und kühle Getränke für den Filmeabend stehen bereit? Dann kann es ja losgehen! Unter Windows 10 ist allerdings noch ein wenig Vorarbeit nötig, denn das neue Betriebssystem bietet zunächst keine Möglichkeit mehr, eine DVD wiederzugeben. Das Windows Media Center ist nicht mehr Bestandteil von Windows 10, es kann auch nicht mehr nachgerüstet werden, und im Windows Media Player wurde die DVD-Wiedergabe bereits unter Windows 8 gestrichen. Aber es gibt Alternativen: Rüsten Sie Ihr System einfach mit dem kostenlosen VLC Media Player ❷ nach.

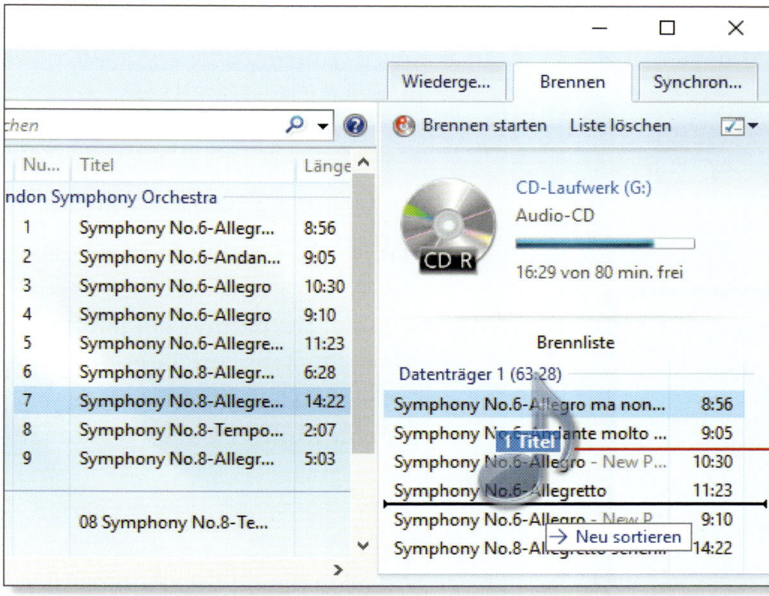

1 Mit dem Windows Media Player ist es sehr einfach, selbst Musik-CDs zu brennen.

2 Mit dem kostenlosen VLC Media Player können Sie Spielfilme auf DVD schauen. Die Software beherrscht darüber hinaus zahlreiche Video- und Audioformate.

Eine Musik-CD abspielen

1

2
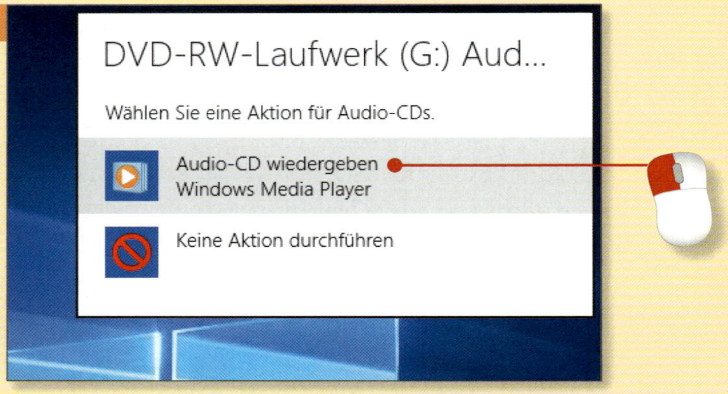

3
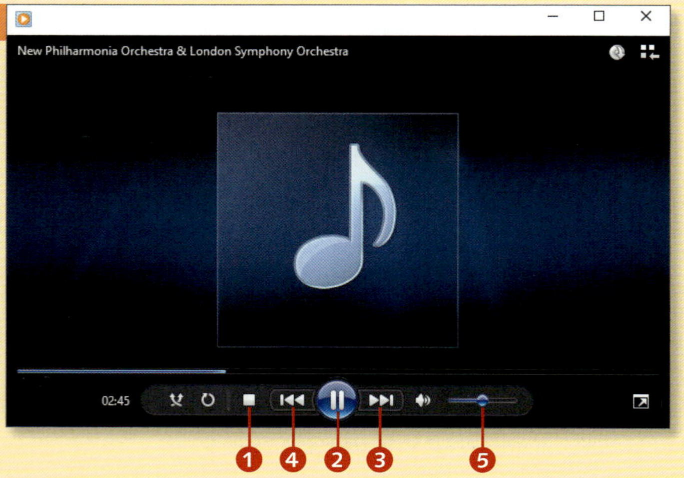

Mit Musik geht alles besser. Warum also nicht mal am Computer ein paar schöne Musikstücke anhören? CD einlegen, Lautsprecher einschalten, und los geht's!

Schritt 1

Legen Sie die Musik-CD in Ihr CD-Laufwerk ein. Nach wenigen Sekunden blendet Windows ein entsprechendes Benachrichtigungsbanner ein. Klicken Sie darauf, um eine Aktion für Audio-CDs festzulegen.

Schritt 2

Wählen Sie die Option **Audio-CD wiedergeben**. Künftig werden alle Audio-CDs automatisch über den Windows Media Player abgespielt. Sie müssen diesen Vorgang also nicht bei jeder CD wiederholen.

Schritt 3

Der Media Player startet und spielt sogleich das erste Lied ab. Sobald Sie mit der Maus über das Programmfenster fahren, werden die Bedienelemente eingeblendet. Darüber können Sie unter anderem die CD stoppen ❶, wieder starten/pausieren ❷, vor- ❸ und zurückspulen ❹ sowie die Lautstärke ❺ regeln.

Schritt 4

Ändern Sie nun die Ansicht des Players. Führen Sie die Maus auf das Programmfenster, um die Bedienelemente einzublenden, und klicken Sie dann rechts oben auf das Symbol **Zur Bibliothek wechseln**.

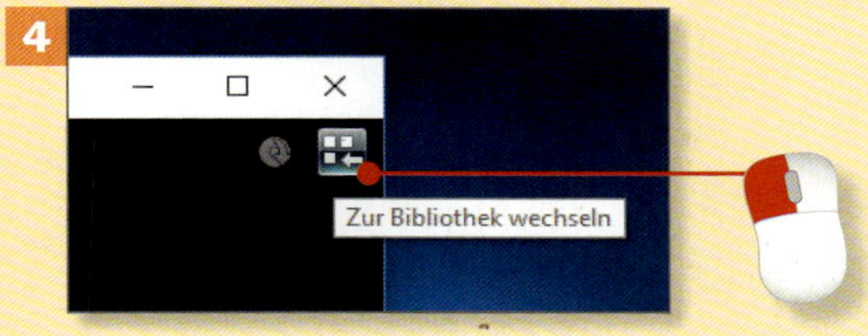

Schritt 5

Der Media Player listet in der Bibliotheksansicht den Namen der CD sowie alle darauf verfügbaren Titel auf. Führen Sie einen Doppelklick auf einen Titel aus, um das ausgewählte Stück zu starten.

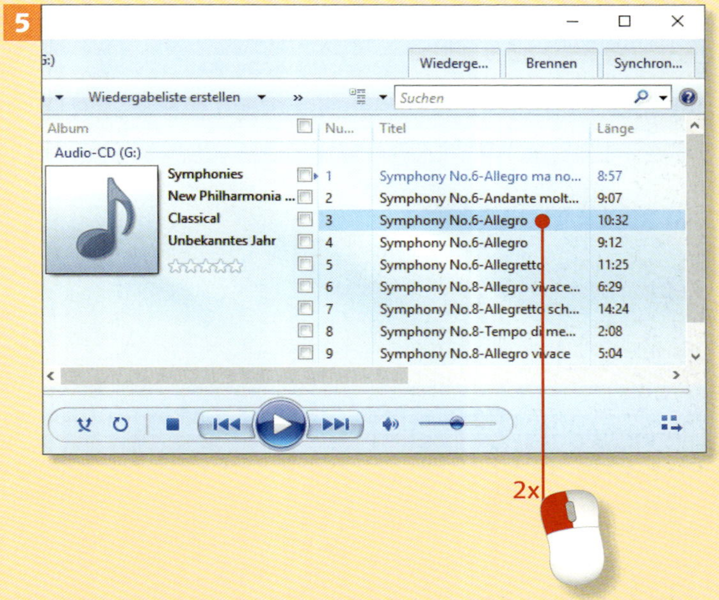

Schritt 6

Nicht immer kann der Media Player die Namen der einzelnen Titel anzeigen. Klicken Sie einen Eintrag mit rechts an, können Sie über den Befehl **Bearbeiten** eine Bezeichnung eintippen und die Eingabe mit ↵ abschließen.

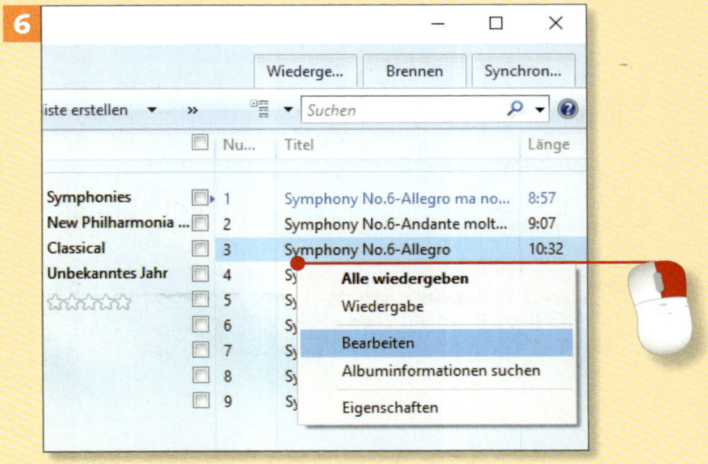

Selbst gebrannte CDs

Gerade bei selbst zusammengestellten CDs fehlen oft die Informationen für die Anzeige der Titelbezeichnungen. In diesen Fällen müssen Sie die Titel manuell festlegen.

Eigene Wiedergabelisten erstellen

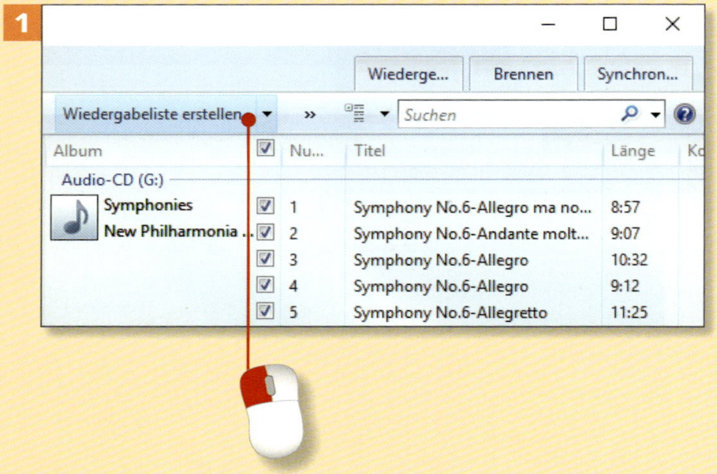

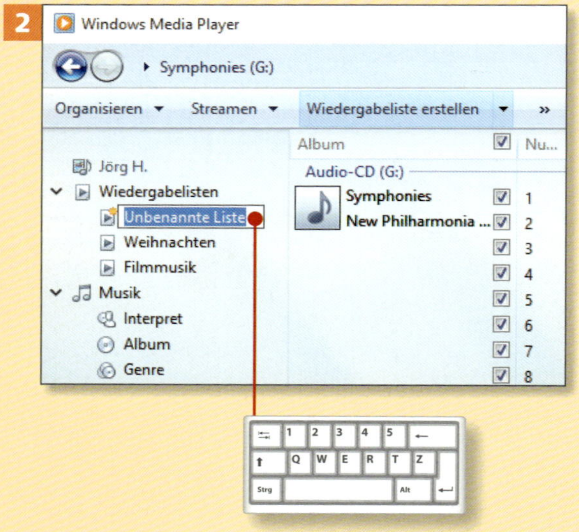

Mithilfe von Wiedergabelisten behalten Sie den Überblick über Ihre Musiksammlungen. Legen Sie je nach Genre, Stimmung oder Einsatzzweck verschiedene Listen an, und weisen Sie diesen einzelne Musikstücke oder gleich ganze CDs zu.

Schritt 1

Klicken Sie in der Bibliotheksansicht des Media Players oben in der Menüleiste auf den Menüpunkt **Wiedergabeliste erstellen**.

Schritt 2

In der linken Spalte wird nun eine neue Liste angelegt. Der Name **Unbenannte Liste** ist bereits markiert; tippen Sie nun einfach eine Bezeichnung ein, z. B. *Klassik*, und schließen Sie die Eingabe mit [↵] ab.

Schritt 3

Markieren Sie in der linken Spalte den Menüpunkt **Musik**, um sich alle Alben und Titel anzeigen zu lassen, die in Ihrer Medienbibliothek vorhanden sind. Sie können sich die Titel nach Interpret, Album oder Genre sortieren lassen.

Schritt 4

Befinden sich die gewünschten Titel noch nicht in der Bibliothek, führen Sie in der linken Fensterhälfte einen Rechtsklick auf das CD-Laufwerk mit eingelegter CD aus und wählen den Befehl **CD in Bibliothek kopieren**.

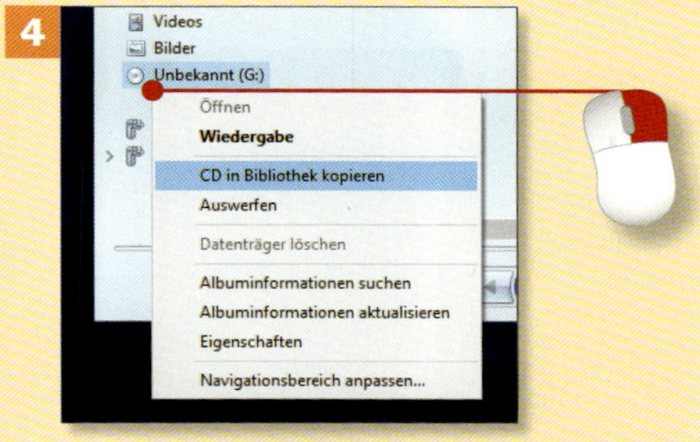

Schritt 5

Markieren Sie nun einen oder mehrere Titel mit Strg + Mausklick, und ziehen Sie sie mit gedrückter Maustaste nach links auf die gewünschte Wiedergabeliste. Dort lassen Sie die Taste wieder los. Diesen Vorgang wiederholen Sie bei jedem Lied, das Sie der Wiedergabeliste hinzufügen möchten. Die Titel werden dabei nicht wirklich kopiert, Sie können sie also aus der Liste auch wieder entfernen, ohne dass sie dabei von der Festplatte gelöscht werden.

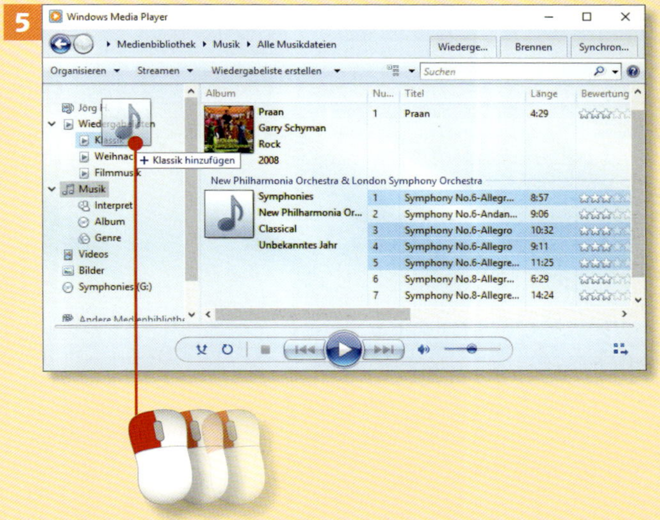

Schritt 6

Zum Sortieren klicken Sie einen Titel in der Wiedergabeliste an und verschieben ihn mit gedrückter Maustaste an die neue Position. Sobald Sie die Taste loslassen, wird der Titel dort einsortiert.

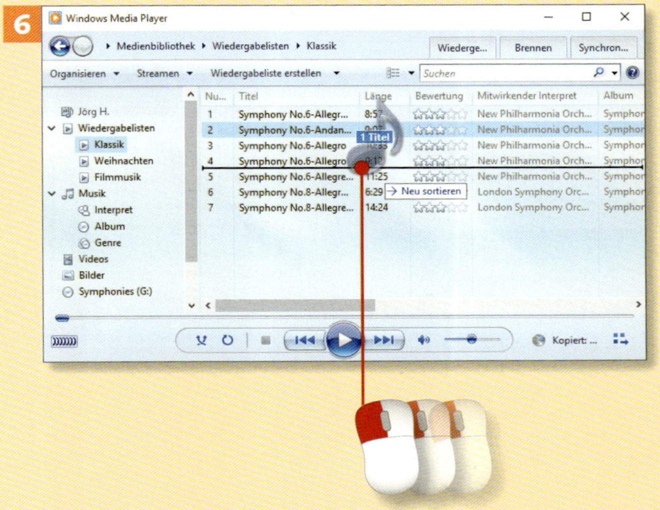

Titel von einer Musik-CD kopieren

Kopieren Sie Musik-CDs einfach auf Ihre Festplatte, und übertragen Sie sie auf portable Geräte wie Smartphone oder MP3-Player.

1

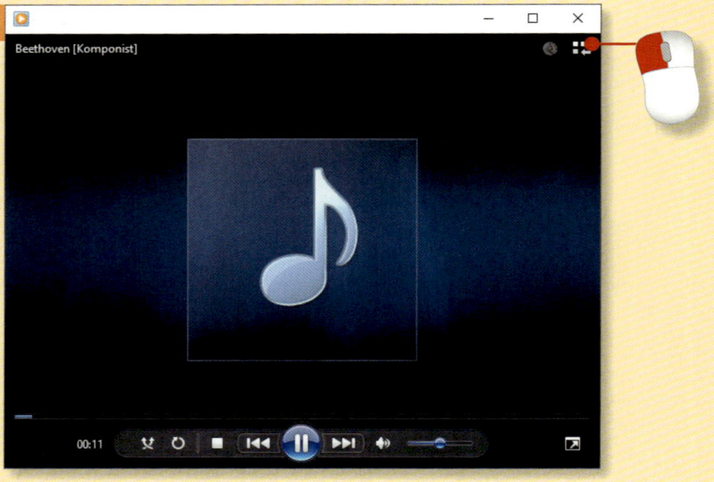

Schritt 1

Legen Sie eine Audio-CD ein, warten Sie einen Moment, bis der Media Player gestartet ist, und rufen Sie dann über den Menüpunkt **Zur Bibliothek wechseln** die Bibliotheksansicht auf. Sollte das Programm nicht von selbst starten, öffnen Sie es über die Startseite.

2

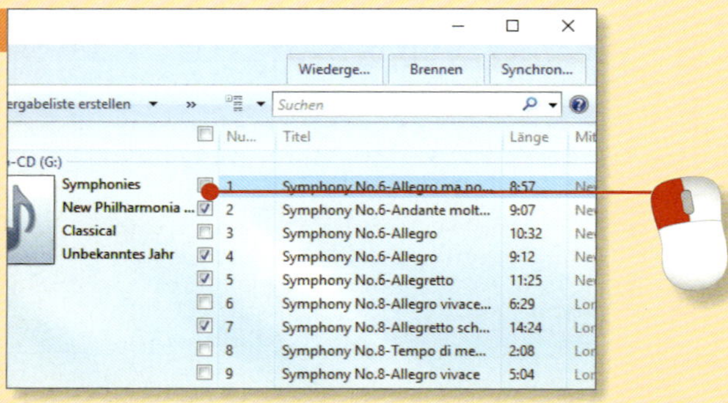

Schritt 2

Entfernen Sie nun die Häkchen vor allen Titeln, die Sie nicht kopieren möchten. Klicken Sie dazu einfach in die Kästchen vor den entsprechenden Einträgen.

3

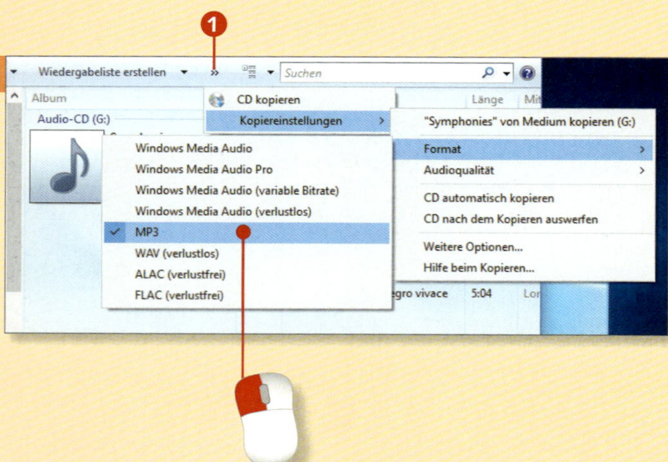

Schritt 3

Die Kopiereinstellungen sind etwas versteckt. Um sie zu erreichen, klicken Sie in der Menüleiste auf den kleinen Doppelpfeil ❶, zeigen auf **Kopiereinstellungen ▸ Format** und wählen das gewünschte Format aus.

Schritt 4

Wählen Sie bei Bedarf auf dem gleichen Weg die Audioqualität aus. Zeigen Sie erneut auf **Kopiereinstellungen**, dann auf **Audioqualität**, und wählen Sie schließlich aus der Auswahlliste die benötigte Qualität aus.

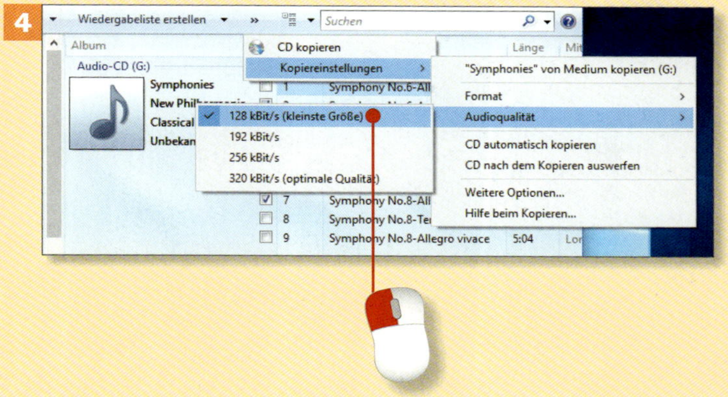

Schritt 5

Haben Sie alle Einstellungen vorgenommen, starten Sie den Kopiervorgang. Klicken Sie dazu erneut auf den kleinen Doppelpfeil, und wählen Sie den Befehl **CD kopieren**.

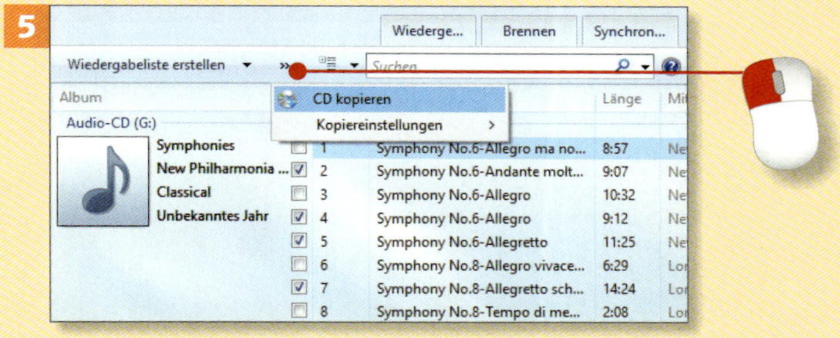

Schritt 6

Die Musikstücke werden auf die Festplatte kopiert und sind dort über den Explorer in der Standardbibliothek **Musik** ❷ zu erreichen.

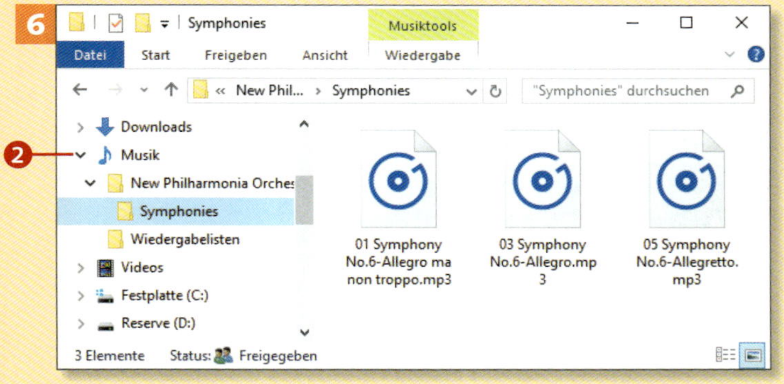

Tragbare Geräte

Nicht jedes Gerät kann jedes Format abspielen. MP3s werden allerdings von jedem Gerät interpretiert. Prüfen Sie auf jeden Fall vor dem Kopieren der CD, welches Dateiformat Ihr tragbares Gerät abspielen kann, und wählen Sie dieses entsprechend aus. Sonst ärgern Sie sich unterwegs.

Eine eigene Musik-CD brennen

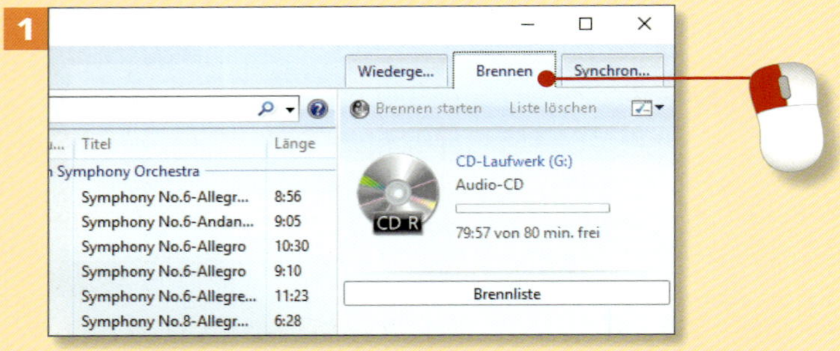

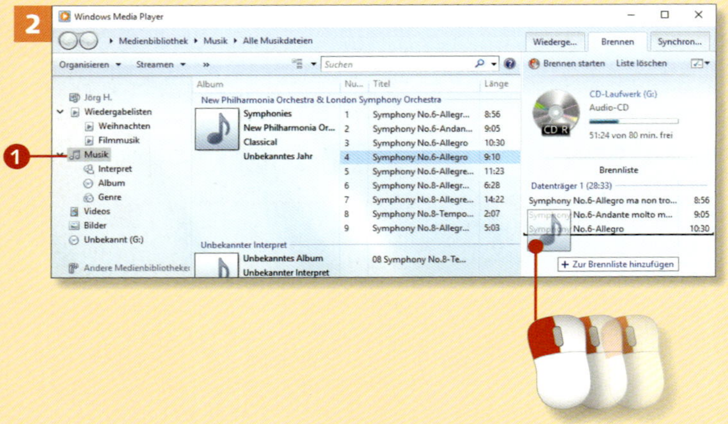

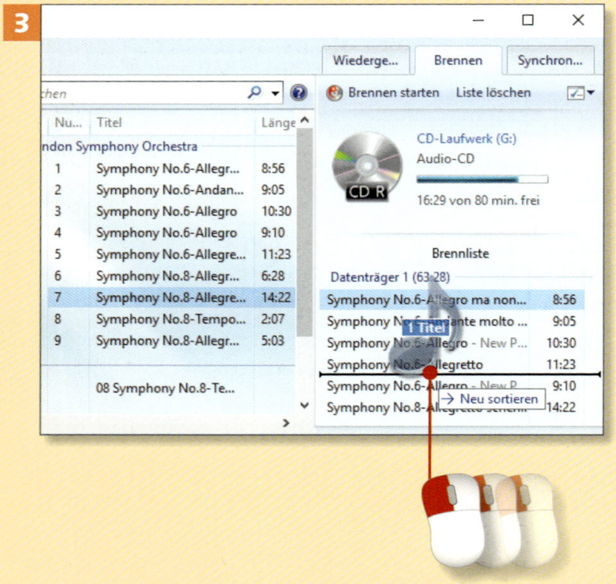

Da heute praktisch jeder Rechner über einen eingebauten CD-/DVD-Brenner verfügt, liegt es natürlich nahe, die schönsten Lieder auf eine eigene CD zu brennen. Auch hier hilft der Windows Media Player weiter.

Schritt 1

Legen Sie zunächst eine leere CD in das CD-Laufwerk ein, und klicken Sie dann in der Bibliotheksansicht des Media Players auf das Register **Brennen**.

Schritt 2

Nun gilt es, die Inhalte der CD zusammenzustellen. Klicken Sie auf den Eintrag **Musik** ❶, und ziehen Sie per Drag & Drop nach und nach alle gewünschten Titel aus der mittleren Spalte nach rechts in die Brennliste.

Schritt 3

Die Reihenfolge der Lieder in der Brennliste können Sie verändern. Klicken Sie einen Titel an, und verschieben Sie ihn mit gedrückter Maustaste. Lassen Sie die Taste an der gewünschten Position wieder los.

Schritt 4

Klicken Sie auf die Schaltfläche **Brennoptionen**, und markieren Sie im Menü den Eintrag **Audio-CD**; eine Daten-CD wäre nämlich nur auf dem Computer und nicht auf einem normalen CD-Player abspielbar.

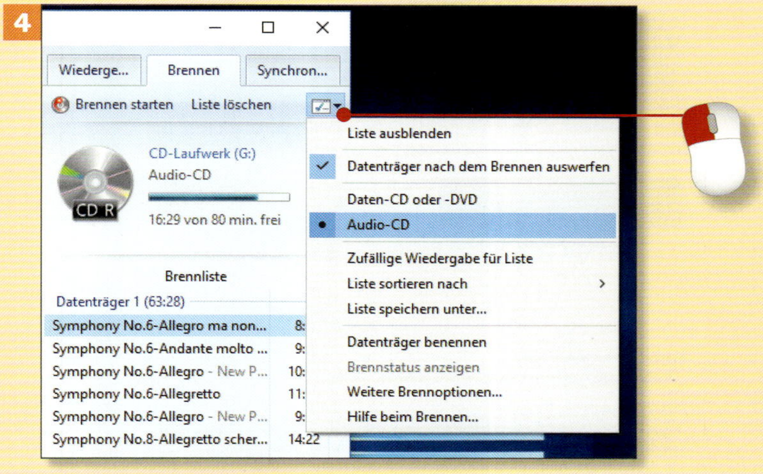

Schritt 5

Klicken Sie auf die Bezeichnung **Brennliste**, und tragen Sie eine passende Bezeichnung für die CD ein, z. B. *Klassik*. Schließen Sie die Eingabe wie gewohnt mit ↵ ab.

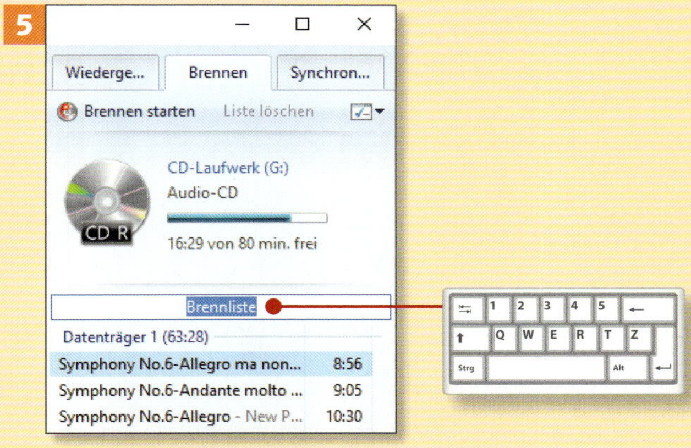

Schritt 6

Nun geht's los! Alle Einstellungen sind getroffen, alle Titel in die Brennliste gezogen. Starten Sie den Kopiervorgang mit einem Klick auf die Schaltfläche **Brennen starten**.

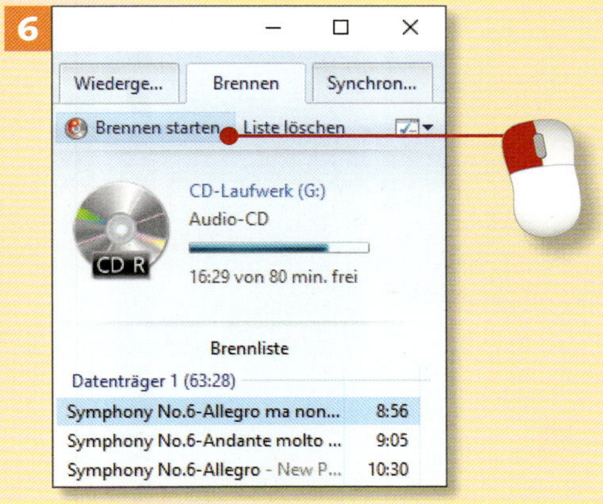

Die CD läuft nicht

Manche alten CD-Player haben bisweilen Schwierigkeiten mit selbstgebrannten CDs. Sollte das bei Ihnen der Fall sein, prüfen Sie zunächst, ob die CD auch als Audio-CD gebrannt wurde, und versuchen Sie als zweiten Schritt vielleicht einmal, einen anderen Rohling zu benutzen.

Eine DVD am Computer anschauen

1

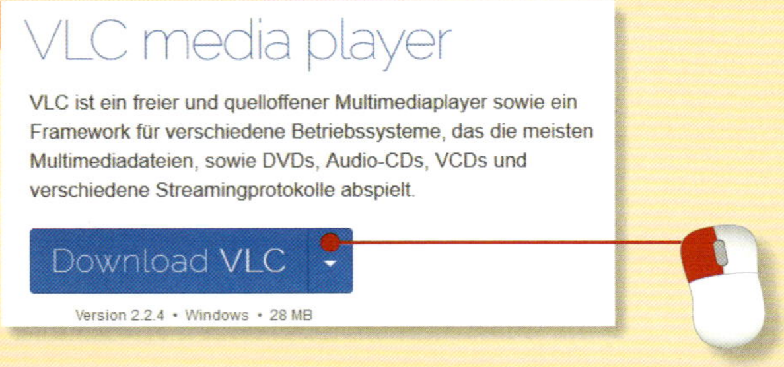

2

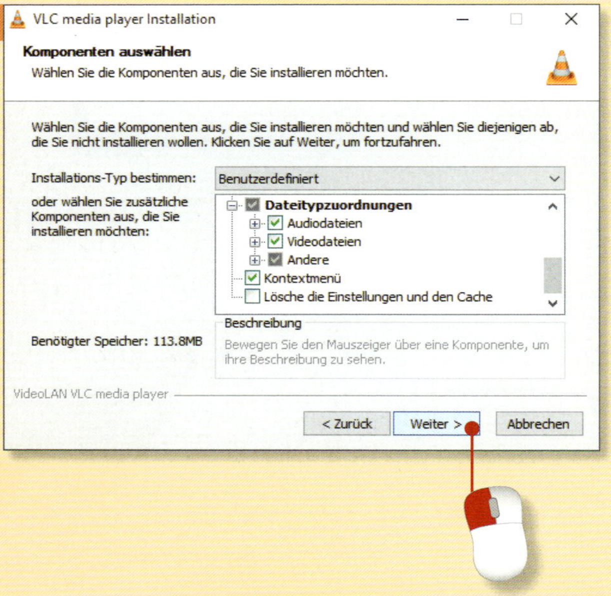

3

Der Windows Media Player kann keine DVDs wiedergeben, und das Media Center ist mit Windows 10 nicht mehr kompatibel und kann nicht mehr genutzt werden. Kein Problem, mit dem kostenlosen VLC Media Player können Sie fortan wieder DVDs anschauen.

Schritt 1

Laden Sie den VLC Media Player von der offiziellen Seite *www.videolan.org* herunter. Klicken Sie dazu auf die große Schaltfläche **Download VLC**.

Schritt 2

Die Installation starten Sie nach dem Herunterladen mit einem Doppelklick auf das Programmsymbol. Bei der Auswahl der zu installierenden Komponenten belassen Sie es am besten bei den vorgegebenen Einstellungen und klicken auf **Weiter**.

Schritt 3

Nach erfolgter Installation finden Sie das Programm im Startmenü unter **Zuletzt hinzugefügt** oder in der Liste aller Apps unter **VideoLan ▸ VLC Media Player**. Starten Sie den Media Player mit einem Klick auf die Programmkachel.

Schritt 4

Um einen Film zu starten, legen Sie zunächst die DVD in Ihr Laufwerk ein und klicken dann im Menü **Medien** auf den Befehl **Medium öffnen**.

Schritt 5

Im Register **Medium** ❶ sollte die Medienauswahl bereits auf **DVD** ❷ eingestellt sein. Wählen Sie das Laufwerk ❸ aus, das die abzuspielende DVD enthält, und klicken Sie schließlich unten im Programmfenster auf **Wiedergabe**, um den Film zu starten.

Schritt 6

Über die Bedienelemente am unteren Bildrand ❹ können Sie unter anderem die Wiedergabe pausieren, vor- und zurückspulen oder anhalten. Auch die Umschaltung in den Vollbildmodus ist möglich. Den Vollbildmodus können Sie mit der Esc-Taste wieder verlassen.

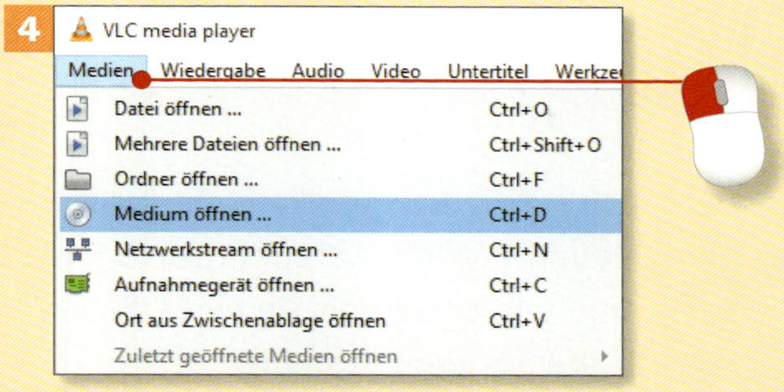

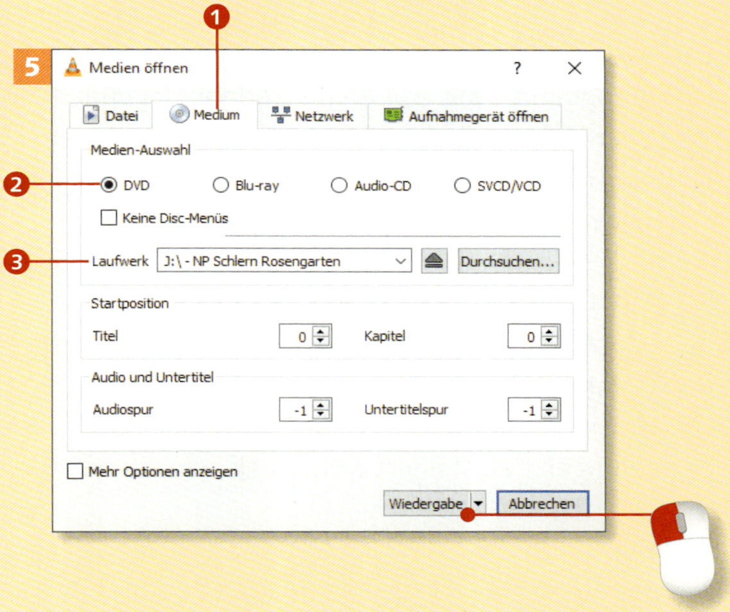

Alternativen

Neben dem kostenpflichtigen Programm *DVB Viewer* sind die beiden kostenlosen Anwendungen *Kodi* und *Media Portal* sicherlich zwei Alternativen.

Kapitel 8
Programme besser im Griff

Wie lassen sich ältere Programme, die nicht für Windows 10 geschrieben wurden, dennoch unter dem neuen Betriebssystem nutzen? Lassen sich Programme auch über die Tastatur starten, und wie entfernen Sie eigentlich nicht mehr benötigte Programme sauber und ohne Rückstände aus dem System?

Der Kompatibilitätsmodus

Viele Programme aus früheren Windows-Tagen laufen auch unter Windows 10 problemlos. Wie aber lassen sich ältere Programme nutzen, deren Installation bereits scheitert, deren Funktionsumfang stark eingeschränkt ist oder die immer wieder abstürzen? Bei diesen Problemen hilft der Kompatibilitätsmodus ❶.

So deinstallieren Sie Programme richtig

Bei jeder Installation werden zahlreiche Daten in das Windows-Verzeichnis sowie in die Registry geschrieben. Damit beim Entfernen einer Anwendung auch wirklich alle Daten gelöscht werden und kein Datenmüll zurückbleibt, müssen Programme sauber über die Einstellungen deinstalliert werden ❷.

So arbeiten Sie mit dem Task-Manager

Mit dem Task-Manager haben Sie Zugriff auf wichtige Bereiche Ihres Systems ❸. Sie können sehen, welche Programme am häufigsten verwendet werden oder die meisten Ressourcen beanspruchen, inaktive Programme beenden und sich die Auslastung Ihres Rechners grafisch anzeigen lassen. Lernen Sie den Task-Manager kennen, und nutzen Sie seine Möglichkeiten.

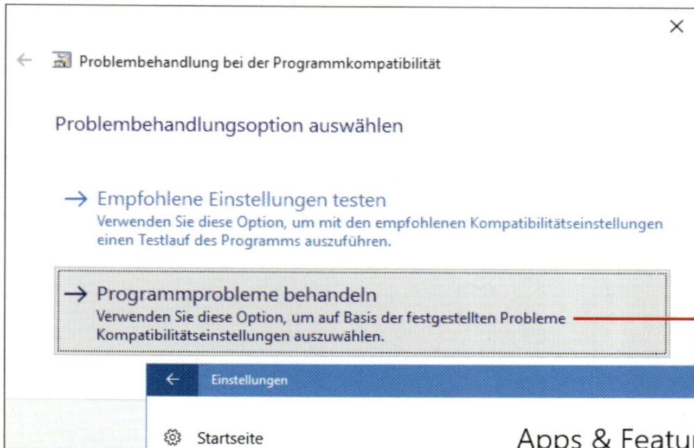

Ältere Programme können Sie unter Windows 10 im sogenannten Kompatibilitätsmodus betreiben.

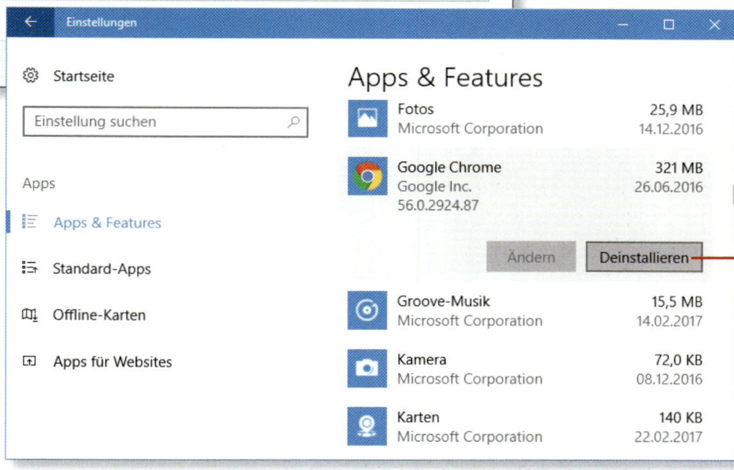

Deinstallieren Sie Programme – und zwar richtig, sodass sie später das System nicht mehr belasten.

Mit dem Task-Manager haben Sie Ihr System im Griff.

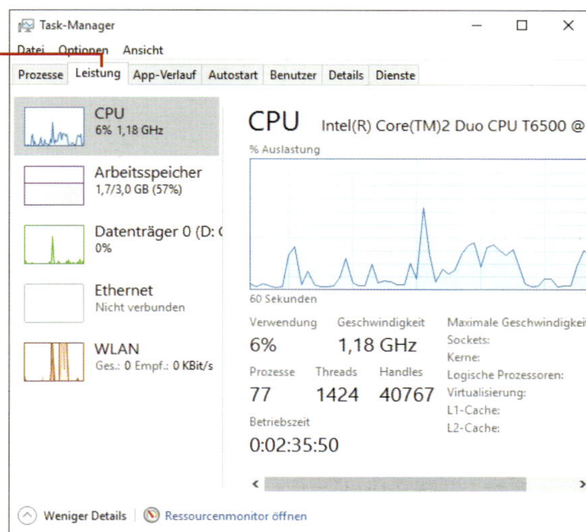

Programme schneller starten

1

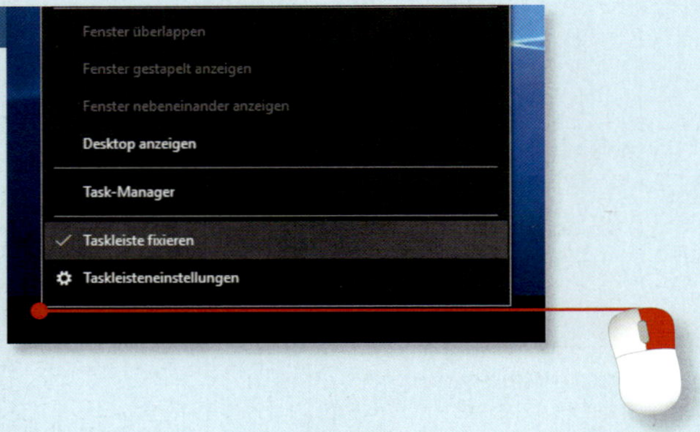

2

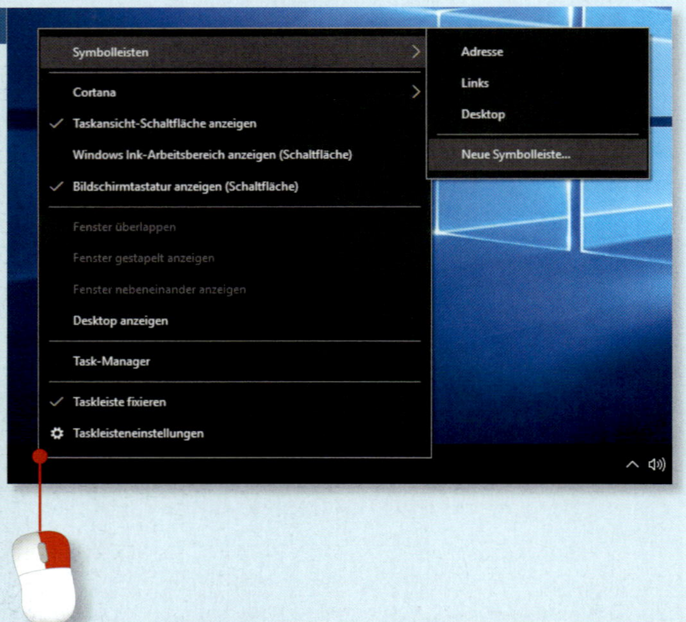

3

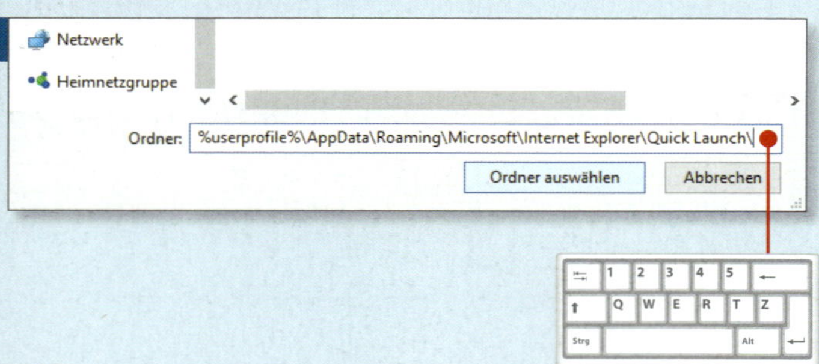

Microsoft hat die Schnellstartleiste bereits unter Windows 7 deaktiviert. An die neue Taskleiste können Sie zwar Programme anheften, nicht aber Ordner oder Dateien. Holen Sie sich also die bewährte Schnellstartleiste zurück.

Schritt 1

Heben Sie zunächst die Fixierung der Taskleiste auf. Führen Sie dazu einen Rechtsklick auf die Taskleiste aus, und klicken Sie auf den Eintrag **Taskleiste fixieren**, um das Häkchen davor zu entfernen.

Schritt 2

Führen Sie erneut einen Rechtsklick auf die Taskleiste aus, zeigen Sie im Kontextmenü auf die Option **Symbolleisten**, und wählen Sie schließlich den Befehl **Neue Symbolleiste** aus.

Schritt 3

Tragen Sie im Feld **Ordner** den folgenden Pfad vollständig ein: *%userprofile%\AppData\Roaming\Microsoft\Internet Explorer\Quick Launch*. Anschließend klicken Sie auf die Schaltfläche **Ordner auswählen**.

Schritt 4

Die neue Symbolleiste wird sogleich in der Taskleiste angezeigt. Führen Sie einen Rechtsklick auf den Eintrag **Quick Launch** aus, und entfernen Sie das Häkchen vor der Option **Text anzeigen**.

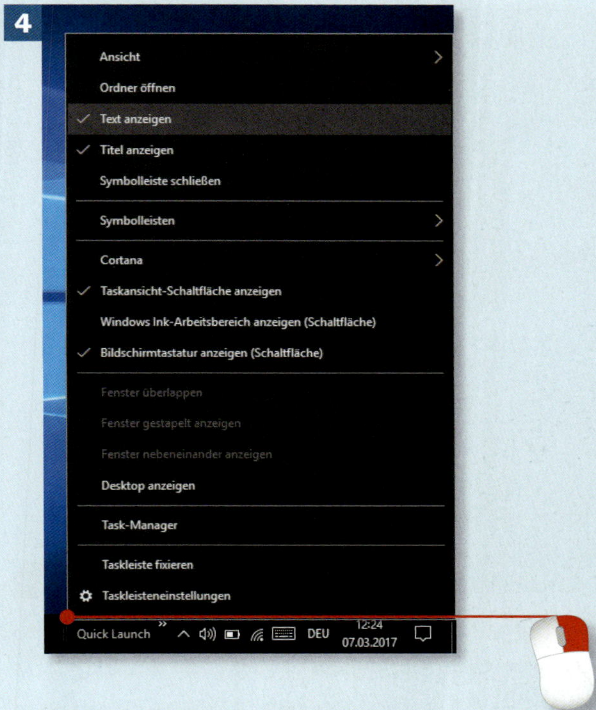

Schritt 5

Wiederholen Sie Schritt 4, und entfernen Sie diesmal das Häkchen vor dem Eintrag **Titel anzeigen**.

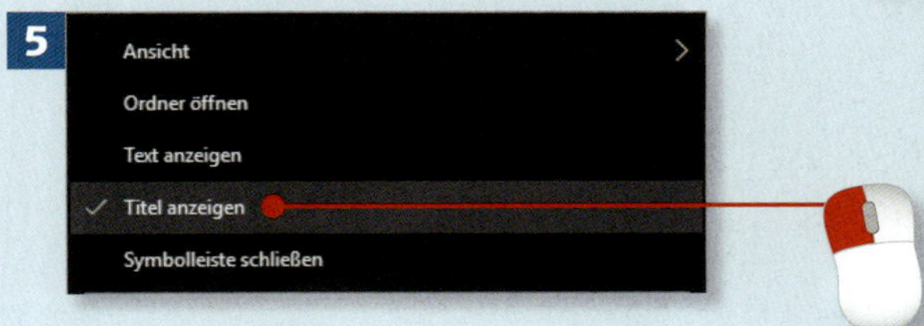

Schritt 6

Links neben der neuen Symbolleiste erkennen Sie eine Markierung. Sobald Sie mit der Maus daraufzeigen, verwandelt sich der Mauszeiger in einen Doppelpfeil. Klicken Sie auf diese Markierung, und ziehen Sie die Leiste mit gedrückter Maustaste auf eine für Sie angenehme Breite.

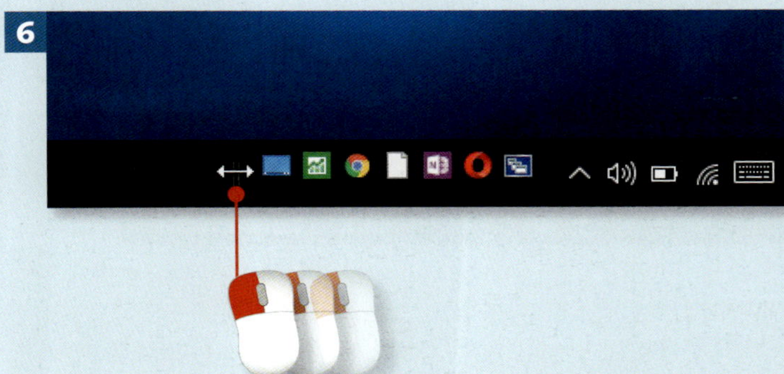

!

Pfadangabe

Achten Sie bei der Angabe des Pfades in Schritt 3 auf die korrekte Schreibweise, inklusive der angegebenen Leerzeichen. Sollte etwas nicht so funktionieren wie hier beschrieben, liegt es vermutlich an einem Tippfehler.

Programme schneller starten (Forts.)

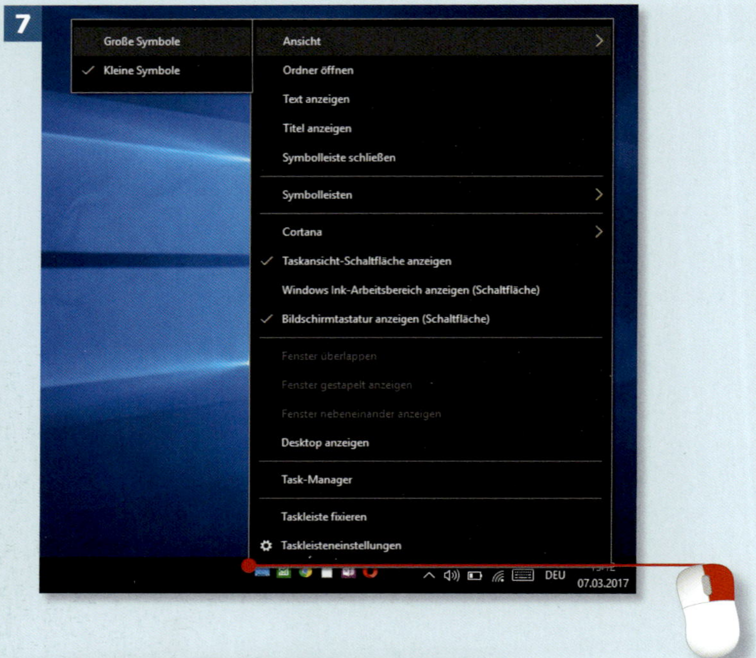

Schritt 7

Die Symbole in der neuen Leiste sind recht klein. Um sie zu vergrößern, öffnen Sie erneut das Kontextmenü der Symbolleiste, zeigen auf den Befehl **Ansicht** und klicken schließlich auf den Menüpunkt **Große Symbole**.

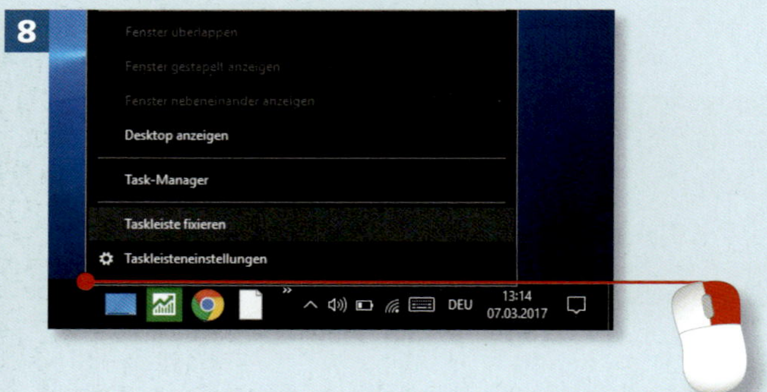

Schritt 8

Sichern Sie die Taskleiste gegen unbeabsichtigtes Verschieben. Öffnen Sie dazu erneut das Kontextmenü mit einem Rechtsklick, und wählen Sie danach den Befehl **Taskleiste fixieren** aus.

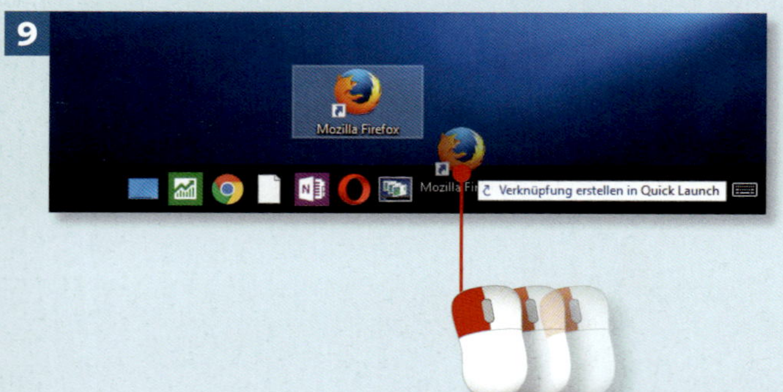

Schritt 9

Um eine Datei, einen Ordner oder ein Programm in die neue Schnellstartleiste zu verschieben, klicken Sie das gewünschte Symbol mit der Maus an und verschieben es mit gedrückter Maustaste in die Leiste. Nur bei Programmen, die Sie wirklich häufig benutzen, ist es sinnvoll, sie in die Schnellstartleiste aufzunehmen.

Schritt 10

Möchten Sie ein Element wieder aus der Symbolleiste entfernen, klicken Sie es mit der rechten Maustaste an und wählen den Befehl **Löschen** aus dem Menü.

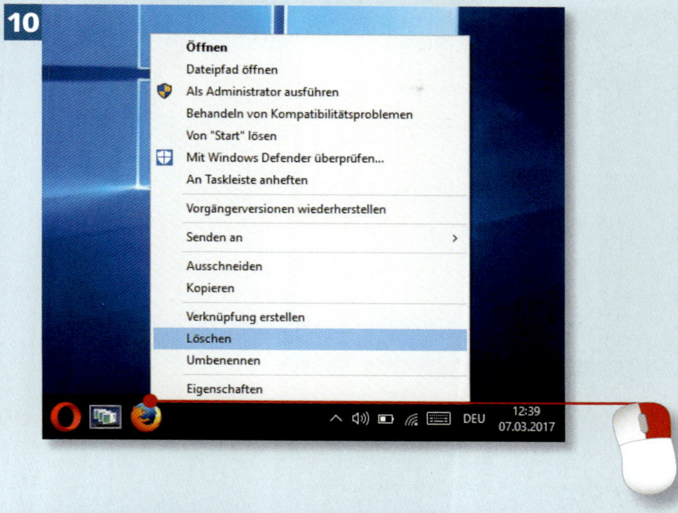

Schritt 11

Bestätigen Sie die anschließende Abfrage, ob Sie das Objekt wirklich löschen möchten, mit **Ja**.

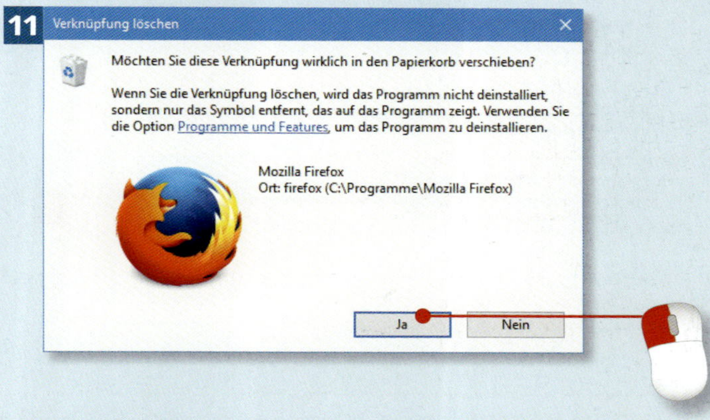

Schritt 12

Sollten nicht alle Symbole angezeigt werden, weil es zu viele sind, erscheint ein kleiner Doppelpfeil am Rand. Um die verborgenen Symbole zu sehen, klappen Sie die Leiste durch einen Klick auf den Doppelpfeil auf.

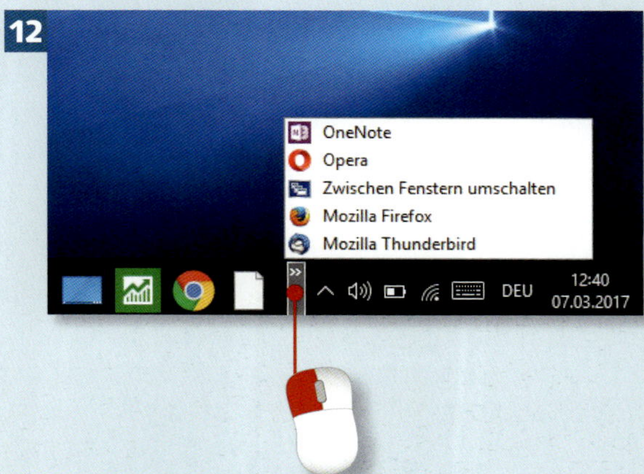

Elemente entfernen

Keine Sorge, beim Löschen eines Elements aus der Schnellstartleiste wird nicht das dazugehörige Programm, die Datei oder der Ordner gelöscht, sondern lediglich die Verknüpfung. Um ein Programm zu löschen, müssen Sie es deinstallieren. Wie das funktioniert, erfahren Sie in der Anleitung »Programme sauber deinstallieren« auf Seite 190.

Ältere Programme unter Windows 10 verwenden

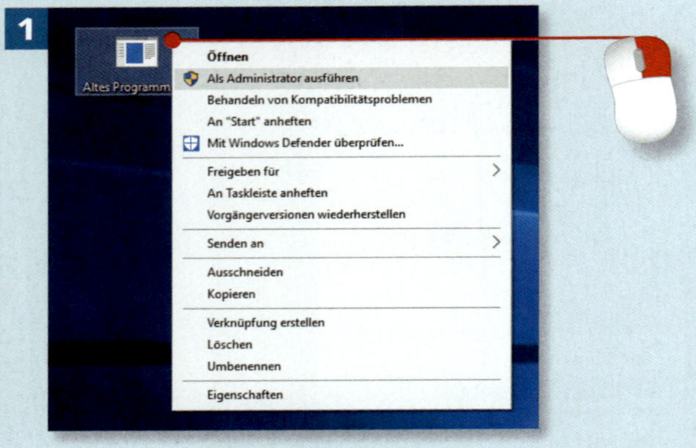

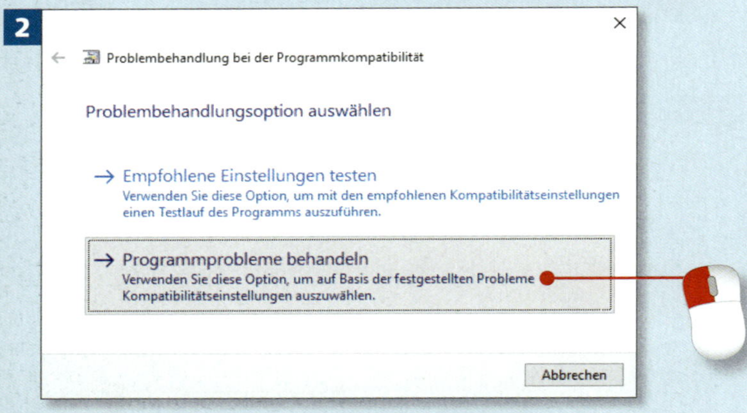

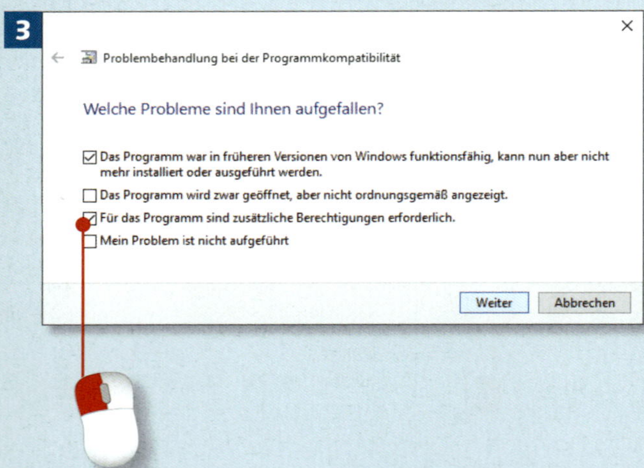

Manchmal laufen ältere Programme nicht unter Windows 10. Hier hilft der Kompatibilitätsmodus.

Schritt 1

Klicken Sie das Programmsymbol auf dem Desktop oder im Explorer mit der rechten Maustaste an, und wählen Sie den Befehl **Behandeln von Kompatibilitätsproblemen** aus.

Schritt 2

Windows versucht nun, das Problem zu ermitteln. Dieser Vorgang dauert einen Moment. Wählen Sie anschließend die untere der beiden Optionen, **Programmprobleme behandeln**.

Schritt 3

In einem ersten Dialog werden Sie nun gefragt, welche Probleme Ihnen aufgefallen sind. Markieren Sie eine oder mehrere der zur Verfügung stehenden Fehlerbeschreibungen, und klicken Sie danach auf **Weiter**.

Wichtige Ausnahmen

Verwenden Sie den Kompatibilitätsmodus nicht in Verbindung mit alten Antiviren-Programmen oder anderen Systemprogrammen!

Schritt 4

In Abhängigkeit von der getroffenen Auswahl wird Ihnen gegebenenfalls ein weiterer Dialog angezeigt, oder es werden gleich die ermittelten Einstellungen aufgelistet. Klicken Sie auf **Programm testen**.

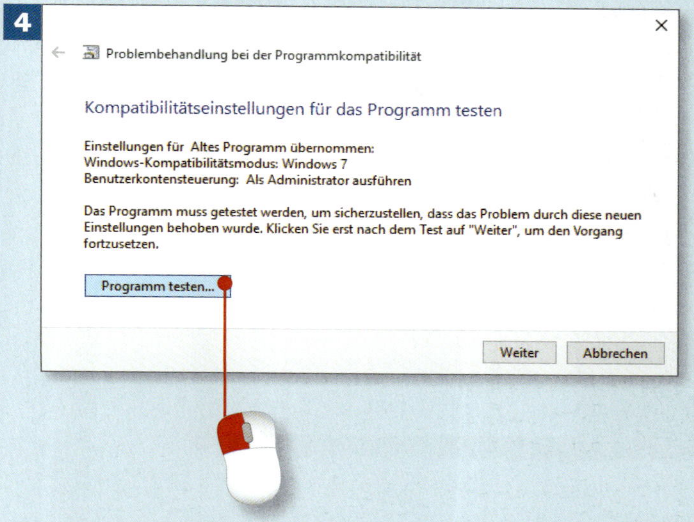

Schritt 5

Das Programm wird nun gestartet. Testen Sie in Ruhe alle Funktionen der Anwendung, und klicken Sie erst danach auf **Weiter**.

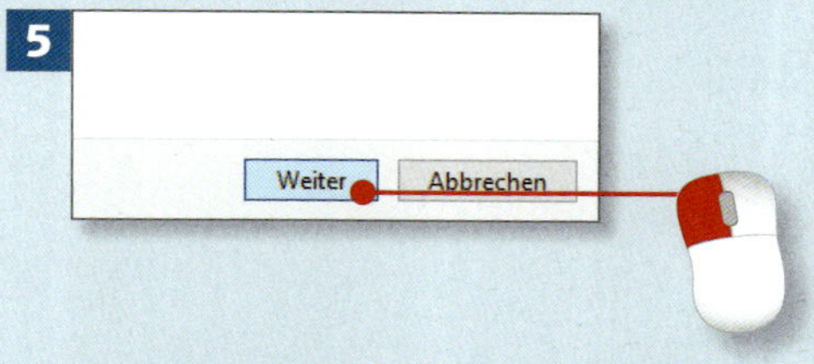

Schritt 6

War die Problembehandlung erfolgreich? Klicken Sie auf **Ja**, wenn alles geklappt hat, oder auf **Nein**, falls weiterhin Probleme auftreten. Wiederholen Sie in diesem Fall den Vorgang mit anderen Einstellungen.

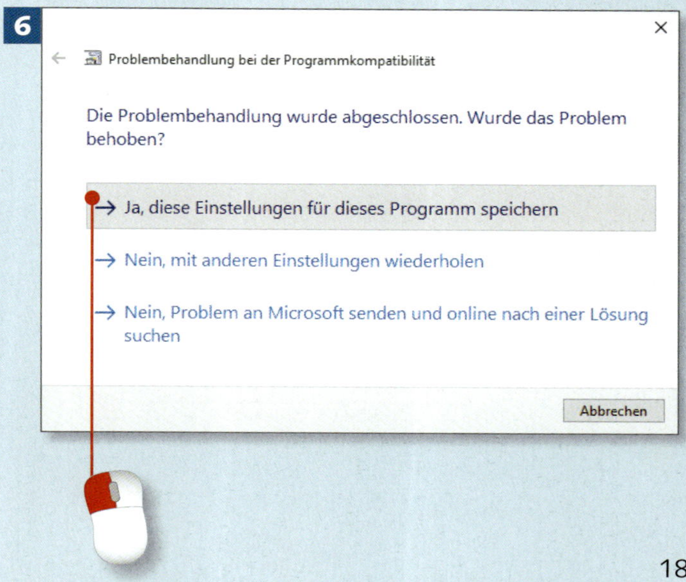

Software aktualisieren
Sollten die Kompatibilitätseinstellungen bei der Ausführung einer älteren Anwendung nicht helfen können, besuchen Sie bitte die Website des Herstellers und halten dort Ausschau nach einem Update für Ihr Programm.

Programme per Tastenkombination starten

1

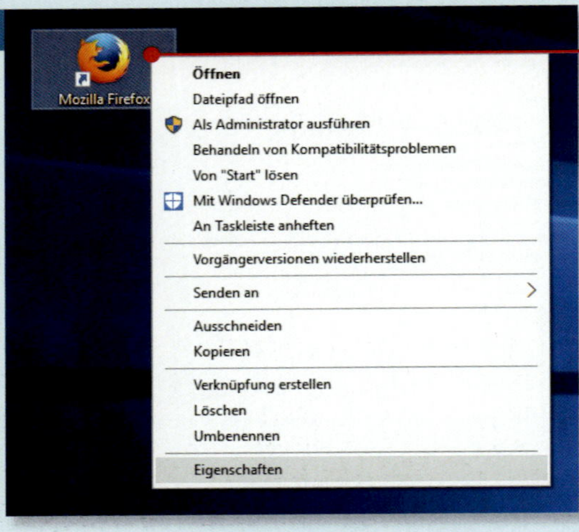

2

3

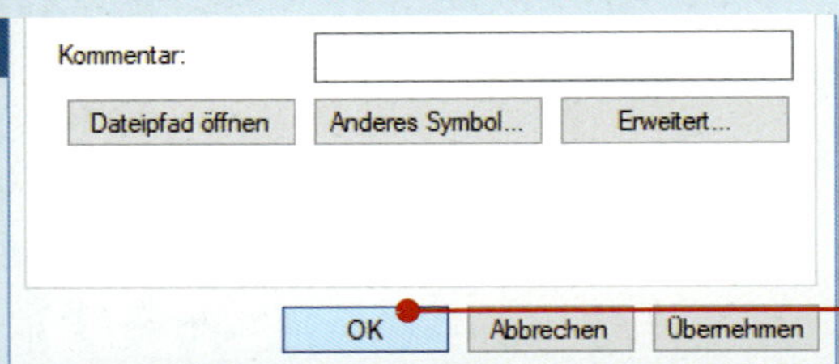

Programme, die Sie auf dem Desktop als Verknüpfung abgelegt haben, können Sie bequem mit einer selbst definierten Tastenkombination starten. Das geht meist erheblich schneller, als ein Programm per Doppelklick zu starten.

Schritt 1

Führen Sie auf dem Desktop einen Rechtsklick auf eine Programmverknüpfung aus, und wählen Sie den Eintrag **Eigenschaften**.

Schritt 2

Klicken Sie in das Feld **Tastenkombination**, und drücken Sie dann eine Taste, die Sie zum Öffnen verwenden möchten, z. B. [F].

Schritt 3

Windows ergänzt automatisch die Tasten [Strg] und [Alt]. Die vollständige Kombination lautet also [Strg] + [Alt] + [F]. Übernehmen Sie die Einstellung mit einem Klick auf **OK**. Ab sofort können Sie das ausgewählte Programm mit dieser Tastenkombination starten.

Ordner per Tastatur öffnen

Auch Verknüpfungen zu Ordnern können Sie auf diese Weise mit einer Tastenkombination versehen.

Den Speicherbedarf Ihrer Programme ermitteln

Man verliert irgendwann nicht nur den Überblick, sondern auch der Speicherplatz geht zur Neige. Schauen Sie nach, welche Programme den meisten Platz beanspruchen.

Schritt 1

Öffnen Sie die Einstellungen, indem Sie im Startmenü den entsprechenden Menüpunkt anklicken, oder mit ⊞ + I, und klicken Sie dann auf den Menüpunkt **Apps**.

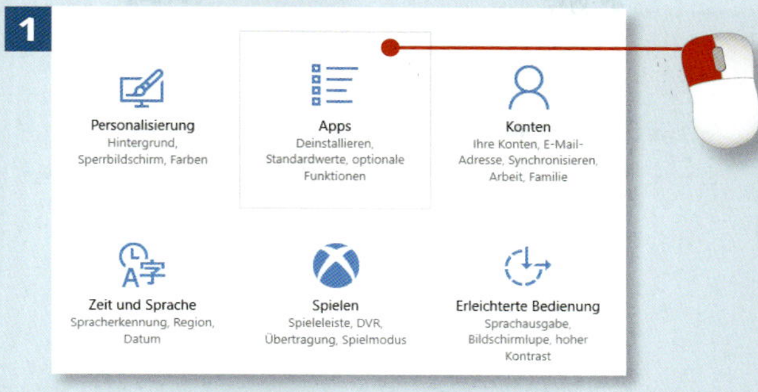

Schritt 2

Stellen Sie über die Dropdown-Menüs die Optionen **Sortieren nach** auf **Größe** und **Filtern nach** auf **Alle Laufwerke** ❶.

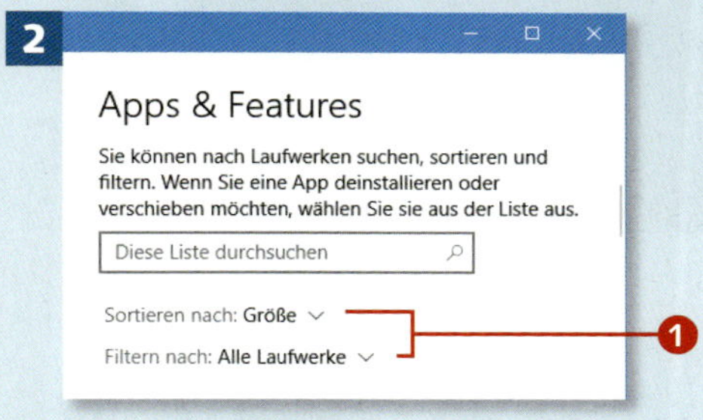

Schritt 3

Windows berechnet nun den Platzbedarf Ihrer Anwendungen und listet sie auf. Ganz oben sind die Anwendungen aufgeführt, die den meisten Speicherplatz auf der Festplatte in Anspruch nehmen ❷.

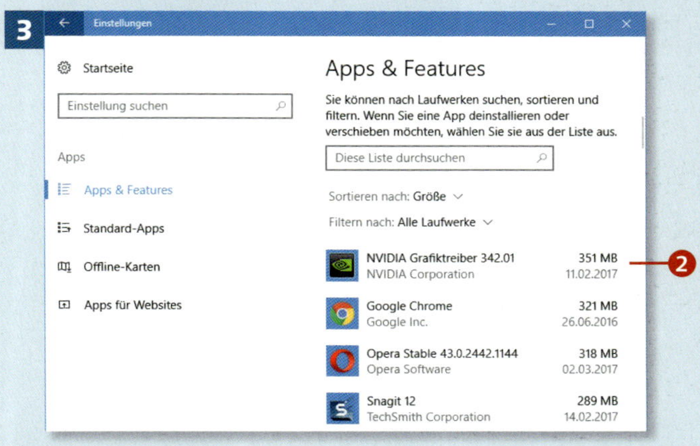

Programme deinstallieren
Wie Sie eine Anwendung entfernen, lesen Sie in der Anleitung »Programme sauber deinstallieren« auf Seite 190.

Programme sauber deinstallieren

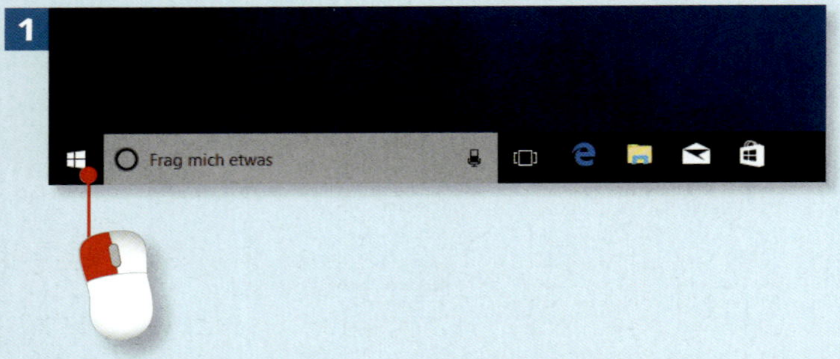

Um ein Programm wieder zu entfernen, reicht es nicht aus, nur die Programmdatei und gegebenenfalls das Verzeichnis zu löschen. Nutzen Sie stets den Weg über die Einstellungen.

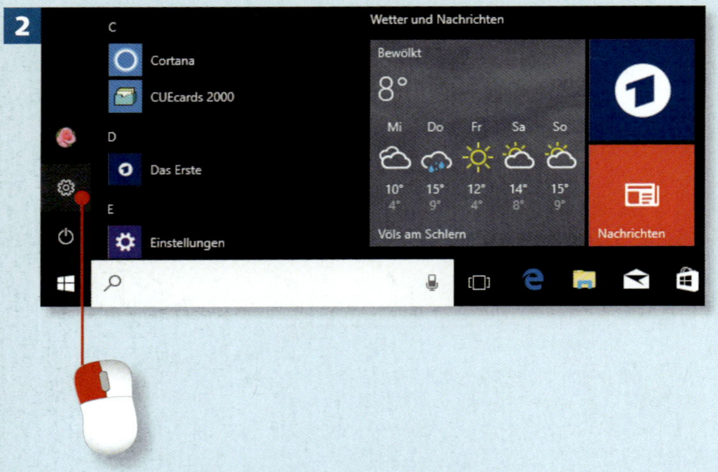

Schritt 1

Öffnen Sie das Startmenü durch einen Klick auf die **Start**-Schaltfläche in der Taskleiste oder indem Sie die ⊞-Taste drücken.

Schritt 2

Die Optionen zum Deinstallieren von Anwendungen finden Sie im Menü **Einstellungen**. Klicken Sie auf den gleichnamigen Menüpunkt, um die Einstellungen zu öffnen.

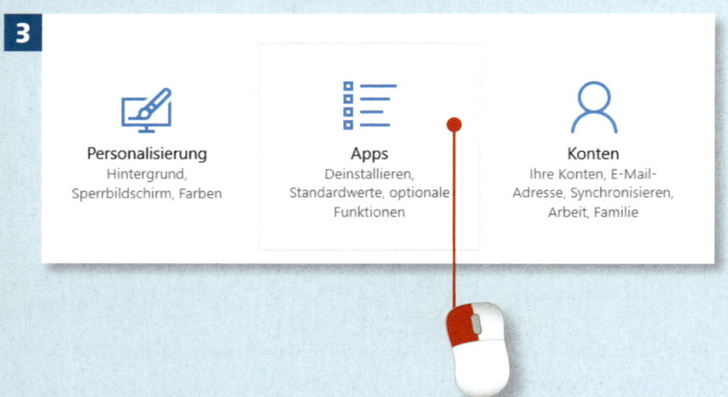

Schritt 3

Im Hauptfenster der Einstellungen wählen Sie die Kategorie **Apps**. Diese enthält neben verschiedenen anderen Einstellungsmöglichkeiten auch jene für die Deinstallation von Programmen und Apps.

Schritt 4

Wechseln Sie in die Unterkategorie **Apps & Features**. In der rechten Fensterhälfte ermittelt Windows daraufhin alle auf dem Rechner installierten Programme und führt sie in einer langen Liste auf.

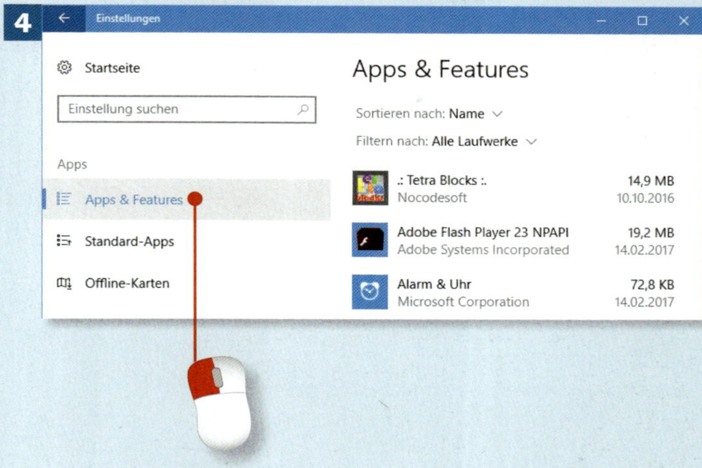

Schritt 5

Über das Dropdown-Menü **Sortieren nach:** können Sie die Programmliste in aufsteigender alphabetischer Reihenfolge nach Namen, nach Größe oder nach dem Installationsdatum sortieren.

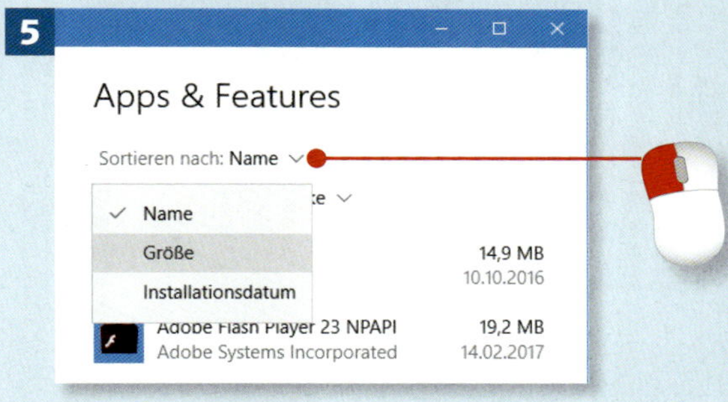

Schritt 6

Suchen Sie nun das zu deinstallierende Programm, und klicken Sie auf den entsprechenden Programmeintrag.

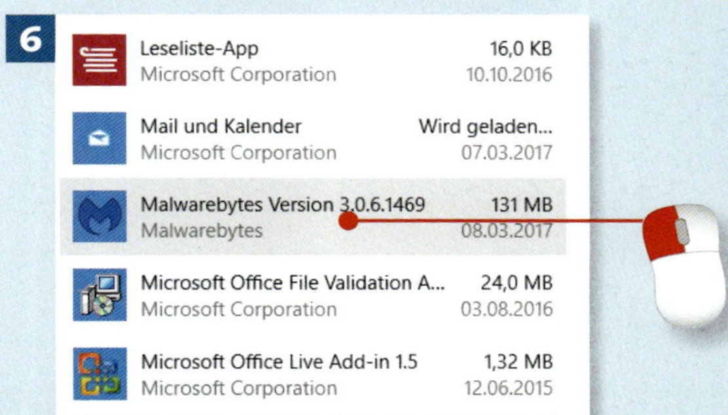

Deinstallationsprogramme

Es gibt zahlreiche Deinstallations-Tools, die eine saubere und mühelose Deinstallation versprechen. Auf diese Programme können Sie gut verzichten. Windows selbst erfüllt die Aufgabe absolut ausreichend.

Programme sauber deinstallieren (Forts.)

Schritt 7

Die Schaltfläche **Deinstallieren** wird eingeblendet. Klicken Sie darauf, um den Vorgang fortzusetzen.

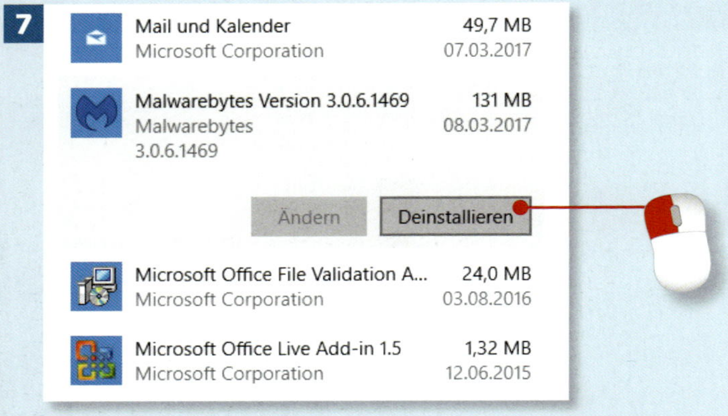

Schritt 8

Es folgt ein Hinweis, dass das Programm und alle zugehörigen Informationen entfernt werden. Bestätigen Sie diese Abfrage mit einem erneuten Klick auf **Deinstallieren**.

Schritt 9

Wenn es sich bei dem Programm um eine App handelt, wird diese nun ohne weitere Abfrage vollständig deinstalliert. Handelt es sich um eine herkömmliche Desktop-Anwendung, müssen Sie zunächst die Sicherheitsabfrage der Benutzerkontensteuerung mit **Ja** bestätigen.

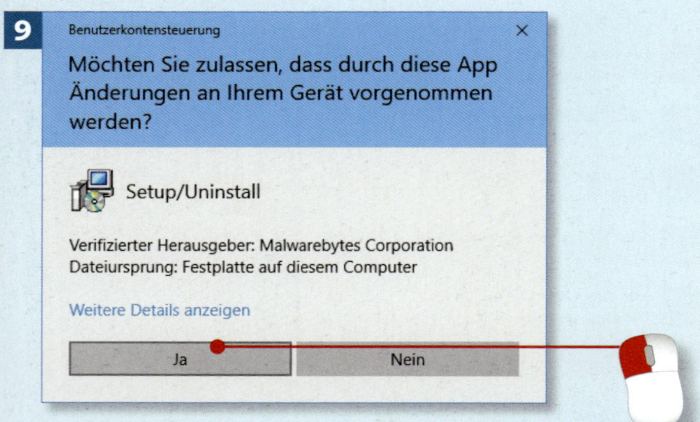

App oder Programm?
Wenn Sie einen Eintrag in der Programmliste auswählen und neben der Schaltfläche **Deinstallieren** noch die Option **Verschieben** eingeblendet wird, handelt es sich um eine Windows-App, anderenfalls um eine herkömmliche Desktop-Anwendung.

Schritt 10

Ein weiteres Dialogfenster öffnet sich. Bestätigen Sie die erneute Sicherheitsabfrage mit einem Klick auf **Ja**.

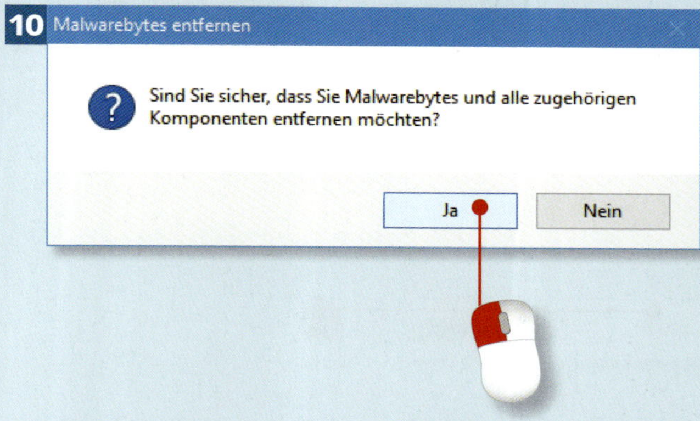

Schritt 11

Die Deinstallation wird nun gestartet. Sie kann wenige Sekunden, manchmal aber auch mehrere Minuten dauern. Am Ende informiert Sie ein neuerlicher Dialog über die erfolgreiche Durchführung. Klicken Sie auf **OK**, um den Vorgang abzuschließen.

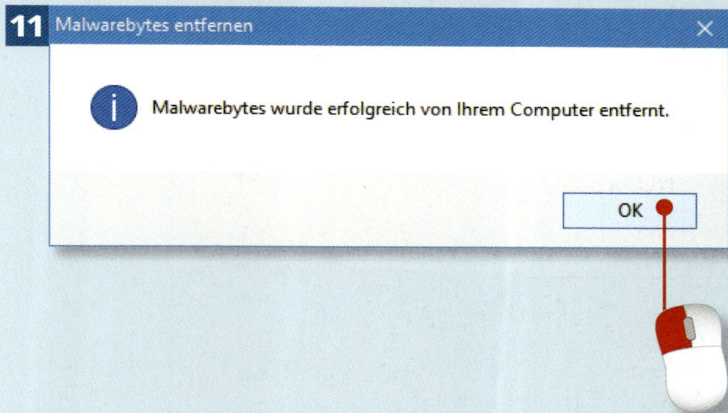

Schritt 12

Kontrollieren Sie im letzten Schritt noch einmal die Programmliste. Das soeben deinstallierte Programm sollte nun nicht mehr aufgeführt sein. Möchten Sie weitere Programme deinstallieren, wiederholen Sie einfach die Schritte 6 bis 12.

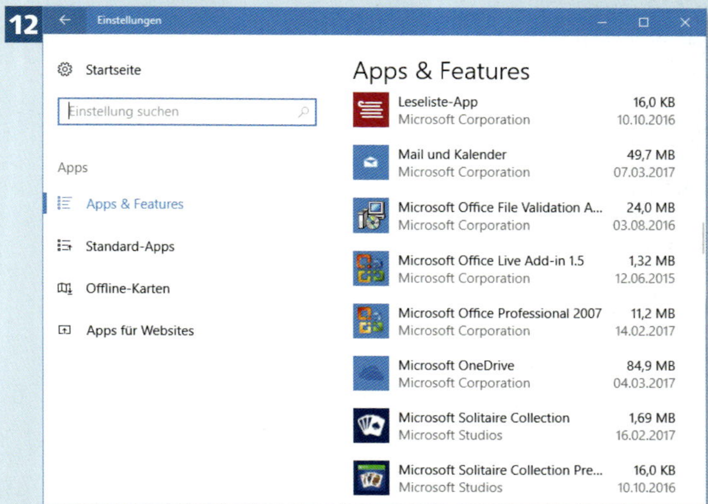

Deinstallieren unmöglich

Bei einigen vorinstallierten Standard-Apps, z. B. **Mail**, **Kalender** oder **Kontakte**, kann die Schaltfläche **Deinstallieren** nicht ausgewählt werden. Diese Apps können demnach nicht entfernt werden.

Mit dem Task-Manager arbeiten

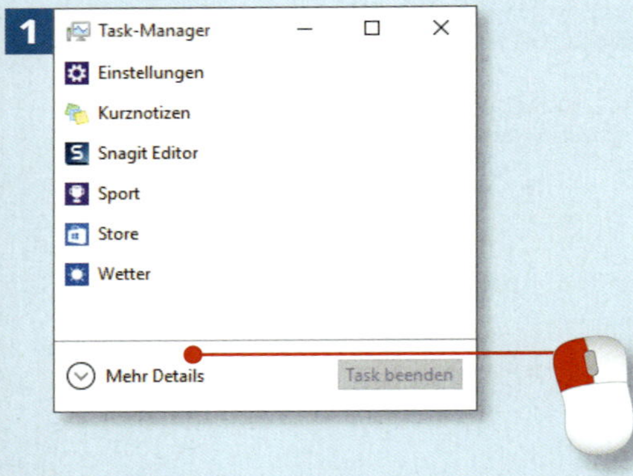

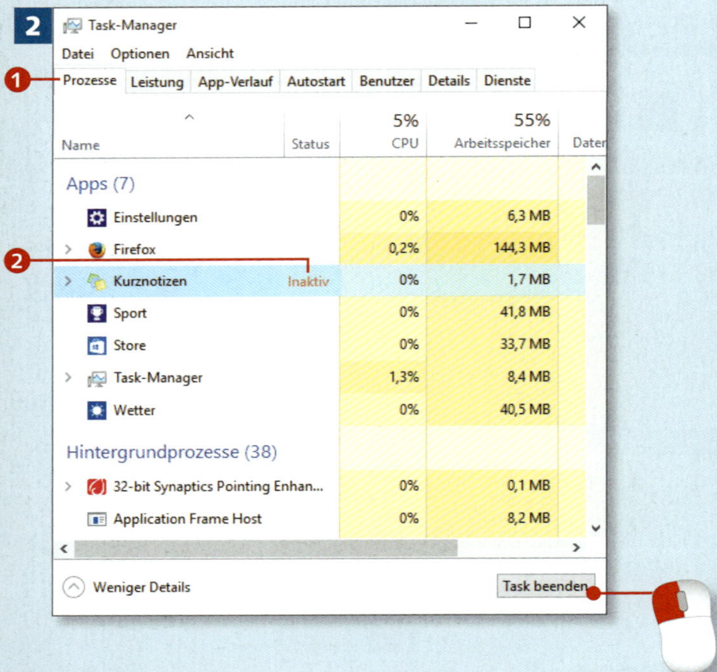

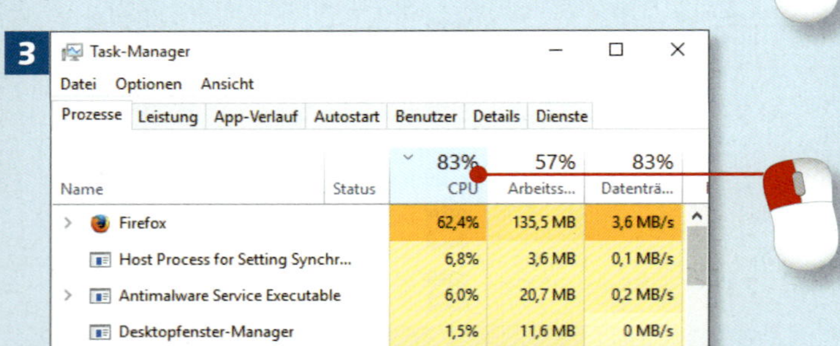

Über den Task-Manager können Sie sehen, welche Programme und Dienste gerade auf Ihrem PC ausgeführt werden.

Schritt 1

Starten Sie den Task-Manager mit Strg + ⇧ + Esc, und klicken Sie auf **Mehr Details**, um weitere Informationen einzublenden.

Schritt 2

Unter dem Register **Prozesse** (1) werden alle Programme und Prozesse gelistet, die auf Ihrem PC ausgeführt werden. Abgestürzte Programme **(Inaktiv)** (2) können Sie markieren und mit **Task beenden** schließen.

Schritt 3

Die Spalte **CPU** zeigt die gesamte Prozessorauslastung Ihres Systems. Klicken Sie auf den Spaltenkopf, um die Liste sortiert auszugeben.

Dienste deaktivieren

Kommen Sie den Empfehlungen im Internet zur Deaktivierung unnötiger Dienste lieber nicht nach. Wenn Sie die falschen Dienste deaktivieren, kann dies im System zu massiven Störungen und Fehlern führen.

Schritt 4

Mit einem Klick auf **Arbeitsspeicher** können Sie sehen, welcher Prozess am meisten Speicherplatz verbraucht. Der Wert im Spaltenkopf gibt die Gesamtbelegung des Arbeitsspeichers an.

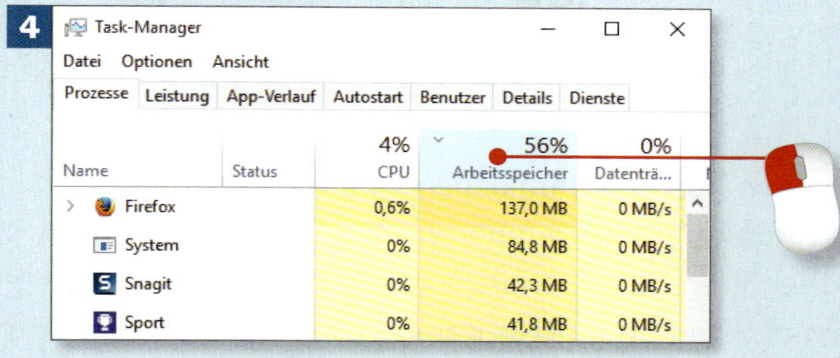

Schritt 5

Dem Register **Leistung** können Sie die wichtigsten Leistungsdaten Ihres Rechners entnehmen. Sie sehen auf einen Blick u.a. die Auslastung des Prozessors ❸, des Arbeitsspeichers ❹, den aktuellen Datentransfer Ihres Netzwerks ❺ sowie die Betriebszeit ❻ seit dem letzten vollständigen Neustart. Klicken Sie auf die Bereiche links, sehen Sie Details.

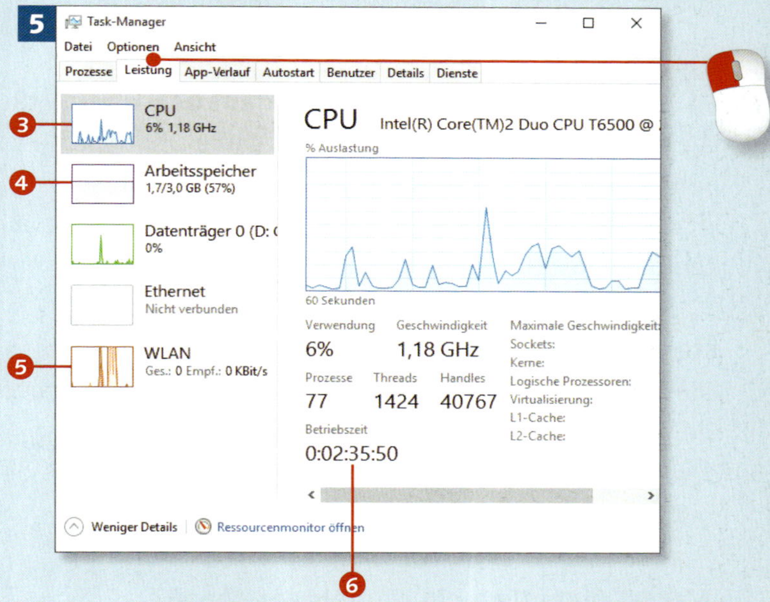

Schritt 6

Das Register **Dienste** ❼ listet alle verfügbaren Dienste auf. Führen Sie einen Rechtsklick auf einen Dienst aus, können Sie ihn manuell anhalten oder neu starten.

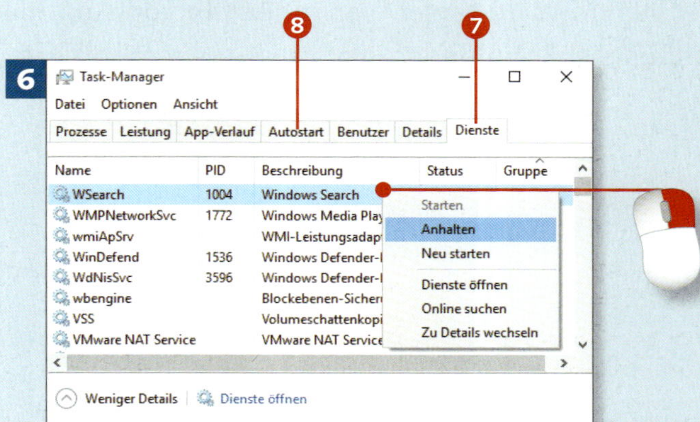

Autostart entrümpeln

Über das Register **Autostart** ❽ können Sie den Start unnötiger Programme deaktivieren und so den Systemstart mitunter erheblich beschleunigen (siehe die Anleitung »Windows schneller starten« auf Seite 228).

Kapitel 9
Apps effizienter nutzen

Neben den herkömmlichen Desktop-Anwendungen spielen moderne Apps auch unter Windows 10 eine immer größere Rolle. Einige Apps, z. B. Wetter, Fotos, Mail, Nachrichten oder Sport, sind bereits vorinstalliert; unzählige weitere Apps können Sie über den Store nachrüsten. In diesem Kapitel erfahren Sie, wie Sie Apps effizienter nutzen können, und lernen interessante Konfigurationsmöglichkeiten kennen.

So behalten Sie mit dem App-Verlauf den Überblick
Welche Apps verwenden Sie sehr häufig und welche so gut wie nie? Mit dem App-Verlauf behalten Sie den Überblick und können genau sehen, wie lange Sie einzelne Apps in den letzten 30 Tagen genutzt haben ❶. So können Sie u. a. ermitteln, welche Apps Sie bedenkenlos deinstallieren können, um wertvollen Speicherplatz auf der Festplatte freizugeben.

Standardspeicherorte festlegen
Diese Funktion kennen Sie vielleicht von Ihrem Smartphone. Unter Windows 10 können Sie festlegen, wo z. B. Dokumente, Bilder oder Videos standardmäßig gespeichert werden sollen ❷. Dasselbe funktioniert mit Apps. Wird der Speicherplatz auf einer Festplatte knapp, legen Sie neue Apps einfach auf einer anderen Festplatte ab.

Was ist eigentlich ein Hamburger-Menü?
Unter Windows 10 findet man innerhalb von Apps das »Hamburger-Menü« ❸. Was hat es damit auf sich? Wo findet man diese neue Menüform, und wie bedient man sie richtig?

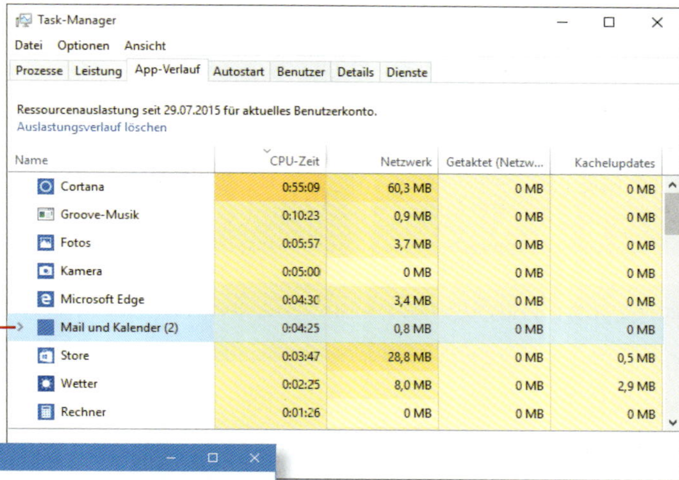

Der App-Verlauf zeigt Ihnen die Nutzungszeiten Ihrer Apps im Detail. **1**

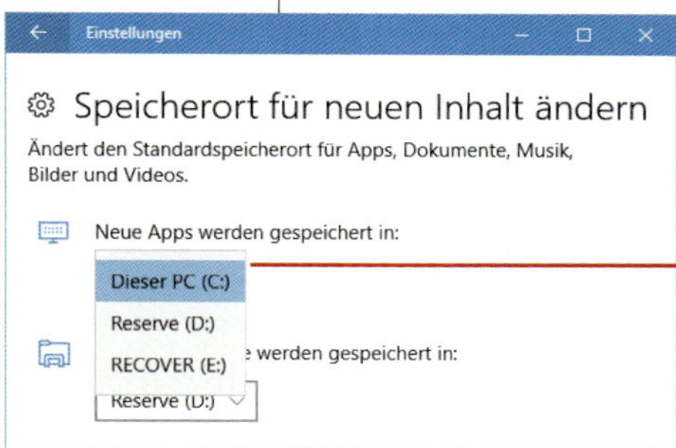

2 Legen Sie selbst fest, wohin Windows Apps, Videos oder Bilder speichert.

Das »Hamburger-Menü« findet sich in fast jeder App. **3**

Apps auf dem Desktop ablegen

1

Eine App können Sie problemlos an die Taskleiste anheften, aber der Platz ist begrenzt, und manchmal wäre es einfacher, wenn man eine Verknüpfung auf dem Desktop hätte. Aber wie legt man sie an?

Schritt 1

Öffnen Sie das Startmenü mit einem Klick auf die **Start**-Schaltfläche ❶ oder mithilfe der [Windows]-Taste, und führen Sie dann einen Mausklick auf die App aus, zu der Sie eine Verknüpfung erstellen möchten. Halten Sie die Maustaste gedrückt.

2

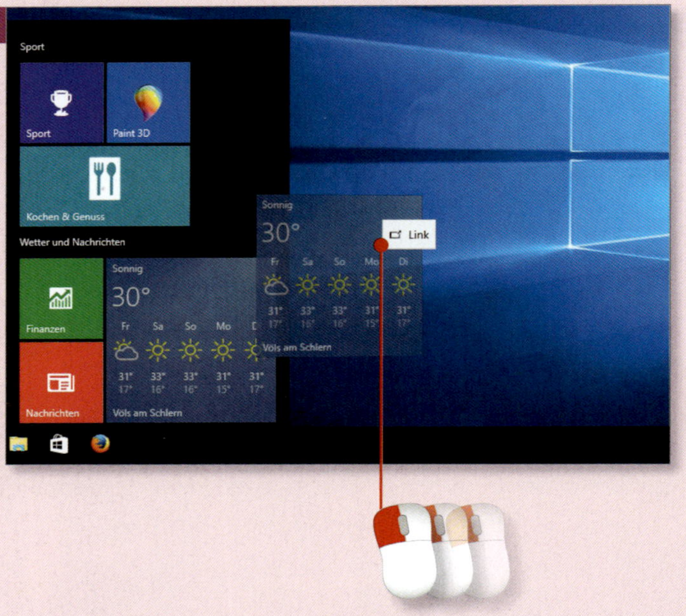

Schritt 2

Verschieben Sie nun die Kachel mit weiterhin gedrückter Maustaste aus dem Startmenü heraus auf den Desktop, und lassen Sie erst hier die Maustaste wieder los.

3

Schritt 3

Windows legt nun eine Verknüpfung zur App auf dem Desktop an. Sie können das Programmsymbol frei auf Ihrem Arbeitsplatz platzieren und es z. B. auch in die Schnellstartleiste verschieben (siehe den Abschnitt »Programme schneller starten« auf Seite 182).

Mit dem App-Verlauf den Überblick behalten

Mit dem App-Verlauf haben Sie stets im Blick, wie oft Sie Ihre Apps verwenden.

Schritt 1

Um den App-Verlauf aufzurufen, öffnen Sie zunächst den Task-Manager mit einem Rechtsklick auf die Taskleiste und der Auswahl der Option **Task-Manager**.

1
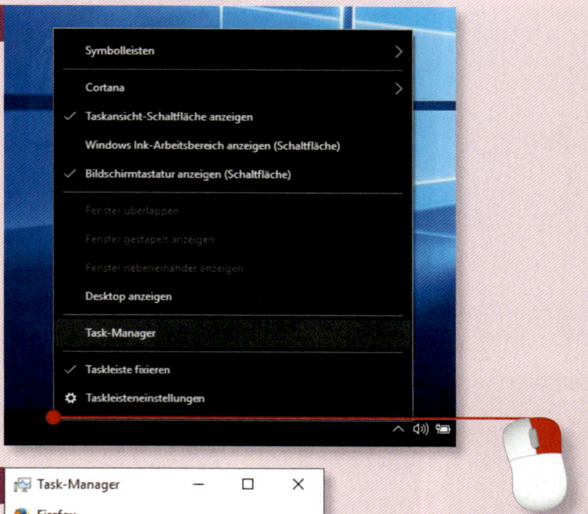

Schritt 2

Klicken Sie gegebenenfalls links unten auf die Option **Mehr Details**, um weitere Einstellungsmöglichkeiten zu erhalten.

2
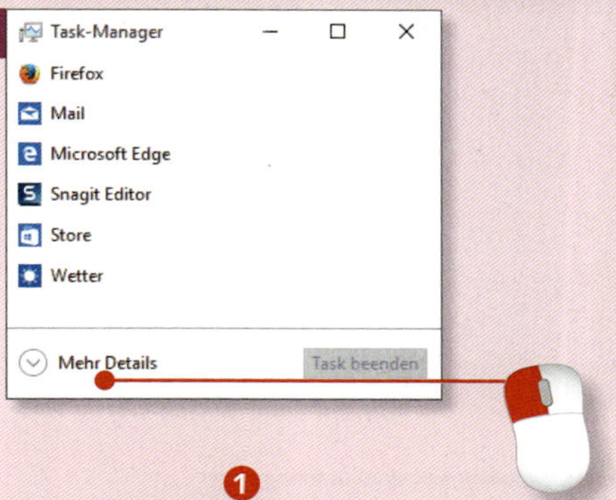

Schritt 3

Wechseln Sie in das Register **App-Verlauf** ❶. Der Spalte **CPU-Zeit** können Sie nun entnehmen, wie lange jede App im Laufe des letzten Monats verwendet wurde. Klicken Sie auf den Spaltenkopf, um eine Sortierung vorzunehmen.

3
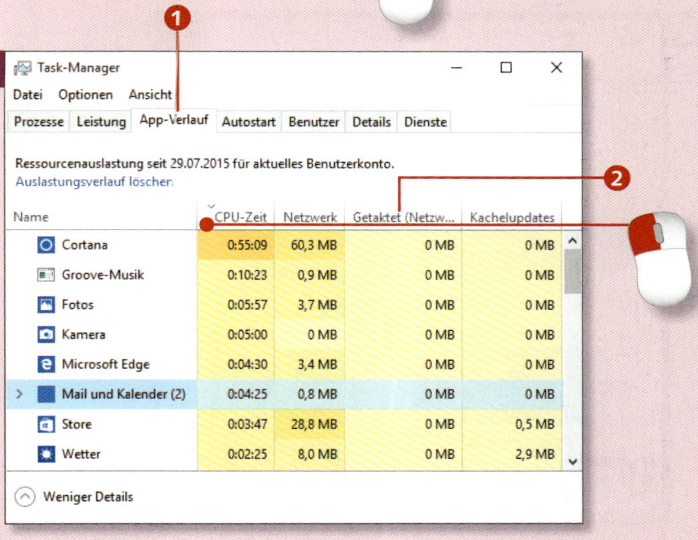

Datentransfer

In der Spalte **Getaktet (Netzwerk)** ❷ können Sie ablesen, wie umfangreich der Datentransfer einer App ist, und so mögliche Zusatzkosten im Auge behalten.

»Hamburger-Menüs« richtig erkennen

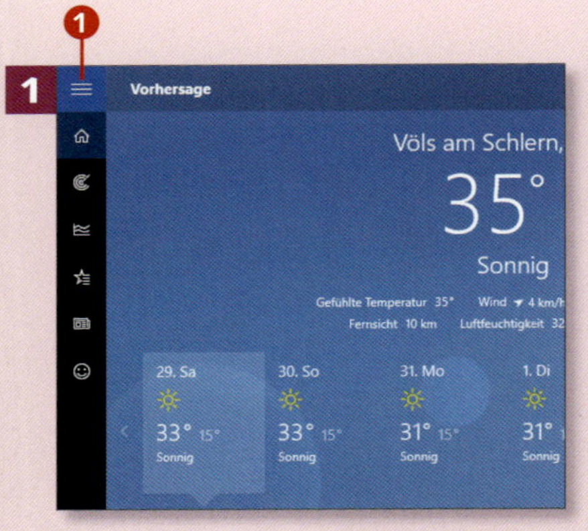

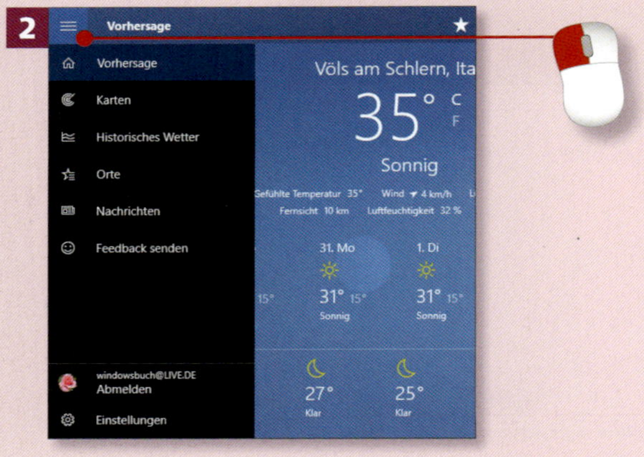

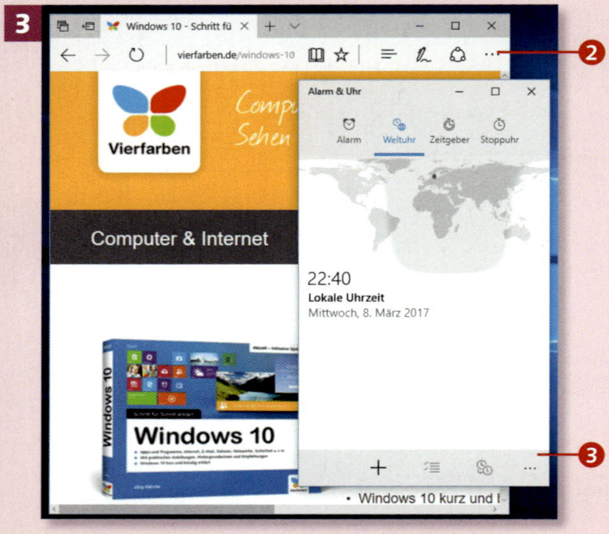

Smartphone-Nutzer kennen das »Hamburger-Menü«, das seinen Namen wegen seiner Darstellungsform trägt: drei übereinanderliegende Linien, die an die Schichten eines Hamburgers erinnern. In Windows 10 findet man dieses Menü in unterschiedlicher Form in allen Apps.

Schritt 1

Starten Sie die Wetter-App durch einen Klick auf die Kachel im Startmenü. Links oben im Programmfenster sehen Sie drei unscheinbar wirkende Linien ❶: das App-Menü.

Schritt 2

Wenn Sie darauftippen oder -klicken, öffnet sich seitlich eine Leiste mit verschiedenen Optionen. Welche Menüpunkte zum Vorschein kommen, hängt von der App ab. Ein erneuter Klick auf die Schaltfläche schließt das Menü wieder.

Schritt 3

Bei der Browser-App Edge kennzeichnen nicht drei Striche, sondern drei Punkte das App-Menü. Sie sind oben rechts ❷ zu finden. Bei der App Alarm & Uhr befinden sie sich wiederum unten rechts ❸.

Automatische Updates für Ihre Apps konfigurieren

Windows 10 aktualisiert Ihre Apps im Hintergrund. Um zu prüfen, ob diese Funktion aktiviert ist, oder falls Sie das automatische Update lieber abschalten möchten, werfen Sie einen Blick in die Einstellungen.

Schritt 1

Öffnen Sie den Windows Store durch einen Mausklick auf die Kachel **Store** im Startmenü oder über das Symbol ❶ in der Taskleiste.

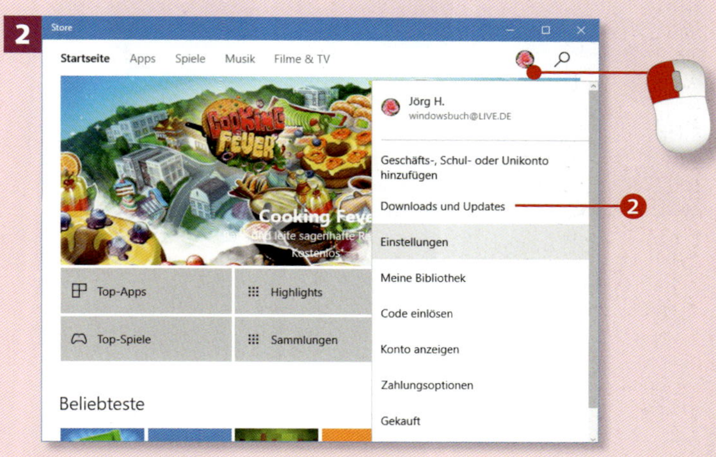

Schritt 2

Klicken Sie im Store auf Ihr Profilbild, und wählen Sie die Option **Einstellungen** aus dem Menü.

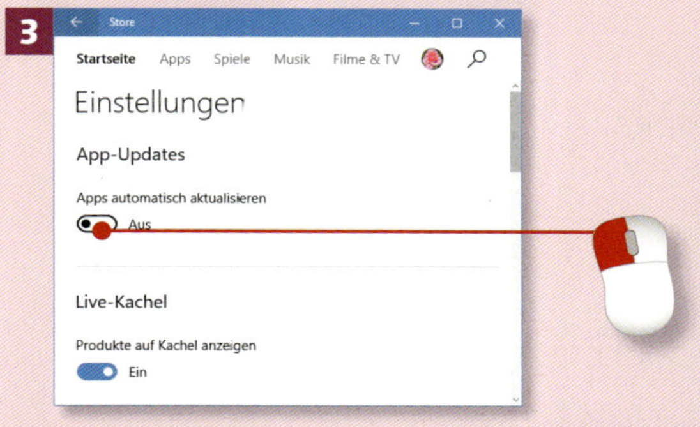

Schritt 3

Standardmäßig ist die Option **Apps automatisch aktualisieren** eingeschaltet. Um das automatische Update zu deaktivieren, stellen Sie den Schieberegler auf **Aus**.

Manuell nach Updates suchen
Ist die Funktion zur automatischen Aktualisierung deaktiviert, können Sie selbst nach Updates suchen. Klicken Sie im Store auf Ihr Profilbild, und wählen Sie **Downloads und Updates** ❷. Im zugehörigen Dialog klicken Sie auf die Schaltfläche **Nach Updates suchen**.

Den Windows-Taschenrechner voll ausnutzen

1 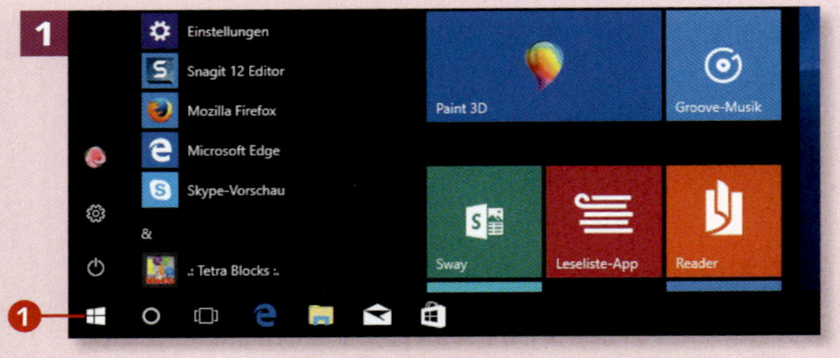

2 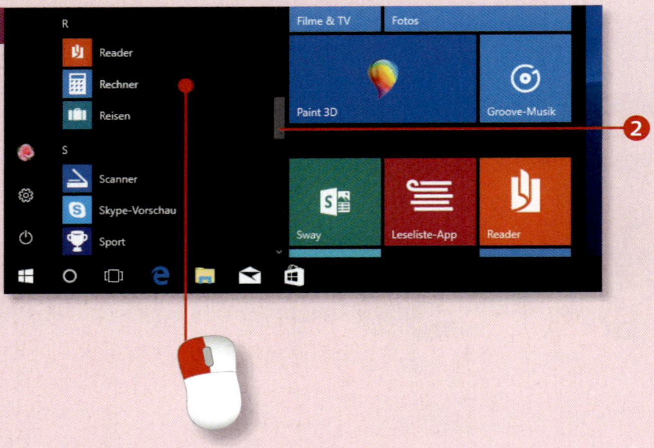

3 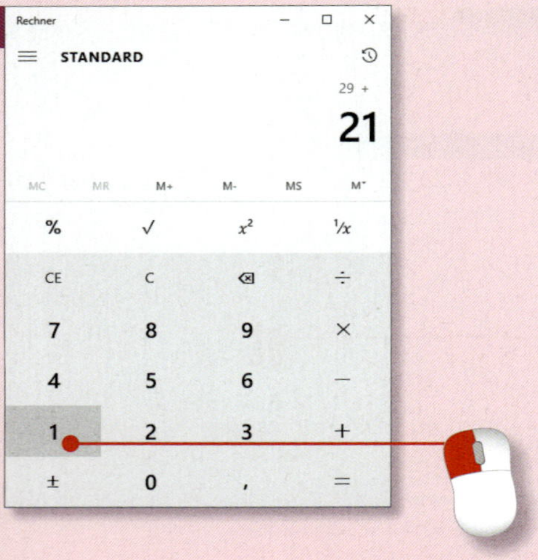

Auf den ersten Blick scheint ein Taschenrechner ja nicht sehr spektakulär, aber der Windows-Taschenrechner kann weit mehr, als man denken mag.

Schritt 1

Rufen Sie den Taschenrechner über das Startmenü auf. Dazu klicken Sie auf die **Start**-Schaltfläche ❶ oder drücken die [Windows]-Taste.

Schritt 2

Blättern Sie mithilfe der Bildlaufleiste ❷ hinunter bis zum Buchstaben R, und klicken Sie dort auf den Eintrag **Rechner**, um diesen zu starten.

Schritt 3

Bedienen Sie den Rechner über die Tastatur, oder klicken bzw. tippen Sie einfach auf die Schaltflächen. Probieren Sie einfach aus, welche Eingabemethode für Sie am bequemsten ist.

Schritt 4

Um von einem normalen Rechner zu einem wissenschaftlichen Rechner zu wechseln, klicken Sie oben links auf das »Hamburger-Menü« und anschließend auf **Wissenschaftlich**. Wieder zur Normalansicht geht es über den Menüpunkt **Standard** 3.

Schritt 5

Äußerst nützlich ist die Einheitenumrechnung. Sie aktivieren sie durch einen Klick auf das »Hamburger-Menü« und per anschließender Auswahl der gewünschten Option im Bereich **Konverter**.

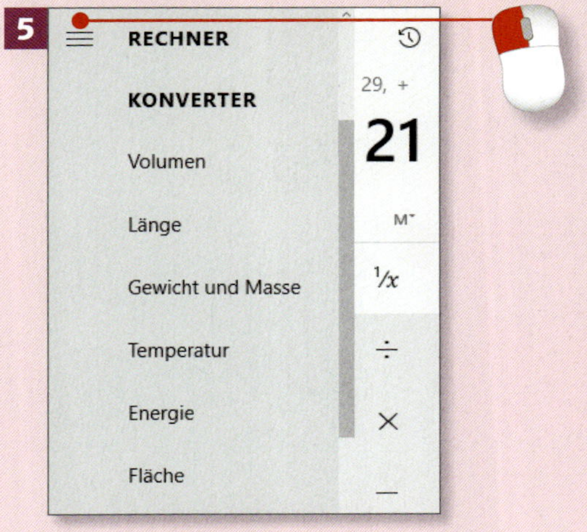

Schritt 6

Möchten Sie beispielsweise eine Flächenberechnung durchführen, wählen Sie den Menüpunkt **Fläche** aus der Liste aus.

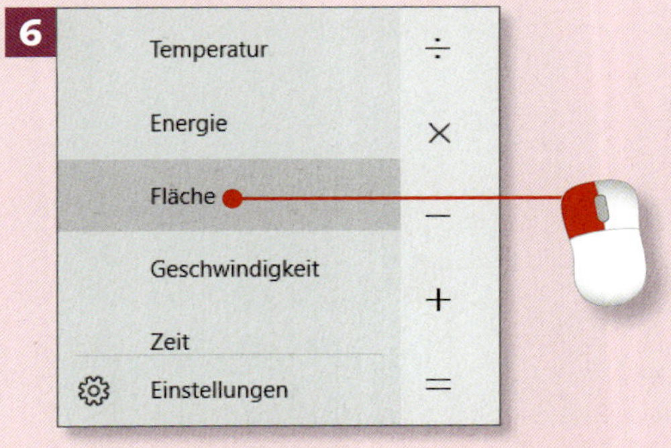

Was habe ich bisher gerechnet?
Der Rechner speichert alle Rechenoperationen innerhalb einer Sitzung. Über den Menüpunkt **Verlauf** können Sie den kompletten Verlauf einsehen. Beim Beenden des Rechners wird der Verlauf gelöscht.

Den Windows-Taschenrechner voll ausnutzen (Forts.)

7

8

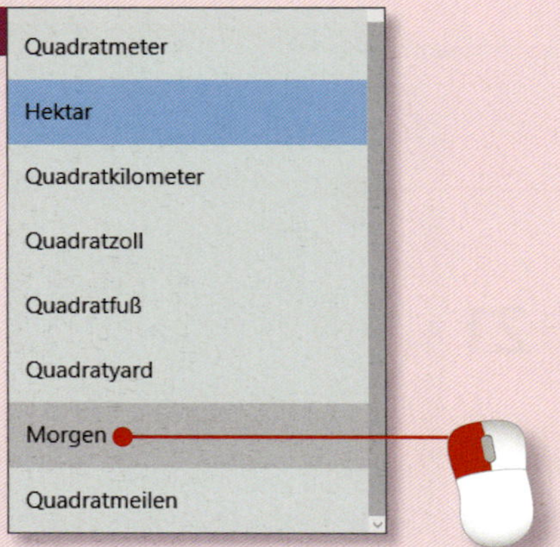

9

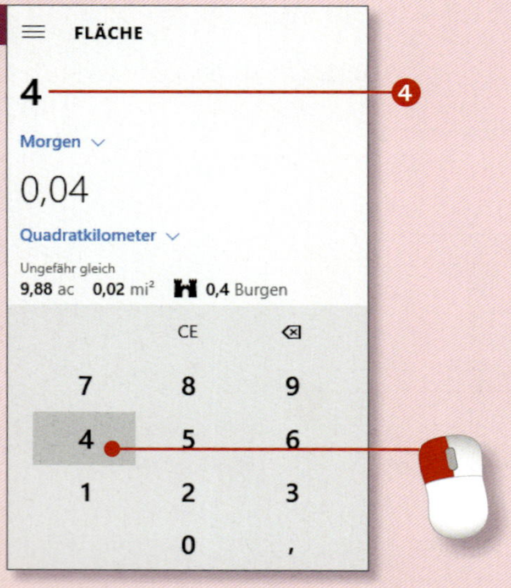

Schritt 7

Legen Sie im ersten Abschnitt zunächst die Einheit fest, indem Sie unterhalb der Anzeige **0** auf die dort angegebene Einheit klicken, in diesem Beispiel also auf **Hektar**.

Schritt 8

Es öffnet sich ein Menü mit zahlreichen Auswahlmöglichkeiten. Wählen Sie für unser Beispiel die Einheit **Morgen**.

Schritt 9

Ziel der Berechnung ist es, herauszufinden, wie viele *Quadratmeter* vier *Morgen* entsprechen. Geben Sie also ganz oben den Ausgangswert der Berechnung (4) ein, die Ziffer **4** für 4 Morgen.

Weitere Taschenrechner-Apps

Im Store finden Sie unter den Suchbegriffen *Taschenrechner* und *Rechner* zahlreiche weitere, meist kostenlose Apps, die optisch ansprechender und im Leistungsumfang praktisch identisch mit dem Windows-Taschenrechner sind. Es spricht nichts dagegen, die App durch eine andere zu ersetzen. Der Windows-Taschenrechner kann allerdings nicht deinstalliert werden.

Schritt 10

Klicken Sie auf die voreingestellte Zieleinheit, und wählen Sie aus dem Menü die gewünschte Maßeinheit **Quadratmeter** aus.

10
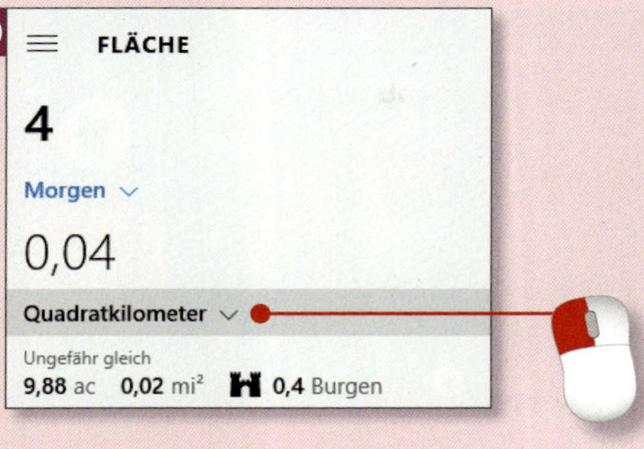

Schritt 11

Der Taschenrechner zeigt das Ergebnis sogleich an ❺. In der Anzeige direkt unter dem Ergebnis gibt der Taschenrechner weitere mehr oder weniger sinnvolle Vergleichswerte an ❻.

11
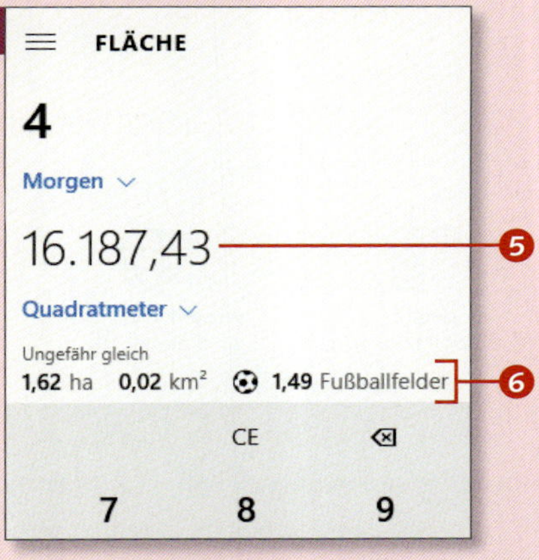

Schritt 12

Sie verlassen die Flächenberechnung wieder, indem Sie erneut auf das App-Menü des Taschenrechners klicken und daraus z. B. den Eintrag **Standard** für die normale Ansicht auswählen.

12
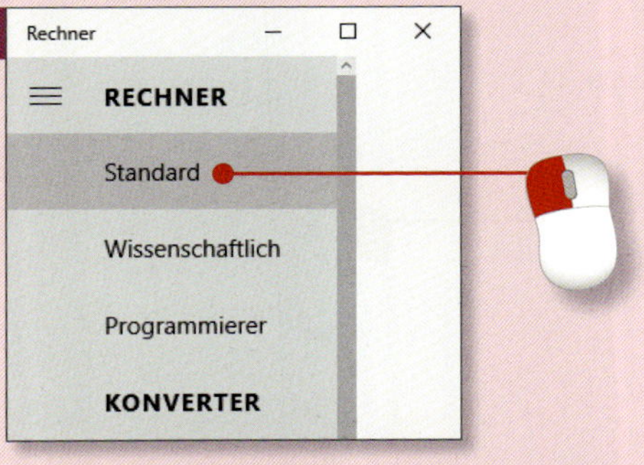

Datumsberechnung
Im Modus **Datumsberechnung** können Sie schnell und einfach die Differenz zwischen zwei Daten ermitteln und so z. B. errechnen, wie viele Tage es noch bis zum ersehnten Urlaub sind.

Standardspeicherorte festlegen

Standardmäßig werden Apps, Dokumente, Musik, Bilder und Videos unter Windows 10 auf dem Systemlaufwerk C:\ gespeichert. Sie haben aber die Möglichkeit, diese Standardspeicherorte zu verlegen.

Schritt 1

Klicken Sie auf die **Start**-Schaltfläche ❶ in der Taskleiste, oder drücken Sie die [Windows]-Taste, um das Startmenü zu öffnen, und wählen Sie den Menüeintrag **Einstellungen** aus.

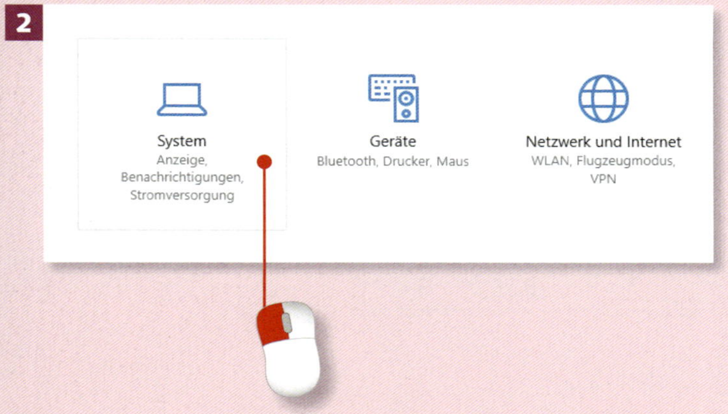

Schritt 2

In der Kategorie **System** sind Einstellungsmöglichkeiten u. a. für den Bildschirm, Benachrichtigungen, zum Energiesparen und auch für die Festlegung der Speicherorte zu finden. Wählen Sie also diese Kategorie per Mausklick aus.

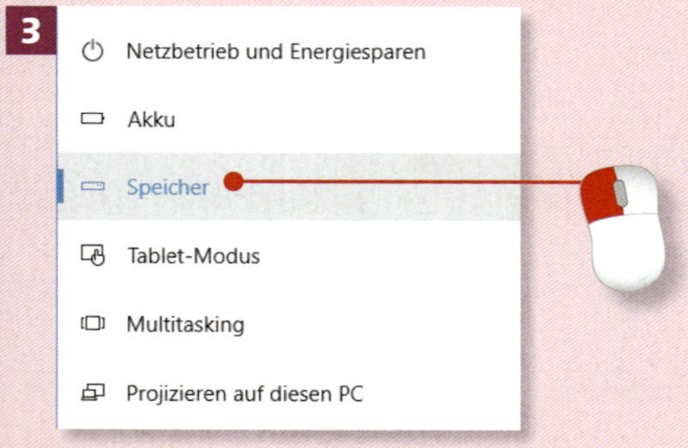

Schritt 3

Wählen Sie nun in der Menüleiste in der linken Fensterhälfte die Unterkategorie **Speicher**.

Apps verschieben

Sie können auch mehrere Apps über die Menüpunkte **Apps** ▸ **Apps & Features** auswählen und auf eine andere Partition verschieben, um Speicherplatz freizugeben.

Schritt 4

In der rechten Fensterhälfte sehen Sie im oberen Teil die Speicherbelegung Ihrer Festplatten. Scrollen Sie zum Abschnitt **Weitere Speichereinstellungen**, und klicken Sie dort auf **Speicherort für neuen Inhalt ändern**.

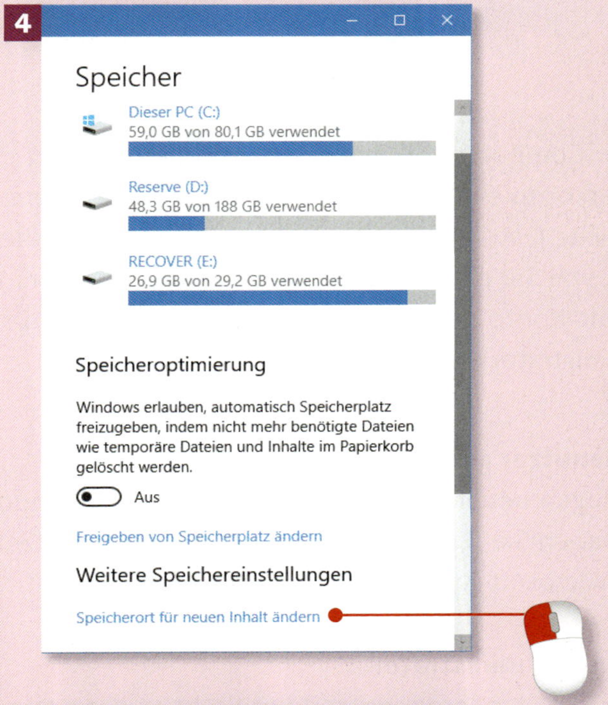

Schritt 5

Um einen Speicherort zu ändern, z. B. den für Apps, klicken Sie auf das entsprechende Dropdown-Menü und wählen einen Speicherort aus. Dabei ist es nicht möglich, ein spezielles Verzeichnis anzugeben, immerhin aber eine andere Festplatte bzw. Partition.

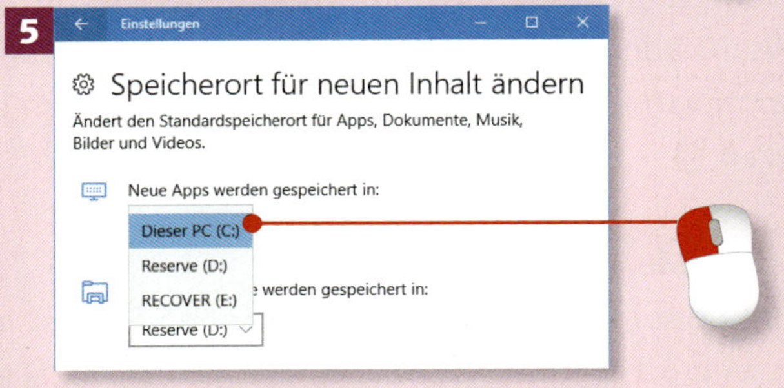

Schritt 6

Sobald Sie einen anderen Speicherort ausgewählt haben, erscheint neben Ihrer Auswahl eine neue Schaltfläche mit der Bezeichnung **Anwenden**. Klicken Sie darauf, um die Einstellungen zu speichern.

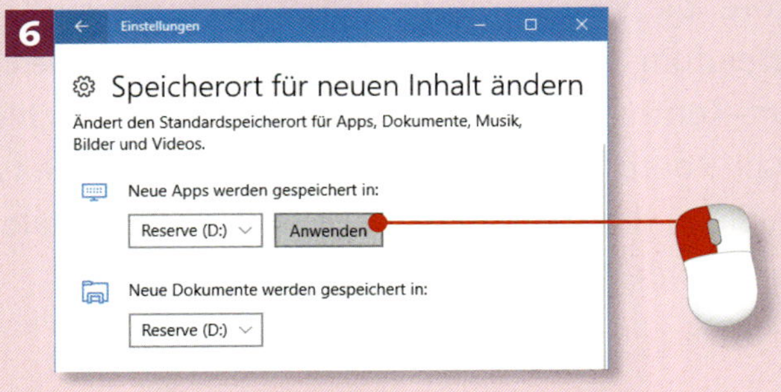

Keine Auswahl möglich?
Der Speicherort kann nur verändert werden, wenn mindestens zwei Festplatten bzw. Partitionen vorhanden sind. Eine weitere Aufteilung Ihrer Festplatte können Sie über **Systemsteuerung ▸ Verwaltung ▸ Datenträgerverwaltung** durchführen.

Kapitel 10
Windows für mehrere Benutzer einrichten

Wird Ihr Computer von mehreren Personen benutzt? Richten Sie für jeden ein eigenes Benutzerkonto ein, so kann jeder Nutzer seine eigenen Einstellungen vornehmen, und persönliche Dateien bleiben vor den Blicken der anderen geschützt. Lesen Sie in diesem Kapitel, wie Sie ein neues Microsoft-Konto erstellen, wie Sie ein lokales Konto in ein Microsoft-Konto umwandeln können, und wie Sie für administrative Zwecke das versteckte Administratorkonto aktivieren können.

Neue Benutzer anlegen

Das Anlegen neuer Benutzerprofile ❶ ist unter Windows 10 zum Glück sehr einfach. Dabei haben Sie die Möglichkeit, ein lokales Benutzerkonto anzulegen oder Ihr Konto mit einem Microsoft-Konto zu verknüpfen.

Der echte Administrator

Neben dem Standardbenutzerkonto gibt es das normale Administratorkonto, das unter Windows 10 aber lediglich ein Konto mit eingeschränkten Administratorrechten ist. Das echte Administratorkonto ist deaktiviert; Sie können es aber problemlos wieder aktivieren und nutzen ❷.

So erstellen Sie ein Microsoft-Konto

Viele Funktionen unter Windows 10 können Sie nur in vollem Umfang nutzen, wenn Sie über ein Microsoft-Konto verfügen – sei es die Installation neuer Apps aus dem Windows Store, die Synchronisation Ihrer Computereinstellungen auf weiteren Rechnern oder die Verwendung von OneDrive als zusätzlichem Speicherplatz. Die Registrierung eines Microsoft-Kontos ❸ ist in wenigen Minuten abgeschlossen, und gratis dazu erhalten Sie ein E-Mail-Konto auf Outlook.com. Sollten Sie bereits über ein Microsoft-Konto verfügen, erfahren Sie in diesem Kapitel auch, wie Sie Ihr lokales Benutzerkonto in ein Microsoft-Konto umwandeln können.

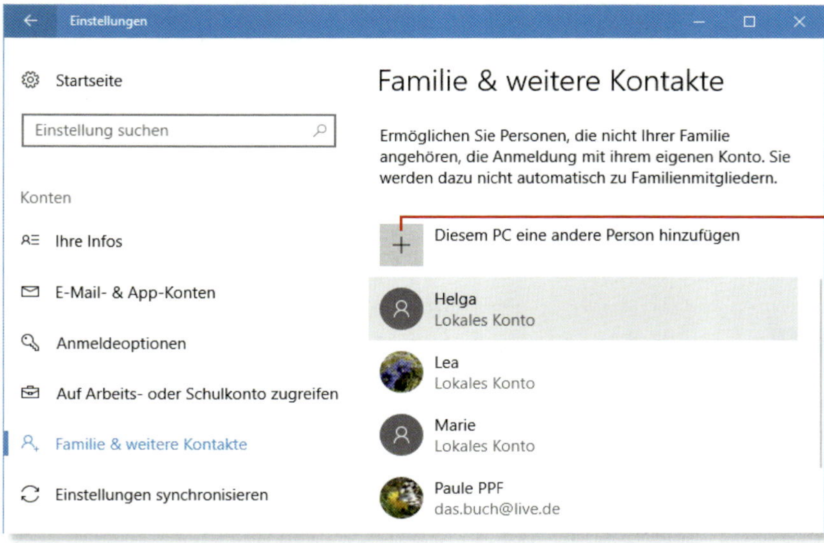

1 Jeder Nutzer sollte über ein eigenes Benutzerkonto verfügen.

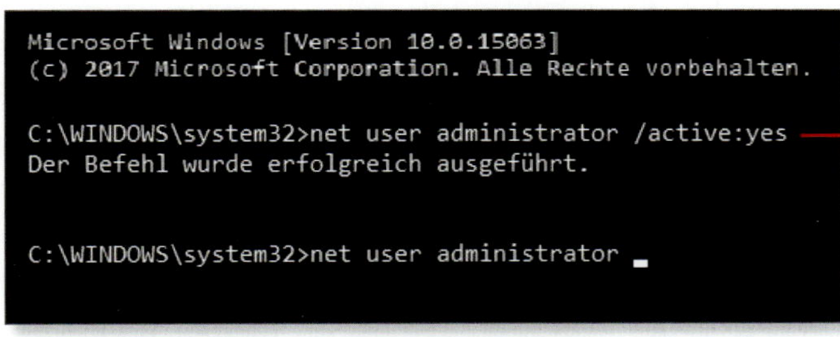

2 Aktivieren Sie bei Bedarf das eigentliche Administratorkonto.

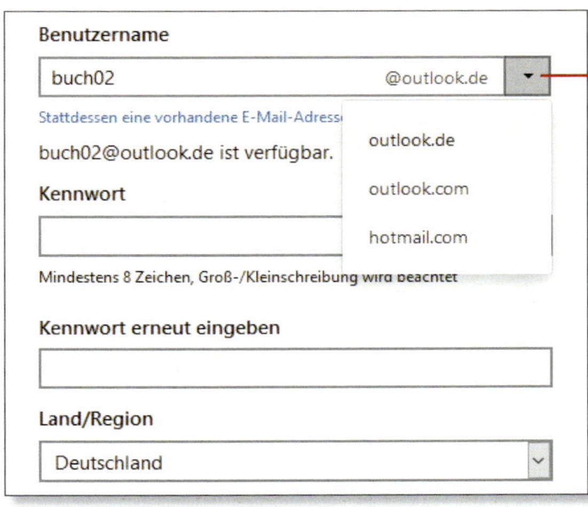

3 So erstellen Sie ein Microsoft-Konto.

Ein Microsoft-Konto erstellen

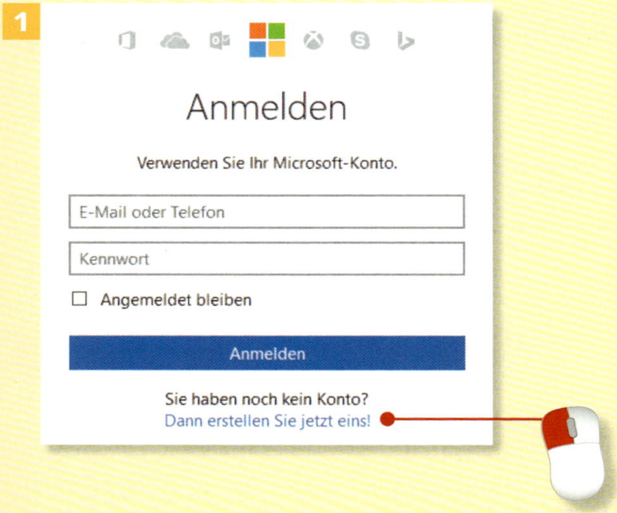

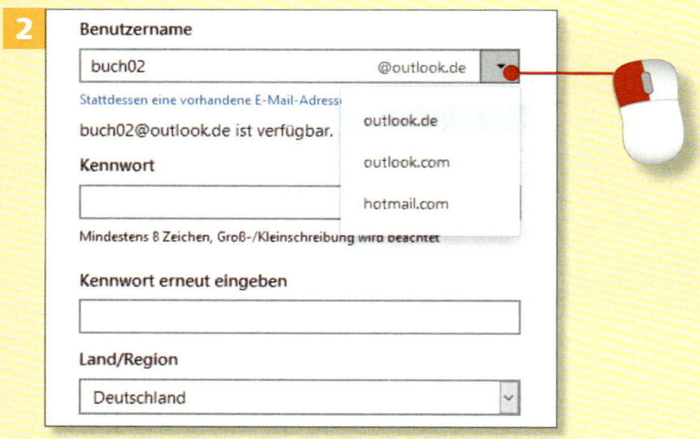

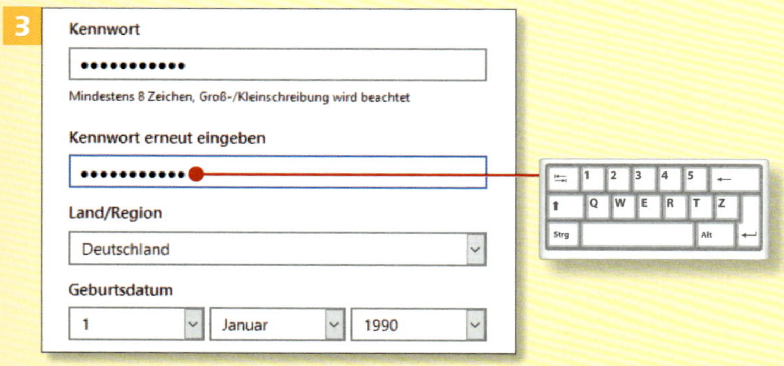

Für die Nutzung einiger Funktionen, z. B. für die Installation neuer Apps aus dem Windows Store, ist ein Microsoft-Konto Voraussetzung. So richten Sie es ein.

Schritt 1

Öffnen Sie in Ihrem Browser die Anmeldeseite *https://login.live.com*. Um ein neues Microsoft-Konto zu erstellen, klicken Sie dort auf den Link **Jetzt registrieren**.

Schritt 2

Füllen Sie nun das hier angezeigte Formular aus. Bei der Erstellung der E-Mail-Adresse haben Sie die Auswahl zwischen mehreren Endungen, wie z. B. *outlook.de* oder *hotmail.com*. Sie können an dieser Stelle aber auch eine bereits vorhandene E-Mail-Adresse verwenden.

Schritt 3

Verwenden Sie ein starkes Kennwort! Acht Zeichen muss es mindestens lang sein. Nutzen Sie Groß- und Kleinbuchstaben, Ziffern und Sonderzeichen. Namen und Geburtsdaten sollten Sie nicht verwenden, da diese häufig einfach nachzuvollziehen sind.

Schritt 4

Falls Sie Ihr Kennwort vergessen, können Sie es zurücksetzen lassen. Geben Sie eine Telefonnummer oder eine alternative E-Mail-Adresse an, an die ein Code zur Rücksetzung geschickt werden kann.

Schritt 5

Sind alle Angaben gemacht, geben Sie am Ende der Seite noch den angezeigten Sicherheitscode ein. Bei der Eingabe wird nicht zwischen Groß- und Kleinschreibung unterschieden.

Schritt 6

Möchten Sie E-Mails von Microsoft mit Werbeangeboten erhalten? Falls nicht, achten Sie darauf, dass die Option nicht ausgewählt wurde ❶. Klicken Sie dann auf **Konto erstellen**, um den Vorgang abzuschließen.

Microsoft-Konto löschen

Falls Sie Ihr Konto bei Microsoft nicht mehr benötigen und es löschen möchten, besuchen Sie erneut die Anmeldeseite unter *https://login.live.com* und klicken in der Kategorie **Sicherheit** auf **Weitere Sicherheitseinstellungen ▸ Eigenes Konto schließen**.

4

5

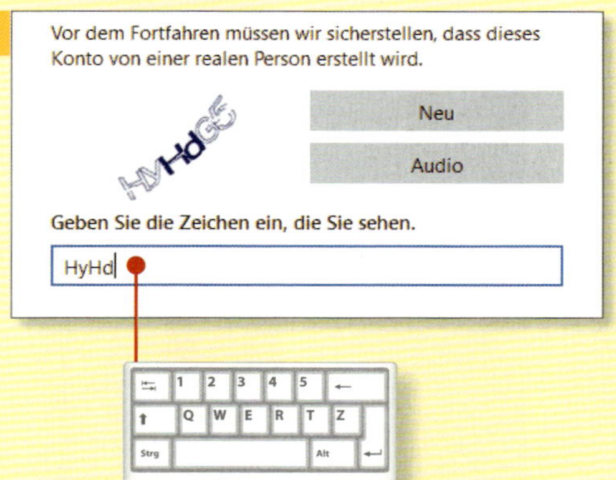

6

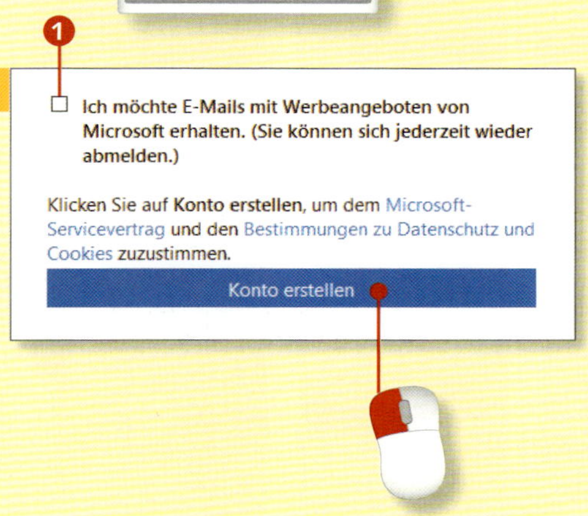

Ein neues Benutzerkonto erstellen

Legen Sie für jeden Benutzer ein eigenes Konto an. So kann sich jeder Benutzer seine persönliche Arbeitsumgebung einrichten. Zusätzlich erhöhen Sie so die Sicherheit.

1
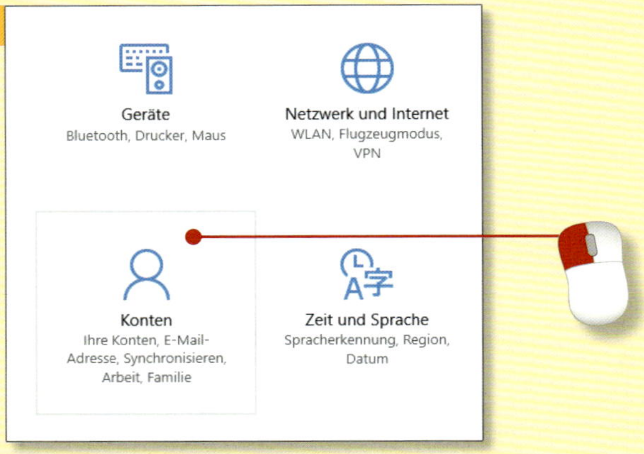

Schritt 1

Sie müssen als Administrator am System angemeldet sein, um ein neues Benutzerkonto anzulegen. Öffnen Sie zunächst mit der Tastenkombination ⊞ + I die Einstellungen, und klicken Sie hier auf **Konten**.

2
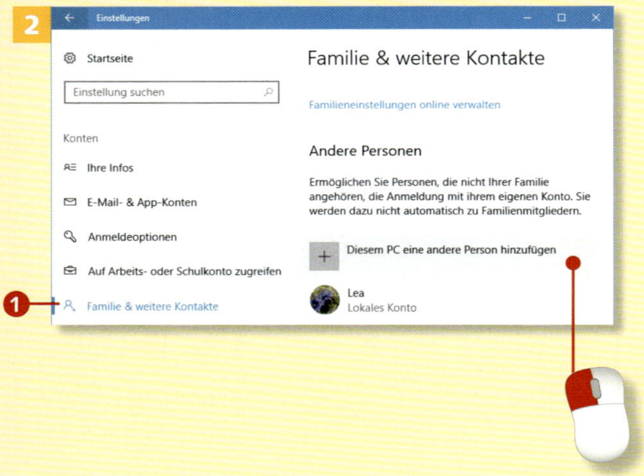

Schritt 2

Es öffnet sich das Fenster **Einstellungen**. Klicken Sie in der linken Spalte auf die Kategorie **Familie & weitere Kontakte** ❶ und danach in der rechten Hälfte auf **Diesem PC eine andere Person hinzufügen**.

3
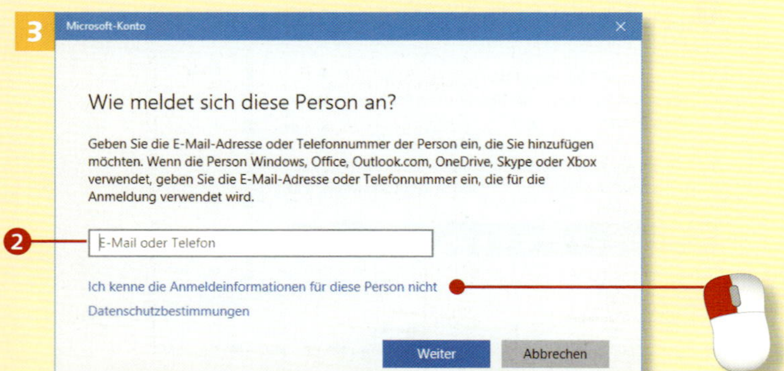

Schritt 3

Verfügt der Benutzer bereits über ein Microsoft-Konto, tragen Sie jetzt seine E-Mail-Adresse ein ❷, klicken auf **Weiter** und fahren mit Schritt 6 fort. Um stattdessen ein lokales Konto einzurichten, klicken Sie auf den Link **Ich kenne die Anmeldeoptionen für diese Person nicht**.

Schritt 4

Microsoft möchte Sie zur Nutzung eines Microsoft-Kontos überreden und blendet nun ein entsprechendes Anmeldeformular ein. Wir bleiben bei der Absicht, ein lokales Benutzerkonto zu erstellen, und klicken daher auf den Link **Benutzer ohne Microsoft-Konto hinzufügen**.

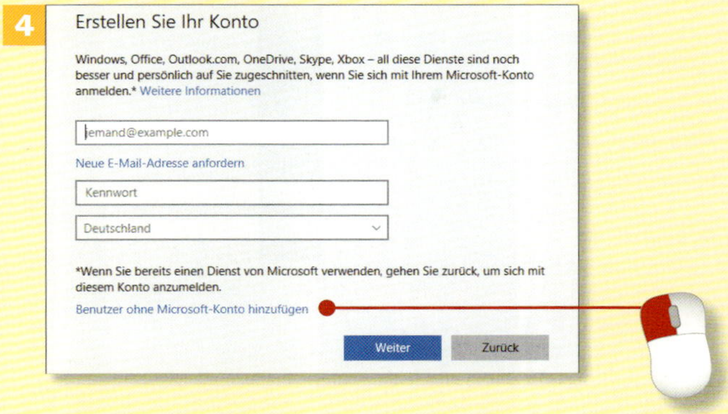

Schritt 5

Tragen Sie den gewünschten Benutzernamen ❸, ein Kennwort ❹ und eine Erinnerungshilfe für das Kennwort ein. Achten Sie darauf, dass sich das Kennwort auch durch die Erinnerungshilfe nicht für Dritte erraten lässt! Klicken Sie auch hier im Anschluss auf **Weiter**.

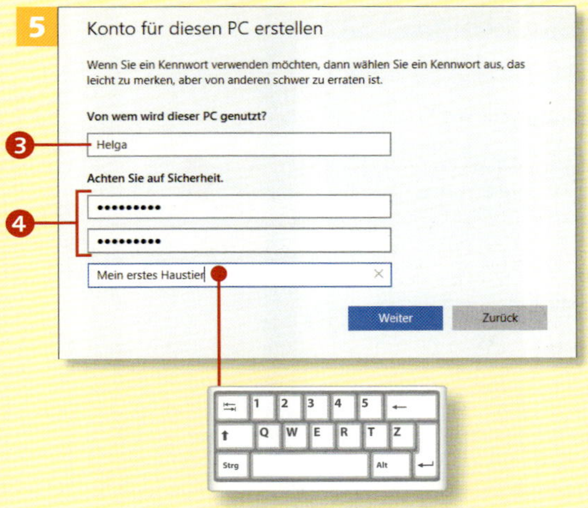

Schritt 6

Das neue Benutzerkonto wird erstellt und in der Übersicht angezeigt ❺. Es kann sofort verwendet werden.

Konten für Familienmitglieder
In der Kategorie **Familie & weitere Kontakte** gibt es mit **Familienmitglieder hinzufügen** die Möglichkeit, Konten für die Familie einzurichten. Beim Konto eines Kindes können Sie Jugendschutzoptionen aktivieren. Konten für Familienmitglieder können nur in Verbindung mit einem Microsoft-Konto erstellt werden.

Die Benutzerkontensteuerung konfigurieren

Nervt die Benutzerkontensteuerung mit zu vielen Nachfragen? Stellen Sie die Benachrichtigungsebene nach Ihren Anforderungen ein.

1
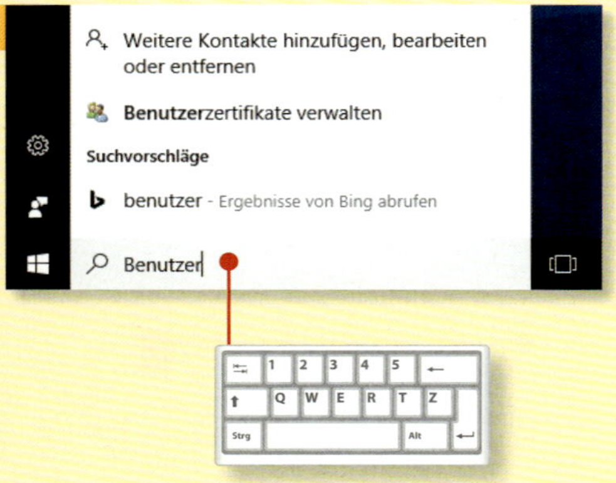

2
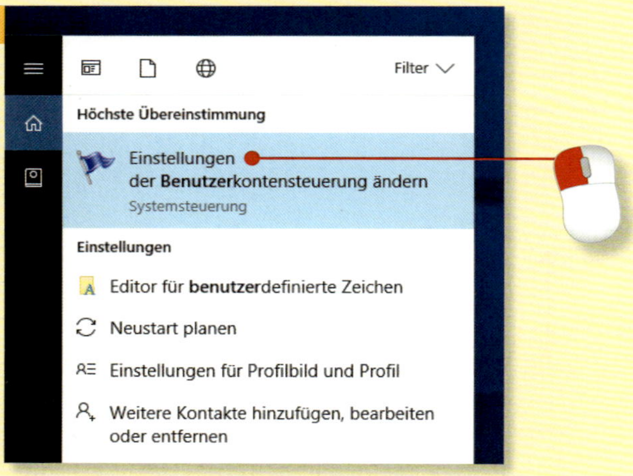

3
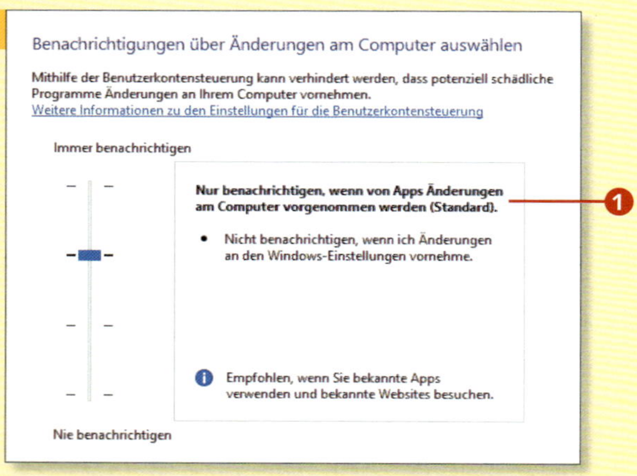

Schritt 1

Tippen Sie in das Suchfeld der Taskleiste das Wort *Benutzer* ein. Sollten Sie das Suchfeld deaktiviert haben, müssen Sie zunächst das Startmenü öffnen und können dann den Suchbegriff in das nun sichtbare Suchfeld eingeben.

Schritt 2

Wählen Sie aus der Liste der Suchergebnisse den ersten Eintrag, **Einstellungen der Benutzerkontensteuerung ändern (Systemsteuerung)**, mit einem Klick aus.

Schritt 3

Jetzt können Sie die Benachrichtigungsebene einstellen. Standardmäßig werden Sie benachrichtigt, sobald Programme Änderungen am System vornehmen möchten ❶.

User Account Control (UAC)

Die Benutzerkontensteuerung wird in vielen Tipps zu Windows auch mit der englischen Abkürzung *UAC* bezeichnet.

Schritt 4

Klicken Sie den Schieberegler an, und ziehen Sie ihn mit gedrückter Maustaste eine Stufe nach unten. Diese ist mit der **Standard**-Stufe identisch, mit der Ausnahme, dass hier der Desktop nicht abgedunkelt wird.

Schritt 5

Wenn Sie den Regler ganz nach unten schieben, deaktivieren Sie die Benutzerkontensteuerung. Sie erhalten keine Benachrichtigungen mehr.

Schritt 6

Führen Sie den Regler hingegen ganz nach oben, werden Sie auch dann benachrichtigt, wenn Sie selbst eine Änderung am System durchführen. Dies ist die sicherste Einstellung.

Nicht ausschalten!
Auch wenn die Abfragen etwas lästig sein können, deaktivieren Sie die Benutzerkontensteuerung nicht. Sie würden Ihr System einem unnötigen Sicherheitsrisiko aussetzen.

4

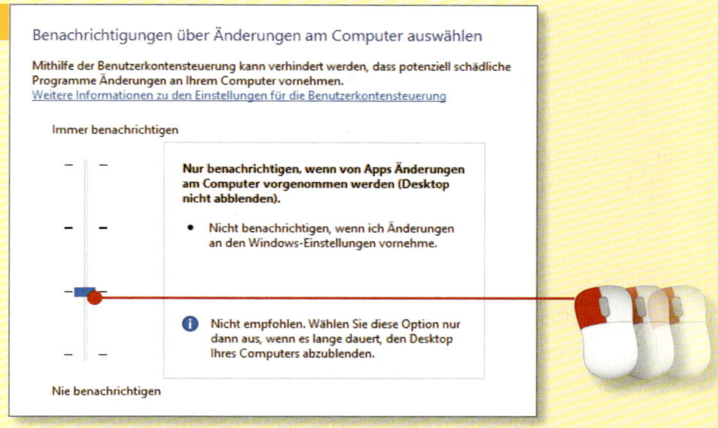

5

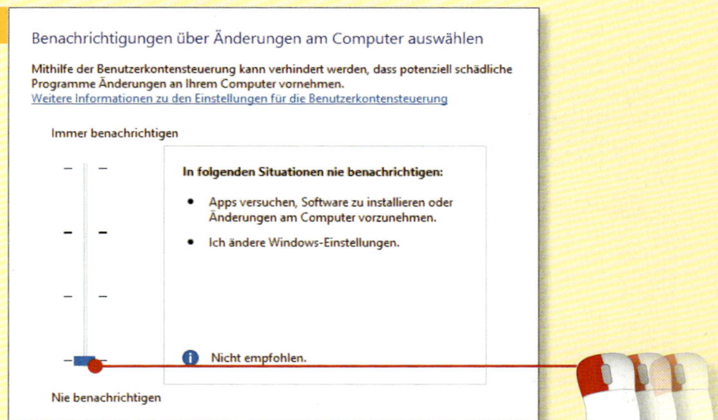

6

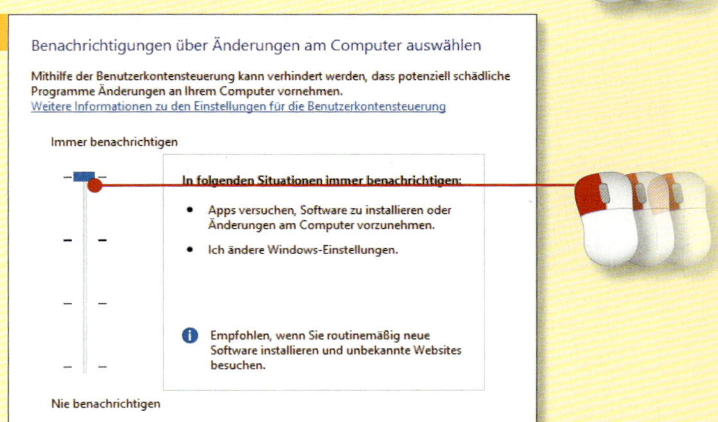

Das geheime Administratorkonto aktivieren

1

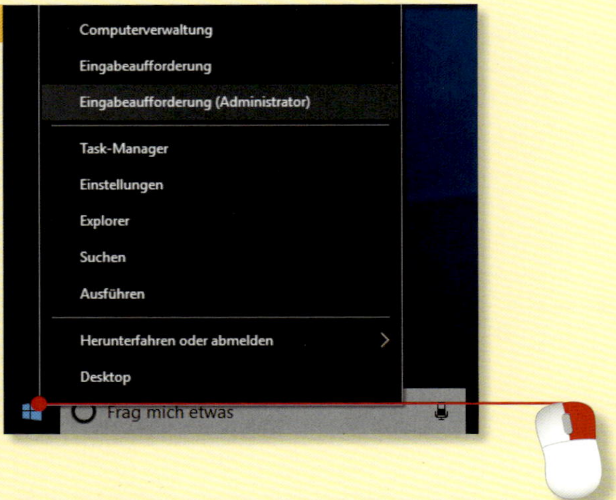

2

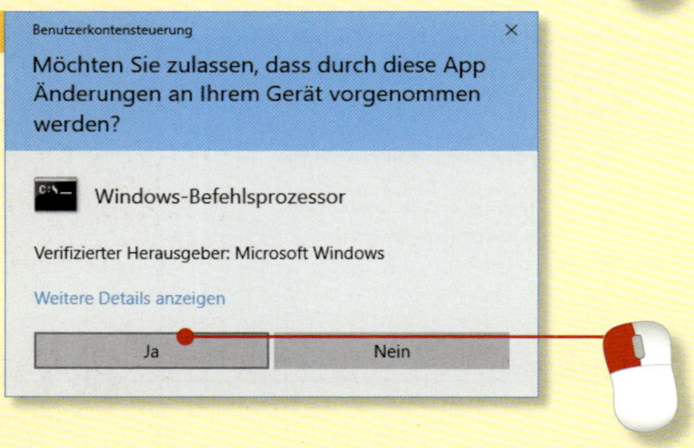

3

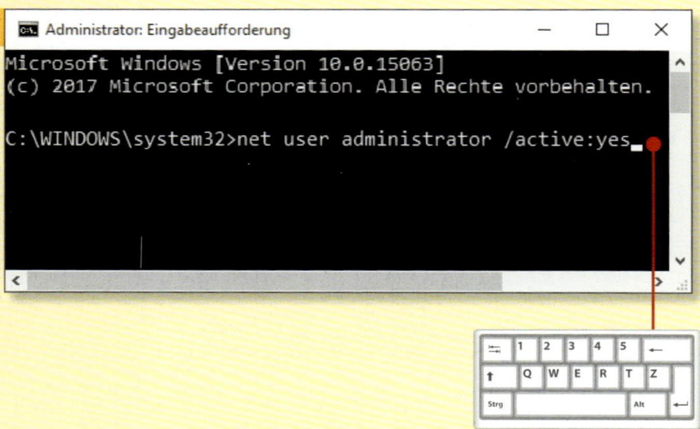

Standardmäßig ist das Haupt-Administratorkonto unter Windows 10 deaktiviert. Aktivieren Sie es in wenigen Schritten.

Schritt 1

Führen Sie auf dem Desktop einen Rechtsklick auf die **Start**-Schaltfläche aus, und wählen den Eintrag **Eingabeaufforderung (Administrator)** bzw. je nach Voreinstellung **PowerShell (Administrator)** aus.

Schritt 2

Bestätigen Sie die Abfrage der Benutzerkontensteuerung mit **Ja**, damit die Eingabeaufforderung gestartet werden kann.

Schritt 3

Tippen Sie den folgenden Befehl ein, und schließen Sie die Eingabe mit ↵ ab. Achten Sie auf die korrekte Schreibweise inklusive Leerzeichen: *net user administrator /active:yes*.

Konto wieder deaktivieren

Um das Administratorkonto zu deaktivieren, geben Sie in der Eingabeaufforderung den Befehl *net user administrator /active:no* ein.

Schritt 4

Haben Sie den Befehl richtig eingegeben, erhalten Sie die Meldung **Der Befehl wurde erfolgreich ausgeführt** ❶. Falls nicht, wiederholen Sie die Eingabe einfach.

4
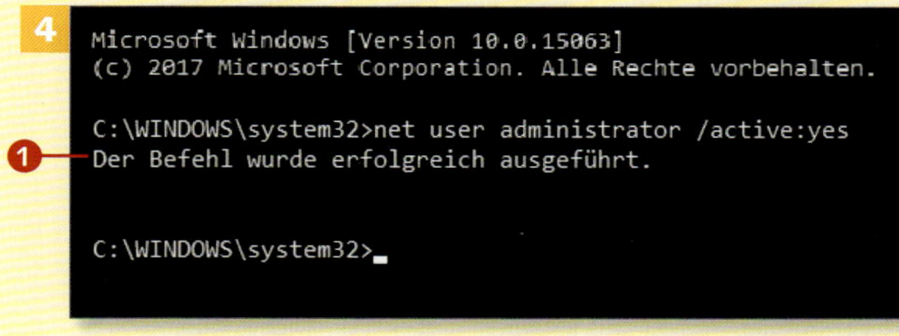

Schritt 5

Dem Administratorkonto ist noch kein Kennwort zugewiesen. Geben Sie folgenden Befehl ein, um ein Kennwort zu vergeben: *net user administrator Kennwort*. Ersetzen Sie dabei das Wort *Kennwort* durch das Passwort, das Sie für das Konto festlegen möchten, und schließen Sie auch dies mit der [↵]-Taste ab.

5
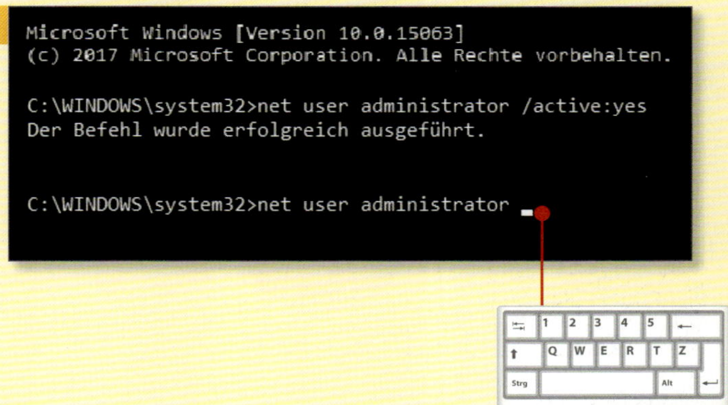

Schritt 6

Wurden alle Befehle erfolgreich ausgeführt, steht das neue Administratorkonto bei der nächsten Anmeldung am System zur Verfügung ❷.

6
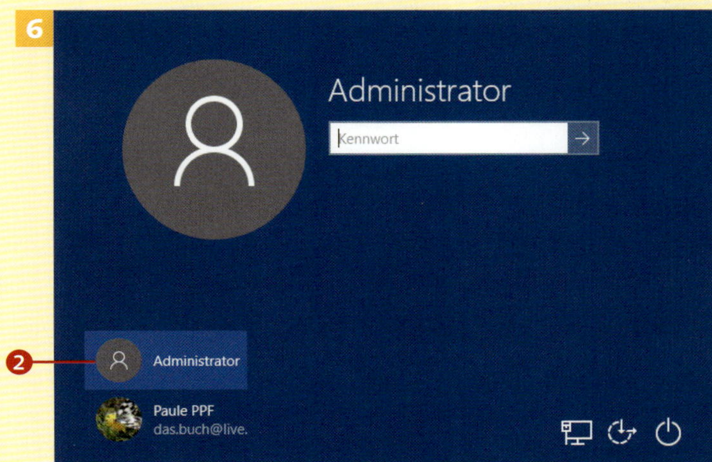

Vorübergehende Nutzung

Verwenden Sie das Haupt-Administratorkonto nur kurzfristig, beispielsweise für Wartungsaufgaben. Für die tägliche Arbeit reicht ein normales Administratorkonto oder ein Standardbenutzerkonto meist vollkommen aus.

Kennworteingabe nach Reaktivierung abschalten

Wenn Sie Ihren Rechner aus dem Stand-by-Modus erwecken oder nachdem der Bildschirmschoner angesprungen ist, müssen Sie sich für gewöhnlich wieder am System anmelden. Diese erneute Abfrage können Sie deaktivieren.

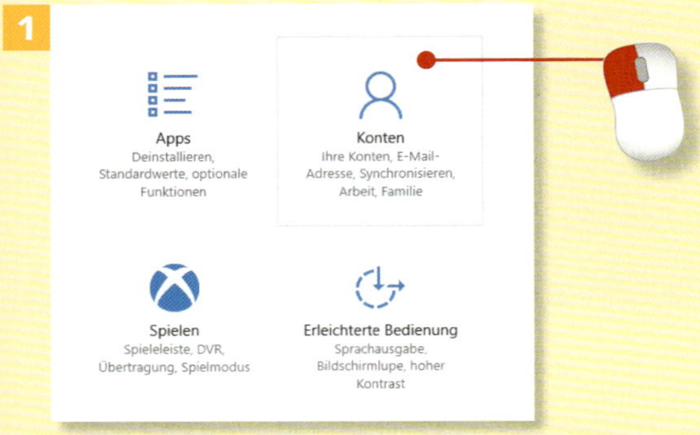

Schritt 1

Öffnen Sie zunächst die Windows-Einstellungen mithilfe der Tastenkombination [Win] + [I] oder indem Sie im Startmenü auf das Zahnradsymbol klicken, und wählen Sie dann die Kategorie **Konten**.

Schritt 2

Die Einstellungen zur Deaktivierung der Kennwortabfrage finden Sie in den **Anmeldeoptionen**. Klicken Sie auf den gleichnamigen Menüpunkt in der linken Fensterhälfte.

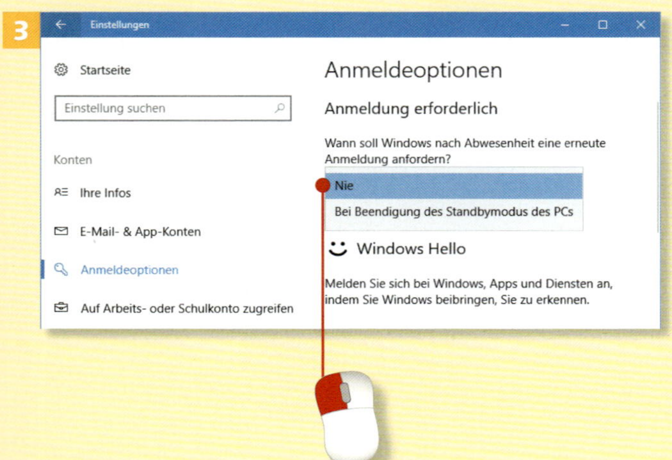

Schritt 3

Wählen Sie aus dem Dropdown-Menü **Wann soll Windows nach Abwesenheit eine erneute Anmeldung anfordern** die Option **Nie**, um künftig eine erneute Authentifizierung nach Beendigung des Stand-by-Modus zu vermeiden.

Schritt 4

Die Einstellungen für den Bildschirmschoner sind gut versteckt. Tippen Sie links oben in das Suchfeld der Einstellungen das Wort »Sperr« ein, und wählen Sie aus den angezeigten Ergebnissen die Option **Einstellungen für den Sperrbildschirm**.

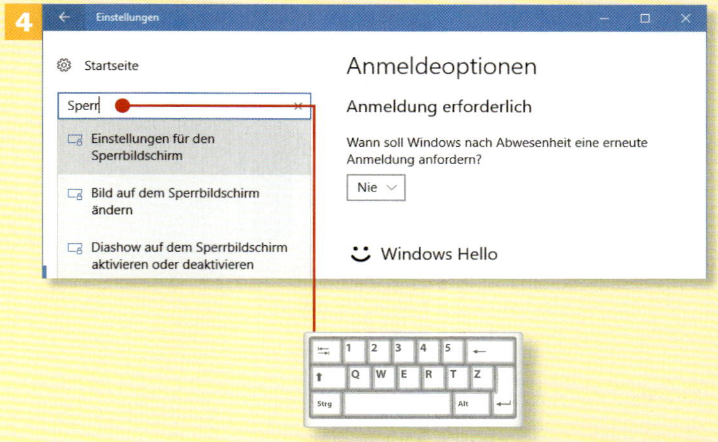

Schritt 5

Nutzen Sie die Bildlaufleiste am rechten Bildrand, um an das Ende der Seite zu gelangen ❶. Klicken Sie hier nun auf den Link **Einstellungen für den Bildschirmschoner**.

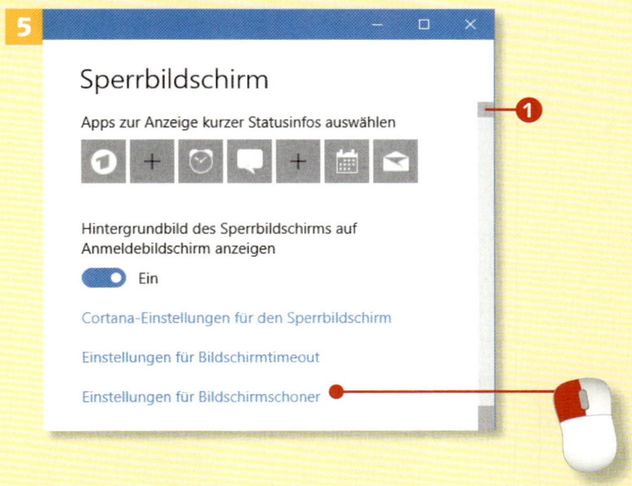

Schritt 6

Entfernen Sie nun gegebenenfalls das Häkchen vor der Option **Anmeldeseite bei Reaktivierung**, und schließen Sie den Vorgang mit **OK** ab.

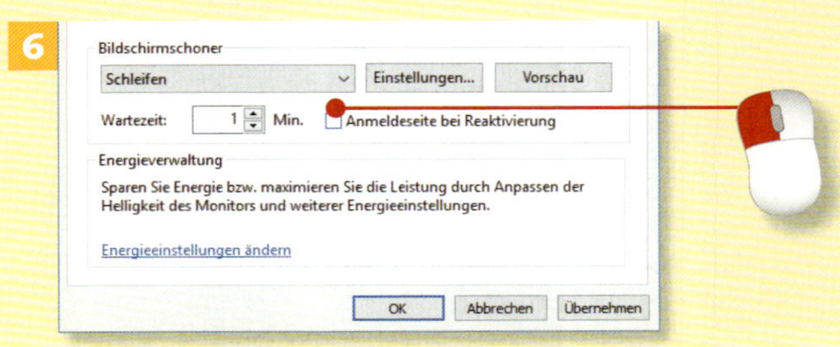

Gehen Sie auf Nummer sicher

Deaktivieren Sie die Eingabe der Kennwörter nur, wenn es sich um einen privaten Rechner handelt, auf den kein Außenstehender Zugriff hat. In Büros sollten Sie aus Sicherheitsgründen auf die Deaktivierung verzichten, damit Unbefugte während Ihrer Abwesenheit nicht auf den PC zugreifen können.

Ein Kennwortrücksetzdatenträger erstellen

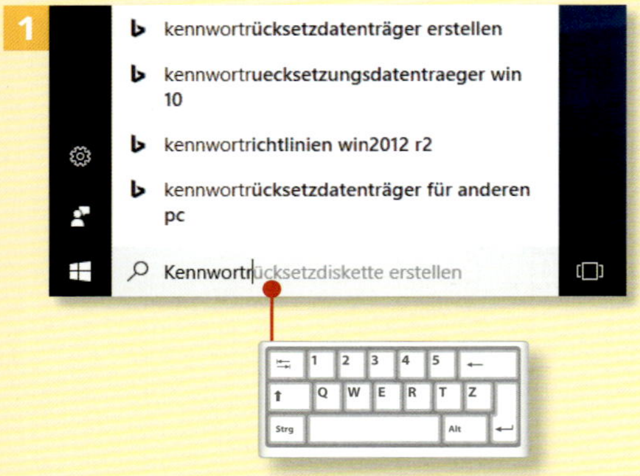

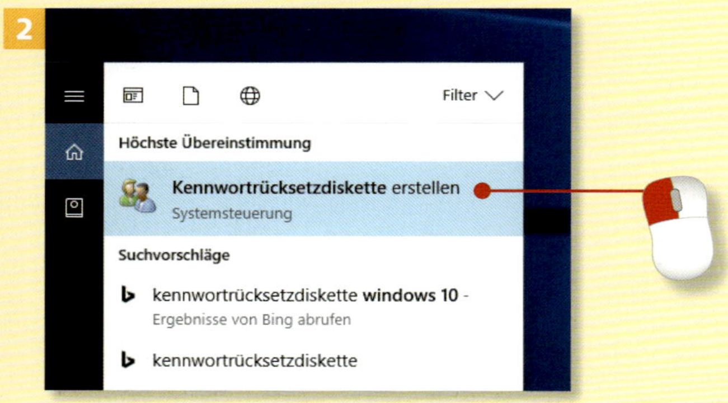

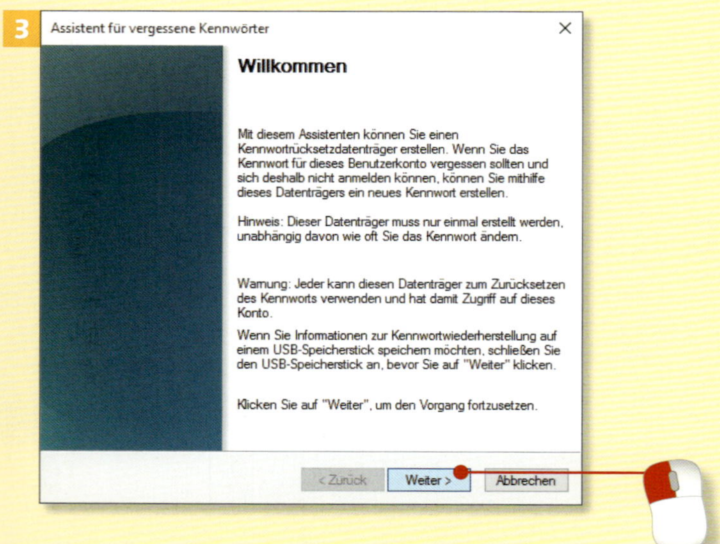

Sollten Sie einmal Ihr Benutzerkennwort vergessen, können Sie mithilfe der Kennwortrücksetzdiskette Ihr Kennwort komfortabel zurücksetzen und ganz einfach ein neues festlegen.

Schritt 1

Verbinden Sie einen USB-Stick mit Ihrem PC, und tippen Sie dann links unten in das Suchfeld der Taskleiste das Wort **Kennwortrücksetzdiskette** ein, wobei Windows automatisch Ihre Eingabe ergänzt.

Schritt 2

Klicken Sie in der Liste der Suchergebnisse auf den Eintrag **Kennwortrücksetzdiskette erstellen**.

Schritt 3

Der Assistent für vergessene Kennwörter öffnet sich. Jeder weitere Schritt wird mit einem Klick auf **Weiter** abgeschlossen.

Microsoft-Konto zurücksetzen

Eine Kennwortrücksetzdiskette können Sie nur erstellen, wenn Sie mit einem lokalen Benutzerkonto angemeldet sind. Wenn Sie stattdessen ein Microsoft-Konto verwenden, lesen Sie die Anleitung »Kennwort des Microsoft-Kontos vergessen« auf Seite 316.

Schritt 4

Wählen Sie über das Dropdown-Menü den Wechseldatenträger aus, auf dem Sie die Informationen speichern möchten. Da Disketten eigentlich nicht mehr verwendet werden, empfiehlt sich hier ein herkömmlicher USB-Speicherstick.

4

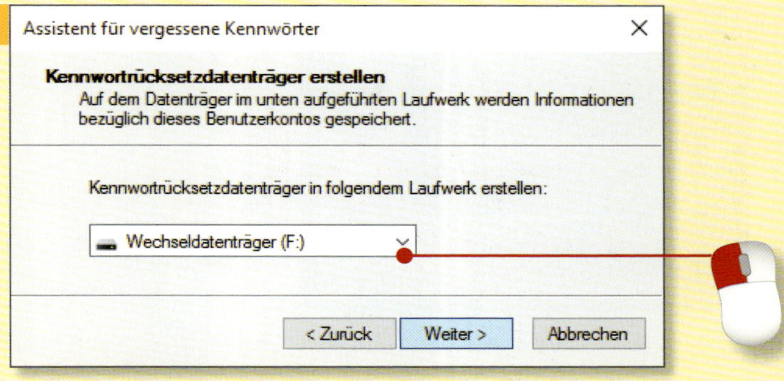

Schritt 5

Schließlich werden Sie zur Legitimierung noch zur Eingabe des aktuellen Kennworts aufgefordert. Kommen Sie dieser Aufforderung nach, und klicken Sie dann auf **Weiter**.

5

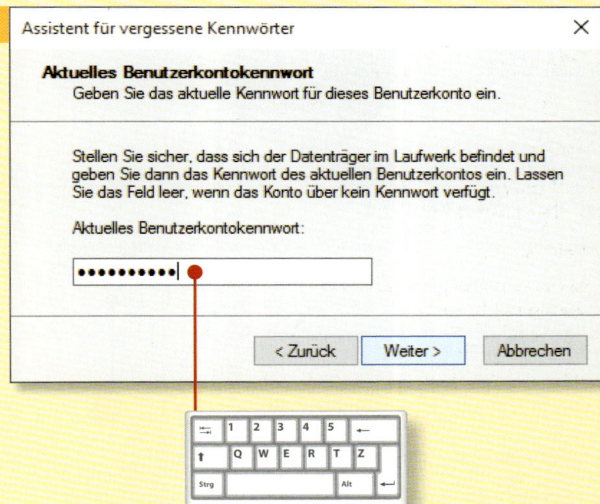

Schritt 6

Der Datenträger wird erstellt. Es folgen eine kurze Zusammenfassung und ein Hinweis, der über das Ende des Vorgangs informiert. Nun sind Sie für den Fall der Fälle gerüstet.

6

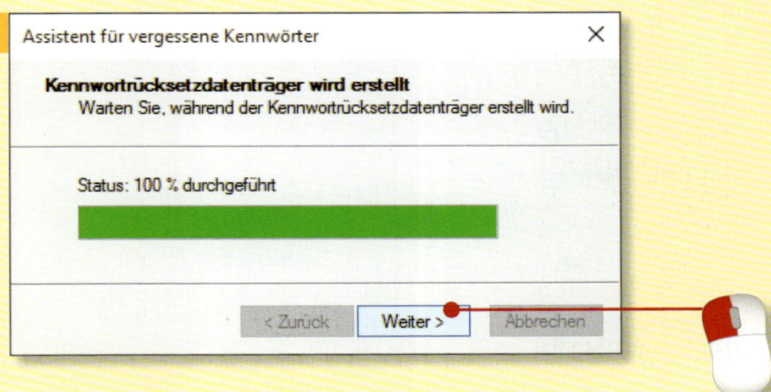

!

Sichere Aufbewahrung

Jeder, der in den Besitz der Kennwortrücksetzdiskette gelangt, kann ein neues Kennwort erstellen und sich unter Ihrem Namen am System anmelden. Schützen Sie daher den Datenträger vor Missbrauch!

Ein lokales Konto in ein Microsoft-Konto umwandeln

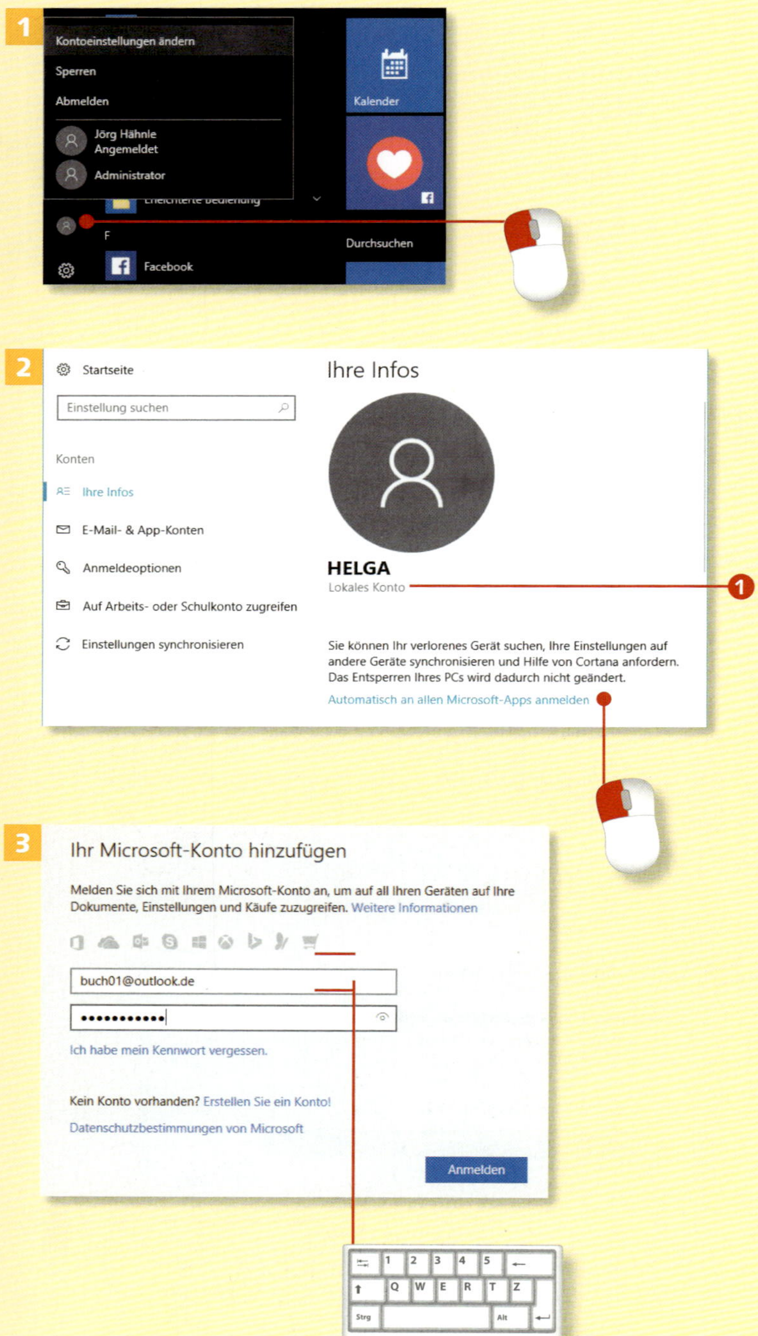

Ein lokales Benutzerkonto können Sie jederzeit in ein Microsoft-Konto umwandeln, beispielsweise wenn Sie Ihre Computereinstellungen auf einem anderen PC synchronisieren oder von dort auf die installierten Apps Ihres Hauptrechners zugreifen möchten.

Schritt 1

Öffnen Sie das Startmenü, klicken Sie links auf Ihr Profilbild, und wählen Sie den Menüpunkt **Kontoeinstellungen ändern** aus. Diese Option führt Sie direkt zu den benötigten Kontoeinstellungen.

Schritt 2

In der rechten Fensterhälfte wird unterhalb Ihres Benutzernamens der aktuelle Kontotyp angezeigt, in diesem Fall ein lokales Konto (1). Klicken Sie auf den darunterstehenden Link **Automatisch an allen Microsoft-Apps anmelden**.

Schritt 3

Geben Sie die E-Mail-Adresse und das Kennwort Ihres Microsoft-Kontos ein. Sollten Sie noch nicht über ein Microsoft-Konto verfügen, lesen Sie die Anleitung »Ein Microsoft-Konto erstellen« auf Seite 210.

Schritt 4

Sie werden nun wieder zu den Kontoeinstellungen geführt. Unterhalb Ihres Benutzernamens wird die E-Mail-Adresse zu Ihrem Microsoft-Konto aufgeführt ❷. Klicken Sie zur Bestätigung Ihres Kontos nun auf den Link **Bestätigen**.

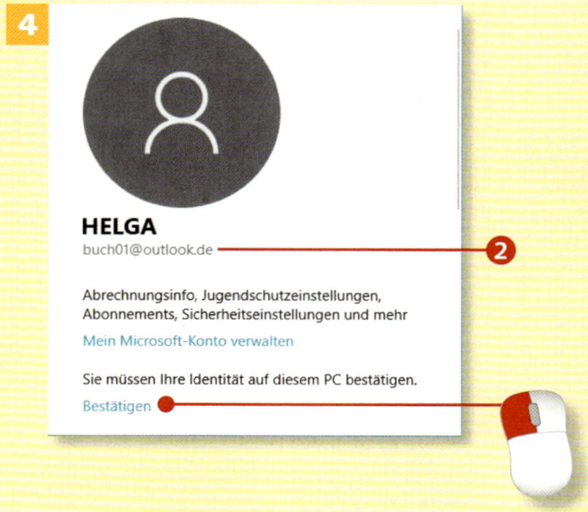

Schritt 5

Geben Sie über das Dropdown-Menü an, auf welchem Weg Microsoft Ihnen einen Bestätigungscode übermitteln soll. In diesem Beispiel soll der Code per SMS versandt werden. Zur Authentifizierung ist die Eingabe der letzten vier Ziffern der Handynummer notwendig ❸.

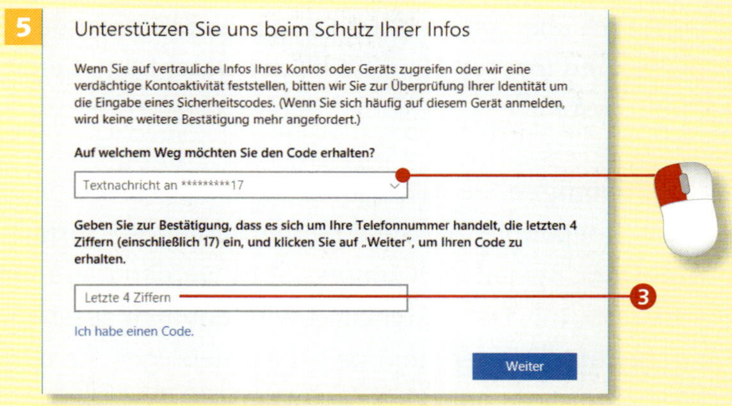

Schritt 6

Geben Sie schließlich den erhaltenen Sicherheitscode zur Bestätigung ein, und schließen Sie die Eingabe über die Schaltfläche **Weiter** ab. Das Konto ist nun bestätigt und uneingeschränkt nutzbar.

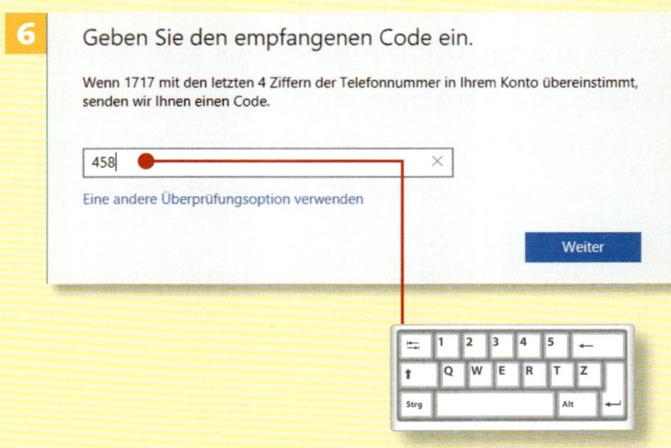

Anmeldung per PIN

Sie können die Anmeldung per PIN-Code jederzeit festlegen (siehe dazu die Anleitung »Schnelle Anmeldung mithilfe eines PIN-Codes« auf Seite 236).

Kapitel 11
Windows schneller machen

Machen Sie Windows Beine! Optimieren und vereinfachen Sie tägliche Aufgaben, und sparen Sie wertvolle Arbeitszeit. Möglichkeiten dazu bietet Windows reichlich, so können Sie z. B. die Anmeldung am System mithilfe eines PIN-Codes deutlich verkürzen oder den Windows-Start beschleunigen, indem Sie unnötige Autostart-Programme deaktivieren.

Frühjahrsputz für die Festplatte

Temporäre Internetdateien, Speicherabbilddateien, Daten im Papierkorb, Fehlerberichterstattungsdateien, Miniaturansichten – alles Daten, die sich Tag für Tag ansammeln, die eigentlich aber gar nicht unbedingt benötigt werden. Schaffen Sie Platz auf Ihrer Festplatte, und löschen Sie mithilfe der Datenträgerbereinigung ❶ unnötigen Datenmüll aus Ihrem System.

Beschleunigen Sie den Systemstart

Viele Programme, die Sie auf Ihrem Computer installieren, schreiben sich ungewollt in den Autostart. Bei jedem Windows-Start werden diese Programme automatisch mitgeladen und gestartet. Der Systemstart wird dadurch zusehends beeinträchtigt, und das Hochfahren benötigt immer mehr Zeit. Beschleunigen Sie den Start wieder, indem Sie unnötige Programmstarts über den Task-Manager ❷ deaktivieren.

Windows-Anmeldung mithilfe eines PIN-Codes statt eines langen Kennworts

Ein starkes Kennwort sollte mindestens acht Zeichen lang sein, aus Groß- und Kleinbuchstaben, Ziffern und Sonderzeichen bestehen. Wenn Sie sich aber mit solch einem Kennwort täglich an Windows anmelden müssen, kann dies schnell zur Geduldsprobe werden. Legen Sie stattdessen doch einfach einen PIN-Code ❸ für die schnelle Windows-Anmeldung an.

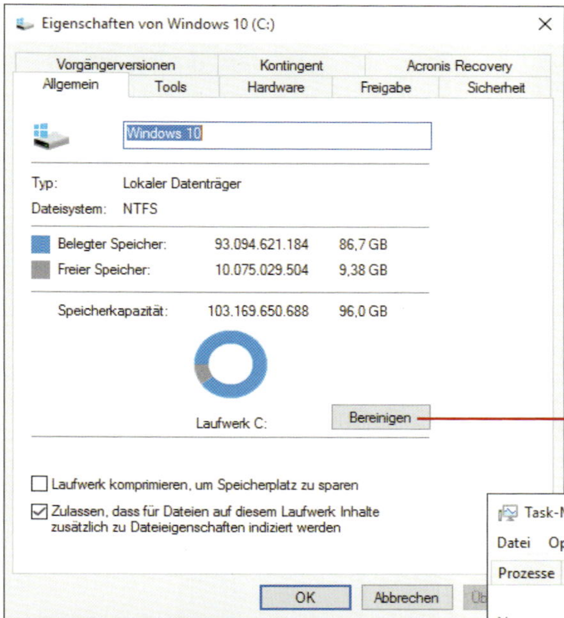

1 Die Datenträgerbereinigung im Einsatz: Ab und zu sollten Sie mit diesem praktischen Tool Ihre Festplatte »putzen«.

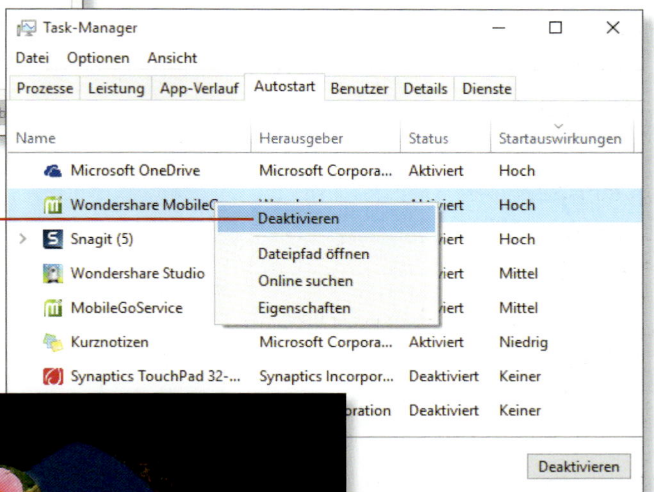

2 Unnötige Programme sollten Sie aus dem Autostart entfernen, um beim Hochfahren des Rechners Zeit zu sparen.

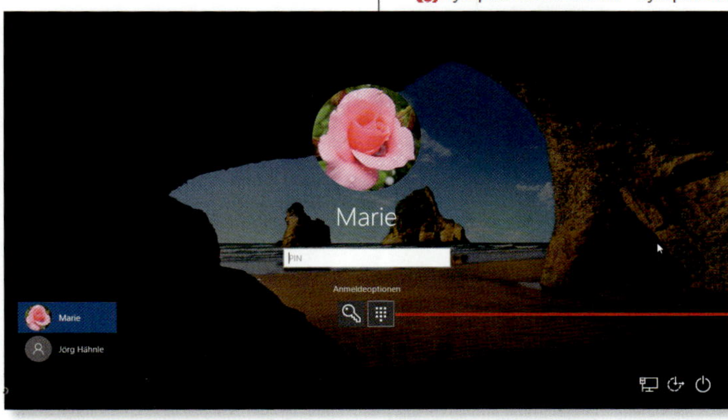

3 Mithilfe eines PIN-Codes statt eines langen Kennworts ist die schnelle und trotzdem sichere Anmeldung am System möglich.

Datenmüll entsorgen

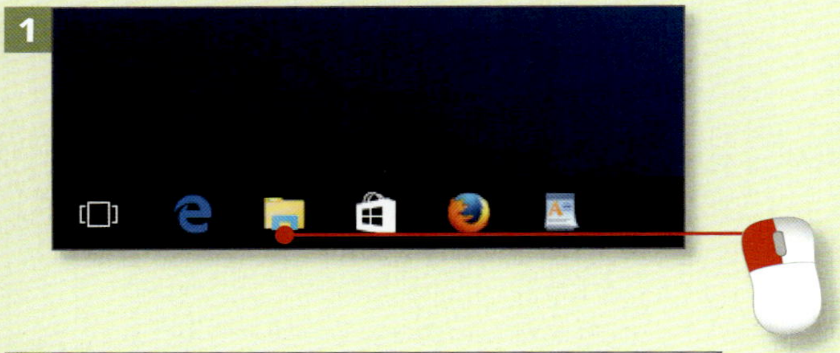

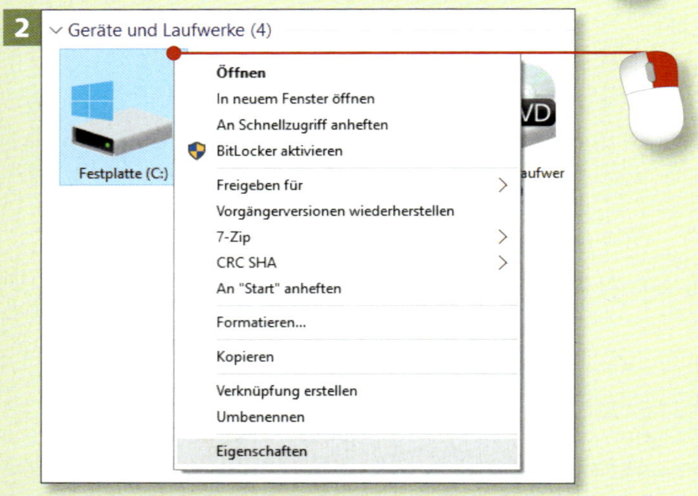

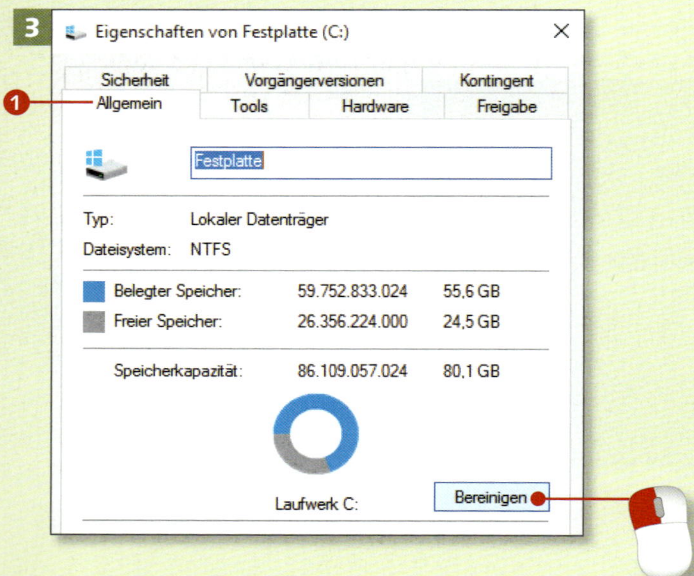

Mit der Zeit sammeln sich auf jedem Computer Daten an, die eigentlich nicht mehr benötigt werden, z. B. temporäre Internetdateien. Zeit für einen Frühjahrsputz! So räumen Sie Ihr System auf.

Schritt 1

Öffnen Sie zunächst den Explorer durch einen Klick auf das Ordnersymbol in der Taskleiste oder mit den Tasten [Win] + [E].

Schritt 2

Führen Sie einen Rechtsklick auf das zu bereinigende Laufwerk aus, und wählen Sie aus dem Kontextmenü den Befehl **Eigenschaften**. Möchten Sie mehrere Laufwerke bereinigen, müssen Sie diese Anleitung ab diesem Schritt für jedes Laufwerk einzeln wiederholen.

Schritt 3

Im Register **Allgemein** (1) wird Ihnen nun angezeigt, wie viel Speicherplatz auf der Festplatte belegt und wie viel noch frei ist. Klicken Sie neben der Tortengrafik auf **Bereinigen**.

Schritt 4

Windows berechnet, wie viel Speicherplatz auf dem ausgewählten Laufwerk freigegeben werden kann. Dies kann einen Moment dauern. Wählen Sie danach aus, welche Dateien gelöscht werden sollen, indem Sie ein Häkchen setzen. Wenn Sie einen Eintrag anklicken, wird unten eine Beschreibung der Daten eingeblendet ❷. Unterhalb des Auswahlbereichs können Sie sehen, wie viel Speicherplatz insgesamt freigegeben wird ❸.

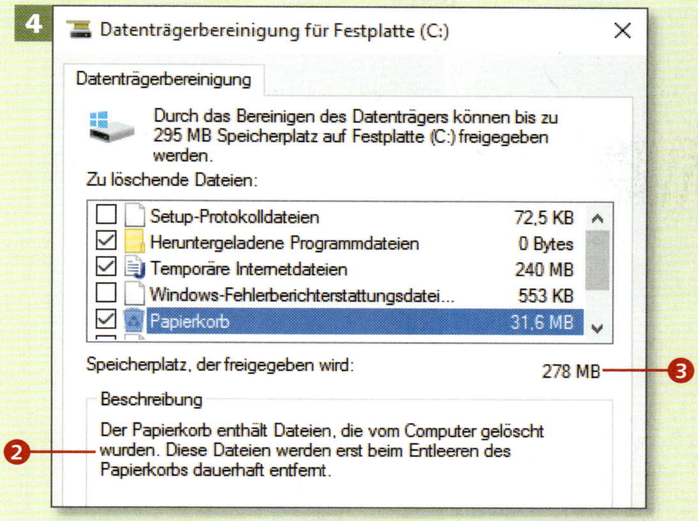

Schritt 5

Wenn Sie die Auswahl getroffen haben, starten Sie den Vorgang über die Schaltfläche **OK**.

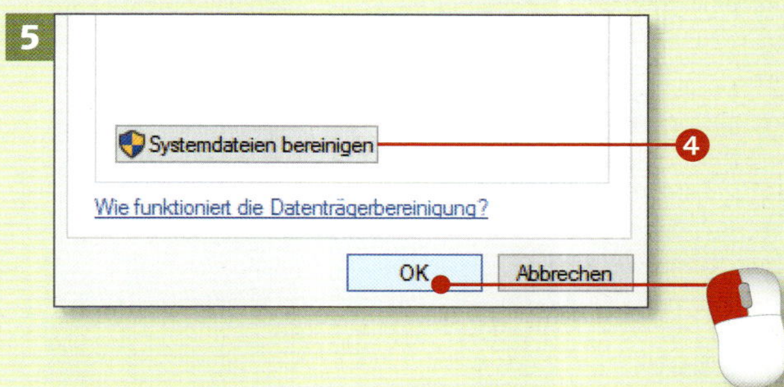

Schritt 6

Möchten Sie die ausgewählten Dateien wirklich unwiderruflich löschen? Bestätigen Sie in diesem Fall die Abfrage mit **Dateien löschen**.

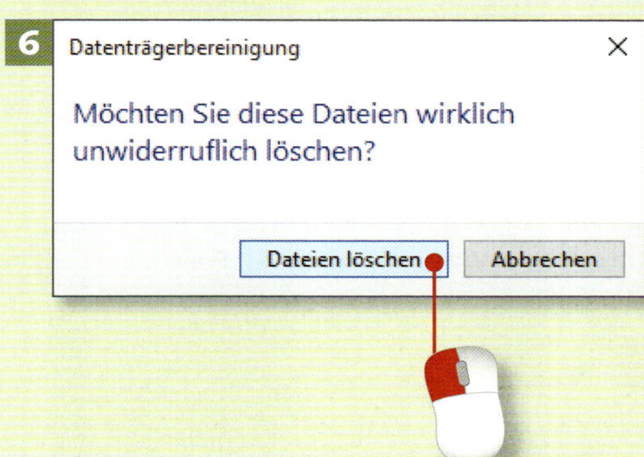

Systemdateien löschen
Über die Schaltfläche **Systemdateien bereinigen** ❹ können Sie zusätzlich nicht mehr benötigte systeminterne Dateien entfernen lassen. Die Schaltfläche ist nur sichtbar, wenn es zu löschende Systemdateien gibt.

Windows schneller starten

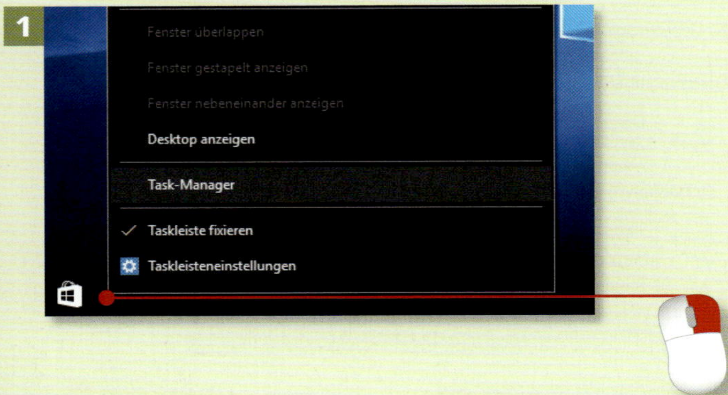

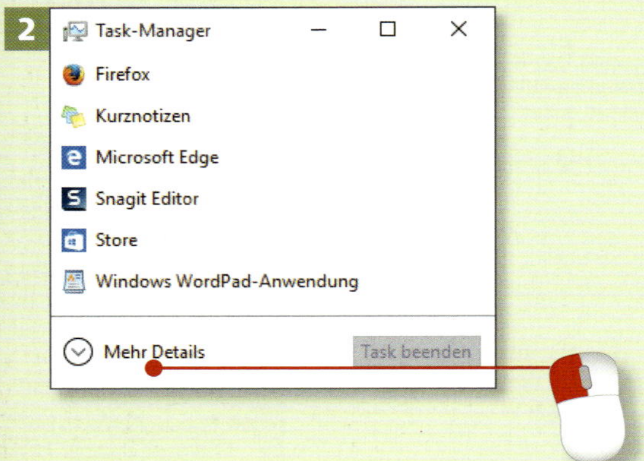

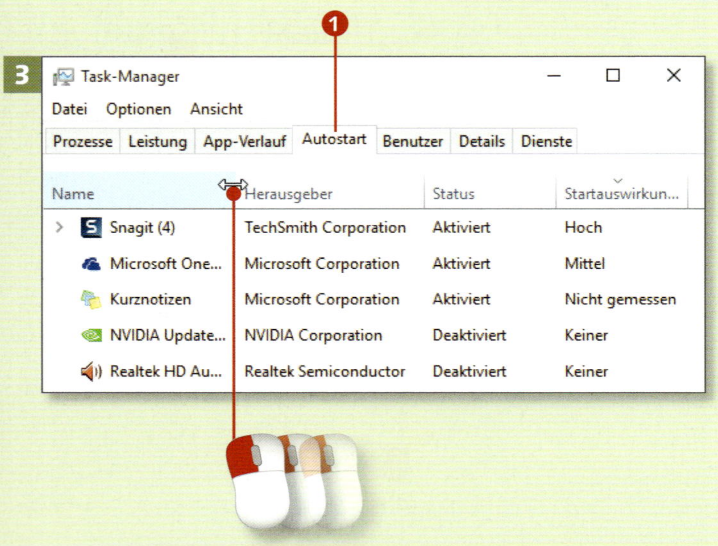

Lassen Sie Windows fast so schnell starten wie am ersten Tag. Misten Sie aus, und deaktivieren Sie unnötige Programme, die bei jedem Systemstart mitgeladen werden und das Hochfahren verlangsamen.

Schritt 1

Starten Sie den Task-Manager mithilfe der Tastenkombination Strg + ⇧ + Esc, oder führen Sie einen Rechtsklick auf die Taskleiste aus, und wählen Sie daraus den Befehl **Task-Manager**.

Schritt 2

Klicken Sie links unten im Task-Manager auf **Mehr Details**, um weitere Informationen einzublenden.

Schritt 3

Wechseln Sie in das Register **Autostart** ❶. Zeigen Sie dann mit der Maus auf die Begrenzungslinie zwischen den ersten beiden Spalten. Sobald sich der Mauszeiger verändert, können Sie die Spalte mit gedrückter Maustaste nach rechts erweitern, um die Einträge besser lesen zu können.

Schritt 4

Lesen Sie sich die Einträge durch. Der letzten Spalte **Startauswirkungen** können Sie entnehmen, wie sehr ein Programm den Start beeinflusst. Ein Klick auf den Spaltenkopf sortiert die Einträge entsprechend ihrer Startauswirkung.

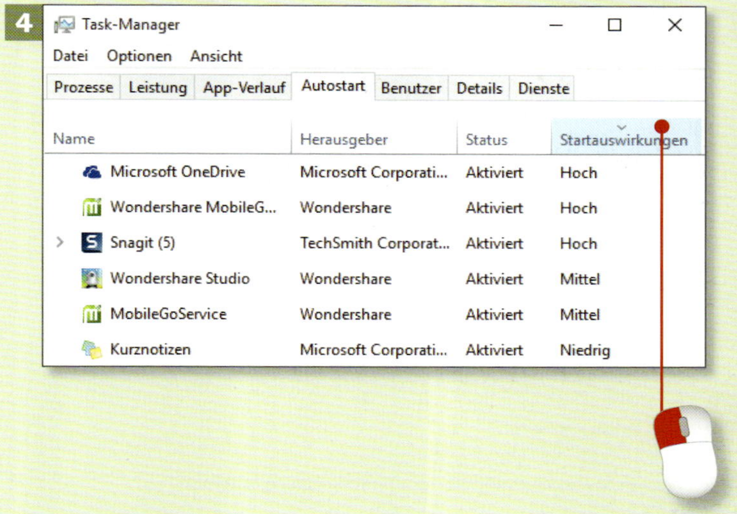

Schritt 5

Anwendungen, die mit dem Status **Hoch** gekennzeichnet sind, sollten Sie gegebenenfalls deaktivieren, da diese den Start des Systems verlangsamen. Klicken Sie dazu den Eintrag mit der rechten Maustaste an, und wählen Sie die Option **Deaktivieren** aus dem Kontextmenü.

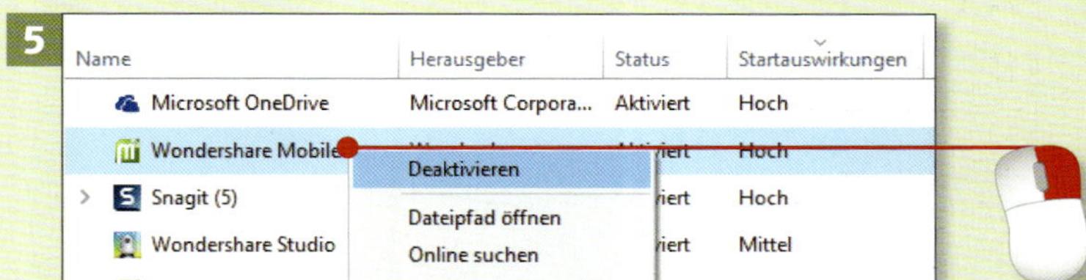

Schritt 6

Deaktivieren Sie möglichst immer nur eine Anwendung. Starten Sie den Rechner dann zunächst neu, und überprüfen Sie die Auswirkungen auf das System. Sollten Probleme auftreten, aktivieren Sie das Programm wieder.

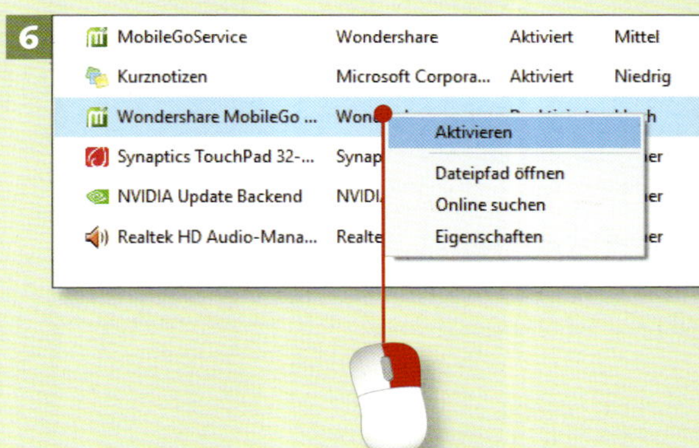

Unklare Bezeichnungen
Wenn Sie nicht wissen, um was für ein Programm es sich handelt, fragen Sie einfach in Computer-Foren nach, z. B. unter *www.paules-pc-forum.de*.

Windows schneller herunterfahren

Anstatt umständlich über das Startmenü vorzugehen, fahren Sie Ihren Rechner doch einfach mit einem Doppelklick herunter, oder starten Sie ihn per Doppelklick neu. Dafür können Sie Verknüpfungen einrichten. Wie das geht, lesen Sie hier.

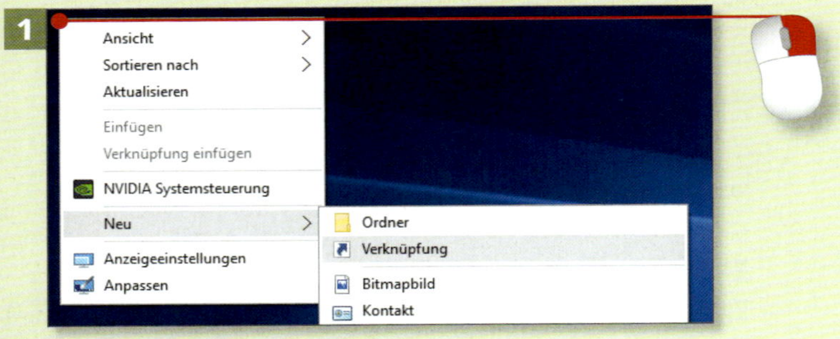

Schritt 1

Führen Sie einen Rechtsklick auf eine freie Stelle Ihres Arbeitsplatzes aus, zeigen Sie auf **Neu**, und wählen Sie dann den Menüpunkt **Verknüpfung** aus.

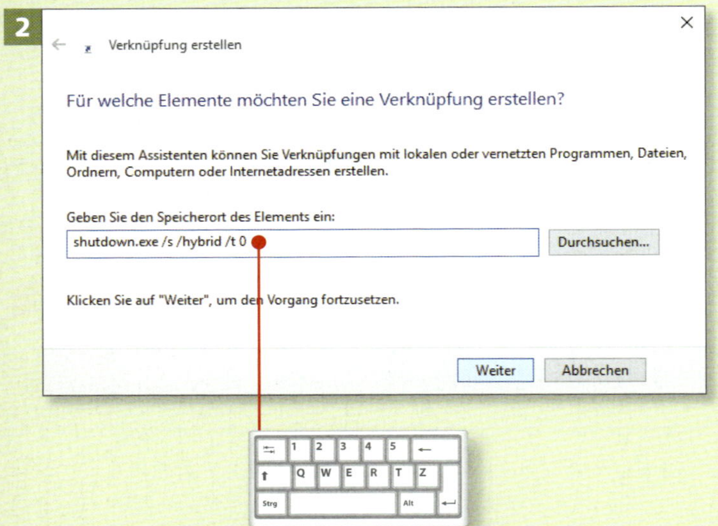

Schritt 2

Tragen Sie in die Textzeile des nächsten Fensters den Befehl *shutdown.exe /s /hybrid /t 0* ein (Schreibung und Leerzeichen beachten!), und klicken Sie anschließend auf **Weiter**, um den Vorgang fortzusetzen.

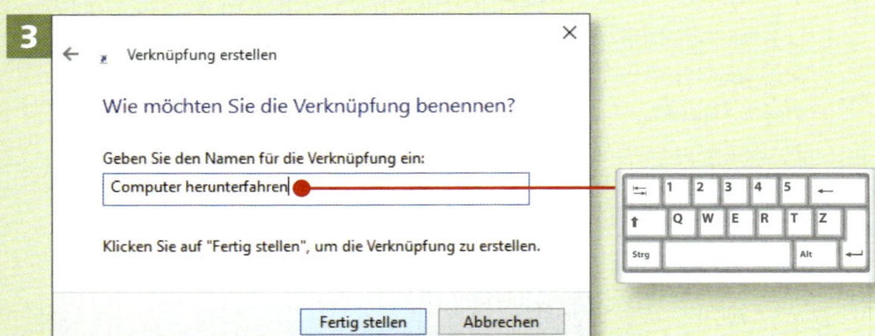

Schritt 3

Vergeben Sie schließlich einen Namen für Ihre neu erstellte Verknüpfung, beispielsweise *Computer herunterfahren*, und klicken Sie danach auf **Fertig stellen**.

Schritt 4

Nun folgt die zweite Verknüpfung. Wiederholen Sie zunächst Schritt 1, und geben Sie dann in die Textzeile den Befehl *shutdown.exe /r /t 0* ein. Klicken Sie auch hier wieder auf **Weiter**.

4

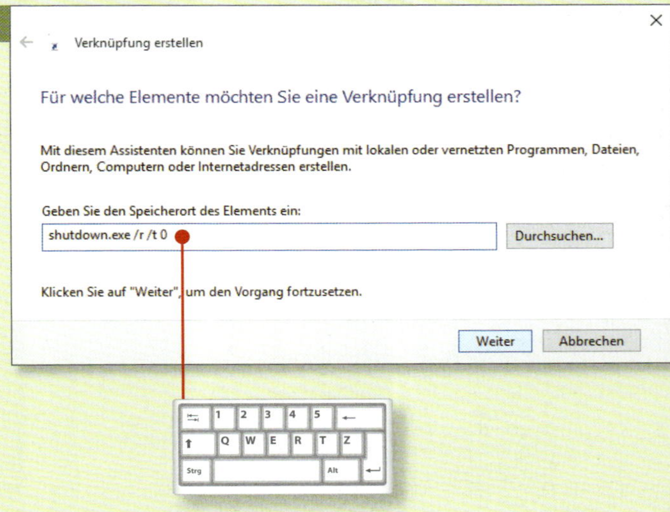

Schritt 5

Mit dieser Verknüpfung können Sie Ihren PC neu starten. Geben Sie ihr einen aussagekräftigen Namen, z. B. *Computer neu starten*, und schließen Sie den Vorgang mit **Fertig stellen** ab.

5

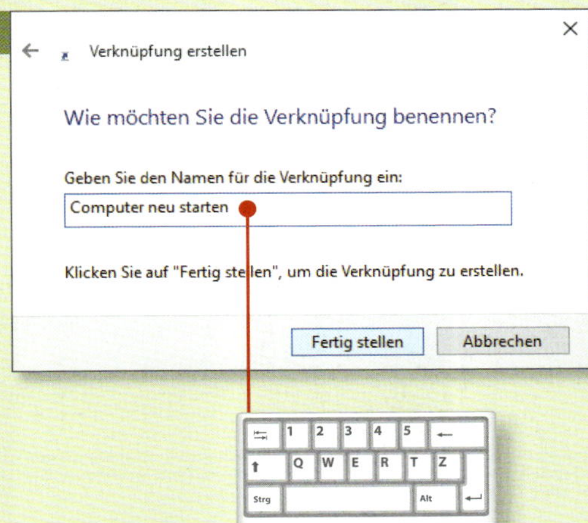

Schritt 6

Fortan haben Sie zwei neue Verknüpfungen auf Ihrem Desktop. Mit einem Doppelklick auf **Computer herunterfahren** beenden Sie Windows, und über **Computer neu starten** führen Sie einen Neustart durch.

6

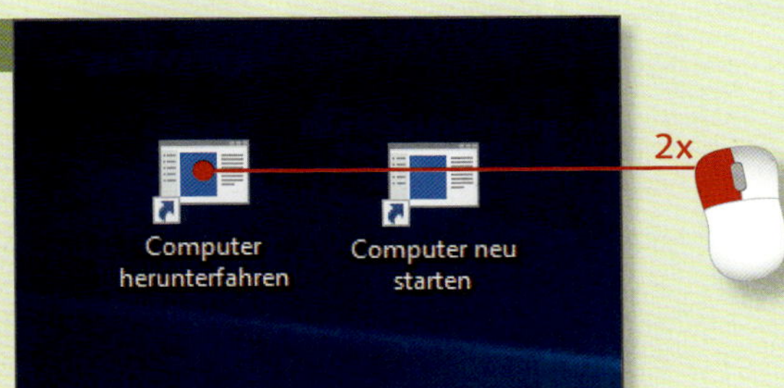

Neue Symbole zuordnen
Weisen Sie Ihren Verknüpfungen eindeutige Symbole zu. Führen Sie einen Rechtsklick auf eine Verknüpfung aus, und wählen Sie den Befehl **Eigenschaften**. Über den Menüpunkt **Anderes Symbol** können Sie dann ein neues Symbol zuweisen.

Die Festplatte defragmentieren

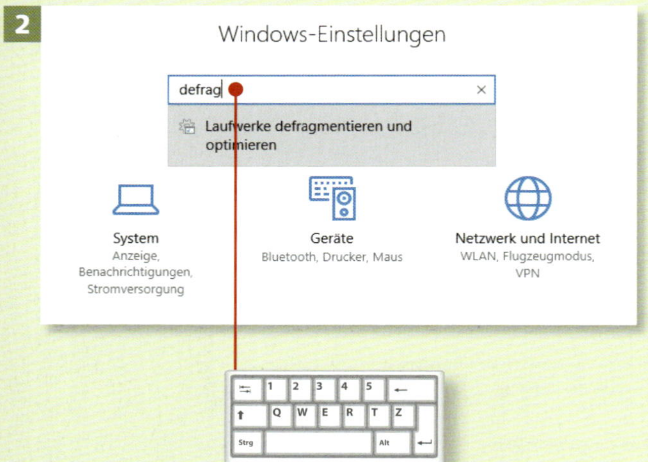

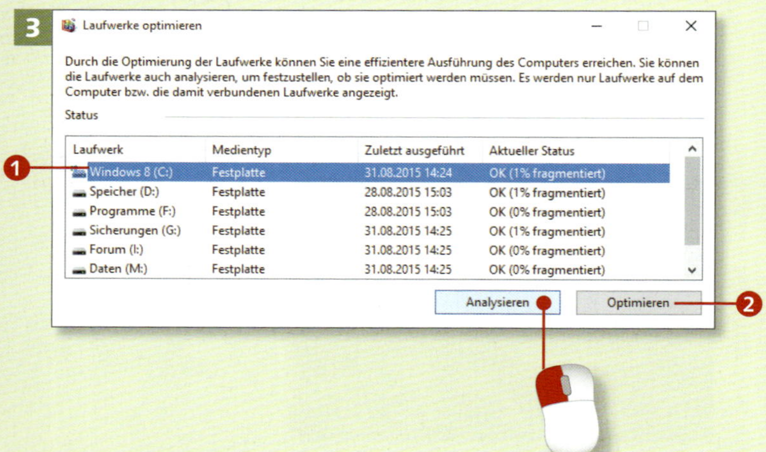

Erhöhen Sie die Systemleistung durch regelmäßige Defragmentierung, und kontrollieren Sie Ihre Einstellungen.

Schritt 1

Öffnen Sie die Windows-Einstellungen über das Zahnradsymbol im Startmenü oder mithilfe der Tastenkombination [Windows] + [I].

Schritt 2

Geben Sie oben in das Suchfeld der Windows-Einstellungen den Begriff *defrag* ein, und klicken Sie auf das einzig angezeigte Suchergebnis **Laufwerke defragmentieren und optimieren**.

Schritt 3

Über die Schaltfläche **Analysieren** können Sie die zuvor ausgewählte Festplatte ❶ einer Prüfung unterziehen. Ab einer Fragmentierung von etwa 10 % sollten Sie eine Defragmentierung über die Schaltfläche **Optimieren** ❷ starten.

Nicht die SSD-Festplatten!
SSD-Festplatten sollten von der Defragmentierung ausgeschlossen werden, da das ihre Lebensdauer verkürzt.

Schritt 4

Es empfiehlt sich, die Defragmentierung aller Festplatten nach einem festen Zeitplan durchzuführen. Klicken Sie dazu auf **Einstellungen ändern**.

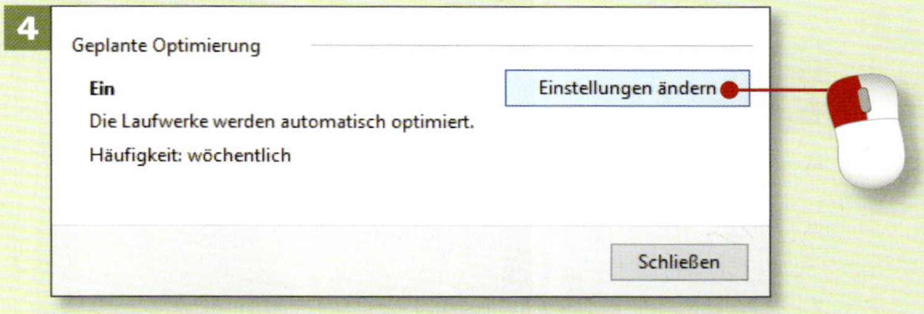

Schritt 5

Der Zeitplan ist aktiv, wenn vor dem Eintrag **Ausführung nach Zeitplan** ❸ ein Häkchen gesetzt ist. Über das Dropdown-Menü können Sie die Häufigkeit der Optimierung festlegen ❹. Kontrollieren Sie zusätzlich mit einem Klick auf **Auswählen**, welche Laufwerke eingebunden sind.

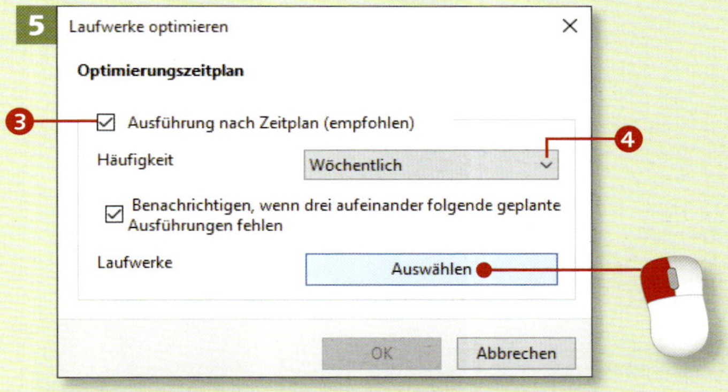

Schritt 6

Damit keine Festplatte vergessen wird, aktivieren Sie am besten die Option **Alle auswählen** (siehe dazu aber den Kasten auf Seite 232!). Mit **OK** speichern Sie die Einstellungen und schließen das Fenster.

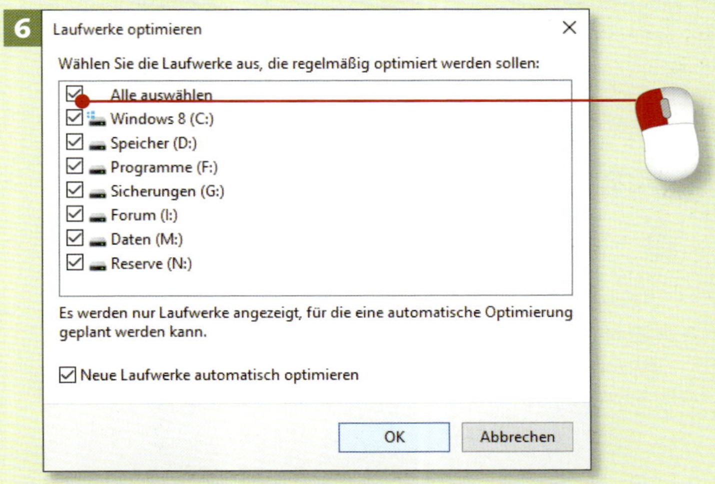

Einstellungssache

Damit sich der Fragmentierungsgrad stets in Grenzen hält, wird eine wöchentliche Optimierung aller Laufwerke empfohlen.

Windows beschleunigen mit ReadyBoost

1

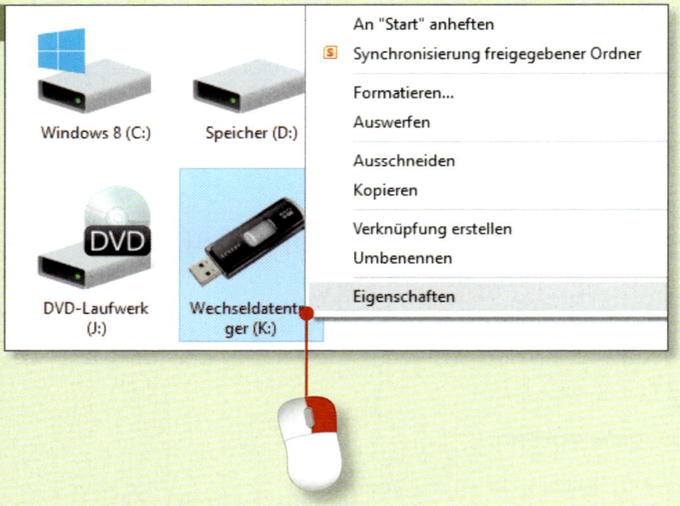

2

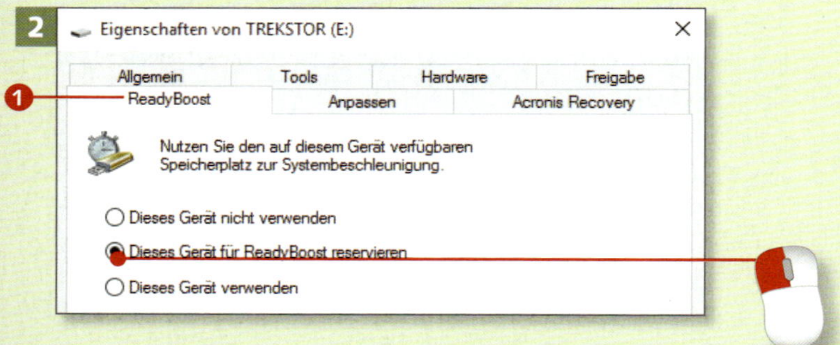

3

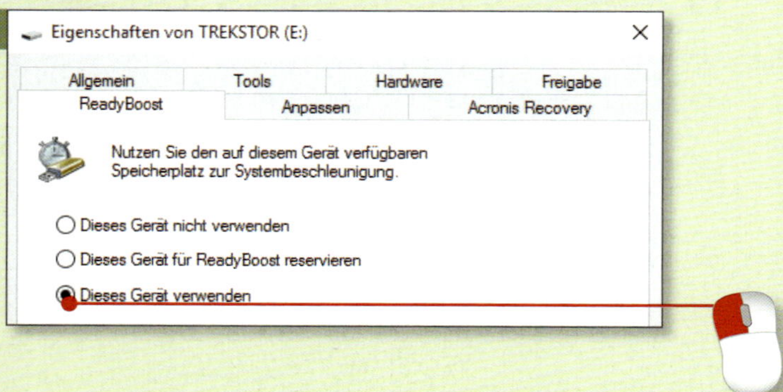

Mithilfe der Funktion ReadyBoost können Sie einen USB-Stick als Zwischenspeicher für langsame Festplatten nutzen und so den Computer beschleunigen.

Schritt 1

Schließen Sie Ihren USB-Stick an. Öffnen Sie den Explorer, und führen Sie einen Rechtsklick auf **Wechseldatenträger**, den Eintrag für den USB-Stick, aus. Wählen Sie dann die Option **Eigenschaften** aus dem Kontextmenü.

Schritt 2

Wechseln Sie zum Register **ReadyBoost** 1, und aktivieren Sie die Option **Dieses Gerät für ReadyBoost reservieren**, wenn Sie den maximal zur Verfügung stehenden Speicherplatz auf dem USB-Stick für ReadyBoost reservieren möchten.

Schritt 3

Wenn Sie hingegen den Punkt **Dieses Gerät verwenden** aktivieren, können Sie im nächsten Schritt selbst festlegen, wie viel Speicherplatz verwendet werden darf. Den Rest können Sie für eigene Dateien nutzen.

Schritt 4

Möchten Sie selbst den Speicherplatz bestimmen, stellen Sie mithilfe des Schiebereglers einen beliebigen Wert ein. 1 GB sollte es mindestens sein, der zweifache Wert des Arbeitsspeichers wäre optimal. Kennen Sie diesen Wert nicht, können Sie ihn über die Tastenkombination [Win] + [Pause] herausfinden.

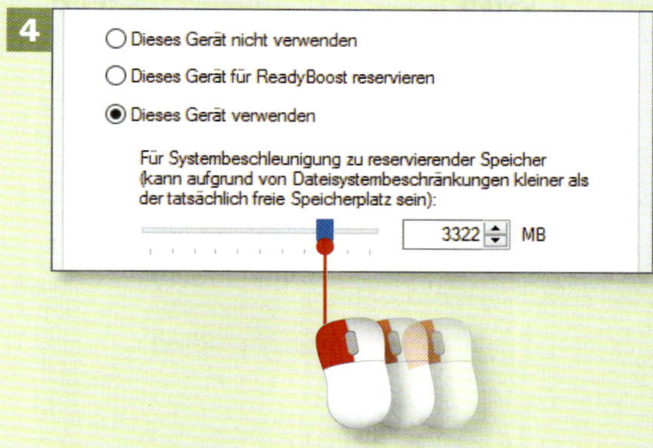

Schritt 5

Klicken Sie auf **OK**, um den Vorgang abzuschließen. Windows nutzt nun den Speicherplatz des USB-Sticks als Zwischenspeicher (*Cache*) mit.

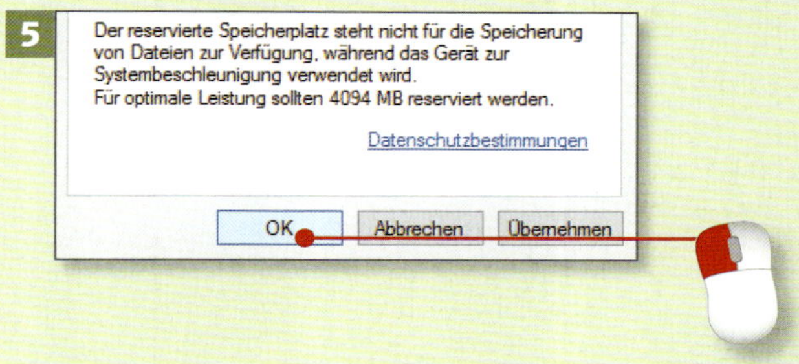

Schritt 6

Möchten Sie ReadyBoost für den USB-Stick wieder deaktivieren, wiederholen Sie Schritt 1, und wählen Sie in Schritt 2 die Option **Dieses Gerät nicht verwenden**.

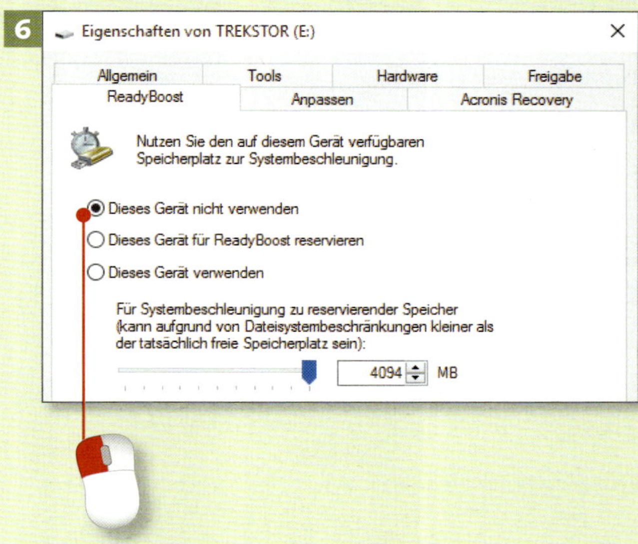

SSD-Festplatten

Wenn SSD-Festplatten im Einsatz sind, wird möglicherweise beim Anschließen eines Flash-Laufwerks keine Option zur Beschleunigung des PCs angeboten. SSD-Laufwerke sind meist so schnell, dass sie von ReadyBoost nicht profitieren können.

Schnelle Anmeldung mithilfe eines PIN-Codes

Die Anmeldung am System kann bei einem langen und komplizierten Kennwort mitunter etwas lästig werden. Schneller und einfacher geht die Anmeldung mit einem vierstelligen PIN-Code.

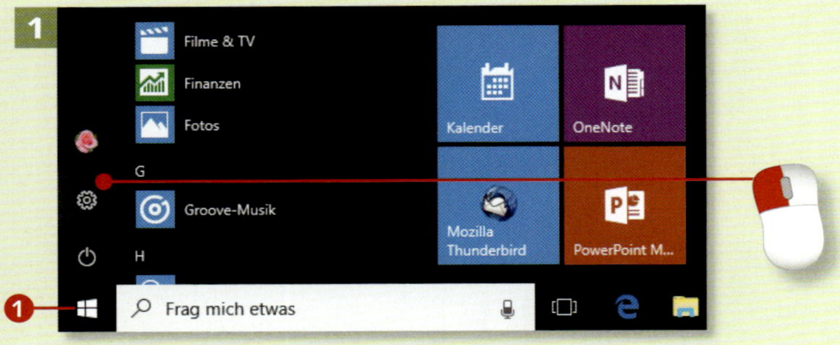

Schritt 1

Öffnen Sie das Startmenü mit der [Windows]-Taste oder über die **Start**-Schaltfläche ❶ in der Taskleiste, und klicken Sie dann auf den Menüpunkt **Einstellungen**.

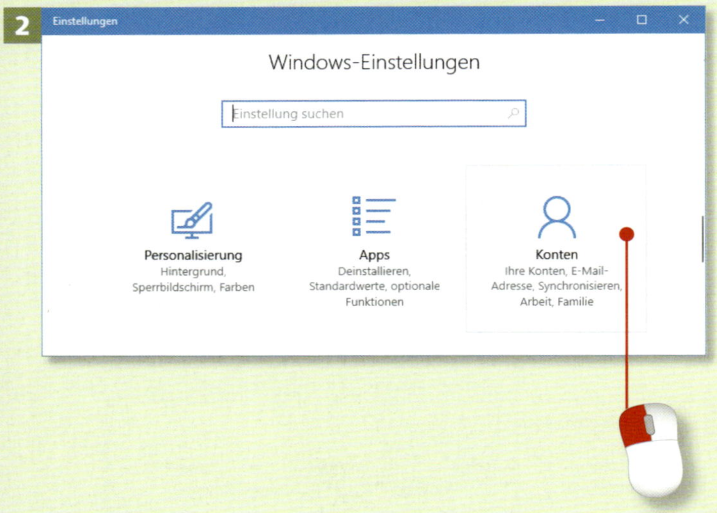

Schritt 2

Die Hauptkategorien der Einstellungen werden nun aufgelistet. Die gesuchten Kontoeinstellungen finden Sie in der Kategorie **Konten**. Klicken Sie darauf.

Schritt 3

Klicken Sie nun links auf den Menüpunkt **Anmeldeoptionen** ❷ und in der rechten Fensterhälfte im Abschnitt **PIN** auf die Schaltfläche **Hinzufügen**.

Regeln für den PIN-Code
Der PIN-Code muss mindestens vier Stellen lang sein. Erlaubt sind nur die Ziffern 0 bis 9, keine Buchstaben, keine Sonderzeichen und keine Zahlenmuster wie z. B. 1234.

Schritt 4

Sie werden nun aufgefordert, Ihr aktuelles Kennwort zur Authentifizierung einzugeben. Tippen Sie das Kennwort ein, und bestätigen Sie es mit einem Klick auf **Anmelden**.

4

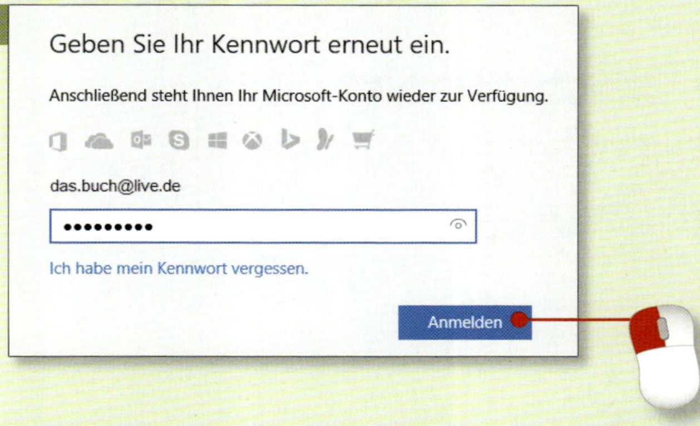

Schritt 5

Geben Sie nun einen PIN-Code ein. Um Fehler auszuschließen, müssen Sie den Code zur Bestätigung erneut eingeben. Über das kleine »Auge« ❸ können Sie Ihre Eingabe sichtbar machen. Mit einem Klick auf **OK** schließen Sie den Vorgang ab.

5

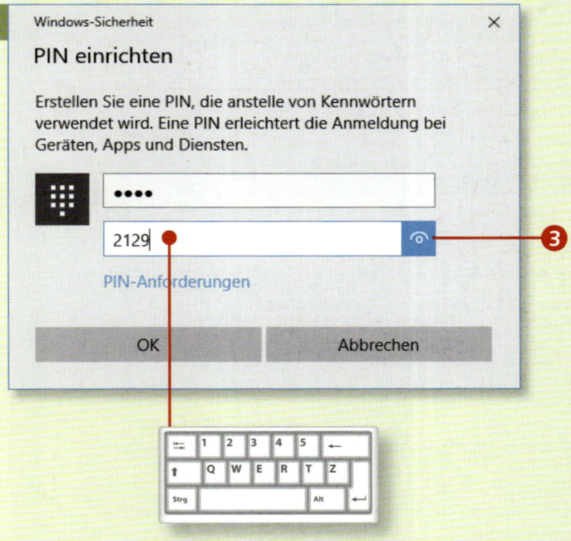

Schritt 6

Bei der nächsten Anmeldung am System müssen Sie den Code anstelle des Kennworts eingeben. Unter **Anmeldeoptionen** können Sie wählen, auf welche Weise Sie die Anmeldung vornehmen möchten: per PIN ❹ oder Kennworteingabe ❺. Klicken Sie einfach auf die entsprechende Schaltfläche.

6

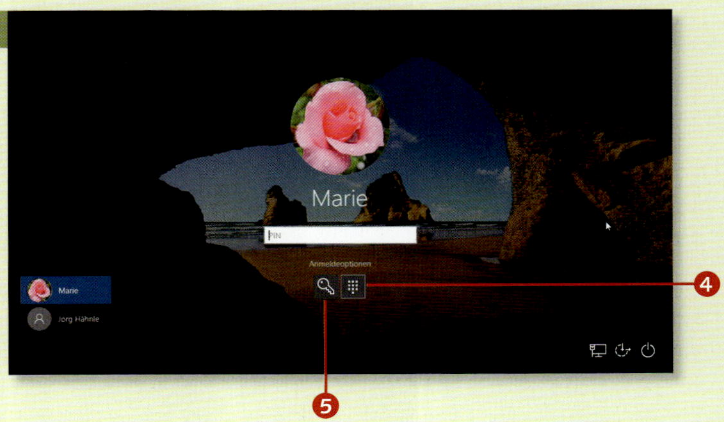

Anmeldung via Bildcode
Klicken Sie in Schritt 3 auf die Schaltfläche **Hinzufügen** im Abschnitt **Bildcode**, um diese Form der Anmeldung zu nutzen.

Automatische Anmeldung ohne Kennworteingabe

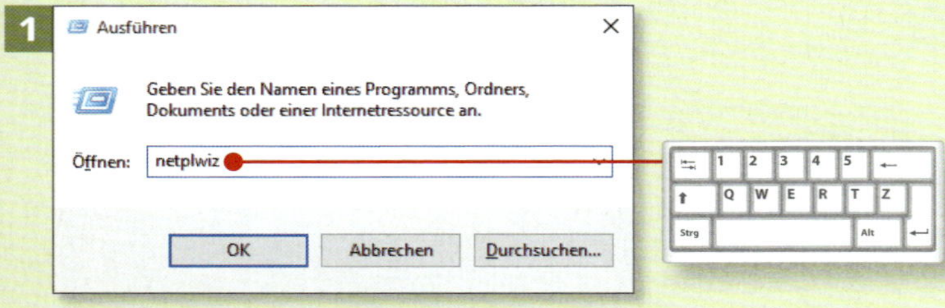

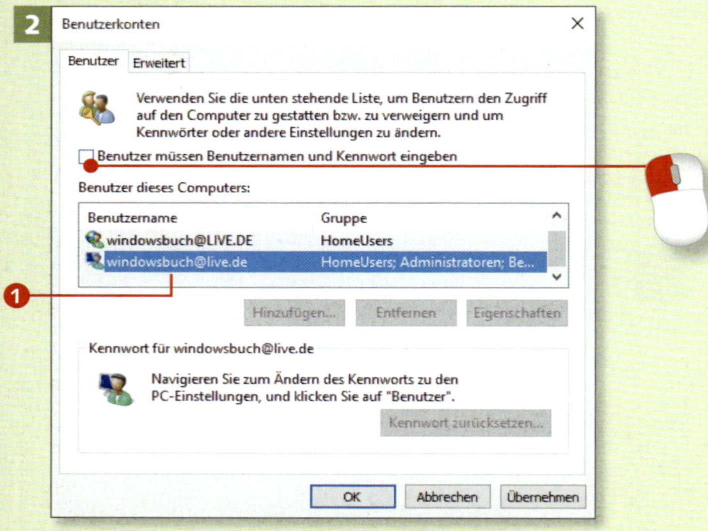

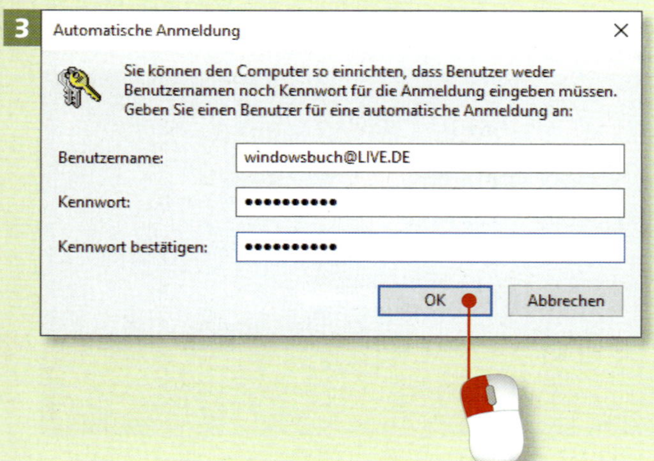

Windows 10 kann Ihr Benutzerkennwort speichern und Sie automatisch anmelden. Diese Einstellung sollten Sie aber nur nutzen, wenn Sie der einzige Benutzer Ihres Computers sind.

Schritt 1

Drücken Sie die Tasten [Windows] + [R], um das Fenster **Ausführen** zu öffnen. Geben Sie *netplwiz* ein, und schließen Sie die Eingabe mit einem Klick auf **OK** ab.

Schritt 2

Klicken Sie im nächsten Fenster zuerst Ihr Benutzerkonto an (1), und entfernen Sie danach das Häkchen vor der Option **Benutzer müssen Benutzernamen und Kennwort eingeben**. Mit **OK** schließen Sie das Fenster wieder.

Schritt 3

Geben Sie Ihr Kennwort zweimal ein. Klicken Sie auf **OK**, und die nächste Anmeldung am System erfolgt ohne Kennworteingabe.

Auch mit Microsoft-Konto

Die automatische Anmeldung können Sie auch einrichten, wenn Sie ein Microsoft-Konto verwenden.

Anstelle des mausgrauen und schmucklosen Platzhalters, der die einfache Silhouette einer Person zeigt, können Sie Ihrem Benutzerkonto mit wenigen Mausklicks auch ein individuelles Profilbild zuordnen.

Schritt 1

Öffnen Sie das Startmenü mithilfe der [Windows]-Taste, klicken Sie dann links oben auf den Namen Ihres Benutzerkontos, und wählen Sie aus dem zugehörigen Menü die Option **Kontoeinstellungen ändern** aus.

Schritt 2

Klicken Sie in der rechten Fensterhälfte unterhalb des aktuellen Profilbildes auf die Schaltfläche **Suchen**, um ein eigenes Bild auszuwählen.

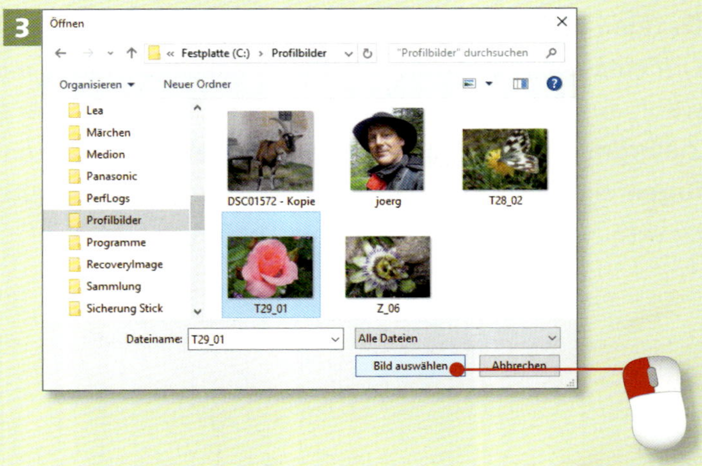

Schritt 3

Durchsuchen Sie nun Ihre Festplatte nach einem geeigneten Bild. Haben Sie eines gefunden, markieren Sie es mit einem Mausklick und klicken dann auf **Bild auswählen**, um es als Profilbild zu übernehmen.

Kapitel 12

Unter der Haube: die Registry

Die Registrierungsdatenbank, oft auch einfach nur Registry genannt, ist das Herz von Windows. Hier laufen alle Fäden zusammen, hier werden alle computer- und hardwarespezifischen Einstellungen gespeichert. Bevor Sie Änderungen an der Datenbank vornehmen, sollten Sie diese daher immer sichern.

Der Aufbau der Registrierungsdatenbank

Was ist alles in der Datenbank gespeichert und vor allem wo? Was hat es mit den verschiedenen Schlüsseln und Unterschlüsseln auf sich, und was sind Datentypen und Werte? Zunächst klingt alles recht kompliziert, und optisch ansprechend wirkt die Datenbank auf den ersten Blick auch nicht gerade; sehr schnell stellen sich aber die ersten Erfolge beim Umgang mit der Windows-Registrierung ❶ ein.

Schreibschutz für USB-Sticks erstellen

Nicht nur im geschäftlichen Umfeld kann es aus Sicherheitsgründen sinnvoll sein, das Speichern von Daten auf externe USB-Sticks zu deaktivieren und so die unbefugte Mitnahme von Dateien zu unterbinden. Unter Windows 10 können Sie dies mit einer kleinen Änderung in der Registrierung realisieren und USB-Sticks für die Datenspeicherung sperren ❷.

Dateien über das Kontextmenü kopieren und verschieben

Um eine Datei zu kopieren, klickt man diese meist mit der rechten Maustaste an und wählt aus dem Kontextmenü den Befehl zum Kopieren aus. Danach klickt man sich zum Zielordner vor und fügt die Datei mit einem erneuten Rechtsklick und dem Befehl **Einfügen** ein. Erleichtern Sie sich die Arbeit, und erweitern Sie das Kontextmenü um eine clevere Kopier- und Verschiebe-Option ❸.

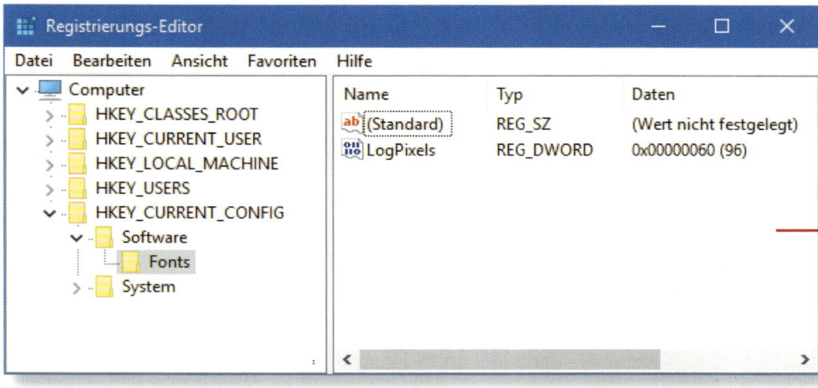

1 So sieht die Registrierungsdatenbank aus.

2 Eine Speicherung ist nicht möglich, der Datenträger ist schreibgeschützt.

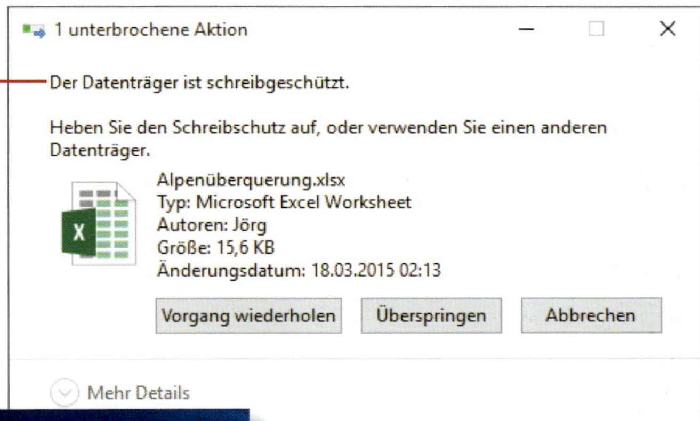

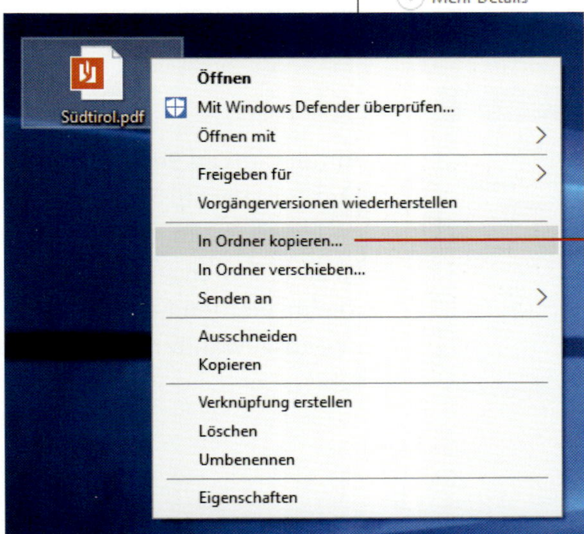

3 Erweitern Sie das Kontextmenü um nützliche Befehle.

Den Registrierungs-Editor aufrufen

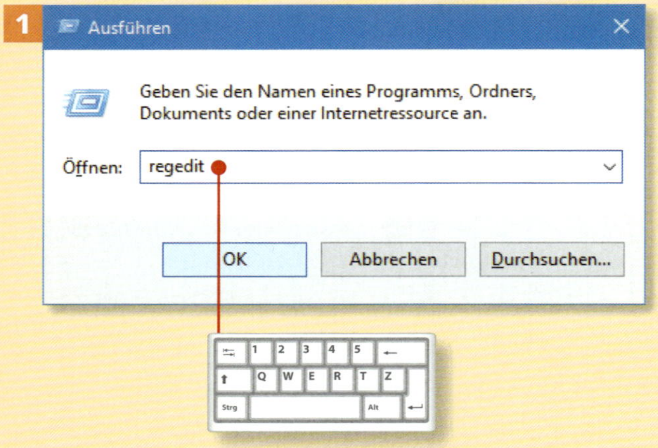

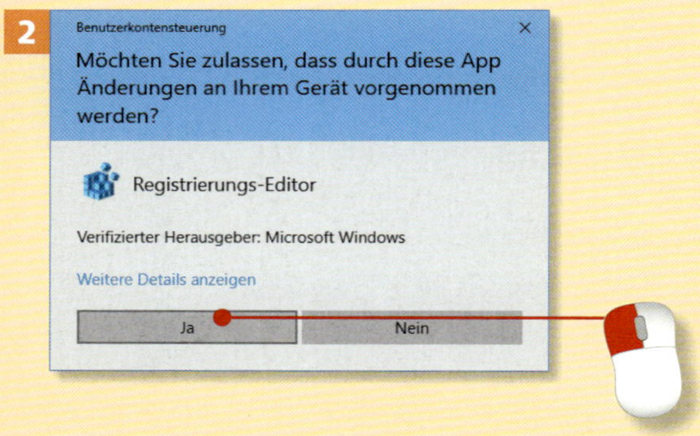

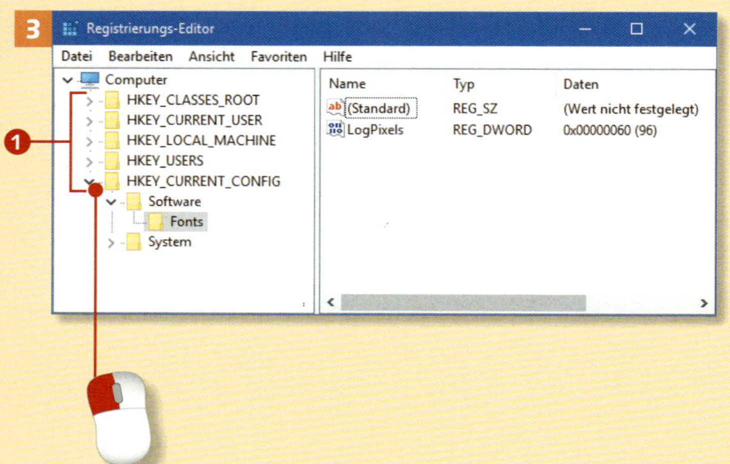

Mit dem Registrierungs-Editor führen Sie alle Änderungen an der Windows-Registrierung durch. Das Programm ist aber nicht über die Systemsteuerung zu erreichen und wird auch nicht auf der Übersichtsseite aller Apps gelistet.

Schritt 1

Zum Aufruf des Registrierungs-Editors öffnen Sie den **Ausführen**-Dialog mit den Tasten ⊞ + R und geben den Befehl *regedit* in das Textfeld ein, gefolgt von ↵.

Schritt 2

Die Benutzerkontensteuerung verlangt von Ihnen die Erlaubnis, das Programm zu starten. Bestätigen Sie die Abfrage mit **Ja**.

Schritt 3

Auf der linken Seite sehen Sie die fünf Hauptschlüssel 1. Wenn Sie auf den kleinen Pfeil vor einem Eintrag klicken, öffnen sich die Teilschlüssel. Rechts werden Einträge und Werte des ausgewählten Schlüssels aufgeführt.

Schritt 4

Schlüssel, die Sie bearbeiten, können Sie als Favoriten speichern, um sie später bei Bedarf schneller wiederzufinden. Markieren Sie dazu den Schlüssel ❷, und klicken Sie dann auf **Favoriten ▸ Zu Favoriten hinzufügen.**

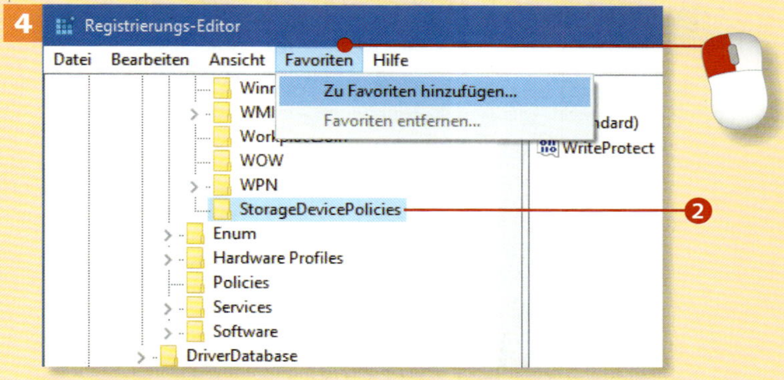

Schritt 5

Ein kleines Dialogfenster öffnet sich, in dem Sie eine Bezeichnung für Ihren Favoriteneintrag eingeben oder den vorgeschlagenen Namen übernehmen können. Mit **OK** schließen Sie das Fenster wieder.

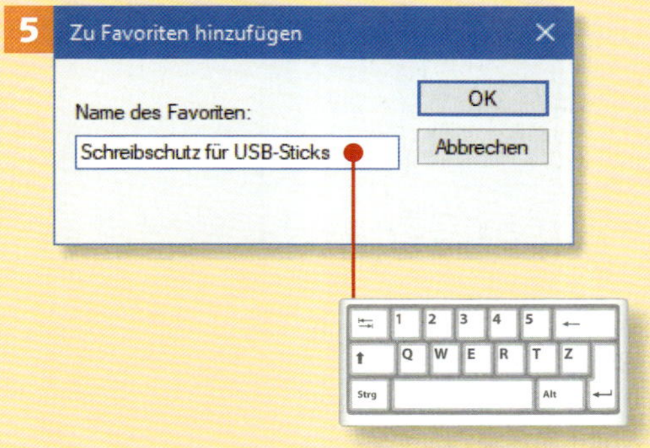

Schritt 6

Möchten Sie zu einem späteren Zeitpunkt einen Favoriteneintrag öffnen, klicken Sie auf **Favoriten** und wählen den gewünschten Eintrag aus dem Menü aus.

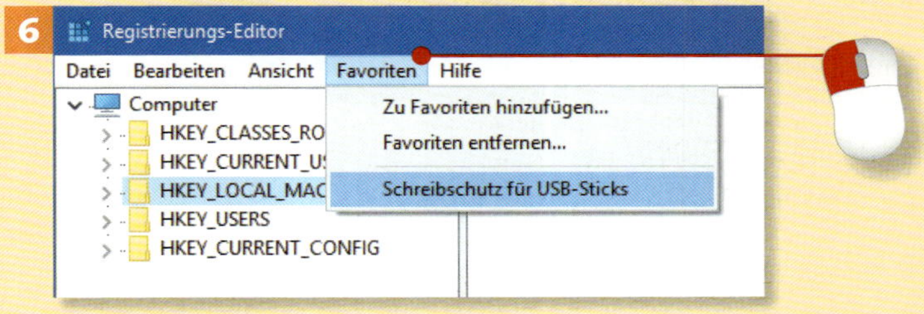

Navigation

Mit den Pfeiltasten können Sie in der Registrierung hervorragend navigieren. [→] öffnet einen Zweig, [←] schließt ihn wieder, und mit [↑] und [↓] springen Sie von Zweig zu Zweig.

Aufbau der Registry

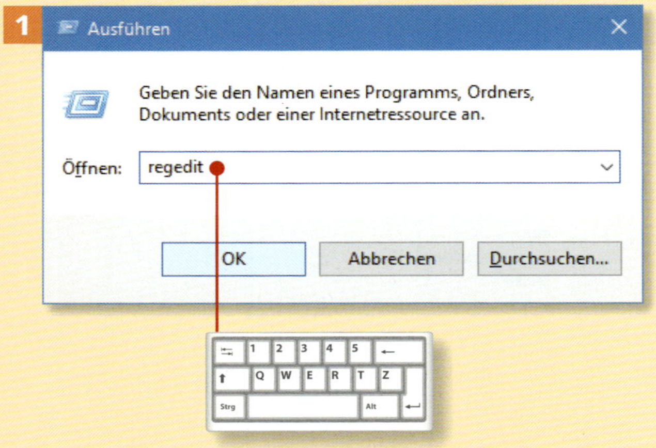

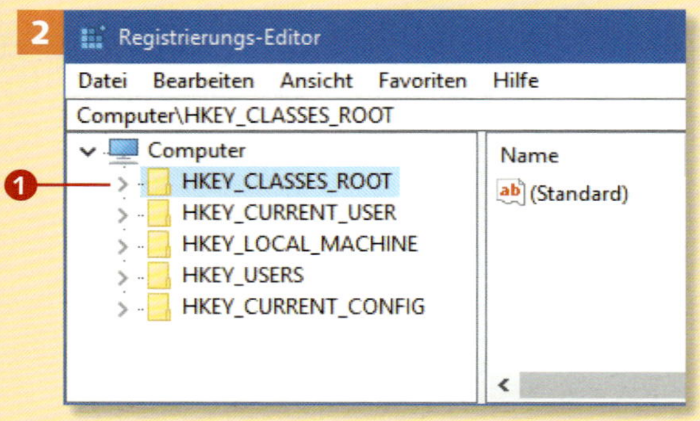

Die Windows-Registrierung ist eine hierarchisch aufgebaute Datenbank, in der Informationen zu Windows sowie zur verwendeten Software und Hardware abgespeichert sind.

Schritt 1

Öffnen Sie den Registrierungs-Editor mit [⊞] + [R] und per Eingabe des Befehls *regedit* in das Textfeld des Dialogfensters mit einem abschließenden Druck auf die Taste [↵].

Schritt 2

Der Schlüssel **HKEY_CLASSES_ ROOT** (1) enthält Informationen zu allen registrierten Dateiendungen im System sowie zu COM- und OLE-Funktionen.

Schritt 3

Im Zweig **HKEY_CURRENT_USER** (2) wird das Benutzerprofil des aktuell am System angemeldeten Benutzers gespeichert. Er verweist auf den Zweig **HKEY_USERS**, in dem alle Benutzerprofile abgelegt sind (siehe Schritt 5).

Im Bienenstock

Die Abkürzung **HKEY_** steht für *Hive Key*. »Hive« bedeutet wörtlich übersetzt »Bienenstock«.

Schritt 4

Sämtliche Informationen zu computerspezifischen Soft- und Hardwareeinstellungen werden im Zweig **HKEY_LOCAL_MACHINE** ❸ gespeichert.

Schritt 5

Das Standardprofil sowie alle anderen Benutzerprofile werden im Schlüssel **HKEY_USERS** ❹ abgelegt.

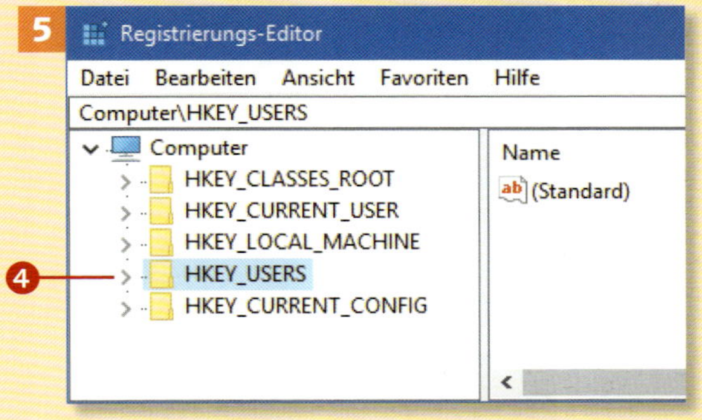

Schritt 6

Der fünfte Hauptschlüssel, **HKEY_CURRENT_CONFIG** ❺, verweist auf einen Teilschlüssel in **HKEY_LOCAL_MACHINE** und enthält Informationen zu aktuell verwendeten Hardwarekomponenten.

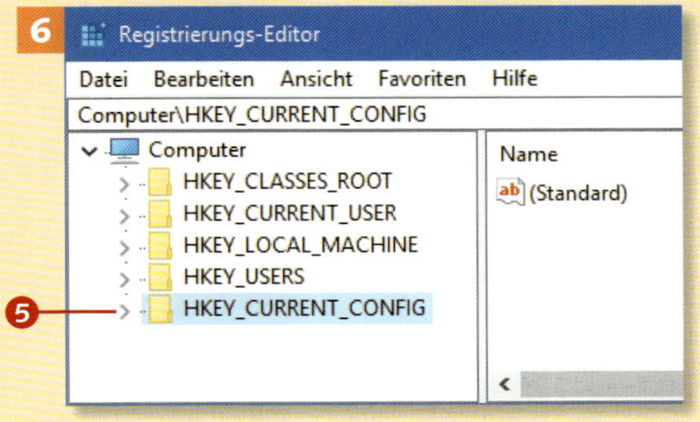

Vorsicht!
Fehlerhafte Einträge in der Registrierung können zu schweren Systemfehlern führen. Erstellen Sie daher vor jedem Eingriff eine Sicherung mithilfe der Systemwiederherstellung.

Datentypen und Werte

1

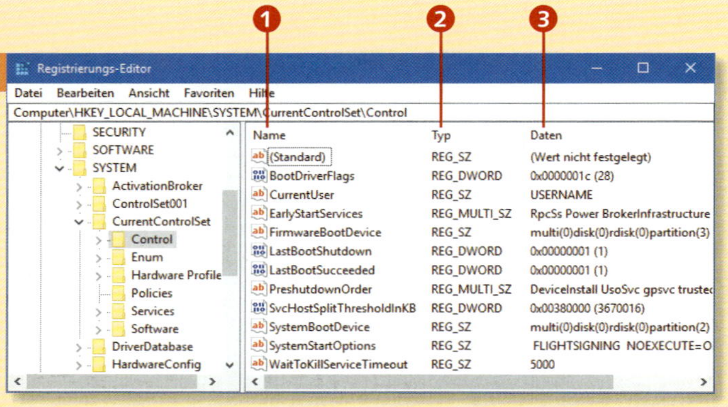

Jedem Eintrag in der Registrierungsdatenbank sind ein Datentyp und ein Wert zugeordnet.

Schritt 1

Die fünf Hauptschlüssel in der linken Fensterhälfte kennen Sie bereits. Rechts sind die Einträge und Werte zu sehen. In der ersten Spalte wird der Name aufgeführt ❶, daneben der Datentyp ❷ und rechts der Wert ❸.

2

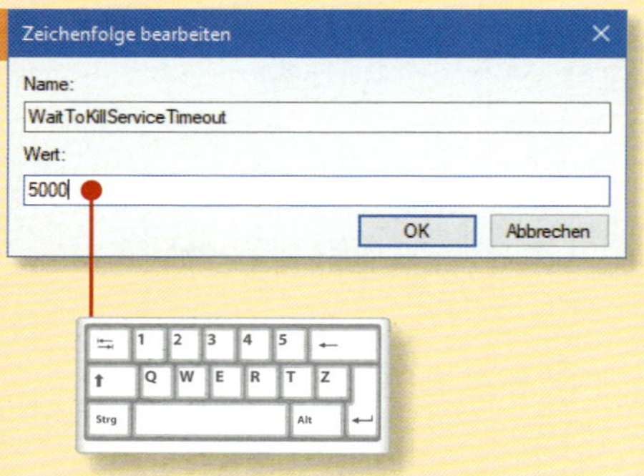

Schritt 2

Um einen Wert zu ändern, klicken Sie doppelt auf den Namen und ändern den Wert entsprechend der Vorgabe ab, meist um damit eine Funktion zu aktivieren/deaktivieren oder z. B. um einen Zeitwert zu ändern. Klicken Sie dann auf **OK**.

3

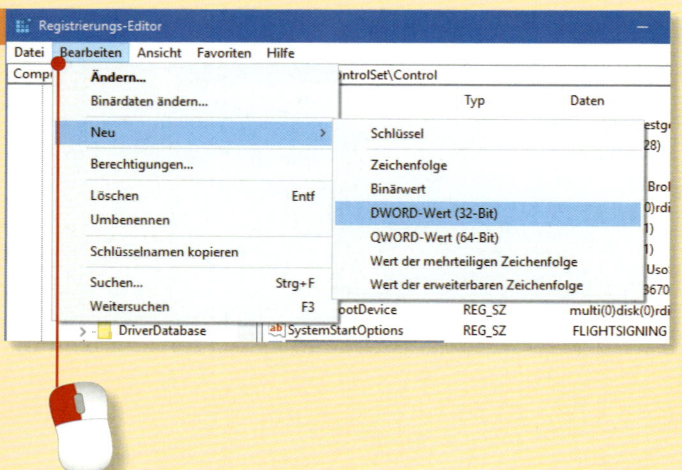

Schritt 3

Wenn ein neuer Eintrag angelegt werden soll, markieren Sie zunächst den angegebenen Schlüssel, klicken dann im Menü **Bearbeiten** auf **Neu** und wählen den geforderten Datentyp aus der Liste aus.

Abkürzungen

Die fünf Hauptschlüssel werden vielfach auch mit den Bezeichnungen *HKCR*, *HKCU*, *HKLM*, *HKU* und *HKCC* abgekürzt.

Den Registrierungs-Editor schneller starten

Erstellen Sie eine Verknüpfung zum Registrierungs-Editor, und starten Sie das Programm künftig einfach per Doppelklick.

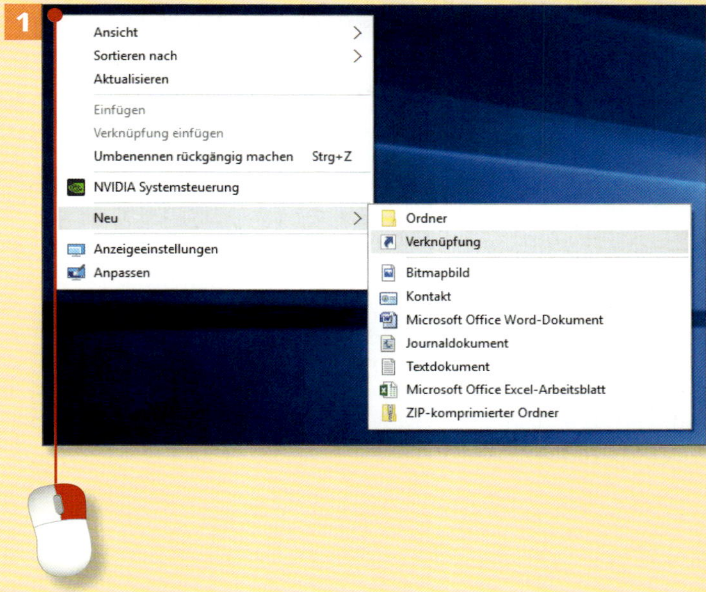

Schritt 1

Klicken Sie mit der rechten Maustaste auf eine freie Stelle Ihres Windows-Arbeitsplatzes, und klicken Sie im Kontextmenü auf **Neu ▸ Verknüpfung**.

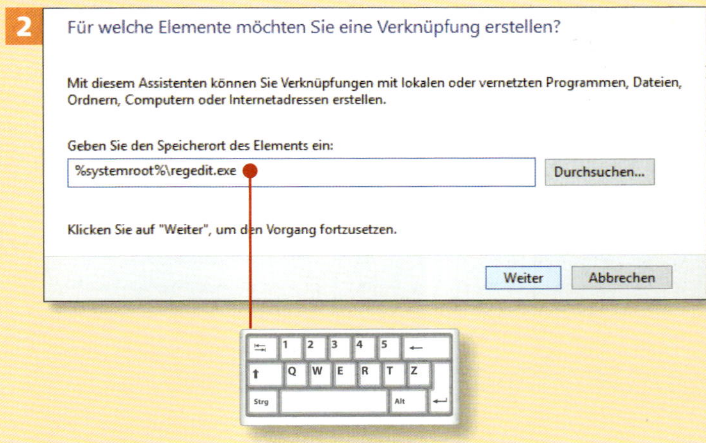

Schritt 2

Tragen Sie nun den Pfad zum Registrierungs-Editor ein: *%systemroot%\regedit.exe*. Danach klicken Sie auf die Schaltfläche **Weiter**.

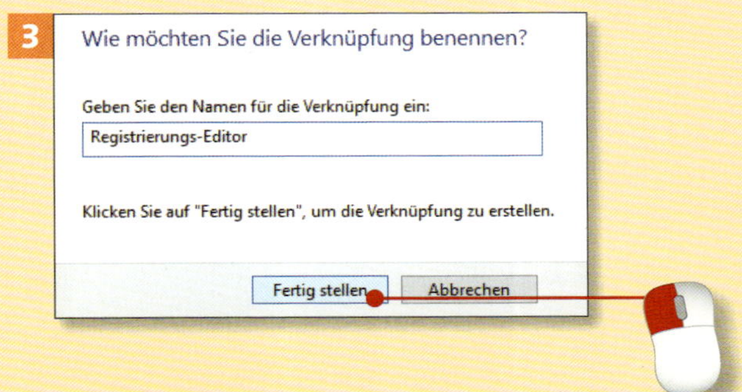

Schritt 3

Vergeben Sie einen Namen für die Verknüpfung, beispielsweise *Registrierungs-Editor*, und beenden Sie den Vorgang mit einem Klick auf **Fertig stellen**.

An Taskleiste anheften
Falls Sie die Verknüpfung lieber in die Taskleiste integrieren möchten, klicken Sie sie mit der rechten Maustaste an und wählen die Option **An Taskleiste anheften** aus.

Eine Registrierungsdatei erstellen und einspielen

Einzelne Schlüssel können Sie als Registrierungsdateien exportieren und auf andere Windows-10-PCs übertragen oder als Teilsicherung wieder in die Registrierung einspielen.

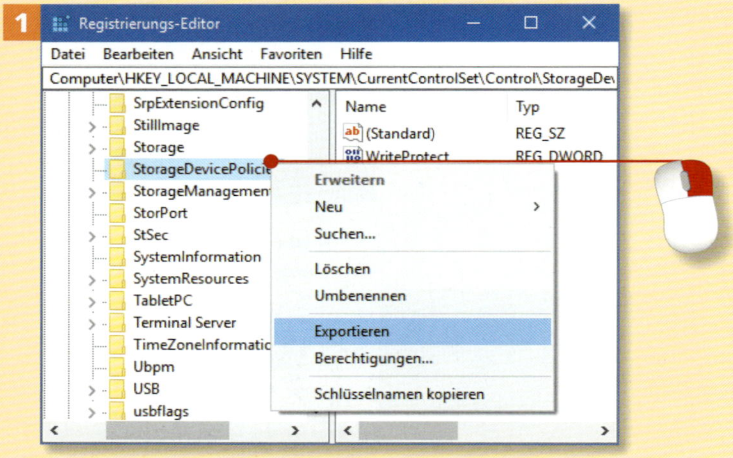

Schritt 1

Klicken Sie den zu sichernden Teilschlüssel mit der rechten Maustaste an, und wählen Sie **Exportieren** aus dem Kontextmenü.

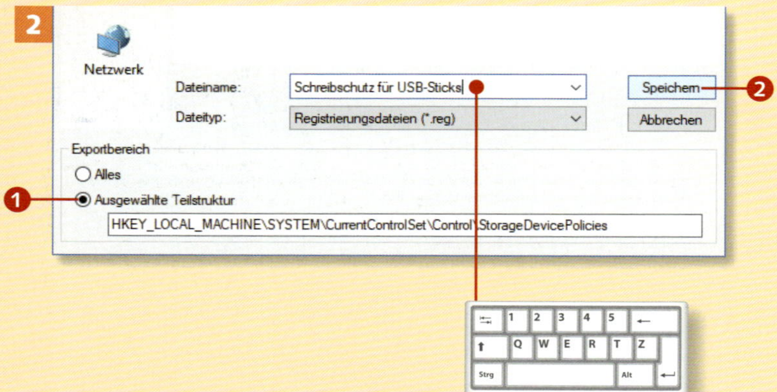

Schritt 2

Im nächsten Dialog vergeben Sie einen aussagekräftigen Namen. Die Option **Ausgewählte Teilstruktur** ❶ bleibt aktiviert. Hier können Sie auch nochmals den Pfad des Zweiges sehen, der gesichert wird. Mit einem Klick auf **Speichern** ❷ verlassen Sie den Dialog.

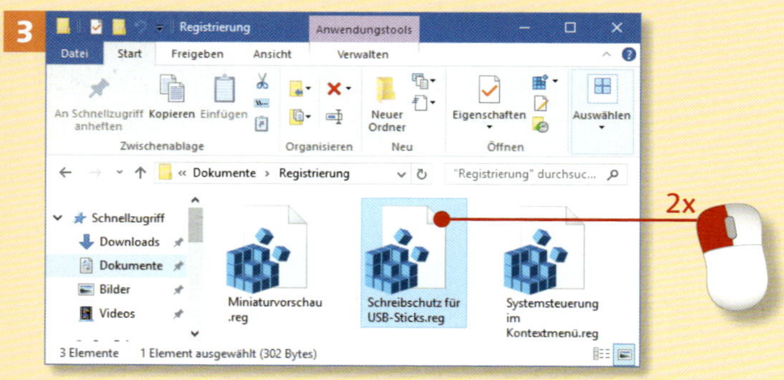

Schritt 3

Die Registrierungsdatei wurde erstellt. Möchten Sie sie wieder einspielen, führen Sie einen Doppelklick auf die Datei aus.

Komplettsicherung

Registrierungsdateien sind für eine Komplettsicherung der Registrierung nur bedingt geeignet. Nutzen Sie dazu besser die Systemwiederherstellung.

Schritt 4

Windows fragt Sie nun, ob Sie den Zugriff zulassen möchten. Bestätigen Sie die Abfrage der Benutzerkontensteuerung mit **Ja**.

Schritt 5

Sollen die Informationen der Registrierung hinzugefügt werden? Bestätigen Sie auch diese Abfrage mit einem Klick auf **Ja**.

Schritt 6

Die Schlüssel und Werte wurden erfolgreich in die Registrierung eingetragen. Schließen Sie den Dialog mit **OK**.

4

5
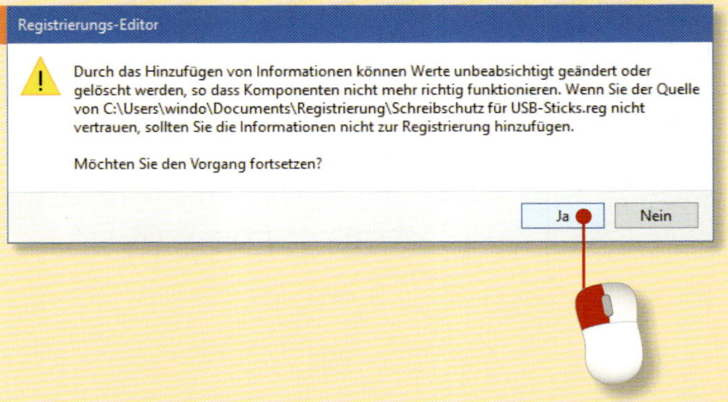

Besonderheit
Beim Wiedereinspielen einer Registrierungsdatei werden nur die Daten ersetzt, die zum Zeitpunkt der Sicherung vorhanden waren. Inzwischen neu hinzugekommene oder umbenannte Einträge bleiben bestehen.

6
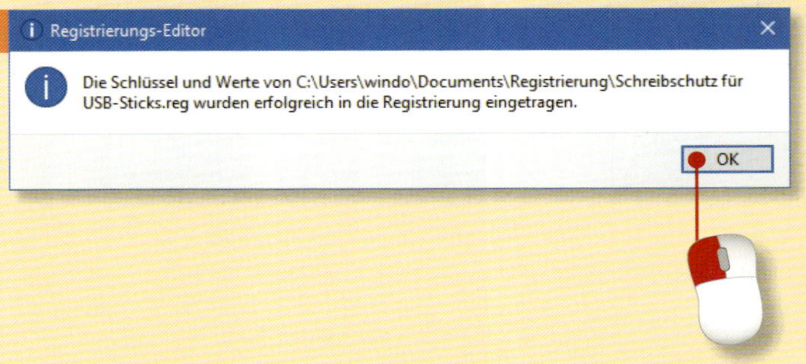

Die Registry individuell anpassen

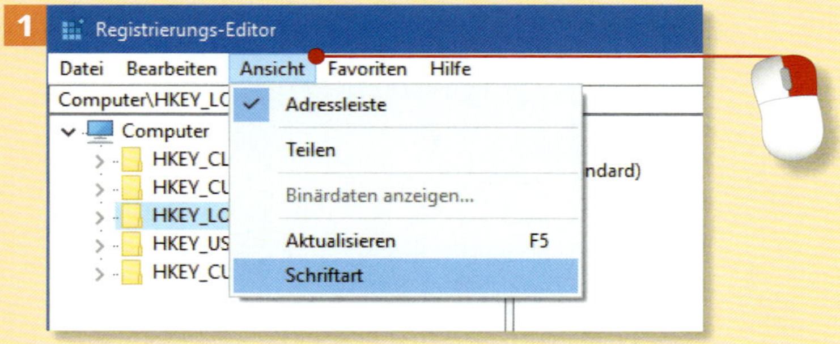

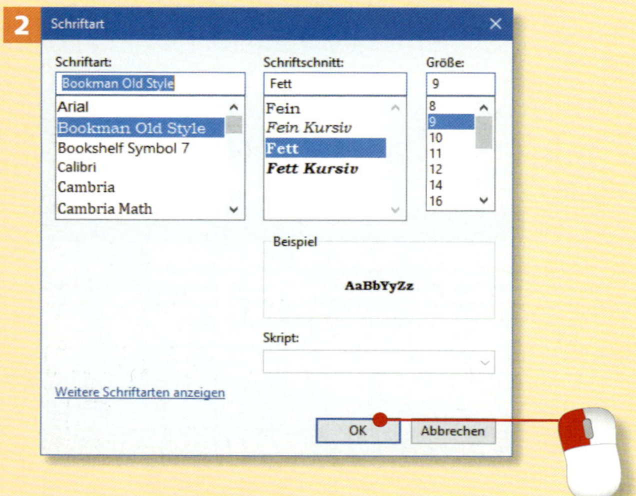

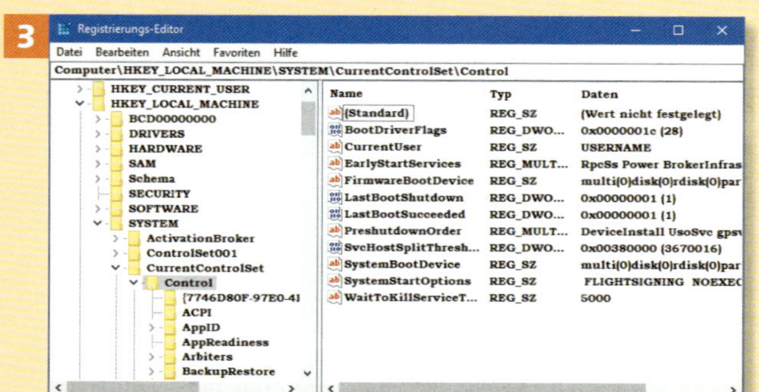

Microsoft hat mit dem Creators Update die Möglichkeit hinzugefügt, die Schriftart, den Schriftschnitt und die Größe im Registrierungs-Editor individuell festzulegen.

Schritt 1

Öffnen Sie den Registrierungs-Editor, und klicken Sie oben in der Menüleiste auf **Ansicht** und anschließend auf den Eintrag **Schriftart**.

Schritt 2

Alle auf Ihrem Rechner installierten Schriften werden aufgelistet. Wählen Sie eine **Schriftart**, den gewünschten **Schriftschnitt** und die **Größe** aus, indem Sie die entsprechenden Einträge anklicken. Mit **OK** werden die Einstellungen übernommen.

Schritt 3

Die Änderungen werden sofort übernommen. Sollte Ihnen die Darstellung noch nicht gefallen, experimentieren Sie ein wenig mit den Schriftarten und -größen.

Schrift nicht zu groß wählen

Die Adressleiste im Registrierungs-Editor hat eine feste Höhe. Wählen Sie die Schrift zu groß, ist der Pfad nicht mehr lesbar.

Schnelles Auffinden verschachtelter Pfade

Microsoft hat den Registrierungs-Editor mit einer nützlichen Adressleiste aufgerüstet. Sie können den kompletten Pfad eintippen oder aus der Zwischenablage einfügen und gelangen so schneller ans Ziel.

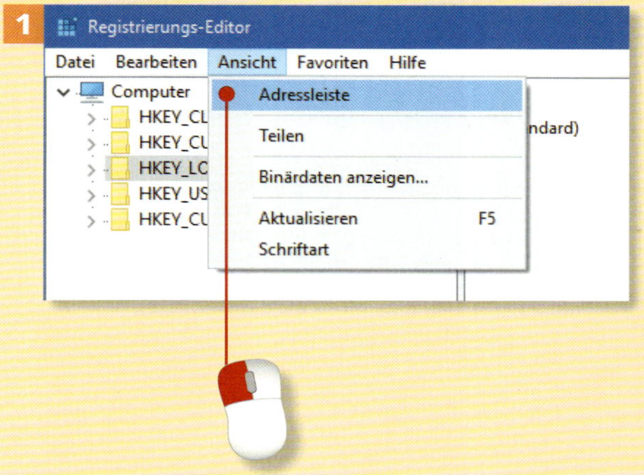

Schritt 1

Öffnen Sie den Registrierungs-Editor. Sollte die Adressleiste unterhalb der Menüleiste nicht zu sehen sein, klicken Sie auf **Ansicht** und anschließend auf **Adressleiste**.

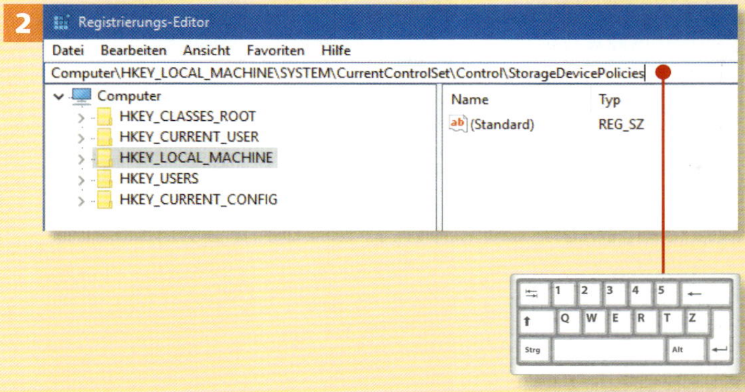

Schritt 2

Wenn Sie nun auf einer Internetseite einen Registry-Tipp finden, können Sie den dort angegebenen Pfad kopieren und in die Adresszeile mit Strg + V einfügen oder ihn einfach eintippen.

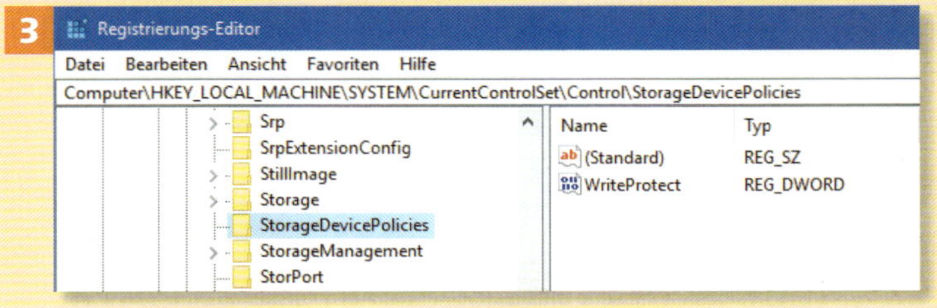

Schritt 3

Schließen Sie die Eingabe mit der ↵-Taste ab, springt der Registrierungs-Editor zur Adresse, und Sie können die Änderungen vornehmen.

Die Registry durchsuchen

Drücken Sie im Registrierungs-Editor die Taste F3, um den Suchdialog zu öffnen. Hier können Sie gezielt nach Schlüsseln, Werten oder Daten suchen.

Textdateien in die Zwischenablage kopieren

1

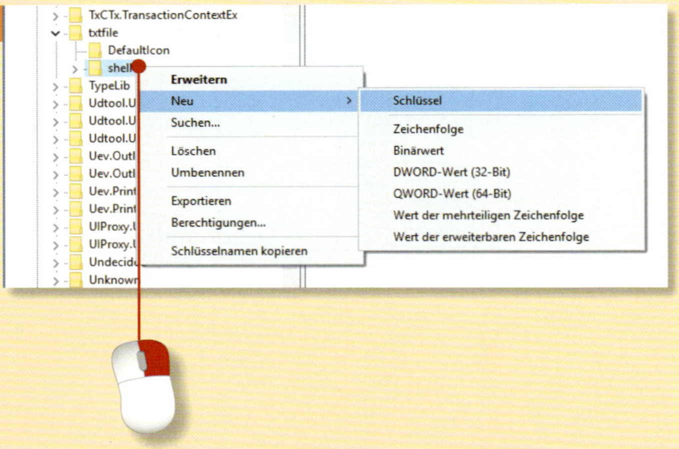

2

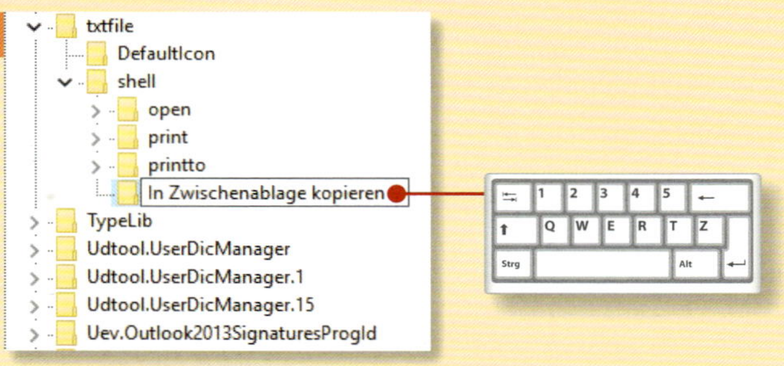

3

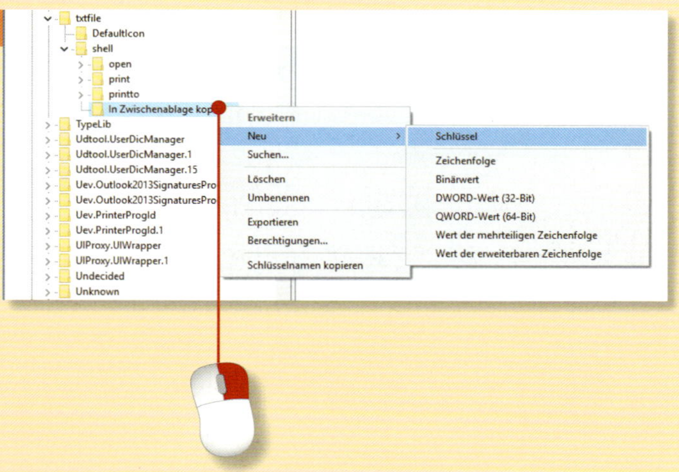

Mit diesem Tipp können Sie das Kontextmenü um einen nützlichen Befehl erweitern und so den Inhalt von Textdateien bequem in die Zwischenablage kopieren, ohne dafür die Textdatei öffnen zu müssen.

Schritt 1

Öffnen Sie den Schlüssel **HKEY_CLASSES_ROOT ▸ txtfile ▸ shell**. Klicken Sie, dort angekommen, mit der rechten Maustaste auf den Teilschlüssel **shell**, und wählen Sie **Neu ▸ Schlüssel** aus dem Kontextmenü, um einen neuen Teilschlüssel zu erstellen.

Schritt 2

Tragen Sie für den neu erstellten Teilschlüssel die Bezeichnung *In Zwischenablage kopieren* ein, und schließen Sie die Eingabe mit der ↵-Taste ab.

Schritt 3

In den neuen Schlüssel müssen Sie nun einen weiteren Schlüssel einfügen. Klicken Sie mit der rechten Maustaste auf **In Zwischenablage kopieren**, und wählen Sie den Befehl **Neu ▸ Schlüssel** aus.

Schritt 4

Weisen Sie dem neuen Zweig die Bezeichnung *command* zu und schließen Sie auch hier wieder die Eingabe mit der [↵]-Taste ab.

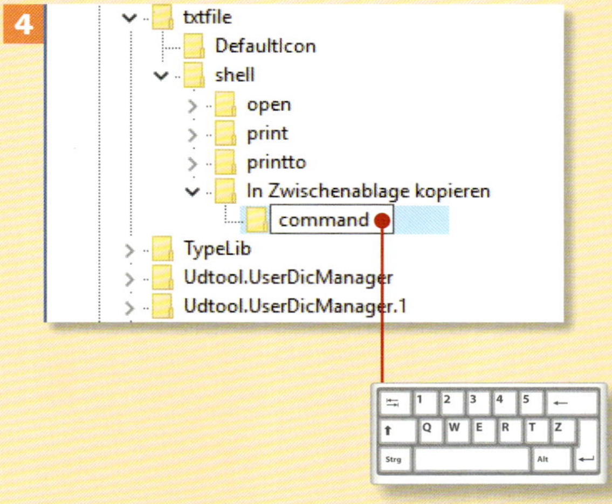

Schritt 5

Doppelklicken Sie in der rechten Fensterhälfte auf den Eintrag **(Standard)** ❶, und geben Sie im Dialog den Wert *cmd /c clip < „%1"* ein. Mit **OK** wird der Vorgang abgeschlossen.

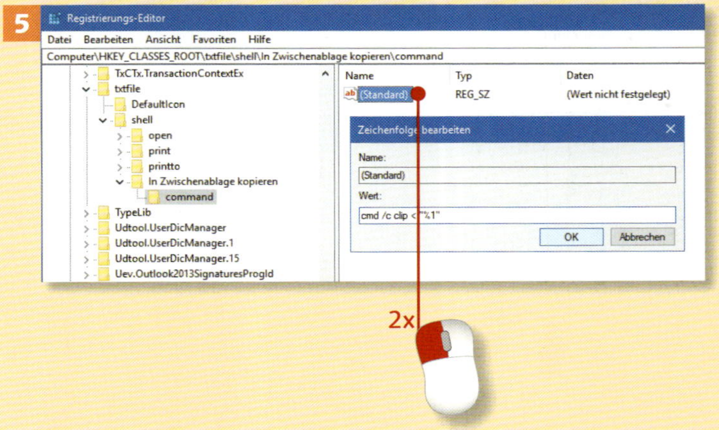

Schritt 6

Wenn Sie nun einen Rechtsklick auf eine Textdatei ausführen, finden Sie im Kontextmenü den neuen Befehl ❶. Dieser kopiert nun den Inhalt der Textdatei in die Zwischenablage, und Sie können den Text zur weiteren Verarbeitung z. B. in ein Word-Dokument einfügen.

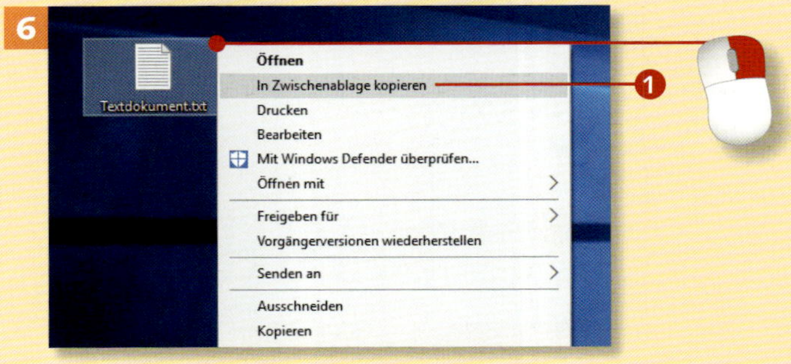

Nur für Textdateien
Der neue Befehl erscheint nur im Kontextmenü von Textdateien. Bei allen anderen Dateiformaten wird er nicht aufgeführt.

Schreibschutz für USB-Sticks einrichten

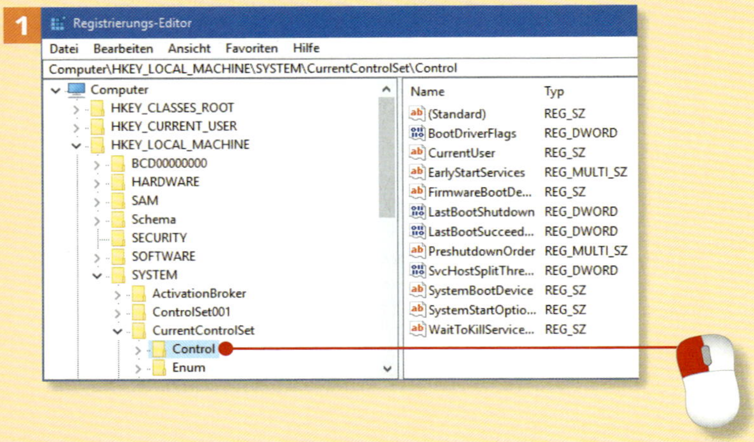

Möchten Sie das Speichern von Daten auf USB-Sticks verhindern? Richten Sie über die Registrierung einen Schreibschutz ein.

Schritt 1

Starten Sie den Registrierungs-Editor, und öffnen Sie den Schlüssel **HKEY_LOCAL_MACHINE ▸ SYSTEM ▸ CurrentControlSet ▸ Control**.

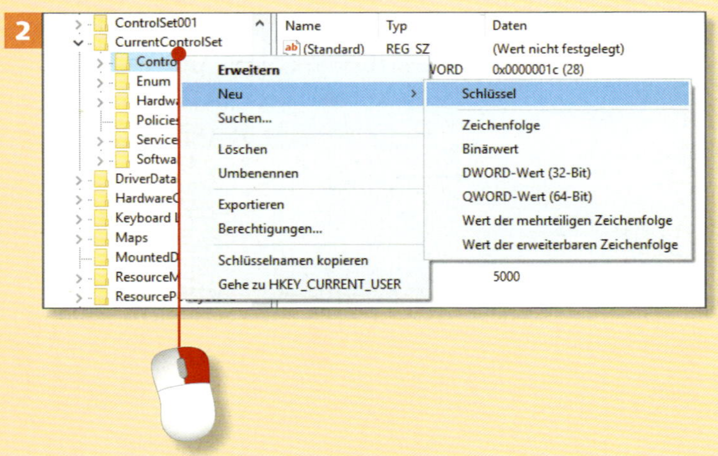

Schritt 2

Klicken Sie mit der rechten Maustaste auf den Teilschlüssel **Control**, und wählen Sie **Neu ▸ Schlüssel** im Kontextmenü, um einen neuen Teilschlüssel anzulegen.

Schritt 3

Vergeben Sie für den neuen Teilschlüssel die Bezeichnung *StorageDevicePolicies*, und schließen Sie die Eingabe mit der [↵]-Taste ab.

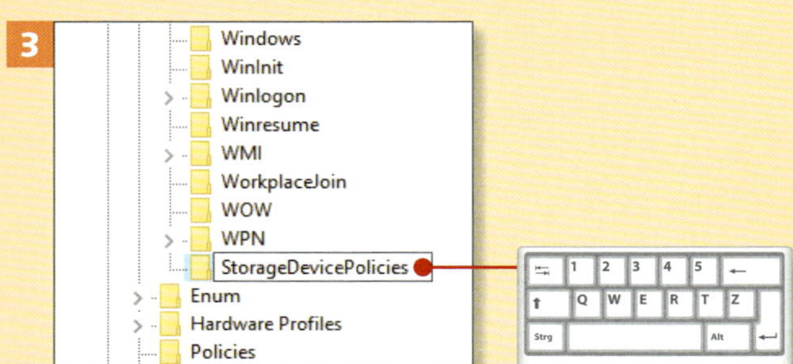

Wirksamkeit

Der Schreibschutz greift erst, wenn der USB-Stick neu angeschlossen wurde.

Schritt 4

Nun muss ein neuer Eintrag erstellt werden. Klicken Sie mit der rechten Maustaste auf eine freie Stelle in der rechten Fensterhälfte des neuen Schlüssels, und wählen Sie den Befehl **Neu ▸ DWORD-Wert (32-Bit)**.

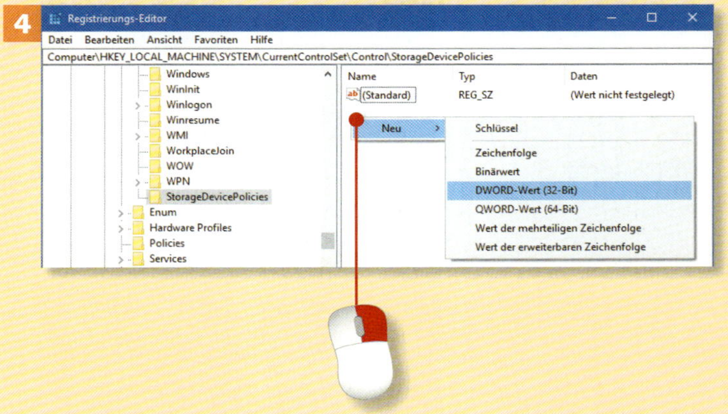

Schritt 5

Vergeben Sie die Bezeichnung *WriteProtect* für den neuen Eintrag, und schließen Sie auch diese Eingabe mit ↵ ab.

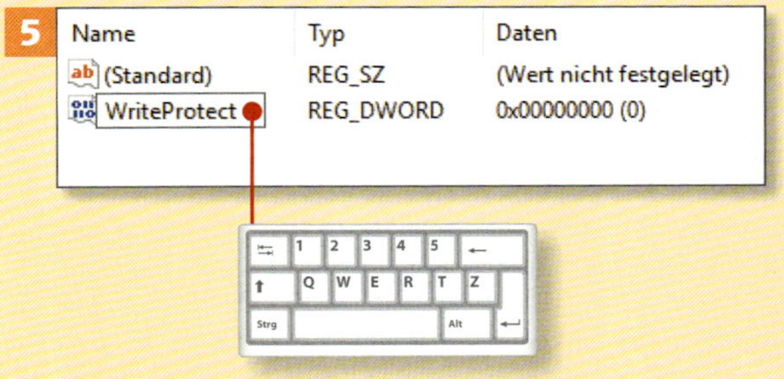

Schritt 6

Doppelklicken Sie auf den Eintrag **WriteProtect**, und weisen Sie ihm im Dialog den Wert *1* zu. Mit **OK** wird der Vorgang abgeschlossen, und das Speichern von Daten auf USB-Sticks ist nicht mehr möglich.

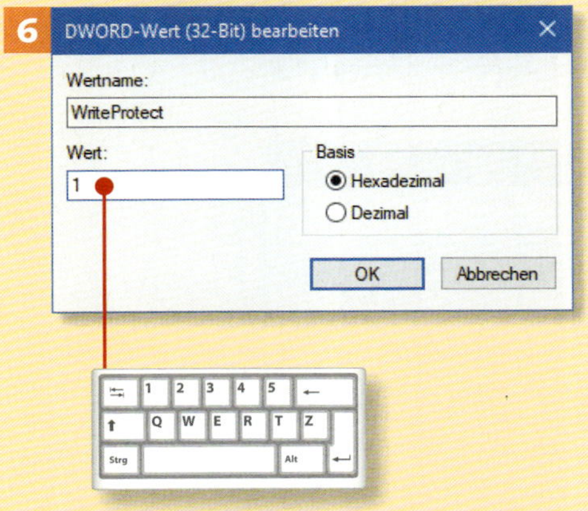

Schreibschutz deaktivieren
Um den Schreibschutz wieder aufzuheben, weisen Sie dem Eintrag **WriteProtect** den Wert *0* zu.

Miniaturvorschau in der Taskleiste beschleunigen

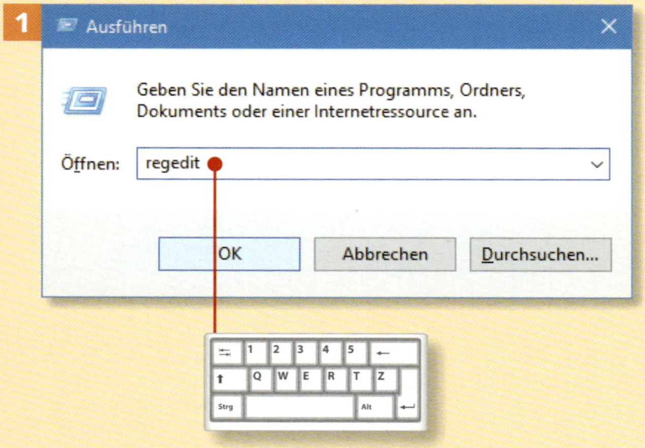

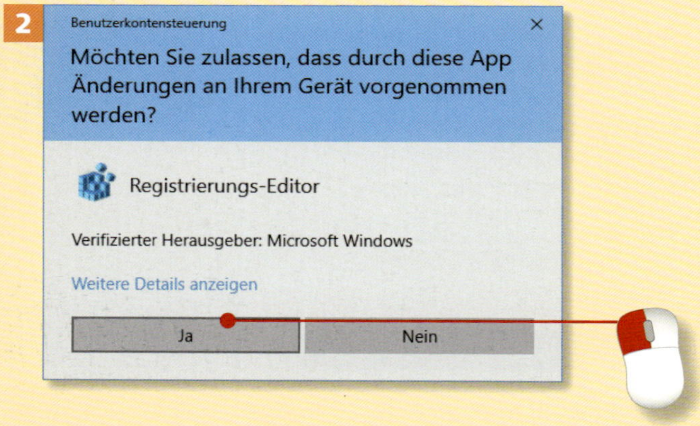

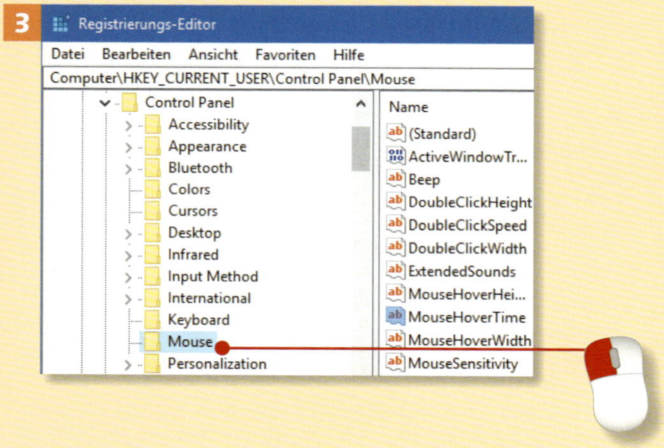

Wenn Sie mit der Maus auf ein Programmsymbol in der Taskleiste zeigen, wird dieses nach kurzer Verzögerung in einem kleinen Vorschaufenster angezeigt. Diese Verzögerung können Sie verringern.

Schritt 1

Drücken Sie die Tastenkombination [Windows] + [R], und geben Sie im **Ausführen**-Dialog den Befehl *regedit* ein, gefolgt von [↵].

Schritt 2

Bestätigen Sie die darauffolgende Sicherheitsabfrage der Benutzerkontensteuerung mit **Ja**.

Schritt 3

Sie befinden sich nun in der Registrierungsdatenbank. Navigieren Sie durch die Einträge, wie in den vorangegangenen Anleitungen beschrieben, und öffnen Sie den Zweig **HKEY_CURRENT_USER ▸ Control Panel ▸ Mouse**.

Schritt 4

Führen Sie im Teilschlüssel **Mouse** in der rechten Fensterhälfte einen Doppelklick auf den Eintrag **MouseHoverTime** aus.

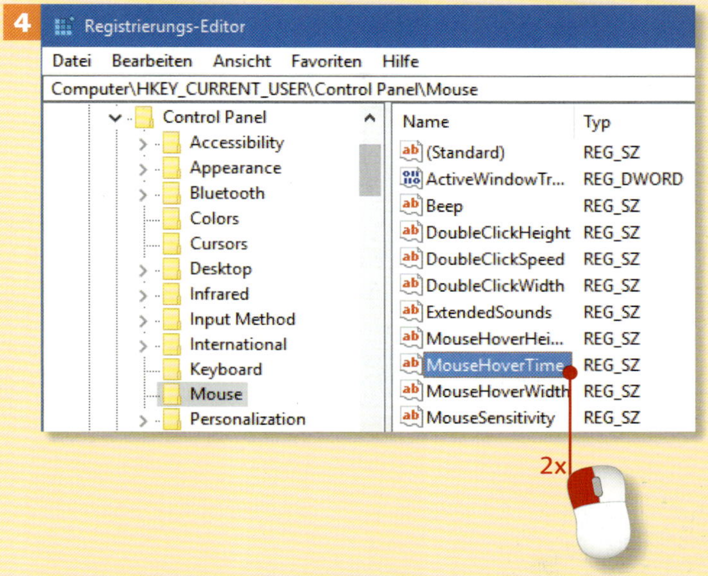

Schritt 5

Im Feld **Wert** sehen Sie die Zeit, die Windows vorgesehen hat, bis die Vorschau erscheint. Standardmäßig ist hier eine Wartezeit von 400 Millisekunden angegeben. Reduzieren Sie den Wert auf *10*. Durch einen Klick auf **OK** speichern Sie den neuen Wert.

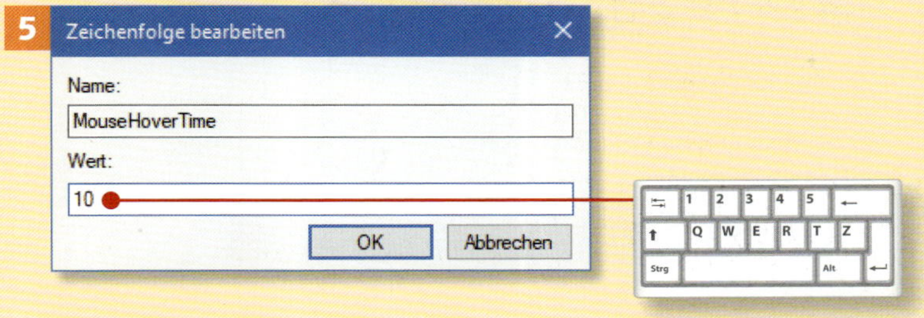

Schritt 6

Schließen Sie den Registrierungs-Editor, und starten Sie den Rechner neu. Nach dem Neustart werden die Vorschaufenster in der Taskleiste deutlich schneller als zuvor angezeigt, sobald Sie mit der Maus auf das Symbol eines geöffneten Programms zeigen.

Die Systemsteuerung im Kontextmenü

1

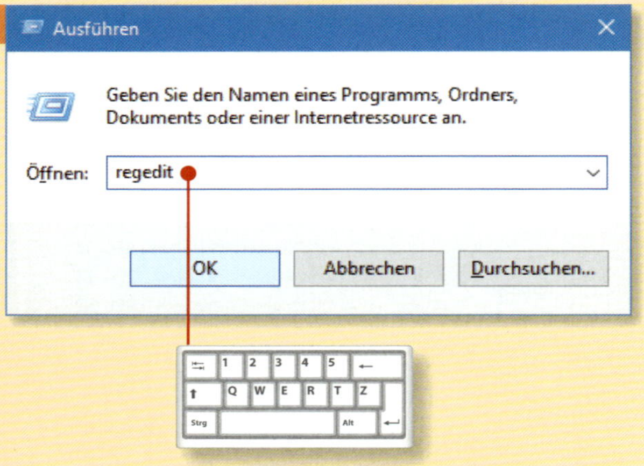

2

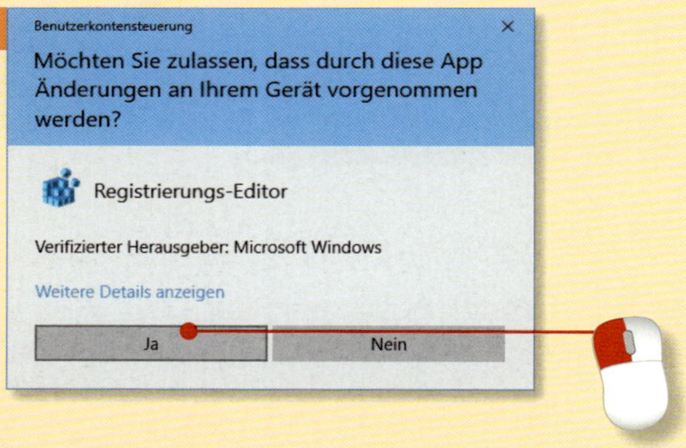

3

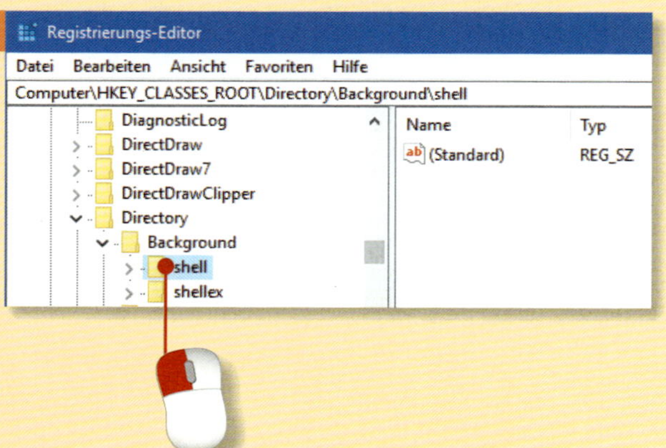

Die meisten Einstellungen am PC werden nach wie vor über die Systemsteuerung vorgenommen. Fügen Sie die Systemsteuerung einfach dem Kontextmenü hinzu, um sie bei Bedarf blitzschnell aufrufen zu können.

Schritt 1

Öffnen Sie den Editor zur Bearbeitung der Registrierungsdatenbank mit ⊞ + R und der Eingabe des Befehls *regedit* in das Textfeld des Dialogs. Schließen Sie die Eingabe mit ↵ ab.

Schritt 2

Es folgt die bekannte Abfrage der Benutzerkontensteuerung, die Sie mit **Ja** bestätigen müssen. Anschließend haben Sie Administrator-Zugriffsrechte und dürfen in der Registrierungsdatenbank arbeiten.

Schritt 3

Klicken Sie sich nun zum Schlüssel **HKEY_CLASSES_ROOT ▸ Directory ▸ Background ▸ shell** durch.

Schritt 4

Hier muss nun ein neuer Schlüssel angelegt werden. Markieren Sie den Schlüssel **shell**, und klicken Sie im Menü **Bearbeiten** auf **Neu ▸ Schlüssel**.

Schritt 5

Der neue Schlüssel erhält den Namen des Menüpunkts, wie er später auch im Kontextmenü zu sehen sein soll. Geben Sie also *Systemsteuerung* ein, und bestätigen Sie Ihre Eingabe anschließend mit der [↵]-Taste.

Schritt 6

In den neuen Schlüssel müssen Sie nun einen weiteren Schlüssel einfügen. Klicken Sie mit der rechten Maustaste auf den Zweig **Systemsteuerung**, und wählen Sie aus dem Kontextmenü den Befehl **Neu ▸ Schlüssel** aus.

4

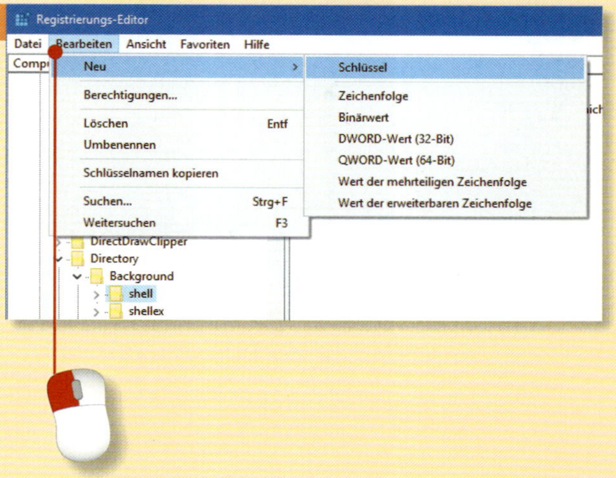

5

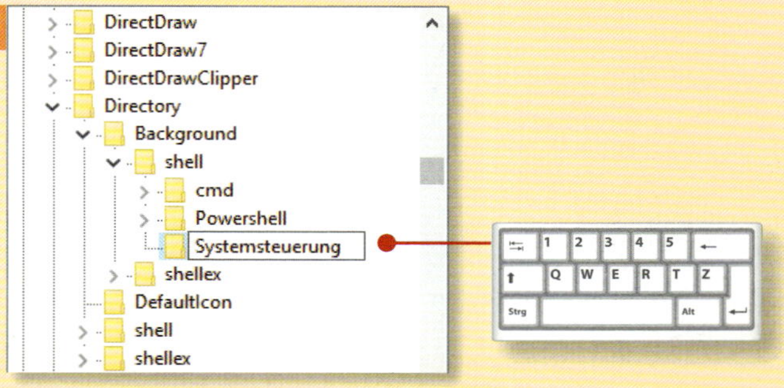

6

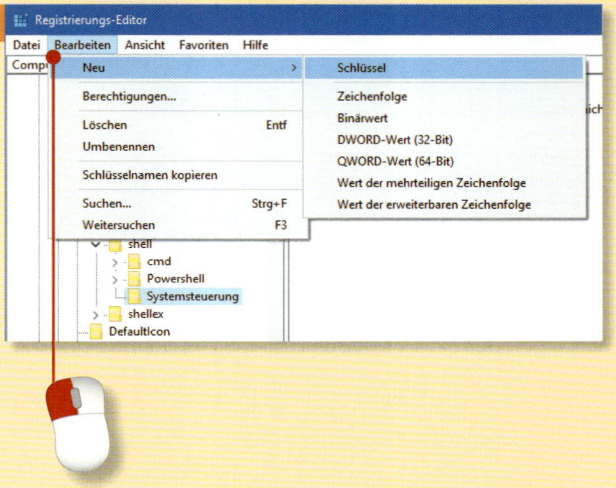

Die Systemsteuerung im Kontextmenü (Forts.)

7

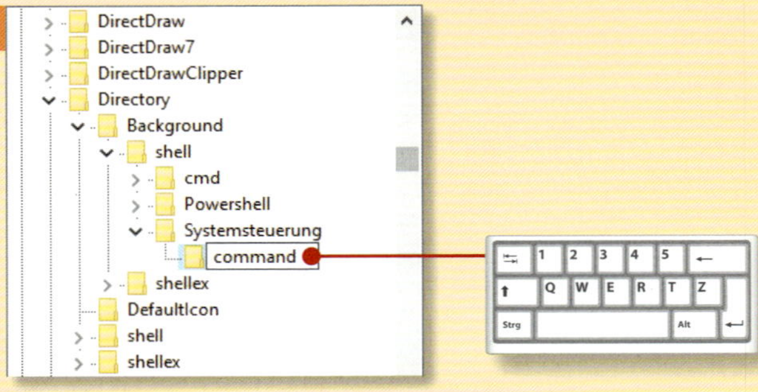

8

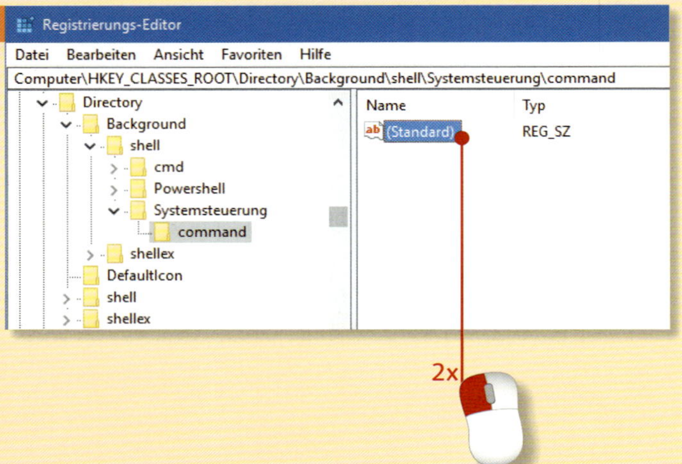

9

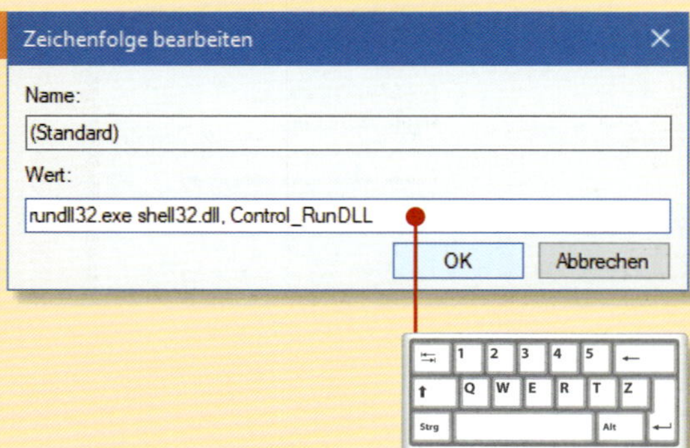

Schritt 7

Weisen Sie dem neuen Zweig den Namen *command* zu, und bestätigen Sie die Eingabe wie gewohnt mit der [↵]-Taste.

Schritt 8

In der rechten Fensterhälfte des eben hinzugefügten Schlüssels **command** sehen Sie den Eintrag **(Standard)**. Doppelklicken Sie auf diesen Eintrag, um ihm einen Wert zuweisen zu können.

Schritt 9

Tragen Sie im Fenster **Zeichenfolge bearbeiten** exakt den folgenden Wert ein: *rundll32.exe shell32.dll, Control_RunDLL*, und klicken Sie dann auf **OK**.

Registry sichern

Es empfiehlt sich immer, eine Sicherung der Registrierungsdatenbank zu erstellen. In der Anleitung »Eine Registrierungsdatei erstellen und einspielen« auf Seite 248 erfahren Sie, wie das geht.

Schritt 10

Schließen Sie den Registrierungs-Editor über **Datei ▸ Beenden** wieder. Diese Änderung ist auch ohne Neustart des Computers sofort wirksam.

Schritt 11

Testen Sie doch am besten gleich einmal, ob die Änderungen übernommen wurden und der neue Eintrag im Kontextmenü erscheint. Wenn Sie mit der rechten Maustaste auf eine freie Stelle Ihres Arbeitsplatzes klicken, sollte Ihnen der neue Menüpunkt **Systemsteuerung** sogleich zur Verfügung stehen.

Schritt 12

Und tatsächlich: Nachdem Sie auf den besagten Menüpunkt geklickt haben, öffnet sich der zugehörige Dialog und zeigt alle Systemsteuerungselemente an.

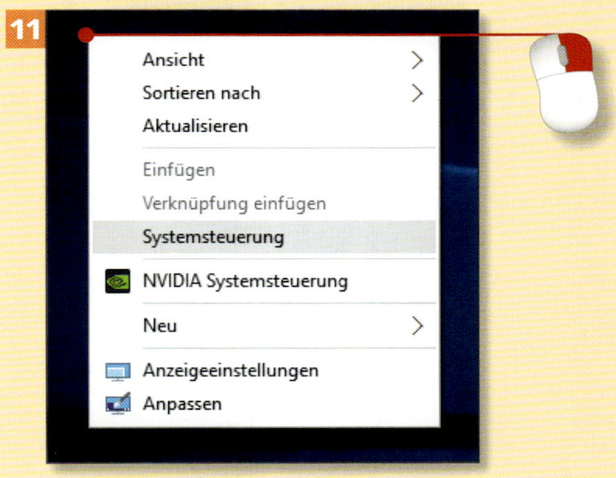

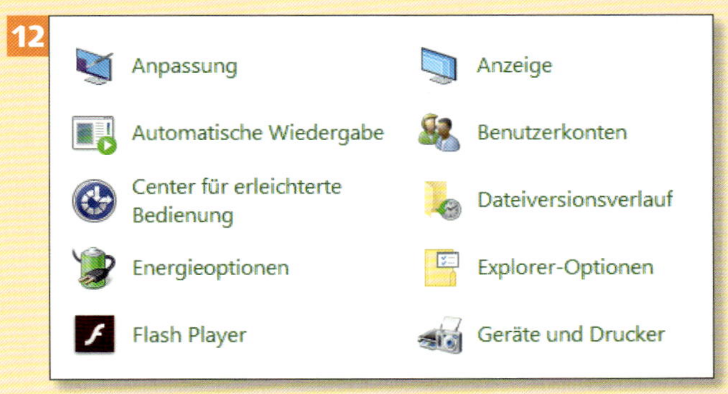

Kopieren und verschieben im Kontextmenü

Verschieben und kopieren Sie Dateien einfach und bequem über das Kontextmenü. Eine kleine Änderung in der Registry macht's möglich.

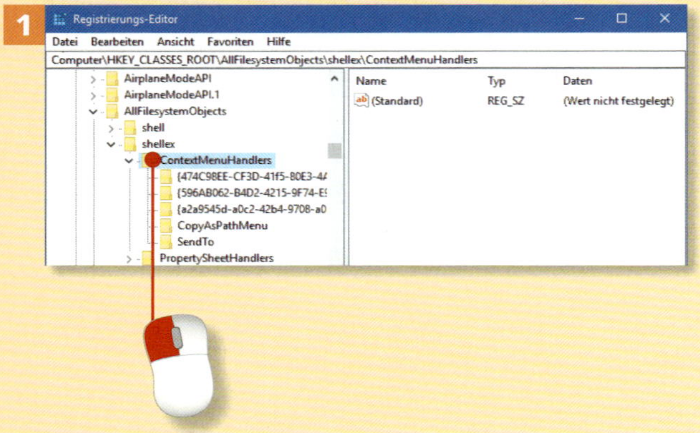

Schritt 1

Öffnen Sie den Registrierungs-Editor, und navigieren Sie zum Zweig **HKEY_CLASSES_ROOT ▸ AllfilesystemObjects ▸ shellex ▸ ContextMenuHandlers**.

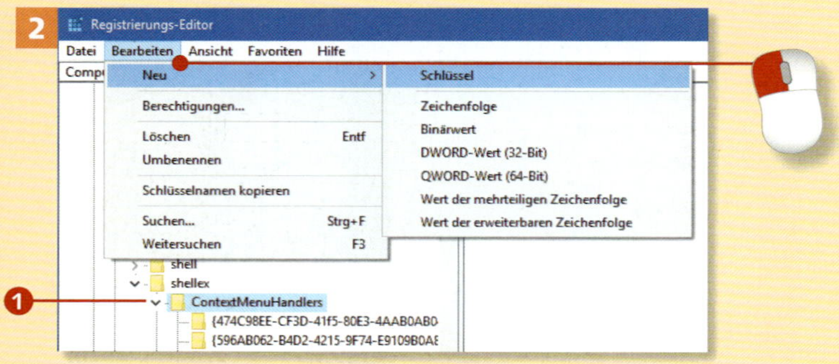

Schritt 2

Erstellen Sie im Schlüssel **ContextMenuHandlers** ❶ einen neuen Teilschlüssel. Klicken Sie dazu in der Menüleiste auf **Bearbeiten**, und wählen Sie dann den Befehl **Neu** und anschließend **Schlüssel**.

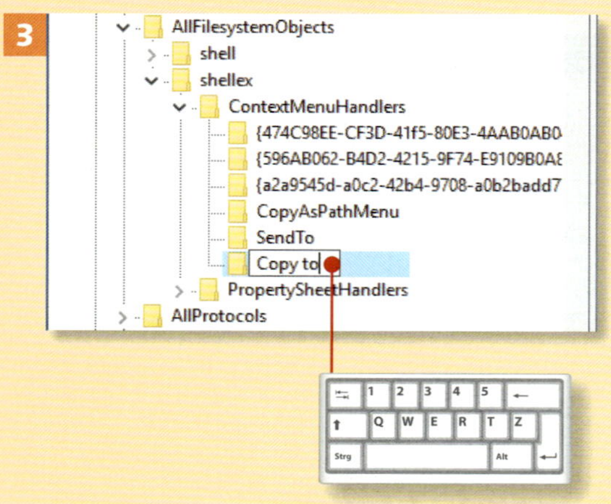

Schritt 3

Der neue Eintrag erscheint in der linken Spalte. Vergeben Sie für den Schlüssel den Namen *Copy to*, und schließen Sie Ihre Eingabe mit der ↵-Taste ab.

Schritt 4

Öffnen Sie nun den gerade neu erstellten Schlüssel **Copy to**, und klicken Sie in der rechten Fensterhälfte doppelt auf den Eintrag **Standard**, um dessen Bearbeitungsfenster zu öffnen.

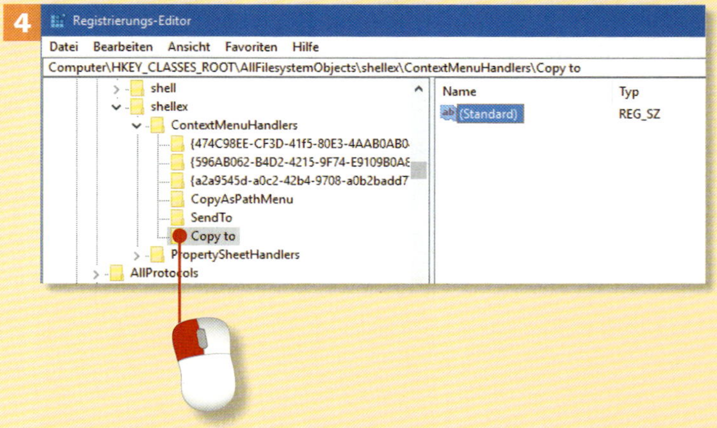

Schritt 5

Weisen Sie dem Standardeintrag den Wert *{C2FBB630-2971-11D1-A18C-00C04FD75D13}* zu, und bestätigen Sie die Eingabe mit einem Klick auf die Schaltfläche **OK**.

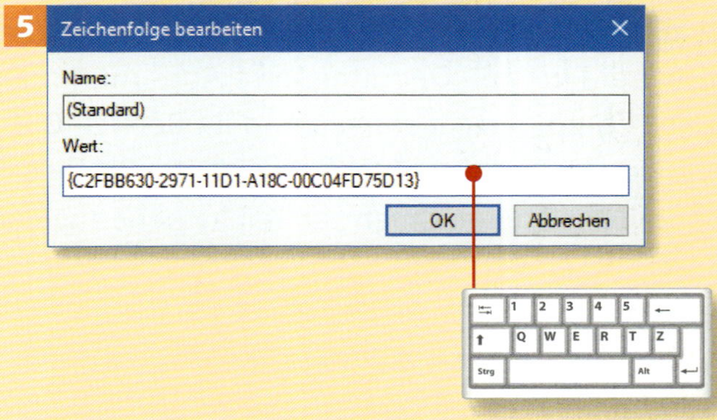

Schritt 6

Wenn Sie nun eine Datei mit der rechten Maustaste anklicken, erscheint im Kontextmenü der neue Befehl **In Ordner kopieren...** Wählen Sie ihn aus, können Sie anschließend den Zielordner bestimmen.

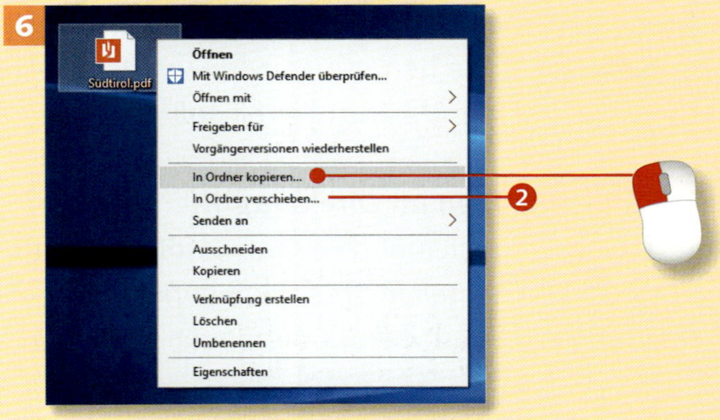

»In Ordner verschieben« integrieren

Möchten Sie zusätzlich den Befehl *In Ordner verschieben* ❷ in das Kontextmenü integrieren, wiederholen Sie die Anleitung und fügen in Schritt 3 nun den Schlüssel *Move to* hinzu. Klicken Sie dann den Standardeintrag des neuen Schlüssels doppelt an, und weisen Sie ihm den fast identischen Wert *{C2FBB631-2971-11D1-A18C-00C04FD75D13}* zu.

Kapitel 13
Windows warten und pflegen

Ihr Windows-Computer braucht regelmäßige Pflege und Wartung. Dazu gehören unter anderem die Prüfung des Dateisystems sowie der Festplatte auf Fehler, aber auch die Installation verfügbarer Updates und Patches. Bei der Systemwartung optimieren Sie den Energieverbrauch und kommen mithilfe einer Energieanalyse Stromverschwendern auf die Spur.

Das neue Windows Defender Sicherheitscenter

Das neue Sicherheitscenter fasst alle sicherheitsrelevanten Einstellungen an einem zentralen Ort zusammen ❶. Prüfen Sie den Status Ihres Virenschutz-Programms und die Konfiguration der Firewall. Der integrierte App- und Browserschutz sorgt für einen besseren Schutz vor Computerschädlingen und im Bereich **Geräteleistung und -integrität** überwacht Windows Ihr System und gibt nützliche Tipps bei erkannten Problemen. Für Kinder und Jugendliche stehen Ihnen zahlreiche neue Jugendschutzoptionen zur Verfügung, mit denen Sie z. B. die Nutzungszeit des Computers für Ihre Kinder festlegen können.

Das Windows-Update – bleiben Sie auf dem neuesten Stand!

Microsoft bietet in regelmäßigen Abständen kleine Verbesserungen und Erweiterungen für Windows und andere Microsoft-Produkte, beispielsweise Microsoft Office, an. Seit Windows 10 werden diese Updates automatisch installiert; der Anwender kann aber u. a. festlegen ❷, wie diese heruntergeladen werden sollen. Hier gibt es interessante Einstellungen, die Sie kennen und kontrollieren sollten.

Häufige Einstellungen im Direktzugriff

Anstatt sich umständlich und zeitaufwendig durch die Tiefen der neuen Windows-Einstellungen zu klicken, erstellen Sie für wiederkehrende Aufgaben einfach eine Verknüpfung ❸ und legen diese im Startmenü oder direkt in der Taskleiste ab.

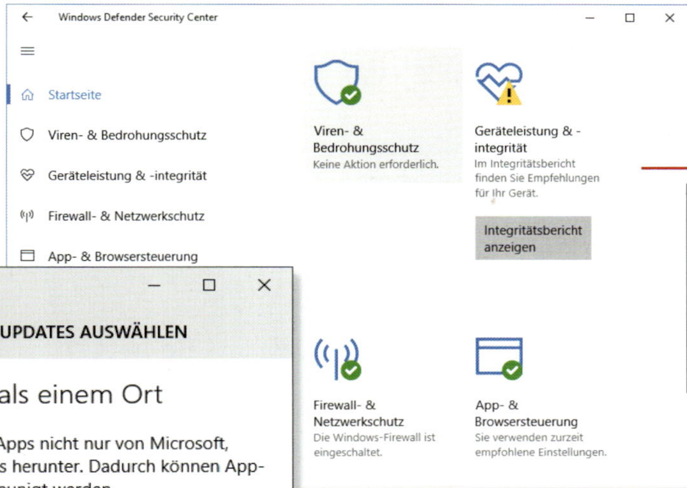

❶ Mit dem Sicherheitscenter haben Sie Ihr System im Blick.

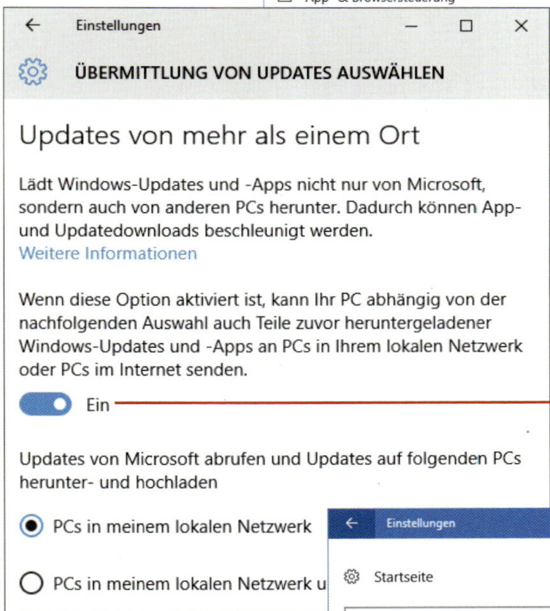

❷ Legen Sie fest, wie Updates auf Ihren Rechner übertragen werden.

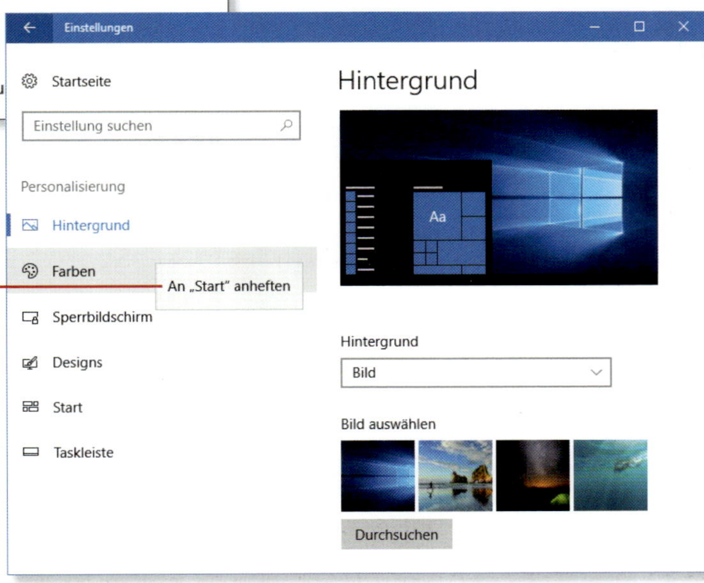

❸ Legen Sie Verknüpfungen zu häufig verwendeten Funktionen an.

Das neue Sicherheitscenter im Überblick

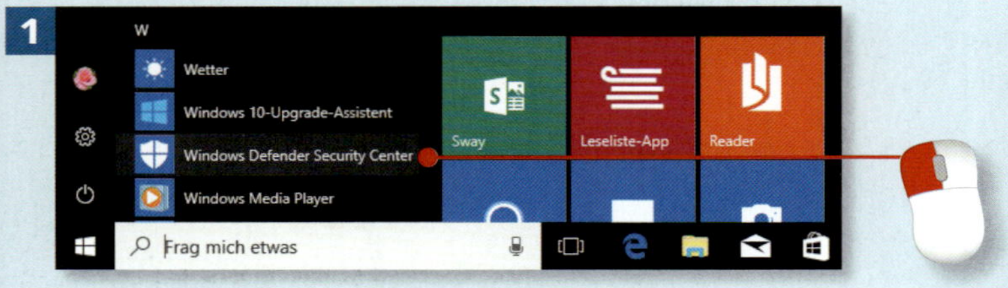

Microsoft hat alle sicherheitsrelevanten Einstellungen im neuen Windows Defender Security Center zusammengefasst. Sie haben hier den Status Ihres Rechners im Blick und erhalten Lösungsvorschläge bei entdeckten Problemen.

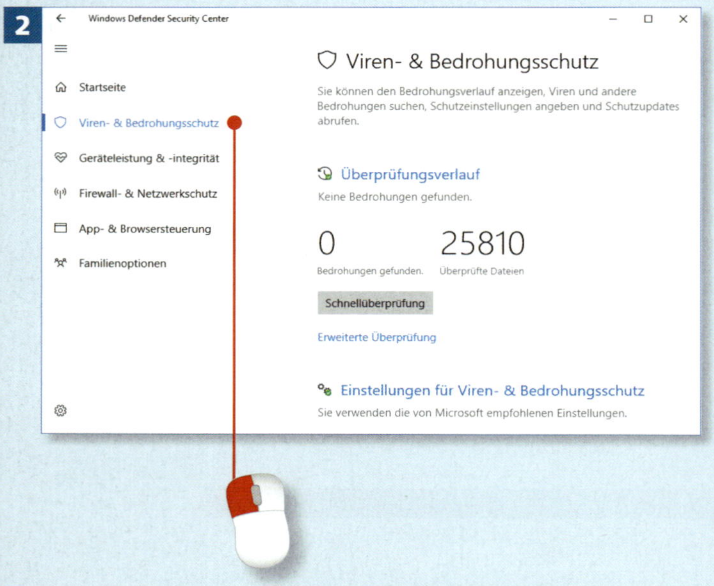

Schritt 1

Öffnen Sie das Sicherheitscenter über das Startmenü mit einem Klick auf die Kachel mit der Bezeichnung **Windows Defender Security Center**.

Schritt 2

Das Sicherheitscenter ist in fünf Bereiche unterteilt. In der Kategorie **Viren- & Bedrohungsschutz** können Sie Ihren PC auf Computerviren untersuchen und wichtige Einstellungen für den Windows Defender vornehmen.

Schritt 3

Im Bereich **Geräteleistung & -integrität** finden Sie Informationen zur Akkulaufzeit, zu Gerätetreibern, zur verfügbaren Speicherkapazität, zum aktuellen Stand der Windows-Updates sowie Optionen für eine Wiederherstellung Ihres Systems.

Schritt 4

Firewall & Netzwerkschutz lautet die Überschrift der dritten Kategorie. Sie enthält Einstellungsmöglichkeiten für die Firewall. Siehe dazu auch die Anleitung »Die Windows-Firewall richtig konfigurieren« ab Seite 118.

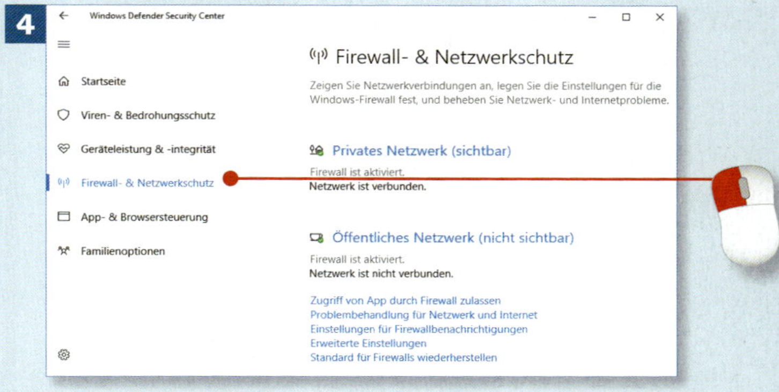

Schritt 5

Die Funktion **SmartScreen** schützt Ihren Rechner, indem sie Dateien und Programme auf Schadsoftware überprüft. Im Abschnitt **App- & Browsersteuerung** finden Sie Konfigurationsmöglichkeiten dazu.

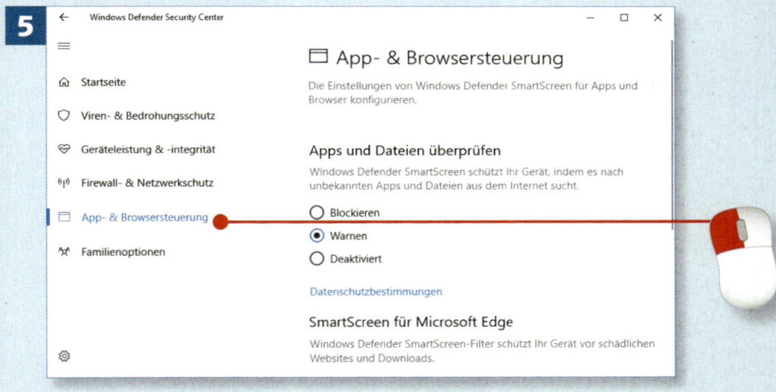

Schritt 6

In den **Familienoptionen** finden Sie zahlreiche Kinder- und Jugendschutzeinstellungen und können z. B. festlegen, welche Internetseiten von Kindern besucht werden dürfen oder wie lange der Computer am Tag genutzt werden darf.

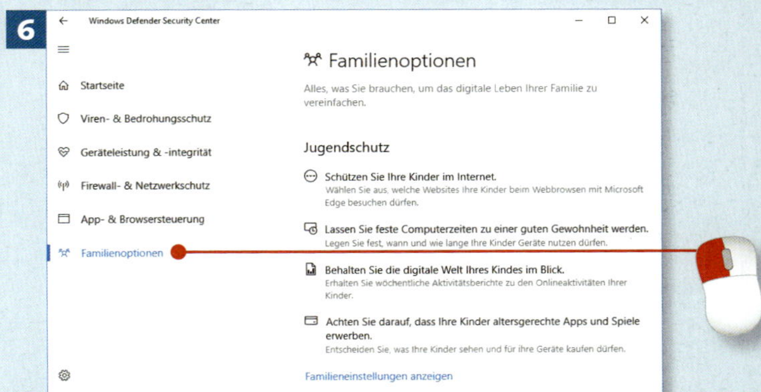

Häufige Aufgaben im Schnellzugriff

Viele Funktionen sind in den neuen Windows-Einstellungen nur mit Mühe zu finden. Erleichtern Sie sich die Arbeit, und legen Sie zu wiederkehrenden Aufgaben einfach direkte Verknüpfungen im Startmenü ab.

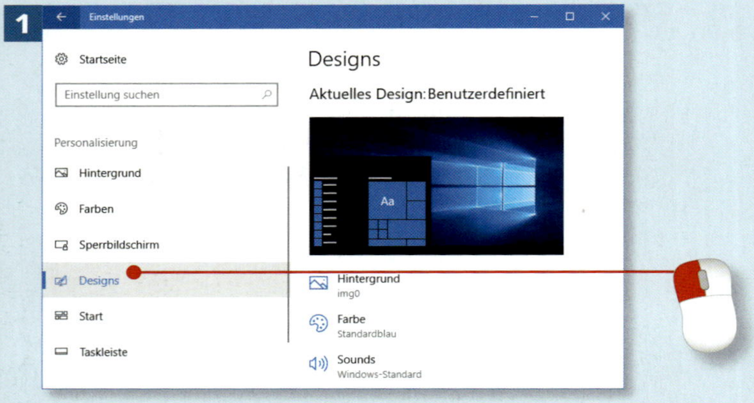

Schritt 1

Öffnen Sie zunächst die Windows-Einstellungen, z. B. mithilfe der Tastenkombination ⊞ + I, und rufen Sie die Kategorie auf, zu der Sie gerne eine Verknüpfung anlegen möchten. In diesem Beispiel sind es unter der Rubrik **Personalisierung** die Einstellungen für die **Designs**.

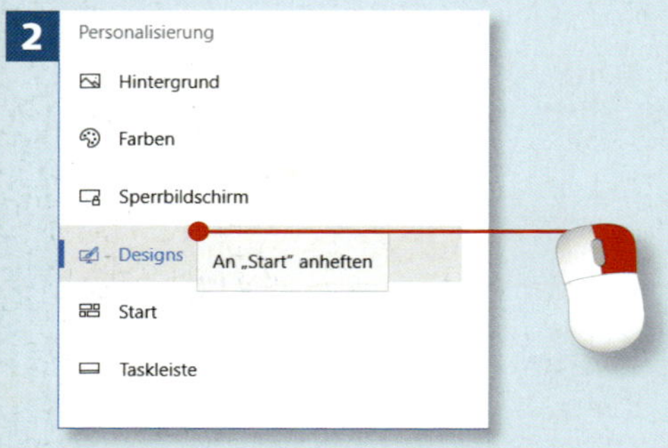

Schritt 2

Führen Sie nun links in der Aufgabenleiste einen Rechtsklick auf den Menüpunkt **Designs** aus, und wählen Sie aus dem sich öffnenden Kontextmenü den Befehl **An „Start" anheften** aus.

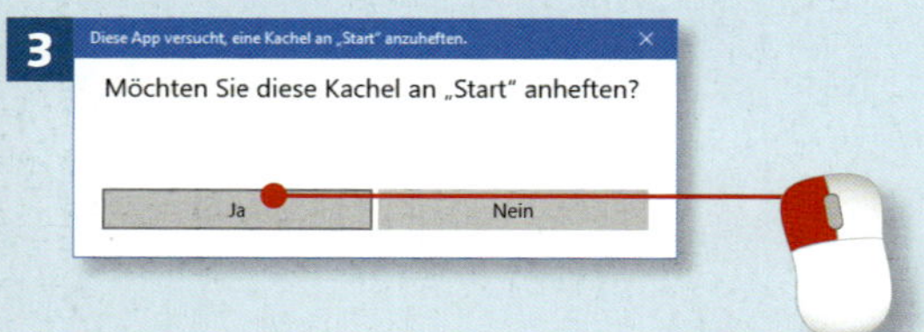

Schritt 3

Es folgt eine Abfrage, ob Sie die Kachel an das Startmenü anheften wollen. Bestätigen Sie dies mit einem Klick auf die Schaltfläche **Ja**. Wiederholen Sie den Vorgang gegebenenfalls mit weiteren Einstellungen.

Schnelle Aktionen im Info-Center
Im Info-Center, das Sie auch mit den Tasten ⊞ + A öffnen können, finden Sie ebenfalls Zugriffsmöglichkeiten zu wichtigen Einstellungen, wie z. B. zur Bildschirmhelligkeit.

Schritt 4

Rufen Sie nun das Startmenü auf, indem Sie entweder auf die **Start**-Schaltfläche in der Taskleiste klicken, oder dazu die ⊞-Taste nutzen.

Schritt 5

Nutzen Sie die Bildlaufleiste ❶ oder das Rädchen Ihrer Maus, um an das Ende des Startmenüs zu gelangen. Hier finden Sie nun für jede Einstellung, zu der Sie eine Verknüpfung angelegt haben, eine eigene Kachel vor und können die jeweilige Einstellung mit nur einem Klick öffnen.

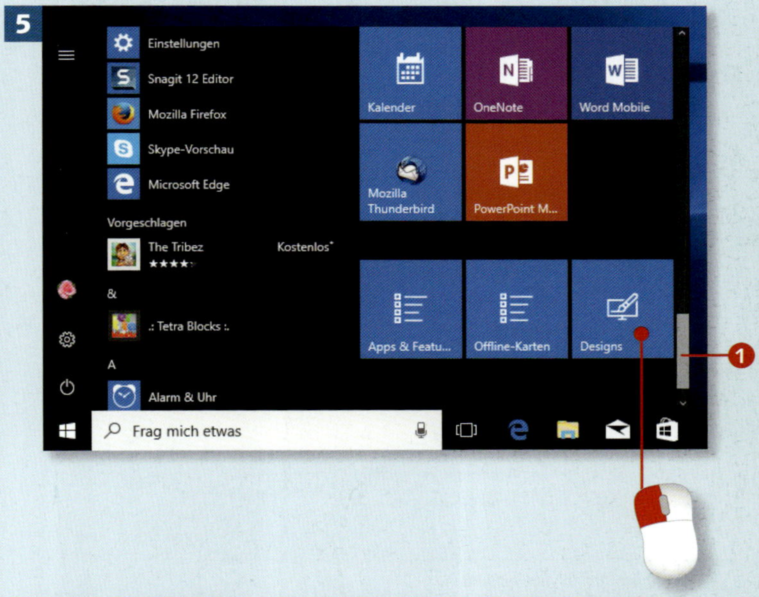

Schritt 6

Zur besseren Übersicht können Sie der Gruppe Ihrer Einstellungen noch eine Bezeichnung zuweisen ❷. Beachten Sie dazu bitte die Anleitung »Neue Gruppen erstellen und beschriften« ab Seite 48.

Einstellungen entfernen
Möchten Sie eine Einstellung aus dem Startmenü entfernen, klicken Sie diese mit der rechten Maustaste an und wählen den Befehl **Von „Start" lösen** aus dem Kontextmenü aus. Die Kachel wird daraufhin gelöscht.

Die Festplatte auf Fehler prüfen

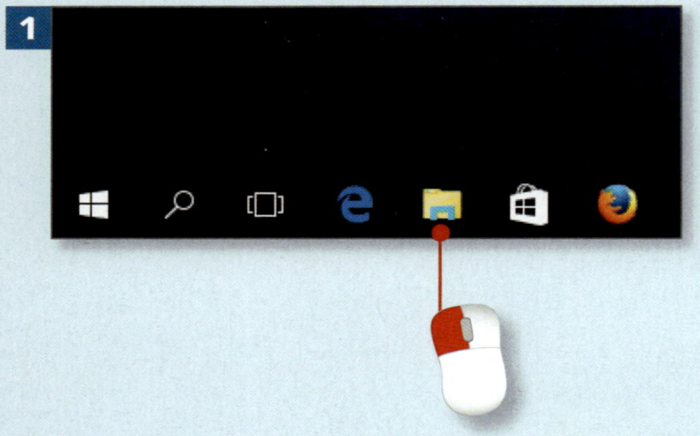

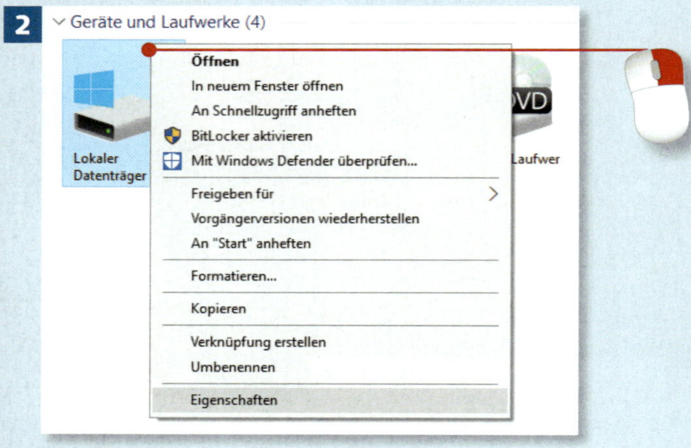

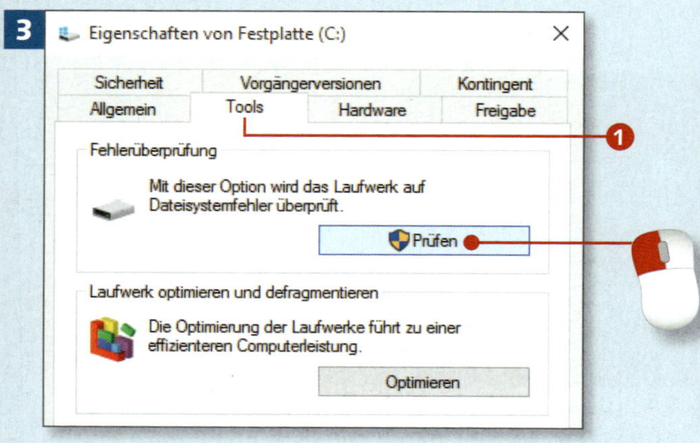

Die Festplatte ist jeden Tag im Einsatz. Von Zeit zu Zeit sollten Sie sie einer Prüfung unterziehen und das Dateisystem auf mögliche Fehler untersuchen lassen. Droht ein Ausfall der Festplatte, sollten Sie sie umgehend austauschen.

Schritt 1

Starten Sie den Explorer über das Ordnersymbol in der Taskleiste oder über die Tasten [Win] + [E].

Schritt 2

Sie sehen nun alle Ihre Laufwerke in der Übersicht. Welche Festplatte soll überprüft werden? Führen Sie einen Rechtsklick auf das gewünschte Laufwerk aus, und wählen Sie die Option **Eigenschaften** aus dem Kontextmenü.

Schritt 3

Die Eigenschaften des Laufwerks werden geöffnet. Wechseln Sie in das Register **Tools** (1), und klicken Sie dort auf die Schaltfläche **Prüfen**, um den Vorgang zu starten.

Schritt 4

Das Fehlerprotokoll der Festplatte wird nun überprüft, Fehler werden angezeigt. Wurden keine Fehler gefunden, scheint eine weitere Überprüfung nicht erforderlich. Klicken Sie dennoch auf die Schaltfläche **Laufwerk scannen**, um eine erneute Überprüfung durchzuführen.

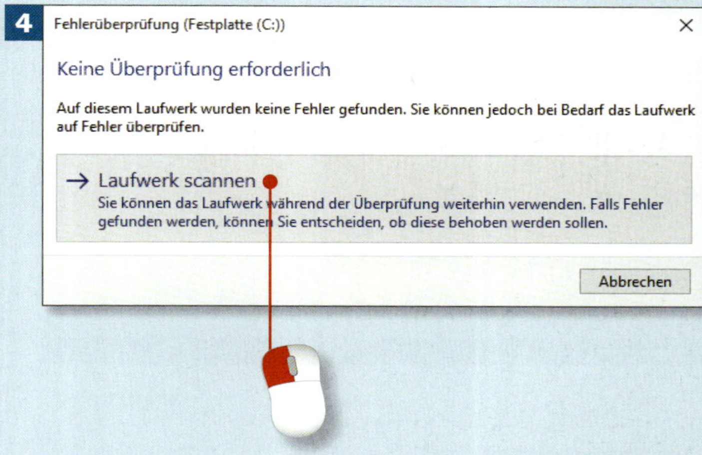

Schritt 5

Die Prüfung auf Dateisystemfehler dauert einige Minuten; die ungefähr verbleibende Laufzeit wird dabei angezeigt. Sie können den Computer während der Überprüfung weiterverwenden.

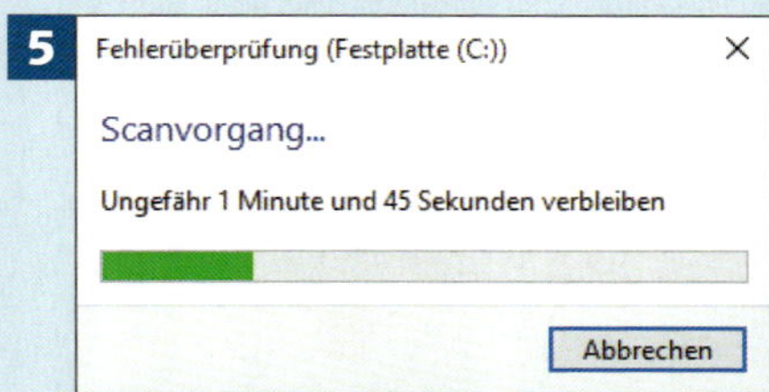

Schritt 6

Nach Abschluss der Prüfung wird das Ergebnis angezeigt. Im Idealfall wurden keine Fehler gefunden. Ein Klick auf **Details anzeigen** öffnet die Ereignisanzeige, die Informationen, auch zu etwaigen Fehlern, auflistet.

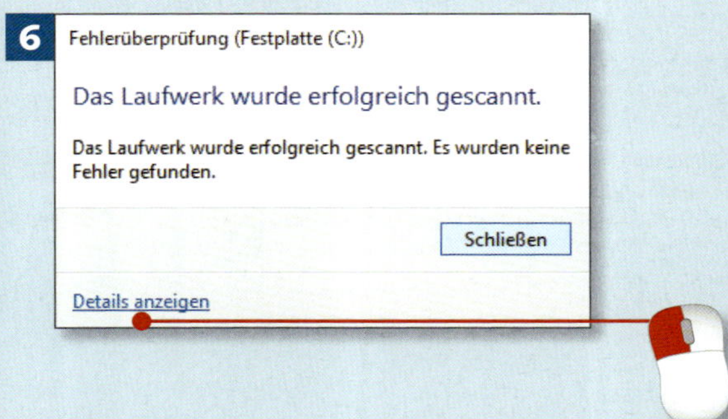

Diagnose-Tools der Hersteller
Wurden Fehler gefunden, sollten Sie die Internetseite des Festplattenherstellers aufrufen, dort nach einem Festplattendiagnoseprogramm suchen und es auf Ihrem Rechner ausführen. Findet auch dieses Fehler, folgen Sie den Empfehlungen des Herstellers.

Den Energieverbrauch optimieren

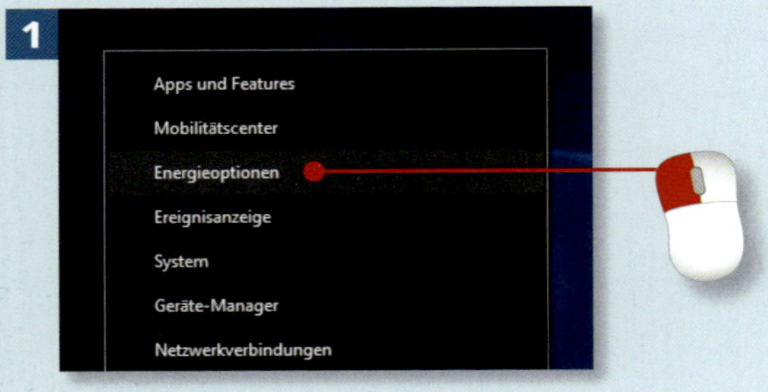

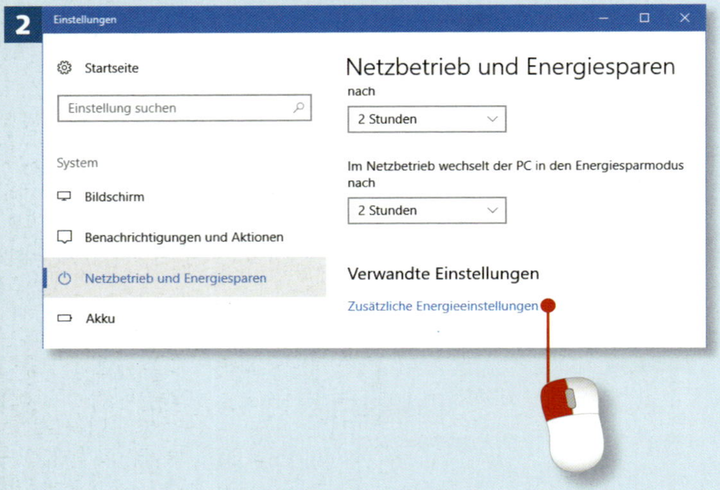

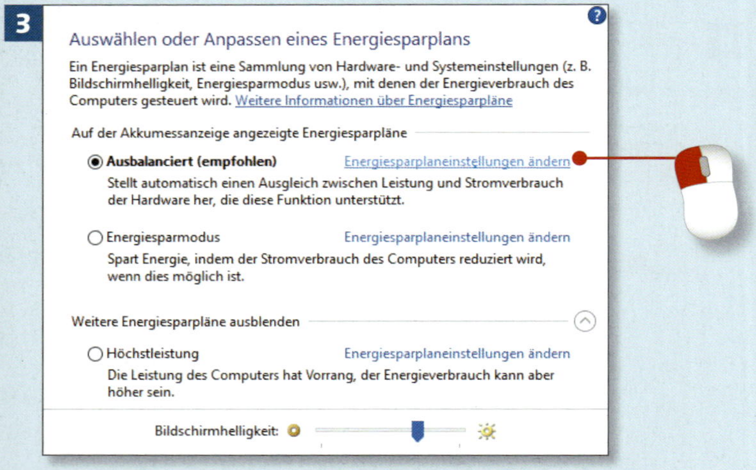

Mit den richtigen Einstellungen sparen Sie Energie und können so beispielsweise die Laufzeit Ihres Akkus verlängern.

Schritt 1

Öffnen Sie das Schnellstartmenü über einen Rechtsklick auf die **Start**-Schaltfläche oder mit den Tasten [Win] + [X], und wählen Sie aus dem Menü den Eintrag **Energieoptionen**.

Schritt 2

Die gewünschten Energiesparplaneinstellungen erreichen Sie, indem Sie in der rechten Fensterhälfte im Abschnitt **Verwandte Einstellungen** auf den Menüpunkt **Zusätzliche Energieeinstellungen** klicken.

Schritt 3

Drei Optionen stehen zur Auswahl: **Ausbalanciert**, **Energiesparmodus** und **Höchstleistung**. Wählen Sie eine Option aus, und klicken Sie dahinter auf **Energiesparplaneinstellungen ändern**.

Schritt 4

Die verfügbaren Einstellungen unterscheiden sich zwischen einem Laptop und einem Desktop-Rechner. Legen Sie in der ersten Einstellung fest, nach wie vielen Minuten der Bildschirm bei Inaktivität des Rechners ausgeschaltet werden soll.

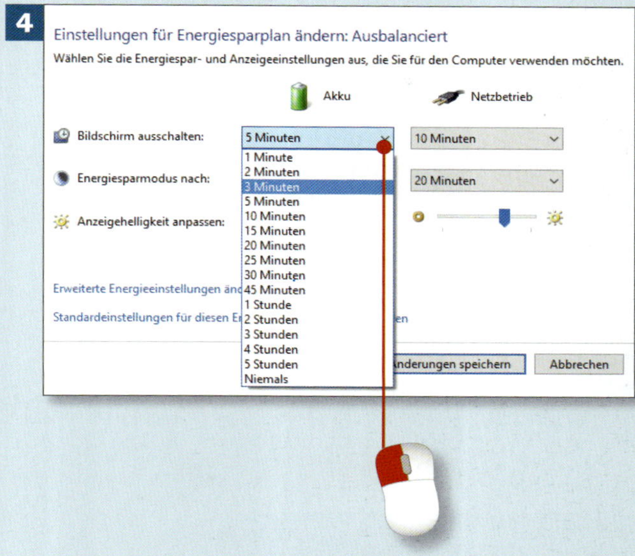

Schritt 5

Bestimmen Sie außerdem, nach welcher Zeit der Energiesparmodus aktiviert wird. Im Akkubetrieb sollten Sie kurze Zeitspannen wählen, um Energie einzusparen.

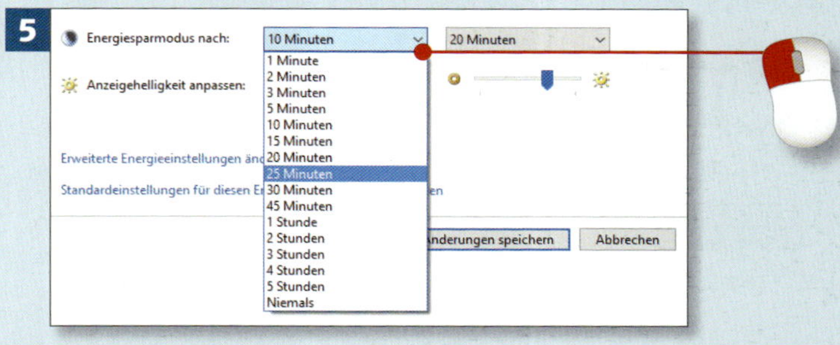

Schritt 6

Über die Schieberegler können Sie die Helligkeit des Bildschirms festlegen ❶. Die Regel zum Energiesparen ist simpel: Je dunkler, desto weniger Energie wird benötigt, und entsprechend länger hält der Akku. Schließen Sie die Einstellungen mit **Änderungen speichern** ab.

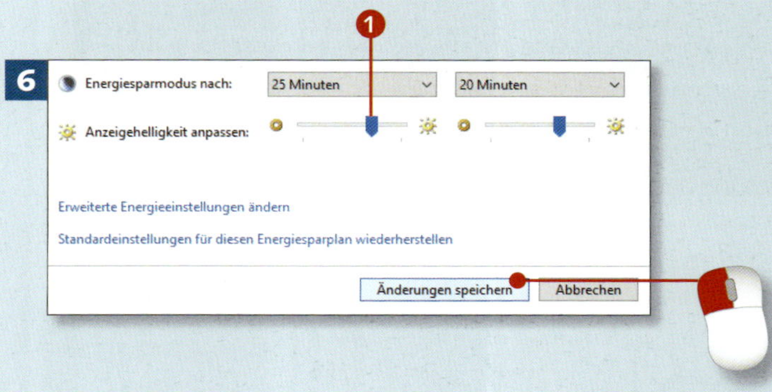

InstantGo

Wenn Sie einen PC mit InstantGo-Technologie verwenden, steht in den Optionen nur der Energiesparplan **Ausbalanciert** zur Verfügung. Sie können aber auch diesen Plan Ihren Bedürfnissen anpassen.

Stromverschwender per Energieanalyse ermitteln

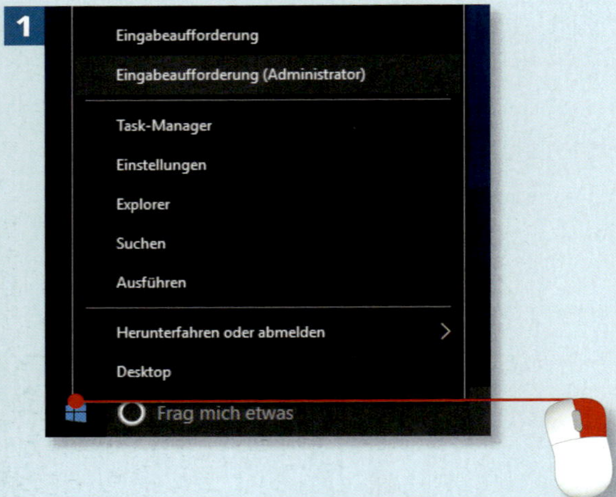

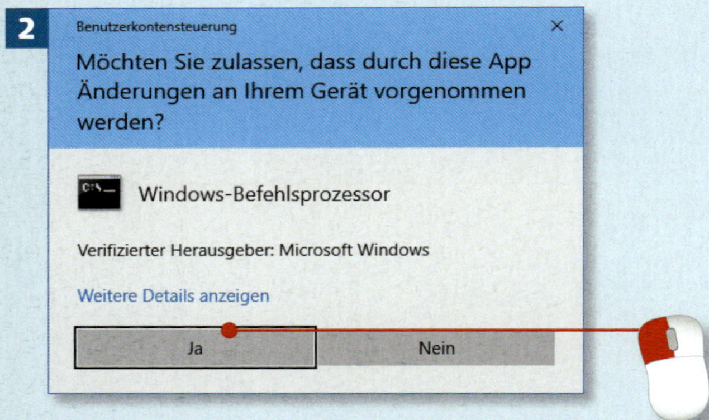

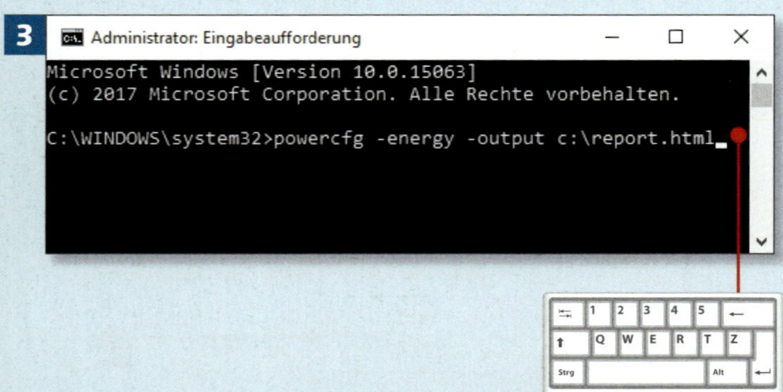

Wenig bekannt ist die Möglichkeit, unter Windows 10 eine Energieanalyse zu starten und so Stromfressern auf die Spur zu kommen. So geht's.

Schritt 1

Starten Sie zunächst die Eingabeaufforderung (oder je nach Voreinstellung die PowerShell) mit Administratorrechten, indem Sie einen Rechtsklick auf die **Start**-Schaltfläche ausführen und den Menüpunkt **Eingabeaufforderung (Administrator)** aus dem Menü auswählen.

Schritt 2

Bestätigen Sie die Sicherheitsabfrage der Benutzerkontensteuerung mit **Ja**.

Schritt 3

Geben Sie den folgenden Befehl, gefolgt von [↵], im Fenster der Eingabeaufforderung ein: *powercfg -energy -output c:\report.html*.

Höchstleistung

Die Analyse weist den Energiesparmodus **Höchstleistung** als Fehler aus. Lassen Sie sich davon nicht irritieren; Sie sollen nur darauf aufmerksam gemacht werden, dass der Rechner in diesem Modus sehr viel Energie verbraucht.

Schritt 4

Für 60 Sekunden wird nun das System analysiert und kurz darauf das Ergebnis in einer Zusammenfassung angezeigt ❶. Schließen Sie die Eingabeaufforderung wieder.

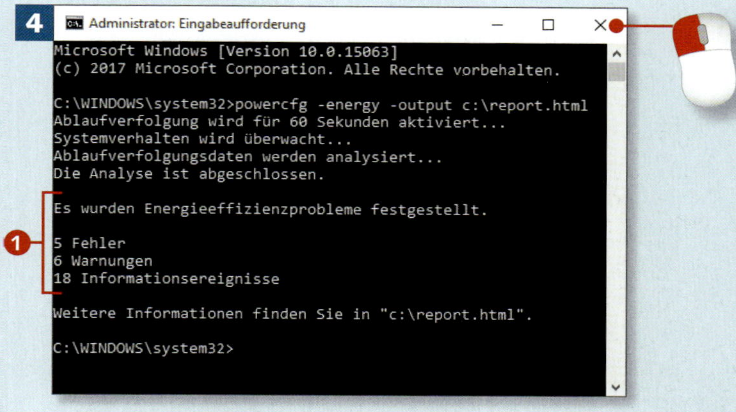

Schritt 5

Der Report wurde in der Datei *report.html* im Hauptverzeichnis des Laufwerks *C:* abgespeichert. Öffnen Sie mit den Tasten [Windows] + [E] den Explorer, und führen Sie einen Doppelklick auf die Datei *report.html* aus, um sie zu öffnen.

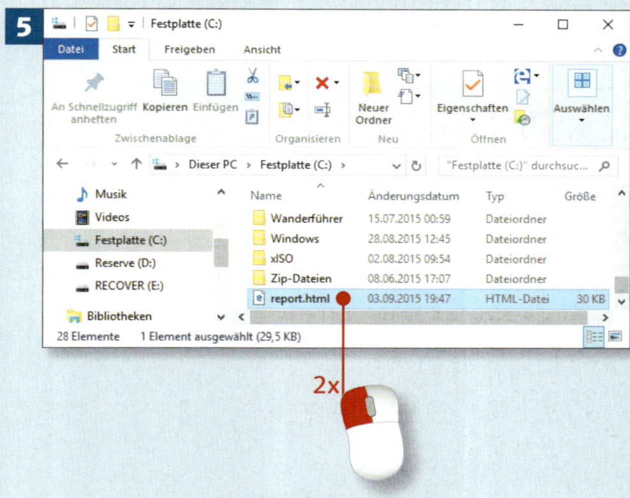

Schritt 6

Der Report zeigt an, in welchen Bereichen noch Möglichkeiten zur Energieeinsparung bestehen, und zwar unterteilt in die Bereiche **Fehler**, **Warnungen** und **Informationen**. Die Hinweise in den Kategorien **Fehler** und **Warnungen** sollten Sie sich näher anschauen und Fehler nach Möglichkeit beseitigen.

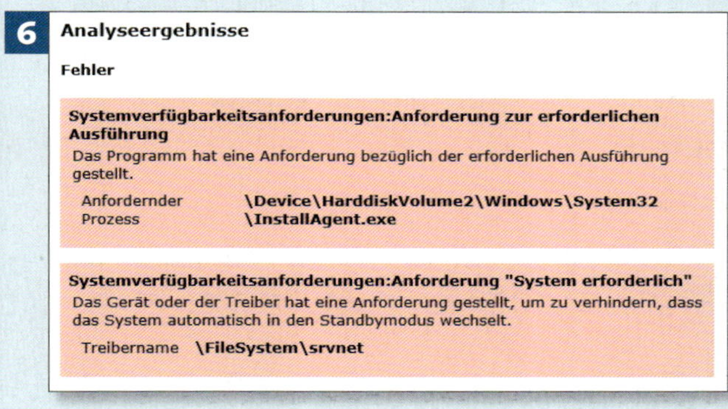

Probleme lösen

Viele Probleme lassen sich durch aktualisierte Treiber für Ihre Hardware oder das Mainboard lösen.

Das Windows-Update optimal nutzen

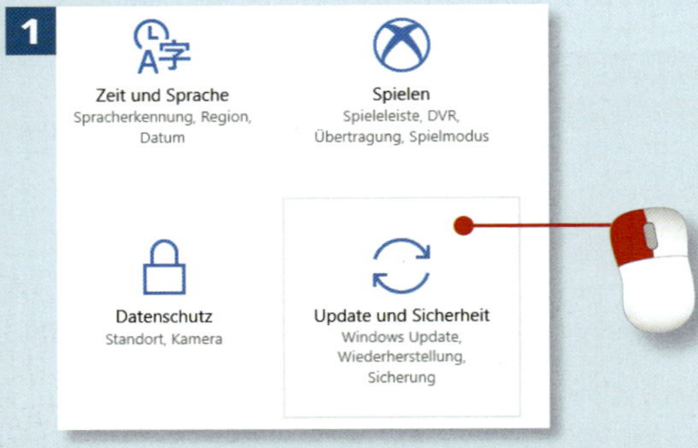

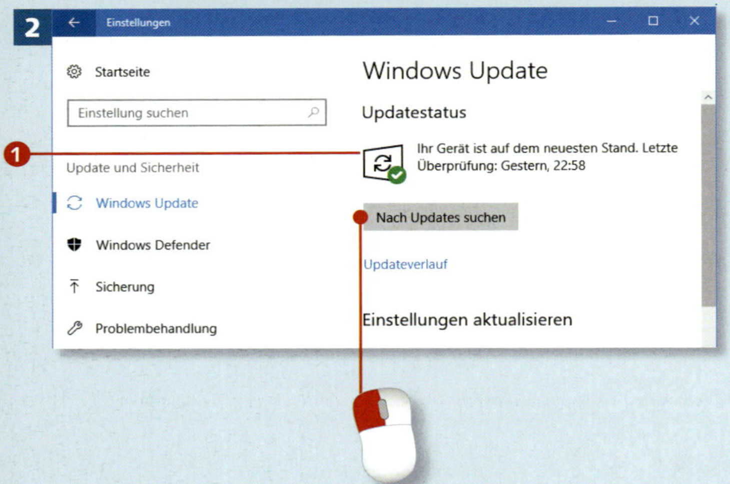

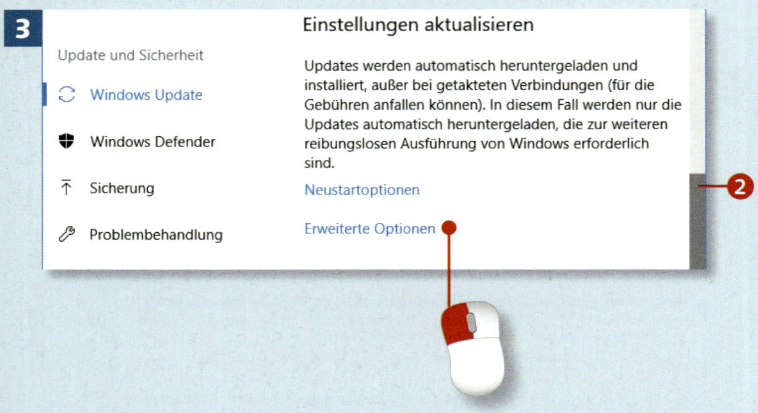

Halten Sie Ihr Windows-System stets auf dem neuesten Stand. Damit dies klappt, muss das Windows-Update korrekt eingestellt sein.

Schritt 1

Rufen Sie das Hauptfenster der Einstellungen mithilfe der Tastenkombination [Windows] + [I] auf, und wählen Sie darin die Kategorie **Update und Sicherheit** aus.

Schritt 2

In der rechten Fensterhälfte können Sie mit einem Blick die Aktualität Ihres Systems einsehen. Ist Windows gerade dabei, Updates zu laden, wird dies an dieser Stelle angezeigt. In diesem Beispiel ist das Gerät auf dem neuesten Stand (1). Über **Nach Updates suchen** können Sie nach neuen Updates Ausschau halten.

Schritt 3

Nutzen Sie die Bildlaufleiste (2) am rechten Rand, um den Inhalt der rechten Fensterhälfte nach oben zu verschieben, und klicken Sie schließlich auf den Link **Erweiterte Optionen**.

Schritt 4

Neue Updates liefert Microsoft per Standardeinstellung über eigene Server, aber auch mithilfe anderer mit dem Internet verbundener Rechner aus. Diese Einstellung können Sie über den Link **Übermittlung von Updates auswählen** ändern.

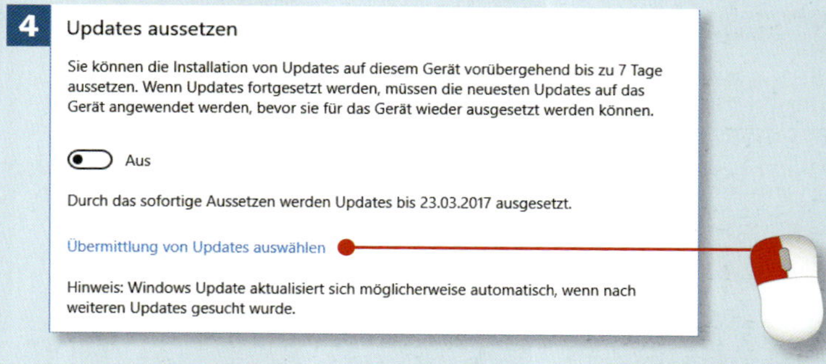

Schritt 5

Wenn Sie nicht möchten, dass Ihr Computer Updates für andere Anwender über das Internet bereitstellt oder selbst von anderen Rechnern Updates empfängt, deaktivieren Sie diese Option, indem Sie den Schieberegler auf **Aus** stellen.

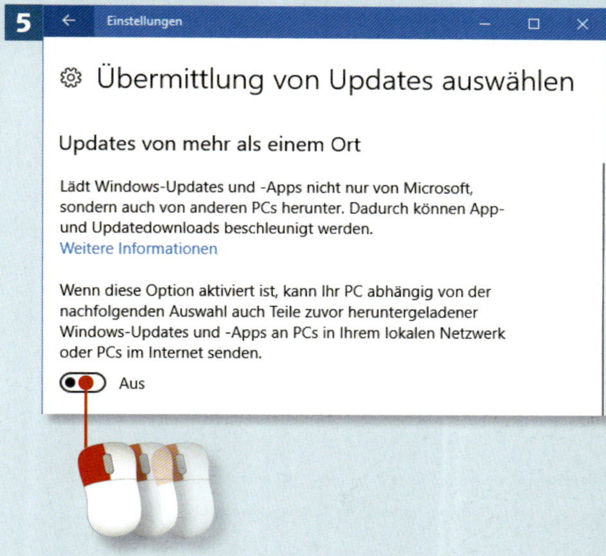

Schritt 6

An sich ist der Bezug von Updates über andere Rechner keine schlechte Idee. Wenn Ihr PC Teil eines lokalen Netzwerks ist, können Sie die Option auch aktiviert lassen und zusätzlich **PCs in meinem lokalen Netzwerk** auswählen. Dann wird der Austausch der Daten auf die im Netzwerk verbundenen PCs beschränkt.

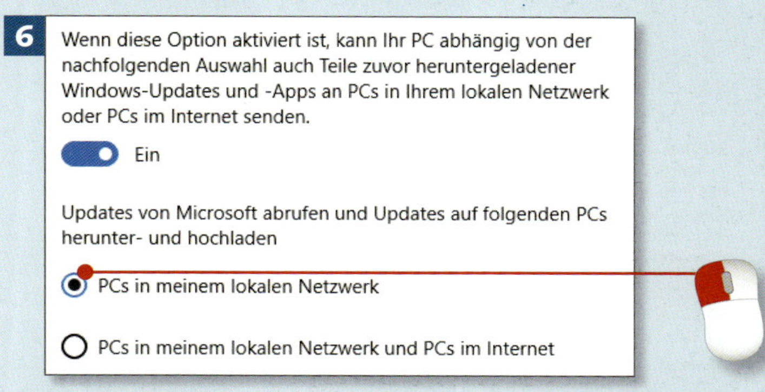

Microsoft-Updates
Verwenden Sie Microsoft-Software, beispielsweise das Office-Paket, sollten Sie auch die Option **Updates für andere Microsoft-Produkte bereitstellen** aktivieren.

Windows-Updates aussetzen

Halten Sie Ihr System immer auf dem neuesten Stand. In Ausnahmefällen ist es nützlich, die Updates auszusetzen, z. B. wenn Probleme mit einem Update bekannt wurden und Sie auf Korrekturen warten möchten. Windows 10 Pro bietet diese Möglichkeit.

1

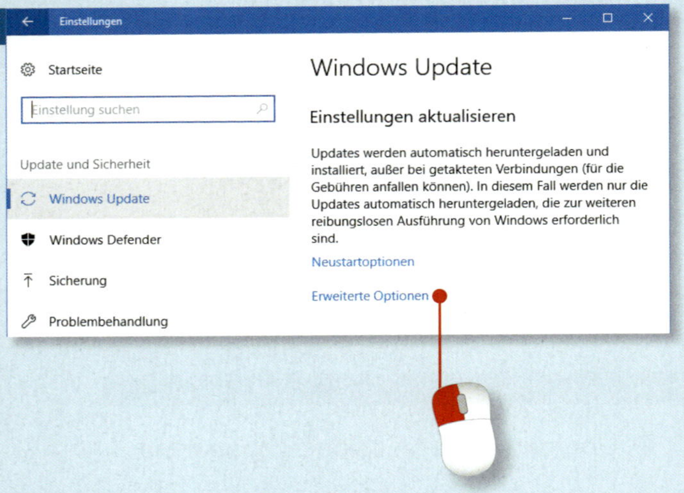

2

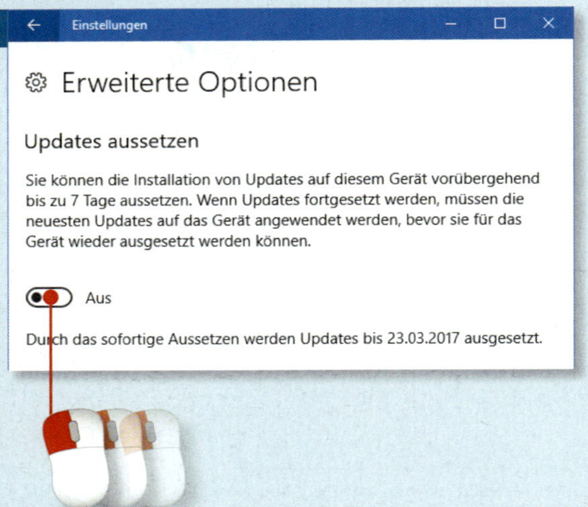

3

Schritt 1

Rufen Sie die Windows-Einstellungen auf, beispielsweise über [Windows] + [I], wechseln Sie in die Kategorie **Update und Sicherheit**, und klicken Sie dort auf den Menüpunkt **Erweiterte Optionen**.

Schritt 2

Aktivieren Sie den Schieberegler der Option **Updates aussetzen**, um den Bezug von Updates zu unterbinden.

Schritt 3

Die Updates werden bis zum angegebenen Datum ausgesetzt. Nach Ablauf dieser Sperre müssen Sie Ihr System erst wieder auf den neuesten Stand bringen, bevor Sie den Bezug neuer Updates erneut aussetzen können.

!

Automatische Aktualisierung
Heben Sie die Update-Sperre auf, sucht Windows automatisch nach Updates und installiert diese.

Schnelle Bildschirmkopien erstellen

Zur Dokumentation eines Fehlers oder einer Einstellung kann es hilfreich sein, eine Kopie der Bildschirmanzeige zu erstellen. Windows bietet nun zusätzlich die Möglichkeit, den Bildausschnitt selbst zu wählen.

Schritt 1

Angenommen, Sie erhalten eine Fehlermeldung oder möchten einen anderen Vorgang im Bild festhalten. Drücken Sie dazu die neue Tastenkombination [Win] + [⇧] + [S].

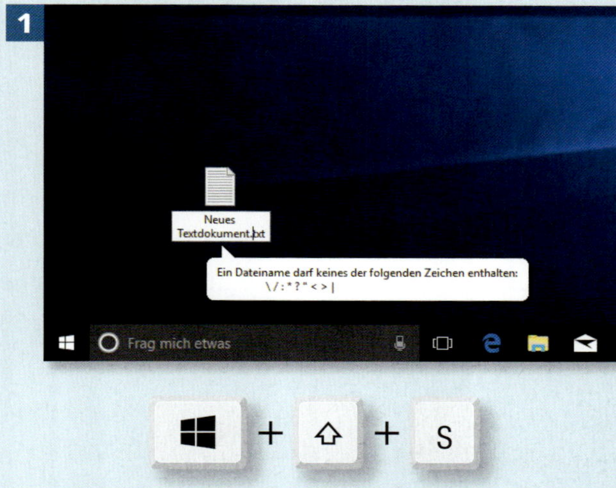

Schritt 2

Der komplette Bildschirm wird nun hinter eine milchige Scheibe gelegt, und Sie können mit gedrückter Maustaste das Steuerkreuz über den zu erfassenden Bereich ziehen und damit den gewünschten Bildausschnitt festlegen.

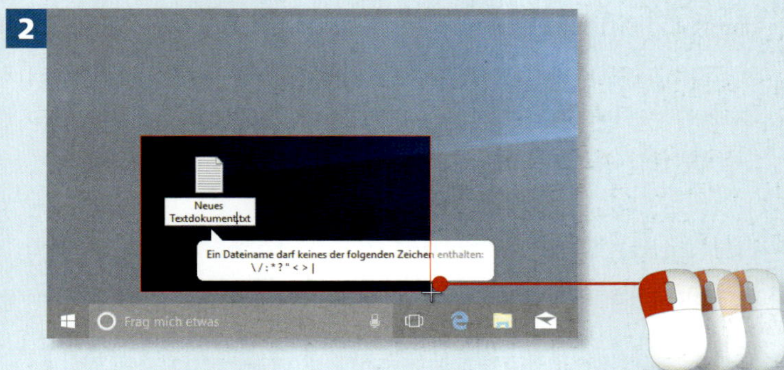

Schritt 3

Sobald Sie die Maustaste loslassen, wird der Ausschnitt als Grafik in die Zwischenablage kopiert. Sie können das Bild nun, z. B. in Paint, mit dem Befehl **Einfügen** oder [Strg] + [V] einfügen und weiterbearbeiten.

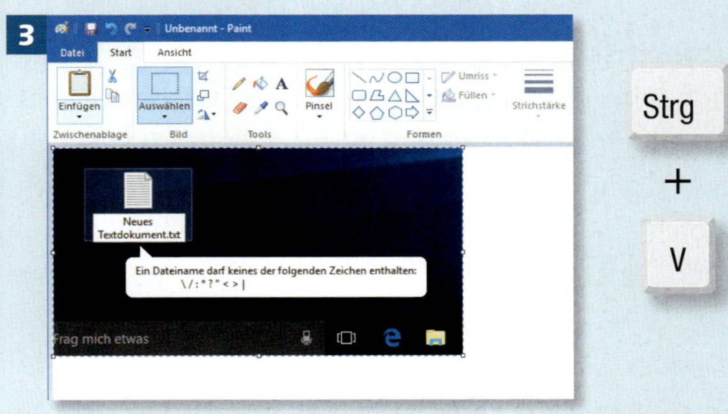

Kapitel 14
Daten sichern und wiederherstellen

Hand aufs Herz – wann haben Sie zuletzt Ihre Daten gesichert? Letzte Woche, im letzten Monat oder vielleicht noch nie? Solange alles läuft und das System keine Probleme macht, macht man sich meist keine Gedanken über eine Sicherung; sollte dann aber der Problemfall eintreten und Sie beispielsweise aufgrund eines Festplattenfehlers nicht mehr an Ihre Fotos kommen, ist guter Rat teuer und der Ärger groß. Lassen Sie es nicht so weit kommen, und sichern Sie Ihre Daten.

Die Systemwiederherstellung

Die Systemwiederherstellung ❶ speichert in *Wiederherstellungspunkten* die Systemdateien Ihres Computers. Tritt ein Fehler auf, können Sie Ihr Windows auf einen Status zurücksetzen, der vor dem ersten Auftreten des Problems liegt. Dabei gehen keine persönlichen Daten verloren, nur das eine oder andere Programm müssen Sie gegebenenfalls anschließend neu aufspielen.

Das ganze System als Image sichern

Ein Systemabbild ❷ ist die exakte Kopie eines Laufwerks. Sichern Sie Ihr komplettes System inklusive aller Festplatten in eine Image-Datei. Dabei können Sie das Systemabbild auf einen neuen Rechner übertragen oder es als Sicherung für den Notfall verwenden und damit das System vollständig auf den Stand der Sicherung zurücksetzen.

Automatische Datensicherung

Ein falscher Klick, und schon ist eine Datei oder gleich ein ganzer Ordner gelöscht. Oder aber Windows lässt sich nicht mehr starten, vielleicht aufgrund eines Systemfehlers, eines fiesen Computervirus oder weil die Hardware streikt. Ein beruhigendes Gefühl, wenn Sie in solch einer Situation wissen, dass Sie eine Sicherung Ihrer wichtigsten Daten erstellt haben. Nutzen Sie für diese Aufgabe externe Programme wie z. B. Acronis True Image ❸.

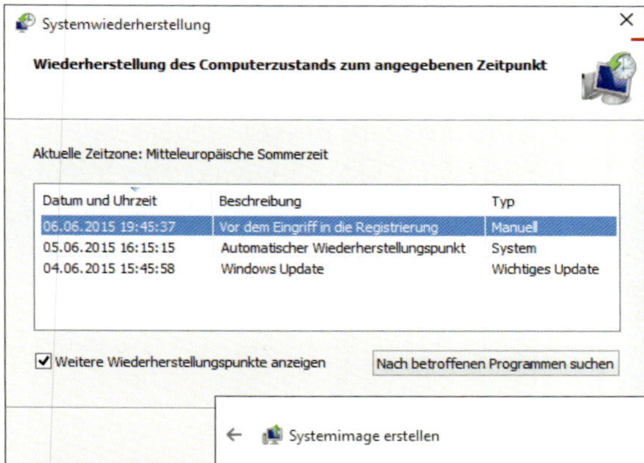

❶ Die Systemwiederherstellung ist eine sehr nützliche Einrichtung, die Sie einsetzen sollten.

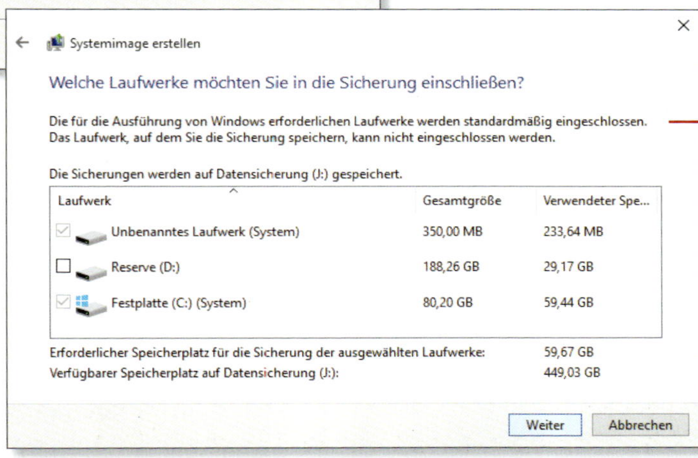

❷ Gehen Sie auf Nummer sicher, und speichern Sie das ganze System auf einen Schlag.

❸ Sichern Sie Ihre Daten regelmäßig, z. B. mit Acronis True Image.

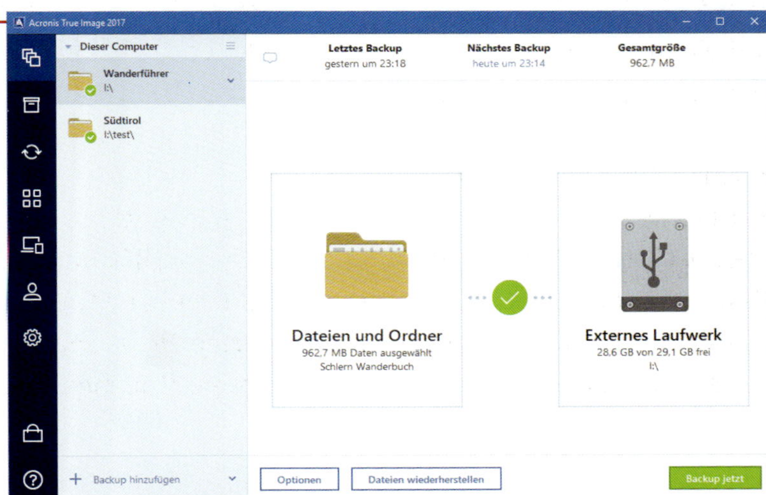

Die Systemwiederherstellung einrichten

1

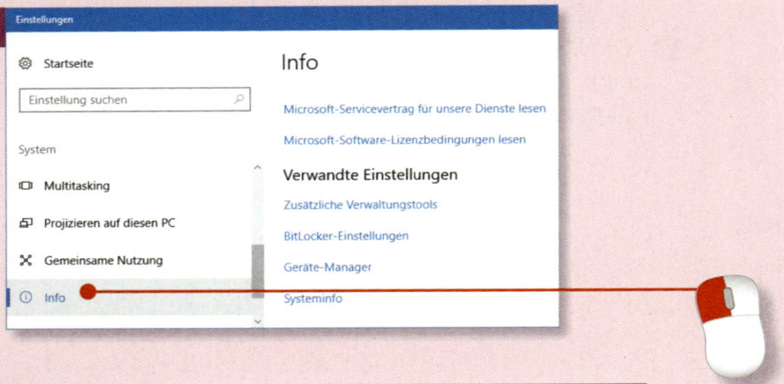

2

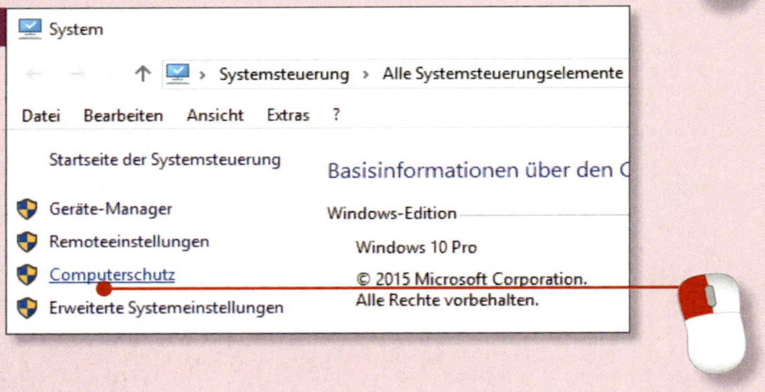

3

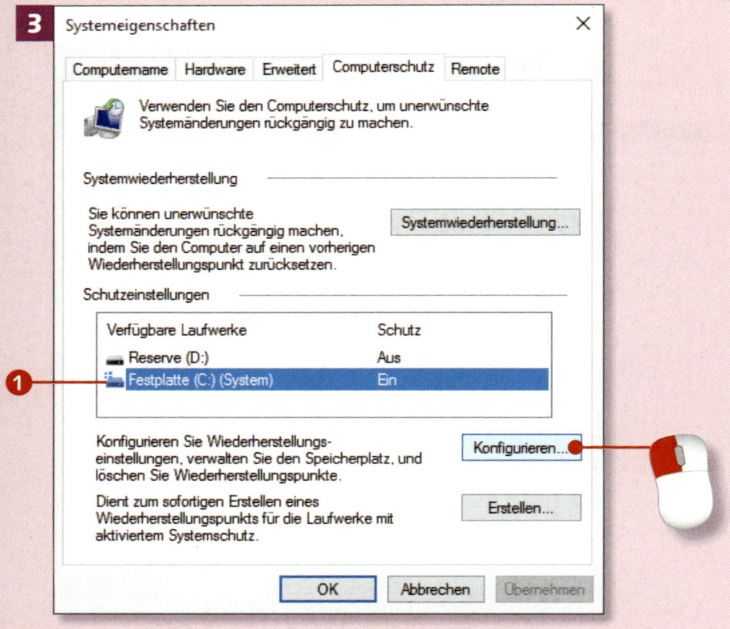

Mithilfe der Systemwiederherstellung können Sie Ihren Rechner im Problemfall auf einen fehlerfreien Stand zurücksetzen. Es ist in jedem Fall sinnvoll, die Systemwiederherstellung zu nutzen. Sollte es zu Problemen kommen, werden Sie dafür dankbar sein.

Schritt 1

Klicken Sie in den Einstellungen auf den Menüpunkt **System**, wechseln Sie dann in die Kategorie **Info**, und wählen Sie hier schließlich die Option **Systeminfo**. Oder nutzen Sie die Tasten [Windows] + [Pause].

Schritt 2

Das Fenster **System** öffnet sich. Klicken Sie links in der Aufgabenleiste auf den Link **Computerschutz**.

Schritt 3

Das Dialogfenster **Systemeigenschaften** öffnet sich. Markieren Sie im Abschnitt **Schutzeinstellungen** Ihr Systemlaufwerk (1) (meist ist das *C:*), und klicken Sie danach auf die Schaltfläche **Konfigurieren**.

Schritt 4

Kontrollieren Sie nun die Einstellung für Ihr Systemlaufwerk. Die Systemwiederherstellung ist eingeschaltet, wenn die Option **Computerschutz aktivieren** ausgewählt ist. Falls dies bei Ihnen nicht der Fall sein sollte, aktivieren Sie den Computerschutz entsprechend.

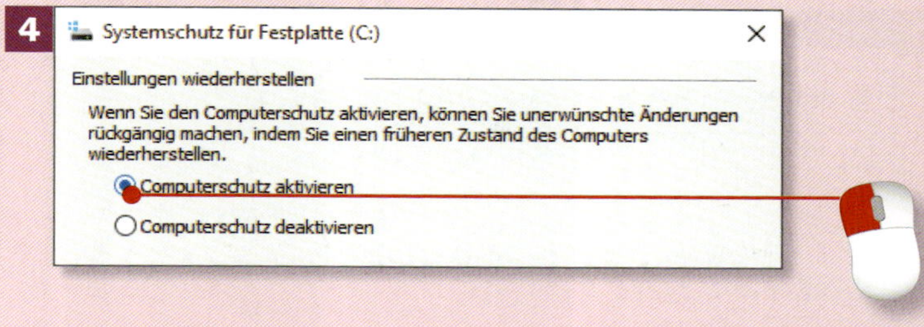

Schritt 5

Möchten Sie die Systemwiederherstellung abschalten, wählen Sie die Option **Computerschutz deaktivieren**. Diese Einstellung ist allerdings nicht empfehlenswert!

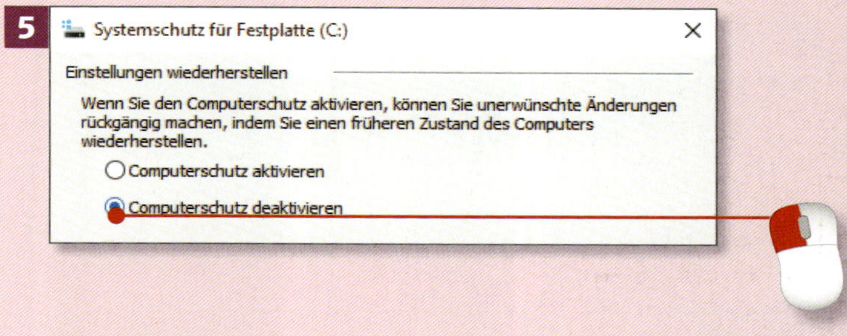

Schritt 6

Über den Schieberegler können Sie zusätzlich den Speicherplatz festlegen, der für die Systemwiederherstellung verwendet werden darf. Die prozentuale Angabe bezieht sich dabei auf die Gesamtgröße Ihrer Festplatte. Wie viel Speicherplatz bereits verwendet wird, entnehmen Sie dem Wert **Derzeitige Belegung** 2. Die Einstellungen speichern Sie mit **OK**.

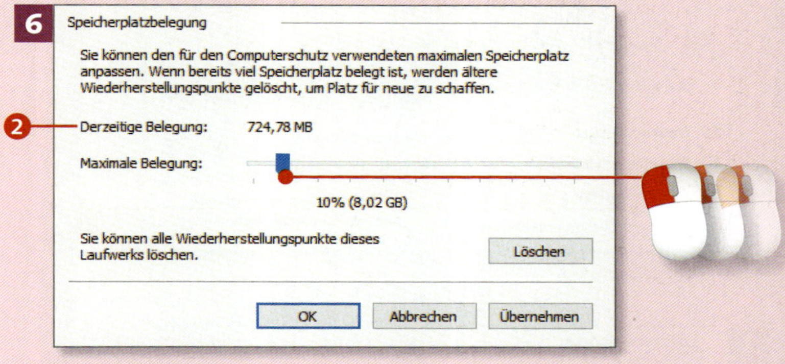

Speicherplatzbelegung

Für die Systemwiederherstellung reichen etwa 5 bis 8 GB für gewöhnlich aus. Ist das Limit erreicht, werden ältere Wiederherstellungspunkte automatisch gelöscht.

So erstellen Sie einen Wiederherstellungspunkt

Windows erstellt automatisch wöchentlich und bei größeren Änderungen am System einen Wiederherstellungspunkt. Sie können aber auch selbst Wiederherstellungspunkte erstellen, z. B. um vor einem geplanten Eingriff die Windows-Registrierung zu sichern.

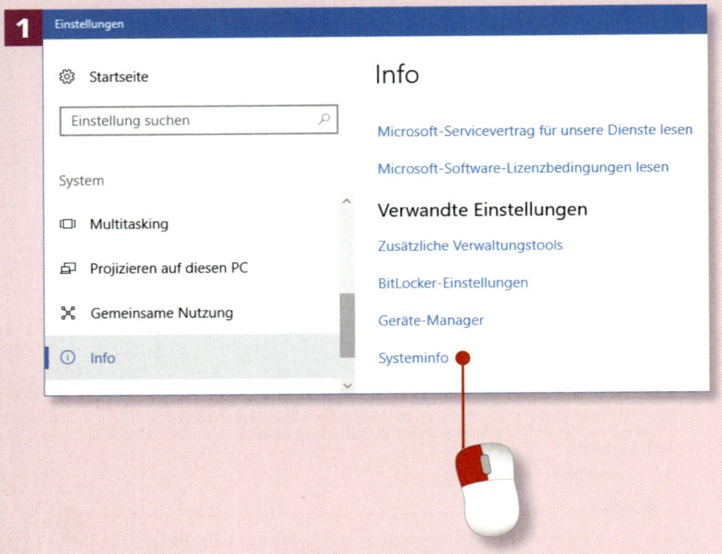

Schritt 1

Drücken Sie die Tastenkombination [Windows] + [Pause], oder wählen Sie in den Einstellungen unter **System** den Punkt **Infos** und klicken Sie dort auf den Link **Systeminfo**.

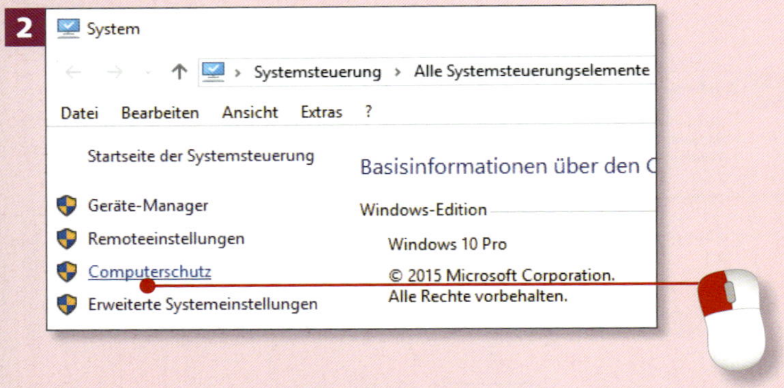

Schritt 2

Weiter geht es über den Link **Computerschutz** in der Aufgabenleiste auf der linken Seite.

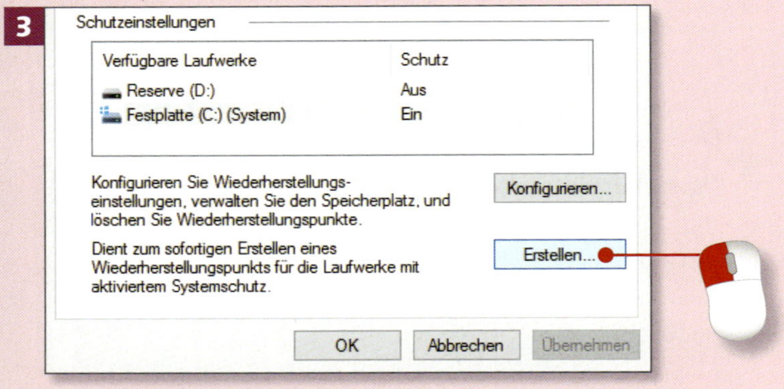

Schritt 3

Klicken Sie im sich nun öffnenden Fenster auf die Schaltfläche **Erstellen** am unteren Fensterrand. Über diese Schaltfläche erstellen Sie den Wiederherstellungspunkt.

Schritt 4

Geben Sie eine Beschreibung für den Wiederherstellungspunkt ein, beispielsweise den Grund der Sicherung, und klicken Sie dann auf **Erstellen**.

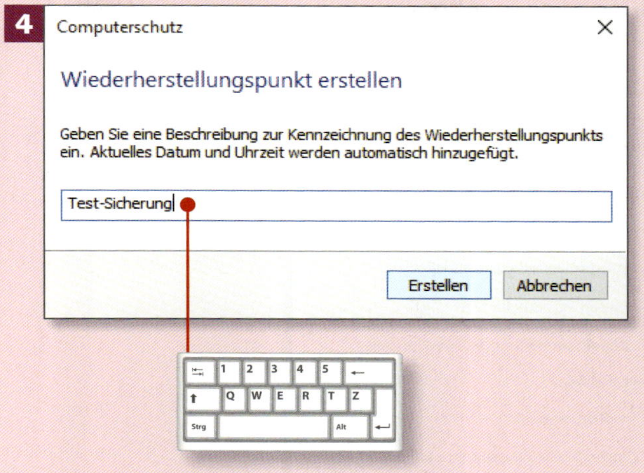

Schritt 5

Der Wiederherstellungspunkt wird angelegt, was einige Minuten Zeit in Anspruch nehmen kann. Brechen Sie den Vorgang nicht ab!

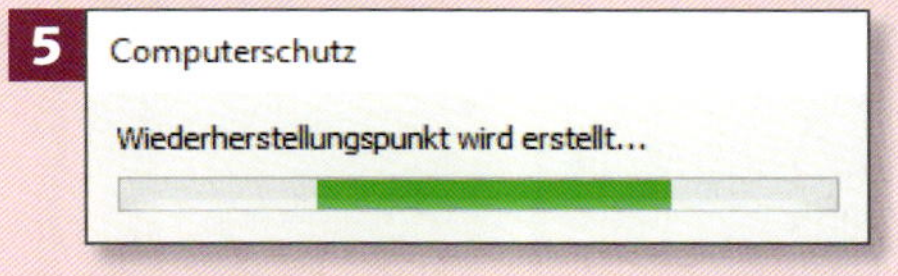

Schritt 6

Fertig! Windows informiert Sie über die erfolgreiche Erstellung des Wiederherstellungspunkts. Mit einem Klick auf die Schaltfläche **Schließen** wird der Vorgang beendet.

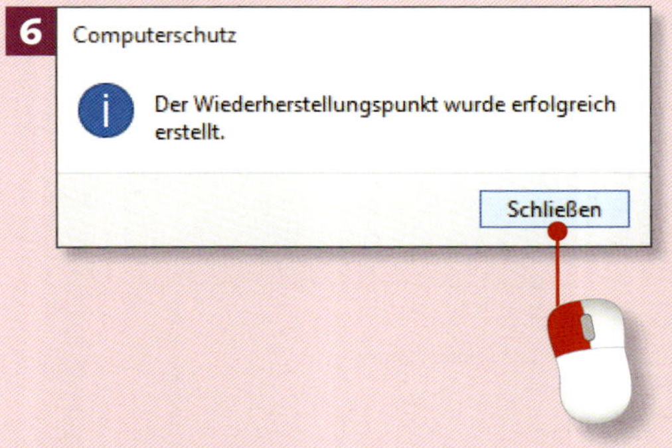

Komplettsicherung
Durch die Erstellung eines Wiederherstellungspunkts sichern Sie gleichzeitig auch die komplette Registry. Wenn Sie also Änderungen an der Registrierung vornehmen möchten, erstellen Sie zuvor am besten einen Wiederherstellungspunkt, wie es in diesem Abschnitt beschrieben wird.

Windows wiederherstellen

Der Computer läuft nicht mehr rund, und es kommt immer wieder zu Systemfehlern und Programmabstürzen? Nun kommen Ihnen zuvor erstellte Wiederherstellungspunkte zur Hilfe. Mit ihnen setzen Sie das System einfach auf einen früheren, fehlerfreien Status zurück.

1
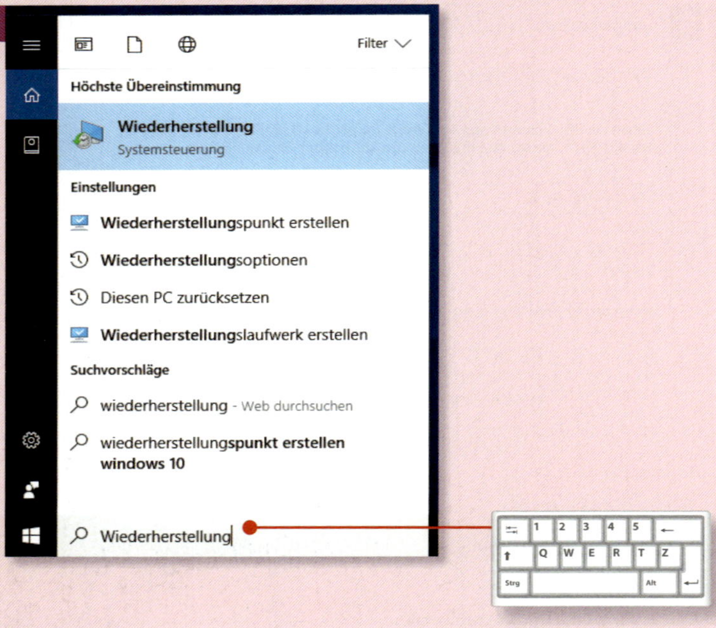

Schritt 1

Tippen Sie »Wiederherstellung« in die Suchleiste in der Taskleiste ein, und wählen Sie aus den angezeigten Übereinstimmungen den Eintrag **Wiederherstellung** per Mausklick aus.

2
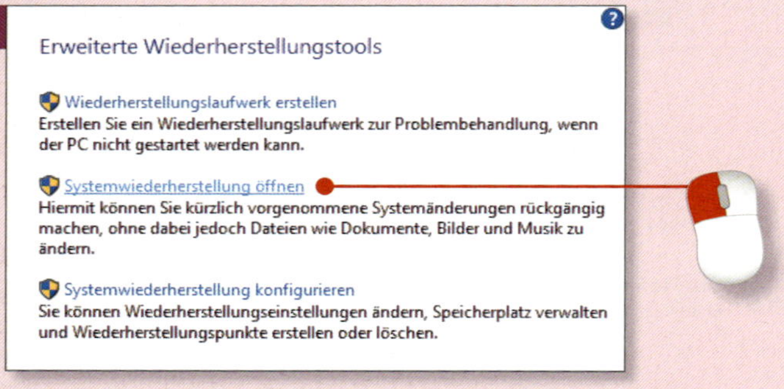

Schritt 2

Rufen Sie die Systemwiederherstellung über den Link **Systemwiederherstellung öffnen** auf.

3
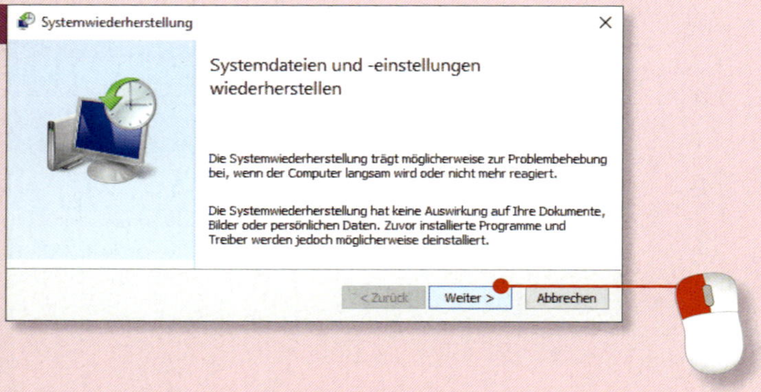

Schritt 3

Die Wiederherstellung löscht keinerlei persönliche Daten wie Dokumente oder Bilder. Windows weist Sie in einem Dialogfenster auf diesen Umstand hin. Lesen Sie den Hinweis durch, und setzen Sie sich den Vorgang mit **Weiter** fort.

Schritt 4

Sie sehen nun eine Liste verschiedener Wiederherstellungspunkte. Setzen Sie das Häkchen vor dem Eintrag **Weitere Wiederherstellungspunkte anzeigen**, um sich weiter zurückliegende Punkte anzeigen zu lassen.

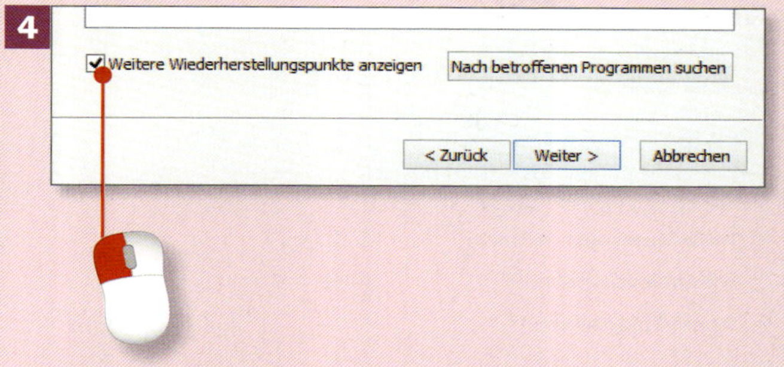

Schritt 5

Wählen Sie einen geeigneten Wiederherstellungspunkt aus der Liste aus. Über die Schaltfläche **Nach betroffenen Programmen suchen** können Sie alle Programme auflisten lassen, die von der Wiederherstellung betroffen sind und die Sie nach dem Vorgang neu installieren müssen. Klicken Sie nach erfolgter Auswahl auf **Weiter**.

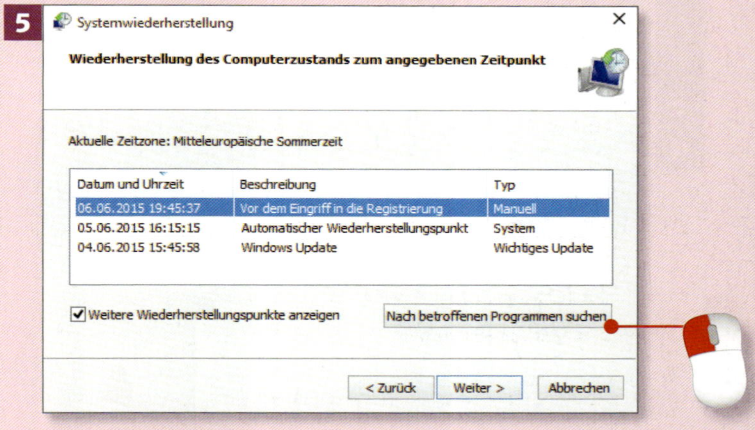

Schritt 6

Schließen Sie alle Programme, und speichern Sie offene Dateien ab. Der Computer wird während der Wiederherstellung neu gestartet. Über **Fertig stellen** starten Sie die Wiederherstellung Ihres Systems.

Wiederherstellung
Programme, die seit dem letzten Wiederherstellungspunkt hinzugefügt wurden, werden gelöscht. Zwischenzeitlich deinstallierte Programme werden wiederhergestellt.

Einen Windows-Notfall-USB-Stick erstellen

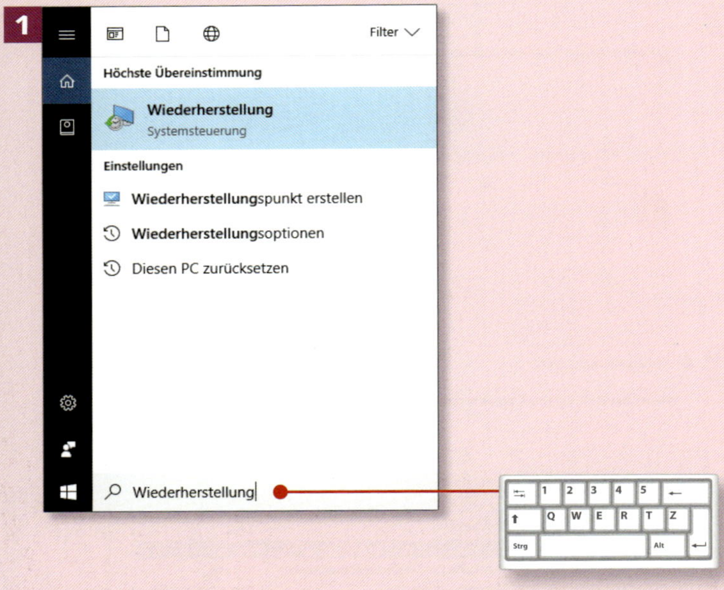

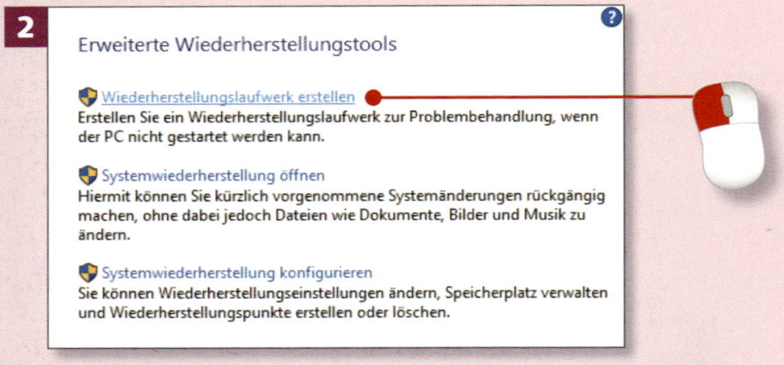

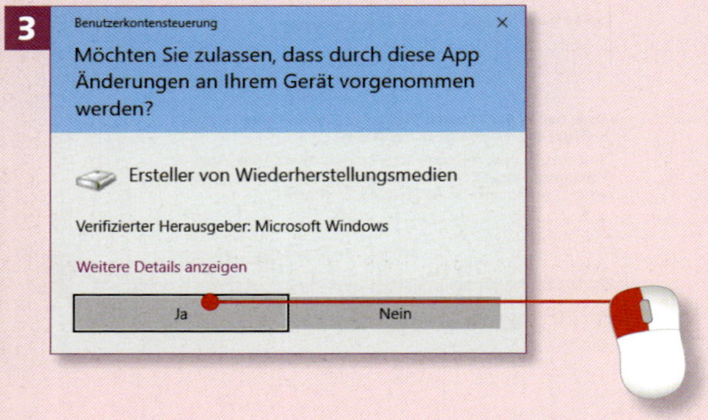

Sollte Windows nicht mehr starten, benötigen Sie zur Reparatur einen Reparaturdatenträger. Erstellen Sie sich Ihren Notfall-USB-Stick bereits jetzt, damit Sie ihn im Problemfall zur Hand haben.

Schritt 1

Verbinden Sie einen USB-Stick mit Ihrem Computer. Geben Sie nun das Wort **Wiederherstellung** in das Suchfeld der Taskleiste ein, und wählen Sie den angezeigten Treffer **Wiederherstellung** aus.

Schritt 2

Das Programmfenster der Wiederherstellung wird geöffnet und listet verschiedene Optionen auf. Klicken Sie auf den ersten Link mit der Bezeichnung **Wiederherstellungslaufwerk erstellen**.

Schritt 3

Auch wenn Sie als Administrator am System angemeldet sind, meldet sich nun die Benutzerkontensteuerung mit einer Sicherheitsabfrage. Bestätigen Sie den Vorgang mit einem Klick auf **Ja**.

Schritt 4

Aktivieren Sie im nächsten Dialog die Option **Sichert die Systemdateien auf dem Wiederherstellungslaufwerk**. Werden die Systemdateien mitgesichert, können Sie den Notfall-USB-Stick gegebenenfalls auch für eine Neuinstallation von Windows verwenden. Mit **Weiter** geht es zum nächsten Schritt.

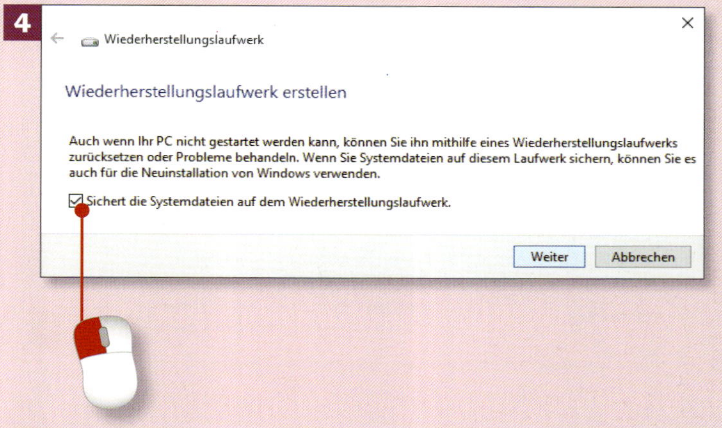

Schritt 5

Nun erfolgt die Auswahl des Datenträgers. Beachten Sie dabei die Angabe zum benötigten Speicherplatz ❶. Markieren Sie Ihren USB-Stick in der Liste ❷, und klicken Sie danach auf **Weiter**.

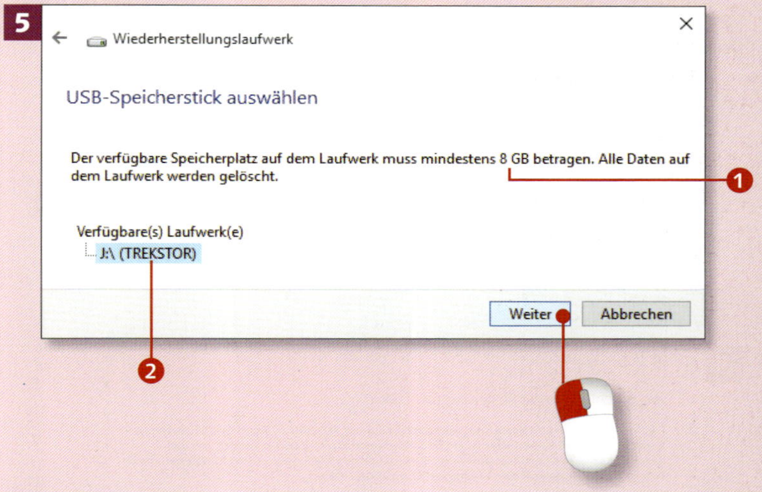

Schritt 6

Es folgt der Hinweis, dass alle vorhandenen Daten auf dem USB-Stick gelöscht werden. Sollten Sie darauf noch wichtige Dateien haben, sichern Sie diese noch schnell, oder verwenden Sie einen anderen USB-Stick. Mit **Erstellen** wird der Wiederherstellungsdatenträger schließlich erstellt.

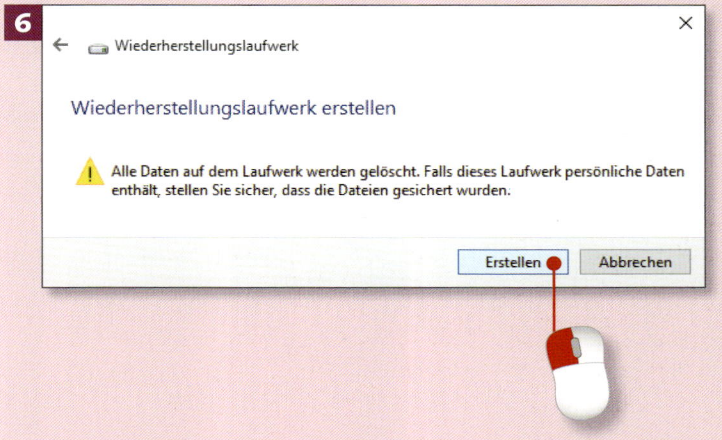

Das gesamte System sichern

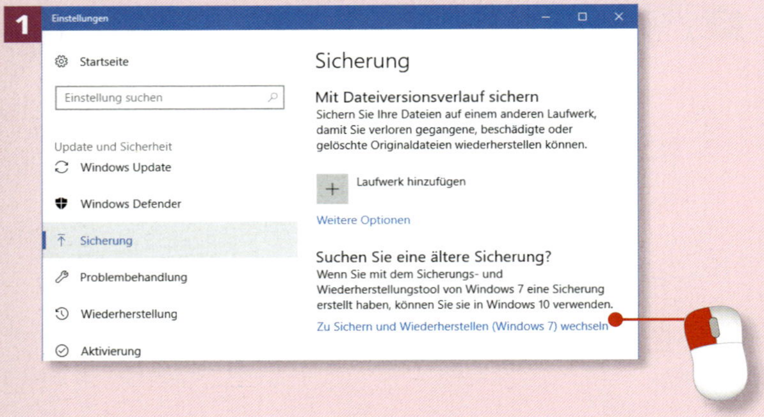

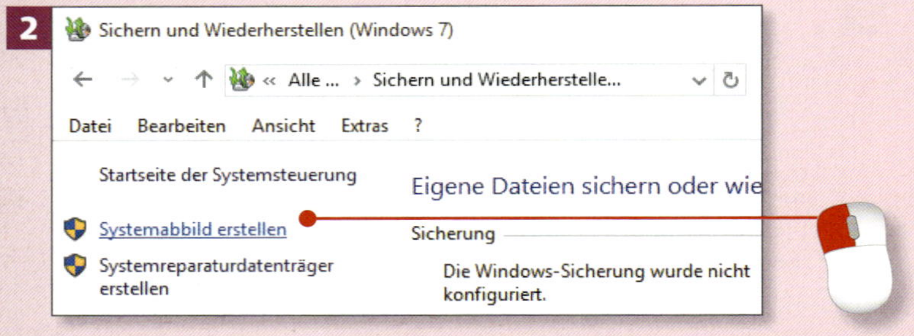

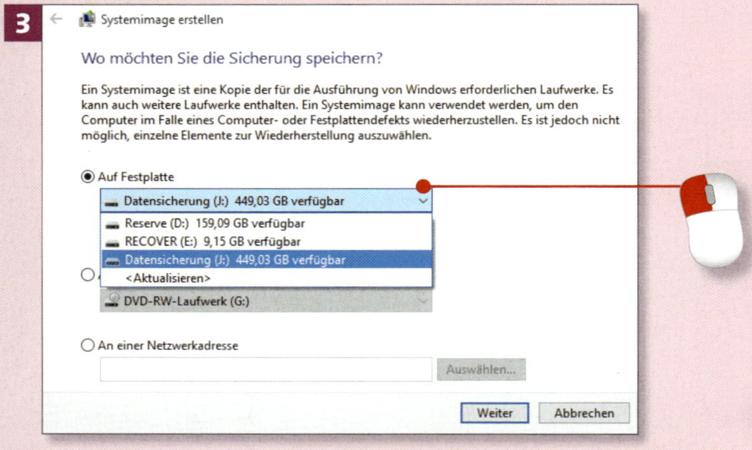

Ein Systemabbild ist die exakte Kopie einer Festplatte. Damit können Sie Ihr komplettes System inklusive aller Dateien und Programme sichern.

Schritt 1

Öffnen Sie zunächst die Windows-Einstellungen, klicken Sie dort auf **Update und Sicherheit**, dann auf **Sicherung** und schließlich in der rechten Fensterhälfte auf den Menüpunkt **Zu Sichern und Wiederherstellen (Windows 7) wechseln**.

Schritt 2

Das Fenster **Sichern und Wiederherstellen (Windows 7)** öffnet sich. Lassen Sie sich von der Bezeichnung nicht irritieren. Klicken Sie auf **Systemabbild erstellen**.

Schritt 3

Das System sucht nach verfügbaren Sicherungsgeräten. Wählen Sie ein Laufwerk aus. Zu empfehlen ist die Sicherung auf eine externe Festplatte. Klicken Sie dann auf **Weiter**.

Weitere Backup-Anwendungen
Sie können auch Programme wie Paragon Backup & Recovery oder Acronis True Image nutzen. Damit können Sie auch einzelne Dateien aus der Sicherung wiederherstellen.

Schritt 4

Haben Sie mehrere Festplatten, können Sie nun auswählen, welche mitgesichert werden sollen. Laufwerke, die für die Ausführung von Windows erforderlich sind, werden automatisch mit einbezogen. Klicken Sie danach auf **Weiter**.

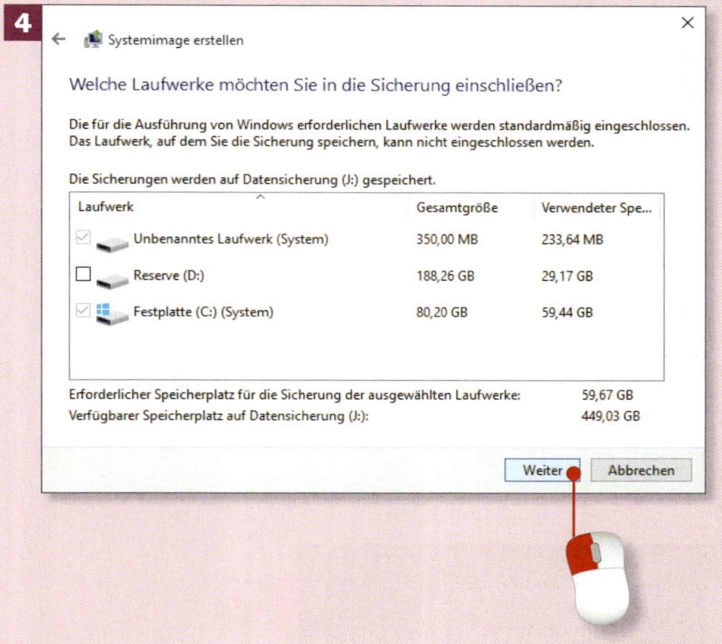

Schritt 5

Kontrollieren Sie die Einstellungen. Stimmt der Speicherort, sind alle gewünschten Festplatten in die Sicherung mit einbezogen? Wenn ja, klicken Sie auf **Sicherung starten**.

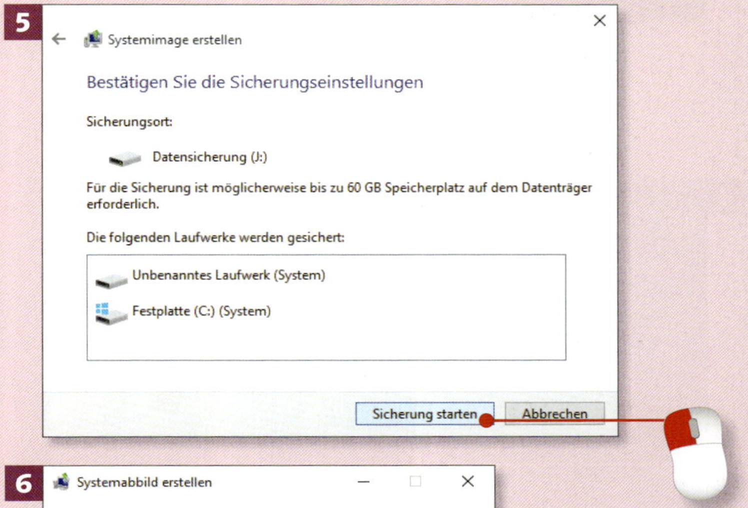

Schritt 6

Ist die Sicherung beendet, werden Sie darauf hingewiesen. Ein weiterer Hinweis schlägt vor, nun einen Systemreparaturdatenträger zu erstellen. Damit Sie im Bedarfsfall das Systemabbild wieder auf Ihren Computer zurückspielen können, ignorieren Sie diesen Hinweis und erstellen stattdessen einen Wiederherstellungsdatenträger, wie in der Anleitung »Einen Windows-Notfall-USB-Stick erstellen« auf Seite 288 beschrieben.

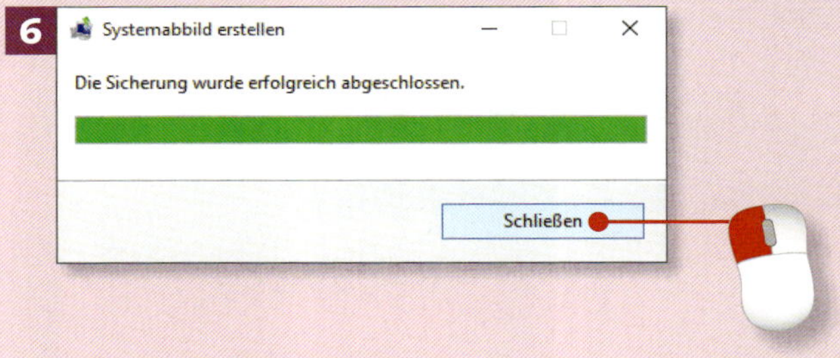

Zeitaufwand
Je nach Datenmenge dauert die Erstellung eines Systemabbilds durchaus eine Stunde und länger.

Ein Systemabbild wieder einspielen

Sie möchten eine Kopie Ihrer Festplatte wieder einspielen und das System komplett auf den Stand der Sicherung zurücksetzen? So geht's!

1

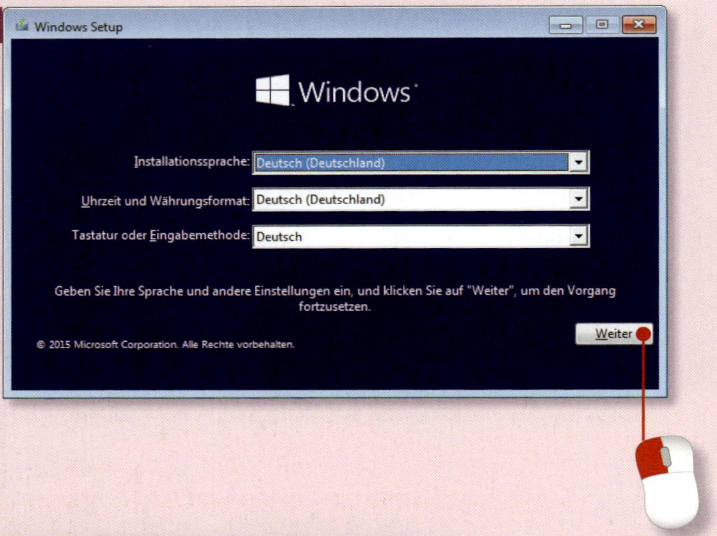

Schritt 1

Starten Sie den Rechner mit eingelegter Windows-DVD. Das Windows-Setup startet automatisch. Lassen Sie im ersten Dialog die voreingestellten Werte stehen, und klicken Sie auf **Weiter**. Wenn Sie zum Start einen Notfall-USB-Stick verwenden, entfallen die ersten beiden Schritte.

2

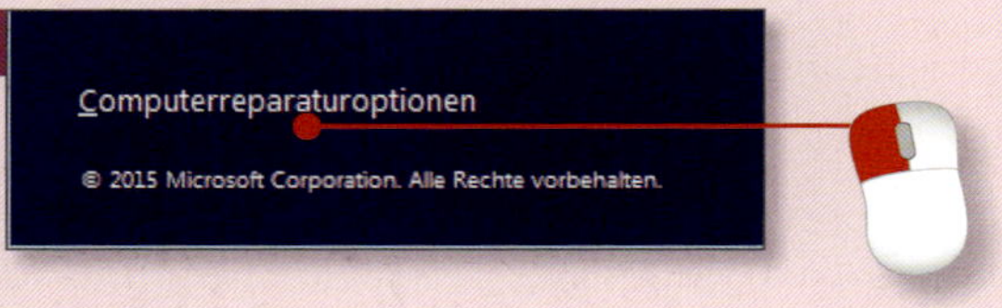

Schritt 2

Eine Neuinstallation ist nicht das Ziel, daher klicken Sie im nachfolgenden Fenster links unten auf den Link **Computerreparaturoptionen**.

3

Schritt 3

Wählen Sie nun nacheinander die drei Punkte **Problembehandlung ▸ Erweiterte Optionen ▸ Systemimage-Wiederherstellung** aus.

Reparaturdatenträger erstellen
Wie Sie einen Reparaturdatenträger erstellen, lesen Sie in der Anleitung »Einen Windows-Notfall-USB-Stick erstellen« auf Seite 288.

Schritt 4

Falls das Abbild auf einer externen Festplatte liegt, vergessen Sie nicht, diese einzuschalten. Nach der Auswahl des wiederherzustellenden Betriebssystems sucht Windows nach vorhandenen Sicherungen und zeigt sogleich das aktuell verfügbare Abbild an ❶. Markieren Sie die Option **Systemabbild auswählen** ❷, wenn Sie ein älteres Abbild verwenden möchten. Klicken Sie auf **Weiter**.

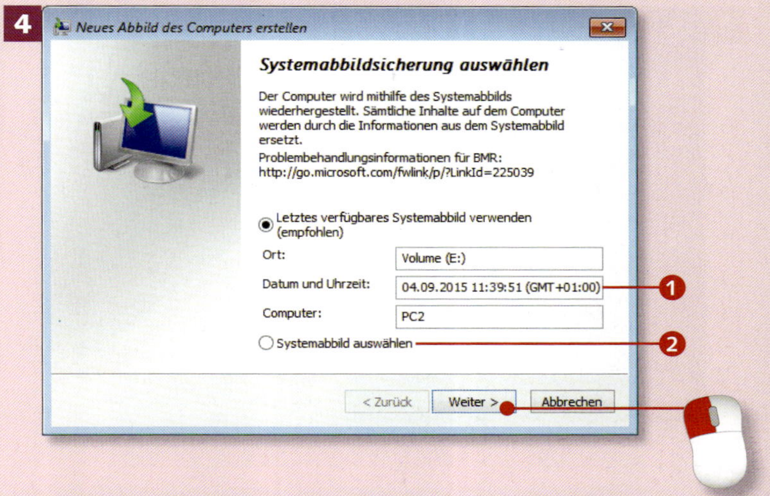

Schritt 5

Falls Sie das Systemabbild auf einen anderen Computer übertragen möchten, wählen Sie die Option **Datenträger formatieren und neu partitionieren** ❸. Wenn nicht, klicken Sie auf **Weiter**, um zum nächsten Schritt zu gelangen.

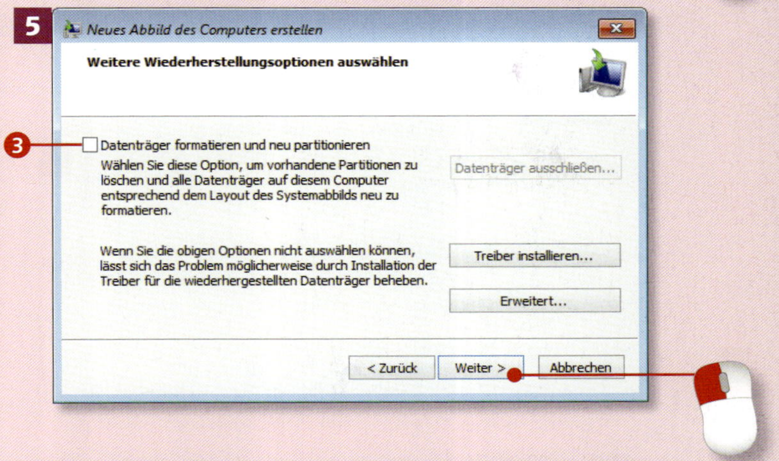

Schritt 6

Noch einmal wird das ausgewählte Systemabbild angezeigt. Starten Sie die Wiederherstellung über die Schaltfläche **Fertig stellen**.

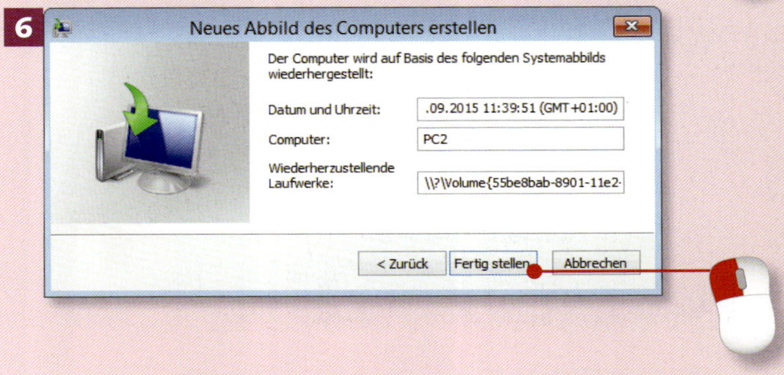

Datensicherung mit Acronis True Image

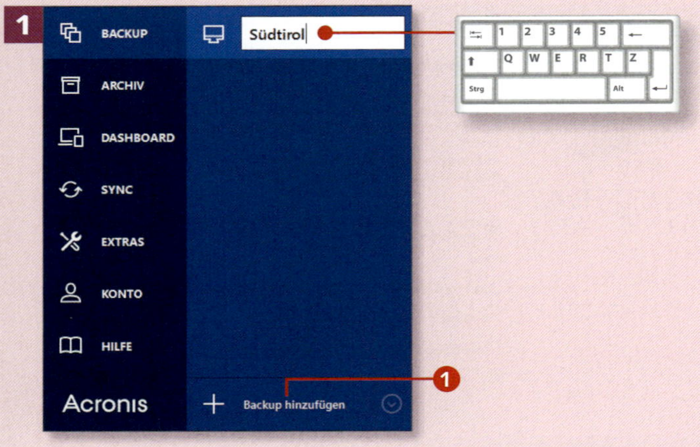

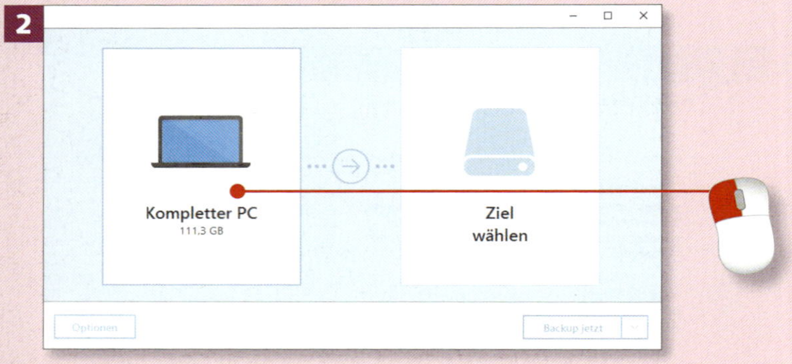

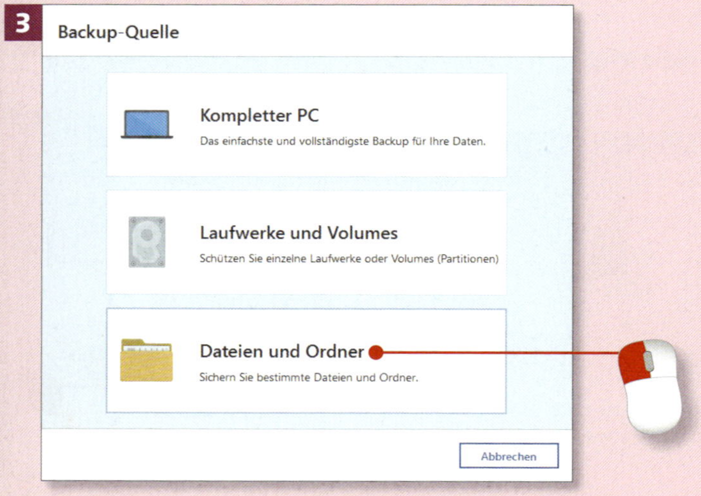

Auf eine regelmäßige Sicherung sollten Sie nicht verzichten. Sicherungsprogramme von Drittanbietern bieten deutlich mehr Möglichkeiten als Windows selbst. Dieser Abschnitt beschreibt die Datensicherung mit der Software Acronis True Image.

Schritt 1

Klicken Sie nach dem Start des Programms in der Kategorie **Backup** auf den Menüpunkt **Backup hinzufügen** 1, und geben Sie eine Bezeichnung für Ihre Sicherung ein. Drücken Sie zum Abschluss die ↵-Taste.

Schritt 2

Der nächste Schritt ist ein wenig irritierend, denn auch wenn Sie nicht den kompletten PC, sondern nur einzelne Dateien oder Verzeichnisse sichern möchten, führt der Weg zunächst über **Kompletter PC**.

Schritt 3

Wählen Sie nun die Quelle Ihrer Sicherung aus. Sie können mit **Kompletter PC** ein vollständiges Abbild Ihres Systems erstellen oder einzelne Laufwerke und Volumes (Partitionen) bzw. Dateien und Ordner sichern. Wählen Sie für dieses Beispiel die dritte Option.

Schritt 4

Das Fenster für die Datensicherung wird geöffnet und erinnert in der Darstellung an den Explorer. Ist der Eintrag **Dieser PC** ❷ ausgewählt, können Sie in der rechten Fensterhälfte auch komplette Laufwerke sichern, indem Sie das jeweilige Kontrollkästchen anklicken.

4

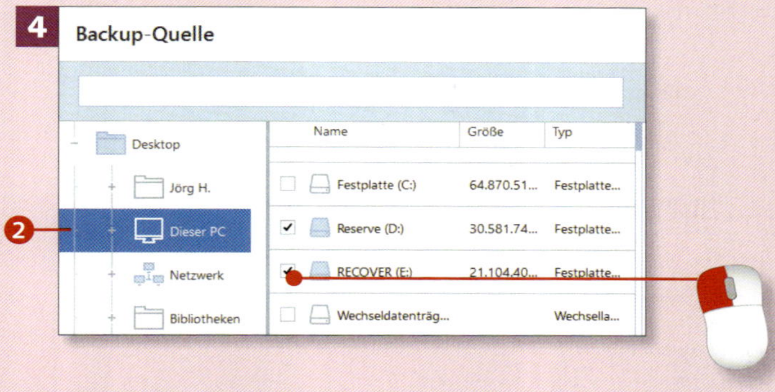

Schritt 5

Um einzelne Dateien oder Ordner zu sichern, öffnen Sie in der linken Spalte das entsprechende Laufwerk und markieren den Ordner, der die zu sichernden Dateien enthält. Der Inhalt des auswählten Ordners wird dann rechts aufgelistet.

5

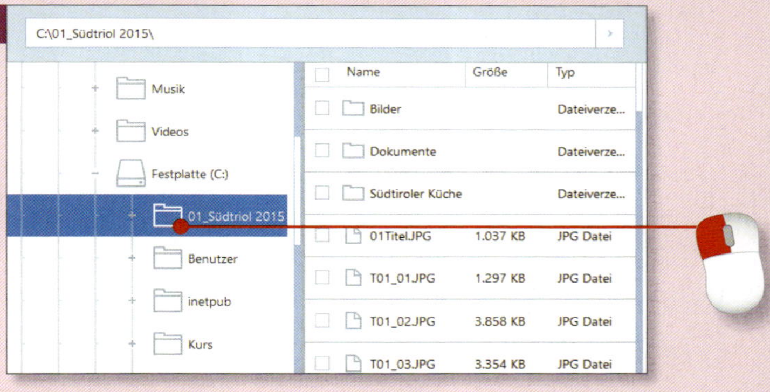

Schritt 6

Wählen Sie alle Dateien und Verzeichnisse aus, die Sie sichern möchten, indem Sie jeweils das Kontrollkästchen aktivieren. Dann klicken Sie auf **OK**, um zum nächsten Schritt zu gelangen.

6

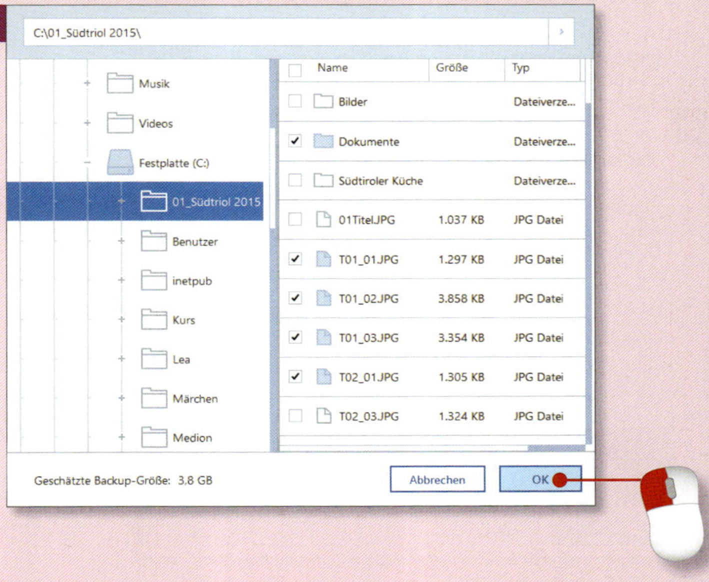

Externe Sicherung

Mit der Version Acronis True Image Cloud können Sie Ihre Daten online sichern. Möchten Sie das nicht, sichern Sie Ihre Daten unbedingt auf einer externen Festplatte und nie auf dem gleichen Laufwerk, das auch die Quelldaten enthält!

Datensicherung mit Acronis True Image (Forts.)

7
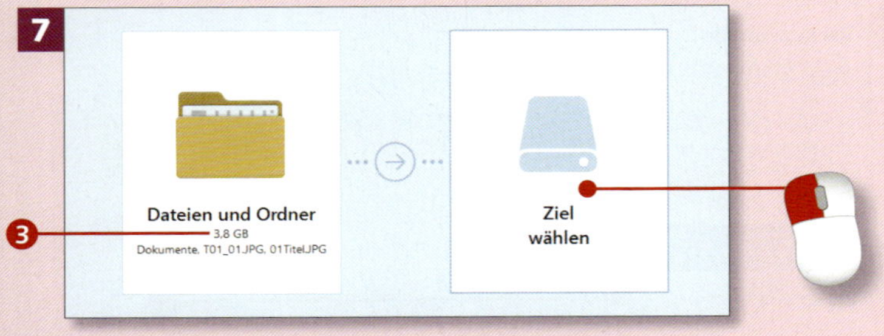

8
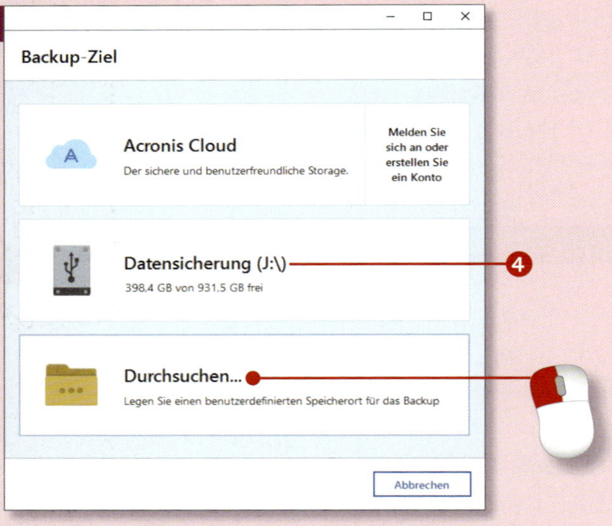

9
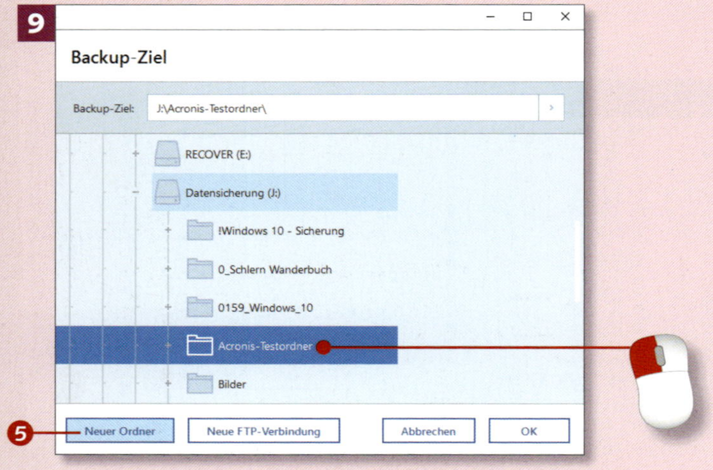

Schritt 7

Dem Menüpunkt **Dateien und Ordner** können Sie das Datenvolumen Ihrer Sicherung entnehmen 3. Klicken Sie auf **Ziel wählen**, um den Speicherort für die Datensicherung festzulegen.

Schritt 8

Haben Sie eine externe Festplatte angeschlossen und eingeschaltet, wird diese als mögliches Ziel angezeigt 4. Klicken Sie aber stattdessen auf den Menüpunkt **Durchsuchen**, um den genauen Speicherort auf der externen Platte festzulegen.

Schritt 9

Wählen Sie Ihre externe Festplatte als Sicherungsmedium aus, und legen Sie fest, in welchem Verzeichnis die Sicherung gespeichert werden soll. Über die Schaltfläche **Neuer Ordner** 5 können Sie bei Bedarf einen neuen Ordner anlegen. Klicken Sie auf **OK**, um die Einstellungen zu übernehmen.

Inkrementelle Sicherung
Bei einer inkrementellen Sicherung werden nur die geänderten Daten seit der letzten Sicherung kopiert, nicht alle Daten.

Schritt 10

Handelt es sich um eine einmalige Sicherung, klicken Sie auf die grüne Schaltfläche **Backup jetzt** 6, um den Vorgang sofort zu starten. Soll die Sicherung hingegen regelmäßig durchgeführt werden, klicken Sie auf **Optionen**.

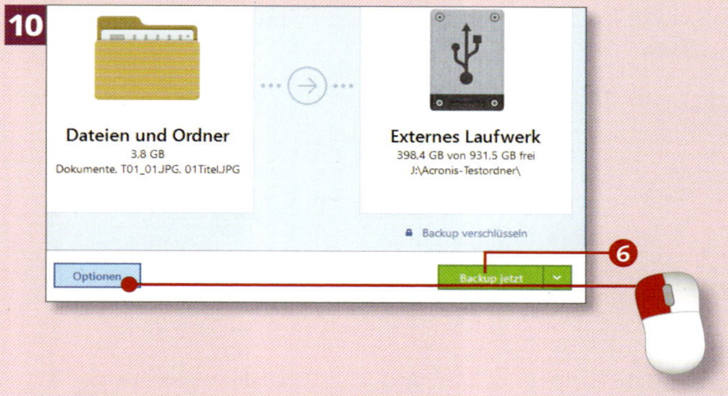

Schritt 11

Legen Sie im Register **Planung** 7 fest, wann die Sicherung durchgeführt werden soll. Legen Sie auch eine Uhrzeit fest. Möchten Sie keine Planung vornehmen, sondern die Sicherung lieber manuell von Zeit zu Zeit ausführen, klicken Sie auf **Ohne Planung** 8.

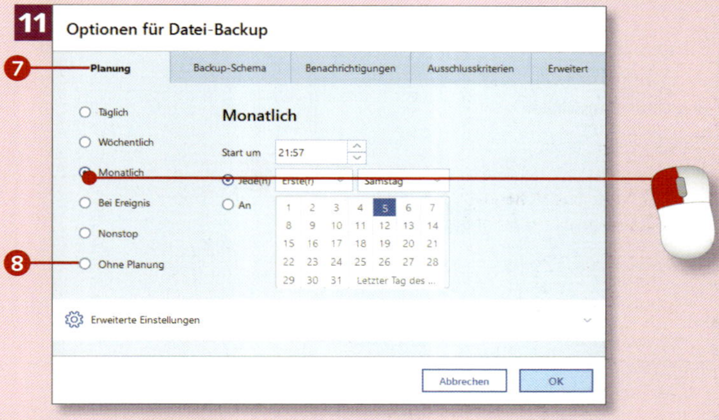

Schritt 12

Im Register **Backup-Schema** 9 ist das Sicherungsschema **Inkrementell** voreingestellt. Um dies zu ändern, klicken Sie auf die Bezeichnung **Inkrementelles Schema** und wählen ein anderes Schema aus. Sind alle Einstellungen getroffen, klicken Sie auf **OK**. Die Sicherung wird dann zu dem von Ihnen definierten Zeitpunkt automatisch durchgeführt.

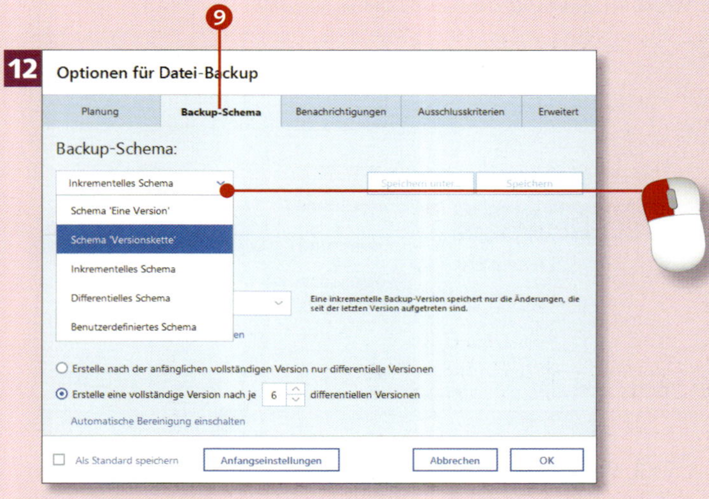

Gesicherte Daten wiederherstellen

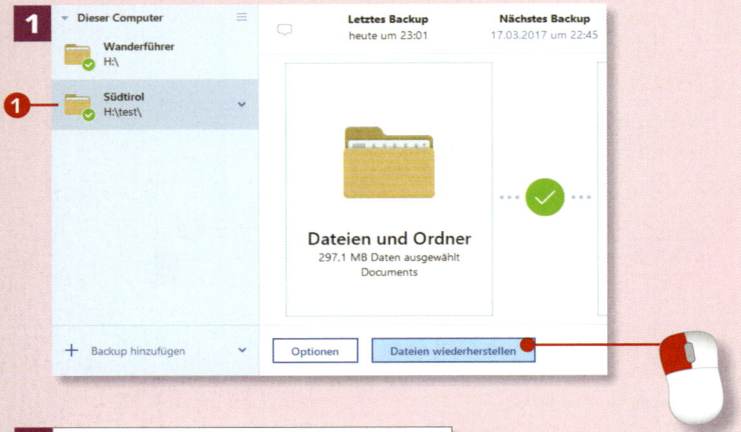

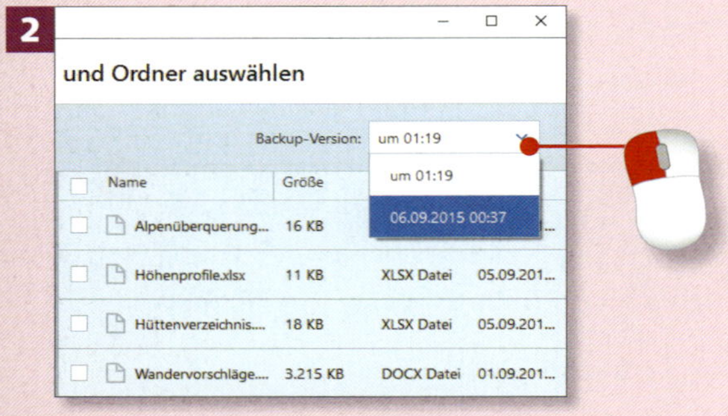

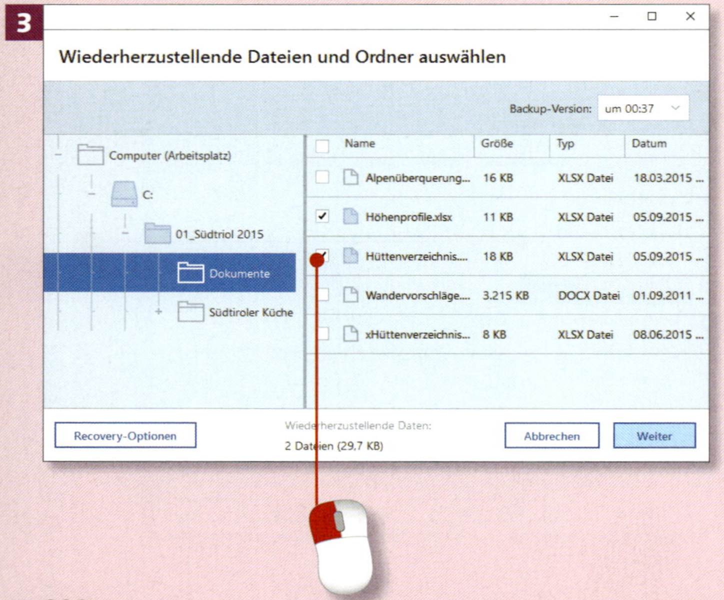

Ein Daten-Backup hilft nur, wenn Sie die darin gesicherten Daten auch wieder auf den Rechner zurückspielen können. Alle dazu nötigen Schritte finden Sie in diesem Abschnitt am Beispiel der Software Acronis True Image.

Schritt 1

Starten Sie das Programm True Image. Wählen Sie in der linken Fensterhälfte zuerst die Sicherung aus, aus der Sie Daten wiederherstellen möchten (1), und klicken Sie dann auf **Dateien wiederherstellen**.

Schritt 2

Über das Dropdown-Menü **Backup-Version** können Sie auswählen, aus welcher Datensicherung Sie die Daten wiederherstellen möchten.

Schritt 3

Wählen Sie nun die wiederherzustellenden Daten aus, indem Sie die Kontrollkästchen vor den jeweiligen Datei- oder Ordnernamen aktivieren. Klicken Sie auf **Weiter**, wenn Ihre Auswahl vollständig ist.

Schritt 4

Standardmäßig stellt True Image die Dateien an ihrem ursprünglichen Speicherort wieder her. Wenn Sie das nicht ändern möchten, klicken Sie auf **Recovery jetzt** ❷, um die Wiederherstellung zu starten. Um einen neuen Speicherort festzulegen, klicken Sie auf **Durchsuchen**.

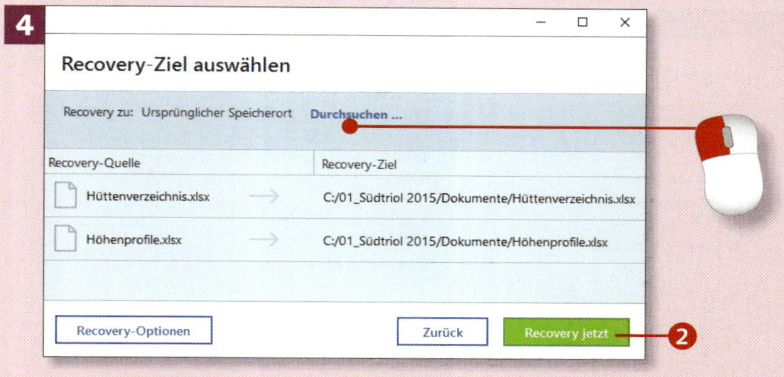

Schritt 5

Navigieren Sie nun durch die Verzeichnisse, und wählen Sie einen neuen Speicherort für die Wiederherstellung aus. Mit **Neuer Ordner** ❸ können Sie auch ein neues Verzeichnis anlegen. Haben Sie sich für einen Speicherort entschieden, klicken Sie auf **OK**.

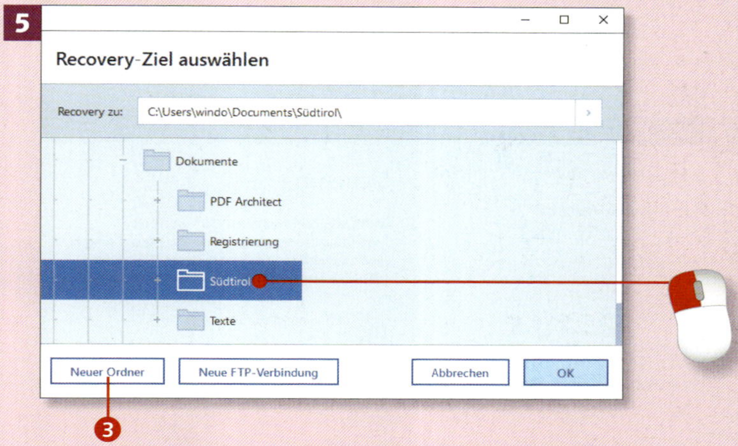

Schritt 6

Nun ist es fast geschafft. Noch einmal können Sie kontrollieren, welche Daten wo wiederhergestellt werden. Wenn Sie etwas vergessen haben, klicken Sie auf **Zurück** ❹, und korrigieren Sie die Auswahl. Wenn alles passt, klicken Sie auf **Recovery jetzt**.

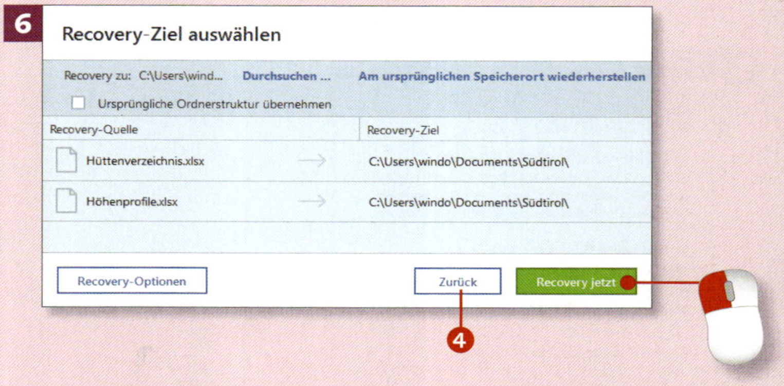

Den Dateiversionsverlauf aktivieren und konfigurieren

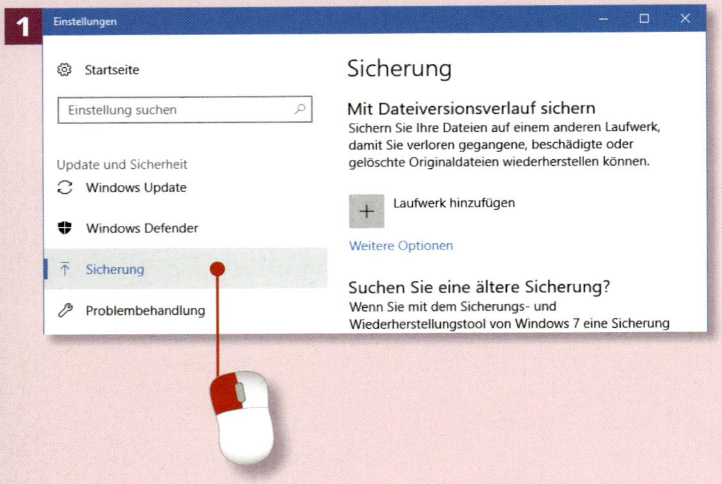

Der Dateiversionsverlauf sichert automatisch Kopien Ihrer Dateien und kann sie wiederherstellen, falls die Originale beschädigt oder versehentlich gelöscht wurden.

Schritt 1

Öffnen Sie die Windows-Einstellungen, z. B. mit den Tasten [Windows] + [I], klicken Sie auf die Kategorie **Update und Sicherheit** und auf **Sicherung**.

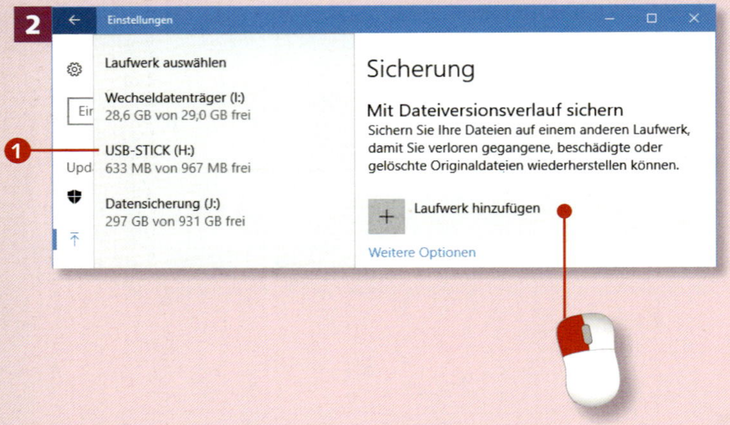

Schritt 2

Bevor Sie den Dateiversionsverlauf aktivieren können, müssen Sie ein Laufwerk bestimmen, auf das die Sicherungen gespeichert werden. Klicken Sie auf die Schaltfläche **Laufwerk hinzufügen**, und wählen Sie eines aus (1).

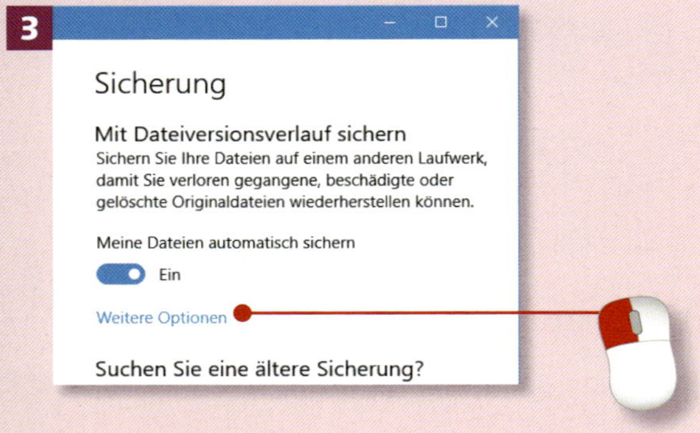

Schritt 3

Der Dateiversionsverlauf ist nun aktiviert. Mit einem Klick auf den Link **Weitere Optionen** gelangen Sie zu den Sicherungseinstellungen.

Was wird gesichert?
Der Dateiversionsverlauf sichert in der Standardeinstellung alle Bibliotheken, den Desktop, Ihre Kontakte sowie Ihre Favoriten. Lesen Sie in Schritt 6, wie Sie Ordner hinzufügen und entfernen können.

Schritt 4

Legen Sie über das Dropdown-Menü **Meine Daten sichern** das bevorzugte Intervall für Ihre Datensicherung fest, z. B. **Alle 20 Minuten** oder **Täglich**. Standardmäßig erfolgt die Sicherung jede Stunde.

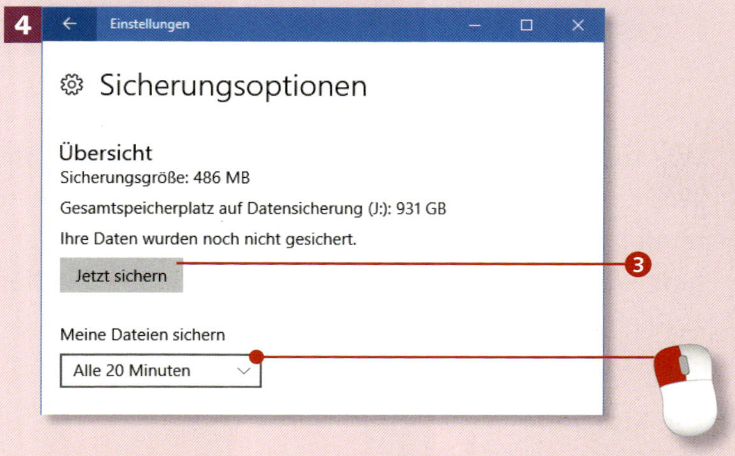

Schritt 5

Unter **Meine Sicherungen beibehalten** können Sie angeben, wie lange Ihre Sicherungen gespeichert bleiben sollen. Zur Auswahl stehen z. B. **1 Jahr**, **Immer** oder auch **Bis Platz benötigt wird**.

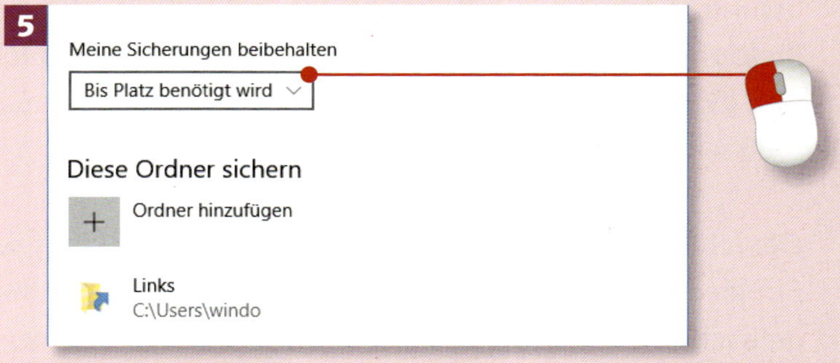

Schritt 6

Im Abschnitt **Diese Ordner sichern** können Sie über die Schaltfläche **Ordner hinzufügen** 2 neue Ordner in Ihre Sicherung übernehmen. Möchten Sie hingegen einen Ordner aus der Sicherung entfernen, klicken Sie diesen in der Liste an und wählen dann die Option **Entfernen**.

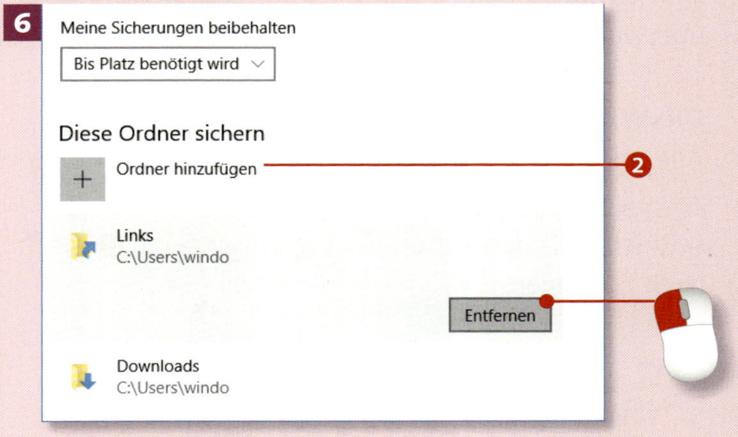

Datensicherung manuell starten
Klicken Sie auf **Jetzt sichern** 3, wenn Sie außerhalb Ihres Sicherungsintervalls eine Sicherung starten möchten.

Kapitel 15
Die große Windows-Pannenhilfe

Was tun, wenn sich Windows plötzlich nicht mehr starten lässt? Sind alle Daten verloren? Was können Sie tun, wenn Windows instabil läuft und es immer wieder zu schweren Systemfehlern kommt? Mithilfe mächtiger Tools wie der Starthilfe oder der Systemdateiprüfung können Sie Windows wieder auf die Beine helfen. Nutzen Sie zusätzliche Ressourcen zur Fehleranalyse und Vorbeugung.

Die Starthilfe

Ein Albtraum: Sie schalten den Computer ein, aber nichts passiert. Windows startet plötzlich nicht mehr. Vielfach bleibt dabei der Bildschirm schwarz, und es wird keine Fehlermeldung ausgegeben. Wie kommen Sie in einem solchen Fall an Ihre Daten, und wie lässt sich Windows wieder reparieren? Die Systemstartreparatur oder auch Starthilfe ❶ kann es meistens wieder richten.

Gesicherte Dateien aus dem Dateiversionsverlauf wiederherstellen

Ein kleiner Moment der Unachtsamkeit, und schon hat man versehentlich eine Datei gelöscht oder sie mit einer veralteten Version überschrieben. Wer seine Daten regelmäßig sichert, kann jetzt auf eine Sicherung zurückgreifen. Wurde die Datei jedoch nicht gesichert, wird es knifflig. Ist der Dateiversionsverlauf ❷ aktiviert und befand sich die Datei im überwachten Bereich, können Sie wenigstens eine Vorgängerversion wiederherstellen.

Die Windows-Ereignisanzeige

Alle relevanten Systemereignisse werden von Windows protokolliert. Diese Ereignisanzeige können Sie hervorragend nutzen, um lästige Computerfehler zu ermitteln und zu beseitigen. Mit den Daten der Ereignisanzeige ❸ machen Sie sich im Internet auf die Suche nach Lösungen.

Die Systemstartreparatur hilft, wenn Windows nicht mehr startet. ❶

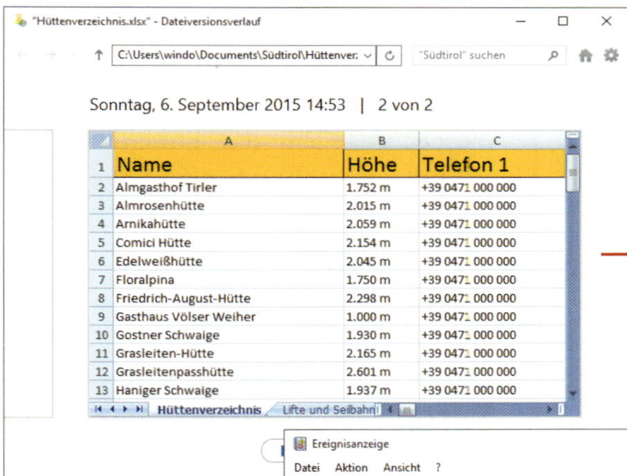

❷ Stellen Sie alte Versionen Ihrer Daten ganz einfach per Mausklick wieder her.

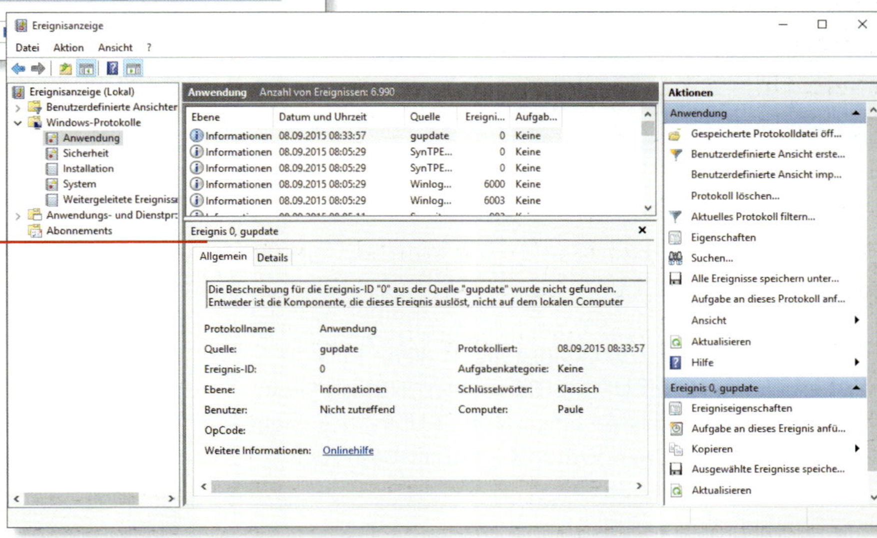

Die Ereignisanzeige protokolliert alle Vorkommnisse. ❸

Probleme beim Start – die Systemstartreparatur hilft

1

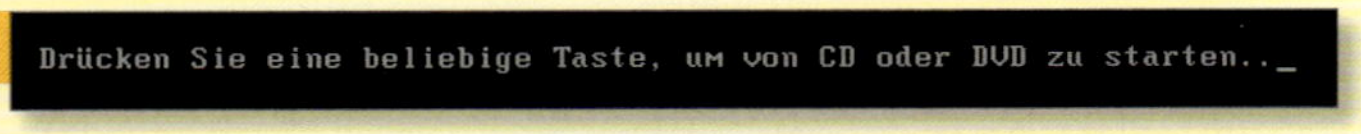

2

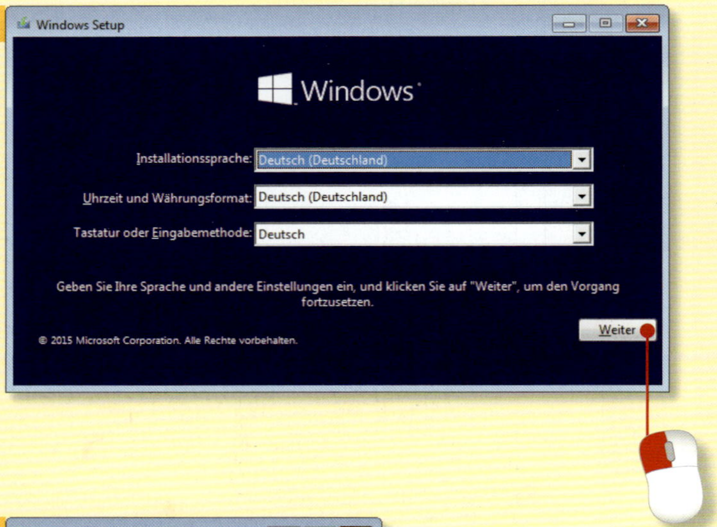

3

UEFI-BIOS

Der Start von CD/DVD klappt nicht, wenn Ihr PC über ein modernes UEFI-BIOS verfügt. Nutzen Sie in diesem Fall stattdessen einen Notfall-USB-Stick (siehe den Abschnitt »Einen Windows-Notfall-USB-Stick erstellen« auf Seite 288).

Sie schalten den Computer an und möchten Windows hochfahren, doch nichts geschieht. Windows bleibt einfach »hängen« und kann nicht gestartet werden. Hier hilft die Systemstartreparatur.

Schritt 1

Legen Sie Ihre Windows-DVD ein, oder verbinden Sie Ihren Notfall-USB-Stick mit dem PC, und starten Sie den Computer. Bei Verwendung eines USB-Sticks entfallen die Schritte 2 und 3. Sobald die Meldung erscheint, eine beliebige Taste für den Start von einer CD/DVD zu drücken, tun Sie das.

Schritt 2

Prüfen Sie die Einstellungen zu Sprache, Uhrzeit, Währungsformat und Tastatur, und klicken Sie auf **Weiter**.

Schritt 3

Klicken Sie schließlich links unten auf den Link **Computerreparaturoptionen**, um die erforderlichen Einstellungen aufzurufen.

Schritt 4

Drei Auswahlmöglichkeiten stehen nun zur Verfügung. Es liegt ein Problem mit dem Start des Betriebssystems vor, klicken Sie daher auf **Problembehandlung**.

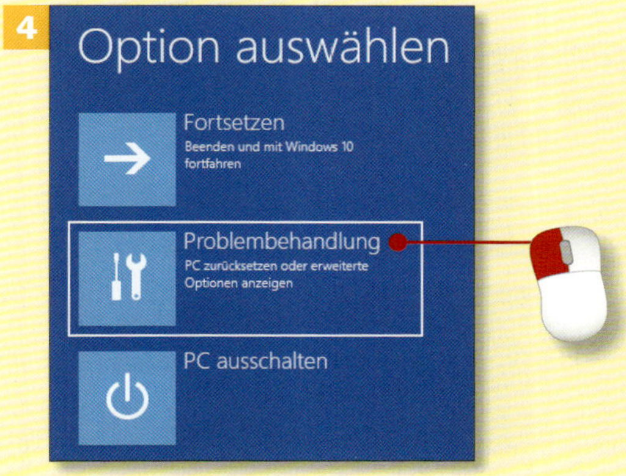

Schritt 5

In der Kategorie **Problembehandlung** werden zwei weitere Optionen angeboten. Klicken Sie auf **Erweiterte Optionen**.

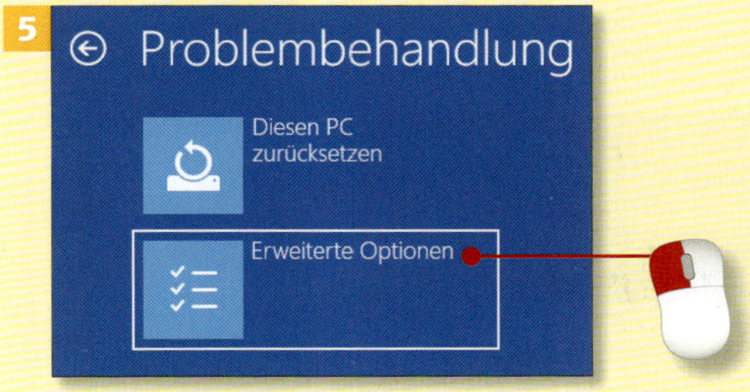

Schritt 6

Die Auswahl der Option **Starthilfe** verspricht schließlich die Beseitigung von Problemen, die den Start des Betriebssystems verhindern. Windows wird nun einer Diagnose unterzogen, und erkannte Fehler werden automatisch behoben. Starten Sie Windows im Anschluss neu.

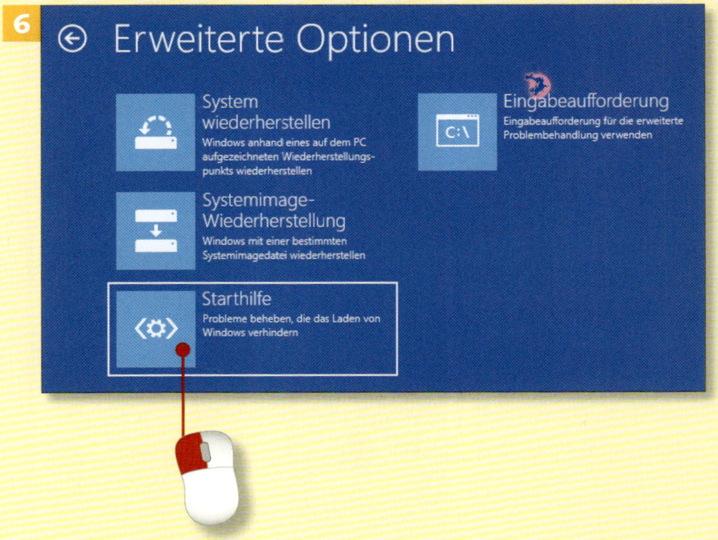

Reparatur gescheitert?
Wenn das nicht hilft, versuchen Sie eine Reparatur mithilfe der Systemwiederherstellung. Lesen Sie dazu die Anleitung »Windows startet nicht mehr – was tun?« auf Seite 306.

Windows startet nicht mehr – was tun?

1

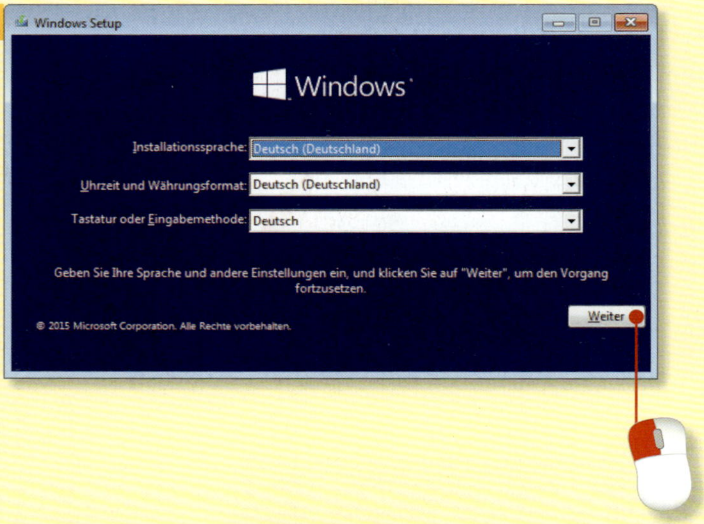

2

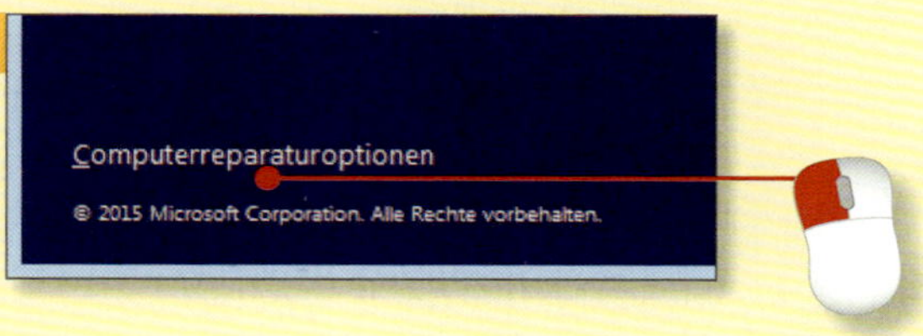

3

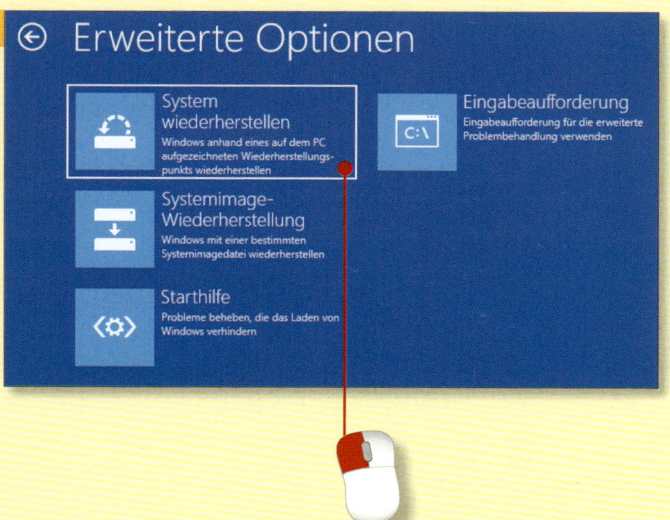

Scheitert eine Systemstartreparatur, kann eine Systemwiederherstellung der Retter in der Not sein. Wie Sie sie ausführen, falls sich Windows nicht mehr starten lässt, lesen Sie hier.

Schritt 1

Starten Sie den Rechner von Ihrer Windows-DVD, und kontrollieren Sie im ersten Dialog die Sprach- und Zeiteinstellungen. Klicken Sie auf **Weiter**, um den Vorgang fortzusetzen.

Schritt 2

Da keine Installation des Betriebssystems durchgeführt werden soll, klicken Sie nicht auf **Jetzt installieren**, sondern wählen links unten den Menüpunkt **Computerreparaturoptionen** aus.

Schritt 3

Wählen Sie dann nacheinander die Menüpunkte **Problembehandlung ▸ Erweiterte Optionen ▸ System wiederherstellen** aus. So kann Windows anhand eines zuvor aufgezeichneten Wiederherstellungspunkts wiederhergestellt werden.

Schritt 4

Im nächsten Dialog müssen Sie das wiederherzustellende Betriebssystem auswählen. Klicken Sie also auf den Eintrag **Windows 10**.

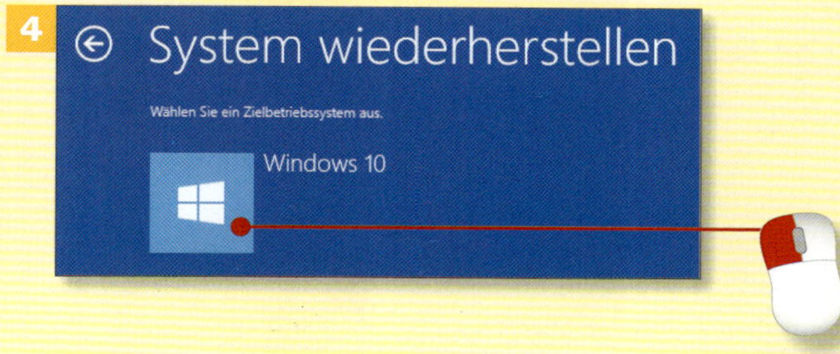

Schritt 5

Das System listet nun alle verfügbaren Wiederherstellungspunkte auf. Wählen Sie einen geeigneten Punkt aus. Die Wiederherstellung hat keinen Einfluss auf Ihre persönlichen Daten, einige Programme müssen aber möglicherweise neu installiert werden. Welche das sind, erfahren Sie über **Nach betroffenen Programmen suchen** ❶. Weiter geht es mit **Weiter**.

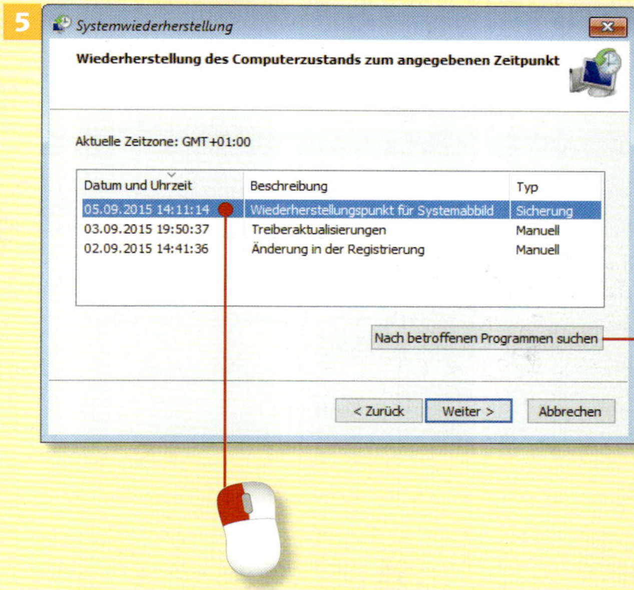

Schritt 6

Eine Zusammenfassung der getroffenen Einstellungen wird angezeigt. Klicken Sie auf **Zurück** ❷, falls Sie einen anderen Punkt auswählen möchten, und auf **Fertig stellen**, um die Wiederherstellung zu starten.

Wiederherstellungspunkte

Die Systemwiederherstellung erstellt automatisch alle sieben Tage einen neuen Wiederherstellungspunkt.

Windows 10 auffrischen

Manchmal ist das System so beschädigt, dass auch eine Systemwiederherstellung nicht hilft. In diesem Fall frischen Sie Windows einfach auf.

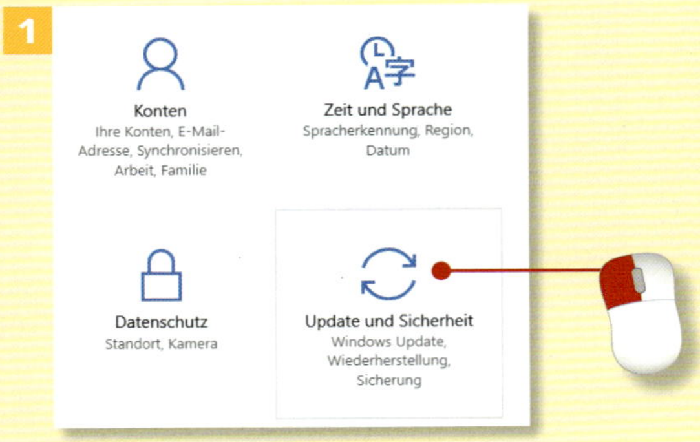

Schritt 1

Öffnen Sie die Windows-Einstellungen mit einem Klick auf den Menüpunkt **Einstellungen** im Startmenü, und wählen Sie dann die Kategorie **Update und Sicherheit** aus.

Schritt 2

Klicken Sie in der Menüleiste auf **Wiederherstellung** ❶ und in der rechten Fensterhälfte im Abschnitt **Diesen PC zurücksetzen** ❷ auf die Schaltfläche **Los geht's**.

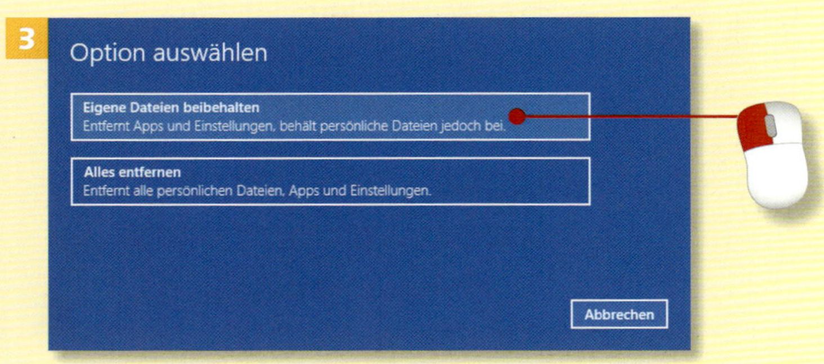

Schritt 3

Um Windows aufzufrischen und dabei die eigenen Dateien zu behalten, wählen Sie nun die Option **Eigene Dateien behalten**. Programme und Apps, die nicht im Lieferumfang enthalten waren, werden entfernt.

Stromversorgung sicherstellen
Achten Sie darauf, dass die Stromversorgung des Rechners gesichert ist. Ein Laptop oder Tablet-PC sollte an das Stromnetz angeschlossen sein.

Schritt 4

Windows ermittelt nun, welche Anwendungen nach der Auffrischung neu installiert werden müssen, und listet diese im Anschluss auf. Klicken Sie auf **Weiter**, um den Vorgang fortzusetzen.

Schritt 5

Sollte Ihr PC erst kürzlich auf Windows 10 aktualisiert worden sein, erhalten Sie nun den Hinweis, dass durch die Auffrischung des Systems keine Rückkehr zur vorherigen Version mehr möglich ist. Klicken Sie auch hier auf **Weiter**.

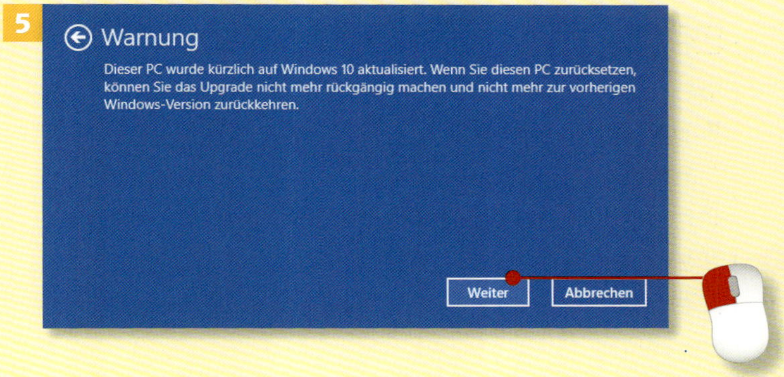

Schritt 6

Schließlich wird nochmals zusammengefasst, was nun geschieht. Wenn Sie mit den Auswirkungen einverstanden sind, starten Sie die Auffrischung mit einem Klick auf **Zurücksetzen**.

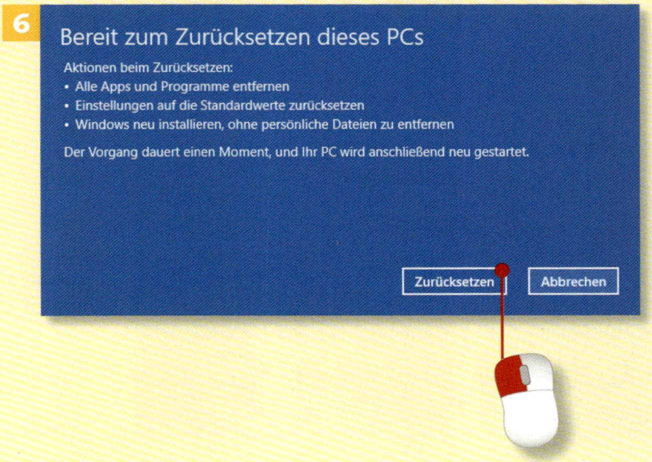

Entfernte Apps

Windows legt nach der Auffrischung eine Datei mit dem Namen *Entfernte Apps* auf dem Desktop ab. Dieser Datei können Sie entnehmen, welche Apps und Programme gelöscht wurden.

Windows auf Werkseinstellung zurücksetzen

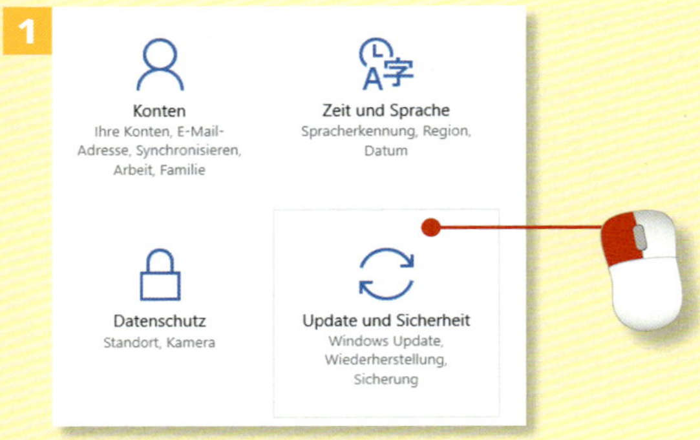

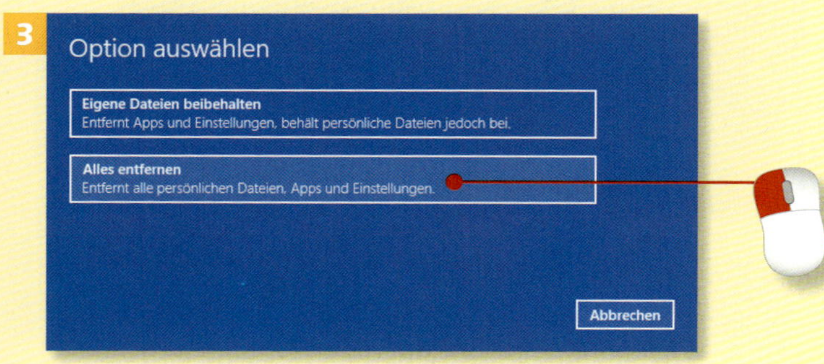

Bei schwerwiegenden Fehlern ist das Zurücksetzen des Systems die letzte Möglichkeit. Dabei werden alle Dateien, Programme und Einstellungen gelöscht.

Schritt 1

Öffnen Sie die Windows-Einstellungen, z. B. mithilfe der Tasten ⊞ + I, und klicken Sie dann auf **Update und Sicherheit**.

Schritt 2

Wählen Sie den Menüpunkt **Wiederherstellung** ❶ aus, und klicken Sie auf die graue Schaltfläche **Los geht's**.

Schritt 3

Um das System vollständig zurückzusetzen, wählen Sie nun die Option **Alles entfernen**. Alle persönlichen Dateien, Programme und Einstellungen werden dabei entfernt.

Datensicherung nicht vergessen!
Sie können die Rücksetzung des Systems nicht rückgängig machen. Da bei diesem Vorgang alle Daten gelöscht werden, sollten Sie diese zuvor sichern.

Schritt 4

Verfügt Ihr PC über mehrere Laufwerke, können Sie nun auswählen, ob die Daten aller Laufwerke entfernt werden sollen ❷ oder nur die Daten des Laufwerks, auf dem Windows installiert ist ❸.

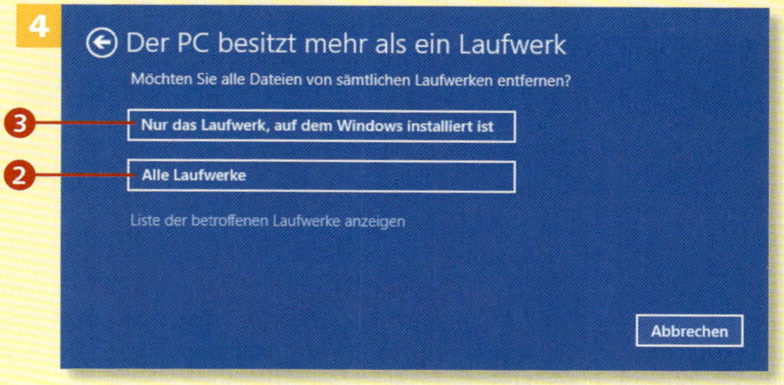

Schritt 5

Legen Sie nun fest, wie die Laufwerke bereinigt werde sollen. Die Option **Daten entfernen und Laufwerk bereinigen** ❹, ist nur zu empfehlen, wenn Sie den PC verkaufen möchten. Andernfalls wählen Sie die Variante **Nur Dateien entfernen**.

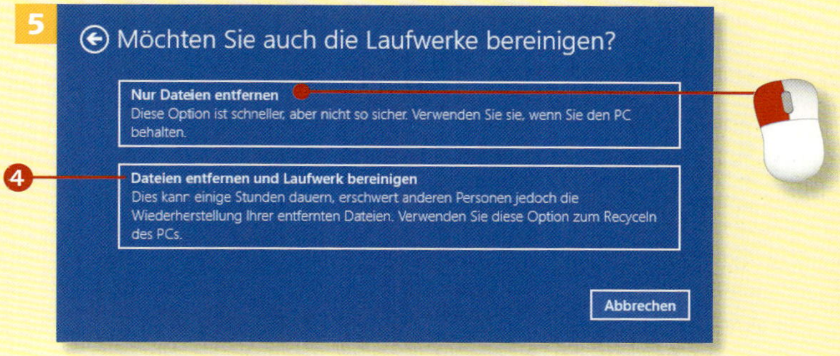

Schritt 6

Windows zeigt Ihnen nochmals an, dass nun alle Ihre Daten und Programme gelöscht werden. Sind Sie bereit, klicken Sie auf die Schaltfläche **Zurücksetzen**. Der Vorgang dauert einige Minuten, und der Rechner wird im Anschluss neu gestartet.

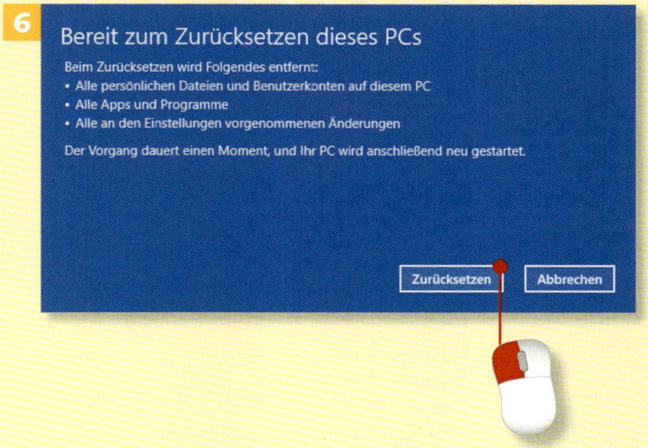

Zeitintensive Bereinigung

Die vollständige Bereinigung der Festplatte kann mehrere Stunden dauern. Laptops und Tablet-PCs sollten während des Vorgangs direkt ans Netz angeschlossen werden.

ISO-Dateien als virtuelles Laufwerk einbinden

Bei einer ISO-Datei handelt es sich um das Abbild einer Daten-CD oder -DVD. Um diese Datei nutzen zu können, müssen Sie sie entweder auf eine CD/DVD brennen oder einfach als virtuelles Laufwerk in das System einbinden.

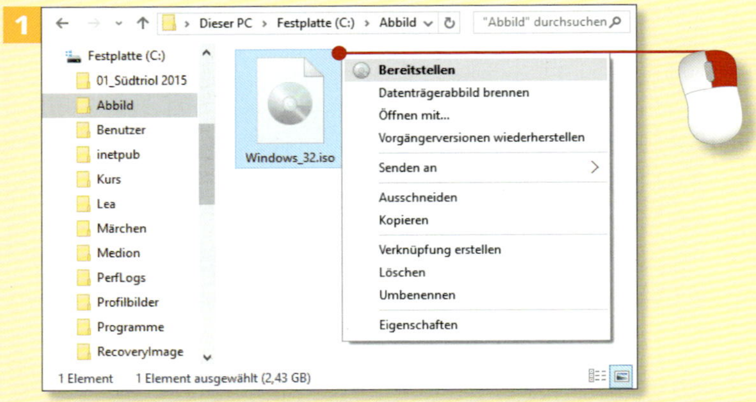

Schritt 1

Das Einbinden einer ISO-Datei, auch *Mounten* genannt, ist sehr einfach. Führen Sie im Explorer einen Rechtsklick auf die ISO-Datei aus, und wählen Sie aus dem Kontextmenü den Befehl **Bereitstellen**.

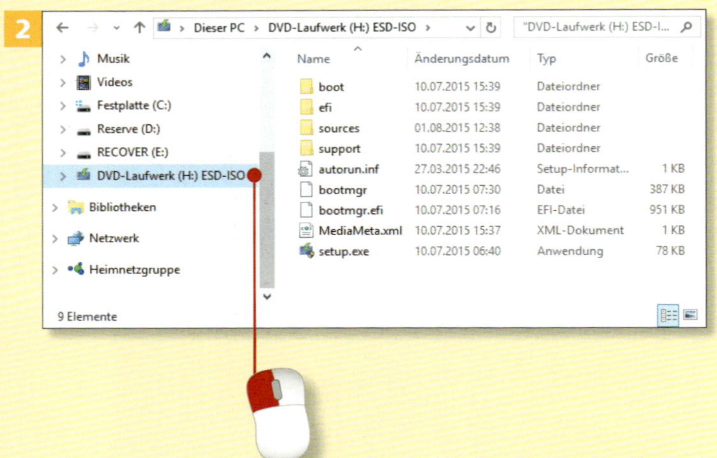

Schritt 2

Das Datenträgerabbild wird nun als virtuelles Laufwerk eingebunden und kann wie ein normales DVD-Laufwerk angesprochen werden. Wenn Sie das Laufwerk auswählen, sehen Sie in der rechten Fensterhälfte die zum Abbild gehörenden Dateien.

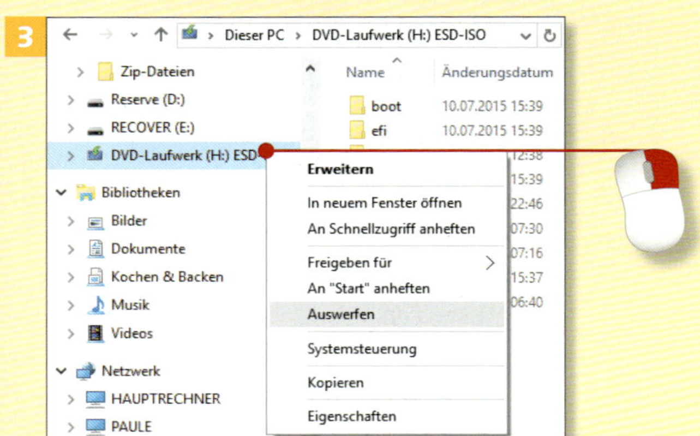

Schritt 3

Wird das virtuelle Laufwerk nicht mehr benötigt, führen Sie einen Rechtsklick darauf aus und wählen die Option **Auswerfen** aus dem Kontextmenü.

Um ein Datenträgerabbild in Form einer ISO-Datei auf CD oder DVD zu brennen, benötigen Sie kein teures Brennprogramm. Windows selbst kann diese Aufgabe hervorragend übernehmen.

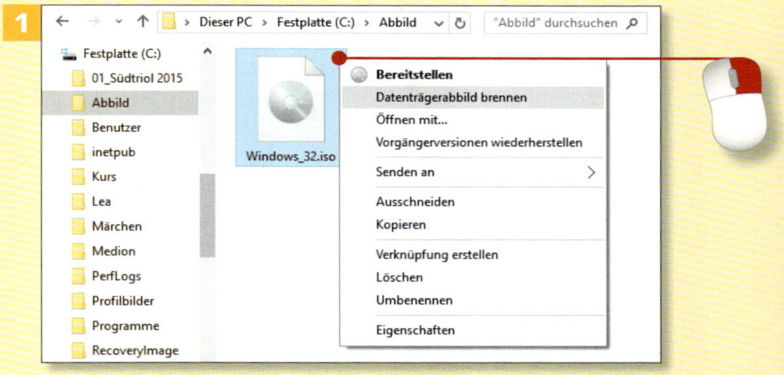

Schritt 1

Um das ISO-Brennprogramm zu starten, führen Sie zunächst einen Rechtsklick auf die ISO-Datei aus und wählen aus dem Kontextmenü den Befehl **Datenträgerabbild brennen**.

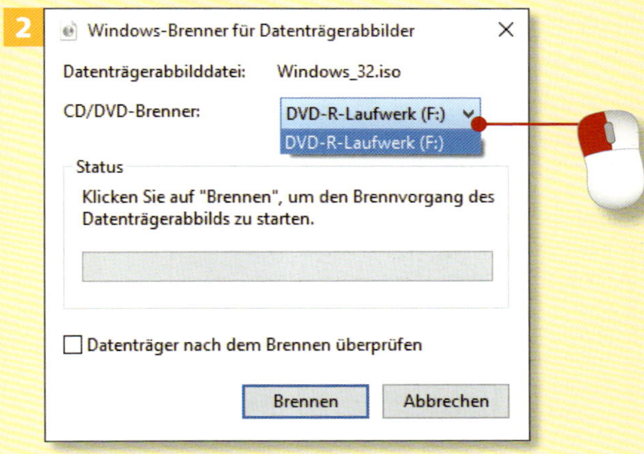

Schritt 2

Das kleine Hilfsprogramm startet. Wählen Sie über das Dropdown-Menü das Laufwerk aus, in das Sie den zu verwendenden CD-/DVD-Rohling eingelegt haben.

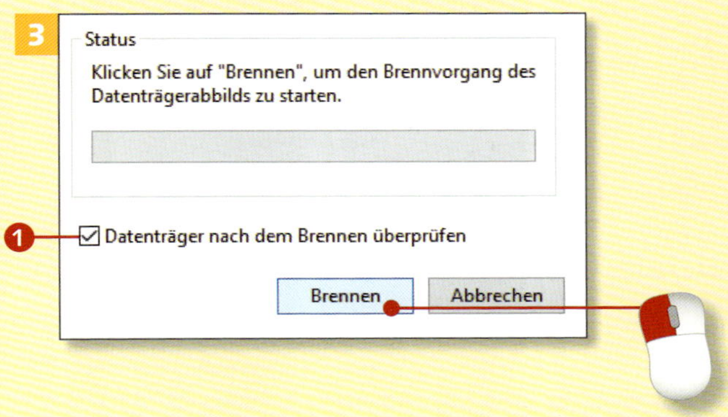

Schritt 3

Setzen Sie das Häkchen vor der Option **Datenträger nach dem Brennen überprüfen** (1), und starten Sie den Brennvorgang über die Schaltfläche **Brennen**.

USB-Geräte werden plötzlich nicht mehr erkannt

Ein USB-Gerät, z. B. eine externe Festplatte oder ein USB-Stick, konnten vor wenigen Minuten noch problemlos verwendet werden, doch plötzlich wird das Gerät von Windows nicht mehr erkannt. Eine mögliche Ursache ist die Energieverwaltung.

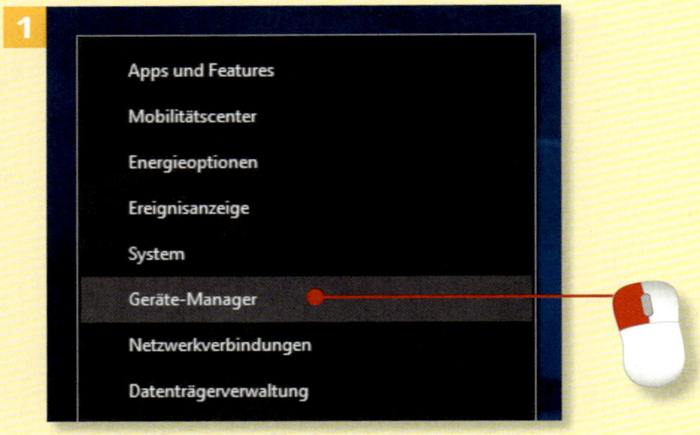

Schritt 1

Starten Sie den Geräte-Manager. Öffnen Sie dazu mit den Tasten [Win] + [X] das Schnellstartmenü, und wählen Sie daraus den Eintrag **Geräte-Manager**.

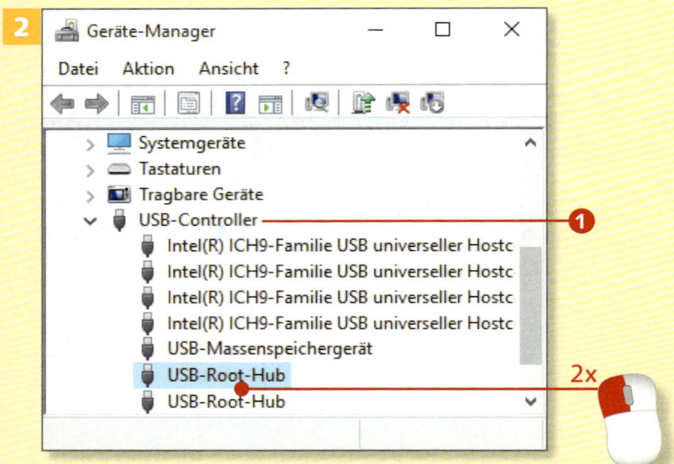

Schritt 2

Erweitern Sie den Gerätezweig **USB-Controller** ❶ mit einem Doppelklick, und führen Sie einen weiteren Doppelklick auf den ersten Eintrag **USB-Root-Hub** aus, um dessen Eigenschaften zu öffnen.

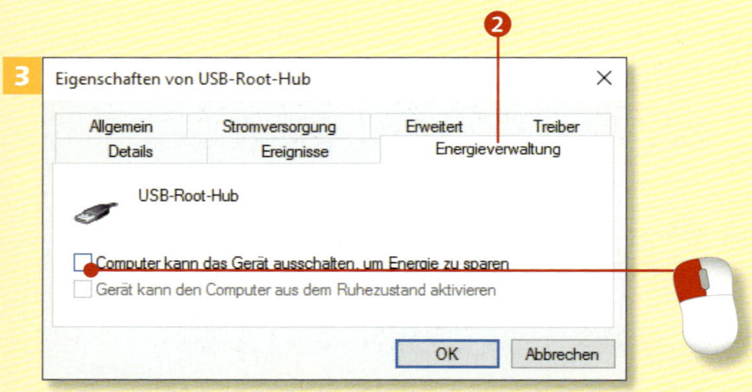

Schritt 3

Wechseln Sie in das Register **Energieverwaltung** ❷. Entfernen Sie das Häkchen vor dem Eintrag **Computer kann das Gerät ausschalten, um Energie zu sparen**, und bestätigen Sie die Änderung mit **OK**.

Die Taskleiste ist verrutscht

Für gewöhnlich befindet sich die Taskleiste am unteren Bildrand Ihres Desktops. Plötzlich aber prangt sie an der Seite oder am oberen Fensterrand. Korrigieren Sie die Position wieder.

Schritt 1

Klicken Sie mit der rechten Maustaste auf eine freie Stelle der Taskleiste. Sollte das Häkchen vor **Taskleiste fixieren** zu sehen sein, klicken Sie auf den Eintrag, um die Fixierung aufzuheben.

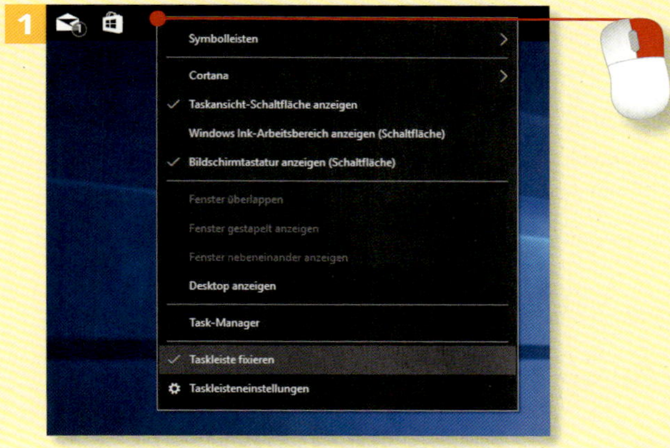

Schritt 2

Klicken Sie die Taskleiste an einer freien Stelle an, und ziehen Sie sie mit gedrückter Maustaste an das untere Ende des Bildschirms. Dort angekommen, lassen Sie die Maustaste los.

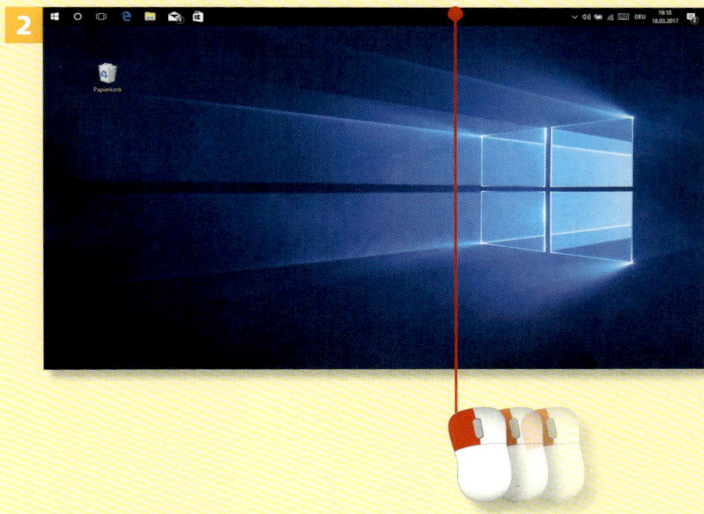

Schritt 3

Nun sollten Sie die Fixierung wieder aktivieren. Führen Sie dazu erneut einen Rechtsklick auf die Taskleiste aus, und wählen Sie den Punkt **Taskleiste fixieren**. Sobald das Häkchen vor dem Eintrag zu sehen ist, ist die Fixierung aktiv.

Kennwort des Microsoft-Kontos vergessen

1

2

3

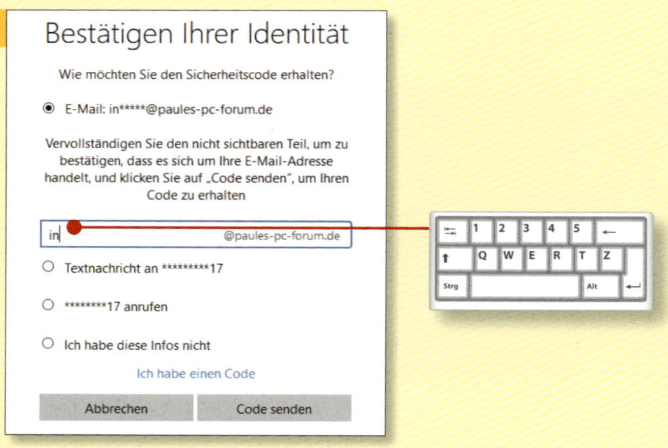

Haben Sie das Kennwort zu Ihrem Microsoft-Konto vergessen? Wenn Sie Ihr Benutzerkonto mit einem Microsoft-Konto verbunden haben, können Sie sich dann nicht mehr anmelden. Es gibt aber einen Schlüsseldienst.

Schritt 1

Rufen Sie über einen anderen Computer die Seite *https://account.live.com/resetpassword.aspx* auf. Wählen Sie die Option **Ich habe mein Kennwort vergessen**, und klicken Sie auf **Weiter**.

Schritt 2

Geben Sie in das erste Textfeld die E-Mail-Adresse zu Ihrem Microsoft-Konto ein und in das Feld darunter den angezeigten Sicherheitscode. Klicken Sie auf **Weiter**.

Schritt 3

Legen Sie fest, auf welchem Weg Sie den Sicherheitscode zum Zurücksetzen Ihres Kennworts erhalten möchten. Markieren Sie z. B. die Option **E-Mail**, und tragen Sie darunter die E-Mail-Adresse ein, die Sie seinerzeit bei der Registrierung des Microsoft-Kontos als Ersatz angegeben haben. Dann klicken Sie auf **Code senden**.

Schritt 4

Kontrollieren Sie nun das Postfach der in Schritt 3 angegebenen E-Mail-Adresse, und geben Sie den erhaltenen Sicherheitscode zur Authentifizierung ein. Zum nächsten Schritt gelangen Sie mit **Weiter**.

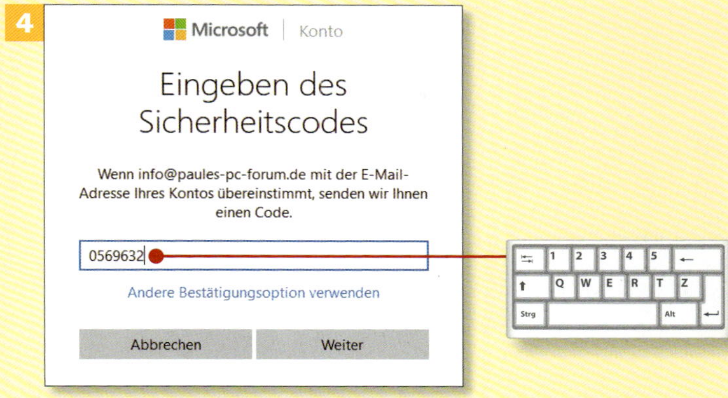

Schritt 5

Nun gilt es, ein neues Kennwort für Ihr Microsoft-Konto festzulegen. Es sollte mindestens acht Zeichen lang sein, Groß- und Kleinbuchstaben, Ziffern und Sonderzeichen enthalten.

Schritt 6

Schließlich wird die Wiederherstellung des Kontos gemeldet. Ab sofort können Sie sich mit dem neuen Kennwort wieder an Ihrem Microsoft-Konto anmelden. Klicken Sie auf **Weiter**, um den Vorgang zu beenden.

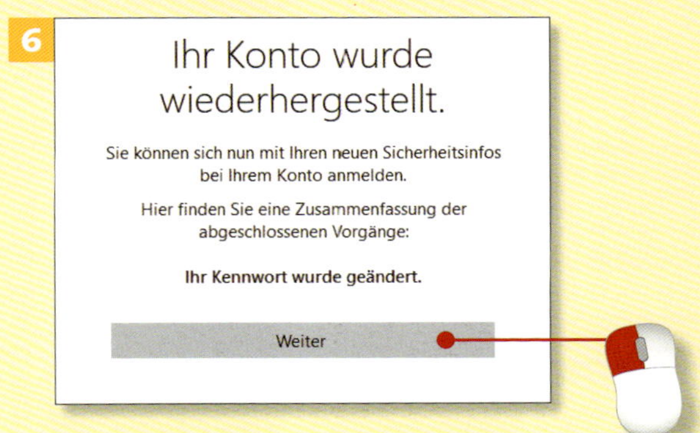

Prüfung in zwei Schritten
Öffnen Sie die Verwaltung Ihres Microsoft-Kontos unter *https://account.live.com*. Unter dem Menüpunkt **Sicherheit** können Sie die Prüfung in zwei Schritten aktivieren. Dabei werden zwei Identifikationsverfahren festgelegt, was die Sicherheit erhöht.

Kennwort eines lokalen Benutzerkontos vergessen

Es kann schon mal vorkommen, dass man sein Benutzerkennwort vergisst. Was dann? Wenn Sie über eine Kennwortrücksetzdiskette verfügen, können Sie Ihr Kennwort zurücksetzen und ein neues vergeben.

Schritt 1

Wenn Sie bei der Anmeldung an Windows ein falsches Kennwort eingeben, zeigt Ihnen das System einen Kennworthinweis an ❶. Bringt Sie der Hinweis nicht weiter, klicken Sie auf **Kennwort zurücksetzen**.

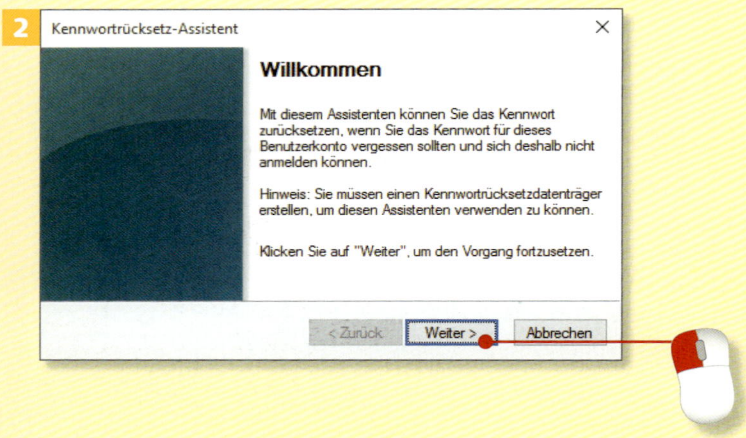

Schritt 2

Der Kennwortrücksetz-Assistent wird gestartet und weist Sie darauf hin, dass Sie mit einem Kennwortrücksetzdatenträger Ihr Kennwort zurücksetzen können. Klicken Sie auf die Schaltfläche **Weiter**.

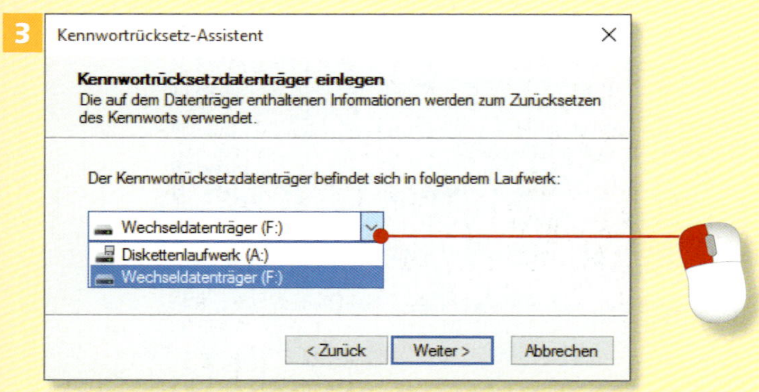

Schritt 3

Verbinden Sie nun den Kennwortrücksetzdatenträger mit Ihrem Computer, und wählen Sie über das Dropdown-Menü aus, in welchem Laufwerk sich der Datenträger befindet. Bestätigen Sie die Auswahl mit **Weiter**.

Schritt 4

Vergeben Sie ein neues Kennwort. Um Fehleingaben auszuschließen, müssen Sie das Kennwort zur Bestätigung ein weiteres Mal eingeben. Legen Sie auch dieses Mal einen Kennworthinweis fest, der Sie an das Kennwort erinnern soll, falls Sie es erneut vergessen sollten.

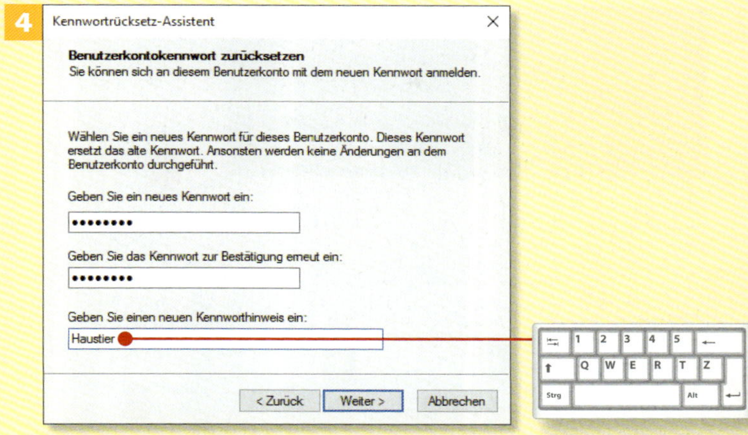

Schritt 5

Damit ist der Vorgang abgeschlossen und das neue Kennwort für Ihr Benutzerkonto eingerichtet. Den Kennwortrücksetzdatenträger können Sie bei Bedarf ein weiteres Mal verwenden, eine Aktualisierung des Datenträgers ist nicht erforderlich. Beenden Sie den Assistenten mit einem Klick auf **Fertig stellen**.

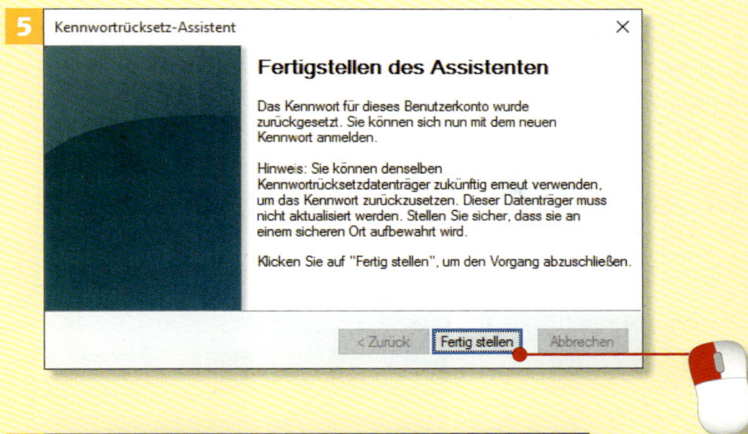

Schritt 6

Mit dem neuen Kennwort können Sie sich nun wieder an Windows anmelden.

Anmeldung mit PIN-Code
Anstelle eines komplizierten Kennworts können Sie zur Anmeldung unter Windows 10 auch einen individuellen PIN-Code verwenden (siehe dazu die Anleitung »Schnelle Anmeldung mithilfe eines PIN-Codes« auf Seite 236).

Daten aus dem Dateiversionsverlauf

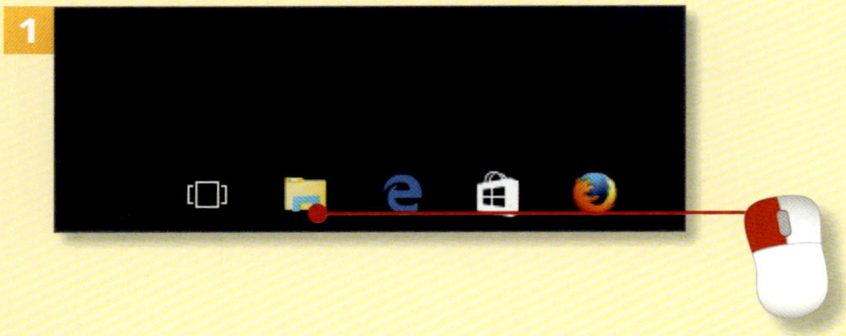

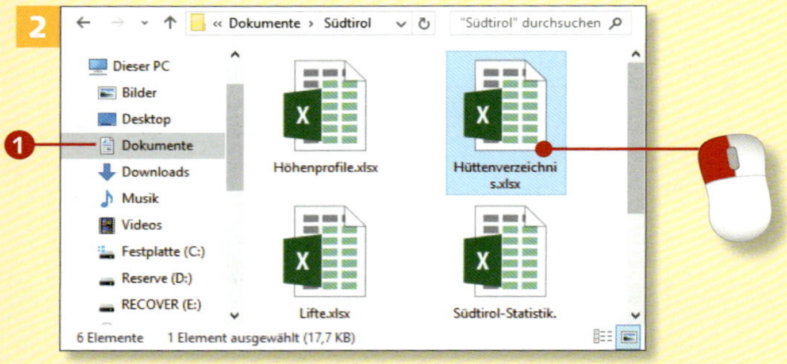

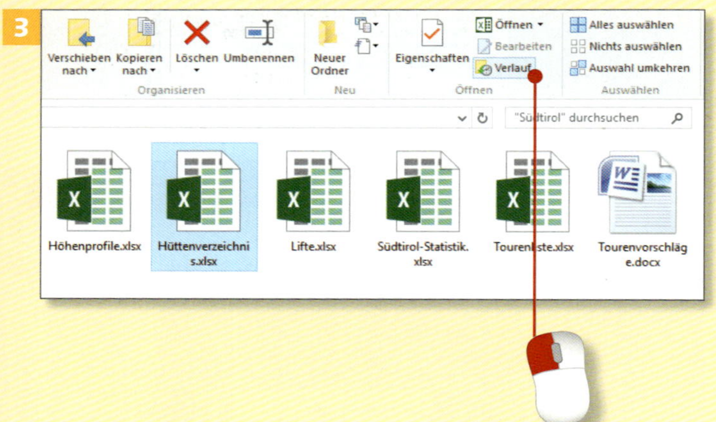

Ein wichtiges Dokument wurde versehentlich durch eine ältere Version überschrieben oder womöglich sogar gelöscht? Wurde der Dateiversionsverlauf aktiviert und liegt die Datei in einem von ihm überwachten Bereich, können Sie schnell und einfach auf eine frühere Version zurückgreifen und diese wiederherstellen.

Schritt 1

Öffnen Sie den Explorer durch einen Klick auf das Ordnersymbol in der Taskleiste oder mithilfe der Tastenkombination ⊞ + E.

Schritt 2

Öffnen Sie den Ordner, in dem sich die wiederherzustellende Datei befindet, und markieren Sie sie mit einem einfachen Mausklick. Wurde die Datei irrtümlich gelöscht, markieren Sie den kompletten Ordner 1 im Navigationsbereich des Explorers.

Schritt 3

Wechseln Sie zum Register **Start**, und klicken Sie im Menüband auf der rechten Seite auf die Schaltfläche **Verlauf**.

Dateiversionsverlauf einschalten

Wie Sie den Dateiversionsverlauf einschalten können, lesen Sie in der Anleitung »Den Dateiversionsverlauf aktivieren und konfigurieren« auf Seite 300.

Schritt 4

Nach einer kurzen Suche nach verfügbaren Versionen zeigt der Dateiversionsverlauf das ausgewählte Dokument in einer Vorschau an. Links oben sehen Sie das Datum der letzten Sicherung ❷ und daneben die Anzahl der vorhandenen Dateiversionen ❸.

Schritt 5

Über die Bedienelemente am Fuß des Fensters können Sie zwischen den Versionen blättern ❹. Mit einem Klick auf die grüne Schaltfläche stellen Sie das angezeigte Dokument wieder her.

Schritt 6

Befindet sich am ursprünglichen Speicherort eine Kopie der Datei, haben Sie nun die Wahl, die Datei im Ziel zu ersetzen, sie zu überspringen oder die beiden Dateiversionen miteinander zu vergleichen.

Versionen bereinigen
Über den Menüpunkt **Versionen bereinigen**, den Sie in den erweiterten Einstellungen des Dateiversionsverlaufs finden, können Sie ältere Sicherungsversionen löschen und so Platz auf Ihrer Festplatte schaffen.

4

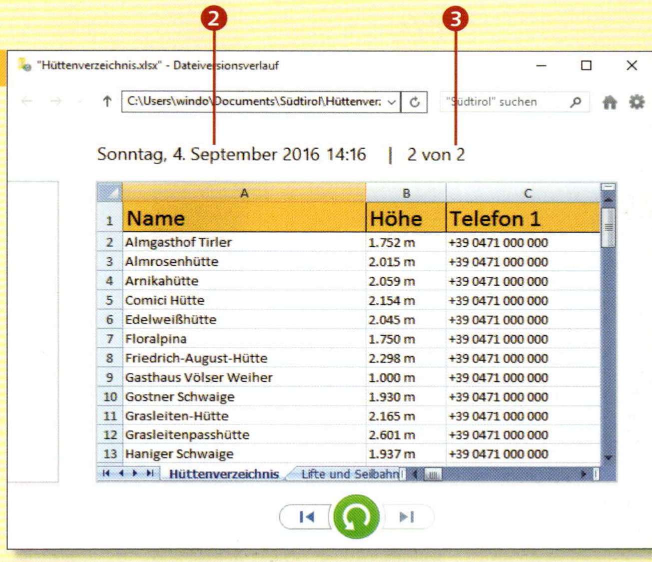

5

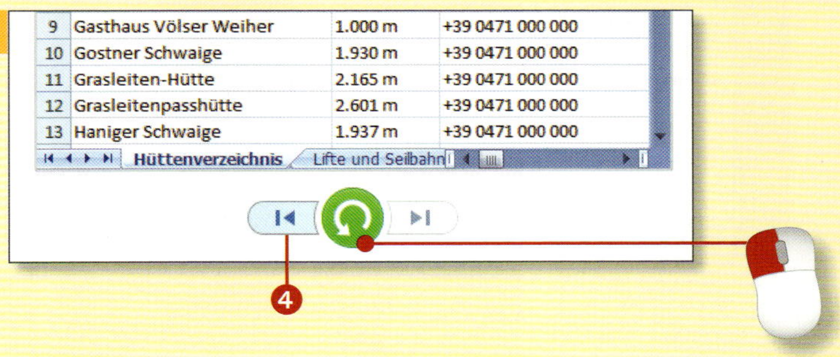

6

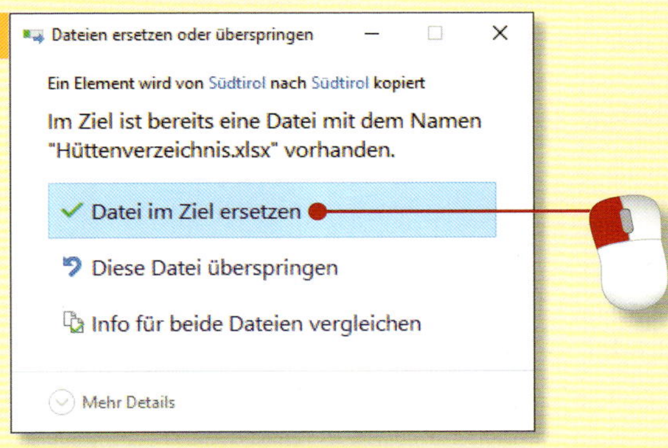

Den Arbeitsspeicher auf Fehler hin überprüfen

1

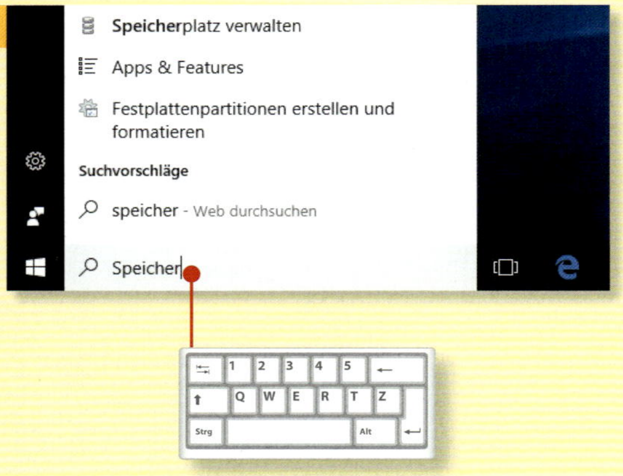

2

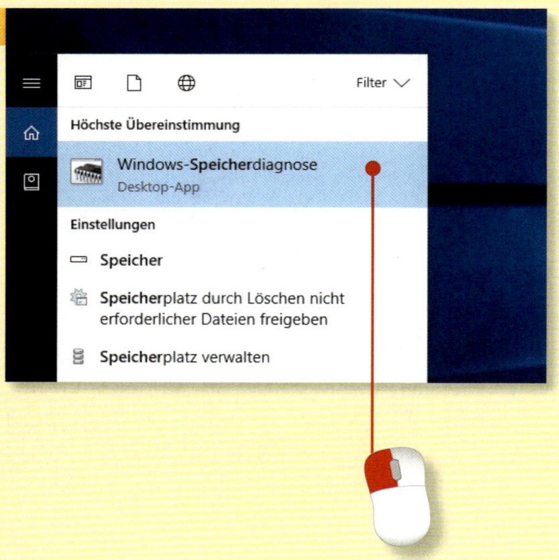

3

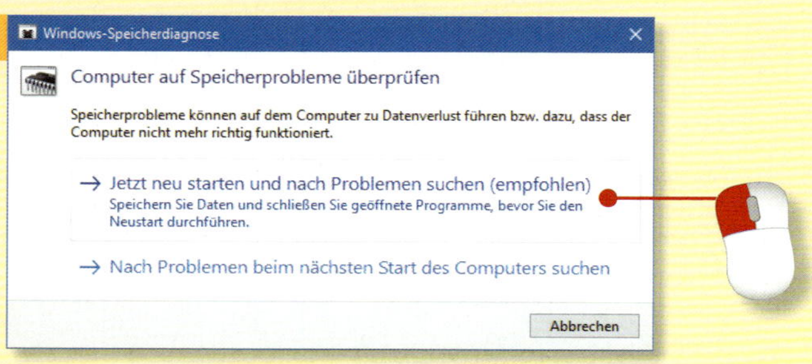

Wenn der Computer häufiger auf einen Schlag »einfriert« und keine Aktion mehr möglich ist, kann dies an einem fehlerhaften Arbeitsspeicher liegen. Testen Sie Ihre Speichermodule.

Schritt 1

Klicken Sie links unten auf dem Desktop in das Suchfeld der Taskleiste, um dieses zu aktivieren, und geben Sie dann den Suchbegriff *Speicher* ein.

Schritt 2

Starten Sie das Hilfsprogramm, indem Sie aus den angezeigten Übereinstimmungen den Eintrag **Windows-Speicherdiagnose** auswählen.

Schritt 3

Für die Prüfung des Arbeitsspeichers muss der Computer neu gestartet werden. Klicken Sie daher auf die Option **Jetzt neu starten und nach Problemen suchen (empfohlen)**.

Speichertyp?

Welcher Speichertyp in Ihrem Computer verbaut ist, können Sie beispielsweise mit dem Programm *SiSoft Sandra* ermitteln.

Schritt 4

Möchten Sie Ihre Arbeit jetzt nicht unterbrechen, wählen Sie stattdessen den Menüpunkt **Nach Problemen beim nächsten Start des Computers suchen**. In diesem Fall startet die Überprüfung automatisch, wenn Sie Ihren Rechner das nächste Mal einschalten.

4

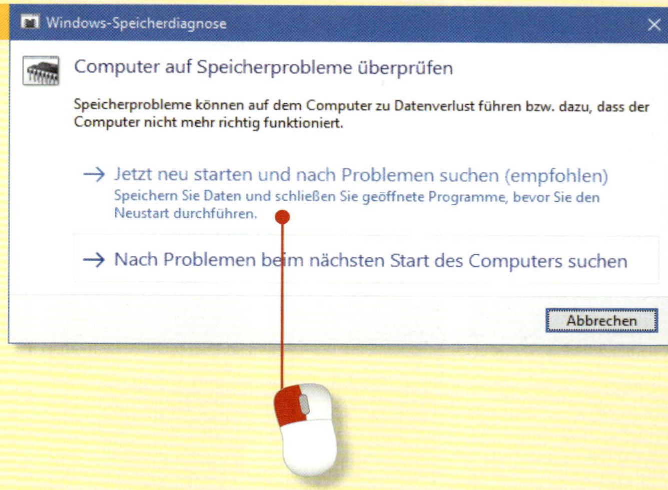

Schritt 5

In zwei Testdurchläufen wird nun der Arbeitsspeicher überprüft. Je nach Speicherkapazität dauert der Vorgang zwischen 15 und 30 Minuten. Während der Tests kann der Computer nicht verwendet werden.

5

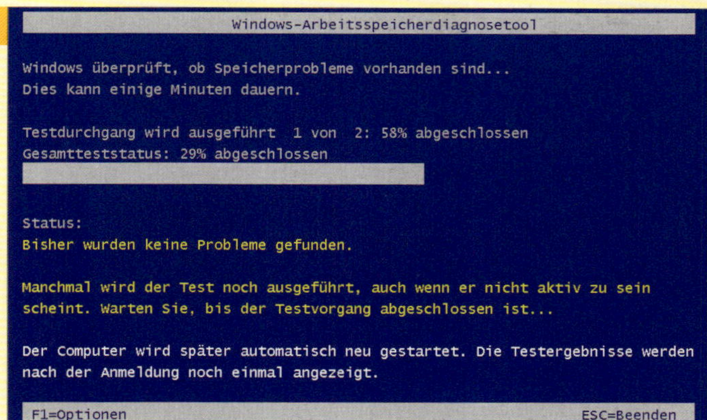

Schritt 6

Ist die Diagnose abgeschlossen, startet der Rechner neu. Wechseln Sie nach dem Neustart auf den Desktop. Es dauert nun ein bis zwei Minuten, dann blendet Windows das Ergebnis der Überprüfung ❶ in einer kleinen Sprechblase über der Taskleiste ein.

6

Fehler gefunden?
Speicherfehler können zu Datenverlust führen. Da die Reparatur defekter Speichermodule nicht möglich ist, sollten Sie fehlerhaften Speicher zeitnah austauschen.

Windows-Systemdateien reparieren

Mancher Fehler des Betriebssystems resultiert aus defekten Systemdateien, bedingt z. B. durch fehlerhafte Updates oder Computerschädlinge. Prüfen und reparieren Sie Ihre Windows-Systemdateien. In diesem Abschnitt erfahren Sie Schritt für Schritt, wie Sie dazu vorgehen müssen.

1

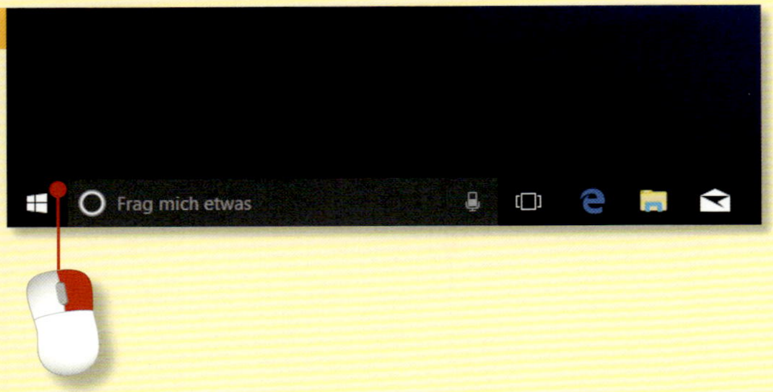

2

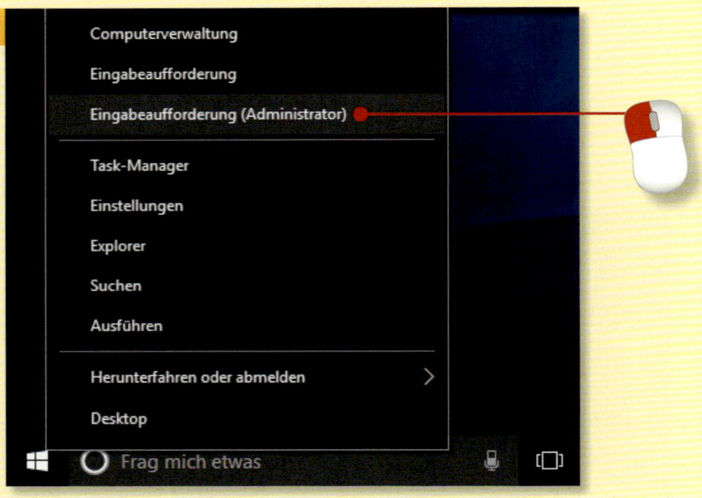

3

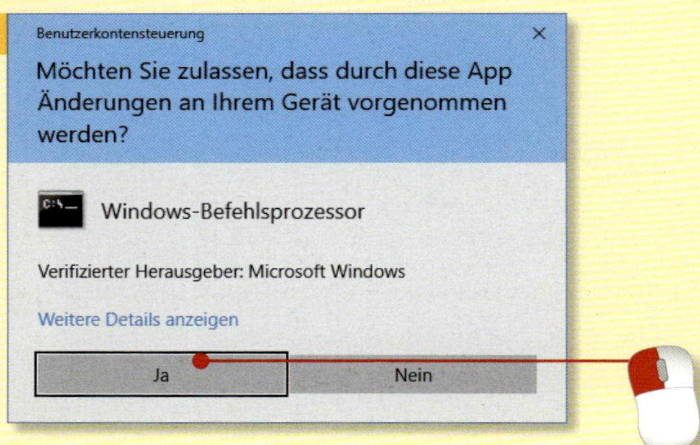

Schritt 1

Öffnen Sie im ersten Schritt das Schnellstartmenü, entweder durch einen Klick mit der rechten Maustaste auf die **Start**-Schaltfläche oder mithilfe der Tastenkombination [⊞] + [X].

Schritt 2

Starten Sie die Eingabeaufforderung (oder die PowerShell) mit Administratorrechten, indem Sie im Schnellstartmenü auf den Eintrag **Eingabeaufforderung (Administrator)** klicken oder die Tasten [⇧] + [A] nutzen.

Schritt 3

Die Benutzerkontensteuerung meldet sich mit einem Hinweis. Bestätigen Sie die Abfrage mit **Ja**.

Schritt 4

Geben Sie folgenden Befehl in die Konsole der Eingabeaufforderung ein: *sfc /scannow*, gefolgt von [↵]. Damit starten Sie die Systemdateiprüfung.

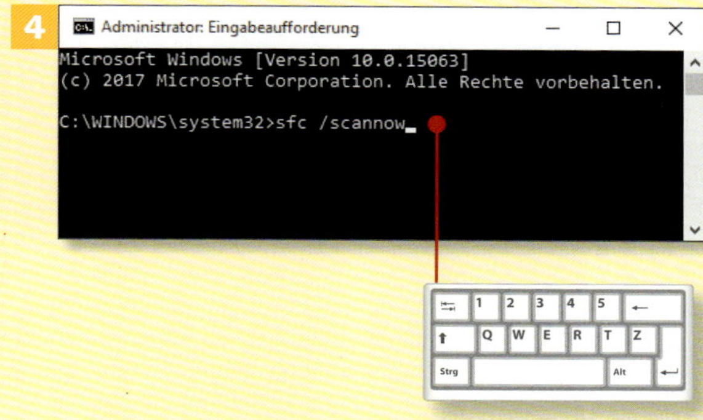

Schritt 5

Die Prüfung auf fehlerhafte Systemdateien wird durchgeführt. Ob beschädigte Systemdateien gefunden und repariert werden konnten, wird Ihnen zum Schluss mitgeteilt ❶.

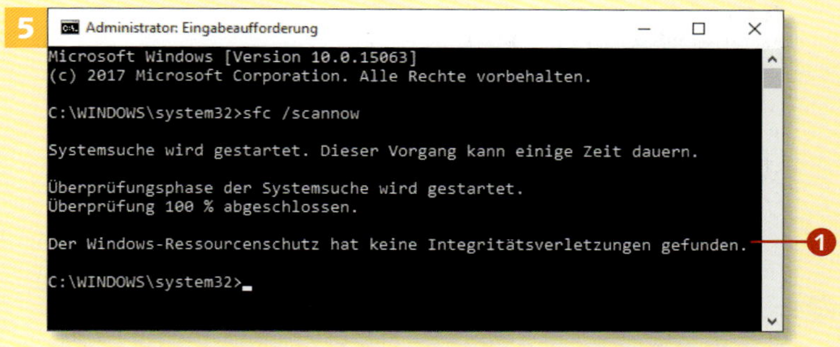

Schritt 6

Wurden Fehler gefunden, erstellt Windows unter *C:\Windows\Logs\CBS\CBS.log* eine Protokolldatei. Mit einem Doppelklick lässt sich die Datei öffnen und auswerten. Nur die Einträge mit der Kennzeichnung **[SR]** entstammen der Ressourcenprüfung und bedürfen Ihrer Aufmerksamkeit.

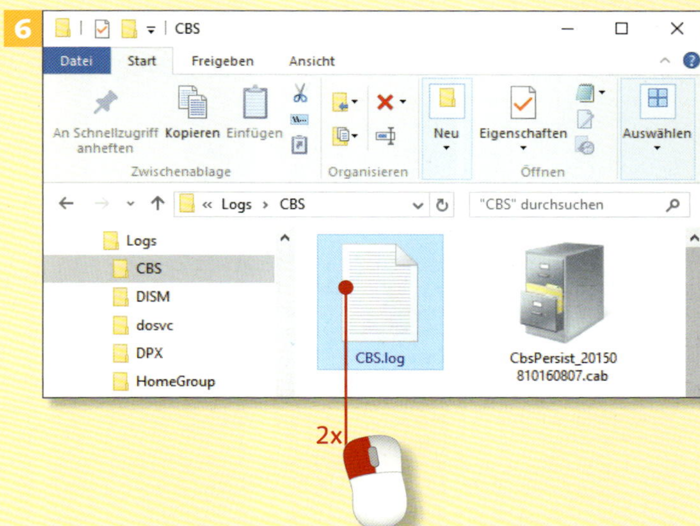

Einträge filtern

Starten Sie die Eingabeaufforderung mit Admin-Rechten, und geben Sie *findstr /c:"[SR]" %windir%\Logs\CBS\CBS.log >"%userprofile%\Desktop\protokoll.txt"* ein. Damit wird auf dem Desktop die Datei *protokoll.txt* erstellt. Sie enthält nur die relevanten Einträge aus der CBS-Logdatei.

Die Ereignisanzeige zur Fehlersuche nutzen

Windows protokolliert alle relevanten Systemereignisse in der Ereignisanzeige. Tritt ein Computerfehler auf, können Sie diese Informationen zur Fehlersuche nutzen. Hier den Überblick zu behalten ist nicht ganz einfach. Ich zeige Ihnen, wo Sie die entsprechenden Informationen finden.

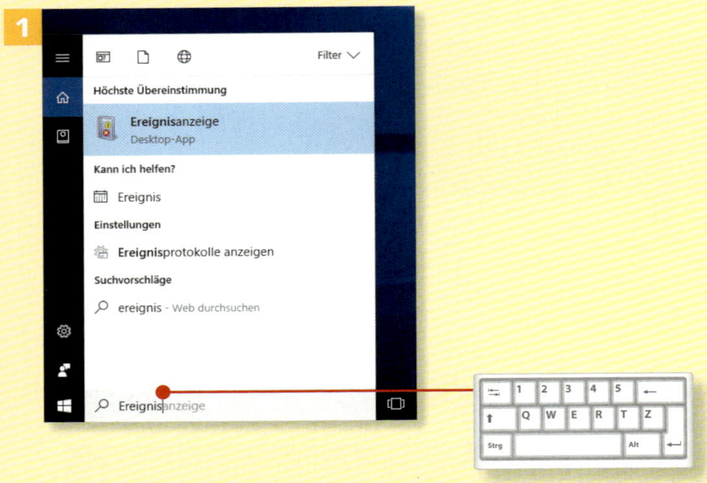

Schritt 1

Tippen Sie *Ereignis* in das Suchfeld der Taskleiste ein. Windows ergänzt Ihre Eingabe automatisch und zeigt in den Übereinstimmungen die Option **Ereignisanzeige** an. Klicken Sie auf diesen Eintrag.

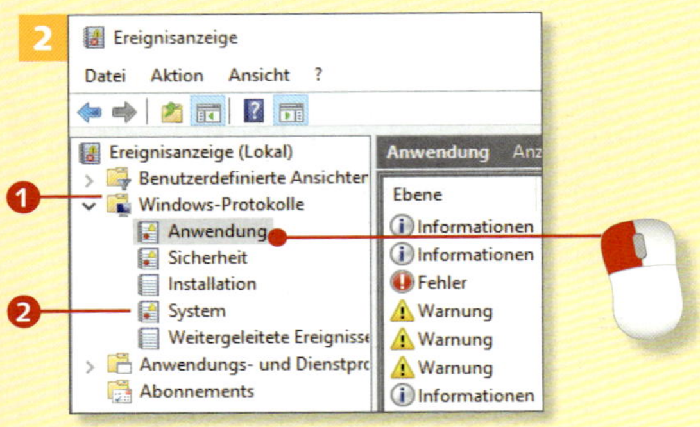

Schritt 2

Um Ereignisse für Programme anzuzeigen, klicken Sie doppelt auf **Windows-Protokolle** ❶ und anschließend einfach auf **Anwendung**. Systemmeldungen finden Sie im Abschnitt **System** ❷.

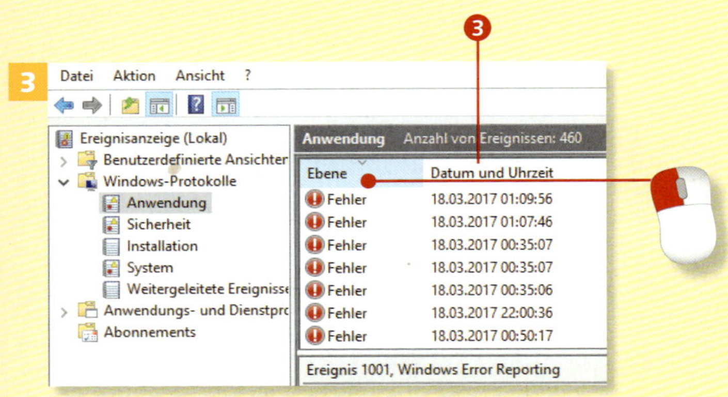

Schritt 3

Klicken Sie der Ereignisanzeige auf den Tabellenkopf **Ebene**, um die Einträge zu sortieren. Klicken Sie zusätzlich auf die Bezeichnung der Spalte **Datum und Uhrzeit** ❸, um sich die Ereignisse chronologisch anzeigen zu lassen.

Schritt 4

Rote Ausrufezeichen zeigen Fehler an. Klicken Sie auf einen derartig markierten Eintrag ❹, werden darunter Details zum Fehler angezeigt, unter anderem eine Ereignis-ID ❺. Mit einem Klick auf den Link **Onlinehilfe** können Sie in der Microsoft-TechNet-Datenbank nach weiteren Informationen suchen.

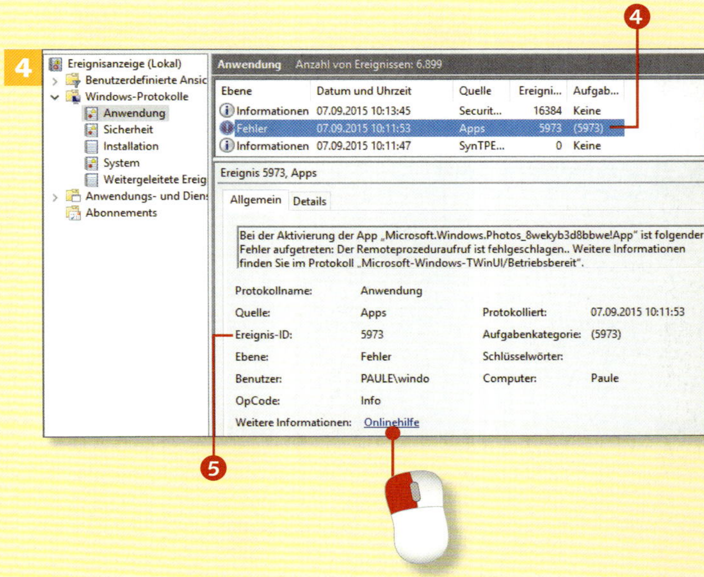

Schritt 5

Dürfen die Informationen zum ausgewählten Fehler über das Internet an Microsoft versendet werden? Klicken Sie auf **Ja**, um den Vorgang zu erlauben. Liegen weitere Informationen zum Fehler vor, werden diese jetzt angezeigt. Leider ist die Suche aber häufig nicht von Erfolg gekrönt.

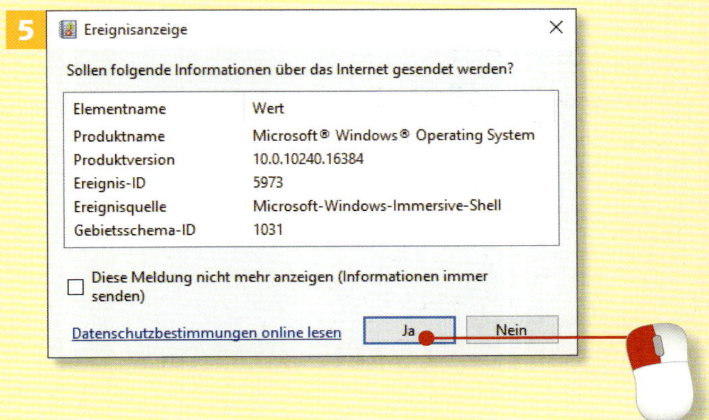

Schritt 6

Nutzen Sie zur Fehlersuche stattdessen die in den Details des Eintrags angezeigte Ereignis-ID aus Schritt 4. Rufen Sie die Microsoft-Hilfeseite unter *http://support.microsoft.com* auf, und tragen Sie die Ereignis-ID in das Suchfeld der Seite ein, oder fragen Sie nach Unterstützung in einem Computer-Forum.

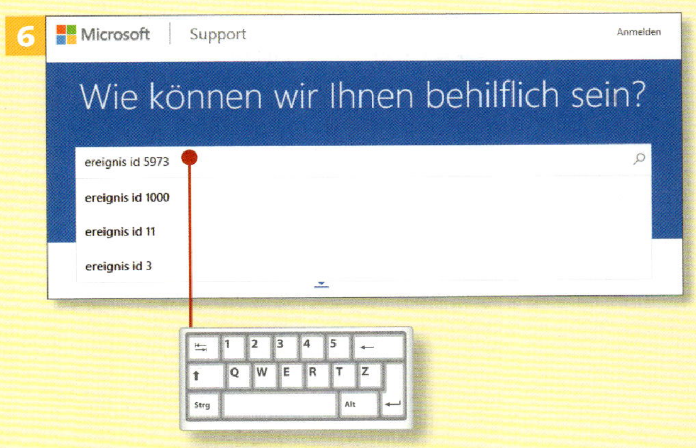

Wichtige Systeminformationen abrufen

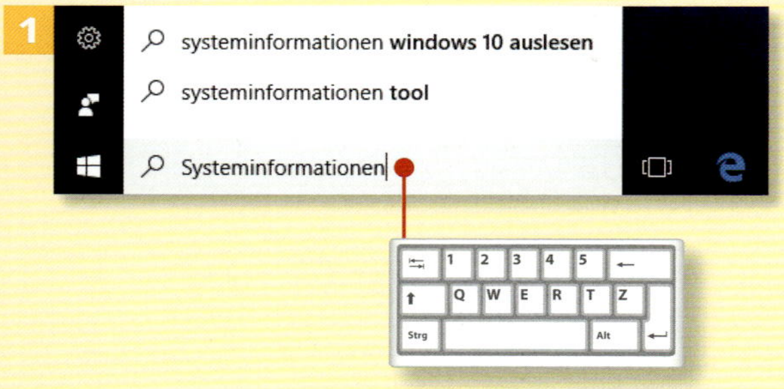

Welcher Prozessor ist in Ihrem Computer verbaut, und wie viel Arbeitsspeicher steht zur Verfügung? Windows hält einige Informationen zu Ihrem System bereit, die Sie mit wenigen Mausklicks aufrufen und zur Fehleranalyse nutzen bzw. im Bedarfsfall an einen Techniker oder den Kundendienst weitergeben können.

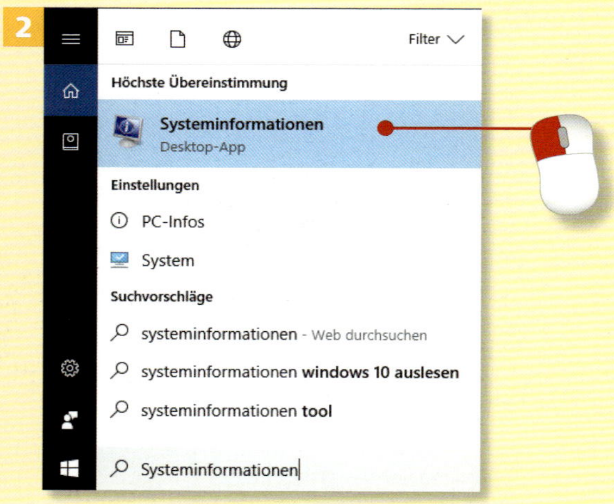

Schritt 1

Tippen Sie *Systeminformationen* in das Suchfeld der Taskleiste ein. Sollten Sie das Suchfeld ausgeblendet haben, müssen Sie es mittels der Tastenkombination [Windows] + [S] aktivieren.

Schritt 2

Wählen Sie aus den angezeigten Ergebnissen den Eintrag an der ersten Stelle, **Systeminformationen**, mit einem Mausklick aus.

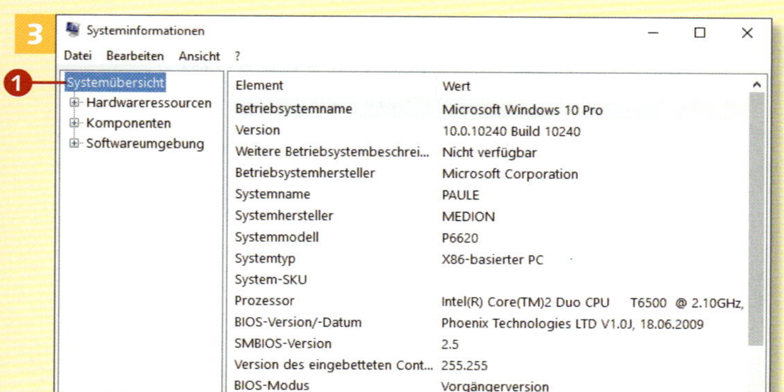

Schritt 3

Die Systeminformationen werden geladen. Das Hauptfenster zeigt eine Systemübersicht ❶, der Sie wichtige Informationen wie z. B. den PC-Hersteller, den im Rechner verbauten Prozessor, den verfügbaren Arbeitsspeicher oder auch die BIOS-Version entnehmen können.

Schritt 4

Im Abschnitt **Hardwareressourcen** ❷ werden Informationen zu Ihrer Hardware aufgelistet. Diese Daten sind allerdings sehr technischer Natur und eher für einen PC-Techniker von Interesse, der z. B. den Austausch einer Hardwarekomponente vorbereitet.

Schritt 5

Der Kategorie **Komponenten** ❸ können Sie Informationen zu Audiogeräten, zum Netzwerk oder zu Ihren Laufwerken entnehmen. Welche Grafikkarte oder welcher Grafikchip zum Einsatz kommt, inklusive der Info zur Größe des Grafikspeichers oder zur Treiberversion, erfahren Sie im Unterpunkt **Anzeige**.

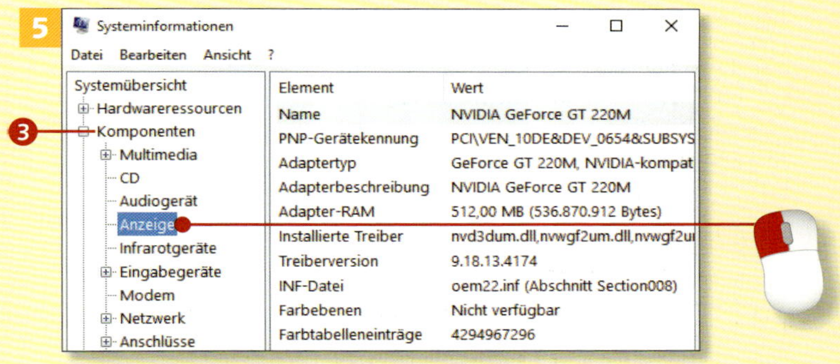

Schritt 6

Besonders nützlich für die Fehlersuche ist der Punkt **Windows-Fehlerberichterstattung** im Abschnitt **Softwareumgebung** ❹. Hier listet das System Ereignisse auf, die die Fehlerberichterstattung erfasst hat. Auch diese Informationen können Sie an einen Helfer weitergeben oder selbst zur Fehleranalyse nutzen.

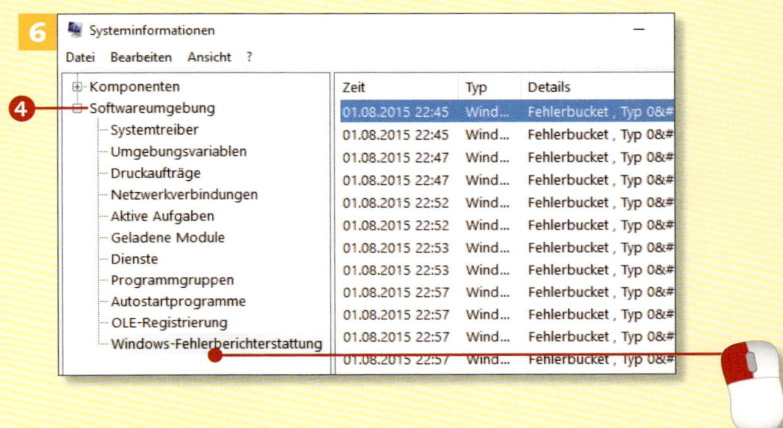

Windows im abgesicherten Modus starten

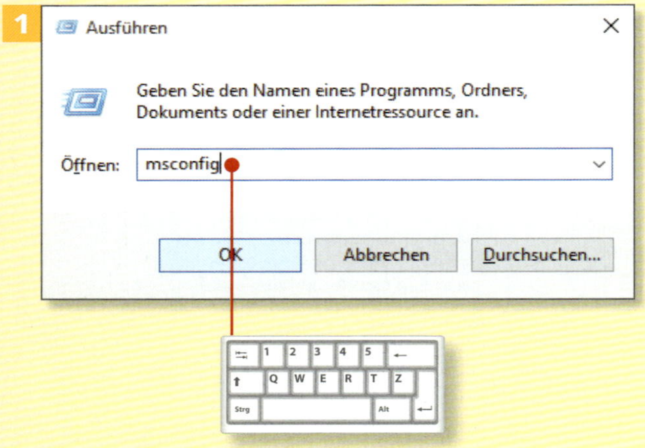

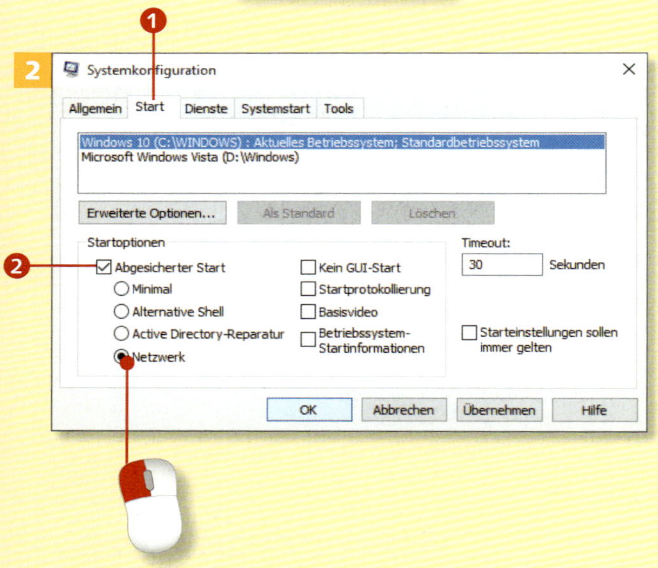

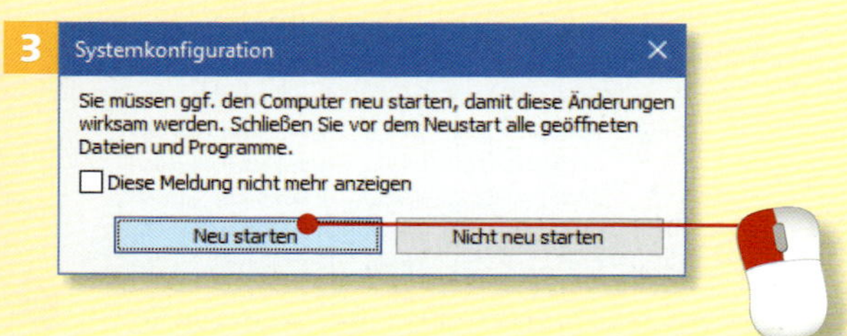

Bleibt Windows immer wieder hängen oder stürzt ab? Im abgesicherten Modus startet das System mit einer Minimalkonfiguration, mit Basistreibern und ohne Autostart-Programme auszuführen. Nutzen Sie dies, um zuletzt installierte Treiber und Programme zu deinstallieren oder Ihr System einem Virenscan zu unterziehen.

Schritt 1

Drücken Sie [Windows] + [R], um den **Ausführen**-Dialog einzublenden, und geben Sie dort den Befehl *msconfig* ein. Klicken Sie auf **OK**.

Schritt 2

Das Fenster **Systemkonfiguration** wird aufgerufen. Wechseln Sie zum Register **Start** ❶, und aktivieren Sie die Kästchen vor **Abgesicherter Start** ❷ und **Netzwerk**. Schließen Sie die Eingabe mit **OK** ab.

Schritt 3

Starten Sie Windows neu. Das System wird nun im abgesicherten Modus gestartet, und Sie können z. B. einen ausführlichen Virenscan durchführen. Vergessen Sie nicht, das Häkchen vor dem Eintrag **Abgesicherter Start** danach wieder zu entfernen!

Welche Windows-Version läuft auf dem PC?

Windows 11 oder gar 12 soll es laut Microsoft nicht geben, stattdessen wird Windows 10 über Programmaktualisierungen laufend erweitert und verbessert. Aber welche Windows-10-Version nutzen Sie aktuell?

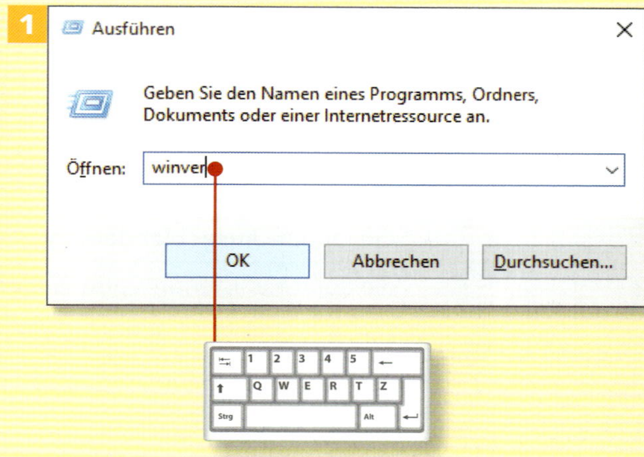

Schritt 1

Drücken Sie die Tastenkombination [Windows] + [R], und geben Sie den Befehl *winver* ein. Bestätigen Sie ihn mit einem Klick auf **OK** oder mit der [↵]-Taste.

Schritt 2

Windows ermittelt die aktuelle Version und zeigt sie an. In diesem Beispiel handelt es sich um Version 1703 (Build 15061.0) ❶. Vor allem die Build-Nummer erlaubt eine exakte Versionsbestimmung.

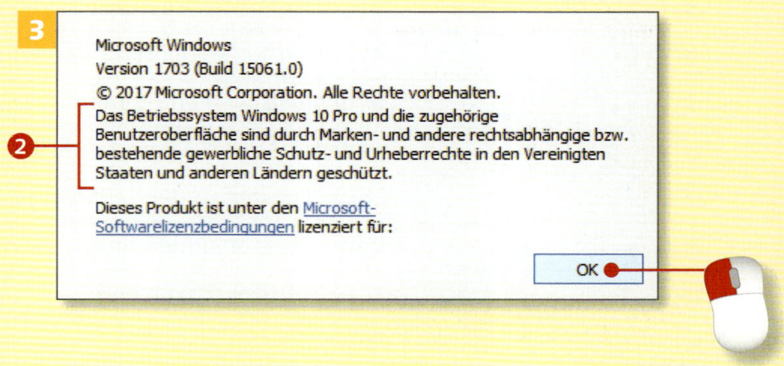

Schritt 3

Zusätzlich wird vermerkt, um welche Edition es sich handelt ❷: Windows 10 Home richtet sich an Privatanwender, Windows 10 Pro an kleinere Betriebe. Mit einem Klick auf die Schaltfläche **OK** schließen Sie das Fenster wieder.

Weitere Systeminformationen

Wenn Sie weitere Informationen zu Ihrem System benötigen, lesen Sie bitte den Abschnitt »Wichtige Systeminformationen abrufen« auf Seite 328.

Hilfreiche Tastenkombinationen

Allgemeine Tastenkombinationen	
⊞	im Desktop-Modus: Startmenü öffnen und schließen im Tablet-Modus: zwischen dem Startbildschirm und der zuletzt geöffneten App wechseln
⊞ + A	das Info-Center öffnen
⊞ + B	die Option **Ausgeblendete Symbole** in der Taskleiste wählen
⊞ + C	die Sprachassistentin Cortana (Spracheingabe) starten
⊞ + D	zum Desktop wechseln
⊞ + E	den Explorer öffnen
⊞ + H	das Menü **Teilen** innerhalb verschiedener Apps öffnen
⊞ + I	das Menü **Einstellungen** öffnen
⊞ + K	die Anzeige drahtloser Geräte in der Menüleiste öffnen
⊞ + L	das System sperren
⊞ + M	alle geöffneten Fenster auf dem Desktop minimieren
⊞ + P	zwischen Bildschirmen umschalten
⊞ + Q oder ⊞ + S	die Suche über Cortana (Texteingabe) aktivieren
⊞ + R	das Dialogfenster **Ausführen** öffnen
⊞ + U	das Center für erleichterte Bedienung aufrufen
⊞ + X	das Schnellstartmenü öffnen
⊞ + Z	in älteren Apps die App-Leiste einblenden
⊞ + ÷	aktives Fenster an den rechten Bildschirmrand andocken
⊞ + ←	aktives Fenster an den linken Bildschirmrand andocken
⊞ + ↑	aktives Fenster maximieren
⊞ + ↓	aktives Fenster minimieren
⊞ + ,	den Desktop-Inhalt kurzzeitig ausblenden
⊞ + Pause	Systemeigenschaften anzeigen
⊞ + Ziffer	das Programm starten, das sich an der durch die Ziffer angegebenen Position in der Taskleiste befindet

⊞ + Leertaste	die Spracheinstellung der Tastatur ändern
⊞ + ⇆	zwischen geöffneten Anwendungen umschalten
⊞ + ↵	die Sprachausgabe aktivieren
⊞ + +	Ansicht mit der Bildschirmlupe vergrößern
⊞ + -	Ansicht mit der Bildschirmlupe verkleinern
⊞ + Esc	Bildschirmlupe schließen
⊞ + F1	die Windows-Hilfe öffnen
Strg + A	alles markieren
Strg + B	markierte Zeichen fett darstellen (u.a. in der Mail-App und in WordPad)
Strg + C	Kopieren
Strg + I	markierte Zeichen kursiv darstellen (u.a. in der Mail-App und in WordPad)
Strg + U	markierte Zeichen unterstrichen darstellen (u.a. in der Mail-App und in WordPad)
Strg + V	Einfügen
Strg + X	Ausschneiden
Strg + Z	Rückgängig machen

Tastenkombinationen für den Explorer	
Alt + D	das Menü **Datei** öffnen
Strg + E oder Strg + F	das Suchfeld aktivieren
Strg + N	ein neues Fenster öffnen
Strg + W	das aktuelle Fenster schließen
Strg + Mausrad	die Größe der Symbole ändern
Alt + P	das Vorschaufenster anzeigen
Alt + ↵	die Eigenschaften des ausgewählten Elements öffnen
Alt + ↑	zum übergeordneten Ordner springen
Alt + ÷	zum nächsten Ordner springen

Hilfreiche Tastenkombinationen (Forts.)

Tastenkombinationen für den Explorer (Forts.)	
Alt + ←	zum zuvor geöffneten Ordner springen
F2	das ausgewählte Element umbenennen
F3	zur Suche nach Dateien und Ordnern wechseln
F4	die Adressleiste anzeigen
F5	das Explorer-Fenster aktualisieren
F11	das Explorer-Fenster maximieren oder minimieren

Tastenkombinationen in Dialogfenstern	
Strg + ⇆	zwischen Registerkarten umschalten (vor)
Strg + ⇧ + ⇆	zwischen Registerkarten umschalten (zurück)
⇆	zum nächsten Steuerelement wechseln
⇆ + ⇧	zum vorherigen Steuerelement wechseln
Alt	Buchstaben als Kürzel für Menüs einblenden
Alt + unterstrichener Buchstabe (mit Alt werden die Menübuchstaben eingeblendet)	das zum Buchstaben gehörende Menü öffnen oder den entsprechenden Befehl aufrufen
Leertaste	Kontrollkästchen aktivieren oder deaktivieren
↵	das ausgewählte Element ausführen/öffnen

Tastenkombinationen für die Mail-App	
Strg + R	Antworten
Strg + ⇧ + R	Allen antworten
Strg + F	Weiterleiten
Strg + M	den Posteingang aktualisieren
Strg + U	eine E-Mail als ungelesen markieren
Strg + Q	eine E-Mail als gelesen markieren
Strg + N	eine neue Nachricht erstellen
Strg + ↵	eine E-Mail senden

Tastenkombinationen für Microsoft Edge und Internet Explorer	
Bild ↓	eine Seite nach unten blättern
Bild ↑	eine Seite nach oben blättern
Ende	zum Ende der Seite springen
F3	auf der Seite suchen
F4	die Adressleiste aktivieren
F5	die Seite aktualisieren
F7	Tastaturnavigation ein-/ausschalten
Pos1	zum Anfang der Seite springen
Strg + -	Darstellung verkleinern
Strg + +	Darstellung vergrößern
Strg + 0	Darstellung wieder auf 100 % setzen
Strg + 9	zur vorherigen Registerkarte wechseln
Strg + Alt + F4	alle Registerkarten bis auf die aktive schließen
Strg + H	den Verlauf öffnen
Strg + I	Favoriten öffnen
Strg + K	die aktuelle Registerkarte kopieren
Strg + Link anklicken	die Seite in einem neuen Register öffnen
Strg + N	ein neues Fenster öffnen
Strg + P	die aktuelle Seite ausdrucken
Strg + T	eine neue Registerkarte öffnen
Strg + ⇆	zwischen Registern wechseln
Strg + ⇧ + P	den privaten Modus aktivieren (InPrivate)
Strg + ⇧ + R	den Lesemodus ein-/ausschalten
Strg + ⇧ + T	die zuletzt geschlossene Registerkarte wieder öffnen
Strg + Ziffer (1–8)	den Tab öffnen, dessen Nummer man drückt

Glossar

Administrator		Als *Administrator* bezeichnet man den Anwender, der unter Windows die meisten Rechte besitzt. In einem Netzwerk ist er der Verwalter und kann anderen Benutzern Rechte zuteilen oder entziehen.
App		Kurzform des englischen Begriffs *Application Software*, zu Deutsch *Anwendungsprogramm*. Apps werden in Form einer Kachel im Startmenü angezeigt, können aber in der Taskleiste abgelegt und sowohl über die Kachel als auch über die Verknüpfung in der Taskleiste gestartet werden.
Arbeitsplatz		*Arbeitsplatz* wird der Hauptbildschirm von Windows genannt. Unten befindet sich die Taskleiste, und auf dem Arbeitsplatz selbst sehen Sie zu Anfang lediglich das Programmsymbol des Papierkorbs. Anstelle von *Arbeitsplatz* wird häufig auch der Begriff *Desktop* verwendet.
Backup		Ein *Backup* ist eine Sicherheitskopie einer Anwendung oder allgemein das Anlegen einer Datensicherung. Windows 10 bietet die Möglichkeit zur Erstellung eines Systemabbilds. Für eine regelmäßige Sicherung einzelner Dateien sollten Sie auf externe Programme von Drittanbietern zurückgreifen.
Benutzerkonto		Unter Windows 10 können Sie ein lokales Benutzerkonto oder ein Benutzerkonto mit Anbindung an ein Microsoft-Konto anlegen. Beide Kontentypen können als Standard- oder Administrator-Konto eingerichtet werden. Aus Gründen der Übersichtlichkeit und zum Schutz der Privatsphäre sollte für jeden Nutzer ein eigenes Benutzerkonto eingerichtet werden.

Glossar

Bibliothek

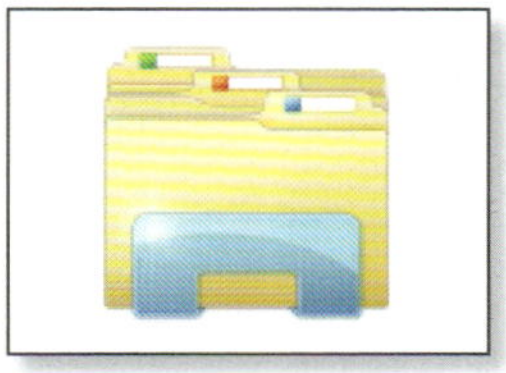

In Bibliotheken werden Daten zu verschiedenen Themen zusammengefasst, z. B. Urlaubsbilder. Alle Bilder werden in der Bibliothek angezeigt, können sich aber an unterschiedlichen Speicherorten auf der Festplatte befinden.

Browser

Ein Programm, mit dessen Hilfe Sie sich im Internet bewegen (*surfen*) können. Die bekanntesten Browser sind Mozilla Firefox, Google Chrome, Opera und – relativ neu – Microsoft Edge.

Cortana

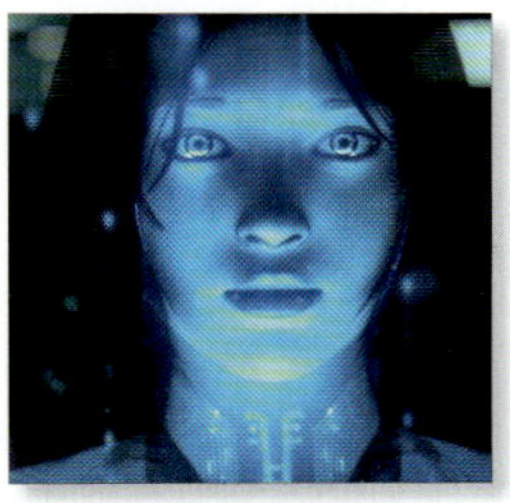

Mit den Worten »Hey Cortana!« können Sie die Sprachassistentin Cortana starten. Dabei handelt es sich um einen in Windows 10 integrierten, sprachgesteuerten Dienst. Sie können per Sprachbefehl Anwendungen starten oder Fragen stellen: Wie wird das Wetter morgen? Welche Restaurants befinden sich in der Nähe? Die Antwort erfolgt per Sprachausgabe, oder die Anfrage wird an eine Suchmaschine zur Anzeige in Ihrem Browser weitergeleitet.

Defender

Eine in Windows 10 integrierte Software zum Schutz vor Viren, Würmern, Trojanern und anderen Computerschädlingen. Der Oberbegriff für diese Schadsoftware lautet *Malware*.

Defragmentierung

Windows speichert Daten nicht an einem Stück auf die Festplatte, sondern zerlegt sie in kleine Datenpakete und legt sie in *Clustern* dort auf der Festplatte ab, wo gerade Platz ist. Bei der Defragmentierung werden die Daten neu geordnet und wieder zusammenhängend abgespeichert, wodurch der Zugriff auf die Festplatte beschleunigt wird.

Glossar

Deinstallation

Die Entfernung einer Anwendung vom Computer bezeichnet man als *Deinstallation*. Siehe auch *Installation*.

Desktop

Siehe *Arbeitsplatz*.

Drag & Drop

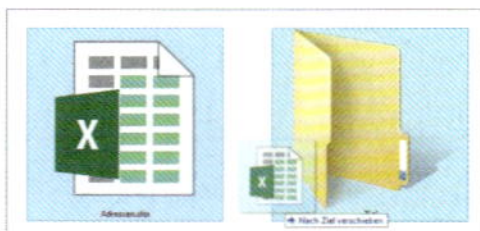

Sie klicken mit der linken Maustaste ein Objekt an und verschieben dieses mit weiterhin gedrückter Maustaste an eine andere Position. Lassen Sie die Maustaste wieder los, wird das Objekt an dieser Stelle abgelegt oder eingefügt. Diesen Vorgang nennt man *Drag & Drop*.

Einstellungen

Die Einstellungen können über den gleichnamigen Menüpunkt im Startmenü oder mithilfe der Tastenkombination ⊞ + I aufgerufen werden. Ähnlich der klassischen Systemsteuerung auf dem Desktop können hier Systemkonfigurationen und -einstellungen vorgenommen werden. Viele Optionen sind sowohl über die Einstellungen als auch über die Systemsteuerung erreichbar.

Entpacken

Siehe *Packen*.

Firewall

Ein Programm, das den Computer mit Anbindung an das Internet vor Angriffen aus dem Netz schützen soll. Ein- und ausgehende Verbindungen werden überwacht und gegebenenfalls blockiert. Unter Windows 10 ist eine Firewall bereits fester Bestandteil des Betriebssystems.

Heimnetzwerk

Ein Zusammenschluss von zwei oder mehr Computern in einem Netzwerk. Je nach Konfiguration des Netzwerks können alle verbundenen Computer auf Verzeichnisse und Daten der anderen Rechner zugreifen und gemeinsame Ressourcen, wie z. B. einen Drucker, nutzen.

Icon

Siehe *Programmsymbol*.

Info-Center

Das Info-Center ist die neue zentrale Anlaufstelle für Systemmeldungen und Benachrichtigungen. Es kann über ein neues Symbol neben der Uhr in der Taskleiste oder mithilfe der Tastenkombination [Windows] + [A] am rechten Bildrand eingeblendet werden.

Installation

Den Vorgang, eine Anwendung auf den Computer aufzuspielen, bezeichnet man als *Installation*. Siehe auch *Deinstallation*.

Kachel/ Live-Kachel

Bezeichnung für die Schaltflächen im neuen Startmenü. Über eine Kachel starten Sie eine Windows-App oder ein herkömmliches Desktop-Programm. Live-Kacheln können Inhalte anzeigen, ohne dass die dazugehörige App gestartet werden muss. Ein Beispiel ist die Wetter-App, die stets die aktuellen Wetterdaten anzeigt.

Link

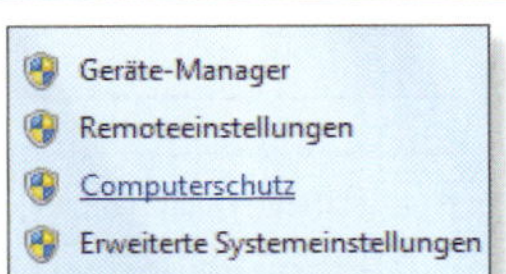

Ein Verweis auf eine andere Seite oder eine andere Stelle im Programm oder im Internet. Häufig in Textform, aber auch Schaltflächen und Grafiken können mit einem Link unterlegt sein.

Glossar

Media Player		Ein Programm zum Abspielen von Musik-CDs und Betrachten von Videodateien. Das Programm kann unter Windows 10 aber keine DVDs mehr abspielen! Zum Ansehen von DVDs am Computer können Sie z. B. auf den kostenlosen VLC Media Player ausweichen.
Microsoft-Konto		Vormals auch unter dem Namen *Windows Live ID* bekannt. Es handelt sich dabei um ein Kundenkonto, das für die Nutzung bestimmter Dienste benötigt wird. Windows 10 kann ohne ein Microsoft-Konto verwendet werden. Für die Nutzung einiger Apps, wie z. B. *Store*, *Kontakte* oder *Kalender*, ist das Konto allerdings Voraussetzung.
Netzwerkschlüssel		Mit einem *Netzwerkschlüssel* oder auch *Netzwerkkennwort* ist ein Funknetz (WLAN) abgesichert. Anwender, die auf die WLAN-Verbindung zugreifen möchten, müssen zur Authentifizierung diesen Schlüssel angeben.
OneDrive		Ein kostenloser Onlinespeicher von Microsoft, der unter Windows 10 im System integriert ist. Der Dienst ermöglicht es Anwendern, Fotos und Dokumente auf einen Speicherplatz im Internet hochzuladen und anderen Benutzern zugänglich zu machen. Bis Februar 2014 trug der Dienst den Namen *SkyDrive*.
Outlook.com		Ein kostenloser E-Mail-Dienst der Firma Microsoft. Das E-Mail-Konto ist per Browser im Internet von jedem internetfähigen Computer erreichbar, kann aber auch lokal über ein E-Mail-Programm verwaltet werden. Dieser E-Mail-Dienst war zuvor unter der Bezeichnung *Windows Live Hotmail* bekannt.
Packen/Entpacken		Das Komprimieren und Dekomprimieren von Daten bezeichnet man umgangssprachlich auch als *Packen* und *Entpacken*.

Glossar

PDF

Abkürzung für *Portable Document Format*. Dabei handelt sich um ein Dateiformat, das zum Austausch von Informationen verwendet wird. PDF-Dateien lassen sich mit verschiedenen Zusatzprogrammen oder direkt aus Microsoft Office heraus erstellen. PDF-Dateien können Sie mit der Windows-eigenen Reader-App betrachten.

Product Key

Auch *Produktschlüssel* oder *Lizenzschlüssel* genannt; ein meist alphanumerischer Code, mit dem Sie eine Anwendung zur Vollversion freischalten können oder der zur uneingeschränkten Nutzung einer Anwendung berechtigt.

Programmsymbol

Nahezu jedes Programm verfügt über ein eigenes Programmsymbol (nebenstehend das Symbol für den Papierkorb). Programmen ohne eigenes Symbol wird von Windows ein Standardsymbol zugeordnet. Anstelle von *Programmsymbol* wird häufig auch der Begriff *Icon* verwendet.

ReadyBoost

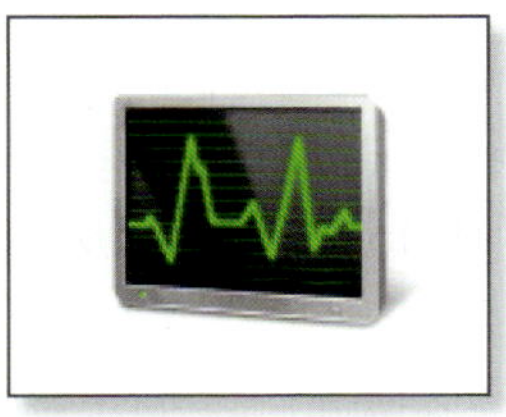

Eine Technologie von Microsoft zur Beschleunigung des Computers. ReadyBoost nutzt schnellen Flash-Speicher von USB-Sticks oder SD-Karten als Zwischenspeicher. Für eine effektive Nutzung sollte auf dem Datenträger mindestens 1 GB für ReadyBoost reserviert werden.

Registrierungs-datenbank

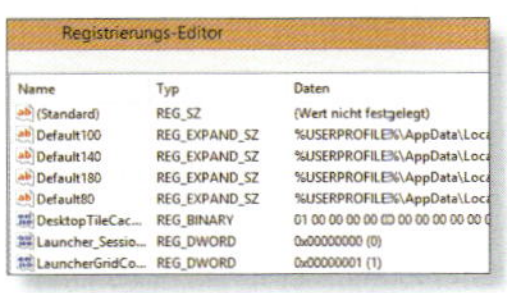

In der Registrierungsdatenbank speichert Windows sämtliche benutzer-, soft- und hardwarespezifischen Einstellungen. Die Datenbank ist hierarchisch aufgebaut und kann von erfahrenen Anwendern mit dem Registrierungs-Editor bearbeitet werden.

Registry

Englisch für *Registrierungsdatenbank*. Siehe dort.

Schaltfläche

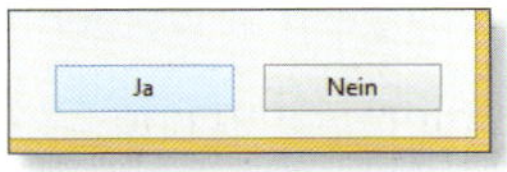

Ein Menüpunkt in einer besonderen optischen Form. Die meist rechteckigen Schaltflächen müssen vom Benutzer angeklickt werden, um eine Aktion auszuführen. Teilweise wird für Schaltflächen auch der Begriff *Buttons* verwendet.

Glossar

SSD-Festplatte

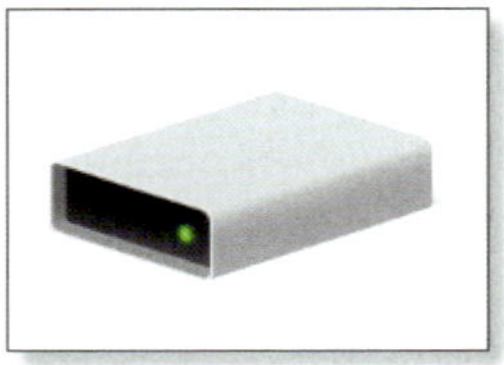

Abkürzung für *Solid State Drive*. Ein elektronisches Speichermedium, für das schnelle, Flash-basierte Speicherchips verwendet werden. Da im Gegensatz zu einer herkömmlichen Festplatte keine mechanischen Bauteile verwendet werden, arbeitet ein SSD-Laufwerk geräuschlos. Schreib- und Lesezugriff auf ein SSD-Laufwerk sind erheblich schneller als bei Festplatten der alten Generation.

Startmenü

Jede Kachel steht für eine App, ein Desktop-Programm oder eine Einstellung. Das neue Startmenü enthält Designelemente aus Windows 7 und 8.1 und ersetzt den unter Windows 8 eingeführten, aber bei vielen Anwendern recht unbeliebten Startbildschirm. Die Größe des Startmenüs kann verändert werden, und auch eine Ansicht im Vollbild ist möglich.

Systemabbild

Ein Systemabbild ist eine exakte Kopie eines Laufwerks, oftmals auch als *Systemimage* oder *Festplatten-Image* bezeichnet. In ein Systemabbild können neben der Systemfestplatte auch weitere Festplattenkopien integriert werden.

Systemsteuerung

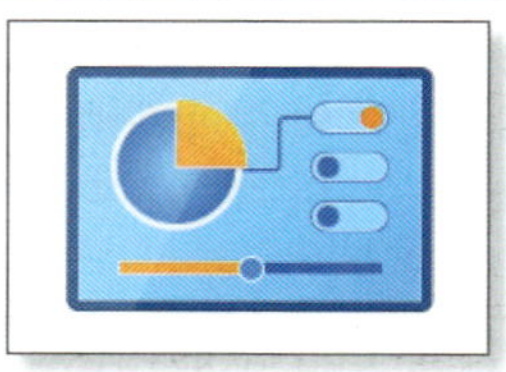

Über die Systemsteuerung erreichen Sie zahlreiche Einstellungen und Konfigurationsmöglichkeiten. Die klassische Systemsteuerung wird aber zusehends von den neuen Einstellungen abgelöst. Der schnellste Weg zur Systemsteuerung führt über die Tastenkombination [Win] + [X].

Update

Updates sind Programmverbesserungen und Erweiterungen, die vom Hersteller – meist kostenlos – zur Verfügung gestellt werden. Updates beheben oft bekannte Programmfehler oder schließen Sicherheitslücken.

USB

Abkürzung für *Universal Serial Bus*. Mittlerweile die häufigste Schnittstelle zum Anschluss von Hardware wie z. B. Maus, Tastatur, Scanner, Drucker, Digitalkameras sowie USB-Speichersticks und externen Festplatten.

Wechseldatenträger

Ein Datenträger, der nicht fest in den Computer eingebaut ist, wie beispielsweise eine CD/DVD, ein USB-Stick oder eine externe Festplatte.

Windows Store

Über den integrierten Windows Store können Sie kostenfreie sowie kostenpflichtige Apps beziehen und auf Ihrem Computer installieren. Für die Nutzung des Stores ist ein Microsoft-Konto erforderlich.

WLAN

Ein drahtloses lokales Netzwerk (*Wireless Local Area Network*). Die Daten werden dabei meist per Funk übertragen. WLAN ermöglicht die kabellose Nutzung des Internets z. B. über einen Laptop.

WPA/WPA2

Eine Verschlüsselungsmethode für Drahtlosnetzwerke (WLANs). Ihr WLAN zu Hause sollte unbedingt über eine solche Methode verschlüsselt werden.

Zwischenablage

Ein Zwischenspeicher zum Austausch von Daten, die über den Menüpunkt **Kopieren** oder mittels der Tastenkombination Strg + C kopiert und mit dem Befehl **Einfügen** oder Strg + V in eine andere Anwendung eingefügt werden können. Wird ein weiteres Objekt (Datei, Grafik, Text) kopiert, wird der Speicherinhalt mit den neuen Daten überschrieben.

Stichwortverzeichnis

A

B

C

Stichwortverzeichnis

D

E

Stichwortverzeichnis

Stichwortverzeichnis

Stichwortverzeichnis

M

N

O

Stichwortverzeichnis

Stichwortverzeichnis

Stichwortverzeichnis

- Texte schreiben und gestalten
- Rechnen und Diagramme erstellen
- E-Mails und Termine verwalten
- Beeindruckende Präsentationen gestalten

Frank Möller

Office 2016

Die Anleitung in Bildern

Alle Office-Programme auf einen Blick! Dieses Buch führt Sie durch Ihre tägliche Arbeit mit Word, Excel, PowerPoint und Outlook. Direkt am Bild sehen Sie Schritt für Schritt und Klick für Klick, wie Sie die Programme gekonnt für sich nutzen. E-Mails schreiben, Kalkulationen erstellen, Briefe schreiben, Präsentationen gestalten: So einfach geht's!

350 Seiten, broschiert, in Farbe, 14,90 Euro
ISBN 978-3-8421-0191-3
www.vierfarben.de/3963

Vierfarben

- Outlook 2016 schnell verstehen
- E-Mails schreiben, empfangen und verwalten
- Adressen und Kontakte organisieren
- Termine dank Kalender und Erinnerungen einhalten

Otmar Witzgall

Outlook 2016

Die Anleitung in Bildern

Lernen Sie Outlook 2016 von Grund auf kennen, und erfahren Sie, wie Sie E-Mails schreiben, einen Terminkalender führen, Aufgaben und Erinnerungen anlegen und Outlook zu Ihrem persönlichen Adressbuch machen. Schritt für Schritt begleitet Sie der Outlook-Experte Otmar Witzgall durch das Programm, sodass Sie es schnell privat oder bei der Arbeit einsetzen und die tägliche Informationsflut im Griff behalten werden. Egal, ob Ein- oder Umsteiger, dieses Buch zeigt Ihnen, wie Sie Outlook 2016 mühelos im Alltag verwenden.

300 Seiten, broschiert, in Farbe, 12,90 Euro
ISBN 978-3-8421-0189-0
www.vierfarben.de/3960